식민지 관계 청산은 왜 이루어질 수 없었는가

국립중앙도서관 출판시도서목록(CIP)

식민지 관계 청산은 왜 이루어질 수 없었는가
: 한일회담이라는 역설 / 장박진 지음.
-- 서울 : 논형, 2009(논형학술총서 ; 45)

참고문헌과 색인수록
ISBN 978-89-6357-101-0 94910 : ₩30000
ISBN 89-90618-29-0(세트)
한일 회담[韓日會談]
과거 청산[過去淸算]
한국 현대사[韓國現代史]

911.07-KDC4
951.904-DDC21   CIP2009002642

식민지 관계 청산은
왜 이루어질 수 없었는가

한일회담이라는 역설

장박진 지음

논형

식민지 관계 청산은 왜 이루어질 수 없었는가

_한일회담이라는 역설

지은이 장박진

초판 1쇄 인쇄 2009년 9월 16일
초판 1쇄 발행 2009년 9월 23일

펴낸곳 논형
펴낸이 소재두
편 집 김현경, 김가영
표 지 김예나
홍 보 박은정

등록번호 제2003-000019호
등록일자 2003년 3월 5일
주 소 서울시 관악구 성현동 7-78 한립토이프라자 5층
전 화 02-887-3561
팩 스 02-887-6690

ISBN 978-89-6357-101-0 94910
값   30,000원

이 책은 2003년 9월부터 2007년 8월까지 한국외국어대학교 국제지역대학원에서의 유학기간 중 저자가 그 연구 성과로서 제출한 박사논문 「韓日會談에서의 植民地 關係 淸算 硏究: 淸算消滅의 政治論理를 中心으로」를 단행본 출판을 위하여 가필, 수정, 재구성한 것이다.

한일 간에서 식민지 관계 청산은 왜 이루어질 수 없었는가? 이 책이 던지는 이 문제 제기에 대해 많은 독자는 정신대 여성들이나 강제동원 피해자 등 아직 이루어지지 않은 개인 보상의 문제를 상기할지도 모른다. 실제 한일 양국 사이에서 과거사 문제가 대두되는 경우 항상 그런 식민지 시대에 일어난 개별적 및 구체적인 피해에 대한 미불 문제가 거론되어 왔다.

물론 여전히 이루어지지 않는 보상 문제가 두 나라 간의 식민지 관계 청산 실현에 있어서 중요한 조건의 하나임은 틀림없다. 그러나 그런 문제의 해결에는 주의해야 할 함정이 있다. 예컨대 전쟁 당시 '일본인'으로서 동원되며 피해를 입은 한국인이 일본인들과 같은 보상을 받았다면 그것으로 식민지 관계는 청산되었다고 말할 수 있는가?

만약에 일본의 한국 지배에 대한 전체적인 성격 규정 없이 개별적으로 그런 보상이 이루어진다면 그것은 오히려 일본에 의한 한국 지배를 정당화하는 논리를 제공하게 되는 것임을 잊지 말아야 한다. 왜냐하면 식민지 지배에 대한 성격 규정 없이 이루어지는 보상은 결국 전쟁 당시는 '일본인'이었다는 사람에 대한 일본 정부의 보상, 즉 사실상 일본 국민에 대한 보상과 다를 바가 없기 때문이다. 따라서 단순한 보상의 실현은 자칫하면 일본에 의한 한국 지배를 인정하는 것, 바꾸어 말해 한일병합은 합법적이었다는 해석을 뒷받침하게 된다. 물론 병합조약을 합법적인 것으로 남겨둔 채 개별적으로 이루어지는 보상을 가지고 식민지 관계 자체가 청산되었다고 생각하는 한국인은 거의 없을 것이다.

그러므로 양국 간의 식민지 관계 청산에는 그런 개별적 보상이 이루어지는 토대, 즉 일본의 한국 지배에 대한 전체적 성격의 문제를 무시하고 분석할 수 없다. 그리고 그 문제가 결국 한일병합의 정당성 여부로 환원하게 됨은 말할 나위도 없다. 식민지 관계의 청산이 이루어지지 않았다는 이 책의 문제의식은 바로 이상과 같은 한일병합의 성격 규정과 그 책임에 따른 보상이 이루어지지 않았다는 것을 의미함을 우선 천명하고 자 한다.

본 연구는 위와 같은 문제를 논하는 데 있어서 '민족사'라는 관점에서 논의를 진행 하고자 한다. 여기서 말하는 민족사라고 함은 역사를 자신들의 책임의식 아래 바라보 려고 하는 시각을 뜻한다. 보다 구체적으로 말한다면 그것은 해방 과정에 있어서 외부 의 힘과 관계없이 자기 힘으로 독립을 이룩하지 못했다는 사실과 그로 인해 생긴 미소 의 간섭과 남북 분단, 그리고 그에 얽힌 한국 내부의 정치 갈등이라는 큰 흐름 속에서 한일회담을 바라보는 시각을 뜻한다. 식민지 관계의 청산이라는 문제는 민족적인 관심사였던 만큼 이 문제를 다룬 비평들은 너무 많다. 그러나 여태까지 이 문제를 바라보는 시각들은 크게 나누어 미국의 대일 및 대한반도 정책, 일본 정부의 과거에 대한 무반성적인 자세와 그 정책, 그리고 한국 측 역대 정권의 속성과 그로부터 연유하 는 정책들로 집약되어 왔다고 말할 수 있다. 물론 해방 과정부터 건국 과정, 그리고 한일교섭에 이르기까지 계속 관여한 미국의 영향, 한일교섭이 서로 주권을 가진 대등 한 외교교섭으로 된 이상 일본의 입장과 그 정책, 그리고 외교교섭의 주체가 정부인만 큼 한국 정부의 성격이라는 위의 세 가지 시각들이 한일 간에서 식민지 관계 청산 문제를 생각하는 데 빼놓을 수 없는 핵심적인 요소들임은 틀림없다.

하지만 주변 국가로부터 과거 많은 영향을 받아왔다는 수동적 의식 때문인지 재일 교포로 태어난 저자에게 한국 사회의 지적 풍토는 지나치게 외국으로 쏠려 있다는 인상을 금할 수 없다. 가령 식민지 관계 청산 문제에 관한 외국의 영향을 분석할 경우에도 역사에 대한 하나의 주체인 한민족 자체가 그것을 자초했다는 인식이 동반되어야 한다. 그런 자각이 없는 '외세결정론'은 그 중요한 지적인 공헌의 부작용으로서 자칫하면 역사에 대한 자신의 책임 회피 의식을 키워 버린다. 그것을 의식하든 안하든 역사의 창조는 늘 밖에서 이루어지고 자신들은 늘 그 대상에 불과하다고 가정하는 사고는 이 땅에 뿌리 깊게 스며든 '한(恨)' 의식의 환언에 불과하다.

또한 대한민국 정부에 초점을 맞춰 식민지 관계 청산이 이루어지지 않았던 원인을 찾으려 해 온 '정권책임론'에 대해서도 같은 주의가 필요하다. 비록 이 문제에 대한 한국 측의 일차적 책임 주체가 정권에 있었다고 쳐도 그들 정권의 탄생과 정책 과제들을 민족사적 문맥에 자리 매김시켜 이해하는 노력이 요구된다. 그것을 무시한 상징적인 정권책임론은 '친일정권'이라는 박정희 정권에 대한 공격으로서 나타났다. 그러나 개별적 정권의 속성과 정책에 따라 마치 원하는 결과를 얼마든지 만들어낼 수 있는 양 가정하는 그런 안이한 정권책임론은 위의 외세결정론과 그 겉모습만 바꾼 또 하나의 책임 회피 의식의 재현에 지나지 않는다. 그런 시각은 정파싸움을 위한 헛된 불씨를 한국 사회에 계속 던질 일이 있어도 장래를 위한 건설적인 교훈을 가져다줄 일은 없을 것이다.

따라서 식민지 관계 청산이 이루어지지 않았다는 아픈 기억에 대해서 이 책은 그 학문적인 입장으로 누군가에 대한 책임 떠넘기기라는 시각에서 자각적으로 자유로워지려고 하는 입장에 서 있다. 민족사적인 관점이라는 문제 제기는 바로 이를 위한 것이기도 하다. 물론 이런 접근은 일정한 정도 자의성을 띠게 된다. 그러나 사회현상은 늘 수많은 요소들의 복합적인 상호작용으로 이루어진다. 따라서 그것을 이해하기 위한 인식작용은 결국 그 복잡다단한 요소들의 채용과 기각 그리고 그들 요소의 연결 등, 논자의 자의성으로부터 원천적으로 자유로울 수는 없다. 따라서 문제의 요체는 자의성 자체에 있는 것이 아니라 그 자의성이 가진 지적인 공헌에 있다고 해야 할 것이다. 물론 이 책이 가지는 그러한 공헌에 대해서는 각 독자들의 평가를 기다리는 수밖에 없다.

또한 최근의 보수화 경향에 따라 한국 사회에서는 자신들의 과거를 문제로 삼아 비판적으로 보는 시각들을 '자학사관(自虐史觀)'이라고 공격하는 우려스러운 목소리가 힘을 얻고 있다. 본 연구 역시 식민지 관계 청산을 이룰 수 없었던 광복 과정부터 한일회담 타결까지의 대한민국의 과거를 비판적으로 고찰하고 있다. 그러나 과거를 문제로 삼는다는 것은 결코 자신을 부정적으로 보기 위한 것임을 뜻하지 않는다. 과거는 늘 현재와 미래와의 관계 사이에서 의미 있게 되돌아보게 되며 그때 단순한 과거의 사실들은 '역사'가 된다. 역사가 현재와 장래를 전망하기 위한 그런 거울이라고 친다면 보다 발전된 현재와 미래를 위해 풀리지 못했던 과거를 자신의 책임의식 아래 반성적으로 되돌아보려고 하는 것은 오히려 진정한 의미에서 자신들을 소중하게 여기는 태도라고 믿는다. 문제는 문제가 있다는 것 자체가 아니다. 진정한 의미에서의 문제는 문제가 있는데도 그것을 문제로 인식하지 못하는 데에 있다. 이런 문제의식을 무시한 채 자신의 과거를 미화하려고 하는 것이야말로 애국심인 양 생각하는 사고는 한국 사회의 장기적인 발전을 위해서는 그다지 건설적이지 않은 협소한 '자애사관(自愛史觀)'에 불과하다. 또 그것은 자국의 과거를 반성적으로 돌이켜보는 시각들을 '자학사관'이라고 공격하여 제국주의와 식민지 지배를 미화하려 하는 일부 일본 보수파의 사고와 다를 바가 없다.

이 책은 위와 같은 문제의식에 입각해서 식민지 관계 청산이 이루어지지 않았던 논리를 해방 후의 민족 대립에 기인한 반공의 필요성과 식민지 관계 청산의 실현이라는 모순을 안게 된 한일회담의 역사적 속성에서 찾는다. 이런 논리구성으로 인해 예상될 오해에 관하여 여기서 덧붙여 말해 두고자 한다.

독자는 식민지 관계 청산에 역설적으로 작용한 반공의 필요성을 저자가 부정적으로만 보고 있다는 인상을 가질지도 모른다. 하지만 반공 논리의 강조는 해방 후 대한민국의 성격을 상징하는 가장 핵심적인 개념이라는 입장에서 그대로 쓴 것일 뿐, 반공의 논리를 우선시해야만 했던 당시의 요구를 마냥 부정하려는 생각은 없다. 저자는 이승만 정권으로부터 박정희 정권으로 이어진 당시의 각종 반공정책들이 자유민주주의 체제를 수호하기 위한 필연이었다고 보는 보수적 사고를 지지하는 자가 아니다. 그러나 역으로 자유주의 체제를 수호하기 위한 중요한 요건 중 하나가 공산주의 방지에 있었다는 점도 부정할 수는 없다. 더구나 사회주의 체제의 몰락과 북한 체제의 현실이라는 오늘날의 경험을 생각할 때 대한민국의 국시로서의 반공을 부정적으로만 볼 수 있을 리도 없다.

그러나 역대 정권이 취한 자유주의 체제를 수호하기 위한 그런 반공정책들의 평가를 떠나 대한민국의 반공의 요구가 당시 식민지 관계 청산의 실현에 역행하는 논리를 내포하고 있었던 것 만큼은 틀림없다. 혹시 역사에 그런 논리가 숨어 있었다고 한다면 그 논리를 치밀하게 밝혀내는 과제가 이 분야의 연구자에게 주어진 하나의 책무임은 틀림없을 것이다.

또 식민지 관계 청산에 대한 반공논리의 부정적인 작용이라는 이 책의 주장에 대해서는 거꾸로 반공 없는 국가이면 식민지 관계의 청산은 가능했는가라는 반론이 예상된다. 그러나 이러한 비판은 개별성으로부터 일반법칙을 도출하려는 단순한 방법론적 작오에 불과하다. 이 책에서 논하는 한일회담은 어디까지나 1950, 60년내 중반에 걸쳐서 진행된 하나의 개별적 사항에 불과하다. 따라서 이 책은 그런 문맥을 떠나 반공의 논리가 늘 식민지 관계 청산에 역행한다는 일반법칙을 주장하려고 하는 것도 아니거니와 또 주장할 수 있을 리도 없다. 쉽게 말해서 '친공(親共)' 정권인 북한이 당시 한일회담에 대신해 '북일회담'에 임했다면 그 반공논리의 부재로 인해 북일 간에는 식민지 관계의 청산이 가능했을 것이라는 등의 결론을 이 책이 상정하고 있는 것이 아니라는 점은 여기서 미리 강조해 두고자 한다.

이상과 같은 본 연구의 제한적인 성격에 대해서는 설명력이라는 일반성에 관해 한계가 있어 보일지도 모른다. 그러나 비교적 소수의 주된 요소의 상호작용으로 인해 안정된 현상의 반복을 기대할 수 있는 자연현상과 달리 사회현상은 시시각각 변해가는 수많은 요소의 비규칙적인 상호작용으로 이루어진다. 따라서 엄격하게 따져보면 사회현상에는 뭐 하나 똑같은 현상은 존재하지 않는다. 그런 현상을 대상으로 해야만 하는 학문의 설명력은 밝힐 수 있는 범위에 제한이 없는 일반성으로는 확보되지 않는다. 오히려 그것은 설명할 수 있는 범위와 못하는 범위와의 뚜렷한 경계의 설정으로 인해 겨우 담보된다고 저자는 생각한다.

연구자의 자세로서는 문제라는 것을 알면서도 원래 다른 사람들과 활발하게 교제하는 것을 선호하지 않는 성격 탓인지 본 연구는 스스로 택한 고립된 환경 속에서 진행했다. 그로 인해 이 책의 기초가 된 박사논문을 집필할 때는 앞서가는 열정 탓에 자칫하면 정치적인 논리를 결여시키는 나쁜 버릇에 제동을 걸어야 하는 번거로움을 남궁영 교수(한국외국어대학교 정치외교학과)께 거듭 끼쳐드렸다. 이정 교수(한국외국어대학교 법학과)께는 유학기간부터 현재에 이르기까지 공사(公私)를 막론하고 많은 배려를 받고 있다. 또 이원덕 교수(국민대학교 국제학부)께는 일본 측 외교문서를 분석하는 소중한 연구 기회를 받았다. 기타 이름은 적지 않으나 많은 분들로부터 우의와 도움을 받아왔다. 이 분들과의 만남이 유학시절부터 현재까지 객지에서의 연구생활을 계속하는 데 큰 힘이 되었음은 새삼 말할 나위도 없다. 여기서 진심으로 감사의 마음을 전하고 싶다.

　애당초부터 채산성이 떨어질 수밖에 없는 학술도서 출판의 환경 속에서도 이 연구가 출판될 수 있었던 것은 논형의 소재두 사장님의 결단 덕분이다. 또 한국어를 모국어로 하지 않는 저자의 글이기에 김현경 편집장에게는 통상의 편집자가 맡는 일을 훨씬 넘는 노고를 끼쳐드렸다. 진심으로 두 분께 감사하는 바다. 그런 논형과의 인연을 맺게 해준 것은 학부시절부터의 동창인 정대성 군(동원대학교)의 배려 덕분이다.

　마지막으로 사적인 이야기가 되어 송구스러우나 이 책은 일찍 별세한 나의 아버지 장지학(張智鶴) 님께 바치고자 한다. 아버지는 일제시대라는 어려운 시절 우리나라 안에서도 가장 변방이던 제주도에서 태어났다. 더구나 생모와 유아 시절 사별이라는 개인적인 악조건도 겹쳐 결국 초등학교도 못 나온 채 일본으로 건너가게 되었다고 들었다. 재일한국인에 대한 차별이 심했던 당시의 일본 사회에서 교육의 기회조차 얻지 못했던 아버지에게 다가왔을 이후의 고생은 이루 말할 수 없었을 것이다. 나는 그 고생 덕분에 아버지 자신은 엄두도 못 냈던 고등교육의 기회를 얻었다. 그러나 한국인은 한국에 관한 연구를 하라는 일본에서의 암묵의 압력에 반발한 나는 한반도와 전혀 상관없는 경제체제론 관련의 분야로부터 연구생활에 들어갔다. 그런 내가 결국 30대 중반을 넘어 우리나라에 처음으로 들어와 한일관계의 역사를 다시 생각하게 된 것은 아버지가 하늘에서 몰래 이끈 결과가 아닐까, 그런 생각마저 든다. 결국 나의 대학 입학까지만 지켜보고 50대 중반이라는 나이로 이 세상을 떠난 아버지께 바치기에는 이 연구가 너무나 미흡한 것임을 잘 알고 있다. 그러나 미소를 지으면서 용서해 줄 것이라고 믿는다. 그래도 아들이 혼을 담아 쓴 것이기에.

내년 한일병합 100년을 맞게 됨을 가슴에 새기며
2009년 8월
장박진

표 차례

일러두기

1. 인용문 표기
   - 인용문이 한문의 경우도 원칙적으로 한글로 고쳐 표기했다.
   - 인용문 중 현대어 표기와 현격히 다른 표현 및 명확하게 잘못 표기된 부분에 관해서는 저자의 책임으로 고쳐 표기했다.
   - 인용문 중의 한반도 관련의 호칭에 관해서는 원문이 영어 경우는 현재 한국에서 사용되는 호칭에 입각해 문맥상 '한국', '한반도' 등으로 번역하여 필요에 따라 원문을 그 뒤에 달았다. 한편 일본어 및 국문의 인용의 경우는 '조선' 등의 호칭도 원문의 의미를 살리는 의미에서 그대로 사용했다.
   - 영어문헌에 관해서는 일부 한국어 또는 일본어 번역책을 사용했다. 이 경우 각 각주에서 저자의 이름을 한국어 또는 일본어 표기로 하여 그 사실을 밝히도록 했다. 페이지는 모두 다 번역본의 페이지를 표기했다.
   - 조약문 교섭은 모두 기본적으로 영어를 정문(正文)으로 하여 전개되었으나 독자의 이해 돕기와 다른 문장과의 통일을 기하는 의미에서 기본적으로 한국어(영어)의 순서로 표기했다. 다만 문맥, 기술의 편의, 불필요한 반복의 회피라는 관점에서 일부는 영어 또는 한국어 표기만 남겼다. 일본 측이 제출한 일본어 초고의 경우는 한국어만을 표기했다. 또 영어 정문 중 문장에 따라 같은 단어에도 대자, 소자의 사용에 차이가 있으나 저자의 판단으로 모두 통일 표기했다.
   - 인용문 중 추가 설명이 필요하다고 판단한 부분에는 (=)를 달아 보충했다.

2. 기타 본론 표기
   - 1952년 4월 28일 발효된 소위 대일평화조약에 관해서는 '평화조약'과 '강화조약'이라는 두 가지 호칭이 쓰이나 문헌상의 표기를 빼고 모두 '평화조약'으로 통일했다.

3. 참고문헌 표기
   - 현재의 철자표기법과 다를 경우도 표제는 원문대로 표기했다.
   - 원서가 영어문헌일 경우도 한국어 번역본 또는 일본어 번역본을 참고했을 경우는 원서의 표제 등은 삭제하여 각각 한국어, 일본어 문헌으로서 표시했다. 다만 출판년도는 번역본 출판년의 뒤에 괄호를 달아 원문출판년을 표기했다.

4. 각주표기
   - 2005년 1월, 8월에 정식으로 공개된 한일회담 공식문서에는 편집상의 이유로 보이는 페이지 수 표기가 각 두 가지 또는 세 가지 있을 경우가 많으나 저자의 판단으로 하나만 택해서 표시했다.

1부

문제제기와 식민지 관계 청산의 조건

1장
문제 제기

1. 이 책의 문제의식

식민지 지배-피지배 관계에 기인하는 특수한 과거관계의 청산(이하 주로 과거청산)은 왜 이루어질 수 없었는가? 이 책은 오늘날까지 한국 사회에서 끊이지 않게 제기되어 온 이 물음 규명에 대하여 2장에서 정의하는 의미에서 한일회담에서 과거청산은 왜 소멸되었는가 하는 문제로서 접근하는 것이 옳다는 입장에서, 과거청산이 소멸되어야만 했던 한일회담의 역사논리와 교섭과정을 분석할 것을 주제로 삼는다. 주지하는 바와 같이 한국 측에 있어서 한일회담의 주된 목적은 크게 두 가지로 나누어 자유주의 체제 수호를 위한 반공 안보의 확보와 이를 위해서도 절실히 필요했던 일본과의 경제적 연계를 통한 경제 건설(이하 이 두 가지 요구를 합쳐 '국가수호 과제'), 그리고 식민지 지배에 따른 과거청산 과제에 있었다고 생각되어 왔다. 그러나 한일회담은 과연 위의 두 가지 목표를 이룰 수 있는 요건을 갖추고 있었는가? 한일회담의 교섭과정 역시 위의 두 가지 목표를 달성하려고 한 과정이었는가? 실은 이 물음은 아직 충분히 검증된 문제가 아니다.

기존의 한일회담에 관한 연구는 크게 나누어 극동정세에 대응하기 위한 미국의 한일수교 압력, 일본 측의 과거 무반성적 대응(주로 안보, 경제적 동기), 그리고 한국에 들어선 각 정권의 개별적 속성과 그에 기초한 정책이라는 세 가지 각도에서 이루어져 왔다고 볼 수 있다. 이들 선행연구는 주로 안보나 경제적 동기에 그 초점을 맞춤으로써 왜 한일회담이 성사되어야 했는가 하는 문제를 밝히는 데에는 중요한 시각들을 제공해왔으나(물론 이 물음은 50년대에 왜 타결하지 못했는지를 논하는 데에도 유익

함) 과거청산 문제가 소멸된 논리를 밝히는 데에는 피할 수 없는 한계를 안고 있다. 왜냐하면 안보나 경제라는 '국가수호 과제'로 접근하는 한일회담 분석은 한일회담이 성사되어야 하는 이유를 논할 수는 있어도 한일회담을 통한 과거청산 과제 역시 그 회담의 성사를 절대조건으로 삼아야 하는 이상 과거청산 과제의 소멸 논리를 밝히는 데 모순을 안게 되기 때문이다.

이에 대해 본 연구는 타결된 한일회담에서는 왜 과거청산 과제가 소멸하게 되었는지(이 물음은 성사되었다고 판단할 수 있는가 라는 물음에 대한 답으로 됨)를 '민족사'라는 관점에서 살피고자 한다. 여기서 말하는 '민족사'라고 함은 한국 내부를 분석할 때 각 정권 차원에 그 분석의 초점을 맞추어 온 선행연구와 비교해서 해방과정에서 외부의 힘과 관계없이 결국 자기 힘으로 독립을 이룩하지 못했다는 사실이 자초한 미소의 간섭과 그에 따라 생긴 남북한의 대립, 그리고 그에 얽힌 한국 내부의 정치적 살붕이라는 보다 큰 분석의 틀을 뜻한다.

이러한 과제를 수행하면서 사용할 분석 방식은 역사 실증주의적 방법을 무매개적으로 적용해 온 선행연구와 비교해서 보다 분석적 접근을 중요시한다. 여기서 말하는 분석적 접근이란 한일회담에서 과거청산이 이루어지기 위해 필요한 논리적 조건을 먼저 도출하고 그 잣대를 통해서 한일회담을 고찰하는 것을 말한다. 이런 접근을 중요시해야 하는 이유는 과거청산이라는 개념 자체가 본시 가치의존적 성격을 지니고 있기 때문이며, 따라서 그 소멸 논리를 논증하기 위해서는 우선 동 회담에서 청산이 이루어질 수 있는 조건들을 명시해둘 필요가 있기 때문이다.

구체적으로는 한일회담에서 과거를 청산하기 위해서는 우선 한일회담 자체가 그것을 가능하게 하는 속성을 갖추고 있어야 하고, 또한 회담 과정이나 결과가 청산을 이룩하기 위한 회담이었다고 평가할 만한 내용들을 가져야 한다. 따라서 한일회담에서의 과거청산 소멸의 분석적 연구를 하기 위해서는 논리적으로 한일회담을 통해서 과거청산이 가능해지는 조건(이하 가능조건)과 한일회담이 청산을 이룩하기 위한 회담이었다고 판단할 수 있는 조건(이하 내용조건)의 두 가지를 통한 검토를 필요로 한다.

첫 번째 가능조건은 회담에 대해서 외생적 관계에 있어 한일회담의 구조적 성격을 규정하는 중요한 변수들을 말한다. 즉, 이들 변수는 한일회담 성격을 형성하는 데 결정적인 영향을 주지 않을 수가 없으나, 거꾸로 회담 자체의 진행과정으로부터 영향을 받지 않았다는 의미에서는 회담에 대해서 바로 외생적 관계에 있는 변수들이다. 이 변수들이야말로 한일회담이 과거청산을 이룩할 수 있는 장이었는가를 구조적으로 결정하는 중요한 요인으로 작용한다.

이 글에서는 위의 가능조건을 이하 세 가지로 나누어 고찰할 것이다. 첫 번째 조건은 한국 정부의 과거청산에 관한 국민적 합의 도출 능력의 여부다. 각 개인의 피해보상과 직결된 과거청산 과제가 한일회담이라는 외교교섭의 무대에서 이루어지게 된 이상 동 회담은 한국 정부에 의한 국민의 대리교섭이라는 성격을 지닐 수밖에 없었다. 따라서 한국 정부에 대한 국민의 신뢰 여부는 청산 문제에 있어서 가장 기초적인 조건임은 당연한 일이었다. 그것을 결여한 조건하에서 이루어진 교섭은 그 내용과 상관없이 애당초 국민으로부터 청산에 관한 정당성을 확보하기가 불가능하기 때문이다.

두 번째 조건은 교섭 상대인 일본 측의 과거에 대한 반성의식과 그와의 연계 가능성이다. 과거청산이 국교정상화 과정이라는 통상의 외교교섭의 장에서 진행되게 된 이상, 이 교섭내용에 일본 측 입장이 반영되는 것은 불가피한 일이었다. 선행연구들도 일본 측 집권층의 과거 무반성적 인식에는 주목해 왔으나 논리적 조건으로서보다 중요한 것은 단지 현실적으로 일본의 집권층이 과거 무반성적 세력이었다는 사실뿐만 아니라 동시에 과연 한일회담은 일본의 과거반성 세력과 손을 잡고 청산을 이루어낼 만한 논리성을 갖추고 있었는가 하는 문제를 검토할 것이다.

마지막으로 세 번째 가능조건은 대일평화조약에서 과거청산 규정의 문제다. 주지하는 바와 같이 한일회담은 대일평화조약에 의하여 그 법률적 근거가 주어진 만큼 그 평화조약의 내용이 한일 간의 과거청산에 중요한 영향을 주지 않을 수가 없었음은 두말할 나위도 없었다. 따라서 대일평화조약에 한일 간의 특수한 과거의 청산규정이 들어갈 여지가 있었던가 하는 물음은 바로 한일회담에서의 과거청산 성립 여부의 논리성을 밝혀내는 데 빼놓을 수 없는 조건이 된다.

다음 내용조건은 한일회담의 구체적인 추진과정을 살핌으로써 한일회담의 추진

내용이나 그 결과 자체가 과거청산을 이룩하기 위한 회담이었는가를 판단하는 데 필요한 조건들이다. 본 연구는 과거청산 개념으로부터 논리적으로 도출 가능한 그런 조건들을 기준으로 삼아 그 충족 여부를 분석하고자 한다. 구체적으로는 한일회담의 목적, 한일 간의 과거 규정과 그에 따른 청산 교섭, 청산 규정, 한국 국민의 개인청구권 보호, 이북 거주민의 개인청구권 보호의 다섯 가지를 동 내용조건으로 삼고자 한다.

회담 추진과정의 내용들을 분석하는 데 있어 본 연구는 이전부터 일부 열람 가능했던 회담회의록뿐만 아니라 2005년 1월과 8월 두 번에 걸쳐 공개된 한일회담 공식문서를 전적으로 사용한다.

이상이 본 연구의 목적과 그 목적을 달성하는 데 필요한 논리구성이다. 다만 마지막으로 여기서 밝혀두고자 하는 것은 오늘날 다시 한 번 한일회담을 분석하는 의의, 특히 그것을 '민족사'라는 차원에서 고찰하는 연구의 의의가 무엇인가에 관한 것이다. 이 물음에 관하여 이하 세 가지를 늘고자 한다.

첫 번째는 바로 이 책의 주제를 밝히는 데 그런 시각이 절대적으로 필요하다는 것이다. 반일 정서와 남북 분단에 따른 반공 이데올로기가 불가피하게 자리 잡은 한국 사회의 토양 속에서는 한일회담에서 과거청산이 소멸하게 된 핵심적 원인을 해방 후 한민족이 걸어온 대립의 역사에서 짚어보려고 하는 '민족사'적 관점이 그 동의를 얻기가 어려운 측면이 있다. 그것은 자칫하면 일본의 책임을 회피시키는 가능성을 내포하는 것뿐만 아니라 남북한의 대립을 적어도 남북 각각 절반의 책임으로 보려고 하는 시각을 동반하기 때문이다. 그러나 이하에서 밝히겠지만 한일회담의 내용은 한국 측 대응의 최대 목적이 민족 간의 대립에 대처하기 위한 '국가수호 과제'에 있었음을 드러내고 있으며, 그로 인해 또 하나의 목적이던 과거청산 과제가 사라져야만 했던 과정이었음을 가리킨다. 그러한 의미에서 '민족사'라는 관점은 선행연구가 확립해 온 미국, 일본, 그리고 한국의 각 정권의 대응이라는 이해의 틀을 뛰어넘기 위한 분석적 틀을 제공할 수 있는 의의가 있다.

두 번째 의의는 첫 번째 의의와 관련해서 한일회담이라는 자신의 역사를 자기 스스로의 책임의식 아래 바라보려고 하는 시각을 확립시키는 데 있다. 정치외교의 연구에 있어서 강대국의 대한반도 정책을 중심으로 연구해 온 한국의 지적 풍토 속에서 한일회담에 관련된 연구 역시 적어도 한국 측 업적으로서 그 주류는 미국, 일본의 대한반도 정책이라는 각도로부터 나온 연구들이었다. 이들 연구도 각 나름대로 가치가 있음은 물론이다. 그러나 한일회담은 한국이 주체적으로 관여한 외교사인 만큼 외국의 움직임과 동시에 한국 측 대응에 관한 연구가 필요함은 당연한 일이다. 여태까지 한국 측 내부에 초점을 맞춰 온 연구도 그 문제의식에 있어서는 각 개별 정권의 움직임에 지나치게 무게를 둔 나머지 정권의 대응들 역시 '민족사'에 에워싸여 규정되고 있었다는 자명한 사실이 알게 모르게 왜소화되어 왔다. 이 연구가 굳이 '민족사'라는 문제의식 아래 한일회담을 분석하려는 것도 한일회담에 관해 청산이 성립하지 못한 원인을 미국이나 일본 그리고 한국의 역대 정권의 대응에서만 찾으려 한 한국 사회의 지적인 틀을 벗어나기 위한 것이다.

마지막 세 번째 의의는 북한과 일본의 국교정상화에 대한 전망을 줄 수 있다는 것이다. 본론에서도 논하겠지만, 한일회담 교섭의 '실패'라는 역설로 인하여 가능해진 북한과 일본의 국교정상화 교섭은 1991년 1월에 처음으로 열렸다. 물론 그 후 양국 간의 교섭은 1차 북핵 위기 후의 우여곡절과 특히 최근에 불거진 일본인 납치 문제, 2차 북핵 위기 등으로 인해 여전히 어두운 그림자에 가려지고 있으며 그 해결의 실마리조차 찾지 못하고 있는 상황이다. 그러나 양국 간의 교섭은 2002년 9월 17일의 북일평양선언에서 나타나듯이 한국과 일본의 국교정상화의 틀을 토대로 진행될 가능성이 매우 높다. 따라서 북한과 일본의 국교정상화 교섭의 행방을 분석하는 데 있어서 한일회담 교섭의 연구는 단지 외교사 연구에 그치지 않는 현재적 · 미래적 의의를 가지고 있다. 특히 남북한의 대립으로 인하여 사실상 남한과 일본 간의 과거청산 과제가 사라진 한일회담의 교훈을 되새기지 않고, 계속되는 남북한의 대립으로 북일 교섭이 또다시 한일회담의 전철을 그대로 밟게 된다면 이는 양 민족 간에 있어서 그 불행한 과거를 청산할 기회가 영원히 사라지게 된다는 의미가 될 것이다. 이러한 의미에서 북일 교섭의 행방은 여전히 대일불신의 구조에서 벗어나지 못한 한국 사회의 문제이기도 하다. 따라서 북일 교섭 중 적어도 과거청산 문제에 관한 부분에 관해서는 한국 사회 역시 적절한 대응이 요망된다. 이미 정해진 한일 간의 협정들과 앞으로 예상될 북일 간의 협정들과의 조화라는 제약 조건하에서도 양 민족 간의 신뢰를 굳건히 해나가기 위한 보다 나은 대응은 무엇인가? '민족사'라는 관점에서의 한일회담 연구는 바로 위의 물음에 대한 검토를 위해서라도 중요한 의의를 가진다고 믿는다.

2. 선행 연구의 동향과 과거청산 분석에 대한 내용적 한계

한일 국교정상화는 양국의 복잡다단한 과거 문제가 얽힌 문제인 만큼 이에 관한 비평은 양국을 막론하고 65년 타결 전후부터 많이 나타났다.[1] 하지만 오늘날의 시각에서 볼 때 한일회담에 관한 그런 글들의 대부분은 특히 한국 측에서 감정적이거나 또 자료 면에서의 한계로 인해 오늘의 연구 수준에서 볼 때 본격적인 연구라기보다 사건의 피력이라고 평가해야 하는 문헌들이 낳다. 따라서 여기서는 현재의 한일회담에 관한 연구 동향을 살펴보고 이 연구가 가지는 시각의 독자성을 부각시키는 의미에서도 80년대 이후 진행된 연구들을 다룸으로써 한일회담 연구의 특징들을 정리하고자 한다. 하지만 본 연구는 선행 연구의 자세한 고찰을 하는 데 그 목적이 있는 것이 아니므로 각 개별적 논점에 초점을 맞춘 논문들은 이하 본론에서 필요에 따라 다루도록 하고, 여기서는 한일회담을 전반적으로 고찰하여 한일회담 전체를 이해하는 틀을 알아보는 데 유익한 문헌들로 한정하기로 한다.

1980년대에 들어가서 한일회담에 관한 본격적인 연구의 효시가 된 성과는 성황용(成滉鏞, 1981)이라고 볼 수 있다. 이 연구는 일본의 대한(對韓)정책의 하나로서 한일회담을 인식, 일본 측의 한국 인식, 정책 등을 중심으로 고찰하면서도 단지 일본의 대한정책에 한정되지 않고 미국의 극동정책, 한국 측의 대응 등을 동시에 다룸으로써 한일회담의 진행과정을 포괄적으로 밝히고자 했다. 이 연구의 성과로서 그 후 이루어진 한일회담을 둘러싼 이해의 틀, 즉 미국의 극동정책, 일본의 안보·경제적 이해,

---

1) 민족문제연구소는 종합잡지 등에 수록된 한일회담 관련 논설을 상세히 소개하고 있어 많은 도움이 된다. 민족문제연구소, 『한일협정을 다시 본다: 30주년을 맞이하여』(아세아문화사, 1995), 365~373쪽.

한국의 반공안보 및 경제 건설을 위한 일본 자금의 필요성이라는 한일회담 분석의 시각들이 정착되었다고 말할 수 있다. 80년대 이후 발표된 한일회담을 포괄적으로 살피려고 한 연구의 대부분, 예컨대 박정희(朴丁熙, 1982), 민태선(1986), 하연수(河然秀, 1990), 신승준(2002), 이문희(1998), 김영호(金瑩鎬, 1995), 김기봉(金基奉, 1985), 이정훈(1992) 등은 그 내용·형식 등에 있어서 선구적인 성황용의 연구와 같은 문제의식을 가지고 있다고 평가된다. 하지만 성황용의 연구는 한일회담의 공식기록을 입수하지 못했다는 시대적 한계가 있어 회담 과정 자체를 파고드는 연구는 진행하지 못한 결과 한일회담에 영향을 준 요인들과 회담 내용의 상관성에 관하여 충분한 검토를 하지 못하였으며, 또한 미국의 국가정책에 관해서도 1차 자료 등에 대한 충분한 검토를 결여한 한계를 안고 있다. 2)

한편 한일회담이 단지 한일 두 나라 간의 문제가 아니라 그 배후에 미국의 존재가 있었음은 널리 알려진 사실이다. 따라서 한일회담에 관한 선행연구에서는 미국의 영향을 집중적으로 다루려는 경향이 하나의 주류를 이루어왔다. 미국의 영향에 관해서는 일찍부터 빅스(Bix, 1973) 등이 밝힌 지역통합전략 개념이 그 중심에 자리 잡아왔으나 90년대에 접어들어 각 정권의 방침, 정책, 그에 따른 구체적인 한일회담에 대한 관여 방식 등 주목할 만한 연구가 진행되어 왔다. 이종원(李鐘元, 1993a,b; 1994b), 박건영(朴建榮, 2003), 장(Chang, 1998) 등의 연구에 의하여 51년에 시작된 미국의 한일회담에 대한 관여는 1948년을 분기점으로 일본을 중심으로 한 대공산권 봉쇄정책과 극동아시아의 지역통합전략에 기인한 것이었음이 1차 자료 등을 통해서 밝혀졌다. 그 관여와 압력의 흐름은 크게 나누어서 50년대 후반까지 아이젠하워(Dwight D. Eisenhower) 정권하에서의 불개입, 중개 역할에서부터 60년대에 들어 케네디(John F. Kennedy), 존슨(Lyndon B. Johnson) 양 정권하에서의 적극 개입으로 분류되지만, 그 배경에는 전후 극동 정세의 변화와 경제 사정 등에 따른 미국의 정책 변화가 깔려 있었다. 즉 한국전쟁을 계기로 늘어난 미국의 안보 및 경제 분야에서의 대한

---

2) 상기 연구들 속에서 이정훈, "Korean - Japanese relations: the process of diplomatic normalization" (University of Oxford, Ph.D 논문, 1992)은 미국의 정책에 관해서 미측 1차 자료를 쓰고 있다.

(對韓) 직접관여 정책은 그것을 뒷받침하는 미국의 국제수지의 여력이 있었던 50년대에는 교착상태에 빠진 한일회담에 대한 적극 개입을 삼갈 여유를 주었다. 그러나 미국의 국제수지의 악화에 따른 자유주의 국가들에 대한 원조정책의 변화와 중공(中共)의 핵실험 및 베트남전쟁의 확대 등으로 인한 극동에서의 안보위협의 증대는 일본의 한국 원조에 대한 부담 증가를 요구했다. 바로 이들 요인이 60년대 이후 케네디, 존슨 정권하의 적극 개입으로 이어졌다는 것이 위 연구들의 주된 취지다. 이런 맥락에서 차(1997), 차(チャ, 1999)는 50년대의 회담 파행을 이승만의 반일성향에, 그리고 60년대의 타결을 박정희의 친일 성향에서 찾으려 한 시각들을 전통적인 시각이라 부르며 비판하고 있으며, 박태균(2005)은 그런 60년대의 미국의 수교 압력에는 경제적 동기보다 군사안보적 요구가 강했다고 주장하였다.

이들 한일회담 타결에 대한 미국의 영향을 중시하는 연구들은 미국의 문서 등을 중심으로 분석하는 한편, 한일회담 자체의 진행과정에 대한 조사, 분석은 소홀히 하는 경향이 강하다. 따라서 미국의 회담에 대한 영향을 중요시 하면서도 과연 한일회담의 각 내용과 미국의 영향이 구체적으로 어떤 상관관계에 있었는지를 고찰 대상으로 삼지 않았다는 문제점들을 안고 있다. 이들 연구는 1960년대 중반에 이르러서의 수교라는 사실을 설득력 있게 밝힐 수는 있어도, 한일회담의 내용과 결과의 논리성에 관해서는 거의 설득력을 가지지 못한다고 지적하지 않을 수가 없다.

물론 한일회담의 연구 속에는 미국의 압력을 중요시 하는 흐름과 달리 한국 내부에서의 한일회담에 대한 대응을 중심으로 한 연구들도 있다. 김양숙(1989), 권진희(1995), 신승준(申承峻, 1999) 등이 그것들이다. 신승준은 이승만의 반일에는 단순한 이데올로기적 측면을 넘은 합리적인 정책적 요소가 있었음을, 김양숙은 회담 추진의 요인은 미국의 압력보다 박정희 정권의 주체성에 있었음을, 그리고 권진희는 한국 내에서 회담 반대파에 대한 박정희의 대응방법이 그 후의 박정희 통치의 기초가 되었음을 주장하는 등 각자 한일회담을 바라보는 틀에 있어서는 독자적인 시각을 가지고 있다. 그러나 이들 연구는 회담 자체 연구의 중심이 되어야 할 회의록 등 1차 자료의 검토를 결여한 탓에 한일회담 자체의 내용 연구에 있어서는 새로운 공헌을 했다고 평가하기 어렵다.

한일회담에 관한 선행연구들에는 기타 회담의 의제별 문제점들을 짚어본 권태회 (1993), 회담의 쟁점들을 법률, 정치, 경제로 나누어 양국의 입장을 정리한 윤정용 (1996), 미국, 일본, 한국의 경제적 사정에 주목한 김왕근(金旺根, 1986), 한국의 외교 정책의 결정과정의 사례로서 한일회담을 다룬 김종문(1989), 한일회담에 대한 한일 양국의 지도자 개인의 영향에 주목한 박용우(2000), 한일회담에 관해서 일본 측 과거 반성과 그에 따른 청산의식의 약함은 단지 회담에 임한 일본 보수층뿐만 아니라 사회 당을 중심으로 한 회담 반대파에게도 공통된 것이었음을 강조한 현봉선(玄奉仙, 2003) 등도 있다. 이들 연구 역시 한일회담 분석의 접근 내용에 있어서 나름대로 독자 적인 특징이 있기는 하나 회담기록 등의 핵심적 자료 검증이라는 기초적인 작업 자체 를 소홀히 한 탓에 한일회담 자체의 분석 검토에 있어서는 기존의 틀 안에 머무르고 있다고 해야 하겠다.

이런 가운데 1990년대 중·후반에 들어서면서 그때까지 다루어지지 않았던 소중 한 1차 자료에 파고들어 종래의 연구 수준을 훨씬 뛰어넘은 주목할 만한 연구 성과들 이 나왔다. 이원덕(1996), 다카사키 소지(高崎宗司, 1996), 오타 오사무(太田修, 2003), 요시자와 후미토시(吉澤文寿, 2005) 등이 그것들이다. 이들 연구는 이원덕 (1996)은 일본 측의 정치 동향에 무게를, 다카사키(1996)는 보다 한일 양국에 균형을, 오타(2003)는 청구권을 중심으로, 그리고 요시자와(2005)는 과거청산이라는 시각 을 부각시키면서도 청구권에 관해서는 차관 교섭을 크게 다루는 등 각기 그 분석의 무게에 있어서는 시각 차이가 있으나 모두 다 과거청산의 미흡함을 문제의식으로 삼고 있다는 점에서는 공통점을 가지고 있다. 이들 연구는 당시 이용 가능한 청구권 관계자료, 회담회의록, 관계자의 회고록, 미국의 공문서 등을 새롭게 도입하여, 그때 까지만 해도 없었던 수준에서 미국, 한국, 일본의 포괄적인 움직임을 고찰하면서 한 일회담의 통사를 그려냈다.

하지만 이들 연구는 크게 두 가지 한계를 지니고 있다. 하나는 이 연구들은 어디까 지나 회담의 통사적 고찰을 중심으로 한 결과 본 연구가 다루려고 하는 구조적 시각,

즉 한일회담은 과연 과거청산을 실현시킬 수 있는 회담이었는가 하는 구조적 성격에 관해서는 미국의 극동정책과 대일평화조약에 관한 고찰 밖에 없다. 그 고찰 역시 단지 실증주의적 시각에 입각해서 한국의 대일평화조약 서명국으로부터의 배제에만 치중한 결과 대일평화조약이 가지는 역사 논리까지 충분히 검토하지 못했다. 그런 까닭에 회담에서 과거청산의 미흡함을 논하는 데 있어서는 그 원인을 단지 회담과정에서만 찾으려고 하는 표준적 시각에 머무르고 있다. 두 번째 한계는 이들 연구는 2005년 1월과 8월에 두 번에 걸쳐서 진행된 한일회담 관련 문서가 공개되기 이전의 연구이므로 회담분석에 있어서 일부 열람 가능했던 회의록을 빼고는 한국 정부의 훈령, 주일대표부의 대응 등 핵심적인 자료 검증을 결여하지 않을 수가 없었다. 이들 연구는 이러한 공백을 신문, 관계자의 증언 등의 자료를 통해서 메우려고 노력했으나 한계를 남기고 있는 것도 부정하지 못한다.

마시막으로 한일회남과 관련하여 비교적 최근에 그 과거청산의 미흡함에 대한 비판의식과 한일관계의 개선방안이라는 적극적인 문제의식으로부터 한일 간의 국교정상화 관련 조약의 개정을 주장하는 논고들이 나왔다. 이장희(1996), 김창록(2005), 유병용(2005), 이원덕(2005) 등이 그것들이다. 이들 주장은 주로 기본관계조약 제2조인 한일병합 관련의 구조약들의 무효 문제와 청구권협정 제2조 청구권 문제해결 조항에 초점을 맞추어 그 수정을 요구하는 것들이다. 이들 주장은 양국 간의 국교정상화에 있어서 과거청산이 미흡했다고 판단하는 점에서 바로 이 책과 같은 문제의식을 가지고 있다. 또 시대의 요구에 따라 조약 개정도 흔히 있는 것임을 생각하면 양국 간의 관계 개선을 위하여 조약 개정 자체의 필요성을 논하는 것은 중요한 일일 것이다.

그러나 이들 조약 개정의 요구가 본 연구가 논하려고 하는 '민족사'적 관점을 결여시킨 채 단지 미국, 일본, 그리고 박정희 정권의 개별적 책임이라는 입장에서만 전개될 경우 그 조약 개정 요구는 단지 자신들의 책임을 회피하기 위한 '억지주장'이 되어버릴 가능성도 있으며 그에 따라 거꾸로 설득력을 상실할 위험성마저 내포하고 있음을 지적해야 한다. 바로 본 연구의 문제의식은 이런 조약 개정요구를 '민족사' 위에 자리매김 시키는 데 하나의 시각을 제공할 수 있다고 생각한다.

[표 1] 한일회담에 관한 선행연구의 내용적 세부 사항

	제1차 회담 ~ 제4차 회담	제5차 회담 ~ 제7차 회담
미국	(안보전략) ·트루먼(Harry S. Truman)의 지역통합 전략과 아이젠하워(Dwight D. Eisenhower)의 뉴룩(New Look) 전략=일본의 극동아시아 중심 방침 ·핵무기를 중심으로 한 경제적 안보 전략 ·한일관계 악화와 그에 따른 직접관여에 대한 한일 양국으로부터의 반미감정 고조에 대한 우려 (경제 및 원조) ·국제수지의 여유에 따른 원조의 증액 ·한국전쟁을 계기로 한 대한직접관여의 증대, 민생 중심의 경제안정 원조 ·일본의 공업 부흥을 위한 원조와 대한원조에 필요한 자재의 대일 조달	(안보전략) ·케네디(John F. Kennedy)정권의 유연한 대응 전략에 따른 대외관여의 세계적 수위 증대=미국 단독에 의한 대한관여 정도의 상대적 축소 ·존슨(Lyndon B. Johnson)정권의 본격적인 베트남 전쟁 관여=자유주의 국가들의 협력체제 강화와 비용 부담 분산 정책 (경제 및 원조) ·국제수지 악화와 재정 악화에 따른 대외 원조 삭감 압력 증대 ·원조정책으로서 안보·민생안정을 위한 무상원조 형식으로부터 경제성장을 위한 차관 형식으로의 변화
한국	(정치·안보) ·한국전쟁을 위한 한미동맹 구축과 공고화=안보의 전면적 대미 의존 ·이승만의 개인적 반일성향 내지 미국의 대일중시 정책 및 일본의 역청구권 주장에 대한 정책적 반일 방침 (경제) ·미국의 대한직접관여 증대에 따른 전면적 대미 의존=대일 자금에 대한 필요성 저하	(정치·안보) ·중국의 핵실험 성공 및 베트남전쟁 격화 등에 따른 안보불안의 고조 ·이승만 정권 붕괴에 따른 대일강경적 지도자의 부재 ·박정희 쿠데타 정권의 정당성 결여로 인한 미국의 승인·지지 획득과 경제 성장 노선의 절대적 필요성 ·박정희의 개인적 친일경력과 인맥 (경제) ·장면, 박정희의 경제개발 우선정책 ·58년부터의 미국의 대한원조 삭감 경향과 차관형식으로의 변화에 따른 자금 대체루트의 필요성 ·경제5개년계획을 위한 자금도입의 시급성
일본	(정치·안보) ·자유주의 제국과의 단독 강화와 미·일 안보 체제 확립 ·미국의 안보 방위를 위한 대한관여 증대에 따른 한국 안보에 대한 방관 노선 ·요시다(吉田茂) 수상의 혐한(嫌韓), 반이승만 및 대일청구권 봉쇄정책 ·하토야마(鳩山一郎)의 대공산권 관계 개선정책 ·기시(岸信介)의 반공친한(親韓) 정책. 그러나 국내 사정에 의한 북송사업 추진 (경제) ·전후 부흥을 위한 국내 경제 건설 제일주의=국내 시장 확보·고용 등의 국내조달 ·국내 투자 및 자본의 부재	(정치·안보) ·이케다(池田隼人), 사토(佐藤栄作)의 대미 안보 추종노선에 따른 한국의 안보방위를 위한 경제적 부담 협력 ·이케다 정권의 한일 문제의 '경제 문제화'를 통한 국내반대 해소정책과 '저자세' 정치운영에 따른 회담 타결에 대한 신중함 ·사토 정권의 대한 적극 대응 (경제) ·국내 투자액을 웃도는 국내 저축에 따른 과잉 투자 자금의 발생 ·경제 성숙 단계로의 진입에 따른 한국시장, 노동력 확보의 필요성

이상 여기서 직접 언급하지 않았던 각 개별적 논문도 포함해서 한일회담에 관한 선행연구들이 지금까지 짚어본 회담 분석의 핵심적인 사항들을 요약한다면 [표 1]과 같이 정리할 수 있다.[3]

한일 간 특수한 과거의 청산이라는 각도에서 한일회담을 분석하려 하는 본 연구 역시 위에서 요약한 각 개별적 논점 자체를 부인하기 위한 것이 아니다. 세부적인 부분에서는 그 해석적 차이가 있어도 큰 틀에서 미국의 한일수교 압력, 일본의 안보 및 경제적 동기, 한국의 안보 및 경제계획 실행을 위한 자금 도입의 필요성 등 기존의 연구가 중요시해 온 '국가수호 과제'들이 한일회담 성사에 커다란 영향을 주었음은 분명할 것이다.

하지만 이들 시각은 한일회담을 그 회담의 또 하나의 과제였던 특수한 과거의 청산이라는 각도에서 볼 때 분석적 한계를 안고 있음을 지적해야 한다. 그 한계라고 함은 위의 시각들은 [표 1]에서 정리한 사항들이 한일회담을 타결로 이끌어간 구심력이 되었음은 설명할 수 있어도 한일회담에서는 왜 과거청산이 미흡한 내용으로 머물러야 했는지, 또 어떤 과정을 거쳐 그런 결과가 되었는지 등의 문제에 관해서는 충분한 설명을 하지 못한다는 점이다. 다시 말해 미국의 수교 압력이나 한일 양국의 국익 추구가 구심력으로 되어 한일회담 자체가 타결되어야 했던 논리를 설명할 수 있어도, 왜 그 회담이 진행과정이나 결과에 있어서 미흡했다고 평가받아야 할 내용으로 끝나고 말았는지에 관한 논리는 다른 각도에서의 분석을 필요로 한다.

바로 이 분석에는 이하 두 가지 접근을 요구한다. 하나는 한일회담은 양국 간의 특수한 과거 청산을 가능하게 하는 조건을 가지고 있었는가? 또 하나는 한일회담의 진행내용은 과거를 청산하려는 목적으로 이루어진 것이었는가? 거꾸로 말하면 이들 물음은 과거청산이 한일회담에서 이루어지기 위한 논리적인 조건은 무엇이고 또 한일회담이 청산을 목적으로 한다면 그 교섭과정에서는 어떤 교섭 내용들을 가질 필요가 있는가 하는 물음이라고 말할 수 있다.

---

3) 한일회담을 둘러싼 연구로서는 한일회담 반대운동에 관한 연구도 하나의 영역을 형성하고 있으나 이 책의 주제인 과거청산 소멸의 논리와 일차적인 관계가 없다고 판단되므로 여기서는 다루지 않았다.

이 책은 위 물음을 풀어나가기 위하여 이미 언급했다시피 전자의 물음에 관하여 가능조건이라는 각도에서, 또 후자의 물음에 대해서는 내용조건이라는 기준을 통해서 분석한다. 그리고 그것을 통해서 한일회담은 그가 역사 속에서 지게 된 논리성으로 인해 과거청산을 이루어내지 못하는 논리적 속성을 가지고 있었다는 것, 그리고 한국 정부 역시 그런 논리적 한계 속에서 과거청산을 소멸시켜나가는 방향으로 회담을 이끌어나갔다는 것을 밝힘으로써 본 연구의 주제인 한일회담에서의 과거청산 소멸의 논리를 밝힐 예정이다.

3. 방법론적 특징

이상 한일회담에 관한 선행연구들의 내용적 동향을 살피고 과거청산의 소멸논리를 밝히는 데 이들 선행연구들이 안고 있는 내용적 한계를 지적했다. 그러나 주의해야 할 것은 과거청산의 소멸 논리 탐구에 관해서 선행연구들이 가지게 된 한계는 그런 내용적 측면뿐만 아니라 이하와 같은 의미에서의 역사 실증주의적 방법의 무매개적인 적용에 기인하는 바도 크다는 점이다.

한일회담 연구는 국제관계론의 분야에 속하기도 하나 기본적으로 외교사인 만큼 역사학에 속하는 성격도 지닌다. 따라서 한일회담에 관한 선행연구들은 의식하든 안하든 그 분석방법에 있어서 위에서 말한 역사 실증주의적 방법을 직수입해 왔다고 말해도 무방하다. 여기서 말하는 역사실증주의란 물론 과학방법론의 하나인 실증주의적 방법을 역사 연구에 그대로 적용하려고 하는 입장을 말한다.

그런 실증주의의 사고의 진수는 바로 근대 과학의 초창기에 그 선도자 역할을 한 갈릴레오(G. Galileo)의 말 속에서 찾을 수 있다. 그는 "철학은 눈앞에 끊임없이 열려 있는 이 가장 거대한 '서적(즉, 우주)' 속에 쓰여 있습니다. 그러나 우선 이 언어를 이해하여 거기에 쓰인 글자를 해독하지 않는 한 이해하지 못합니다. 그 '서적'은 수학의 글자로 쓰여 있으며……"[4]라고 하여 근대 과학에 있어서의 실증주의적 사고의

---

4) G. ガリレオ, 『僞金鑑識官』, 『世界の名著21』(中央公論社, 1973), 308쪽.

특징을 분명히 밝혔다. 이 짧은 글 속에 담겨진 사고는 플라톤(Platon)의 이데아(Idea)론 이래 오랫동안 소위 서양철학을 지배해 온 불변의 절대적 진리 존재의 가정, 환언하면 현상의 뒤에는 반드시 그 현상을 지배하는 참된 원리가 숨어있다는 사고를 근대 과학의 이름으로 다시 한 번 강조한 것이라고 말할 수 있다.

바로 이러한 사고는 위 갈릴레오의 말 속에서 "철학은 […⋯] 서적(즉, 우주) 속에 쓰여 있습니다"라는 말이나 "그 '서적'은 수학의 글자로 쓰여 있으며"라는 표현들 속에 엿볼 수 있다. 즉 그가 주된 연구대상으로 한 우주라는 '서적'에는 '철학'[5]이 찾아낼 지적인 대상이 이미 수학이라는 언어로 쓰여 있다는 사고는 바로 분석대상의 존재가 분석 전에 이미 객관적·결정론적으로 주어졌다는 가정을 뜻한다.

또한 갈릴레오가 천명한 이런 실증주의적 사상은 연구대상이 객관적으로 실재하고 있음을 가정함으로써 각 연구자의 입장과 상관없이 정답은 숨어 있으면서도 이미 확정되어 있다는 사고와 직결된다. 소위 주객 이분법에 기초해서 진위 여부를 결정하는 것이 진리탐구로서의 학문적 역할이라고 생각해 온 근대 과학의 정신은 이런 실증주의적 사고의 또 하나의 표현이라고 말할 수 있다.

이렇듯 마치 인식 주체는 이미 결정되어 있는 정답을 비추어내는 거울과 같은 존재에 불과하며 따라서 학문적 가치는 숨어 있는 정답을 찾아내는 것에만 있다고 믿는 이런 실증주의적 사상이 역사연구에 직수입될 경우 그 연구목적은 문헌검증적 방법을 원용한 과거의 정확한 '복원작업'의 수행으로서 나타난다. 자연과학과 달리 연구대상이 바로 과거이므로 현존하지 않는 대상을 밝혀야 하는 역사학에서는 그 대상인 역사를 주로 과거를 기술한 문헌 속에 찾을 수밖에 없기 때문이다. 한일회담 연구에 있어서 미국, 일본, 한국 등을 둘러싼 각 요소들을 발굴해 온 기존 연구방법은 거의 다 알게 모르게 위 '복원작업'이라는 문제의식에 따라 진행되어 왔다고 말할 수 있다. 즉 뚜렷한 분석적 틀 없이 직접적으로 '한일회담을 둘러싸고 무엇이 있었는가?'라는 '복원작업'에 충실했던 이들 접근방법이야말로 실증주의적 방법을 무매개적으로 적

---

5) 여기서 말하는 '철학'은 세분화된 하나의 학문 분야로서의 '철학'이 아니라 일반화되는 지적인 활동을 뜻하는 것은 물론이다. 현재 그 '철학'에 해당하는 'philosophy'는 원래 '지(知)'를 사랑한다는 뜻을 나타내는 'philósophia'에서 유래한 것임에 주의가 필요하다.

용한 산물이라고 해야 하겠다.

　그러나 여기서 본 연구의 문제의식과 관련시켜 단순하지만 극히 중요한 다음 기본적인 물음을 던져볼 필요가 있다. 과연 '한일회담에서는 왜 과거청산이 소멸되었는가?'하는 물음은 위 실증주의적 방법의 무매개적인 적용으로 원리적으로 논할 수 있는 문제인가?

　위의 물음을 풀려면 우선 과연 과거청산이란 무엇인가에 관한 규정이 반드시 필요하나 문제의 핵심은 그 고찰 대상인 한일 간의 '과거'와 '청산'이 과연 단순한 사실관계와의 대조로 인하여 진위판단을 할 수 있는 개념인가 하는 점이다.

　말했다시피 실증주의적 사상의 핵심은 연구대상이 진위판단이 가능한 객관적 실재로서 존재하고 있음을 가정하는 것이지만, 본 연구가 다룰 위의 물음은 기본적으로 소박한 존재론적 명제가 아니라 가치론적 명제에 속한다는 데에 주의가 필요하다.[6]

　왜냐하면 청산해야 할 '과거' 규정에 관해서 바로 그 과거라는 개념의 추상성이 나타내듯이 한일 간의 특수한 과거는 실증주의가 가정하는 연구대상의 객관적 실재

---

6) 물론 이렇게 말했다고 해서 저자는 엄밀한 방법론으로서 소박한 실증주의가 적용되는 존재 명제와 가치의존 명제가 명확히 구별될 수 있다고 생각하는 것은 아니다. 이것은 이하의 예로 쉽게 확인 가능하다. 통상 까마귀는 검은 색이라고 생각된다. 그러나 색깔을 빼고는 기타 특징들은 모두 다 까마귀와 똑같은 특징을 지닌, 예컨대 흰 색의 새가 한 마리 발견되었다고 해보자. 그 때 단순한 존재 명제에 속한다고 생각되는 '흰 색의 까마귀가 있다'는 명제는 단순히 거짓(僞)으로 기각할 수 있을까? 물론 이 명제에 대한 답은 두 가지다. 하나는 흰 색이라는 특징을 가지고 그 새는 까마귀가 아니라고 판단하는 것, 즉 위의 명제를 거짓으로서 기각하는 입장이며, 또 하나는 색깔을 뺀 다른 특징들의 공통성에 의거해서 까마귀라고 인정하는 입장, 즉 위 명제를 참(眞)으로서 수용하는 입장이다. 여기서 중요한 것은 이상의 두 가지 답 중 어느 쪽이 옳은 것인가 하는 문제가 아니라 그 진위를 가리는 근거는 결국 인식 주체 측의 언어적 규정, 즉 환언하면 가치론적 활동과 떼려야 뗄 수 없다는 점이다. 즉 전자의 입장은 까마귀라는 객체의 규정에 즈음하여 그 요건에 검은 색이라는 조건을 부가하고 있음을 뜻하는 것이며, 반대로 후자의 생각은 까마귀의 성립요건에 필히 색깔을 포함하지 않아도 된다는 입장을 취하고 있음을 의미한다. 사실 자연계에는 흔히 돌연변이라는 현상이 나타나며 색깔만의 돌연변이 자체는 충분히 있을 수 있는 이야기다. 따라서 '흰 색의 까마귀가 있다'는 존재명제를 참으로 보든 거짓으로 보든 그것은 단순히 발견된 '흰 색의 새'라는 '객관적인 존재'에 의하여 결정되는 것이 아니라 인식 주체인 인간사회의 규약, 즉 '가치론적인 판단'에 달린 문제라고 해야 하겠다. 이 의미에서는 존재론적 명제와 가치론적 명제는 엄격하게 구별할 수는 없다. 하지만 비록 엄격한 방법론으로서는 구별하지 못함을 인정하되 바로 '까마귀'의 압도적 대부분이 검은 색으로 인하여 '까마귀는 검다'는 명제가 존재론적으로 어느 정도 인정받을 수 있는 것에 비해 '과거청산'의 진위를 결정하는 보편적 및 객관적인 사실근거를 공유하는 것은 각 논자의 정치적 입장의 개입도 포함해서 너무나 어렵다고 해야 하겠다. 이 의미에서는 존재론적 명제의 성격이 강한 것과 반대로 가치론적 명제의 성격이 강한 명제가 있음은 부정하지 못할 것이다.

를 가지고 실증할 수 있는 개념이 아니기 때문이다. 무엇보다 이 속성은 같은 과거의 사실들을 가지면서도 한일 양국에서 그 과거를 바라보는 시각에 늘 큰 차이를 보여 왔다는 것에서 나타난다. 말을 바꾸면 한일 간의 끊임없는 과거 이해를 둘러싼 대립은 바로 그 과거가 실증적으로 진위판단으로서 입증되지 못하는 데서 일어나는 귀결이라고 해야 하겠다.

그와 맞물려 '청산' 역시 실증적으로 밝혀내지 못하는 속성을 지닌다. 본시 '청산'이라는 개념 자체가 정해진 내용을 가지고 그 충족 여부를 가리지 못하는데다가 청산해야 할 대상인 '과거' 자체가 객관적으로 결정되지 못하는 이상 청산 성립의 여부를 실증할 수 있을 리가 없다. 예컨대 일본에 의한 한국 지배가 불법적 강점인지 아니면 합법적 일체화인지에 따라 그 청산 내용이 달라지기 마련이며 더 나아가서 무엇을 하면 각 과거 규정에 대한 충분한 청산이 될지 객관적으로 그 진위를 가리는 것도 불가능하다.

따라서 이 책의 과제인 '한일회담에서는 왜 과거청산이 소멸되었는가?'라는 물음은 역사 실증주의적 방법의 무매개적인 적용으로 풀 수 있는 문제가 아니라고 해야 하겠다. 이 점을 고려한다면 예컨대 청산 실패의 상징이라고 생각돼 온 경제협력 방식에 의한 청구권 문제의 해결이라는 사실도 과거청산이 실패되었다고 판단할 수 있는 논리기준 없이 결코 그것만으로는 청산 실패의 사실근거가 될 수 없다는 점에 주의를 기울여야 한다.

그러므로 '한일회담에서는 왜 과거청산이 소멸되었는가?'라는 과제를 밝히기 위해서는 기존의 선행연구가 충분한 방법론적 검토 없이 무매개적으로 취해 온 실증주의적 방법을 그대로 원용하는 것이 아니라, 위의 과제가 애당초부터 가치의존적인 명제임에 입각하여 그에 필요한 논리구성을 취함이 필요하다. 바로 이 논리구성이야말로 2장에서 과거청산을 위한 가능조건과 내용조건이라는 논리기준들을 먼저 제시한 다음 그에 따라 사실관계를 실증한다는 본 연구가 취할 두 단계 접근방법의 의미다.

그러나 이렇게 주장할 때 2장에서 제시할 그런 기준들은 자의성을 면하지 못하는 것 아니냐는 비판이 나올지도 모른다. 하지만 저자는 거꾸로 학문은 늘 자의성을 면하지 못한다는 논점을 들고 이 예상될 비판에 미리 반론해두고자 한다. 이 문제를 생각하기 위하여 이하 간단히 '현실과 같은 크기를 가진 지도의 역설'이라는 예를 들어 언급하는 것이 편리하다.

지도는 한 눈으로 바라볼 수 없는 현실 세계를 축소해서 그려진 지리에 대한 설명도다. 따라서 지도는 다른 학문이 그렇듯 무엇보다 현실과의 대조를 통한 정확성이 요구된다. 하지만 그런 정확성에는 함정이 뒤따른다.

왜냐하면 따지고 보면 가장 정확한 지도는 현실 그대로다. 따라서 가급적으로 지도에 정확성을 주고자 하면 가능한 한 현실세계의 구성요소를 모두 집어넣는 것이 옳다는 논리적 귀결을 낳는다. 하지만 그런 '정확성'의 추구는 지도가 본시 가져야 하는 역할을 오히려 상실하게 함은 명약관화다. 정확성을 높이려고 현실세계에 있는 요소들을 아무런 목적 없이 지도 안에 가능한 많이 담으려고만 하면 지도는 점점 현실의 크기에 가까워짐으로써 원래 지도 자체가 가져야 하는 공간적 이해라는 안내도 역할을 잃어버리게 된다. 즉 현실과 같은 크기가 되어 버린 그런 지도는 현실을 한없이 정확하게 묘사함으로써 오히려 파악 불가능한 공간을 설명해야 했던 원래의 역할을 상실하게 된다는 역설에 직면하지 않을 수가 없다. 따라서 지도가 가져야 하는 설명력은 결코 현실 그대로에 대한 단순한 정확성으로 인하여 담보되는 것이 아니라 오히려 지도 작성의 목적에 따른 현실세계 요소들의 채용과 대담한 배제라는 두 가지 모순된 판단의 미묘한 균형 위에 확보된다고 말해야 하겠다.

따라서 바로 이 책에서 짚어볼 과거청산을 위한 조건들은 지도의 작성이 그래야 하듯이 과거청산을 둘러싼 수많은 변수들에서 저자가 그 목적에 따라 선별했다는 의미에서는 당연히 자의성을 띠고 있다. 그러나 그런 자의성은 모든 학문이 피할 수 없이 띠어야 하는 것이며, 또 그런 자의성을 통해서만이 설명력은 유지될 수 있다는 의미에서 오히려 절대적으로 필요한 것이기도 하다. 다음 2장에서 우선 과거청산에 필요한 조건들을 제시하여 그에 따라 각 장(章)을 그 조건들의 충족 여부를 논증하는 상(場)으로 꾸며나가는 것은 바로 이성의 문제의식에 기초한 것이다.

물론 지도에 삽입되는 각 요소가 그 지도의 목적에 따라 논리적으로 선별되며 그 후 현실세계와의 대조로 인하여 그 객관성이 검증되듯이 본 연구 역시 2장에서 제시할 각 조건들은 그 목적에 따라 논리적으로 도출한 것이며 또한 그 조건의 충족 여부 역시 사실관계에 기초하여 세밀하게 검증된다. 이 의미에서 본 연구는 결코 자의적이지 않은 객관성을 확보하고 있다.

카(Edward H. Carr)는 역사 연구에 있어서의 안이한 실증주의적 방법의 적용을 비판하는 입장에서 "역사는 역사가와 사실 사이의 상호작용의 부단의 과정이며 과거와 현재와의 끊임없는 대화"[7]라고 말해 역사학이 지녀야 할 속성을 강조했다. 선행연구와 비교한 본 연구의 방법론적인 특징은 위에서 인용한 카의 문제의식에 입각한 것이다. 즉 이 책은 과거청산의 소멸이라는 각도에서 바라본 저자 나름의 한일회담에 대한 대화의 시도임을 여기서 강조해 두고자 한다.

4. 연구범위

연구범위는 시간의 범위와 연구영역의 범위의 두 가지로 나누어지나 본 연구는 그 문제의식과, 그에 따른 논리구성에 있어서 선행연구들과 나름대로 차이점을 가지고 있으므로 그 고찰 범위에 관해서도 시간, 영역 양 측면에 있어서 특징들이 있다.

우선 시간적 범위에 관해서는 본 연구는 과거청산을 이룩하는 구조적 성격을 한일회담이 가지고 있었는가를 논할 2부(3~5장)에서는 각 장의 문제의식에 따라 시간적 고찰 범위는 다양하고 또 시계열적인 고찰을 고집하지도 않는다. 과거청산에 관한 한국 정부의 국민 대표성의 결여를 논할 3장에서는 그 대표성 결여의 논리가 해방 후로부터 대한민국 건국 과정에서 거의 깃들어 있다는 입장에서, 그 분석의 주된 범위는 해방 후의 수년에 할당되어 있다.

일본의 과거반성 논리가 한국과의 단독 국교정상화에 반대하지 않을 수가 없는 논리성을 가지고 있었음을 논할 4장에서는 그 논증과제의 필요성으로 인해 그 시간적 고찰 범위가 광범위하다. 그것은 일본의 메이지(明治)시대, 즉 19세기 후반의 논

---

7) E. H. カー, 『歴史とは何か』(岩波書店, 1962), 40쪽.

리로부터 한일회담 타결 시기의 주장까지 포함하고 있다.

또한 대일평화조약은 과거청산에 부정적인 영향을 주지 않을 수가 없는 논리성을 가지고 있었음을 논할 5장은 미국의 극동정책을 중심으로 그 시간적 고찰 범위는 주로 전후로부터 52년까지로 정했다.

이와 같이 2부에서는 그 문제의식에 따라 시간적 범위가 다르게 적용된다. 그러나 한일회담은 과거청산 과제가 소멸되어 나가는 과정이었음을 구체적으로 실증하는 3부(6~8장)에서는 다른 연구들과 같이 그 시간적 고찰범위를 이승만, 장면, 박정희 정권의 집권의 흐름에 따라 1951년부터 1965년까지 시계열적으로 두고 논의를 진행한다.

한편 연구영역의 범위에 관해서는 한일회담에 관여한 주체와 한일회담 중의 고찰 대상이라는 두 가지를 들 수 있다. 우선 한일회담의 주체에 관해서 이 책은 기본적으로 '민족사'라는 관점에 중심을 두기 때문에 한국 측 움직임을 중심으로 다룬다. 다만 가능조건의 하나를 다룰 4장에서는 그 주제에 따라 일본 측을, 5장에서는 대일평화조약의 논리를 살피는 데 미국의 움직임을 주로 다룬다. 3부 이후 논할 한일회담의 과정 분석에 있어서도 그 고찰의 중심은 한국 정부 및 주일대표부에 있다. 물론 한국 측 움직임과 맞물린 일본 측 움직임이나 미국의 관여에 관해서는 그 필요에 따라 수시 고찰하고 있다.

주체에 관해서는 한일회담에 반대한 사람들의 움직임도 중요하고 또 일부 연구가 진행되어 왔다. 그러나 그들의 움직임은 한일회담에서의 과거청산 소멸의 논리 규명 이라는 본 연구의 문제의식과 일차적인 관계가 없다고 판단되므로 본 연구에서는 일절 다루지 않았다.

또 고찰 대상에 관해서는 그 분석대상은 많은 선행연구들과 같이 과거청산의 핵심 이라고 평가되는 기본관계와 청구권 교섭에 한정한다. 그 의도는 후술하듯이 한일회 담의 몇 가지 의제 중 기본관계 문제는 말하자면 과거청산을 위한 원칙을 정하는 문제 이며 또한 청구권 문제는 그런 과거청산을 실천하는 데 가장 핵심적이고 또 상징적인 문제라고 판단되기 때문이다.

2장
과거청산의 조건

1. 과거청산의 정의와 그를 위한 두 가지 조건

한일회담에서 과거청산이 소멸된 역사 논리와 과정을 밝히기 위해서는 우선 이 책이 말하는 과거청산 개념부터 정의해 둘 필요가 있다. '한일회담을 통한 과거청산'은 한국인이 원하지 않았던 힘에 의한 부당한 강점, 즉 일본의 한국에 대한 불법적인 식민지 지배에 대한 책임 규정과 그에 기초한 문제 해결을 의미한다. 말하자면 여기서 말하는 과거청산은 '식민지 시대에 일어난 문제들의 처리'가 아니라 '식민지 지배 자체에 대한 청산'을 뜻한다. 이 문제는 이하 내용조건을 논할 때 자세하게 언급하겠지만 양자의 차이를 한마디로 말한다면 전자는 일본의 한국 지배에 대한 성격 규정 없이 가능하다면, 후자는 반드시 그 과거의 성격 규정을 필요로 한다는 것이다.

또 여기서 '소멸'의 뜻은 이하와 같다. 주지하는 바와 같이 한일회담은 14년이라는 긴 시간, 더구나 이승만, 장면, 박정희라는 극적인 정권 교체하에서 진행되어 온 바람에 과거청산의 소멸이라고 할 경우도 논리적으로는 이하 세 가지 정도의 유형이 있을 수 있다.

① 최종 좌절: 한일회담은 정권 교체에도 불구하고 시종일관 과거청산을 목적으로 하고 있었으나 대일교섭과정에서 끝내 실패·좌절했다는 것
② 도중 좌절: 한일회담은 어느 시점까지는 과거청산을 목적으로 하고 있었으나 회담의 진행과정에서 정권 교체 등 어떤 이유 때문에 그 방침 변경이 일어났다는 것
③ 당초부터 포기: 한일회담은 당초부터 그 목적을 과거청산에 두지 않았으므로 그 교섭과정은 정권 교체와 상관없이 어떤 목적을 위하여 실질적으로 과거청산이라는 과제를 없애나가는 과정이었다는 것

이 책이 말하는 '소멸'이라고 함은 대승적인 판단으로 ③번의 유형에 속한다. 즉 한일회담에서의 과거청산의 소멸이라고 함은 최종, 도중을 막론하고 그것을 도모하려다가 실패한 것을 의미하는 것이 아니라 위에서 정의한 과거청산이라는 과제가 당초부터 사라져나가는 과정이었음을 뜻한다. 또 이런 인식으로부터 소멸에는 또 하나 의미가 동반된다. 즉 과거청산 과제가 사라진 채 한일회담이 타결됨으로써 이후 한일 간에서 과거청산이 이루어지는 기회가 영원히 사라졌다는 것, 바로 이 책이 사용하는 '소멸'에는 이 의미도 포함된다.

위에서 정의한 과거청산 소멸의 논리를 밝히는 데 다음으로 필요한 작업은 한일회담에서 과거청산이 성립되기 위한 논리적인 조건들을 제시하는 것이다. 말할 나위도 없으나 그들 조건 없이는 한일회담에서의 과거청산 성립에 관한 어떤 판단도 불가능하며, 따라서 그 소멸 자체를 논하지 못하기 때문이다. 하지만 이 문제에서 더 주의가 필요한 것은 동 조건에는 크게 나누어서 성격이 다른 두 가지 조건에 대한 고찰이 필요하다는 점이다.

그 두 가지 조건 중 하나는 한일회담에서 청산이 성립되기 위해서는 어떤 조건들이 미리 성립되었어야 하는가의 문제다. 이들 조건은 회담에 선행해서 성립되면서도 회담의 진행에 따라 역작용을 받지 않는다는 측면에서는 회담과 외생적 관계에 있다. 이들 변수는 외생적 작용을 통해 회담의 성격, 진행논리 등 회담의 틀을 규정하는 데 중요한 요인이므로 그 회담을 통한 과거청산의 가능성 여부를 결정짓는 데 중요한 영향을 준다. 따라서 이들 변수에 대한 분석은 한일회담이 양국 간의 특수한 과거를 청산하는 데 필요한 조건들을 갖추고 있었는가를 추구함으로써 동 회담은 청산이 이루어질 가능성이 출발부터 거의 봉쇄당하고 있었음을 밝히는 데 빼놓을 수 없는 작업이 된다. 이하 이들 조건을 이 책에서는 가능조건이라고 정의한다.

다음 두 번째 조건은 한일회담에서의 청산 성립 여부를 평가하기 위해 필요한 조건들이다. 다시 말하면 이들 조건은 회담의 진행과정이나 그 결과를 살핌을 통해서 회담에서의 청산 성립 여부를 판단하는 데 필요하다는 의미에서 사후조건이라고 말할 수 있다. 이들은 회담의 추진과정의 내용이나 그 결과를 분석함으로써 한일회담이 실질적으로는 양국 간의 특수한 과거를 청산하기 위한 회담이었는가를 판단하는 데 필요한 조건이 된다. 이하 이들 조건들을 내용조건으로 정의하겠다.

한일회담에서의 과거청산을 분석함에 있어서 양 조건을 생각해야 하는 이유는 다음과 같다. 한일회담이 한일 간의 과거를 청산하기 위한 회담이라고 인식해 온 견해들과 달리 동 회담이 청산을 가능하게 하는 구조하에서 진행될 수 있는 필연성은 본시 어디에도 없었다. 따라서 이들 조건에 대한 주의가 없다면 회담의 진행이나 결과가 아무런 제약 조건 없이 회담을 추진하는 당사자의 개별적 속성에 따라 전적으로 결정되는 듯한 사고방식을 가지기 쉽다. 구체적으로는 선행연구들 속에서 이승만 개인의 반일적 성향이나 박정희 정권의 친일적 성향에 회담 타결 여부의 원인을 찾으려 한 전통적인 시각들은 위의 가능조건을 경시한 데서 비롯된 것이라고 볼 수 있다. 그러나 한일회담은 교섭 당사자인 양국 최고지도자들까지 포함해 일정한 역사 구조하에서 진행되있음은 분명하다. 따라서 과서청산 소널 논리를 분석하기 위해서는 회남의 속성을 결정한 그런 가능조건들에 대한 고찰이 불가결하다.

한편 한일회담의 진행과정의 분석을 결여한 채 외생조건인 가능조건들만으로 과거청산 소멸의 결과를 설명하려고 하는 시각들 역시 결코 충분한 것이 아니다. 가능조건의 불성립이 한일회담에서의 과거청산 소멸 논리를 낳는 데 결정적으로 작용한 것은 틀림없으나, 이것은 이들 조건만으로 소멸로 이어진 한일회담 진행과정의 내용을 다 결정할 수 있었음을 뜻하지 않는다. 특히 후술할 대일평화조약의 '공백' 논리로 인해 일정한 자유가 주어진 한일회담에서는 그 상세한 교섭과정에 있어서 일정한 범위 내에서 한국 정부의 주체적 관여의 길이 남겨지고 있었으며, 바로 여기에 과거청산 소멸에 작용한 한국 정부의 구체적인 대응들을 분석할 필요성이 생긴다. 과연 14년에 이르는 교섭과정에서 한국 정부는 어떤 생각을 가지고 어떻게 대처하려고 했는가, 또 그래야만 했는가 등의 분석은 결과로서 나타난 과거청산 소멸의 논리를 밝혀내는 데 불가결한 작업임은 틀림없다. 이것이 내용조건들에 대한 분석이 필요한 이유다.

이하 가능조건은 2절에서, 내용조건은 3절에서 정리한다.

2. 과거청산을 위한 가능조건

1) 세 가지 조건

여기서 가능조건은 과거청산이 이루어지기 위해 한일회담이 갖추어야 하는 기초적인 선행조건들을 의미한다. 이 조건들에 대한 검토는 한일회담에서는 왜 과거청산이 소멸되지 않을 수가 없었던가를 밝히는 데 반드시 필요한 작업이기도 하다.

한일회담에서 과거청산이 이루어지는 데 필요한 조건들은 무엇인가? 이 문제에 앞서 우리는 과거청산 교섭 자체가 한일회담이라는 하나의 틀 안에서 이루어지게 되었다는 단순하지만 절대적으로 중요한 사실에 입각해야 한다. 즉 과거청산 과제가 대등한 외교교섭의 무대 위에 서게 된 이상 청산 성립의 가능성 여부에는 한국 측 사정과 일본 측 대응이라는 두 가지 조건이 작용하지 않을 수 없었다. 또한 한일회담은 이미 많은 연구들이 논했듯이 대일평화조약에 의하여 그 법적 근거가 주어진 이상 그에 따라 규정된 한일회담의 논리적 성격 역시 한일회담을 통한 과거청산 여부에 중요한 영향을 주게 되었다. 따라서 이들 세 가지가 한일회담에서의 청산 과제 성립에 필요한 기초적인 조건이 되지 않을 수가 없으나 이러한 세 가지 조건 가운데 특히 짚어보고자 하는 것은 이하 조건들이다.[1]

첫 번째 조건은 한국 측 문제로서 정부의 과거청산에 관한 국민적 합의 도출 능력의 여부다. 식민지 지배에 대한 피해가 수많은 개인적 차원의 피해와 얽힌 문제인 만큼 청산이 이루어지기 위해서는 그 내용이 어떻든 간에 청산의 성사 여부에 관한 국민적 합의를 도출할 수 있는가가 중요한 의미를 가지게 된다. 합의 도출 가능성이 결여될 경우 그 청산 내용과 상관없이 청산을 추진한 주체에 대한 불신으로 인해 과거청산에 관한 국민적 차원에서의 합의가 이루어질 기반이 무너지게 되기 때문이다. 중요한 것은 그러한 국민적 합의는 양적으로도 질적으로도 식민지 지배의 영향이

---

1) 오해를 막기 위해서 덧붙인다면 이 세 가지 조건들은 결코 논리학이 말하는 의미에서의 과거청산을 위한 필요조건(necessary condition), 혹은 충분조건(sufficient condition) 등을 뜻하는 것이 아니다. 원래 이들 조건이 엄격하게 성립하기 위해서는 이들 세 가지와 과거청산 개념이 엄격한 집합적인 포섭관계에 있어야 하나 이들 조건과 과거청산 개념에 그런 관계는 없다. 이들 조건의 도출은 어디까지나 과거청산이라는 결과를 만들어내는 데 경험적으로 요구된다는 판단에 기초한 것이다.

너무나 큰데다가 각 사람들의 사적인 입장이 개입하지 않을 수 없는 문제인 만큼 총화(總和)식으로 쉽게 계산할 수 있는 문제가 아니라는 점이다.

따라서 내용에 따른 자연스러운 국민적 합의의 도출이 어려운 이상 청산 여부에 관한 국민적 합의는 결국 미묘한 국민감정을 흡수할 수 있는 국민의 정부에 대한 평가, 즉 한국 정부의 법적, 도덕적 신뢰 수준이 청산 여부를 결정하는 핵심적인 조건이 되지 않을 수가 없었다. 사실 한일회담 타결 무렵 박정희 정권을 향한 거센 비판[2]이나 오늘날 재협상을 요구하는 비판들 속에는 과거청산의 미흡함을 논하는 데 박정희 정권의 군사정권으로서의 성격이나 친일적 전력을 문제로 삼는 비평들[3]이 있다. 그리고 이들 비판이 청산이 성립하지 못한 원인을 결국 한국 정부에 대한 국민적 신뢰의 결여에서 찾고 있음은 쉽게 이해할 수 있다.

그러나 대일교섭에 있어서의 국민적 합의 도출 능력의 결여는 과연 박정희라는 개멸석 속성에 연유한 것에 불과한 것인가. 이는 당시 일본에 대한 복잡다단한 국민감정을 흡수하여 청산에 관한 국민적 합의를 도출할 만한 정권이 들어설 기반을 한국 사회는 갖추고 있었는가 하는 문제와 함께 고찰할 문제다. 가령 한국 정부의 합의 도출 능력의 결여가 각 정권의 개별적 속성에 있는 것이 아니라 적어도 한일회담 진행 당시에 그 합의를 이끌어낼 만한 정권이 들어설 가능성이 구조적으로 봉쇄당하고 있었기 때문이라면, 적어도 첫 번째 조건에 관해서는 한일회담을 통해서 과거가 청산될 일은 없었다고 논리석으로 결론을 지어야 한다. 첫 번째 조건의 분석이 중요한 이유는 바로 여기에 있다.

두 번째 가능조건은 일본 측 과거반성 세력과의 교섭을 통한 과거청산 처리의 가능성이다. 특수한 과거의 청산이 한일 간의 국교정상화 교섭으로 전개되었으며 따라서 전승국과 패전국 간의 교섭이 아닌 주권국가 간의 대등한 외교교섭이라는 형태로

---

2) 1964년 5월 20일 소위 "민족적 민주주의 장례식 및 성토대회"에서 호소된 "선언문"이나 "조사"가 이 상징일 것이다. 동 자료는 李在五, 『한·일관계사의 인식·Ⅰ』(학민사, 1984), 198~199쪽에 수록된 것을 참고했다.
3) 민족문제연구소, op. cit., 331~358쪽에 수록된 "한일협정체결 30주년 심포지엄 '친일'협정, 30년 동안의 굴욕"에서 나타난 견해들이나, 이장희, "1965년 한일기본조약의 재검토", 이장희 편, 『한일기본조약의 재검토와 동북아 질서』(아시아사회과학연구원, 1996), 1~16쪽 등 참조.

이루어지게 된 이상, 교섭 상대인 일본 정부의 과거에 대한 인식이 그 성사 여부의 핵심적인 조건이 됨은 피할 수 없는 일이었다.

그 당연한 결과로서 일본 측의 과거반성 의식이 강하면 강할수록 과거청산은 이루어지기 쉽다고 판단할 수 있다. 그러나 실제 교섭 상대로 나온 일본 측 집권층이 불행하게도 그와 반대의 속성을 지닌 세력들이었다는 점은 이미 기존의 수많은 비평들이 일본 보수파의 과거 무반성적 태도를 지적, 비판해 왔다.[4] 하지만 잊지 말아야 할 것은, 그런 비판들은 혹시 과거에 대한 반성의식을 가진 세력들이 일본 정부를 구성했더라면 적어도 그 조건에 관해서는 한일회담을 통해서 청산이 이루어졌을 것이라고 논리적으로 가정해 버린다는 점이다.

그러나 선행연구들이 마치 자명하게 생각해 온 그런 논리와 달리 과연 한일회담을 통한 과거청산에 위의 논리가 그대로 적용되는가 하는 물음은 그대로 남는다. 덧붙여 말한다면 한일회담을 통한 과거청산에는 한일회담 자체의 타결과 그를 통한 청산에 관한 내용적인 결과라는 두 가지 요건을 충족시킬 필요가 있으나, 과연 일본 사회에서의 과거반성 논리는 그런 두 가지 요건을 동시에 충족시키는 속성을 내포하고 있었을까 하는 문제를 풀 필요가 있다. 두 번째 가능조건에 관한 분석은 바로 이 과제를 다루는 것이다.

청산을 위한 마지막 세 번째 가능조건은 한일회담 자체의 논리적 성격을 규정한 대일평화조약에서의 한국 관련 조항의 문제다. 과거청산이 한일회담을 통해서 해결하게 된 만큼 한일회담이 지니는 성격 자체는 그 성사 여부와 직결되는 중요한 조건이 될 수밖에 없었음은 물론이다. 그리고 한일회담이 대일평화조약에 기초하여 진행되게 된 이상 그 논리적 조건으로서는 평화조약에서 과거청산의 법적 규정이 뚜렷하게 규정 될수록 과거청산의 가능성은 커진다고 판단할 수 있다. 특히 이 조건은 일본 정부의 과거청산 인식이 약할 경우 보다 큰 의미를 가진다. 말할 나위도 없으나 동 규정은 법적 요건으로서 일본의 한국과의 청산 처리에 있어서 일정한 제약을 줄 수

---

4) 일본 보수파를 중심으로 한 식민지 지배에 대한 무반성적 태도에 대해서는 크고 작던 간에 수많은 선행연구가 지적해 왔으므로 여기서 일일이 문헌적 근거를 댈 필요도 없을 것이다.

있기 때문이다.

기존의 선행연구들도 이 점에 관해서는 미국의 극동정책과 그에 따른 평화조약 한국 관련 조항의 문제점들을 지적해 왔다.[5] 하지만 이들 연구는 평화조약 중 한국 관련 조항의 문제점에 치중해 그 문제점들을 안게 된 필연성에 관한 논리적 분석에 관해서는 충분한 고찰을 했다고 평가하기는 어렵다. 따라서 과연 세계정세와 미국의 극동정책의 결과로서 나타난 대일평화조약의 속성이 한일회담을 통한 과거청산을 가능하게 하는 논리성을 내포하고 있었을까 하는 문제를 제외하고 넘어갈 수는 없다. 거꾸로 말하면 청산이 한일회담을 통해서 도모하게 된 이상, 그 회담의 성격을 규정한 대일평화조약의 논리가 그것을 보증하지 못하는 한계를 구조적으로 안고 있다면 한일회담을 통한 과거청산은 논리적으로 불가능했다는 결과를 낳을 수밖에 없다. 바로 세 번째 조건의 검토는 이 문제를 다루기 위한 것이다.

이상 한일회담에서 과거청산이 이루어지기 위한 가능조건 세 가지에 관해서 정리했다. 하지만 이들 각 조건의 성립 여부는 한일회담에서의 과거청산 과제의 성사에서 단독으로 작용하는 것이 아니라 비대칭적인 측면을 가지면서도 서로 상호 작용함으로써 그 성사 여부에 한층 강한 영향을 미친다는 사실을 기억해야 한다. 즉 첫 번째 조건인 한국 정부의 국민적 합의 도출 능력이 결여될 경우 이것은 특히 일본 내 과거반성 세력들의 한일회담에 대한 의구심을 한층 높여 한일회담에서의 일본 측 과거반성 의식에 기초하여 과거를 처리할 가능성을 떨어뜨리지 않을 수가 없다. 바로 이러한 일본 측 과거반성 의식에 기초한 과거 처리 가능성의 저하라는 두 번째 가능조건의 불성립은 거꾸로 한일회담에서의 과거청산 처리에 관한 내용적 미흡함을 한층 심화시키고, 이것이 한국 국민의 한일회담에 대한 비판 의식을 불러오고, 결국 한국 정부의 국민적 합의 도출에 관한 어려움을 가중시키는 결과가 되지 않을 수가 없다.

또 세 번째 대일평화조약에서의 과거청산 의무규정의 결여는 두 번째 조건인 일본

---

5) MIN PYONG-GI, "THE SANFRANCISCO PEACE TREATY AND THE KOREA - JAPAN RELATIONS", *KOREANA QUARTERLY*, vol. 8, no. 4(1966)와 vol. 9, no. 1(1967) 합병호, 69~99쪽; 成滉鏞, 『日本의 대한(對韓)政策』(明知社, 1981); 佐々木隆爾, 「いまこそ日韓条約の見直しを」, 『世界』 1993年 4月 号, 120~136쪽 등.

측 과거반성 세력과의 연계 불가능성과 맞물릴 경우 한일회담에서의 과거청산 처리를 어렵게 함으로써 한국 정부의 국민적 합의 도출 능력을 한층 어렵게 만들어 그것이 또 두 번째 가능조건의 성립을 어렵게 하는 악순환을 가져온다. 즉 이들 가능조건은 단독으로 작용한다기보다 긍정적이든 부정적이든 상호 작용함으로써 한일회담에서 과거청산 과제의 성사 여부에 대해 보다 강한 작용을 주는 관계에 있었음을 염두에 두어야 할 것이다.

이 가능조건에 관해 덧붙여야 할 것은 선행연구들이 다루어 온 '국가수호 과제'와 본 연구가 중요시 하는 가능조건과의 관계다. [표 1]에서 정리했듯이 한일회담에 대한 미국, 일본, 한국의 정치안보, 경제적 정책들에 관심을 기울여 온 선행연구들은 큰 틀로 생각해서 극동에서의 반공안보체제의 확보를 위한 한국의 '국가수호 과제'에 대한 각 대응에 한일회담 분석의 중심을 두어왔다고 말할 수 있다. 당시의 그런 다급한 요인들이 회담에 대해 중요한 영향을 주면서도 거꾸로 회담의 추진과정으로부터는 영향을 받지 않았다는 의미에서는 한일회담의 속성을 결정하는 데 본 연구가 정의한 가능조건과 비슷한 외생적 성격을 지니고 있음은 틀림없다. 그러나 이미 언급했다시피 그들 외생요인은 한일회담을 타결시켜야 하는 설명 변수로서는 유익하나 그것만으로는 그 요인들이 한일회담에서의 과거청산 과제에 대해서 긍정적 아니면 부정적으로 작용하는가를 결정하는 변수가 되지 못한다.

결국 그것을 결정하는 것은 한일회담 자체가 본시 과거청산을 가능하게 하는 회담이었는가를 결정하는 조건들이며 바로 그 결정요인이야말로 이 책에서 논하고자 하는 가능조건들과 그 상호작용이다. 그 의미에서는 과거청산 소멸논리의 분석에는 '국가수호 과제' 이전에 가능조건에 대한 분석이 선행되어야 한다. 본 연구가 기존 연구에 비교해서 위의 세 가지 가능조건의 분석을 우선시키는 까닭이 여기에 있다.

2) 가능조건에 의한 과거청산의 '논리 공간'

이상 과거청산의 성사 여부에 결정적 영향을 끼치는 세 가지 조건에 관해서 살펴봤다. 그러면 위의 세 가지 조건은 과거청산에 관해서 어떤 논리적인 유형을 산출할

[표 2] 가능조건과 한일회담에서의 과거청산의 '논리표'

경우의 수	한국 정부의 국민적 합의 도출 능력	일본 정부의 과거반성 의식과 청산이행 의식	대일평화조약에서 과거청산 의무규정	대일교섭 태도	회담타결 전망	과거청산의 성사 정도
I	높음	높음	강함	-	타결	완전
II	높음	높음	약함	원칙적	꽤 높음	꽤 높음
				타협적		
III	높음	낮음	강함	-	타결	높음 (대일 불신)
IV (a)	높음	낮음	약함	원칙적	전혀 없음	무산
IV (b)				타협적	꽤 높음	낮음(형식만 승인)
V	낮음	높음	강함	-	타결	미흡 (국민적 합의 결여)
VI	낮음	높음	약함	원칙적	전혀 없음	무산
				타협적		
VII	낮음	낮음	강함	-	타결	미흡(국민적 합의 결여 및 대일 불신)
VIII (a)	낮음	낮음	약함	원칙적	전혀 없음	무산
VIII (b)				타협적	꽤 높음	소멸

교섭태도 중 빈칸의 '-'는 한일회담의 과거청산 규정이 강한 경우에 대응하고 있다. 즉 이들 경우는 평화조약으로 인하여 한일회담에서의 과거청산이 법률적으로 의무화 되어 있는 경우에 해당하며 따라서 교섭방법의 자유도가 아예 한정되어 있으므로 '원칙적', '타협적'으로 구별할 필요가 없다고 판단, '-'로만 표기했다.

것인가? 다음 2부에서는 각 조건에 관한 본격적인 검토를 하여 실제 한일회담이 어떤 논리적인 유형의 어디에 속하며 또 그 결과 청산에 대해서 어떤 논리적인 영향을 받지 않을 수가 없었던가를 이해하기 위해 위의 조건들이 형성하는 전 논리적인 유형을 [표 2]에 정리해 두고자 한다.[6]

　우선 Ⅰ, Ⅱ는 과거청산에 가장 이상적인 경우라고 말할 수 있다. 두 경우 모두 한국 정부의 국민에 대한 청산 합의 도출 능력과 일본 측 과거반성 의식이 높은 경우에

---

6) [표 2]의 작성에 있어서는 나머지 두 가지 주석을 달도록 한다. 첫째, 이 표는 한일 양국이 기본적으로 회담을 타결시킬 의사를 가지고 있음을 전제로 하고 있다. 말할 나위도 없으나 타결의사가 없으면 가능조건과 상관없이 회담은 타결되지 않으며 그에 따라 회담을 통한 청산 문제는 아예 논할 필요가 없기 때문이다. 특히 [표 2]에서는 양국의 국력 차이, 경제 건설, 국방의 시급성 등으로 인하여 한일회담 타결에 대한 초조함은 한국 측이 보다 강했다는 것을 가정하고 있다. 둘째는 대일교섭 태도를 표 안에 넣은 것에 관해서다. 한국 정부의 대일교섭 태도는 가능조건이라기보다 내용조건으로 생각되므로 위 세 가지 가능조건에는 들어가지 않고 있으나 실제 회담결과와 청산 여부는 주어진 가능조건하에서 한국 정부의 대일교섭 태도에 의존함은 말할 나위도 없다. 따라서 [표 2]에는 대일교섭 태도를 넣었으나 그 내용을 표기하기에는 너무나 많은 요소가 있으므로 이 표에서는 과거청산에 충실한 태도를 '원칙적'이라고 또한 청산보다 회담 타결을 우선시키는 태도를 '타협적'이라고 추상화시켜 분류했다.

대응하고 있다. 더구나 I 의 경우는 평화조약의 과거청산 규정도 강해 아무런 문제없이 한일회담은 타결되며 또한 청산 성립의 관건인 한국 국민의 청산 합의 도출, 타결 내용 등에 관해서도 충분한 결과가 될 것이라고 판단된다.

II는 비록 평화조약에 뚜렷한 청산 의무규정이 없는 경우이지만 일본 측 과거반성 의식과 과거청산에 대한 이행의식이 높으므로 평화조약의 규정 내용에 따라 다소 차이가 날 수는 있어도 I 의 경우와 거의 같이 청산에 관해서 만족할 만한 결과가 나온다고 예상된다. 외교교섭인 한일회담은 일차적으로 당사자의 의사에 의해 그 결과가 좌우되기 때문이다. 이 경우 논리적으로 한국 정부는 대일교섭에 있어서 원칙적인 태도와 타협적인 태도의 두 가지 전략을 취할 것이 가능하나 어느 쪽 전략을 취하든 간에 일본 측의 반성의식과 한국 정부의 합의 도출 능력이 높은 경우이므로 추진 주체와 그 내용에 관해서 양측 모두 청산에 대한 국민적 합의를 도출하기 쉬울 것이다.

III은 일본의 과거반성과 청산 이행 의식이 낮은 경우, 평화조약에 의한 청산 의무규정이 강한 경우이므로 한일회담 자체는 타결될 것이고 또 그 청산 내용면에 관해서도 청산 수준은 상당히 높은 것으로 될 것이 예상된다. 하지만 이 경우는 일본의 진지한 사죄가 뒤따라오지 않는 경우에 대응하므로 그 점에서는 미흡함이 남는 경우가 될 것으로 예상된다. 그에 따라 일본에 대한 불신감은 남게 될 것이다. 다만 이 경우 한국 정부의 합의 도출 능력이 높으므로 청산 성사에 대한 국민적 합의는 일단 성립될 것이다.

IV는 평화조약에 의한 과거청산 의무규정이 약하고 또 일본 측의 과거반성 의식이 낮은 경우이므로 한국 정부의 대일교섭 태도에 따라 결과가 달라질 것이다. IV(a)는 한국 정부가 대일교섭에서 과거청산에 대해 원칙적인 태도로 나설 경우 일본 측은 회담 타결에 응하지 않을 것이며 따라서 이 경우 한일회담 자체의 타결 전망이 사라짐에 따라 과거청산 과제 역시 무산된다. 거꾸로 IV(b)는 대일교섭에서 타협적인 교섭을 벌이는 경우이므로 일본 측은 자기 측에 유리한 협상결과를 얻어낼 수 있을 가능성이 높아진다. 따라서 이 경우는 청산에 관한 내용면에서는 미흡한 것으로 될 가능성이 매우 높으나 단지 한국 정부의 합의 도출 능력으로 인해 회담 성사와 그에 따른 청산에

성립에 대한 형식적인 합의만 도출될 경우가 될 것이다.[7]

다음 V~Ⅷ은 한국 정부의 청산에 대한 국민적 합의 도출 능력이 낮은 경우다. V의 경우는 평화조약의 강한 청산 의무규정에 따라 청산을 위한 한일회담 자체는 성사될 것이다. 그러나 회담 추진 주체인 한국 정부에 대한 국민적 신뢰가 낮은 경우이므로 그 타결 내용과 상관없이 형식적 타당성에 관한 논란에 휩싸일 가능성이 매우 큰데다가 일본 측으로부터도 한국 국민의 합의 도출에 대한 우려의 목소리가 나올 것이다.

한편 Ⅵ은 평화조약에 의한 청산 의무규정이 약하기 때문에 일본의 과거반성 의식이 높음에 따라 오히려 회담의 타결이 불가능해질 경우다. 이 경우 일본 측으로서는 과거청산을 다하는 데 필요한 한국 정부의 국민적 합의 도출 능력의 결여를 고려하지 않을 수가 없으며 따라서 한국 정부가 대일교섭시 원칙적, 타협적 어느 쪽 입장을 취하든 회담 타결의 가능성은 사라질 것이다. 그로 인해 한일회담을 통한 과거청산은 원천 불가능하다. 바로 이 경우는 다음 4장에서 논할 일본 측 전후민주주의 세력들의 견해에 해당하며, 따라서 과거반성 세력들이 일본 정부를 구성했더라도 한일회담 자체가 성립하지 않아 한일회담을 통한 과거청산이 불가능해질 가능성이 컸음을 알 수가 있다.

Ⅶ의 경우 평화조약에 의한 과거청산의 의무규정이 강하므로 그 규정에 따른 회담의 성사와 내용면에서의 청산도 어느 정도 이루어질 것이다. 그러나 추진 주체로서의 한국 정부에 대한 신뢰 부족으로 인해 국민의 청산 성립에 관한 형식적인 합의 도출이 어려운데다가 일본 측 과거반성 의식도 낮은 경우이므로 일본에 대한 강한 불신이 남게 된다는 의미에서 그 후 청산 성립에 관한 논란이 계속될 것이다.

마지막으로 Ⅷ은 과거청산을 한일회담을 통해서 이룩하는 데 있어서 가장 어려운 경우라고 평가할 수 있다. 즉 이 경우는 평화조약에 의한 과거청산 규정이 약한데다가 한국 정부의 합의 도출 능력 및 일본 정부의 과거 반성 의식이 모두 낮은 경우다. 이들

---

7) 현실적인 예로서는 이 경우는 대일배상을 포기하여 수교한 타이완, 중공(中共)과 일본의 처리방식이 해당할 것이다.

조건하에서는 Ⅷ(a)처럼 가령 한국 정부가 대일교섭에 있어서 그 국민적 합의 도출 능력의 낮음을 조금이나마 높이려고 과거청산에 대해 원칙적인 입장을 취하면, 일본 측 입장에서 보면 내용면에서 만족할 만한 타결이 나올 전망이 어두워짐에 따라 회담을 타결하려고 하지 않을 것이다. 따라서 이 경우에서는 회담 타결을 통한 과거청산은 원천적으로 성립될 수 없다. 한편 Ⅷ(b)처럼 혹시 한국 정부가 대일 타협노선으로 선회할 경우 일본 측의 유리한 내용에서 회담이 타결될 전망이 높아짐에 따라 회담 자체의 타결은 확실하며 그에 따라 과거청산 과제는 표면상 '해결'된 것으로 규정될 것이다. 그러나 이 경우는 한국 국민의 그 성사에 관한 형식면에서의 합의 도출이 매우 어렵고 또 평화조약에 의한 과거청산 의무규정의 부재와 일본 측의 과거 무반성 태도 등으로 인하여 내용면에서도 미흡한 점이 많아질 것으로 예상된다. 그런 고로 이 경우에는 결국 그 형식성과 내용면이라는 두 측면에서 과거청산 성사에 대한 불신 감이 매우 강해질 수밖에 없다. 따라서 이 경우는 청산 과제가 '해결'되었다기보다 사실상 한일회담 타결에 따라 그 과제를 다시 이루어낼 기회가 상실되었다는 의미에서 '소멸'되었다고 판단하는 것이 보다 정확한 경우라고 볼 수 있을 것이다.

다음 2부에서의 분석을 통해서 밝혀나가나 한일회담은 바로 이 Ⅷ에 해당하는 경우였음은 틀림없다. 그러나 이렇게 정리할 경우 의문점이 하나 생길 것이다. 과연 이승만, 장면, 박정희라는 각 정권은 대일교섭에 있어서 청산에 대한 국민적 합의를 도출할 만한 능력을 결여하고 있었다고 평가하는 것이 옳은가?

이 문제는 기본적으로 3장에서 다루겠으나, 여기서 본 연구가 문제로 삼고 있는 국민적 합의라고 함은 어디까지나 식민지 지배 청산에 관한 국민적 합의를 뜻하고 있음을 다시 강조해 두고자 한다. 따라서 이런 특수한 역사에 기인하는 청산 과제에 대한 국민적 합의 도출은 단지 정권의 형식적 합법성이나 반대로 치안기구 등 물리적인 힘에 의한 강제만으로 가능한 것이 아님을 확인해야 할 것이다. 이 의미에서는 3장에서 논하듯이 자력으로 인해 독립을 이루지 못했던 한국에서는 그 후 대일교섭에 있어 국민적 합의라는 힘난한 과제를 이룰 수 있는 정권이 들어설 수 있는 기반은 무너지고 있었다고 판단된다. 이 점에서 그 능력의 결여는 이승만, 장면, 박정희라는 어느 개별적 정권의 속성에 한정되지 않는 구조적 결과의 산물이었다고 보는 것이 타당하다.

3) 세 가지 가능조건의 복합적 파악의 필요성

이상 한일회담에서 과거청산이 이루어지기 위한 세 가지 조건들을 살펴보고 그들의 복합적 작용의 결과로서의 한일회담 타결 가능성과 과거청산 성사 여부의 논리적 패턴을 정리해 왔다. 다음 2부에서 각 가능조건의 불성립에 관한 본격적인 분석을 진행하나 그 전에 [표 2]의 정리를 통해서 얻을 수 있는 추가적인 논점을 정리해 두고자 한다. 그것은 선행연구들 속에서도 보이는 각 논점을 개별적으로 문제로 삼으려고 하는 접근의 문제점에 관해서다.

우선 첫 번째 조건인 한국 정부의 국민적 합의를 도출할 능력의 결여를 문제시하는 시각으로서는 위에서도 언급했다시피 무엇보다 박정희 정권의 친일적 성격에 연유하는 대일 타협적 교섭을 청산 소멸의 원인으로서 추궁하는 견해가 대표적이다. 하지만 [표 2]에서 정리한 패턴을 보면 알 수 있듯이 그 능력 결여의 문제와 더불어 일본 측의 과거반성 의식의 낮음과 평화조약의 청산 의무규정의 약함을 동시에 고려한다면, 가령 대일 원칙적 교섭을 펼쳐도 한일회담 자체가 타결되지 않을 가능성이 큰 탓에 과거청산은 원래 성립되지 않는 속성을 가지고 있었음을 알 수가 있다(=Ⅷ (a)). 가령 박정희의 친일적 성향 탓에 대일 타협적 교섭이 이루어졌다고 해도 그것을 청산 불성립의 일차적 원인으로만 생각할 수는 없다는 것이다. 또 큰 틀로 생각해서 Ⅳ(a, b)의 경우처럼 합의 도출 능력이 높은 정권이 들어설 경우에도 일본의 과거반성 의식이 회박하여 또 대일평화조약에서의 청산 의무규정이 약할 경우 역시 회담을 통한 청산의 가능성은 극히 낮았다고 추측된다. 따라서 한국 정부의 과거청산에 대한 국민적 합의 도출 능력만 가지고 청산 소멸의 논리를 푸는 것은 설득력을 잃는 견해라고 말해야 하겠다.

두 번째 조건인 일본 측 과거반성 의식의 낮음을 비판하는 견해에도 같은 함정이 있다. Ⅲ의 경우처럼 비록 일본의 과거반성 의식이 낮은 경우도 한국 정부의 국민적 합의 도출 능력과 대일평화조약의 청산 의무규정이 강할 경우는 상당한 내용을 가진 청산이 이루어질 가능성이 있다. 거꾸로 VI의 경우처럼 가령 일본 측의 과거반성에 기초한 청산 의식이 강하다 해도 한국 정부의 합의 도출 능력이 낮아, 또 평화조약의 청산 의무규정이 약할 경우 회담 자체의 성사가 불가능해짐에 따라 청산 과제 역시 무산될 수 있다. 또 평화조약의 청산 의무규정이 강한 V의 경우에도 가령 일본의 과거 반성 의식이 높아도 한국 정부의 국민 대표성의 부족은 청산의 형식적인 성립에 관한 논란을 일으킬 가능성이 크다. 이상을 고려할 때 일본 측 과거반성 의식이 낮은 것만 으로 이를 과거청산이 성립되지 않는 원인으로 보는 견해 역시 충분한 고찰이 될 수 없다.

마지막으로 과거청산의 소멸의 원일을 미국의 대일정책 등 평화조약의 한국 관련 조항의 문제점 속에 짚어보려고 하는 견해 역시 한계가 있다. [표 2]를 보면 쉽게 찾을 수 있듯이 II의 경우처럼 비록 평화조약 속에서 과거청산에 관한 의무규정이 약한 경우도 한국 정부의 합의 도출 능력과 일본 측 과거반성 의식이 높을 경우 청산의 성립은 충분히 가능하다. 사실 후술할 대일평화조약은 한일 교섭에 관해 사실상 공백 이라고 해야 할 정도로 그 규정 내용은 애매하며 따라서 한일 간의 자유의사에 따라 그 내용이 달라질 가능성을 가지고 있었다. 거꾸로 가령 평화조약에서 청산 의무규정 이 강하다고 하더라도 V, VII의 경우처럼 한국 정부의 합의 도출 능력이 낮을 경우 과거청산이 미흡한 상태로 끝나고 말 가능성도 있다. 따라서 평화조약에서의 청산 규정 역시 단독으로 과거청산 성립 여부를 결정하는 조건이 되지 않는다.

이상의 논점이 가리키는 것은 한일회담에서의 과거청산 소멸 논리를 분석할 때는 어느 하나 단독으로 고려해서는 충분한 고찰에 이르지 못한다는 것이다. 이 책에서 가능 조건으로서 세 가지를 들고 이들을 포괄적으로 고찰하려 하는 까닭이 여기에 있다.

하지만 동시에 이들 조건의 불성립을 복합적으로 생각하는 것만으로는 과거청산 소멸을 이해하는 데 또 다른 한계를 안게 된다. 이 요인들의 문제점을 단지 우연의 결과라고 생각하면 과거청산 소멸 역시 단지 역사 속에서 일어난 우연한 결과라고 생각하는 피상적인 이해에 그치게 된다는 점이다. 여태까지 청산 소멸의 원인을 박정회 정권의 개별적인 속성이나 교섭 상대인 일본 보수층의 역사 인식, 또한 미국의 대일평화조약 한국 관련 조항의 문제점에만 찾아온 선행분석들 역시 알게 모르게 이런 피상적인 이해에 빠지고 있는 하나의 상징이라고 해야 하겠다. 왜냐하면 이들 견해는 청산에 관한 국민적 합의를 도출할 만한 정권이 들어설 가능성, 일본 측 과거반성 세력과의 연계에 기초한 청산의 가능성, 그리고 평화조약에 청산 의무규정이 들어갈 가능성을 무의식적으로 가정하고 있기 때문이다. 그러나 이들 견해에 대해서는 다음과 같은 물음을 던져볼 필요가 있다. 과연 당시 한국 사회에서는 어려운 대일교섭에 있어서 국민적 합의를 도출할 만한 능력을 갖춘 정권이 들어설 가능성은 있었는가? 또 당시 일본의 과거반성파와 손을 잡고 청산을 이루어낼 가능성은 있었는가? 그리고 대일평화조약에 한일 간의 과거청산을 실현시킬 수 있는 의무규정이 들어갈 가능성은 있었는가?

이하 2무에서는 위의 각 물음들을 상세히 분석하여 그들 가능성이 없었음을 논증함으로써 한일회담을 통한 과거청산의 소멸은 이들 가능조건에 관하여 결코 우연한 것이 아니라 고유의 역사 논리가 낳은 필연적 귀결이었음을 밝힐 것이다.

3. 과거청산을 위한 내용조건

1) 구체적 요소에 의한 내용조건 설정의 한계

이상 한일회담을 통해서 과거청산이 성립되기 위한 가능조건들을 정리했다. 위의 조건들은 한일회담을 통한 과거청산의 가능성을 고찰하는 데 불가결하나 그들은 한일회담에서는 실제 청산이 이루어지지 않았다고 판단하는 조건이 되지 않는다. 따라서 한일회담에서 과거청산이 소멸되었다고 논하기 위해서는 청산이 실제 성립이 되지 않았음을 확인할 수 있는 잣대, 즉 청산의 성립 여부를 가리는 조건을 따로 제시할 필요가 있다. 또 그린 조건들은 단지 회담 결과에 대한 판단뿐만 아니라 이승만 시대로부터 박정희 정권까지 이어진 한일회담 추진 과정에서 한국 정부가 취한 교섭내용 자체가 역시 과거청산을 이루어내려는 회담이 아니었음을 논증하는 데도 불가결한 조건이 된다. 과거청산의 성사조건이 있어야만 회담의 내생 과정이 과연 그 조건과 맞는 것이었는지 평가 가능하기 때문이다.

그럼 동 문제의식을 구체화시키는 데 필요한 내용조건이라고 함은 무엇인가? 이 문제를 생각하는 데 무엇보다 주의해야 할 것은 그런 조건들을 구체적인 요소를 가지고 설정할 때 생길 어려움에 관한 부분이다.

우선 여태까지 한일 간의 과거청산에 관한 청산 실패의 단골 비판이었던 일본 측의 진정한 사과의 결여나 청구권 액수의 적음에 대한 비판 등은 그 구체적인 내용에 들어가서 평가할 경우 해결이 어려운 문제에 맞닥뜨릴 수밖에 없다는 점을 환기해야 할 것이다. 가령 청산에 사과가 필요하다는 것을 인정해도 도대체 누가, 어떤 사죄를, 언제, 얼마만큼 해야 청산이 이루어졌다고 판단할 수 있는가는 쉽게 결정할 수 있는 문제가 아니다. 사실 일본 정부 고관의 '사과'는 후술할 1965년 2월 17일 김포공항에서의 당시 시이나(椎名悅三郎) 외상의 "유감" 발언을 효시로 1998년 10월의 한일파트너십선언에서 나온 "통절한 반성과 진심으로부터의 사과"라는 오부치(小渕惠三) 발언까지 거듭되어 왔다. 또 1984년, 1990년의 전두환, 노태우 양 대통령 공식 방일시 일본의 상징인 천황의 두 번에 걸친 '과거 언급'도 있었다. 따라서 사과가 영원히 계속될 일이 아니라면 위의 오부치 발언을 일본 측 마지막 사과의 의사 표명으로 평가해야한다는 견해도 나올 수 있다.[8] 그러나 이러한 '사과' 언급이 있음에도 많은 한국인들이 그런 일본 측 고관들의 말을 과거청산에 대한 충분한 사과로 받아들이지 않는 현실이 있다. 이것은 실질적으로 과거청산에 관한 '충분한' 사과가 각 사람의 입장이나 가치관에 따라 달라지는 것이므로 객관적인 존재로 정의하기 어려운 사항임을 보여주는 대목이라 해야겠다.

또 청구권 액수의 적음을 따지는 시각도 문제를 피할 수 없다. 과연 지불액수가 얼마여야 충분한 것으로 평가할 수 있는가 하는 문제 역시 각 피해자의 피해 정도, 그 피해 정도에 대한 평가, 심지어는 각 개인의 성격이나 가치관 등 주관적인 판단에 좌우되는 측면을 피할 수 없고, 3부의 분석에서 밝히듯이 실제 청구권 교섭에서는

---

8) 오코노기 마사오, "비평문", 『한일역사공동연구보고서』, 제6권(2005, 비매품), 44쪽.

이들 피해에 관한 파악, 평가, 증빙 문제 등의 기술적인 어려움이 그 정확한 액수 산출에 걸림돌이 된 측면이 있는 것도 사실이다. 따라서 구체적인 액수를 따져 과거청산 실현의 조건으로 삼는 것 역시 불가능하다.

한편 일본의 과거처리의 문제를 지적하는 방법으로 종종 쓰이는 다른 유사한 과거처리 사례와의 비교라는 접근에도 주의가 필요하다. 예를 들어 전후 독일의 전후보상의 첫 걸음으로 된 1952년의 룩셈부르크(Luxembourg)협정에서는 그 전문(前文)에서 "나치스의 폭력 지배의 기간에 유태 민족에 대하여 표현하기 어려운 범죄가 행해졌다"고 명시되어 있으며 또한 그 후 서독의 전후 보상 문제의 기준이 된 1956년 연방보상법(聯邦補償法)에서도 같은 취지의 규정이 있다.9) 또 그 피해보상 액수에 관해서도 독일은 1991년 1월 1일 당시 약 3136억 불을 지불하였으며 이것은 일본이 전후처리로서 대일평화조약에 기초해서 지불한 약 17억 2804만 불과 비교할 때 현격한 차이가 나는 것노 사실이다.10)

이들 양국의 과거처리의 차이에 관한 비교분석은 독일과 비교했을 때 일본이 과거처리에 대한 소극적 자세에 대한 전반적인 문제점을 부각시키는 데는 중요한 시사점을 주지만, 이것을 가지고 일본의 한국에 대한 과거청산 성립 여부의 기준으로 삼기에는 무리가 있는 것도 부정하지는 못할 것이다. 말할 나위도 없으나 가해자라는 하나의 개념으로 뭉뚱그려 비교되는 독일과 일본의 청산 처리에 관해서도 그 가해 행위가 일어나는 역사적 배경, 기간, 행위 내용, 피해 정도 등 다양한 변수가 존재한다. 또 무엇보다 그 변수에 관한 평가 자체에도 객관성을 확보하기 어려운 조건하에서 이를 청산 여부의 잣대로서 논하려는 것은 학술적인 작업으로서는 문제가 있다. 물론 이것은 거꾸로 생각해서 일본이 과거처리에 관하여 혹시 독일 수준까지 '적극적인 자세'를 취했더라도 그것을 단순히 한일 간에서 과거청산이 이루어졌다고 판단하는 기준으로 삼지는 못함을 뜻하기도 한다.

---

9) 佐藤健生, 「'補償'への視点: ドイツの戦後補償を参考に」, 『世界』 1992年 4月号(臨時増刊号), 59~60쪽. 물론 사토 자신이 지적했듯이 위 협정에는 '나치스의 폭력지배'라고 명기함으로써 동시에 독일 국민의 책임을 회피시키는 의미가 담겨 있는 측면이 있었던 것도 잊지 말아야 할 것이다.
10) 액수는 佐々木隆爾, 「アジア太平洋戦争の戦後補償のために支払った金額」, 『日本史研究』388号 (1994.12), 197~198쪽에서 인용.

또 일본의 다른 아시아 피해 국가들에 대한 구체적인 과거처리 내용들을 과거청산 기준으로 삼으려고 할 경우 역시 그 한계로부터 자유로울 수는 없다. 예를 들어 일본이 전쟁 피해에 관해 보상을 실시한 사례로서는 배상협정으로서 52년 미얀마(당시 버마)에 배상 2억 불(기타 차관 5000만 불), 56년 필리핀에 배상 5억 5000만 불(기타 차관 2억 5000만 불), 57년 인도네시아에 배상 2억 3080만 불(58년에 기타 4억 불 차관 추가) 등이 있으며 기타 배상을 포기한 나라인 베트남에 59년 3900만 불, 라오스, 캄보디아에는 각각 58년, 59년에 10억 엔, 15억 엔의 경제원조가 실시되었다.[11]

이들과 비교해 한국은 대일교섭 결과 후술하듯이 8억 불에 이르는 사실상의 경제원조를 받았다. 즉 필리핀과 더불어 한국은 액수로서는 가장 많은 금액을 대일교섭 결과 받은 셈이었다. 그러나 일본의 남하정책에 따른 전선 확대로 인하여 발생한 동남아시아 국가들의 전쟁 피해와 1910년 이후 지배 - 피지배 관계에 들어간 한국의 경우는 그 역사가 다르다. 거꾸로 일본과의 교전관계에 있었음을 인정받지 못한 한국과 연합국으로서 명확하게 일본과의 교전관계에 있었던 다른 동남아 국가들의 전후 처리에 차지하는 법적 지위는 달라질 수밖에 없었다. 다시 말하면 일본이라는 가해 주체로부터 보상을 같이 받는 입장에 있다고 쳐도 그 액수나 명목에 있어서 한일 간 과거청산 처리의 성사 기준을 다른 동남아 국가들에 대한 처리 실적으로 삼으려는 접근 역시 엄격한 학문적 검증의 잣대로 하기에는 한계가 있다.

또 위와 같은 어려움과 함께 구체적인 내용들을 문제로 삼아 청산 실패를 풀려고 하는 접근에는 이하와 같은 논리 일반의 한계가 존재한다.

먼저 구체적인 요소는 바로 그것이 구체적인 만큼 청산에 관한 각 개별적 안건의 평가에는 일정한 도움을 줄 수 있으나 과거청산에 대한 한일회담의 추진 과정 전체의 성격을 평가하는 데는 애당초부터 충분한 논리적 기준을 제공하지 못한다.

두 번째로 논리 차원 일치의 문제가 있다. 즉 청산의 성사 여부라는 추상명제의 논증을 위해서 그에 속하는 구체적인 요소를 들어도 논증은 완결되지 않는다. 예컨대

---

11) 伊藤哲雄, 「第二次世界大戦後の日本の賠償・請求権処理」, 『外務省調査月報』 no. 1(1994), 94~96쪽. 보다 정확하게는 말레이시아, 싱가포르에도 1967년 각각 약 30억 엔의 무상공여가 제공되었으나 양국은 전쟁 당시 영국의 지배하에 있었으므로 배상청구 권리를 보유한 독립국가가 아니었다.

'동물'이라는 추상개념을 정의하는 데 그 개념 없이 '동물'에 속하는 구체적인 요소를 아무리 들어도 논의는 완결되지 않는다. 왜냐하면 '동물'의 정의 없이는 본시 그런 구체적인 각 요소들을 '동물'의 집합 요소로서 들 수 없기 때문이다. 그와 마찬가지로 청산 성립 여부의 판단에는 구체적인 요소의 나열 이전에 추상적인 정의가 선행되어야 한다.

따라서 다른 유사한 사례와의 비교분석이 한일 간의 과거처리 내용들을 상대화시 킴으로써 단지 한일 간에서만 한정되지 않는 보다 큰 틀에서 그 청산 내용에 대한 객관적인 평가를 하는 데 일정한 정도 도움이 되는 것은 인정하면서도 본 연구에서는 그 문제의식에 비추어 구체적인 요소를 내용조건으로 삼는 것은 적절하지 않다. 그에 대신해서 이 책에서는 과거청산이라는 추상적 개념에서 논리적으로 도출되는 조건 들을 미리 제시한 후 그 도출된 내용조건들을 기준으로 한일회담의 교섭과정을 분석 하고자 한다. 그런 작업을 통해서 한일회담이 과연 얼마나 경험적으로 그 기준들을 충족했는가를 분석하면 본 연구의 문제의식을 일단 논리적으로 완성시킬 수 있을 것이다.

2) 개념적 내용조건

그러면 한일회담을 통한 과거청산 성사를 판단하는 데 필요한 개념적 내용조건이 라고 함은 무엇인가? 바로 그 조건이 개념적인 것인 만큼 '과거청산'에 관한 경험적 요소에 의지하지 않고 개념적 차원에서 논리적으로 도출해야 한다. 이 문제를 생각할 때 과거청산에는 그 교섭에 있어서 청산해야 할 '과거'와 '청산'에 관한 개념적인 정리 가 필요하며 또 그와 함께 그 청산을 현실적으로 이룩하는 데 빼놓을 수 없는 또 하나의 개념적인 조건도 필요하므로 이하 세 가지가 과거청산에 최소한 필요한 조건이 된다.

① 교섭목적: 회담이나 교섭의 목적이 과거청산에 있거나 최소한 그것을 포함한다고 판단되는 내용을 가지는 것
② 과거 규정과 청산교섭: 청산해야 할 과거의 개념 규정을 명확하게 하고 그 규정에 따라 청산이 이루어지도록 교섭할 것

③ 청산규정: 청산이 되었음을 명확하게 규정하는 것과 어떤 의미에서 과거가 청산되었
　는가가 이해될 수 있도록 규정할 것

　상기 조건 중 ②, ③에 관해서는 그것이 바로 과거청산 성사에 대한 직접적인 논리
관계에 있는 것인 만큼 그 필요성은 곧 알 수 있다. 조건 ②는 과거를 청산하는 이상
청산해야 할 '과거'가 무엇인지 명확하게 규정해야 한다는 당연한 논리적인 귀결이며
또 그 '과거'를 청산해야 하는 이상 그 규정에 따른 처리가 이루어질 교섭이 진행될
필요가 있음은 말할 나위도 없다. 또한 과거청산 교섭이 그 청산을 하기 위한 것이라
면 그 타결에 따라 청산이 이루어졌음을 명기할 필요가 있으나 조건 ③은 바로 그에
대응한 것이다. 다만 결과로서 그런 규정만이 정해질 경우 과연 어떤 의미에서 청산이
이루어졌는가가 불확실하기 때문에 청산 성사에 대한 명확한 근거 설명, 그 논리관계
등이 잘 보이도록 규정하는 것이 보다 좋음은 말할 나위도 없다.
　이상의 두 가지 조건들에 비교해서 첫 번째 조건은 약간의 주의가 필요하다. 조건
①은 '과거청산'이라는 개념적 차원에서 직접 도출되는 것이 아니며 또 회담의 성격을
결정한다는 의미에서는 가능조건에 가까운 속성도 지닌다. 그러나 과거청산이 어떤
형식이든 간에 일정한 자유도를 가진 회담 또는 교섭을 통해서 진행되는 이상 목적조
건은 과거청산을 현실적으로 이룩하는 데 있어서 빼놓을 수 없는 논리적인 관계에
있음은 틀림없다. 또 회담 목적은 회담과정의 내용들을 전체적으로 분석해야만 판단
할 수 있다는 점을 고려할 때 이 조건은 사후적인 성격을 가진다. 이것이 본 연구에서
이 조건을 내용조건으로 설정하는 이유다.
　여기서 주의해야 하는 것은 위의 세 가지 조건들은 한일 간의 과거청산이라는 경험
적인 사실에만 구속되지 않는 바로 과거청산이라는 추상적인 개념에서 도출되는 논
리적인 조건이라는 점이다. 하지만 본 연구의 주제인 한일 간의 특수한 과거청산 문제
는 물론 한일회담이라는 특정한 틀 안에서 진행되었다. 따라서 그런 보편적인 조건들
이 특정한 하나의 진행방식인 한일회담의 교섭과정에서 구체적으로 어떻게 반영될
필요가 있는지, 다음은 그것을 살펴볼 필요가 있다. 바로 그런 반영 여부가 한일회담

에서의 과거청산 성사의 여부를 판단하는 내용조건이 되기 때문이다.

3) 한일회담에서의 과거청산의 내용조건

한일회담에 반영되어야 하는 내용조건들은 무엇인가? 이 책에서는 이하 설명하듯이 과거청산이라는 보편적 개념에서 도출된 위의 세 가지 조건에 대응하는 각 조건들과 또한 본 연구가 다룰 한일회담에서의 과거청산 실천 문제의 핵심인 청구권 교섭의 진행형식으로부터 요구되는 두 가지 조건, 이상 다섯 가지 조건들을 한일회담을 통한 과거청산 성사의 여부를 판단하는 내용조건으로 삼고자 한다.[12]

● 내용조건 1: 한일회담의 목적

1951년 10월 20일 시작된 한일회담을 한국 정부는 "식민지적 지배하에 있었다는 불행한 과서를 깨끗이 정산하고 호혜평등의 입장에서 새로운 관계를 수립하기 위한 것"[13]이라고 설명하고 있다. 하지만 홍보를 위한 이 설명은 과연 보편적으로 검증된 일이었을까?

5장에서 논하듯이 우선 한일회담 개최의 법률적 근거를 제공한 대일평화조약은 이하에서 논할 의미에서 한일회담을 한일 간의 특수한 과거를 청산하는 장으로 규정하지는 않았다. 물론 이 사실은 회담을 통한 과거청산이 전혀 불가능함을 의미하는 것이 아니다. 후술하듯이 '공백의 논리'로서 나타난 평화조약 한국 관련 조항은 한일 양국 사이에서 해결해야 할 몇 가지 과제를 제공하기는 했으나 그 공백의 귀결로서 한일 간의 특수한 과거를 어떻게 처리해야 할지 그 원칙이나 내용 하나하나까지 상세히 규정된 것이 아니었다. 또 동 조약은 동 조문에 규정된 과제 이외의 문제를 한일회

---

12) 가능조건을 논했을 때도 각주를 달았으나 이들 다섯 가지 조건 역시 과거청산 개념과 엄격한 의미에서의 집합적 포섭 관계에 있는 것이 아니므로 결코 과거청산에 대한 필요 또는 충분조건을 뜻하는 것이 아니다. 이들 조건 역시 한일회담이라는 구체적인 교섭 무대에서 과거청산이 이루어졌다고 판단하는데 요구되는 잣대들에 불과하다. 그 의미에서는 이들 다섯 가지의 조건의 설정은 자의성을 띠고 있음은 틀림없다. 또 이들 조건 가운데 첫 번째 조건인 한일회담의 목적은 다른 네 가지 조건들과 독립된 관계에 있다기보다 바로 네 가지의 조건 성립 자체가 그 첫 번째 조건의 성립 여부에 중요한 판단 근거를 준다는 의미에서 그 성격을 좀 달리하고 있다고 말할 수 있다.
13) 대한민국 정부, 『한일회담백서』(1965a), 8쪽.

담에서 다룰 것을 금한 것도 아니었다. 실제 회담에서 과거청산의 핵심이라고 생각되는 기본관계조약 교섭은 평화조약의 규정에 있는 것이 아니므로 여기에는 한일 양국 간의 주체적인 판단이 짙게 개입한 것이었다.

즉 한일회담은 평화조약의 공백 논리 탓으로 한일 양국 정부의 회담에 대한 사고방식, 이해관계 등이 깊이 관여하는 일정한 자유를 가진 조건하에서 진행시킬 수 있는 속성을 갖고 있었다. 따라서 자유도가 있다는 것은 그만큼 회담 목적을 밖으로부터 의무적으로 결정할 수는 없다는 것을 의미하므로 한국 정부가 설명해 온 과거청산이라는 한일회담의 목적은 따로 검증될 필요가 있는 명제에 불과하다. 물론 언급했다시피 회담 목적에 관해서는 그에 대한 합의의 존재 여부뿐만 아니라 회담의 전체적 진행과정을 분석해서 그 내용이 그 회담 목적과 잘 어울리는 것이었는가를 논리적 및 실증적으로 검증해야 한다. 따라서 한일회담에서의 과거청산 성사 여부의 첫 번째 내용조건은 이하와 같이 정의할 수 있다.

[조건 1] 한일 간에 과거청산이 이루어지기 위해서는 한일회담은 양국 간의 특수한 과거를 청산하는 목적을 가지고 있다는 합의 또는 그 청산이 목적이라고 판단할 수 있는 교섭내용을 가질 필요가 있다.

● 내용조건 2: 한일 간의 과거 규정과 그에 따른 청산교섭

과거청산을 위한 두 번째 보편적인 조건은 과거 규정의 문제였다. 1952년 4월 주권회복을 앞두고 당초 재일한국인의 법적 지위와 그에 따른 대우를 결정하기 위하여 미국의 중개로 개최된 한일회담은 한국 측 요구도 있고 해서 제1차 회담에서 법적 지위 외에 기본관계, 청구권, 문화재, 선박, 어업의 여섯 가지 문제가 다루어졌음은 주지의 사실이다. 그리고 이들 의제의 구성 자체는 이후 14년에 걸친 기나긴 교섭과정에서도 각 위원회 구성에는 약간의 변화가 있었으나 기본적인 틀로서 막판까지 거의 유지되었다. 따라서 이들 제 문제들의 해결이야말로 한일회담에서의 과거청산 외제로 되었으나 여기서 과거청산을 생각할 때 우선 주의해야 하는 것은 기본관계 문제와

다른 문제들의 논리적인 위치관계다.

본시 기본관계를 뺀 나머지 네 가지 의제14)와 기본관계 문제는 다른 차원의 속성을 지니고 있다. 즉 기본관계를 제외한 나머지 네 가지 문제들은 한일회담의 의제로서 과거에서 연유하는 구체적인 내용들을 가진 문제들이었다.

재일한국인의 법적 지위 문제라고 함은 식민지 시기 일본에 건너간 한국인들에 대한 법적 지위와 그에 따른 처우 문제의 처리를 뜻했다. 일본은 47년 외국인등록령을 제정, 재일한국인들을 일괄적으로 외국인으로 취급할 방침을 세운 결과 일본의 주권 회복에 따라 그들의 정식 국적 확정과 그에 따른 처우 문제를 확정지어야 할 필요성을 안고 있었다. 동 문제는 바로 이를 해결하기 위한 것이었다. 다음 선박 문제라고 함은 연합국최고사령부가 전전 한국 치적(置籍) 선박의 반환을 명한 SCAPIN2168 등에 의하여 한국에 귀속시켜야 할 선박을 결정하고 그 반환을 결정짓는 문제였으며, 또 문화재 문제는 평화조약(平和條約)을 비롯하여 주어진 법적 근거는 없었으나 식민지 시기 갖은 방법을 통해 한국으로부터 일본에 반출된 문화재를 반환시키는 문제였다. 마지막으로 한일회담 중 최대의 관심사이던 재산 및 청구권 해결을 위한 일반청구권 문제라고 함은 평화조약 4(a, b)조에 기초해서 양국 간의 재산과 그에 기초한 채권 - 채무관계를 처리하는 문제였다. 따라서 이들 문제에 관한 각 협정들은 동 문제 해결에 관한 구체적인 내용만을 규정하는 것이었으며 실제 그렇게 되어 있다.

그와 대조적으로 기본관계조약은 구체적인 개별 문제에 대응한 것이 아니었다.15) 한국 정부는 이 기본관계 문제를 "국교를 정상화함에 있어서 양국 간의 과거관계를 어떻게 처리할 것인가의 문제"16)라고 설명하였다. 따라서 동 문제가 '과거관계를 어떻게 처리할 것인가의 문제'인 이상 본시 기본관계조약은 위의 각 구체적인 개별 문제들을 해결하기 위한 원칙을 정하는 위치에 있었다. 또 그를 위해서는 무엇보다

---

14) 기본관계 문제 이외의 의제는 현실적으로는 어업 문제를 포함해서 다섯 가지였으나 동 문제는 장래의 양국의 어업조업에 관한 실서를 확립시키는 것과 그 자원의 보호를 목적으로 한 것이어서 과거청산 문제와 직접 관련이 없으므로 여기서는 제외했다.

15) 동 조약 교섭과정에서는 해저전선 분할소유 등 구체적인 안건의 규정 문제가 거론된 적도 있었으나 이것 역시 교섭과정에서 사라져, 최종 문안에서는 개별 문제 해결을 위한 구체적인 규정은 없다.

16) 대한민국 정부, op.cit.(1965a), 11쪽.

문제 발생의 기본 원인인 "양국 간의 특수한 배경",[17] 즉 청산해야 할 과거의 성격 규정이 절대적으로 필요했다.

이러한 규정이 없다면 각 문제를 개별적으로 토의할 때마다 문제가 생길 수 있다. 예를 들면 다음과 같다.

과거청산을 위한 현안들 속에서도 가장 핵심적인 문제이던 대일청구권 문제에 관하여 한국의 대일청구권 토의가 본격적으로 시작된 제5차 한일회담 제13차 일반청구권소위원회(1961년 5월 10일)에서는 전쟁에 동원된 피징용자에 대한 보상에 관해서 위의 문제를 생각하는 데 이하와 같은 흥미로운 토론이 진행되었다.[18]

일본: 전쟁으로 인한 피징용자의 피해란 어떤 것인가?

한국: 생존자, 부상자, 사망자, 행방불명자, 그리고 군인, 군속을 포함한 피징용자 전반에 대하여 보상을 요구하는 것이다.

일본: 보상이란 국민징용령 제19조에 의하여 유족 부조료, 매장료 등 지불하기로 되어 있고 공장에 있어서는 공장법에 군인군속에 있어서도 그러한 원호 규정이 있었는데 당시의 그러한 기초에 의한 보상을 의미하는 것인가?

한국: 그것과는 다르다. 우리들은 새로운 기초하에 상당한 보상을 요구한다.

일본: 새로운 기초란 어떤 것인가?

한국: 다른 국민을 강제적으로 동원함으로써 입힌 피징용자의 정신적, 육체적 고통에 대한 보상을 의미한다.

일본: 징용될 때에는 일단 일본인으로서 징용된 것이므로 당시의 원호 같은 것, 즉 일본인에게 지급한 것과 같은 원호를 요구하는 것인가?

[……]

한국: 당시 일본인으로서 징용되었다고 하지만 우리는 그렇게 생각하지 않는다. 일본사람들은 일본을 위해서 일했겠지만 우리는 강제적으로 동원되었다. 이 점에 대한 사고방식을 고쳐주기 바란다.

[……]

일본: 한국인 피해자에 대해서도 가능한 한 조치하고자 하는데.

[……]

---

17) ibid.
18)『第五次韓日會談 豫備會談 會議錄』(一般請求權委員會, 船舶委員會, 文化財委員會), 220~224쪽에서 인용자가 발췌, 작성.

한국: 다른 국민을 강제로 징용하고 정신적 육체적으로 고통을 준 것에 대하여 상당한
　　　보상을 해야 하지 않는가?
일본: 징용 당시는 외국인이 아니었고 종전 후 외국인이 되었다.

이 토론의 본질이 보상을 지불하는가 안 하는가에 있는 것이 아님은 분명하다. 일본은 청구권으로서 인정될만한 보상 요구에 대해서는 응하려는 의도를 갖고 있었다. 어디까지나 양국이 대립한 점은 바로 그런 보상이 요구되는 '양국 간의 특수한 배경'인 일본의 한국 지배에 관한 과거 규정의 문제였다. 즉 "다른 국민을 강제로 징용" 한 것에 대해서 보상의 근거를 찾으려고 한 한국에 반해서 "징용 당시는 외국인이 아니고 종전 후 외국인이 되었다"라고 하여 단지 일본인과 같은 보상을 생각한 일본 사이에는 처리해야 할 문제의 기원인 일본의 한국 지배라는 특수한 과거의 규정에 관해 근본적인 인식 차이가 있었다.

또 하나 예를 들자. 과거에 연유하는 현안들 속에서 그 상징적 의미를 지닌 문화재 반환 문제에도 위의 보상 문제와 같은 논리가 전개됐다. 제6차 한일회담에서는 한국 측이 제출한 문화재 7항목 반환에 관하여 그 문화재소위원회 제3차 회의에서는 이하 와 같은 견해가 오갔다.[19]

한국: 우리 측은 그러한 문화재들이 부당한 방법으로 가져갔다고 생각하는데 일본 측의
　　　생각은 어떠냐는 것이다.
일본: 개인이 산 것이라든가 기증받은 것이라는 것이다. 또한 총독부에 의하여 반출된
　　　문화재는 당시의 관계 법령에 의하여 합법적으로 발굴된 것이다.

하지만 위의 의견 표명에도 불구하고 일본 측은 국유 등 일부 문화재의 인도 자체 를 거절한 것이 아니었다. 일본 측은 동 위원회 제5차 회의의 벽두에서 이 문제에 대해 일본 측 견해를 이하 설명하고 있다.[20]

---

19)「회담 제6-24호」,『제6차 韓日會談 會議錄(II)』, 377~378쪽.
20)「회담 제6-57호」, ibid., 417~418쪽.

2장. 과거청산의 조건 61

일본: 일본 측으로서 이 문제는 일본 측에 반환할 의무가 있다든가 한국 측에 요구할
　　　권리가 있다는 문제는 아니라고 생각합니다. 그러나 일본 측으로서는 역사적으로
　　　매우 오랜 기간에 걸친 문제이고 또한 깊은 관계가 있는 한국의 문화 진흥에 될
　　　수 있는 한 기여 공헌하고자 생각하고 있으므로 장래 양국의 국교정상화가 실현될
　　　경우 일본 측이 자발적인 의사에 의하여 어느 정도의 것을 증여할 것을 고려하고
　　　있음은 종래에도 누차 말씀드린 바와 같습니다.

이런 일본 측 입장에 대해 한국 측 입장은 이하와 같은 것이었다.[21]

한국 측: 이 회담은 사소한 법률로서 따질 것이 아니라 대국적인 입장에서 고려하여
　　　일본은 이러한 동기에 대한 반성을 하여 신세대의 정신으로 크게 생각할 필요가
　　　있다고 본다 [……] 기교를 피우는 법론을 하지 말고 전체적인 입장에서 진행하는
　　　것이 특히 좋은 효과를 가져 오리라고 믿는다.

　　위의 토의 역시 문제의 핵심이 문화재 자체의 한국 측으로의 인도 여부에 있는
것이 아님을 가리키고 있다. 문제는 그 인도의 근거를 둘러싼 대립이었다. 즉 그것은
일본에 의한 한국 통치 자체를 합법이라는 전제하에 관계법령에 비추어서 진행된
문화재 반출은 합법적임을 주장한 일본 측과 그런 '사소한' 법령과의 대조가 아니라
그런 구체적인 법령의 유효성 자체를 포기하는 '대국적인 입장'을 요구하는 한국 측
대립, 다시 말해 일본에 의한 한국 지배의 합법성 여부를 둘러싼 특수한 과거의 규정
문제에 관한 대립이었다.
　　상기 두 가지 예를 통해서 무엇보다 알 수 있는 것은 이미 언급한 '식민지 시대에
일어난 문제들의 처리'와 '식민지 지배 자체에 대한 청산'은 전혀 다르다는 것이다.
전자의 문제 처리가 식민지 지배 그 자체에 대한 아무런 언급을 필요하지 않은 데 반해
후자의 문제의 청산을 위해서는 식민지 지배에 대한 책임 규정이 반드시 필요하다.
　　언급했지만 일본 측은 보상에 관하여 일본 국민과 같은 조치를 취할 것을 부정한

---

21) ibid., 410~411쪽.

것이 아니었다. 오히려 같은 보상 문제를 가지고 있던 일본 국민과의 동등한 보상의 실시는 일본에게는 일본의 한국 지배의 정당화와 잘 연결되는 논리성을 포함하므로 실질적인 경제적 부담을 빼면 부정할 문제도 아니었다. 일본이 꺼려야 했던 것은 '다른 국민을 강제로'라고 하는 말에 상징되듯이 오직 일본의 한국 지배의 성격을 문제로 삼는 것이었다. 그와 마찬가지로 문화재에 관해서도 일본 측은 한국 측이 요구하는 문화재 송환에 응하는 것 자체를 꺼린 것이 아니었다. 단지 일본 측은 문화재의 한국으로의 인도가 불법적인 한국 지배에 대한 보상을 의미하는 '반환'이라는 명색 아래 진행되는 것을 우려한 것이었다.

따라서 이 점에 관하여 무엇보다 주의해야 하는 것은 그런 일본 측 자세 속에 거꾸로 양국 간의 특수한 과거의 청산을 이루어낼 열쇠가 숨어 있었다는 점이다. 즉 피징용자에 관하여 보상하는 것, 또한 문화재를 한국에 인도하는 것 자체는 결코 양국 간의 특수한 과거의 청산의 근거가 되지 못한다. 사실 전쟁 징용에 따른 일본 국민의 '피해' 문제도 한일 간의 식민지 관계의 시기에 일어났던 문제들이며, 따라서 그들 문제 처리 역시 '식민지 시대에 일어난 문제들의 처리'에 속한다. 그들 개별적 문제가 양국 간의 특수한 과거의 청산이 되기 위해서는 결국 이들의 문제 처리가 일본에 의한 한국 지배의 불법적 지배에 대한 처리로서 이루어짐을 명확하게 규정할 것이 필요하며 또 그래야만 처음으로 '식민지 지배 자체에 대한 청산'이 될 수 있다.

이 의미에서 과거청산을 위해서는 그들 개별적 문제처리의 원칙이나 목적을 규정할 수 있는 양국 간의 특수한 과거의 '부각'[22]이 절대적으로 필요하며 거꾸로 그 부각이 없는 문제처리는 과거의 청산이라기보다 오히려 과거의 '소거'를 의미할 따름이었다. 실제 과거청산의 최대의 고비이던 청구권 교섭 타결시 일본 측 주역이던 오히라(大平正芳) 외상은 한일교섭을 돌이켜보고 과거를 묻지 않는 청산 형식이었다고 증언하고 있다.[23] 일본이 교섭과정에서 보인 위와 같은 자세야말로 바로 오히라 외상이

---

22) 상술한 룩셈부르크(Luxembourg)협정 전문(前文)에서 "나치스의 폭력지배의 기간에 유태 민족에 대하여 표현하기 어려운 범죄가 행해졌다"는 등의 규정이 바로 이런 과거 '부각'의 한 예다. 지적한 바와 같이 가령 동 규정에 독일 국민의 책임을 회피하는 의미가 담겨 있었다고 해도 이하 보듯이 과거에 전혀 언급 없는 한일 간의 각 협정들에 비교하면 동 규정이 무엇을 위한 청산인가를 명확히 하는 데 중요한 의미를 지녔음은 의심할 여지가 없다.

말하는 '과거를 묻지 않는 해결방식'이었던 것이다.

그러면 그런 특수한 과거의 부각을 통한 과거 규정을 구체인 교섭의 틀을 가진 한일회담의 진행방식 속에서 이루어내기 위해서는 어떤 방법을 생각할 수 있었을까? 바로 이 문제를 생각할 때는 앞에서 언급한 기본관계와 다른 구체적인 문제들의 논리적인 관계에 주목해야 한다. 마지막 교섭의 장으로 된 1964년 12월 10일의 제7차 한일회담 제2차 기본관계위원회 석상에서는 이 문제를 생각하는 데 참고가 될 만한 사고방식이 한국 측으로부터 나왔다.[24]

관념상으로는 본 조약(＝기본관계조약)이 앞서고 각 현안에 관한 합의가 이에 따르게 되는 것이다. 기본조약은 말하자면 헌법적 성질을 띠게 될 것이다.

위의 한국 측이 견해가 나타내듯이 한일회담이라는 진행방식에서는 각 문제의 해결이 특수한 과거의 청산이 되기 위해서는 우선 '헌법'의 위치를 차지하는 기본관계조약에서 청산해야 할 양국 간의 특수한 과거에 대한 성격 규정을 할 필요가 있었다.

그러면 그 기본관계조약에서 양국 간의 특수한 과거를 규정하는 핵심적인 내용은 무엇인가? 바로 그것은 전문(前文) 3항과 본문 7조로 구성된 기본관계조약 중 "1910년 8월 22일 또는 그 이전에 대한제국과 일본제국 간에 체결된 모든 조약 및 협정이 이미 무효임을 확인한다"(이하 '구조약 무효확인 조항')고 규정한 본문 제2조의 문제였다.

일본의 한반도 침탈과정에서 맺어진 한일 간의 구조약 및 협정들의 무효를 규정한 동 조항은 한국 정부의 설명에 의하면 "양국 간 과거 관계를 청산한다는 것을 가장 특징적으로 나타내는 것"[25]이었다. 한국 정부는 그런 의미를 지닌 동 조항의 성과에 관해서 양국 간의 기본적 대립점이 기본관계조약에서 이 조항의 명기를 주장한 한국에 대해서 "그러한 조약 및 협정들이 이제 와서 효력이 없음은 명백하므로 구태여

23) 大平正芳,「日韓条約はどうして作られたか」,『外交時報』, no.1024(1966.1), 28쪽.
24) "주일정 722-516",『제7차 한일회담 기본관계위원회 회의록 및 훈령, 1964.12~65.2』, 22쪽.
25) 대한민국 정부, op.cit.(1965a), 15쪽.

명문으로 규정할 필요가 없다"[26]고 주장하는 일본 측 주장과의 대립, 즉 제2조의 삽입과 삭제의 대립에 축소하고 있다. 그러나 널리 알려져 있듯이 이 문제의 핵심은 그 조항의 삽입 여부라기보다 그 조항의 삽입에 따른 구조약 무효시기의 문제였다. 구조약들의 무효확인에 관해서 '이미(already)'라는 한정 구절을 단 이 조항은 오히려 구조약의 유효시기가 있었음을 뜻할 수 있는 것이므로 이후의 논란거리가 되어 왔음은 주지의 사실이다.

한국 정부는 이 문제에 관해서 '무효(null and void)'라는 외교적, 법률적 용어를 씀으로써 '당초부터 무효'라는 해석을 폈다. 동 조항의 'already' 삽입에 따른 '구조약 유효확인 조항'이라는 잇따른 비판에 대해서는 이동원 외무부장관은 이하와 같이 갈피를 못 잡는 무리한 해석까지 펴고 있다.[27]

'already'에 관하여 말씀드린다면 이것은 제2조 서두에 있는 'It is confirmed that'이라는 구절에 의한 확인 행위가 벌써부터 있어야 한다는 의미로서 'null and void'에 덧붙여 쓴 것으로 무효의 시점에 관하여서는 영향을 줄 수 없다는 것이 조약 해석상으로나 기타 상식으로 명백한 것이며 또한 정부의 견해인 것입니다.

본 연구는 'already'의 삽입이 교섭과정 막판에 이르러서 한국 정부의 유일합법성을 한층 더 명확하게 하기 위하여 일본 측에 양보하기 위한 것이었음을 확인함으로써 상기 한국 정부의 답변이 모종의 허위 설명임을 8장 2절에서 고찰할 예정이다. 여기서 강조해야 할 것은 한국 정부가 원천 무효라는 입장을 실질적으로 유지한다면 그에 따른 구체적인 문제의 해결은 당연한 귀결로서 그 불법 지배에 대한 처리로 이루어져야 한다는 것이다. 왜냐하면 동 2조는 일본의 한반도 지배에 그 법적근거를 준 구조약들이 원천 무효임을 규정하는 것이므로, 가령 한국 정부가 주장하듯이 동 조항이 원천 무효임을 가리킨다면 그 논리적인 귀결은 일본의 한반도 지배가 불법으로 되기 때문이다.

따라서 이 논리를 식민지 지배의 피해보상 교섭에 적용한다면 동 보상 교섭은 응당

---

26) ibid.
27) 국회회의록, 제6대국회, 제52회, 「제7차 한일 간 조약과 제협정 비준동의안심사특별위원회」 제7호 (1965.8.8), 2쪽.

일본의 불법 지배에 대한 피해보상 교섭으로서 진행될 필요가 있다. 물론 불법 지배에 대한 피해보상 교섭을 부각시키는 개념에는 여러 가능성이 있을 것이다.

하나의 대표적인 예로 '배상(reparation)'이라 함은 통상 전시 배상을 뜻하는 것이 많으나 국제법에 의하면 그에 그치지 않고 기본적으로 평화시를 포함해서 불법 행위에 따른 손해에 대한 보상을 의미한다.[28] 또한 일본 외무성도 조약국 법규과장의 조사로서 배상 개념은 일반 국제법상의 개념으로서 확립되어 있다고는 말하지 못한다는 인식을 드러내면서도 불법적 행위에 따른 피해에 대한 '배상'과 합법적인 행위임에도 그에 따라 생긴 피해에 대해서 지불되는 '보상'과의 구별 가능성에 언급하고 있다.[29] 즉 배상 개념은 단지 전승 - 패전 관계에만 규정되는 것이 아니라 불법성을 중심으로 그 피해에 대한 보상을 의미하는 가능성을 내포하고 있었던 것이다. 따라서 후술하듯이 비록 한국이 대일평화조약의 서명국에서 제외되고 대일전승국이 되지 못하더라도 구조약 원천 무효화에 따른 일본의 한국 지배의 불법성이라는 한국 측 입장을 생각하면 위의 의미에서의 '배상' 개념의 사용을 주장하는 등의 교섭이 자연스럽게 요구되었다.

물론 기본관계조약 2조에 따른 불법 지배의 피해보상 개념이 꼭 '배상' 개념이어야 할 이유는 없다. 그러나 한국 정부가 동 2조로 인하여 구조약의 원천 무효임이 확립되었다고 한다면 그에 따라 보상 문제 처리가 이루어짐을 부각시키는 개념을 가지고 교섭을 진행해야 함은 논리적 순리일 것이다.

이상 한일회담에서 과거청산이 성립되기 위한 두 번째 내용조건은 이하와 같이 정리할 수 있다.

[조건 2] 한일회담에서 특수한 과거의 청산이 이루어지기 위해서는 다른 구체적인 제 문제들이 그에 따라 이루어짐을 규정할 수 있는 청산 원칙이 필요하나 이를 위해서는 무엇보다 일본의 한반도 지배에 대한 명확한 과거 규정, 즉 특수한 과거의 부각이

28) 일본 國際法學會 편, 『國際關係法辭典』(三省堂, 1995), 635쪽.
29) 伊藤哲雄, op.cit., 84쪽과 89~90쪽에 달린 주석15 참고.

필요하다. 구체적으로는 기본관계조약 제2조 '구조약 무효확인 조항'에 관해서 단지 그 조항의 삽입만을 요구하는 것이 아니라 그 조항에 의하여 구조약들이 원천 무효임이 밝혀져야 하고 그에 따라 불법 지배에 대한 청산교섭으로서 회담이 진행될 필요가 있다. 따라서 이 청산 교섭의 핵심이던 청구권 교섭에서는 '배상' 개념의 사용 등 일본의 불법 지배에 따른 청산 교섭임이 밝혀지는 개념의 사용이나 또는 그런 교섭이라고 판단되는 내용들을 가질 필요가 있다.

● 내용조건 3: 기본관계조약 또는 관련 협정에서의 청산 규정

다음 조건은 과거청산 규정에 관한 조건 ③에 관한 문제다. 이미 인용했다시피 "국교를 정상화함에 있어서 양국 간의 과거관계를 어떻게 처리할 것인가의 문제"가 기본관계조약의 속성인 만큼 다른 문제들의 해결은 결국 기본관계조약에서 정해진 과거 규정에 따라 진행되어야 한다. 따라서 그 논리적 귀결로서 각 구체적인 내용을 가진 다른 현안들의 해결이 이루어졌을 때 그 해결이 기본관계조약에서 규정된 내용에 따라 해결되었음을 명시하는 것이 일관된 처리를 행하는 데 필요하다. 물론 제 현안들의 해결규정 자체는 기본관계조약에서 하거나 아니면 각 문제들의 협정 속에서 하는 방법 등 일정한 자유도가 있을 수 있다.

하지만 주의해야 할 것은 어느 방법을 취하든 간에 각 문제들의 해결 내용 자체는 기본관계조약에서 제시된 과거 규정에 따라 진행되어야 과거청산이 일관되게 성립되었다고 생각할 수 있는 만큼 기본관계조약과 각 협정의 논리적인 관계를 어딘가에서 명확하게 규정할 필요가 있다는 점이다. 따라서 과거청산을 위한 보편적인 조건 ③에 대응하는 한일회담에서의 과거청산에 관한 3번째 내용조건은 이하와 같이 정의된다.

[조건 3] 과거의 청산이 논리 일관되게 이루어지기 위해서는 기본관계조약에서 진행된 과거의 규정에 따라 다른 제 문제들의 해결이 이루어졌음을 규정해야 하고 더 나아가 그 문제의 처리가 어떤 의미에서 그 과거의 규정에 부합하는 것인가에 관한 설명 또는 논리적으로 그렇게 해석할 수 있는 내용이 개별 협정 아니면 기본관계조약

속에서 명확하게 규정되어야 한다.

　● 내용조건 4: 한국 국민의 개인청구권 보호

　다음 조건은 오늘날까지 여전히 문제로 남아 있는 개인청구권의 문제다. 이 문제는 상술한 보편적인 조건으로부터 직접 도출되는 문제가 아니다. 하지만 이 문제가 과거청산을 둘러싼 한일회담의 몇 가지 의제들 속에서 그 청산 실천의 핵심적인 문제이던 청구권 문제로서 진행되게 된 데 따른 논리적인 파생관계에 있음은 의문의 여지가 없다. 왜냐하면 대일청구권 문제는 후술하듯이 소위 국가 간의 전쟁배상이라는 형식으로 진행된 것이 아니라 "우리가 일본국에 요구하는 청구권을 국제법에 적용해서 보면 영토의 분리분할에서 오는 재정상 및 민사상의 청구권 해결 문제"[30]로서 진행된 것이었으며 따라서 그 속에는 개인이 가지고 있는 사법상의 채권 문제가 많이 들어가 있었기 때문이다. 물론 그런 개인적 청구권 속에는 우체국 예금이나 연금 등 사법상의 채권적 성격이 강한 것과 함께 전쟁동원에 따른 피해 보상적 성격이 강한 것 등 다소나마 성격의 차이가 있는 것이 포함되어 있었으나 아무튼 그들 청구권이 모두 다 각 피해자 개인의 취득권리에 귀속되는 것이었음은 말할 나위도 없었다. 따라서 이런 민사적인 재산 처리는 엄격하게 말하면 '식민지 시대에 일어난 문제들의 처리'에 불과하며 '식민지 지배 자체에 대한 청산'을 뜻할 수 있는 것이 아니다.

　그러나 한일 간의 청구권 교섭이 한국 정부에 의한 그런 자국 국민의 개인 권리의 보호를 위한 대리교섭의 성격을 띠게 된 이상 그들 개인청구권 보호는 과거청산 과제에 대해 최소한 충족시켜야 하는 하나의 조건이라고 말할 수 있을 것이며 더 나아가 그 문제의 처리방식은 과거청산 문제에 관한 한일회담의 성격을 판단하는 데 중요한 하나의 잣대를 제공하고 있다고도 볼 수 있다. 실제 과거청산이 미흡한 상태에 그치고 있다는 인식을 한국 사회가 갖게 하는 중요한 요인 중 하나가 오늘날까지 끊이지 않게 제기되는 이들 개인청구권에 대한 보상 요구의 존재인 것도 사실이다.

　외교교섭상 개인의 권리를 보상하는 국가가 가진 하나의 권리로서 외교보호권이

---

30) 대한민국 정부, op.cit.(1965a), 41쪽.

있음은 주지하는 바다. 따라서 양국 산의 청구권 교섭 중 각 개인 피해에 대한 보상 교섭은 이 외교보호권 발동에 따른 대리교섭이라는 측면을 가졌다. 사실 이 성격은 비록 한일회담 진행과정에서는 직접 확인된 비가 없으나 한일회담 타결 후 각 정부 당국자가 그 타결로 인하여 외교보호권을 포기하고 있음을 시인하는 데서 역설적으로 볼 수 있다.[31]

따라서 한일회담에서 양국 간의 특수한 과거를 청산하기 위해서는 특히 청구권 교섭에 있어서 자국민 개인의 권리보호라는 문제에 관한 한국 정부의 교섭 태도가 관건이 된다. 네 번째 내용조건은 바로 이에 대응하는 조건으로서 이하와 같이 정의할 수 있다.

[조건 4] 한일회담이 과거청산을 위한 회담이면 그를 위한 중요한 조건인 개인청구권 보호를 위하여 외교보호권을 행사하여 개인 피해에 대한 보상의 획득을 도모하거나 장래에 있어서의 그 행사 가능성을 열어 놓을 교섭을 벌여야 한다.

이상 혹시 한반도에 남북 분단이라는 특수한 요건이 없으며 따라서 과거청산의 주체가 단일화되어 있었다면 구체적인 규정 내용에는 일정한 자유도가 있을지언정 한일회담에서의 과거청산 성사의 형식적인 판단은 이상의 네 가지 내용조건으로 마련할 수 있다고 생각된다. 하지만 남북 분단이라는 특수한 환경은 위의 조건들 이외에 한일회담의 속성을 가늠하는 데 중요한 조건을 또 하나 제공한다. 무엇보다 그 근본 원인은 일본에 의한 한반도 지배가 남북이 갈라서기 전의 일이었는데 그 청산을 도모하는 한일회담은 남북 분단이라는 조건하에서 이루어지게 되었다는 모순에서 발생

---

31) 청구권 협정 체결로 인하여 소멸된 청구권에 관해서 1991년 국회에서 일본 측 야나이(柳井俊二) 조약국장은 "일한 양국이 국가로서 갖고 있는 외교보호권을 상호 포기했다는 것입니다. 따라서 소위 개인의 청구권 자체를 국내법적인 의미로 소멸시켰다는 것이 아닙니다. 일한 양국 간에서 정부로서 이것을 외교보호권의 행사로서 들고 나올 수는 없다, 이런 의미입니다"라고 답변하고 있다(国会会議録, 第121回国会,「參議院予算委員会」第3号(1991.8.27), 10쪽). 또한 한국 측 역시 1995년 국회에서 당시 공노명 외무부장관은 같은 문제에 관해서 "개인청구권까지 우리가 해결했다고 하는 것은 아니다"라고 답변하고 있다(국회회의록, 제14대국회, 제177회, "1995년도 국정감사 통일외무위원회(피 감사기관 외무부)"(1995.10.11), 6쪽). 다시 말하면 이 사실들은 한일회담 타결 이전에는 양국 정부가 자국민에 대한 외교보호권을 보유하고 있었음을 뜻하는 것이므로 한일회담은 한국 정부가 한국 국민에 대한 보호권을 보유한 상태에서 진행된 것임을 뜻한다.

했다.

그러나 이 문제는 심각한 남북 대립과 체제 경쟁, 그리고 그에 따른 한국 사회에서의 반북한 정서와 맞물려 학문적 고찰 속에서조차 금기시되어 왔다고 말하지 않을 수 없는 상황에 있다. 그러나 이미 21세기를 맞이한 오늘날 한일 간의 청산을 보다 크게 민족적 청산으로서 생각할 때 동 문제 역시 거론하지 않을 수가 없는 논점임은 틀림없으며 또한 그 고찰은 한일회담의 성격을 천명하는 데 상징적인 의미를 가지기도 하다.

- ● 내용조건 5: 이북 거주민의 개인청구권 보호

기본관계조약 제2조 '구조약 무효확인 조항'과 더불어 한국 정부로 하여금 기본관계조약 성공 여부의 판단의 기초라고 평가하게 한[32] 동 조약 제3조 "대한민국 정부가 국제연합총회의 결의 195(III)호에 명시된 바와 같이 한반도에 있어서의 유일한 합법 정부임을 확인한다"(이하 '유일합법성 조항')는 조항은 위에서 말한 과거청산 문제를 생각하는 데 또 하나 빼놓을 수 없는 중요한 논점을 제공했다. 유엔결의 195(III)호에 관해서는 이 책 5장에서 다루나 언뜻 보기에 앞으로의 한민족과 일본과의 외교관계를 규정하듯 보이는 이 기본관계조약 제3조 '유일합법성 조항'은 장래의 양국관계의 기초를 닦는 역할과 동시에 그 당시 과거청산을 이루어내는 데 빼놓을 수 없는 한민족 대표성의 문제를 규정하는 의미를 가지고 있었으므로 당연히 한반도와 일본 간의 과거청산 문제와 직결되는 논점을 내포하고 있었다.

하지만 대한민국 정부는 이 문제를 한국 정부의 관할권 규정의 문제로서, 즉 "국제연합 결의가 인정하는 한도 내에 있어서 대한민국 정부의 유일한 합법성은 인정하나 현실적으로 관할권이 남한에만 미친다는 사실이 고려되어야 한다"[33]고 주장하는 일본과 "대한민국의 영토는 헌법 제3조에 명시되어 있는 바와 같이 한반도 전역과 부속도서이며 이것이 일본과의 관계에 있어서 한·일 간의 기본관계조약에 의하여

---

32) 대한민국 정부, op.cit.(1965a), 21쪽.
33) ibid., 15쪽.

제약되지 않는 것"[34]이라고 주장하는 한국 측 대립 문제로 설명하고 있다. 그러나 이러한 한국 측 주장은 한국이 한반도 전체에 그 관할권을 가진다는 주장인 이상 단지 현재와 앞으로의 관할권 문제를 넘어 과거청산에 관한 대표권을 뜻하는 문제이기도 했다. 그 당연한 귀결로서 그 권리의 주장은 책임을 요구한다.

　이것을 생각할 때 주목해야 할 점은 이런 남북 분단이라는 엄연한 현실과 대한민국 정부가 유일한 합법정부로서 한일회담에서 온 민족적 청산을 해야 한다는 주장 사이에 생기는 모순에 어떻게 대처하려고 했는가의 문제다. 온 민족적 차원에서 과거를 청산해야 한다는 원칙 준수가 비록 당시의 정세하에서는 어려웠다고 해도 그에 따라 그 해결을 영원히 불가능하게 하려는 것과는 전혀 다른 문제임은 덧붙여 말할 필요도 없다. 거꾸로 말하면 남북 분단이라는 조건하에서 대한민국 정부가 그런 민족적 청산이라는 과제에 대해서 과연 어떤 태도를 취했는가, 즉 주어진 조건하에서 그나마 가급적 민족적 청산을 이루어내도록 대처했는가 아니면 그와 반대의 대응을 취했는가를 고찰하는 것은 바로 한일회담에서의 과거청산 소멸논리를 밝히는 데 가장 핵심적인 요소의 하나라고 말할 수 있다.

　일단 남북 분단이라는 조건하에서 생각할 수 있는 한국 정부의 과거청산에 관한 대응은 이하 세 가지 정도의 유형으로서 정리할 수 있을 것이다.

① 유일합법성에 의거해서 북한 지역에 관한 청산 문제를 한국 정부가 떠맡아 한국 정부와의 협정 체결로 모두 다 영원히 해결된 것으로 한다.
② 유일합법성의 입장에 서면서도 북측에 존재하는 청산 문제 중 적어도 개인청구권의 성격을 지니는 것에 대해서는 현실적으로 조사, 보상의 실시가 당분간 불가능함을 감안하여 앞으로 해결해야 할 과제로 남기고 이후의 변화에 따라 (예컨대 통일정권 수립 등) 재협의하도록 한다.
③ 유일합법성의 입장에 의거하면서도 북한 지역에 그 시정권이 못 미치는 현실을 인정해서 북한 지역의 청산 문제는 다 포기함으로써 북측과 일본의 교섭을 수용한다.

---

34) ibid., 20쪽.

남북한의 대립이라는 현실 속에서는 아무리 온 민족적 과거청산이란 본연의 목적이 중요하다고 하더라도 ③번의 입장을 취하기는 어려웠다는 것은 시인해야 할 것이다. ③번의 선택은 한국의 합법성에 대한 손상을 의미하는 것뿐만 아니라 경우에 따라서는 일본과 북한과의 청구권 교섭으로 이루어질 가능성을 배제하지 못하며 이것이 북한체제의 강화와 연결되는 가능성을 내포하는 이상 당시의 조건하에서 남한 정부가 취할 수 있는 입장이 아니었음은 충분히 이해할 만하기 때문이다. 따라서 본 연구에서도 이 가능성은 아예 배제하기로 한다.

하지만 한국 정부가 과거청산을 한일회담의 참된 목적으로 하는 이상 ①번의 입장을 반드시 취해야 한다는 필연성을 꼭 의미하지는 않는다는 점을 동시에 지적해야 할 것이다. 비록 국유재산에 관해서 북측 지역에 관한 청구권을 북한 정부에 귀속시킬 것은 인정하지 못하더라도 적어도 북측 거주의 개인청구권에 관한 문제에는 다른 대응이 요구되는 측면이 있는 것도 부정하지 못 할 것이다. 북측 거주민의 개인청구권 문제도 온 민족적 청산을 생각할 때는 한일 간의 특수한 과거청산의 하나의 요소가 될 수밖에 없으며 따라서 사실상 그런 권리를 소멸시킬 것을 뜻하는 ①번의 입장은 한국 정부가 유일한 합법정부로서 민족을 대표한다는 입장에 서는 한 쉽게 취하지 못했을 터이기 때문이다.

따라서 남북 분단이라는 특수한 조건하에서도 한국 정부가 진정한 의미에서 온 민족을 대표해서 민족적 피해에 대한 진지한 과거청산을 목적으로 한다면 남은 방침은 그 내용에 약간의 차이가 있어도 기본적으로 ②번 방향으로 문제 처리를 행할 수밖에 없었다. 바로 북측 거주민의 권리 처리 유보와 장래에 있어서의 재협의의 길을 열어놓는 것이 당시의 정세하에서 유일한 민족 대표정부를 자칭한 한국 정부에게 남겨진 유일한 선택이었을 것이다.

이상의 논점은 다섯 번째 조건으로서 이하와 같이 정리할 수 있다.

[조건 5] 남북한의 대립에 의한 통일정권의 결여라는 조건하에서 한일회담을 통해 과거청산을 이룩하기 위해서는, 한국 정부가 유일합법성의 입장에 서서 온 민족을

대표하는 정권임을 자칭한다면 북측에 존재하는 청산 문제 중 적어도 개인청구권의 성격이 강한 것에 관해서는 미해결 과제로 남기고 이후의 재협의의 길을 열어놓도록 노력함이 필요하다.

　이상 이 책의 주제인 한일회담에서의 과거청산 소멸의 논리를 밝히는 데 필요한 가능조건과 내용조건들을 정리했다. 따라서 다음 과제는 위에서 제시한 조건에 관해서 한일회담을 둘러싼 역사가 얼마만큼 이 조건을 충족해왔는지를 살펴나가는 것이다. 바로 그 고찰이야말로 한일회담에 있어서의 과거청산 소멸의 논리를 밝히는 데 불가결한 작업이기 때문이다.

3장

대한민국 정부의 과거청산에 관한
국민적 합의도출 능력 결여의 논리

3장에서 5장까지의 2부에서는 한일회담을 통해서 과거청산이 이루어지기 위한
세 가지 가능조건들을 분석하여 왜 그 조건들이 성립되지 않았는지에 대한 논리적
구조를 밝혀 나간다.

우선 이 장에서는 앞서 정리한 첫 번째 가능조건인 한국 정부의 과거청산에 관한
국민적 합의 도출 능력 결여의 논리를 분석한다. 이 문제를 생각하는 데 우선 주의해
야 할 것은 다른 일반적인 외교 과제와 달리 한일회담에서의 과거청산 교섭은 식민지
지배에 관한 청산이라는 특수한 과제였다는 점이다. 그러니만큼 교섭에 대한 정부의
국민적 합의 도출 능력은 단지 정부의 절차적인 정당성 차원을 넘어 그 어려운 과제를
맡을 만한 국민의 정부에 대한 신뢰가 요구된다. 그리고 당시 그런 의미에서의 국민의
신뢰는 구체적으로는 집권자들의 과거 항일(抗日) 실적에 기인한 도덕성을 요구하
지 않을 수가 없었다.

그러나 1965년 한일협정 체결까지 한국에서 나타난 정치 갈등의 구조는 도저히
그런 어려운 역사적 과제를 수행할 만한 정부를 낳지 못했다. 그간 정치를 둘러싸고
오간 비판의 목소리는 어느 나라에서도 나타나는 정책적 대립의 영역을 훨씬 넘어
각 개인, 정치 세력 간의 불신과 증오, 부정으로 점철되었다. '매국노', '친일파', '외세의
주구', '민족반역자', '빨갱이' 등 셀 수 없이 나타난 이들 온갖 인격적 부정의 응수는
다른 나라에서는 보기 힘든 한국 정치의 병을 상징하고 있다. 물론 이런 상호 불신과
인격적 부정이라는 한국 정치의 특징은 오직 중앙으로만 향하여 소용돌이치는 권력
지향적 한국 정치의 오래된 전통으로서[1] 설명할 수 있는 부분도 있다. 그러나 '친일파',

---

1) G. 헨더슨, 박행웅·이종삼 옮김, 『소용돌이의 한국 정치』(한울, 2000(1968)).

'빨갱이'로 상징되는 해방 후 한국 정치의 불신의 구조에는 나름대로의 특색이 있을 것이며 또한 그 해명을 위해서는 해방 후만이 가진 고유의 역사 논리를 탐구해야 한다.

기존의 선행연구도 한일회담에 대한 국내 정치 갈등의 영향을 다뤄왔다. 하지만 그들 선행연구는 그런 정치적 갈등의 원인을 이승만, 장면, 박정희 집권기에 실제 일어난 구체적인 사항에서 찾는 문제의식에 기초한 것이 많다. 그 결과 선행연구에서는 갈등의 원인을 단지 각 정권의 개인적 정치 배경, 정권 탄생의 계기, 통치 스타일 등 개인 및 정치 세력 간의 개별적 속성으로 돌리는 경향이 강하다. 그리고 그런 개별적 속성에서 갈등의 요인을 찾으려 하는 시각들은 결국 각 구체적인 정권이 그때 들어섰다는 우연성에 알게 모르게 입각하기 때문에 그들 선행연구는 한국 정치의 갈등이 단지 집권한 각 개별적 정권의 속성에 기인한 우연한 결과라고 보기 마련이다.

하지만 과연 그 당시, 적어도 대일관계에 있어서 심각한 국내 갈등의 구조를 극복하여 자기 스스로에 대한 신뢰를 바탕으로 청산에 관한 국민적 합의를 도출할 수 있는 그런 정권이 한국에 들어설 가능성이 있었을까?

이 장에서 논증하려는 것은 바로 이 물음에 대한 답으로서, 해방 후의 한국 정치 갈등의 근본 원인은 결코 이승만, 장면, 박정희라는 각 개별적 정권의 속성에 있는 것이 아니라 한반도 독립과 그 후의 대한민국 건국 과정에서 연유하는 정치구조에 있었다는 것이다. 통상 해방 후의 한국 정치의 대립 구도는 좌우 대립이라는 도식으로 그려지는 경우가 지배적이나 그것은 피상적인 고찰에 불과하다. 사실 좌우의 대립은 다른 나라에서도 널리 보이던 현상이기에 그것을 가지고 뿌리 깊은 한국 정치의 대립 구도를 설명하는 것은 충분한 설득력을 얻지 못한다. 이에 대해 이 책은 그런 좌우 대립이라는 갈등의 배경에는 결국 자력에 의하여 민족의 독립을 쟁취하지 못했다는 조건이 낳은 고유의 역사 논리가 숨어 있었으며 그것이 국민통합 메커니즘을 구조적으로 기능부전에 빠지게 한 요인으로 작용함으로써 해방 후 한국 사회에는 고유의 대립 구도가 자리 잡게 되었음을 논하고자 한다.

그리고 이 대립구도야말로 1965년의 한일회담 타결시까지 대일교섭에 있어서 과거청산에 관한 국민적 합의를 도출할 만한 그런 정권이 들어설 가능성을 원천적으로 봉쇄하는 기초적 요인이었다. 바꾸어 말하면 과거청산에 관한 한국 정부의 국민적 합의 도출 능력이라는 첫 번째 조건이 성립되는 가능성은 구조적으로 봉쇄되고 있었다고 판단된다.

이하에서는 이 대립구도의 구조적 논리를 논증하기 위하여 이승만과 김구를 중심으로 한 임시정부 세력(이하 김구 세력), 그리고 좌파 세력 중 온건좌파의 대표로서 여운형과 극좌대표로서 박헌영, 마지막으로 한국민주당(이하 한민당)이라는 4파의 움직임을 중심으로 논한다. 당시 남한에 존재한 수많은 정파 가운데 이 네 파를 중심으로 논하는 것은 그 세력들이 해방 후의 정국에서 현실적으로 가장 큰 영향력을 행사했다는 의미에서도 그렇지만 대한민국 수립 후의 한국 정치에 있어서 그 갈등구조를 상징시켰다는 의미에서도 중요하다고 생각하기 때문이다.

1. 해방 후의 한국 정치 갈등의 논리

1) 정치적 권위 단절의 원인

외세의 지배하에 있던 구 식민지 국가들이 새로운 주권을 창조해 나가는 데 절대적으로 필요한 조건은 국가라는 권력기구의 창출이었다. 그리고 그런 신생국가의 안정성의 여부가 바로 그런 권력기구를 뒷받침하는 권위의 내용에 달려 있음은 어느 나라든 마찬가지일 것이다. 하지만 한국을 포함한 구 식민지 국가는 소위 서양의 선진국가들과 달리 내생적 힘으로 인하여 근대국가의 건설을 실현시킨 것이 아니므로 권력 창출에 있어서 필요한 권위의 단절을 겪을 수밖에 없었다.

물론 봉건시대의 질서부터 근대국가 건설과정에서 권력이 교체되는 과정은 서양 국가들도 경험한 일이다. 그러나 영국, 프랑스에 상징되는 서양 선진국들에서는 권력의 교체라는 단절은 동시에 새로운 권력의 창출이라는 권위의 창조로 인해 이어졌다. 17세기 두 번에 걸쳐 수행된 청교도혁명과 명예혁명, 그 후 약 100년 후에 일어난 프랑스혁명 등이 상징하는 정치적 의미는 그들 구질서 타도운동이 단지 해묵은 봉건 질서를 허문 혁명이었다는 것에 그치지 않고 그 과정 자체가 새 권력 창출에 필요한 권위를 창조하는 과정이기도 했다는 점이다.

즉 구 권력의 타도 자체는 단지 권력의 공백을 의미할 따름이나 여기서 주목해야 할 내생적 시민혁명의 의의는 새로운 권력 창출에 필요한 권위는 오직 구질서 타도의 공적에서만 연유한다는 것을 보여준 데에 있다. 그것은 실제 영국에서는 왕권 세력에 대해서 의회 세력이 또한 프랑스에서는 자코뱅(Jacobin) 세력이 집권한 역사가 진술하고 있다. 물론 프랑스에서 보인 왕정복고처럼 신 국가 건설이 순탄치만은 않았음은 사실이다. 하지만 시대적으로 이미 그 권위를 상실한 전 근대적 집권 세력들을 무너뜨린 그런 영위 자체가 새로운 통치의 정당성을 부여한 이들 국가에서는 한국이 겪어야 했던 권위의 완전한 단절은 없었다. 그 저항은 단지 역사의 흐름을 거스르려고 하는 구질서 지지 세력에 의한 것에 불과하며 새로운 권위를 창출하기 위한 신질서 창조 세력 간의 끝없는 다툼이 아니었다. 그 결과 그런 서양 선진들에서는 권위의 단절로 인한 권력의 공백이나 그에 따른 혼란은 상당수 피할 수가 있었다.

그러나 한국을 포함한 구 식민지 국가는 전 근대국가로부터 근대국가로의 이행과정 자체가 외국에 의하여 단절되었으므로 원리적으로 새로운 권력창출을 위한 권위의 창조를 가능하게 하는 과정을 거치지 못했다. 즉 외세의 힘에 의한 구 권력질서의 붕괴라는 경험을 가진 구 식민지 국가들은 독립 후의 권력 창출에 있어서 선진국가들처럼 시민혁명을 통한 새로운 권위 창조의 메커니즘을 출발부터 가질 가능성이 봉쇄되어 있었던 것이다. 그러나 이것은 구 식민지 국가에서는 모두 다 새로운 권력 창출을 위한 권위의 창조 메커니즘이 원리적으로 존재하지 못함을 의미하는 것이 아니다. 해방 후의 한국 정치가 다른 구 식민지 국가들과 차별성 있는 논리를 가지게 된 이유야말로 여기에 있다.

한국의 경우와 달리 다른 구식민지 국가 속에는 그 정도의 차이가 있을지언정 나름대로 내적인 힘에 의한 독립 세력을 가진 나라들이 있었다. 인도의 네루(Jawaharlal. Nehru), 구 유고슬라비아의 티토(Josip B. Tito), 쿠바의 카스트로(Fidel Castro), 이집트의 나세르(Gamal A. Nasser), 터키의 아타튀르크(Mustafa K, Ataturk), 베트남의 호치민(Ho Chi Minh), 중국의 모택동(毛沢東) 등 독립에 대한 탁월한 지도력을 발휘한 세력을 가진 국가들은 그 후 그 지도자와 지지 세력들이 집권한 역사가 보여주듯이 한결같이 선진 국가들의 시민혁명과 같은 새로운 권력 창출을 위한 권위의 창조 메커니즘을 그 독립과정에서 찾을 수가 있었다. [2]

그러나 한국의 경우는 김구의 말대로[3] "우리가 이번 전쟁에서 한 일이 없"었다는 엄연한 현실이 그 후의 정치 동향을 좌우했다. 그리고 이 사실은 해방 후 한국의 정치를 다른 피지배국의 정치와 달리 복잡하게 했다. 즉 다른 구 식민지 국가들의 경우 그 독립과정에 있어서 자기 힘에 의한 독립 쟁취, 내지는 독립에 대한 압도적인 공헌으로 인하여 그 후 뚜렷한 권위의 소재가 분명해진 데 반해 한국의 경우 연합국의 힘으로 독립이 이루어졌기에 그 소재가 애매해질 수밖에 없었다. 또한 일본이라는 외세의 힘에 의해서 무너진 이조(李朝)체제의 권위가 그 식민지 전략과 동시에 불신의 대상으로 변했던[4] 한국에서는 새로운 권력 창출을 위한 권위의 근거를 구질서의 전통에서 찾을 수도 없었다. 다시 말해 한국의 경우는 해방 후의 순조로운 권력의 교체에 필요한 권위를 구질서의 전통에서도 또한 시민혁명이나 독립운동 같은 구질서 타도 운동에서도 찾을 수가 없다는 구조적 어려움에 놓이게 된 셈이었다.

물론 해방 후 한국에서도 그런 단절된 권위를 이으려는 움직임이 전혀 없었던 것이 아니다. 오히려 이하에서 다룰 각 정치 세력들은 자기 집권의 당위성을 내세우기 위하여 나름대로 권위의 원천을 찾으려고 했다. 그러면 당시 한국 사회에서 그런 단절된 권위의 창조에 이어갈만한 원천은 무엇이었겠는가? 바로 그것은 항일밖에 없었다.

종교와 같은 국민통합을 위한 여타의 굳건한 원리를 가지지 않았던 한국에서는 일본에 의하여 상실된 '민족'을 다시 통합시켜 신 국가 건설로 이끌어 나가기 위한 권위의 원천은 바로 그 민족을 되찾는 데 바친 공헌, 즉 독립이란 항일의 실적밖에 없었다.

---

2) 물론 이것은 좋은 점 만은 아니다. 독립과정에서 생긴 압도적 권위의 창조는 몇몇 나라에서 보이듯이 그 후 오랜 독재정권으로 이어졌다. 하지만 역설적으로나 그런 독재의 계속이 가능한 큰 요인의 하나가 독립 과정에서의 압도적 공헌에 기초한 권위였음은 한국의 경우와 비교할 때 시사하는 바가 크다.
3) 김구, 『백범일지』(제일법규, 2002), 248쪽.
4) 예를 들어 해방 후 구 왕실의 재산은 적산관리처에서 보관되어 있었다고 한다. 國史編纂委員會, 『資料 大韓民國史 4』(1971), 779쪽(이하 동 자료 표기는 생략해서 자료명만 표기하도록 한다). 『資料 大韓民國史』는 신문 기사를 중심으로 당시의 소중한 자료들을 다시 모은 자료집이나 각 자료의 원래 출처는 본론의 문맥상 필요하다고 판단할 경우에만 명시한다.

따라서 그 항일은 단지 일본에 협력하지 않았다는 정도의 비일(非日)이 아니라 민족의 '되찾기'를 이룩하는 데 바로 목숨을 건 적극적인 항일, 바로 그러면 그럴수록 그 권위는 굳건해졌다. 또 그런 적극적 항일과정에서 쌓이게 된 현실적 힘은 해방 후 일부나마 피할 수 없이 생길 권력 다툼에서 승리하여 집권 안정을 이룩하는 데 필요한 것이기도 했다.

그러나 독립이 다른 제3국의 힘에 의하여 갑자기 이루어졌다는 엄연한 사실은 위의 논리를 다 허사로 만든 것이었다. 결국 한국의 경우 다른 신생독립국가들과 달리 특출한 독립으로의 업적을 쌓은 뚜렷한 세력을 낳기 전에 독립이 이루어졌으므로 새 국가 건설의 권위는 독립과정에서도 걸 수 없었다. 즉 한국은 구질서의 전통, 또는 시민혁명이나 독립과정 등 권위 창조 메커니즘의 계기를 모두 다 결여시킨 채 새 국가 건설의 첫 발을 내딛어야 했던 것이었다.

2) '권위 없는 권위 내세우기'라는 역설

하지만 그런 사정과 상관없이 광복은 찾아왔다. 자력에 의한 독립은 저절로 새 질서 건설을 위한 준비된 권위를 제공해 주나 타력에 의한 해방은 그런 내부적 태세를 갖출 여유를 주지 않았다. 따라서 한국에서는 그런 내부적 역량과 관계없이 국가 건설이라는 현실적인 과제가 지상명제로 되었다. 그 귀결이야말로 유력한 지도자 후보에 의한 권위 내세우기라는 격한 경쟁이었다.

주지하는 바와 같이 해방 후 한국 사회에서는 수많은 정파가 나름대로 권력 장악을 위한 경쟁에 끼어들었다.[5] 역설적이나 바로 이 사실이야말로 해방 후의 한국에서는 새 국가 건설을 위한 권위가 누구에게도 없었음을 입증했다. 그러나 일제의 통치하에서 벗어난 당시 한국에서 그런 권위의 원천은 사실상 위에서 말한 항일 밖에 없었던 만큼 새로운 권위는 말하자면 '내세우는 것'이 아니라 저절로 '보이는 것'이었다. 외세 지배에 대한 독립으로의 공헌은 그 뚜렷한 공헌이 있는 한 내세울 필요가 없을 만큼

---

5) 1947년 5월 20일 미소공동위원회에 제출된 정치 단체수는 좌우 합쳐서 118개에 이르렀다고 한다. 朝鮮銀行調査部, 『朝鮮經濟年報 1948』, I-11쪽.

누구한테도 일목요연한 일이었기 때문이다.

　그러나 현실은 신 국가 건설에 요구될 필요한 권위의 충족을 기다려 주지 않았다. 갑자기 찾아 온 독립은 그것이 진정한 독립으로 이어지기 위해서는 누군가가 집권을 해야만 하는 상황으로 이미 한국 사회를 몰아넣었다. 해방 후의 정국은 항일이라는 권위의 구조적 부재라는 조건과 상관없이 그 소재를 결정해야만 했던 것이다. 그 구조적 모순은 원래 존재하지 않는 권위를 찾는 허무한 경쟁을 낳을 수밖에 없었다. 그러나 그런 진정한 권위 없는 권위의 내세우기는 이윽고 다른 세력의 권위 이용, 자기 권위의 날조, 다른 세력의 권위 갈아치우기, 깎아내리기 등 수단을 가리지 않는 정치적 술책으로 비화하지 않을 수가 없었으며 또 그것이 노골적인 권력 다툼을 유발했다. 실제 이하에서 보듯이 해방 후의 남한 정치는 상호 불신과 증오 그리고 그 결과로서의 폭력의 응수가 지배하는 무대로 바뀌어갔다.

　결국 누구나 알 수 있는 압도적 항일이라는 권위가 결여되고 있음에도 오히려 그런 고로 각자가 가진 권위를 지나치게 내세워야 했던 구조적 역설, 바로 이것이 해방 후 남한 정치를 걷잡을 수 없이 계속되는 정치 갈등으로 몰아간 기초 원인이었다. 이하 바로 이 논리를 구체적으로 실증해 나가야 한다.

2. 해방 후 정국의 주요 액터(actor)들의 전략과 그 귀결

1) 이승만: '초월 전략'의 귀결

● 이승만의 '권위'의 기원과 그 역설

　대한민국 초대 대통령으로 해방 후 소용돌이치는 한국 정국의 최종 승리자가 된 이승만의 정치적 승리가 독립과정에서 보인 카리스마적 업적으로 인하여 가능해진 것이 아님은 45년 이후의 한국의 정치과정이 바로 그것을 입증한다고 보아도 충분하다. 혹 일부에서 주장되는 것처럼 이승만이 건국의 아버지이자 카리스마였다면 4·19는 어떻게 평가해야 할 것인가? 물론 48년의 집권으로부터 60년의 붕괴까지의 약 12년의 세월이 사태를 바꿨다고 주장할 수도 있을지도 모른다. 하지만 이하에서 논하듯이 이승만에게 돌려진 비판의 화살은 확실히 단시 12년간의 '실정' 탓뿐만 아니라 바로 해방 후부터 시작된 것이었다. 물론 이런 지적은 여기서 이승만의 국민적 지지를 완전히 부정하기 위한 것이 아니다. 예를 들어 1946년의 여론조사를 봐도[6] 해방 후 다른 정치지도자와 비교해서 이승만이 최고의 집권후보자로서 우세한 지위에 있었던 것은 부정하지 못하는 일이다.

중요한 것은 이승만에 대한 인기의 원천을 따져보는 것이다. 즉 이런 이승만에 대한 인기의 원천은 다른 신생독립국가의 지도자들과 같이 국민과의 직접적 접촉을 통해서 이루어진 것이 아니었다. 더 구체적으로 말하면, 그에 대한 지지는 독립과정에서 그가 행한 객관적 업적과 그에 대한 국민적 합의로 인하여 생긴 것이 아니었다. 그렇다면 이승만의 권위는 어디에서 생긴 것이었을까? 그것은 한마디로 이승만의 일본과의 '단절'이라고 말할 수 있다. 물론 여기서 말하는 '일본'은 단지 일본 본토를 의미하는 것이 아니라 일본 지배하에 있던 당시 한반도와의 거리도 포함된다.

이조왕가의 혈통을 이어받음으로써 왕손을 자칭한 자존과대(自尊誇大)[7]의 이승만은 1875년이라는 격동의 시기에 태어났다. 1876년의 강화도조약을 효시로 한민족이 개국의 길을 걷기 시작한 이 시기, 자신도 서양 의학의 은혜로 인하여 실명의 위기를 넘은 이승만은 서양 문명의 향기 나는 배재학당에서 배우므로 일찍 서양 문명에 대한 존경을 갖게 되었다. 그리고 그것을 토대로 열정적 개화사상가로서 눈에 띈 활약을 하기 시작했음은 주지의 사실이다. 여기서 확인할 필요가 있는 것은 이조 말기의 근대화 운동이 일본과의 접촉을 통한 인물로 인하여 주도된 데 대해서 이승만 자신은 일본을 넘어 서양 문명과 직접 접촉할 수가 있었다는 것이다. 개화사상가로서 언론 활동을 통한 근대화를 지향했던 이승만은 서재필을 중심으로 하는 독립협회에 참가, 그의 급진개혁적 언론 활동은 이윽고 이승만을 옥살생활로 몰아갔다.

그러나 그의 개화적 사상과 영어 실력은 그의 평생의 정치적 배필인 미국과 접촉하

---

6) 1946년 7월 17일자 "한국여론협회 초대대통령 여론조사", 『資料 大韓民國史 2』, 921쪽. 그러나 한국여론협회는 1946년 7월 3일 결성된 한국민주당 산하 조직이었음을 잊으면 안 된다. 양자의 관계에 대해서는 沈之淵, 『韓國現代政黨論: 韓國民主黨研究 II』(創作批評社, 1984), 17~18쪽.

7) 許政, 『雩南 李承晩』(태국출판사, 1970), 22쪽. 이하 이승만의 경력에 관해서는 같은 책에 의존했다.

는 기회를 주었다. 1904년 일본의 노골화된 한국 침략을 미국의 힘으로 방위해줄 것을 당부하려 한 고종 특사로서 도미하게 된 이승만은 미국의 비협력적 대응으로 그 임무가 좌절되자 학문의 길로 들어가 그 후 사실상 평생을 미국에서 보냈다. 도미 후 이승만이 직접 한반도와 접촉한 것은 식민지로 전락한 후 YMCA의 교육 및 전도 담당자로서 귀국한 1910년 말부터 12년 봄 국제감리교대표회의에 참가하기 위한 출국까지 불과 1년 반 만이다.

하지만 이러한 이승만의 경력은 일본의 식민지로까지 전락한 한국에서 볼 때 바로 대표적인 인물로 되기에 충분한 것이었다. 이조왕가 출신이면서도 근대적 개화운동 전개, 그에 따른 옥고생활, 고종 특사로서 미국 대통령과의 접견, 그리고 한국인 최초의 미국 박사학위 취득과 미국 한인사회에서의 명망은 바로 이조 지배의 전통과 근대화를 잇는 상징적 존재로서 당시의 한국을 대표할 만한 경력이 되었을 것이다. 이조 보수파가 식민지 전락과정에서 몰락의 길을 걷게 되고, 근대화를 지향한 개화파 세력들은 결국 일본과의 협력을 통해서 그것을 이룩하려고 한 이상 그 권위는 식민지로 전락한 시기를 지나면서 실추, 심지어는 친일 세력이라는 누명을 쓸 수밖에 없었다. 그런 가운데 이승만의 경력은 인재가 고갈되었던 당시 한국에서는 희망의 빛을 띤 인물이 아닐 수가 없었을 것이다.

그러나 이런 이승만의 경력은 결코 위에서 강조한 항일의 성격을 띠는 것이 아니었다. 그가 젊은 열정을 기울여서 이룩하려고 한 개화운동은 일본의 침략을 막는 현실적 보탬이 되지 못했으며 또 고종 특사로 얻고자 했던 미국의 협력 역시 가쓰라(桂太郎)-태프트(William H. Taft) 협정이 상징하듯이 비참하다고 해야 할 만큼 좌절했다. 더구나 식민지 전락 후 이승만의 일본과의 접촉은 이미 언급했듯이 병합 직후 불과 1년 반 만이었다. 요컨대 이승만의 항일의 실체는 다른 피지배국의 대표적 지도자가 쌓은 독립에 대한 공헌과 비교할 때 고작 격일(隔日)에 불과했다. 바로 이 사실은 해방 후 이승만을 둘러싼 정치 동향에 직접적인 영향을 주지 않을 수가 없었다. 그러면 이 이승만의 그런 격일은 어떤 영향을 주었을까? 바로 그것은 서로 모순되게 보이는 정반대의 영향이었다.

그 영향의 하나는 국내에 있지 않았다는 것으로 생긴 대중적 환상이다. 환상은 언제나 정의적으로 실체와의 미묘한 거리에서 나타난다. 당시 국내에 머무르던 유력한 지도자가 사실상 적어도 겉으로는 친일적 협력을 요구당한 조건하에서 이승만의 격일은 그 오점을 막아주었다. 일제의 암울한 지배하에서 오직 순일(順日)의 괴로움을 삼킬 수밖에 없던 일반 국민에게 미국이라는 세계 최강의 대국으로부터 풍문으로나마 들려오는 이승만의 '명성'은 그가 마치 미국과도 대등하게 교섭할 수 있는 민족적 지도자인 듯한 느낌을 안겨주었다.[8]

이승만의 격일이 준 또 하나의 영향은 이승만의 항일의 실체를 아는 다른 정파들의 이승만에 대한 냉랭한 평가라는 측면이다. 그의 실질적인 독립운동가로서의 시작은 상하이임시정부(이하 임정)와의 관계에서 비롯되었으나 그 내용은 아직 임정이 국무총리제를 채용했을 때 제 멋대로 임정 대통령의 이름을 이용한 "헌법위반"[9]으로 행해진 신탁통치의 요청이었다. 1920년 말, 정식으로 임정 대통령으로서 상하이로 향한 이승만을 기다리고 있었던 것은 바로 그 신탁통치 의뢰로 인한 격한 비판과 독립운동에 관한 노선 대립이었다. 그는 대통령으로서 이 노선 대립을 극복하지 못한 채 이듬해 5월 또다시 미국으로 떠난다. 결국 격한 노선대립은 이후 명색만 남았던 이승만의 대통령직조차 허용하지 않는 대통령탄핵안 가결로 이어졌다. 요컨대 이승만은 임정에서 쫓겨난 셈이었다. 아니 임정 요원이자 해방 후 여운형 측근으로서 온건좌파로 활동한 장건상의 증언에 의하면[10] 대통령 취임 자체가 재정 문제에 시달리던 임정에게 이승만 자신이 자금제공의 대가로서 요구한 것이며 더구나 그 약속한 자금조차 제공하지 않았다는 것이었다. 또 이승만의 미국에서의 '활약'도 측근 허정으로 하여금 "하와이에서 보낸 4분의 1세기는 조국에서 멀리 떨어져서 동지도 재력도 풍부하지 않으며 더구나 교포 사회의 파벌에 둘러싸여 뜻한 바를 다 성취할 길도 없이 그저 의지와 집념만으로 견디어 나간 시련의 세월"[11]이라고 말하게 할 만큼 적어도 독립

---

8) 귀국 다음 날에 하지 중장과 아놀드 장관의 안내로 기자회견에 임했다는 것이 당시의 이승만의 위치를 가리킨 대목이다. 이에 관해서는 『資料 大韓民國史 1』, 260쪽.
9) 許政, op.cit.(1970), 142쪽.
10) 宵海張建相先生語錄碑建立會 편, 『宵海 張建相 資料集』(圖書出版 牛堂, 1990), 59쪽.
11) 許政, op.cit.(1970), 130쪽.

쟁취라는 각도에서 볼 때 사실상 허송세월에 가까운 것이었다.

무엇보다 이승만의 대국 의존의 외교노선은 해방 후 정국에서 그로 하여금 민족 독립의 영웅으로 하는 데에는 이론적으로도 한계가 있었다. 당시의 역학상 무력투쟁으로 인한 독립 쟁취가 불가능했음은 바로 현실이었다. 그런 의미에서는 이승만이 택한 외교노선은 현실적 선택이었다. 그러나 역설적이게도 바로 그 선택이 현실적 노선이기에 카리스마를 키우는 데에는 아무런 힘이 되지 않았다. 카리스마는 언제나 비현실적이라고 생각되는 과업을 현실화시키는 그 비현실성에 깃들기 때문이다.

결국 이승만의 항일은 해방 후의 정국에서 서로 대립하는 정치 세력들의 압력을 흡수하여 그들을 통합으로 이끌어 나갈만한 그런 실적을 가진 실체가 아니었던 것이다. 더구나 오래된 그의 격일은 단지 정치 세력의 흡수뿐만 아니라 국내에서의 특정한 이해집단, 계급으로의 접촉을 불가능하게 했다.

• '초월적으로 개인화'된 이승만의 정치적 속성과 그 전략

그러므로 해방 후 이승만의 정치적 입장은 완전히 개인화될 수밖에 없었다. 그 의미는 그의 정치적 기반이 완전히 개인으로서의 것[12]이며 결코 구체적 정파, 계급 등의 현실적 힘에 기인한 것이 아니었다는 것이다. 그 귀결은 이승만과 다른 정파들의 관계를 당초 미묘한 것으로 했으나 그것은 마음속에서의 불신과 표면상의 협력 유지 관계였다. 이승만의 개인화된 명성은 구체적인 정치 세력들과의 연계가 없었으므로 각 정파에게는 정치적 이용가치가 있었다. 실질적인 정치 세력이 없는 그런 공허한 명성은 실질적인 힘을 가지면서도 국내에 있었으므로 그 명성을 상실할 수밖에 없었던 국내파에게는 그 구멍을 메우는 데 매력적인 존재였다. 그 이용의 움직임은 당연하게도 한민당과 국내 좌파로부터 두드러지게 나타났다. 귀국한 이승만에게 한민당이 당 총재의 자리를 준비한 것[13] 뿐만 아니라 거처인 돈암장과 매달 5만 원 내지 15만

---

12) 이 점에 관해서 수복할 만한 것은 "G2-weekly summary", no. 56(1946.9.28)에서 미군정도 "이승만은 가장 영향력이 있고 인기 있는 개인"이라고 일부로 '개인'의 말 밑에 밑줄을 긋고 있는 점이다. HQ, USAFIC, XXIV Corps, 『美軍政情報告書』 통권 第12券, 1946년 5월부터 1947년 2월까지(일월서각, 1986), 339쪽. 이하 동 자료에 관해서는 그 명칭과 권수만 표기하도록 한다.
13) 金學俊, 『古下 宋鎭禹評傳』(동아일보사, 1990), 333쪽.

원의 자금을 제공한 것,[14] 또 여운형을 중심으로 한 국내 좌파가 조선인민공화국(이하 인공) 주석의 지위를 이승만에게 내주려고 한 것도 그런 의미가 담겨 있었음을 새삼 강조할 필요는 없을 것이다.

물론 이승만도 그런 입장을 모르는 바가 아니었다. 1945년 10월 16일 귀국한 이승만이 인공 주석도, 한민당 총재 자리도 거절해서 독립촉성중앙협의회라는 정당 횡단적 조직을 구성한 것은 단지 이승만의 제왕적 성격 탓 뿐만 아니라 정치가로서 나름대로의 영리한 판단 때문이었을 것이다. 한민당 총재의 지위를 거절하면서 "지금 내가 할 일은 한 정당의 지도자가 되는 일이 아닐 것이오 [……] 내가 한 정당에 소속된다면 반드시 이루어야 할 전 민족의 단합이라는 더 큰 일을 버리는 것이 될 것이오"[15]라고 말한 이승만의 장담은, 단지 온 국민적 단합이라는 미명만이 아니라 냉철한 정치적 계산하에 나온 말이었음은 대권 장악 후 그 지위를 유지하기 위해 서슴없이 자유당이라는 한 정당을 만든 역사가 증명하고 있다.

즉 항일의 업적의 부재로 말미암아 그가 대신 내세울 수 있는 권위는 그 개인화된 정치기반을 역이용하는 것이었다. 그것은 어느 정파에도 속하지 않는 것을 사람들이 뭉치는 근거로 삼으려고 한 것이었다. 그의 경력이 어느 정도 가능하게 한 그런 '초월적 지위'는 동시에 다른 정파들보다 한 수 위의 지위를 확보하는 것도 의미했다. 즉 국내에 있어서 아무런 정치적 기반이 없던 그로서는 경쟁하는 정치집단들의 거취가 잘 보이지 않는 상황에서 쉽게 어떤 정파에 속하는 것은 그가 유일하게 내세울 수 있는 '초월 전략'을 무너뜨리는 위험성을 가지는 것이므로 개인화된 존재가치를 최대한 이용하는 방법은 '무소속'뿐이었던 것이다.

강력한 반공주의자인 그가 맨 처음에 조직한 독립촉성중앙협의회 속에 공산당 세력의 합류를 박헌영에게 직접 요청한 것[16]은 바로 그의 '초월 전략'이 돋보이는 대목이다. 초월의 가치는 단지 양적으로만이 아니라 그에 속하는 세력이 다양하면 다양할수록 그 속에서 생길 각 세력 간의 압력을 흡수하는 데 '초월'의 가치가 한층 높아지기 때문이다.

---

14) 古下先生傳記編纂委員會, 『獨立을 향한 執念: 古下 송진우 전기』(동아일보사, 1990), 472쪽.
15) 許政, 『내일을 위한 證言: 許政回顧錄』(샘터사, 1979), 106쪽.
16) 『資料 大韓民國史 1』, 338~339쪽.

• '초월 전략'의 귀결

그러나 그런 초월의 지위는 그의 독립으로의 절대적 공헌으로 생긴 것이 아니므로 쉽게 허물어지게 되었다. 대립하는 정파들의 압력 흡수가 그 절대적 권위에 기초한 것이 아니라 "나를 따르라. 나를 믿어라"라는 "자존자대적(自尊自大的)"[17]인 것이라면 그의 이용가치가 떨어졌다고 판단될 경우 그 관계는 금방 깨질 수밖에 없었다. 그 시작은 좌파로 인한 이승만과의 결별이었다.

좌파가 이승만과의 협력을 생각한 최대의 동기는 국내에서 가장 실질적 힘을 가진 한민당계 우파 세력을 정치적으로 매장시키는 것이었다. 박헌영이 독립촉성중앙협의회에 합류하는 조건으로 친일파 제외[18]를 강조한 것은 신 국가 건설의 주체에 관한 민족적 도리를 이용한 한민당 쫓아내기라는 정치적 전략이었다. 좌파인 자신들이 그것을 외치면 단지 정파 싸움으로 될 한민당 배격 공작도 우파이면서도 항일의 '투사'로 알려진 이승만이 대신해 준다면 그것은 정파 싸움이 아닌 민족정기를 세우는 길이 되기 때문이었다. 즉 좌파가 이승만과 협조한 것은 친일청산의 공을 세우는 동시에 정적을 매장시킬 수 있는 두 마리 토끼를 잡는 전략이었다.

이승만 역시 그런 좌파의 의도를 모를 리가 없었다. 겉으로는 친일파 추방의 원칙에 찬성하면서도 그 실행을 흐지부지하려고 한 것[19]은 이승만 개인의 반공사상, 그리고 한민당으로부터 받아야 할 현실적 도움의 필요성에 대한 배려도 작용했을 터이나 그가 가진 정치적 입장에서 논리적으로 도출되는 판단이기도 했다. 또 그 초월적 성격 탓으로 국가수반의 지위밖에 염두에 없었던 이승만에게는 그 지위를 위협하는 일차적인 세력은 인공 좌파와 김구 세력들이었다. 한민당은 후술하듯이 그 친일전력 탓에 수반의 지위를 노리지 못했으므로 수반에 올라가야만 했던 이승만에게는 일차적으로 위험한 세력이 아니었다. 독립촉성중앙협의회 결성을 위한 중앙위원 선출에서 대의원 7명 중 5명이 한민당 계열이라는 것[20]도 단지 우파중심이라는 틀을 넘어서

---

17) 呂運弘, 『夢陽 呂運亨』(靑廈閣, 1967), 193쪽.
18) 『資料 大韓民國史 1』, 339쪽.
19) 예를 들어 45년 11월 5일 기자회견에서 "지금은 누가 친일파고 누가 반역자인지 모르겠다. 여러분이 서면으로 그것을 밝혀 알려 주기 바란다"고 말한 발언 등이 상징적일 것이다. ibid, 366쪽.
20) 呂運弘, op.cit., 180쪽.

한민당이 일차적으로 수반의 지위를 노리지 못하는 세력이었음을 이승만이 잘 알기에 가능한 일이었다.

여하튼 이승만에게 한민당계 우파 세력 제거의 의도가 없는 것을 확인한 좌파 세력은 11월 7일 이승만의 인공 수석 취임 거부를 맞아서 10일 중앙인민위원회 성명으로 "이제부터는 그(=이승만)를 초당파인으로 취급할 수 없다"고 선언했다.[21] 12월 5일에는 기어이 "독촉협회(=독립촉성중앙협의회)에 대하여 하등의 기대도 갖지 못하게 되었다"고 밝혀[22] 이승만과의 결별을 선언했다. 그 후 이승만은 좌파 세력의 타도(reject) 대상 제1호까지 오르게 되었다.[23] 즉 이승만의 초월은 본시 그 정도의 취약성밖에 없었던 것이다.

그의 초월적 전략이 직접적으로 야기하지 않을 수가 없었던 대립의 불씨는 김구 세력과의 관계에서도 튀었다. 같은 민족우파로 분류되는 양자의 대립관계는 좌파 세력과의 대립처럼 즉시 노골적으로 표면화된 것이 아니었으나 이것은 양자의 대립이 근본적이 아니었음을 의미하는 것이 아니다. 그 근본적 대립의 원인은 바로 김구 세력이 이승만의 유일한 전략인 '초월' 전략과 맞대결할 수밖에 없는 속성을 가졌기 때문이었다.

그 이유는 크게 두 가지로 나눌 수 있는데 그 중 하나는 허정의 증언이 드러내듯이[24] 이승만과 김구의 최초 집권을 둘러싼 개인적 갈등이었다. 해방 후 정국에서 혹시 개인으로서 이승만 수반의 지위에 위협을 줄 수 있는 사람이 있다면 그것은 바로 김구 뿐이었다. 1876년생인 김구는 해방 후의 대표적 지도자 속에서 유일하게 이승만과 그 연령 차이가 거의 없는 존재였다. 유교적 가치관이 구석까지 스며든 한국 사회에서 연령의 차이는 다른 사회에서는 보기 어려운 질서를 요구한다는 것은 논할 필요조차 없을 것이다. 물론 초기의 해외활동에 있어서 양자 간에는 비교가 되지 않는

---

21) 『資料 大韓民國史 1』, 389쪽.
22) ibid., 525쪽.
23) 이 명단은 미군정이 입수한 조선공산당 문서에 실렸다. "G2-weekly summary", no.36(1946.5.22), 『美軍政情報報告書』통권 第11권, 613쪽. 또 이승만 타도의 이유의 하나가 바로 반역자 보호로 되어 있는 것도 주목할 만하다. 물론 반역자 보호가 한민당계 우파 세력 보호를 뜻했음은 쉽사리 상상 가능한 일이다.
24) 許政, op.cit.(1979), 121쪽.

격차가 존재했었다. 김구 자신이 회고하듯이[25] "임시정부의 문지기"로부터 시작한 그에게 임정 초대대통령인 이승만은 그 명성에 있어서 땅과 하늘의 차이였다. 그러나 이미 언급했다시피 신탁요청 등 그의 '사대주의적 외교노선'으로 인하여 초대 상하이 임정 대통령의 지위에서 쫓겨난 이승만은 결코 임정 내에서 평가받는 인물이 아니었다. 어려움에 처하던 임정을 뒷받침하여 이봉찬, 윤봉길 의거사건을 비롯한 몇 가지 민족적 거사를 지휘함으로써 항일혁명가로서의 지위를 굳힌 후 1940년 임정 수석에 오른 김구는 해방 후 정국에 있어서 이승만에게는 만만치 않은 존재가 되었다. 적어도 쫓겨난 이승만 역시 미국에서 활동하는 데 필요한 직함을 임정에서 빌려 받아야 하는 상황이었다. 실제 해방 후 귀국한 그에게 남겨진 직함은 상하이임정 구미외교위원회 위원장의 이름밖에 없었다.

즉 적어도 임정 관계자에게 양자의 지위는 심정적으로도, 직함이라는 측면에서도 이미 역전되어 있었다. 사실 임정 국무위원인 성주식은 민족통일전선 결성에 관한 김구와 이승만의 견해 차이에 대한 질문에 대해서 "이 박사는 임시정부의 외교사절이다 [……] 박사가 임시정부의 의결권을 가진 것이 아니다 [……] 우리는 김 주석의 말을 책임 있는 말로 믿어야 할 것이다"라고 밝히며[26] 임정 내에서의 양자의 지위가 이미 역전되어 있었음을 천명했다.

이승만과 김구 세력의 대립의 두 번째 이유는 보다 근본적이다. 바로 그것은 임정이 '정부'임에서 연유하는 것이었다. 상술했듯이 그 정치적 배경으로 인하여 '초월' 전략을 취해야만 했던 이승만도 다른 정파를 초월한 지위를 추구할 수 있어도 민족의 법통 정부를 초월할 수 있을 리가 없었다. 가령 한때 임정 대통령이라는 지위에 있었다고 하더라도 그 대통령직은 정부기구 내의 지위에 불과했으므로 오히려 정부에 복속하는 입장을 의미할 따름이었다.

한편 다른 정파와 달리 김구 세력 역시 이승만의 '초월'은 자신들의 집권에 대한 방해 이외의 아무것도 아니었을 것이다. 말할 나위도 없으나 임정이 '정부'를 자칭하

---

25) 김구, op.cit., 210쪽.
26) 『資料 大韓民國史 1』, 637쪽.

는 이상 반드시 국민을 유일하게 대표해야 했으므로 어느 누구든 정부를 초월하려는 행동은 용납할 수 있을 리가 없었기 때문이다.

그런 이유로 이승만과 김구 세력은 한동안 가까워지지도 떨어지지도 않는 평행선을 그으면서 그 관계를 유지했다. 이승만에게는 그 역사적 관계에서 직접 부정하지 못하면서도 자기 집권의 최대 위협인 김구 세력을 다루는 방법은 적당한 거리를 유지하면서 그 세력을 제거할 수 있는 때를 기다리는 것이었다. 이승만은 10월 16일 개인 자격으로 귀국한 다음날 성명에서는 일찍 "중국에 있는 임시정부 관계자들과 상의하고 김구와 같이 돌아오려고 했으나"라고[27] 언급하는 등 자신과 김구 세력과의 밀접한 관계를 강조했다. 그러나 그는 동시에 김구 세력의 정식한 귀국을 기다리지도 않고 이미 언급한 독립촉성중앙협의회를 조직했다. 간과하면 안 되는 것은 각 정파들이 모이는 평의회는 당시의 요건하에서는 일종의 구회에 해당하는 의미를 지니는 것이어서 그 결성은 당연히 정부를 견제하는 의미를 가지고 있었다는 것이다. 그 이중적 태도를 이은 논리로서 이승만은 다음과 같은 주목할 만한 논리를 폈다. "임시정부를 옹호하는 단체가 필요한데 그것이 곧 '중협(=독립촉성중앙협의회)'이다. 그러므로 임정과 '중협'은 아무런 관계가 없으며 또 별개의 단체로서 활동해야 한다".[28]

이 발언 속에 담긴 정치적 의미는 다음과 같이 풀이된다. 즉 독립촉성중앙협의회의 조직화는 어디까지나 김구 자신도 인정하듯이[29] 연합국의 정식 국가 승인을 받지 못했던 탓에, 앞으로 그 승인을 요구해야 할 임정에 대해서 정부로서의 국민적 승인을 모으기 위한 것이라는 임정 존중의 자세를 일견 보이면서도, 그 정부를 승인해 주는 역할을 맡는 것은 자기 휘하에 있는 조직이라는 것이었다. 즉 이승만은 아직 임정이 국내적으로도 인정받지 못하고 있음을 내세우면서 임정을 승인할 수 있는 지위에 있는 사람은 자기 자신임을 실질적으로 주장한 셈이었다. 이렇듯 이승만에게 독립촉성중앙협의회의 조직화는 김구 세력과의 관계를 절묘한 논리로 역전시키기 위한 의미를 가졌다.

---

27) ibid., 267쪽.
28) ibid., 675쪽.
29) ibid., 449쪽.

그 후 한동안 김구 세력과 이승만의 줄다리기는 계속되었다. 우파에게 공통의 정치투쟁 목표였던 탁치반대 투쟁에 있어서도 김구 세력이 1946년 2월 비상국민회의를 주도하자 이승만은 표면적으로는 거기에 참가하면서도 6월 29일 민족통일총본부를 따로 조직해 거기에 김구를 부총재로 앉히는 등30) 김구 세력과의 역학에 신경을 쓰면서31) 스스로 집권하겠다는 꿈을 마련할 수 있는 기회를 기다렸다. 때는 바로 미소공동위원회와 국내에서의 좌우합작의 움직임을 둘러싸고 찾아왔다.

이승만은 이 미소공동위원회 및 좌우합작이란 미국의 정책에 대해서 남한만의 단독정부 수립을 내걸고 사실상 반항적 태도를 취했다. 이미 공산 세력과의 협력을 단념하여 한편으로 김구 세력과의 관계도 순탄치 않았던 이승만에게는 한민당계 우파 세력을 제외하면 그 정치적 생명력을 유지하는 최대의 보루는 다름 아닌 미국밖에 없었으므로 이런 '반미'적 행동은 너무나 무모한 도전이 아닐 수가 없었다.32)

그러면 이승만은 왜 그런 정치적 리스크를 감수하면서 그런 무모한 태도에 나섰던 것이었을까? 이 문제를 생각하기 위해서는 우선 1946년이라는 해가 이승만에게 어떤 해였는지 역사적으로도 논리적으로도 살펴볼 필요가 있다.

널리 알려져 있다시피 신탁통치 구상은 원래 미국의 시안이었다. 커밍스(Bruce Cumings)의 연구에 의하면33) 1943년 3월 루즈벨트(Franklin D. Roosevelt)와 영국 이든(Anthony Eden) 외상 회담에서 밝혀진 신탁통치 구상은 1944년의 테헤란회담에서 스탈린(Joseph Stalin)에 전해졌으나 이 구상이 현실적 과제가 된 것은 1945년의 모스크바와 3국 외상회의에서의 일이었다. 아직 본격적인 미소냉전이 시작되지 않은 1946년 한반도에서 개최된 미소공동위원회와 그 실패 후에 조직된 좌우합작의

---

30) 『資料 大韓民國史 2』, 829쪽.
31) 이 주도권 다툼은 물론 김구 세력도 마찬가지였다. 예컨대 김구는 훗날 47년 2월 8일 반탁운동의 최고 기관으로서 자기가 이끈 비상국민회의가 수십 년의 독립운동의 법통을 계승하였다는 이유로 이승만이 이끈 민족통일총본부를 동 회의에 합류시킬 것을 주장하고 있다. 『資料 大韓民國史 4』, 216~218쪽.
32) 물론 그는 결코 미국=신탁이라는 단순한 논리를 꾸민 것이 아니었음은 송건호가 지적하는 바다. 즉 "신탁을 주상하는 인사는 미국 내의 친일파나 용공분자"라는 논리로 인하여 그는 미국본국과의 본격적인 대결을 가까스로 피했다. 宋建鎬, "탁치안의 제의와 찬반탁 논쟁", 변형윤 외 『분단시대와 한국 사회』(까치, 1985), 48쪽. 그러나 논리가 어찌되었든 미군정 당국이 그를 중요한 것은 후술하는 바다.
33) 해방 전 미국의 대한반도 처리 구상에 관해서는 B.커밍스, 김자동 옮김, 『한국전쟁의 기원』(일월서각, 1986(1980)), 149~171쪽.

움직임은 중국에서의 국공합작의 조정이 상징하듯이 아직 대소 협조를 도모했던 미국의 세계전략의 연장선상에 있었다.[34] 따라서 미소공동위원회나 좌우합작을 성사시켜 좌우 통합정권을 노린 당시의 미국에게 좌파와의 대결이 심해지고 있었던 이승만은 합작의 방해꾼 외에는 아무것도 아니었다. 즉 좌익 세력과의 걷잡을 수 없는 대립 탓에 그 실상이 이미 한민당 등의 극우 세력만을 대표하던 이승만의 '초월'은 미군정에게 달가운 존재가 될 리가 없었던 것이다. 1946년은 이승만에게는 그의 신뢰가 두터웠던 올리버(Robert Oliver)에게 "현재 불리한 입장에 서 있다는 사실을 기억해 두어야 한다"[35]고 조언을 받아야 하는 그런 시기였던 것이다.

1946년 3월 21일의 미소공동위원회 개시를 앞두고 미군정 자문기관인 민주의원 의장의 자리를 신병을 이유로 사퇴하는 태도로 나선 이승만은 미군정의 방침에 대한 반대의사를 사실상 표명했다.[36] 4월 18일에는 소위 미소공동성명 5호가 발표되며 이후 한국 정치로의 관여는 사실상 미소공동위원회로의 협력을 전제로 한 것으로 되었다. 물론 그 후 미소공동위원회 참가 단체 문제에 관한 소련의 이의 제기로 인하여 5월 8일 제1차의 미소공동위는 결렬하게 되었음은 주지하는 바이나 그것은 결코 곧 이승만 노성에 대한 동조를 가져다주는 것이 아니었다.

6월 30일에는 김규식, 여운형을 중심으로 한 좌우합작위원회개최 지지성명이 하지(John R. Hodge) 중장에 의하여 나오게 되었으며 이후 한국 정치의 주된 과제는 합작 성사로 옮겨갔다. 무엇보다 한국 사회의 안정을 도모해야 했던 미군정의 입장에서는 폭력노선에 의하여 자기의 소망을 이루려고 하는 극좌와 경찰폭력을 통해서 좌파의 증오를 받았던 극우의 움직임 모두 지지할 수 있는 세력이 아니었다.[37] 8월

---

34) 그러나 커밍스의 견해에 의하면 하지는 일찍부터 신탁통치에 반대하여 단정수립을 생각했다고 한다. 그것을 위하여 그는 한국인 지도자들에 대해 반탁운동을 하도록 지령까지 내렸다고 한다. B.커밍스, ibid., 287쪽. 그러나 혹시 그렇다면 의심의 여지없는 이승만과 하지의 대립이 무엇이었는지 의문이 남는 대목이다. 양자의 미소공동위, 좌우합작을 둘러싼 대립은 하지와 이승만 양자를 가까이에서 지켜봐 온 올리버도 증언하는 일이므로 단순한 겉치레가 아니었을 것이다. R.올리버, 朴日泳 옮김,『大韓民國 建國의 內幕(上)』, (啓明, 1998(1978)), 특히 제2장.
35) R.올리버, ibid., 120쪽.
36) 이 신병이 중요한 의장자리를 사퇴해야 하는 정도의 병이 아니었음은 결국 4월 11일 복귀, 그리고 15일부터는 지방유세에 나선 데서도 볼 수 있다.『資料 大韓民國史 2』, 389쪽.
37) 하지만 1946년 11월 시점에서 미군정에게는 김규식 등의 합작 세력들을 정세를 막론하고 마지막까지

좌우합작을 배격하는 민족통일총본부를 조직한 이승만은 10월의 좌우합작 원칙의 발표와 그 세력을 중심으로 한 임시정부 수립을 위한 입법기관 설치를 맞아서 드디어 미군정과의 연계를 포기하고 직접 미 본국 담판외교에 나섰다. 그 때 이승만은 입법기관 설치로 인하여 사실상 유명무실하게 되었다고 할지라도 유일하게 남은 미군정과의 유대이던 민주의원 의장의 자격조차 버리고 개인 자격[38]으로 가야 할 처지였다.

이런 이승만의 비협조적 태도는 미군정의 불신을 사지 않을 수가 없었다. 바로 1946년 당시의 미군정 측의 이승만에 대한 증오는 예컨대 "강렬한 야망가(ambitious)이자 전제적(autocratic)인 이승만 박사는 [……] 한국 정치에 있어서 많은 온건한 요소를 작위적인 행동으로 인해 저해하며 자기통치(self-rule) 프로그램 아래 한국인들을 통일시키려 하는 미국의 노력을 방해(sabotage)해 왔다"는 지적에서 생생하게 나타난다.[39] 또 미군정은 이승만의 미국 방문에 대해서도 "애국적인 것보다 개인적인 것"이라고 규정하여 "이승만 박사는 방해꾼(loading personality)으로서 그는 한국에서는 장래가 없음을 알아차리고 있다 [……] 나라를 위해서 비이기적으로 일하는 용감한 정치가로서는 이승만은 비참하게(miserably) 실패했다"고 잘라 말하였다.[40] '6·3정읍발언'은 이런 1946년이라는 최대의 정치적 위기에서 나온 것이었다.

남한 단독정부 수립의 입장을 천명한 '6·3정읍발언'은 이런 최대의 정치적 위기하에서 나온 것이었으나 그러면 가뜩이나 고립화 양상을 짙게 띠던 이승만이 당시의 국민 정서를 생각할 때 자살행위에 가까운 태도까지 내건 것에는 어떤 정치적 승부수가 담겨 있었을까?

지원하는 의사가 없었던 것에도 주의가 필요하다. 사실 미군정보고서는 다음과 같이 전하고 있다. "김규식 박사는 미군 사령관의 강한 지원 덕분에 오늘날 남한에서 지도적 정치인(political figure)이다. 남한에 정치적 통일의 겉모양(semblance)을 가져다주려고 하는 그의 일은 이 지원의 근거로 되어 있다. 몇 가지 예견 불가능한 상황(event)을 빼고 김규식 박사는 새로운 입법의원이나 장래의 한국임시정부 등 어떤 정부기구에서도 주된(prominent) 역할을 해야 한다 [……] 그러나 미국사령관이 그를 작은 독재자로 앉히려고 하는 준비가 되어 있는가 어떤가는 다른 문제다"("G2 weekly Summary", no.62(1946.11.21), 『美軍政情報報告書』 통권 제12권, 415쪽). 즉 위 보고서는 '몇 가지 예견 불가능한 상황'이 생길 경우는 심규식 '이용'을 그만두고 합작을 단념하는 가능성을 내비치고 있었다고 해석할 수 있으나 그 주된 상황이 소련과의 협조 실패였음은 뻔한 일일 것이다.

38) 『資料 大韓民國史 3』, 889쪽.
39) "G2-weekly summary", no.69(1947.1.9), 『美軍政情報報告書』 통권 제12권, 558~559쪽.
40) "G2 weekly Summary", no.63(1946.11.29), ibid., 428쪽.

이에 관해서는 두 가지의 측면을 들 수 있을 것이다. 하나는 이승만의 '초월화 된 개인'이라는 정치적 생명선에서 나온 좌파 제거를 위한 전략이며, 또 하나는 김구 세력을 매장하기 위한 정치적 공세였다는 측면이다.

우선 첫 번째 논점에 관해서 통상 단독정부수립안은 1946년 1월 14일의 민족통일 전선 문제에 대한 이승만의 발언에 있듯이[41] 좌파와의 타협의 포기에서 비롯된 귀결 이라고 간주되나 그것은 불충분한 견해에 불과하다. 좌파 세력과의 협조는 미소공동 위나 좌우합작이 아직 시작되기 전에 이미 실패라고 결론을 내려도 원래 호소력을 가진 이야기도 아니었다. 주의해야 하는 것은 협조가 불가능한 것은 어디까지나 이승 만 개인이었다는 점이다. 이로 인해 이승만에게는 현실적인 정치 기반은 한민당 밖에 남지 않았다. 요컨대 이승만의 당초의 '초월'은 단지 한민당계 우파 세력의 영수에 한정되어 있었던 것이다.

그러나 이것은 이승만이 가진 정치 배경에서 보면 자칫 자기의 정치적 가치를 부정 하는 일이 아닐 수가 없었다. 왜냐하면 이승만의 '초월' 가치는 대립하는 어느 정치 세력으로도 기울이지 않고 각 정치 세력들의 압력을 흡수하는 데 있었기 때문이었다. 또 그 입장은 수반만을 바라본 이승만의 유일한 정치적 생명선이기도 했다. 그런 이승 만이 사실상 친일 세력으로 여겨진 한민당 세력만의 대표자로 탈바꿈하는 것은 아무 래도 피해야 하는 절대적인 명제였다.

사실상 한민당을 중심으로 한 우파 세력만을 대표하면서도 민족의 초월적 지위를 지켜야 하는 과제, 일견 불가능해 보이는 모순된 이 문제를 푸는 절묘의 술책이 이승만 에게 하나 남았다. 그것은 그가 원래 대표해야 하는(대표할 수 있는가가 아니라) '민족'의 범위를 축소시켜 버리는 방법이었다. 뜻밖에도 그 빌미는 적대 세력인 좌파 가 자초했다. 그것이야말로 바로 신탁통치 반대로부터 느닷없이 찬탁으로 바뀐 '매국 적' 소행이었다.

---

41) "중앙협의회조직 이후로 공산분자와 협조되기를 노력하다가 시일을 허비하였으나 [⋯⋯] 그 결과를 보면 우리도 아직까지는 실패라고 하기에 이르렀나니 그 이유는 다른 것이 아니다"라고 말하여 공산주의자 를 조국의 독립을 가로막는 매국자라고 단정지어 그들과의 결별을 선언하고 있다. 『資料 大韓民國史 1』, 834쪽.

이 '만행'은 비록 반공주의자 아니더라도 그 주체성의 결여를 여실히 드러내기에 충분한 정치적 실책이었다. 「동아일보」는 신문기자단과의 회견에서 박헌영이 "민주주의적 독립조선은 20년 이내에 소련에 포함될 것을 주장하였다"고 보도했다.[42] 이런 흐름을 타서 이승만은 이 시기 '공산 세력＝매국노'라는 도식을 강조하기 시작했다. 수많은 그의 반공발언 속에서 "우리가 국권을 회복한 후에는 이 분자들(＝공산매국 세력)에게도 친일분자와 같은 대우 아래 우리 민족의 재판마당에서 우리가 이 사람들에게 물을 말이 있을 것이다"[43]라고 한 발언은 바로 그의 '공산 세력＝매국노'란 전략을 상징적으로 나타낸 것이었다.

즉 이 말의 의미는 다음과 같이 해석할 수 있다. 좌파 세력은 소련에 지배되며 민족독립을 가로막는 매국 세력이며 그 의미에서는 민족의 독립을 빼앗은 친일파와 같다. 따라서 '항일＝독립'으로 인하여 통치를 위한 권위를 가진 자신은 당연히 그런 세력을 민족의 일원으로서 통합하여 대표할 필요는 없다. 바로 동 발언은 그런 논리를 짠 것이었다. 친일이든 친소든 조국의 독립을 가로막는 세력은 똑같은 매국노이므로 독립국가로부터 정치적으로는 물론 경우에 따라서는 생물학적으로도 제외되어야 마땅하다는 것이 이승만의 발언의 의미였다. 따라서 남북통일정부의 수립은 물론 남한에서의 좌우합작조차 소련의 협력을 통해서만 이루어질 수 있는 것이 뻔한 이상 하루라도 빠른 민족의 독립을 위해서는 공산 세력과의 협조는 포기해야 한다. 바로 이것이 그가 내세운 남한 단독정부 수립의 논리였던 것이다.

다시 말하면 이미 공산 세력과의 돌이킬 수 없는 대립에 빠진 이승만에게 취할 수 있는 선택은 온 민족의 포섭에 의한 '초월'의 실현이 아니라 포섭해야 할 민족의 폭을 좁히는 일이었다. 그 의미에서 이승만의 반공을 단지 그가 가진 개인적 사상의 결과로 보는 것은 충분한 이해가 아니다. '공산 세력＝매국노'로 규정함으로써 흡수해야 할 민족의 폭을 축소시키는 것만이 그가 공산 세력과의 대립이라는 조건하에서

---

42) ibid., 799쪽. 한편 이에 대해 1월 16일자로 박헌영은 1월 8일의 내외 기자단과의 회견 석상 뉴욕타임스 (New York Times) 기자와의 질의응답 속에서 한 말이 언어 관계의 오해로 인해 생긴 것이라고 해명하여 동 사실을 부정했다. 같은 자료, 852~853쪽.
43) ibid., 834쪽.

도 초월적 지위를 유지할 수 있는 유일한 방법이었던 것이다. 이 논리는 1946년 이후에도 이승만이 한민당 입당과 같은 겉으로 나타나는 우파 세력과의 일체화를 피하면서 대한독립촉성국민회나 민족독립총본부 등을 결성한 것, 즉 실질적으로 우파 세력만의 결집체이면서도 '대한(大韓)', '민족' 등 명색으로나마 당파성을 피한 조직을 운영한 것에 여실히 나타난다.

단독정부 수립이라는 이승만의 승부수가 가진 두 번째 정치적 의미는 바로 김구 세력의 매장이라는 측면이었다.[44] 그러면 왜 남한 단독정부의 수립은 김구 세력의 '죽음'을 뜻하는가?

김구 세력의 논리적 성격은 다음 항에서 다루겠으나, 3·1운동에 그 법통을 둔 임정에게는 그 논리적 귀결로서 절대로 버릴 수 없는 명제가 있었다. 그것은 남북 통일정부 수립이라는 명제였다. 즉 김구 세력에게는 3·1운동이 남북을 가리지 않은 온 민족적 거사인 이상 실질적으로 조국 분단을 의미하는 남한 단독정부 수립은 단지 심정적인 문제일 뿐만 아니라 그 법통에서 나오는 논리적 귀결로서도 용납할 수 있는 것이 아니었다.[45] 이승만도 물론 그것을 모를 리가 없었을 것이다. 따라서 자신의 남한 단독정부 수립 발언은 반공뿐만 아니라 동시에 김구 세력과의 사실상의 결별선언이나 진배없었다.

바꿔 말하면 남한 단독정부 수립으로의 흐름은 자신의 정치적 지위를 상승시키는 반면 김구 세력을 쫓아내는 논리를 내포했다. 물론 그런 행동은 자칫하면 자기의 정치적 생명의 종언을 의미하는 위험한 도박이었다. 그러나 세계정세의 흐름은 이승만의 손을 들었다. 5장에서 논하듯이 미국의 세계전략은 1947년 초에는 대소 협조노선으로부터 소위 대소 봉쇄정책으로 옮기기 시작했다. 이승만은 미군정과의 관계 단절을

---

44) 1947년 중반의 이야기나 올리버의 증언에서도 이승만은 워싱턴으로부터 독립을 향한 더 적극적인 약속이 있으면 김구 지지 세력을 견제할 수 있다고 생각하고 있었다고 한다. R. 올리버, op.cit., 138쪽. 여기서 말하는 '독립'은 문맥상 남한 단독정부 수립을 의미하는 것은 물론이다.
45) 예컨대 이것을 상징적으로 나타내는 하나의 발언으로서는 남한 단독선거가 실시되며 유엔총회에서 46 대 6으로 한국의 정당 정부 승인이 나온 후인 1948년 12월, 앞으로의 법통 계속의 주장 여부에 관한 인터뷰에 대한 김구의 다음 대답이 있다. "세계 각국이 모두 현 정부를 승인하였다고 하더라도 현재 분열되고 있는 만큼 법통을 무시할 수 없을 것이다"(『資料 大韓民國史 9』, 587쪽).

각오하면서 나선 미 본국 외유 중 우연히 대소 봉쇄정책을 드러낸 1947년 3월의 트루먼(Harry S. Truman) 연설을 들었다. 그는 4월 27일의 이승만 귀국환영대회에서의 연설 속에서 즉각 그 심정을 다음과 같이 토로했다. "현재는 미국정책이 공산주의와 합작을 단념하였으므로 캄캄하던 우리의 길은 열렸다".46) 이는 바로 1946년의 그의 궁지를 토로했던 말이었다.

그런 미국의 대공산 강경정책에 자신을 갖게 된 이승만은 임정의 부정을 잊지는 않았다. 그는 동 연설 속에서 다음과 같이 말했다. "미정책의 전환에 따라 우리가 미군정과 합작해서 우리 문제를 해결할 수 있게 되었으니 이제 우리는 대한임정의 법통을 고집할 필요가 없으며……".47)

즉 미국이라는 압도적 힘의 논리가 공산 세력 배제로 움직이기 시작한 이상 공산 세력과의 협조 없이는 이룩하지 못할 통일정부 수립을 도모하려고 하는 임정의 법통은 이미 그에게 방해 이외의 아무것도 아닌 것이었다. 사실 이승만은 자신의 미국 외유 중인 2월 김구 세력의 주도하에서 비상국민회의, 독립촉성국민회, 그리고 민족통일총본부가 결집한 국민의회48)의 주석 취임을 거부했으며49) 그 후 반탁우파 세력인 동 의회 내에서는 김구 세력과 이승만 지지 세력 사이에 임정 추대 문제를 둘러싸고 심각한 대립이 생기기 시작했다.50) 결국 김구 세력이 이런 대립 속에서 머지않아 남한 정치의 무대에서 사라지게 됨은 다음 항에서 논할 것이다.

결국 이승만의 좌파, 김구 세력, 그리고 미군정·합작파와의 대립은 직접적인 대립요소가 달라 보일지언정 밑에 깔려 있는 논리는 똑같았다. 그것은 그가 사실상 모든 차이를 초월할 만한 항일의 실적을 갖춘 인물이 아니면서도 그 정치활동의 경력에서 생긴 개인화된 속성으로 인해 취할 수밖에 없었던 '초월 전략'의 논리적 귀결이었던 것이다.

---

46) 『資料 大韓民國史 4』, 613쪽.
47) ibid.
48) ibid., 281쪽.
49) ibid., 619쪽.
50) ibid., 633~634쪽.

2) 김구 세력: '법통 고집'의 귀결

● '정부성'과 그 실태

1945년 11월 23일 이승만보다 약 한 달 후 귀국한 김구 세력은 개인의 명성이라는 각도에서 볼 때 이승만에 당하지 않을지언정 그 '정부성'으로 인해 이승만에게 위협을 줄 만한 해방 후 남한 정국에서의 유력한 집권후보였다. 사상적으로도 민족우파 또한 항일에 그 정치 권위의 원천을 둔다는 점에서 같은 존재이면서도 양자가 결국 갈라서게 된 중요한 원인은 이승만이 '개인화 된 초월'을 추구한 데 대해 김구 세력이 '정부'임을 내세운 결과였다.

아무리 김구라는 특출한 존재가 있어도 그가 가진 명성 자체가 임정이라는 조직과 뗄 수 없는 이상 그가 가진 정치적 논리도 단지 그의 개인적 사상을 넘어서 임정이 역사적으로 짊어지게 된 속성에 의하여 규정되지 않을 수가 없었음은 틀림없을 것이다. 사실 이하에서 논하나 해방 후의 김구 세력의 활동과 쇠퇴는 바로 이 '정부성'에 기인하는 바가 너무나 크다. 여기서 말하는 '정부성'이란 3·1독립운동이라는 온 민족적 거사에 그 법통을 둔다는 성격이었다. 따라서 김구 세력이 국민 앞에 내세울 수 있는 권위는 이 법통을 이어받은 유일한 세력이라는 점이었다.

그러나 그들이 내세운 논리에는 틈이 있었다. 그것은 3·1운동을 자신들이 이어받았다는 것을 실질적으로 과시하는 항일이라는 실적의 부족이었다. 즉 임정의 실질 역시 자력에 의한 독립이라는 대의에 비교할 때 온 민족적으로 평가받을 만한 내용을 가진 것이 아니었다. 이는 김구 세력 자체도 인정하는 바였다. 최고 책임자인 김구 자신이 해방의 소식을 듣고 "하늘이 무너지는 듯한 일"이라고 표현한 것[51]은 너무나 유명한 일이다. 또 해방 후 김구의 중경 귀환시 임정 요원 속에서는 한국 귀국시는 임정국민위원의 총사직 혹은 해산을 주장하는 안이 나왔다.[52] 이 제안은 독립운동의 과정에서 쌓은 업적으로 인하여 독립의 영웅으로서 해방 후 정식으로 정부로 승격하지 못함을 그들 자신이 알아채고 있었음을 드러내는 대목이다.

---

51) 김구, op.cit., 248쪽.
52) ibid., 249쪽.

그러나 해방 후 김구 세력은 이하 논하듯이 그들의 정치적 발판으로서 결국 이 법통을 고집했다. 그 동기가 무엇이든 그들의 법통에 대한 집착은 결국 지나친 대의의 독점으로 이어졌고 그로 인해 남한 정치에 심각한 대립의 불씨를 던지게 됨에 따라 이윽고 그들은 남한 정치의 무대에서 사라지게 되었다. 즉 법통 세력은 그 법통 내세우기로 인해 스스로 파멸의 길을 걷게 된 것이었다.

이 책에서는 이미 김구 세력과 이승만과의 대립에 관해서는 논했으므로 이하에서는 그 법통의 논리가 야기하지 않을 수가 없었던 대립의 구도를 주로 한민당 세력과 미군정과의 관계를 통해서 고찰하기로 한다.

● '법통 내세우기'라는 정치 전략과 그 귀결

11월 23일 연합국의 국가 승인 없이 귀국한 김구 세력은 이승만의 경우와 같이 오랜 해외생활로 인해 국내 기반이 약했다. 그런 그들에게는 임정 요원의 귀국을 일찍부터 미군정에 요청하며[53] 귀국하기 전에 일찌감치 "무조건 지지·복종"을 발표한[54] 한민당계 세력은 그 인재, 자금이라는 측면에서 볼 때 최대의 후원자가 될 수 있는 세력이었다. 한민당의 속성 자체는 뒤에서 언급되겠지만, 미군정이 "그 대부분은 미국에서 교육받은 교양 있는(well-educated) 기업인이나 지역 지도자(community leader)로 조직"[55]되어 있다고 평가한 인물 구성에다가 국내 최대의 호남재벌을 이끈 김성수를 영수로 모신 한민당은 미군정과의 연계와 더불어 정치자금이라는 각도에서 봐도 김구 세력에게 없으면 안 되는 존재였다. 더구나 김구 등 임정 주류파와 한민당은 기본적으로 자유옹호와 반 계급독재라는 자세[56]로 그 정치 노선까지 일치했다. 그러나 김구 세력은 한민당과의 협력을 버리는 선택을 했다. 아니 그것은 선택이라기보다 그들의 성립기반에서 필연적으로 요구되는 논리적 귀결이었다. 왜인가?

그 기본적인 이유의 하나는 그들이 하나의 정치 세력이 아니라 3·1운동의 법통을

---

53) "G2 periodic Report", no. 2(1945.9.12), 『美軍政情報報告書』 통권 제1권, 17쪽.
54) 『資料 大韓民國史 1』, 428쪽.
55) "G2 periodic Report", no. 2(1945.9.12), 『美軍政情報報告書』 통권 제1권, 17쪽.
56) 김구, op. cit., 266~267쪽.

가진 온 민족적 '정부'를 자칭한 데서 연유한다. 즉 김구 세력이 '정부'를 자부하는 이상 특정한 정치 세력과의 지나친 접근은 피해야 했다는 판단이 작동하지 않을 수가 없었다. 또 다른 요인으로서는 허정의 증언에 있듯이 김구 세력 측이 귀국 당시 이승만 측과의 협력을 설득한 허정 등 한민당계 인사에 대해 "우남의 사람"[57)으로 경계했다고 하는데, 그들의 한민당에 대한 불신에는 이승만과의 경쟁의식이 작용한 측면도 있었을 것이다. 그러나 보다 깊은 대립의 불씨는 다른 데 있었다.

그것은 그들의 속성이 필연적으로 가져다주는 친일 세력과의 갈등에 있었다. "그 지도자나 주요(active) 멤버의 대부분이 지식인, 기업가, 부유층으로 구성됨. 국내 정치집단 속에서 최 보수파"[58)인 한민당은 그 숙명으로서 일제통치기 "필연적으로든 아니든 크고 작든 간에 일인(Japs)에 협력"[59)한 세력이었다. 압도적인 힘을 가지고 한반도에 고립된 일제통치하에서 눈에 띄는 존재는 그만큼 그 이용가치가 높았으며 또 일제에 대한 협력을 통해서만이 그런 지도적 지위를 지킬 수 있었던 국내에서 그 인적, 경제적 돌출은 그만큼 친일 낙인을 찍히기에 충분한 조건이었다.

3·1운동에 의한 법통은 이런 한민당 세력과의 관계를 허용할 수 있을 리가 없었다. 귀국한 김구 세력에게 한민당 측에서 제공된 정치자금 900만 원의 수용을 그들은 거부했다. 거절 이유는 제공 단체인 "'환국지사후원회'에는 친일을 한 실업인이 많이 있으며 따라서 그 돈은 부정한 자금"[60)이라는 것이었다. 그러나 직접 도마에 오른 이 단체는 실질적으로 한민당계 인사들에 의하여 구성되어 있었으므로[61) 이 거절은 사실상 한민당의 친일성을 고발한 것이었다. 쉽게 말해서 그 발언은 한민당계 세력과의 관계를 부정하는 정치적 의사표시였던 것이다.

같은 민족우파로서 양자의 표면적 협력관계의 음지에서는 심각한 감정적 싸움이 벌어지기도 했다. 12월 중순의 임정요인환국환영준비회의 석상 임정 측 주요 인사 신익희는 "국내에 있던 사람은 크거나 작거나 간에 모두 친일파"[62)라고 발언하여

---

57) 許政, op.cit.(1979), 123쪽.
58) "G2 weekly summary", no.11(1945.11.27), 『美軍政情報報告書』 통권 제11권, 156쪽.
59) ibid.
60) 李敬南, 『雪山 張德秀』(동아일보사, 1981), 326쪽.
61) 이에 관해서는 沈之淵, op.cit.(1984), 17쪽.

3장. 대한민국 정부의 과거청산에 관한 국민적 합의도출 능력 결여의 논리 101

한민당계 주요 인사인 송진우, 장덕수와 말싸움을 벌였다. 현재에 있어서도 '친일파'라는 말 자체가 최대의 욕이 되는 한국에서 당시 이런 발언이 가지는 의미는 너무나 컸을 것이다.

이런 감정적 대립은 미군정을 끌어들이고 걷잡을 수 없는 실질적 대립으로 이어갔다. 신탁통치를 둘러싼 정치 대립 속에서 법통 정부를 자임한 김구 세력은 12월 31일 "현재 전국 행정청 소속의 경찰기구 및 한인 직원은 전부 본 임시정부 지휘하에 예속케 함"[63]이라는 발표를 냄으로써 미군정이 "coup d'etat"라고 부른[64] 심각한 대립을 일으켰다. 김구 세력들의 그런 경찰기구 장악 행동은 오히려 그들의 정치적 생명력을 크게 저하시키는 모험주의적 행동이 되어 버렸다. 당시 정식 군대가 조직되지 않은 상황하에서 경찰 권력의 장악은 단지 경찰권의 쟁취에 그치지 않고 국가 건설의 주도권을 장악하는 정치적 의미를 지녔다. 해방 직후 각 정파 간의 통일을 모색하기 위해 열린 "신조선 건설의 대도(大道): 민족통일전선을 염원, 각 정당 수뇌 간담회"에서 나온 송진우의 "경찰력과 군대가 없는 정권이라는 것은 존재할 수 없지요"[65]라는 발언은 한민당이 권력 장악을 위하여 치안기구를 얼마나 중요하게 생각하고 있었는가를 여실히 드러낸 것이었다.

따라서 이런 김구 세력에 의한 대미군정 저항 행동은 동시에 한민당을 겨냥한 것을 의미했다. 후술하나 이미 미군정과의 관계에서 남한에서의 사법, 치안기구를 장악했던 한민당에게 경찰력 탈취는 자신의 정치적 힘의 원천을 빼앗으려는 행동을 뜻하므로, 김구 세력에 의한 이런 술책이 한민당에게는 이미 단지 감정적 차원을 넘어서 실질적으로 권력을 둘러싼 '선전포고'에 가까웠을 것이다.

자신의 권력 장악의 관건인 경찰 지배에 대한 탐과 그것을 통한 미군정에 대한

---

62) 李敬南, op.cit., 329쪽.
63) 『資料 大韓民國史 1』, 722쪽.
64) "G2 weekly summary", no.17(1946.1.8), 『美軍政情報報告書』 통권 제11권, 216쪽.
65) 夢陽 呂運亨先生全集發刊委員會 編, 『여운형 전집 1』(한울, 1991), 230쪽. 이 말은 직접적으로는 인공의 국가성을 부정하기 위한 발언이나 미군정의 치안 부분을 장악하려는 그들의 의도를 잘 나타낸 발언이라고 볼 수 있다. 흥미로운 것은 동 간담회에서는 장덕수 역시 미군정 이외에는 군대와 경찰력을 보유하지 못하는 이상 그 당시의 한국 사회에서는 정부는 아직 필요 없다는 인식을 드러내고 있는 점이다. 같은 책, 228쪽.

도전, 그리고 그것을 억제하는 과정에서 터진 송진우의 암살[66] 등은 미군정을 최대의 후원으로 하는 한민당에게는 이미 김구 세력의 법통의 이용가치를 생각해서라도 이윽고 제거해야 할 정치 세력으로 여기기에 충분한 계기가 되었을 것이다. 그러나 정치적으로 노련한 한민당은 역시 그 제거의 때를 서두르지는 않았다. 일제하의 상위층 출신이라는 그들의 본성에 있어 직접적인 적은 어디까지나 좌파 세력이었으며, 따라서 반탁운동을 통한 좌파 타도를 이룩하기 위해서라도 우파의 신임이 두터웠던 김구 세력과의 관계를 당장 끊을 수는 없었다. 그러나 한민당의 반탁을 둘러싼 김구 세력에 대한 표면적 협력은 역설적으로 그들의 정치적 기반을 허물어갔다.

신탁통치 반대투쟁을 위한 온 민족적 집합체로서 김구 세력 주도하에 조직된 비상국민회의는 이미 본격화되었던 좌우 대립을 흡수하지 못한 탓으로 우파색을 짙게 부가시켰다. 그로 인해 그 과정에 불만을 가진 장건상 등 임정 내 온건좌파 세력 4명이 동 비상국민회의를 탈퇴하여 좌파 결집체인 민주주의민족전선 결성대회에 참가하는[67] 등 역설적인 사태가 벌어졌다. 이 정치적 의미를 과소평가해서는 안 될 것이다. 즉 임정이 임시나마 민족을 대표하는 법통 정부인 이상 좌파 세력 역시 그 안으로 포섭해 나갈 필요가 있었으나 오히려 자기 발밑에서 온건좌파까지 이탈시킴으로써 김구 세력은 임정 내 우파 세력인 한국독립당(이하 한독당)과 일체화된 성격을 부각시킨 셈이었다. 즉 김구 세력은 단지 하나의 정파로 전락하는 길을 걷게 된 셈이었다.

한편 경찰 권력을 탈취하려는 계획은 미국으로 하여금 김구 세력을 중국으로 추방하는 조치를 고려[68]하는 사태까지에 이르렀으며 그 결과 국내 정치기반의 상실을 두려워했던 그들은 한민당의 "군정단계를 통과해야만 자유 독립을 실현시킬 것이라"[69]는 설득을 받아들여 미군정과의 타협노선으로 회귀하게 되었다. 사실 46년 1월 1일에는 김구의 성명을 통해 "군정청에 근무하는 직원들은 일제히 복업"할 것을 호소했다.[70] 또 2월 14일에는 미군정 고문격인 민주의원 부의장의 자리에 김구가 취임했

66) 李敬南, op.cit., 335~337쪽.
67) 『資料 大韓民國史 2』, 80~81쪽.
68) 李敬南, op.cit., 335쪽.
69) 趙炳玉, 『나의 回顧』(民敎社, 1958), 165쪽.
70) 『資料 大韓民國史 1』, 741쪽.

으므로 결국 과도정부를 창출하기 위한 비상국민회의가 민주의원하에 흡수되는 격이 되었다.

이런 미군정 협력노선에 의한 김구의 민주의원 참가는 너무나 큰 정치적 의미를 발하지 않을 수가 없었다. 왜냐하면 이 민주의원이라는 미군정의 지도하에 있는 기구에 김구가 속한다는 것은 유일한 법통 정부가 사실상 미군정하에 들어간다는 것을 의미하므로[71] 이 선택은 그들 자신이 남한 지역에서는 유일한 법통 정부 이외에 보다 강한 실질적인 정부가 존재하고 있음을 간접적으로 인정한 것이나 마찬가지기 때문이었다.

이런 임정의 지위 절하는 김구 세력 측과 미군정의 협조를 촉구한 한민당에게는 이미 의도된 바일 가능성이 크다. 2월 26일 한민당 선전부장은 "대한국민대표민주의원(大韓國民代表民主議院)은 조선의 최고정무위원회다"라는 성명을 냄으로써[72] 은근히 임정이 미군정하에 있음을 내비쳤다. 그것은 "임시정부는 광복 벽두의 우리 정부로서 맞이하려 한다"[73]고 해서 창당한 지 불과 6개월도 안 되는 사이에 벌어진 태도 변화였다. 적어도 한민당의 김구 세력과의 표면적 협조유지는 임정의 정부로서의 정치적 생명을 앗아가는 역효과를 가져왔던 것이었다.

임정의 권위가 실추되어 감에 따라 임정 내 우파 주류세력이던 한독당은 우파 결집에서 그 활로를 찾으려고 했다. 곧 그 움직임은 한독당을 중심으로 한 국민당, 신한민족당, 그리고 한민당과의 합당 교섭으로 나타났다. 그러나 당명, 총재의 독점 등 합당이 아닌 사실상의 "헌당(獻黨)"[74]을 요구한 김구 세력은 국내우파 최대 세력인 한민당의 거절을 유발하였고, 그 결과 그런 합당의 움직임 역시 국민당, 신한민족당 만의 합류에 그치고 말았다. 법통으로의 고집은 이렇게 하여 당 차원에서도 세력 확대로 연결되지 못하는 결과를 자초한 셈이었다.

---

71) 손세일에 의하면 이 문제를 희석하기 위하여 비상국민회의를 '의회'로 또 민주의원을 '정부' 기능으로 이해하는 해석이 있었다고 한다. 孫世一, 『李承晩과 金九』(一潮閣, 1970), 223쪽. 그러나 이런 해석이 고육시책이었음은 말할 나위도 없다. 왜냐하면 민주의원은 비상국민회의의 입법을 준수해야 할 입장에 있는 것도 아니고 미국에 의해서 창설된 기관에 불과했기 때문이다.

72) 『資料 大韓民國史 2』, 142쪽.

73) "創黨宣言과 政策細目", 沈之淵, op.cit.(1984), 265쪽.

74) 李敬南, op.cit., 351쪽.

한민당의 합류 거부는 한독당의 신경을 거스르는 행동이었음은 틀림이 없다. 한독당의 반격은 7월 2일의 좌우합작 지지성명[75]과 18일 이승만 지도하에 결성된 민족통일총본부로의 당 차원에서의 불참이라는 결정[76]에서 나타났다. 좌파와의 심각한 대립에 시달리던 우파 세력에게 반 좌파운동으로부터 우파 법통 세력이 이탈한다는 것은 한민당과 이승만의 극우성을 두드러지게 하는 데 효과적이었다. 극좌와 동시에 친일극우파의 세력 추방으로 인하여 성사시키려고 한 좌우합작에 대한 한독당의 지지는 이승만과 한민당을 궁지에 모는 의미를 지니고 있었던 것이다.

이런 한민당, 이승만과의 대결구도는 10월의 입법의원 문제를 둘러싼 태도에도 나타났다. 10월의 입법의원 민선의원 선거, 특히 서울시 대의원 선거에서는 김성수, 장덕수, 김도연 등 한민당 주요 인사가 피선되었다. 그러나 이들 인사의 당선은 11월 4일의 김규식에 의한 "피선된 자가 극도로 편향적인 데다가 친일파라고 지목되는 자가 다수 피선된 것은 입법기구에 대하여 전 민중의 실망을 주었고……"라는 성명[77]을 유발하며 심지어는 25일 하지에 의한 서울시 선거무효선언으로[78] 이어졌다. 이에 대해 한독당은 11일 "입법의원 선거는 정식적으로 되었으니 우리 민족이 다 축하할 것이다"[79]라고 한민당을 옹호한 이승만과 대조적으로 27일 "금번 입의(立議) 선거에 불만인 것은 사실이나 현재 조선사회 실정으로는 진정한 민의를 대표할 역량 있는 애국자의 선출이 되기는 기대가 박약하다"는 성명을[80] 냄으로써 한민당에게 망신을 주었다. 한민당의 반격은 47년의 미국의 대소 정책의 변경을 기다리고 시작하게 되었다.

1947년 미국의 봉쇄정책이 본격화되자 앞에서 인용한 4월의 이승만에 의한 임정 부정 발언이 나왔다. 이에 대해 우파 세력 중 임정 봉대(奉戴)파는 5월 6일 임정추진회를 결성,[81] 임정의 법통을 이용한 과도정부 수립 과정에서의 주도권 장악에 나섰다.

---

75) 『資料 大韓民國史 2』, 839~840쪽.
76) ibid., 922쪽.
77) 『資料 大韓民國史 3』, 720쪽.
78) ibid., 912쪽. 기타 강원도도 무효로 되었다.
79) ibid., 784쪽.
80) ibid., 929쪽.
81) 『資料 大韓民國史 4』, 650쪽.

그러나 5월 12일 미군정장관 러취(Archer Lerch)의 임정 봉대를 부정하는 발언[82]이 나오자 그와 때를 맞추어서 한민당은 자신들이 가지는 치안권력을 동원, 김구 세력의 배격에 나서게 되었다. 한민당계 주요 인사이자 경무부장인 조병옥은 임정추대 6도 대회를 불법으로 규정하는가 하면 수도경찰청장인 장택상은 아예 임정추대추진위원회 자체의 해산 명령을 내렸다.[83]

김구 세력에 대한 거센 반격은 드디어 독립 운동의 상징인 김구 자신에게까지 돌아갔다. 12월 한민당 중진 장덕수 암살에 관한 김구 증인공작은 김구에 대한 국민적 지지를 생각해서 그들이 얻을 수 있는 최대한의 정치적 성과를 노린 것이었다.[84] 결국 그들의 법통에 대한 고집은 최대의 지지 세력이 되었을지도 모르는 한민당을 최대의 적대 세력으로 몰아간 셈이었다. 후술하듯이 한민당 역시 출발부터 진심으로 임시정부를 지지한 것이 아니었으나 김구 세력의 오만이 한민당과의 심각한 대립을 야기한 것도 부정하지 못하는 사실이었다.

이런 김구 세력의 독선주의적 자세는 유독 한민당에게만 돌린 것이 아니다. 이것을 살피는 데 주목할 만한 것은 국민당과의 합류로 인해서 자당 소속으로 된 국내파 안재홍의 남조선과도정부 민생장관 취임에 대한 지지성명에서 다음과 같은 성명을 낸 점이다. "임정요인을 상층 지도자로 모신 한독당으로서는 좀 결백성을 잃어버리는 듯한 감도 있어 종래 당내에서 반대하는 의견도 많았으나……".[85]

이 성명은 위에서 인용한 신익희의 "국내에 있던 인간은 크거나 작거나 간에 모두 친일파"라는 말을 상기시키기에 충분할 것이다. 즉 김구 세력의 불신은 단지 한민당에게만 돌려진 것이 아니었다. 물론 한때 여운형과 같이 건국준비위원회(이하 건준) 창설에 나섰던 안재홍에 대해서 법통 정부로서 나름대로 비판의식을 갖게 됨은 충분히 이해가 가는 일이다. 그러나 일단 합당조치로 인하여 하나가 된 인물이 국내 민생

82) ibid., 681쪽.
83) ibid., 682쪽.
84) 예컨대 한민당 계열의 중요한 인사이넌 이인은 상덕수 암살에 대한 살인교사로 인해 구속영장 발부를 요구한 하지의 지시에 대해 국내 여론을 생각해서 증인 신문에 그치도록 한 이유를 다음과 같이 말했다고 증언하고 있다. "그것만으로도 백범에는 지명상으로 살인교사로 처단하는 것과 같은 효과가 있을 것 아니오." 李仁, "解放前後片片錄", 『新東亞』 1967년 8월호, 365쪽.
85) 『資料 大韓民國史 4』, 204쪽.

부분 최고의 지위에 취임한 일은 본시 양손을 들고 축하할 일이었다. 해외파가 아니었으면 '결백성을 잃어버렸다는 감'을 가지고 더구나 이런 발언을 버젓이 펴내는 태도에는 무엇보다 오만의 색체를 끼시 않을 수가 없었다.

사실 그런 당내 해외파와 국내파의 불신은 결국 당의 분열로 귀결되었다. 제2차 미소공동위원회 참가 문제를 둘러싸고 그 법통으로 인하여 한독당 주류가 즉시 독립을 요구하는 입장에서 참가 반대에 나서자 그에 대한 반발을 핑계로 안재홍을 포함한 구 국민당, 신한민족당 세력들은 6월 신당 발족[86])을 결정함으로써 당세 쇠퇴는 걷잡을 수 없는 흐름으로 되었다. 그러나 이 분열의 근본에는 한독당 내 해외파와 국내파의 불신이 도사리고 있었음은 틀림없다.

결국 김구 세력은 그 법통의 숙명으로 인하여 결국 파멸의 길을 걸었다. 국내 최대의 우파 세력 한민당을 적으로 하여 또 독립촉성중앙협의회 조직을 효시로 늘 임정과 거리를 둔 이승만과는 시종일관 경쟁 관계에 있었다. 민족의 유일한 법통 정부로서의 자부심은 사실상의 유일한 정부였던 미군정과의 대립을 필연적으로 초래할 수밖에 없었으며 또 인공을 내세움으로써 처음부터 임정의 권위에 승복하지 않았던 좌파와 협력관계를 구축할 수 있을 리도 없었다.

1947년 미국의 대소 정책의 변화로 인하여 남한 단독정부 수립으로 방향이 잡히자 북한과의 협상이라는 무모한 도박에 나선 김구가 그 정치적 생명을 다 바친 후 비극의 최후를 맞이하게 됨은 주지하는 바다. 이로 인해 임정이 내세운 법통은 이 땅에서 북한과의 대립이라는 정치적 배려에서 이용되는 일은 있어도 가장 중요했던 남한 정치의 결집체로 작용하는 일은 없었다. 아니 여운형 측근의 입장에 있었다고 할지라도 임정의 주요 멤버였던 장건상의 술회에서는[87]) 여운형이 암살되고 또 임정 세력이 힘을 얻지 못한 47년 후반쯤에는 "일반 정계에서도 나는 소위 임정파라 하여 따돌림 받았다"는 것이 그 법통의 실상이었다. 그러면 임정의 법통은 왜 한국에서 결집체로서 작용하지 못했는가?

---

86) ibid., 870쪽.
87) 宵海張建相先生語錄碑建立會 편, op.cit., 74쪽.

● 법통이라는 오만

어떤 민족이든 주권의 회복은 물론 정부 창설과 불가분의 관계에 있다. 따라서 어느 나라든 독립과 정부 수립은 일체화되어야 한다. 대한민국의 비극은 바로 이 불가분의 원칙이 단절되어서 실현되었다는 것이었다. 임정이 내세운 법통의 원천이던 3·1운동은 틀림이 없이 일제의 통치스타일을 바꿀 만한 온 민족적 거사였다. 그러나 당시의 한국에서는 법통은 원리적으로 이어받을 수 있는 것이 아니었다. 왜냐하면 법통이 계승에는 ㄱ 어떤 절차를 밟으면 그것을 가지고 법통이 계승되었음을 보증하는 합의가 필요하나 일제 침략 과정에서 그런 법통의 계승 질서 자체가 무너진 조건하에서 그런 절차는 원리적으로 존재하지 못했다. 즉 3·1운동의 계승과 임정의 법통을 형식적으로 연결시키는 논리는 없었던 것이다.[88] 중요한 것은 당시의 조건하에서는 단절된 법통은 이어받는 것이 아니라 힘으로 인하여 새롭게 창조하는 수밖에 없었다는 점이다. 바로 항일의 실적이 그것이다.

혹시 3·1운동이 어떤 정부의 지도하에 행해지고 독립 쟁취라는 결과에 이어졌더라면 그 지도 주체는 독립정부를 조직하는 데 충분한 '법통'을 띠게 되었을 것이다. 그러나 역사적 사실은 그렇지 못했다. 더구나 3·1운동 자체는 그것을 독립운동으로 평가할 때 적어도 주권의 즉시 회복이라는 권력의 이동을 이루어내지 못했다는 점에

88) 3·1운동과 임정의 법통을 연관시키는 데 목적을 둔 연구로서는 李炫熙, 『3·1獨立運動과 臨時政府의 法統性』(東方図書, 1987)이 있다. 이 연구는 임정의 정당한 통합, 민주공화적 성격 등의 헌정사적 법통과, 대외활동, 군사 활동 등의 헌정외적 법통을 가지고 3·1운동과 임정의 법통을 연관시키고 있다. 그러나 우선 전자인 헌정사적 법통에 관해서 상하이(上海)·한성(漢城)·러시아 내 세력의 통합을 가지고 법적으로 정당하다고 판단하기 위해서는 본문에서도 주장했듯이 미리 그 기준에 대한 합의가 필요하다. 예컨대 동 연구에서는 법통을 위한 통합의 중심인 한성(漢城)정부의 수립이 13도 24명의 대표로 조직된 국민대회 명의로 선포되었다(같은 책, 57쪽)는 점에 그 정당성의 근거로 삼고 있으나, 왜 그 24명의 대표가 법통의 정당성을 확보하는 바로 '대표성'을 가질 수 있는지에 대한 언급이 없다. 또한 가령 그에 대해서 근거를 대려고 해도 그 근거를 가지고 대표성을 인정하는 법적, 형식적 기준이 무엇인가에 관해 금방 논란에 휩싸이게 됨은 뻔한 일이다. 즉 질서가 무너짐에 따라 정당성을 확보할 기준 자체가 사라진 가운데서는 정치적인 이해관계를 떠나 그 정당성을 입증할 만한 논리는 원천적으로 없다고 해야겠다. 또한 법통의 근거를 후자인 대외활동이나 군사 활동 등 소위 헌정외적 실적에 두려고 하는 시각 역시 문제를 피하지 못한다. 물론 이 문제의식 자체는 결국 법통의 근거를 항일이라는 독립으로의 실적에 찾으려고 하는 점에서 이 책의 입장과 같다. 그러나 북한을 의식해서 대한민국에 의한 임정 법통의 계승을 강조하는 정치적 선전의 필요성을 빼고 임정의 항일이라는 실적에 온 민족을 묶을 만한 법통을 찾는 것이 불가능한 것은 본론에서 말하고 있듯이 이승만, 한민당 세력으로 인한 대한민국의 건국 자체가 사실상 임정 부정에 의하여 이루어졌다는 역설이 여실히 입증하고 있다.

서는 실패한 운동이었다.[89] 힘에 의하여 법통을 만들어야 하는 조건하에서 실패한 운동에 온 민족이 한결같이 승복하는 법통이 생길 리가 없었다. 임정의 법통이 민족 결집의 매체로 되지 못했던 기본적인 요인이 여기에 있었다.

문제는 더 지적해야 한다. 임정이 정부로서의 법통을 3·1운동에 구해야 했던 또 하나의 논리적 이유는 1919년 이후 사실상 3·1운동에 견줄 만한 거족적 항쟁이 생기지 않았다는 역설적 사실에 있었다. 혹시 1919년 이후 45년의 사이에 특필할 만한 거족적인 독립운동이 생기고 그것이 더 독립에 효과적인 결과를 가져다 주었더라면 상하이에 수립된 임정만이 유일한 법통을 내세울 수도 없는 일이었을 것이다. 어차피 "우리가 이번 전쟁에서 한 일이 없"는 임정은 본국 귀국시에도 개인 자격으로 입국하겠다는 협정에 서명해야 하는[90] 상황이었다. 법통은 결코 독립으로의 압도적 공헌으로 인하여 생긴 것이 아니라 단지 다른 법통의 원천이 없었다는 역사의 틈에 깃들어 있었을 뿐이었다.

그럼에도 그들은 법통을 고집해 마지않았다.[91] 그런 고집에서는 해외파에 나름대로 고생이 있었듯이, 국내파에는 항일이란 생명의 위기인가 아니면 친일이란 민족적 굴욕인가라는 궁극적인 선택밖에 없었다는 고뇌가 보이지 않았다. 재차 강조한 신익희의 말에 상징되는 발상은 국내파에게는 국내사정을 모르는 해외파의 오만 이외에 아무것도 아니었을 것이다. 사실 이런 국내파의 심정은 미군정이 국내파의 소리로서 다음과 같이 생생하게 전하고 있다.

누가 애국적인가. 나라에서 도망가고 안일(ease)과 안전(security)의 생활을 보낸 사람들은 누구이며 국내에 머무르고 할 수 있는 한 일본에 저항하며 백해와 옥살이를 겪은

---

89) 이런 평가에 대해서는 격한 비판이 있을 것이다. 물론 3·1운동의 성공 여부에 관한 평가는 어떤 기준으로 그것을 바라보는가에 달린 문제다. 특히 민족정신의 제고와 그 계승의 원천이라는 각도에서 본다면 그 운동의 성공을 주장할 수도 있다. 그러나 본 연구가 강조하고 있는 독립의 쟁취와 그에 따른 명확한 권위 주체의 확립이라는 기준으로 3·1운동을 본다면 그것을 성공한 운동이었다고 평가하는 것은 지나친 정치적 해석이라고 해야 하겠다.
90) 『資料 大韓民國史 4』, 681쪽.
91) 예컨대 김구는 남한 단독선거가 치러지고 나서 제헌국회가 열리는 단계에 이르러서도 그 국회가 사실상 임정의 법통과 관련이 없음을 내비치고 그 움직임에 대한 비판적인 태도를 계속 보이고 있다. 『資料 大韓民國史 7』, 261쪽.

사람들은 누구인가.[92]

해외파에게 1919년 이후 좀처럼 국내에서 들려오지 않았던 민족적 거사의 부재가 국내파의 '친일성'으로 비쳤다면 기다리고도 기다린 해외파 광복군의 '일제격퇴'라는 소식의 부재는 국내파에게는 단지 해외파의 '도피성'만을 빚어낸 것이었다.

신 국가 건설에서 절실하게 요구된 진정한 의미에서의 항일, 바로 그 실적 없는 유일한 법통에 대한 김구 세력의 지나친 집착은 결과적으로 해방 후의 남한 정치에 관용과 포섭의 정신을 심어주지 못했다. 오히려 불신과 증오를 남겨버린 채 그 실태는 사라졌다. 그러나 역설만은 남았다. 전 항에서 논했다시피 임정을 부정해서 단독정부 수립을 추진한 이승만은 단독선거 후의 제헌국회 개회식에서 다음과 같이 말하고 있다.

이 국회에서 건설되는 정부는 즉 기미년에 서울에서 수립된 대한민국임시정부의 계승이니…….[93]

요컨대 온 민족의 법통은 반공의 대명사로 탈바꿈한 후 그 실질과 겉치레의 괴리를 메우지 못한 채 허무한 구호로만 남게 된 셈이었다.

3) 좌파: '흩어진 다수자'라는 역설

● '항일 없는 다수자'

집권의 이유로서 이승만이 '개인화 된 초월', 김구 세력이 '법통 정부'를 내세웠는데 대해서 여운형, 박헌영 등 국내 좌파들이 내세운 논리는 한 마디로 하면 바로 다수자로서의 지위였다. 전 근대적 사회·경제구조로부터 근대화로의 길이 일제라는 외세지배에 의해서 열린 한반도에 있어서 국내 민족자본의 형성은 극히 어려우며 따라서

---

92) "G2 Weekly Summary", no.7(1945.10.30),『美軍政情報報告書』통권 제11권, 99~100쪽.
93)『資料 大韓民國史 7』, 194쪽.

110 식민지 관계 청산은 왜 이루어질 수 없었는가

국내의 입도적 다수는 당연히 빈곤에 허덕이는 소작과 일제 강제동원에서 해방된 실향 노동자들이었다.[94] 따라서 해방 후 신 국가 건설의 현실적 역량에는 이 소작·실향 노동자층의 결집이 큰 힘이 됨은 당연한 일이었다. 거기에 겹친 것이 바로 시대적 추세였다. 구 식민지 독립운동과 사회주의운동은 사상적으로도 현실적인 운동역량 이라는 점에서도 서로 맞물려 진행되는 것이 세계적인 흐름이었으며 한반도 역시 그 영향에서 자유로울 수 없었다.

좌파 세력 집권의 결과가 어떻든 간에 중국의 항일전쟁 수행과정에서의 모택동 공산당 세력의 약진, 대나치스 레지스탕스와 유고슬라비아 티토, 조국독립투쟁을 통한 베트남 호치민이나 쿠바 카스트로의 집권 등의 역사는 바로 국가독립 투쟁에 있어서의 사회주의 세력의 역량과 그에 따른 세력 확장의 과정을 여실히 드러내는 대목이었다. 또한 독립 달성 후 그런 세력의 집권이 각국 나름대로의 사회질서를 이룩해 나간 것도 부정하지 못할 일이었다.

따라서 구 식민지 국가들이 예외 없이 겪게 된 가난함과 그에 따르는 계급 구성으로 인하여 독립과 새 국가 건설과정에 있어서 사회주의 사상의 영향이 커짐은 논리적 귀결이었다. 한반도 역시 "1945년과 1946년에 있어서 한반도 전역은 도, 시, 군, 및 마을 단위까지 존재한 '인민위원회'로 가득 차 있었다".[95] 즉 해방 후의 남한 역시 좌파가 침투하는 충분한 요건을 갖추고 있었다고 볼 수 있다.[96] 그러나 다른 많은 구 식민지 국가들에 있어서는 사회주의가 조국 독립을 이끈 현실적 추진 세력이 된 것에 반해 한국에서는 사회주의 세력이 국가 독립의 현실적인 힘이 되지는 못했다.

---

94) 이 시기의 계층구성, 인구의 변동 등에 관한 상세한 연구는 B. 커밍스, op. cit., 특히 제2장, 제8장 참고.
95) ibid., 345쪽.
96) R. A. 스칼라피노 & 이정식은 중심지인 서울의 소재로 인해 한반도에서의 공산화의 가능성이 높은 지역이 남한이었음을 지적하면서도 기본적으로 한국 사회는 그 보수성, 빈곤, 유교, 지식계급의 부족, 산업노동자계급의 미발달 등으로 공산주의 운동에게 불리한 환경이었다고 주장하고 있다. R. A. 스칼라피노 & 이정식, 한홍구 옮김, 『한국공산주의 운동사 2』(돌베개, 1986(1972)), 396쪽. 물론 전통적인 마르크스주의가 자본주의의 발전 지역에서 사회주의 혁명이 일어날 것을 주장해 왔음은 주지의 사실이다. 그러나 세계의 역사는 주변 비자본주의적 저개발 지역에서 오히려 사회주의화가 실현되었음을 보여주고 있다. 즉 저개발단계에 있던 당시의 한반도는 서울의 소재와 막론하고 그 후의 역학관계에 따라서는 얼마든지 사회주의화의 가능성이 열려 있었다고 보는 것이 타당할 것이다. 그것은 무엇보다 북한의 존재가 실증하고 있다.

그리고 이 엄연한 사실은 해방 후 남한에서 좌파 세력의 동향을 좌우하는 데 결정적인 조건이 되었다.

바로 이런 좌파의 상징이 여운형이었다. 주지하는 바와 같이 여운형은 그 독립운동가로서의 경력을 상하이 임정 창설로부터 쌓기 시작했다.[97] 그런 의미에서 그는 평생을 국내에서 지냈던 것은 아니다. 그러나 1920년대 일본에 의하여 잡혀 국내에 끌려오고 난 후 해방까지 그는 주로 국내에서 보냈으며, 또 그 정치기반 역시 분명 국내뿐이었다 여기서 주목해야 하는 것은 그런 경력으로 인해 그가 가지게 된 일본과의 미묘한 거리였다.

널리 알려져 있듯이 독립운동가로서 그가 주목을 받게 된 최초의 '독립운동'은 1919년 일본 측의 신변보장을 받으면서 실현된 고위급 인사에 대한 독립승인 호소를 위한 평화적 직접 담판이었다. 또 종전 말기 그는 총독부로부터 전국(戰局) 호전을 위한 중국 국민당, 공산당과의 중개를 요청받는 관계에 있었다.[98] 더 나아가 해방 후에는 총독부로부터 치안 유지의 요청, 즉 사실상 재한(在韓)일본인의 보호를 요청받는 존재이기도 했다.[99] 물론 이런 일본과의 미묘한 거리 자체가 여운형의 친일성을 즉시 의미하는 것인지는[100] 신중을 기해야 할 문제다. 그러나 위와 같은 사실들은 일본에게 여운형이 위에서 강조해 온 의미에서 항일 투사가 아니었음을 입증하고 있다. 예컨대 일본 정부의 요청으로 일본에 가서 중국에서의 군대 철수를 평화적으로 호소하는 모택동의 모습을 상상할 수도 없을 것이다.

즉 한반도에서의 좌파는 사회주의 세력의 힘으로 독립한 다른 국가들과 달리 사회주의사상 자체가 국가 독립과 연결된 일은 없었다. 따라서 좌파 역시 항일의 압도적

---

97) 이하 여운형의 경력에 관해서는 주로 呂運弘, op.cit.에 의거했다.

98) ibid., 129~130쪽.

99) 일본총독부로부터의 이런 요청에 대해서는 많은 문헌이 주목하고 있다. 그 속에서는 한민당 계열의 인사를 중심으로 한 기록에서는 송진우가 거절했으므로 여운형에게 맡겨지게 되었다는 견해가 있다. 김도연, 『나의 人生 白書: 常山 回顧錄』(康友出版社, 1967), 154쪽; 仁村紀念會, 『仁村 金性洙傳』(1976, 非賣品), 467쪽. 기타 총독부로부터의 여운형에 대한 협력 의뢰에 관해서는 金學俊, op.cit., 제9장 제2절; 森田芳夫, 『朝鮮終戰の記錄: 米ソ兩軍の進駐と日本人の引揚』(巖南堂書店, 1964), 제3장 제1절이 상세히 논하고 있다.

100) 그런 여운형의 친일성에 대한 격한 비판은 韓民聲, 『追跡 呂運亨』(甲子文化社, 1982).

실적을 가지고 그 권위를 내세울만한 존재가 아니었다. 그 결과는 중대했다. 단기간에 확산한 건준(建準)이나 인민위원회[101]는 11월의 국내 최대의 노동단체인 조선노동조합전국평의회 및 12월의 전국농민조합총연맹 결성과 연결되고 숫자적으로는 영락없이 해방 후 남한 사회의 최대 세력으로서 대두되었다. 그러나 무엇보다 중요한 것은 그런 세력은 단지 '권위 없는 다수자'에 불과했다는 점이다.

물론 남한에서는 일본에 대한 저항운동으로 인해 투옥된 많은 사회주의자가 있었다.[102] 그러나 수많은 그런 개인적 저항은 결코 독립 쟁취를 이룩하는 결집체로 뭉치는 것이 없었으므로 오히려 이런 '항일의 분산'은 해방 후의 남한 정치에 또 하나의 혼란 요인으로 작용하게 되었다. 왜냐하면 질서가 이미 확립되어 있는 조건하에서는 비록 형식적으로나마 다수는 최대의 권위를 형성할 수 있으나 당시 한국에는 그 질서가 없었다. 따라서 질서 형성을 위하여 당시의 한국이 요구한 것은 오히려 '소수'였다. 즉 다양한 경력과 이해 대립, 이데올로기적 차이를 흡수, 지양시켜 그들 제 세력을 뭉치게 할 수 있는 그런 뚜렷한 주체의 존재가 요구되었던 것이다. 그리고 그런 뚜렷한 권위 주체는 다른 세력들을 압도적으로 능가할 집중화된 항일의 실적 위에서만 가능한 일이었다.

● 좌우 대립 개시의 진상

그러나 좌파 역시 다른 세력과 마찬가지로 그런 실질적인 항일 실적을 가진 세력이 아니었다. 따라서 좌파 역시 그런 권위를 가지고 집권의 지위를 내다볼 수 있는 입장이 아니었다. 그런 좌파가 집권하기 위해서는 단지 다수자임을 내세우고 그 힘들을

---

101) 이에 관해서는 B. 커밍스, op. cit., 제3부 참고.

102) 대한민국의 정식한 견해를 대표하고 있다고 볼 수 있는 자료에 의하면 해방 직후인 15, 16일에 1만 1000명의 항일 정치 및 사상범이 석방되었다고 한다. 國防部編纂委員會, 『韓國戰爭史 1: 解放과 建軍』(東亞出版社, 1967), 46쪽. 이 수치는 16일의 안재홍 건준 부위원장의 "해내, 해외의 3천만 동포에게 고함"에 포함된 수치와 똑같다(같은 책, 48~49쪽에 수록). 또 미군정보고서도 16일 1만 명이 석방되었음을 전하고 있다. "G2 Periodic Report", no. 4(1945. 9. 14), 『美軍政情報報告書』 통권 제1권, 33쪽. 이 가운데 좌파로 간주되는 사람이 얼마 차지했는지 알 길이 없으나 동 미군정보고서는 석방자 중 일자리를 얻지 못하는 사람들이 곧 공산진영에 흡수(draft)되었음을 전하고 있다. 또 헨더슨은 미발표 학위논문에 의거하여 이강국, 이기석, 정백, 하필원 등 그 때 석방된 많은 사람이 그 후 공산주의 지도자가 되었다고 보다 구체적으로 단정 짓고 있다. G. 헨더슨, op. cit., 192쪽과 그 각주 6번을 참고.

결집하는 수밖에 없었다. 그러나 그런 단순한 힘의 논리에 의한 집권으로의 시도가 이윽고 보다 강력한 힘을 가진 미국에 의하여 좌절당하게 된 것은 어찌 보면 단순한 귀결이었다.

그러나 해방 후의 남한정치 갈등의 논리를 표면에 나타난 단순한 좌우의 대립이라는 고전적인 시각을 떠나 분석하려는 본 연구가 주목하고 싶은 것은 그런 좌파에 의한 다수자 공작은 흥미롭게도 우파와의 협조 모색으로부터 시작되었다는 사실이다. 바꿔서 말하면 이 사실이 가리키는 것은 한국에서의 좌우 대립이 단순한 좌우의 사상 대립 탓이 아니라 다른 요인이 개재했다는 것이다. 그 요인은 바로 해외파에 대한 국내파 연합전선의 불발이었다.

국내파에 의한 좌우연합의 시도는 예를 들어 건준에 국내 우파인 안재홍이 당초 부위원장으로서 참가했다는 사실에서도 엿볼 수 있다. 그러나 주목할 만한 사실은 몇 가지 회고록이 증언하듯이[103] 여운형이 해방 후 주도권을 잡기 위하여 국내 우파의 지도자로서 후에 좌파에게 최대의 적이 된 한민당 대표 송진우와의 협조를 모색했다는 사실이다. 또 놀랍게도 이런 움직임은 온건좌파인 여운형뿐만 아니라 국내 공산당계 인사에게까지 번지고 있었다.[104] 그러나 국내 좌파에 의한 이런 협조요청은 우파의 거절로 인하여 좌절되었다. 그러면 국내 우파 세력은 왜 좌파와의 협조를 거절했는가? 그것은 단지 다른 나라에서도 볼 수 있는 좌우의 사상 대립 탓이었을까?

이 문제에 관해 거절당한 여운형 측 입장에서 쓴 회고록[105]에서는 송진우가 여운형의 협력 요청을 거부한 이유로 건준 내에서의 주도권, 임정 지지, 김성수와의 관계, 그리고 건준 내 공산주의자의 존재 등 큰 틀로서 좌우의 주도권 다툼에 있었다고 말한다. 그러나 거절한 송진우 측의 회고에서는 그 거절 이유가 단순한 좌우의 주도권 다툼에 있는 것이 아니라 다른 데에 있었음을 밝히고 있다. 그것은 친일 문제였다.

송진우 평전에 의하면[106] 일본총독부 요청을 받아서 치안 유지에 나선 여운형에

103) 金學俊, op. cit., 301~303쪽; 呂運弘, op. cit., 147쪽.
104) "八月十五日 組織經過 報告書"는 공산당원 정백이 동아일보파 송신우와의 협력의 필요성으로부터 김준연과 접촉했음을 전하고 있다. 한림대학교 아시아문화연구소, 『朝鮮共産黨文件資料集』(한림대학교출판부, 1993), 7쪽.
105) 呂運弘, op. cit., 146~147쪽.

대해서 송진우는 "페탱이 되어서야, 라우렐이 되다니"라고 비웃었다고 한다. 페탱, 라우렐은 나치스 독일과 대일협력자로서 각각 프랑스, 필리핀에서 민족반역자라는 누명을 쓴 사람들이었다. 즉 송진우의 협조 거부의 배경에는 일본총독부로부터의 치안유지 요청을 받아들여 그 연장선상에서 세력을 확대해 나가려고 한 건준에 대한 협력은 친일파로서의 낙인을 찍히는 매우 위험한 모험이라는 인식이 깔려 있었다. 실제 송진우 역시 14일 밤 총독부에서 해방 후의 협력요청을 받았었다. 그러나 그는 "독립을 준다고 해도 결코 나서서는 안 된다. 그 때가 가장 우리에게 위험할 때다"[107] 라고 하여 여운형과 달리 거부했었다.

즉 송진우에게는 여운형의 협력요청 수락이 일본과의 협력수락과 같은 의미를 지녔던 것이었다. 다시 말하면 해방 직후의 상황 속에서 우파가 가장 두려워했던 것은 좌파가 아니라 자신들의 친일성을 부각시키는 일이었던 것이다.

그러면 역으로 여운형은 왜 송진우 등 국내 우파가 두려워한 일본총독부에 대한 협력을 수락하는 것뿐만 아니라 정치적인 입장까지 달리하는 우파 세력과의 협조를 모색했는가? 물론 일본총독부의 요청 수락이 가능했던 배경에는 해방 전의 건국동맹의 조직화 등에 상징되듯이 일제에 대한 저항 실적으로 인해 친일성을 두려워해야 할 입장이 아니었던 것이 작용한 것은 틀림없을 것이다. 그러나 그것만으로는 우파와의 협조를 모색해야 할 이유가 되지 않는다. 결국 정치적인 입장을 달리 하는 국내 우파와의 협조를 좌파가 일찌감치 모색하려 한 이유는 바로 그들이 같은 '국내파'라는 데 있었다.

사실 송진우와의 협력을 모색했던 여운형은 "어째서 꼭 해외에 있는 사람들과 정권을 받아야 하오"[108]라고 토로하며 해외파에 대한 경계심을 나타내고 있다. 또 여운형은 "해외 인사라고 해도 별로 문제될 만한 사람은 없소"[109]라고 말해 해외파에 대한 경멸의 눈빛을 숨기지 않았다. 즉 임정 창설에 관여하면서도 그 활동에 당초부터

---

106) 金學俊, op.cit., 302쪽.
107) ibid., 287쪽.
108) ibid., 305쪽.
109) ibid.

적극적이지 않았던 여운형에게[110] 해외파는 사실상 정권을 같이 잡을 만한 자격이 있는 존재로 비치지 않았다. 즉 적어도 해방 직후 여운형이 두려워한 것은 우파라기보다 사실상 해외에서 '도피' 생활을 하면서도 머지않아 예상될 귀국 후에 해외파가 법통을 내세움으로써 국내 정치의 주도권을 장악하려는 것이었다고 볼 수 있다. 그를 위하여 여운형은 사실상 친일성이 강했던 국내 우파 세력과의 협조까지 모색해야 했던 것이다.

그리고 해외파에 대한 그런 부정적 시각은 단지 여운형 개인의 경력 탓으로만 생긴 것이 아니었다. 이미 앞서 소개한 "신조선 건설의 대도(大道): 민족통일전선을 염원, 각 정당 수뇌간담회"의 석상 공산당의 이현상 역시 "(독립으로의) 공헌과 노력이라는 것을 볼 때 그것은 중경뿐 아니라 연안·만주 소련 그리고 국내에도 상당히 큰 공헌을 하신 분들이 계십니다 [……] 가장 피를 흘린 것은 만주에서입니다. 조선에서입니다"라고 말하여[111] 좌파 세력에 대한 옹호뿐만 아니라 동시에 국내파의 입장을 대변하고 있다. 즉 국내 좌파 세력에게는 집권의 권위는 해외파보다 오히려 자신들이 가지고 있다고 생각한 것이었다.

물론 이미 앞에서도 논했다시피 김구 세력이 독립 쟁취라는 위업에 대해 그들이 한 일이 크지 않았음은 틀림없다. 그러나 그것은 국내파 역시 마찬가지였다. 더구나 당시 그 정책의도에서 임정을 부인한 미군정조차 "임시정부는 미국에 의하여 인정받지 않고 있으나 한국인의 마음에서는 준 합법적 지위(quasi-legal status)에 있으며……"[112]라고 말하여 그 영향력을 인정하는 존재였다. 따라서 이런 국내 좌파의 사고에는 전 항에서 확인한 해외파가 안고 있었던 같은 오만을 볼 수 있다.

아무튼 송진우와의 협력에 좌절하자 여운형은 그때서야 처음으로 좌파적 성향에

---

110) 1929년, 30년 무렵의 일제(日帝)에 의한 경찰 신문조서에는 여운형의 임정에 대한 소극적인 자세를 나타내는 진술이 곳곳에서 나온다. 예컨대 그는 민족운동의 추진이라는 측면에서 당초부터 임정 조직에 대해 내심 반대였다고 진술하고 있다. 夢陽 呂運亨先生全集發刊委員 編, op. cit., 472~473쪽. 물론 일제에 의한 경찰 신문조서이므로 내용 그대로를 받아들이기는 어려운 측면이 있으나 여운형 자신이 인공의 창건 등 임정을 부정하는 행동에 나선 것을 보면 위의 조서에 나오는 여운형의 임정에 대한 소극적인 견해에는 신빙성이 어느 정도 있다고 판단할 수 있을 것이다.
111) ibid., 227쪽.
112) "G2 periodic report", no.75(1945.11.24), 『美軍政情報報告書』 통권 제1권, 328쪽.

따라 우파 배제에 나서게 되었다. 그의 동생 여운홍에 의하면 그는 건준에 우파를 대거 가세시키려고 한 안재홍의 활동을 방해함으로써[113] 안재홍으로 하여금 9월 1일 건준을 떠나게 만들었다.[114] 그 후 건준은 급속히 좌파색이 짙어져 갔다. 그 사실은 실제 9월 6일의 인공 창설시 그 중앙인민위원 55명 중 39명이 공산당원이었다는 것[115]을 봐도 알 만하다. 여운홍의 말대로[116] 인공은 공산당의 책략에 의해 수립된 존재에 불과했다.[117] 따라서 10월 1일 인공을 붉다고 하는 사람도 있다는 어떤 기자의 질문에 대해서 "소학교 1년생과 같은 사람"이라고 잘라버린 여운형의 발언[118]은 인공의 실질을 호도해야만 하는 상황으로까지 밀렸음을 의미했다. 또 인공 내에서의 박헌영계 공산 세력 지배의 실태는 공산당 내 비주류파의 고발도 입증하고 있다.[119]

즉 국내 우파와의 협조 좌절은 좌파 내부의 주도권 다툼에서 극좌 세력의 대두를 초래하여 ㄱ 후 좌우의 대립과 함께 좌파 내부에서의 대립을 격화시킬 복잡한 양상을 만들었던 것이었다.

● '권위 없는 다수자'의 귀결

극좌로 기울어진 인공의 탄생은 이후 최대의 적이 될 국내 최대의 우파 세력인 한민당 창당을 촉구하게 했다. 이 창당에 관해 한민당의 주요 인사의 한 사람이던 조병옥은 "한국민주당의 첫 사업은 해방 직후 재빠르게 결성한 건국준비위원회와 동년 9월 6일에 좌익분자들을 중심으로 조직한 소위 조선인민공화국을 거세하

---

113) 예컨대 신규 가입한 우파의 확대위원회에서의 발언권을 주는 것을 거부했다고 한다. 呂運弘, op.cit., 150쪽.
114) 안재홍은 건준 부위원장의 사임 표명 가운데 임정과 건준이 대립하는 것이 아님을 강조하고 있는 것을 보면 창설 당시 건준과 인공의 단절을 느끼게 하는 대목이다. 『資料 大韓民國史 1』, 79~80쪽.
115) R.A.스칼라피노 & 이정식, op.cit., 314쪽에서 재인용.
116) 呂運弘, op.cit., 153쪽.
117) 이 점은 인공의 마스터플랜을 썼던 사람이 박헌영이었다는 사실에도 엿볼 수 있다. 이 사실은 이정식 자신이 그 관계자이던 이동화와의 인터뷰에서 확인했다고 한다. R.A.스칼라피노 & 이정식, op.cit., 323쪽.
118) 『資料 大韓民國史 1』, 177쪽.
119) "민족의 모든 역량을 총집중할 수 있는 민족통일전선인 건국준비위원회(당시 민족좌파도 이를 거부치 못하였다)를 기계적으로 인민위원회로 전환시켰으며 또 하루 일야간에 인민공화국을 만들고 조각에 있어서 좌익적 편향을 범해서 일반에게 공산주의정권의 인상을 주어 중립은 물론 우리의 동정자까지 우익진영으로 달음질치게 하였다"(한림대학교 아시아문화연구소, op.cit., 193쪽).

는"[120] 것이었다고 솔직하게 증언하고 있다. 그를 위해서는 "친일파로 지목받던 사람들"까지 끌어들이는[121] 경솔함도 마다하지 않았다. 그러나 더 중요한 것은 그 한민당의 뒤에는 미군정이 있었다는 점이었다.

미군정은 진주 직후의 보고서[122] 속에서 인공에 대해 "여운형의 지도 아래 대일협력자에 의하여 조직", "총독부는 꽤 많은 금전적 지원(약 2000만 엔이라고 주장됨)" 등의 인식을 드러내고 있다. 동 문서에는 이런 인식을 형성한 정보의 출처가 누구였는지에 대한 언급은 없으나 송진우가 여운형과의 협력을 피한 이유, 그리고 진주 당시 미군정 측의 여운형에 대한 불신[123]을 생각할 때 다음 항에서도 논하듯이 이미 소위 '통역정치'에 의한 한민당의 대 미군정 공작의 영향을 느끼지 않을 수가 없다. 사실 이런 '인공＝친일'이라는 딱지붙이기는 9월 8일의 한민당 발기인의 견준, 인공에 대한 "총독부 정무총감으로부터 치안유지에 대한 협력 의뢰"[124]를 받았다는 성토와 일치하는 것이기도 하다.

또 그와 함께 주목해야 할 것은 미군정이 14일의 보고서에서[125] 이미 "오늘까지 구한(consult) 모든 정보 제공자는 여운형의 당이 강한 공산주의적 경향에 있음을 입증했다"고 전하고 있는 점이다. 즉 미군정의 대 인공 인식은 '대일협력자에 의하여 조식'과 더불어 공산주의 집단으로 확장된 것이었다. 동 문서에는 그 인식 확장에 작용한 정보 제공자가 누구인지에 관한 자세한 기술 역시 없다. 그러나 미군정으로 하여금 인공에 대해서 갖게 한 그런 친일이나 용공의 인식확산이 결과적으로는 인공을 남한의 정치무대에서 사라지게 한 강력한 요인이 되었음은 의심의 여지가 없을 것이다.

그런 미군정에 의한 인공 부정의 인식이 확산해 나가는 추세에 역행하듯이 여운형은 10월 5일 미군정 아놀드(Archibald V. Anold) 장관의 미군정 고문직 취임 요청에

---

120) 趙炳玉, op.cit., 144쪽.
121) 許政, op.cit.(1979), 102쪽.
122) "G2 Periodic Report", no.2(1945.9.12), 『美軍政情報告書』 통권 제1권, 17쪽.
123) 여운형 자신이 처음으로 면회한 하지에게서 "당신이 일본사람의 돈을 먹었다는 보고를 받았어요"라는 소리를 들었다고 한다. 呂運弘, op.cit., 174쪽.
124) 『資料 大韓民國史 1』, 60쪽.
125) "G2 Periodic Report", no.4(1945.9.14), 『美軍政情報告書』 통권 제1권, 33쪽.

대해서 "내가 인민공화국을 세웠으니 그대가 나의 고문으로 되어야 옳은 것이지 내가 그대의 고문으로 된다는 것은 사리에 어긋나는 처사일 것이다"[126]라고 허세를 부렸다. 그러나 그런 허세가 현실 정치의 역학 앞에 아무 도움이 되지 못했음은 10월 10일의 미군정에 의한 인공 부정성명[127]이 입증했다.

즉 "조선인민의 총의"[128]에 기초해서 탄생했다는 인공의 창설은 그 주장이 상징하듯이 국내 다수자의 힘을 과신해서 기도된 것이었다. 그러나 졸속의 감이 짙은 건준 창설로 인해 이미 우파 세력과의 협력좌절[129]을 맞이하게 된 조건하에서 그것이 국가를 자칭한 이상 남한에서 현실적으로 유일하게 국가의 힘을 가진 미군정이 이를 좌시할 리도 없었다. 다수자임에 대한 그들의 과신은 점점 고립을 자초한 셈이었다. 그러나 좌파의 고립은 오직 그것만이 아니었다.

인공 창설에서 보이는 국내 좌파의 독주는 또 하나의 대립을 일으키지 않을 수가 없었다. 그것은 해외파 특히 김구 세력과의 단절이었다. 이 논리는 너무나 알기 쉽다. 인공이 사실상 국가행세를 하려고 한 이상 유일한 법통을 가진 정당정부임을 자부하던 김구 세력에게 국내 좌파는 정치적 배신자 외에는 아무것도 아니었다. 이 감정적 대립의 깊이는 여운형에 대한 인격적 반발에서도 엿볼 수 있다. 여운홍이 전한 홍미로운 에피소드 속에는 임정 귀국시 김구를 보러 그 거처인 경교장에 간 여운형에 대해서 "여운형은 불법 침입했기 때문에 나가라"고 해서 밖으로 퇴출시켜 신체검사를 받은 후에야 다시 집안에 들어갈 수 있게 했다는 이야기가 소개되고 있다.[130] 이 원인이 임정 측의 "임시정부를 지지하지 않고 별도로 인민공화국을 만들었음에 대한 불만"[131]이었음은 여운홍의 증언을 기다릴 필요도 없을 것이다. 그 후 개인적으로 여운형이 김구를 찾는 일은 없었다고 한다. 다수자라는 과신은 결국 불가피하게 또 하나의

---

126) 呂運弘, op.cit., 173쪽.
127) 『資料 大韓民國史 1』, 226~227쪽.
128) ibid., 230쪽.
129) 홍미로운 것은 이인의 증언에서는 8월 17일 한때 민족진영의 결집체를 만들기 위하여 건준을 해산하는 것에 대해서 여운형은 동의각서를 냈다고 한다. 그러나 그것은 앞으로의 자기주도권을 장악하기 위한 기만책으로 간주됨에 따라 한민당 측의 반발을 한층 더 사는 결과가 되었다고 한다. 李仁, op.cit., 361~362쪽.
130) 呂運弘, op.cit., 195쪽.
131) ibid., 196쪽.

대립을 일으킨 것이었다.

결국 해방된 지 몇 개월도 안 되는 사이에 좌파는 국내 우파(물론 이승만도 포함), 김구 세력, 그리고 미군정이라는 해방 후 정국의 주역들과 모두 대립 상황에 빠지고 말았다. 이런 고립은 점점 좌파 세력 속에서 소련과 연결된 박헌영계 공산 세력의 입김을 늘리는 데 유리한 환경을 마련한 결과가 되었음은 틀림이 없을 것이다.

11월 여운형은 좌파의 공산당 색을 막는 의미에서 온건좌파당인 조선인민당을 창당했다. 그러나 이 시도는 "공산분자들이 점점 더 침투하여 [······] 극좌분자들은 형님(＝여운형)의 의사와 어그러지는 담화를 제멋대로 발표하였을 뿐 아니라 그들은 때로 좌경적인 행동까지 서슴지 않았다"[132]는 상황에 빠져 사실상 좌절되고 말았다. 다음 해 5월에는 당 창설자의 하나인 여운홍이 탈당하여 사회민주당 창설, 그리고 10월에는 당수인 여운형까지가 근로인민당을 새로 만들어야 하는 상황이었다. 좌파 내에서의 여운형의 영향력 쇠퇴는 당연히 공산당 세력, 특히 박헌영 세력 대두와 표리 일체의 일이었다.

그런 박헌영계 공산 세력의 영향력 증대가 가져다 준 국내 좌파의 최대의 실수가 내부에서도 격한 비판을 받은 신탁통치에 대해 하루아침에 태도 변화를 보인 것이었음은 주지의 사실이다. 공산당 내부문서는 이에 대해 다음과 같이 비판하고 있다. "3일의 경성시 인민위원회 주최의 데모에서 아무런 예고도 없이 '3상회의 절대지지'를 돌연히 내걸어서 [······] 이렇게 함으로써 좌익은 대중에 대한 무책임한 표변적 배신자로서 자기를 폭로하고 말았다".[133]

하지만 이보다 더 주목해야 할 것은 비록 갑작스러운 변화라 할지라도 결과가 찬탁으로 된 만큼 스스로 신탁을 제안하여 그리고 그에 관해서 3국 외상회의에서 합의한 미국으로서는 국내 최대의 정치 세력인 좌파의 찬탁으로의 전환은 원래 환영할 만한 일이어야 했다는 점이다. 그러나 역설적으로나 좌파의 그런 결과적인 미국과의 '동조'는 오히려 미국에 좌파 제거의 빌미를 주었다. 문제는 의사 변경의 결과가 아니라

---

132) ibid., 187쪽.
133) 한림대학교 아시아문화연구소, op.cit., 78쪽.

의사결정에 작용한 힘이었다.

즉 반탁으로부터 찬탁으로의 갑작스러운 변화에는 조선공산당 북한분국, 말하자면 소련의 지시가 있었다.[134] 후일 미군정은 4월 23일자 주간 보고서에서 그 사실을 1946년 1월 3일자의 구체적인 지령문서와 함께 전하고 있다.[135] 그러나 미군정 보고서를 읽는 한 당초부터 미 측은 좌파와 소련의 연관에 주목한 것이 아닌 것 같다. 예를 들어 1945년 10월 18일의 리포트에서 미군정은 공산당, 인민당 등 좌파에 대해서 그 조직으로서의 정보를 장악하는 것을 미군정의 관건으로 삼았으나 외부와의 관계에는 거의 주목하지 않고 있다.[136] 그러나 그 두 달 후인 12월 초에는 공산당과 외부 당국, 즉 소련과 북한과의 관계에 관한 정보 수집을 미군정에 의한 행정 성공의 첫 번째 관건으로 삼았다.[137] 다시 말하면 미군정의 좌파에 대한 시각은 그 '좌파성' 자체로부터 좌파와 소련과의 관계로 옮겨가고 있었던 것이었다. 바로 그런 무렵에 탁치 문제에 관한 좌파의 극적인 태도변화가 겹친 것이었다.

이런 좌파의 하루아침의 태도 변경은 미군정으로 하여금 인공 소멸 후 사실상 유일한 좌파결집체가 된 민주주의민족전선을 다음과 같이 인식시켰다. "요즘의 한국 정치는 두 진영에 갈라서고 있다. 그들을 우파·좌파로 뭉뚱그려(loosely) 언급하는 경향이 있으나 이것은 다 정확한 것이 아니다 [……] 혹시 우리가 이 두 진영에 시사적(descriptive) 타이틀을 붙인다면 그들을 친한파와 친소파로 부르는 것이 보다 나을 것이다".[138] 즉 미군정에게 좌파는 이미 단지 좌파라는 것이 아니라 소련의 꼭두각시로 인식된 것이었다.[139] 미군정의 틀 속에 머무르는 좌파, 그것은 사상의 자유를 포함

---

134) 임경석이 수집한 자료에 의하면 북한 고위관리 서용규는 소련 민정사령관 로마넨코(Andrei A. Romanenko)가 45년 12월 31일 신탁통치를 주장하는 미국과의 절충안으로서 5년간 후견제를 실시하기로 했음을 박헌영에게 전했음을 증언하고 있다. 임경석, 『이정 박헌영 일대기』(역사비평사, 2004), 260쪽. 로마넨코는 신탁통치와 후견제는 다르다고 말하고 있으나 모스크바 3국외상회의의 결정 지지를 지령한 것이라는 의미에서는 똑같다.
135) "G2 Weekly Summary", no.32(1946.4.23), 『美軍政情報報告書』 통권 제11권, 528~529쪽.
136) "G2 Periodic Report", no.40(1945.10.20), 『美軍政情報報告書』 통권 제1권, 169~170쪽. 거기서는 13개의 질문 중 12번째에 유일하게 북한 공산당과의 관계의 유무를 물었던 것뿐이다.
137) "G2 Periodic Report", no.86(1945.12.5), ibid., 377~378쪽.
138) "G2 weekly summary", no.23(1946.2.19), 『美軍政情報報告書』 통권 제11권, 306쪽.
139) 이 인상을 준 데 대해서는 박헌영이 한 몫을 한 것 같다. 미군정이 미군정 한국인고문단을 결성시 박헌영은 그 결성에 대해서 소련이 어떻게 생각하는가라는 문의만 거듭했으나 한국인이 어떻게 생각하는

한 자유민주주의를 표방하는 미국에게는 어떤 의미에서는 환영할 만한 존재였다. 그러나 좌파가 그런 미국의 틀을 넘어서 또 하나의 압도적 힘인 소련의 대변자가 될 때 이미 남한에서 그 존재가 허용될 리가 없었다.

1946년 2월 23일 미군정은 법령 55호 정당등록법을 발령하여 정치활동을 행하는 집단의 관리에 나섰다. 또 5월 4일에는 법령 72호로 인하여 군정에 반하는 정치활동을 규제했다.[140] 남한 정치사회의 질서유지를 내세운 이들 조치가 이후 좌파 탄압의 법적 근거가 되었음은 뻔한 일이었다. 사실 이런 법적 조치를 기다렸듯이 5월 12일에 발각된 위조지폐단 사건은 이관술 등 공산당 간부의 혐의로 이어지고 실질적으로 공산 세력을 제거하는 단서가 되었다. 9월 6일에는 박헌영에 대한 체포령이 떨어지며 그는 10월 월북하여[141] 남한 정치의 표면으로부터 사라지게 된다.

그러나 실질적인 단압과 좌파활동의 형식적 허가라는 이중성은 여전히 계속되었다. 예컨대 10월의 대구 폭동 같은 큰 물리적 저항이 생긴 후에도 11월 23일의 남조선 노동당 결성 방임에 보이듯이 좌파의 형식만은 허용되었다. 아마 그 이유는 적어도 46년까지의 미국의 정책은 한반도의 문제 처리에 관한 대소 협조의 가능성 위에 펼쳐져 있었기 때문이라고 추측된다. 사실 이런 46년까지의 미군정의 정책을 공산 세력 제거를 이미 초미의 과제로 생각했던 이승만은 "유화정책"[142]으로 평가절하하고 있다.

그러나 어차피 미국의 손아귀 위의 존재에 불과했던 극좌는 1947년의 미 본국의 정책이 대소 강경노선으로 변경되자 그 정치적 생명은 끝나게 되었다. 7월 17일 마셜 (George C. Marshall) 국무장관은 미소공동위원회의 정체상태에 대해서 미국 측에는 새로운 계획은 없다고 그 의사를 표명,[143] 사실상 대소 협조의 포기를 천명했다. 이에 따라 제2차 미소공동위는 빛을 보는 일이 없이 실패로 돌아갔다. 미소공동위의

가라는 지적은 전혀 하지 않았다는 보고를 하고 있다. ibid.

140) 구체적으로는 72호는 군성에 의한 해산, 불법 지정 단체의 활동 및 그 지지를 범죄로 규정한 것이므로 노골적인 탄압법이었음은 분명하다.

141) 임경석, op.cit., 381쪽.

142) 『資料 大韓民國史 4』, 264쪽.

143) 『資料 大韓民國史 5』, 83쪽.

결렬을 맞이해서 8월 12일 수도경찰청은 국내 좌파 세력 일대 검거에 나섰다.[144] 이때 벌어진 좌파 단속의 철저함에 대해서는 미군정의 정책을 좌파 유화정책으로 신랄하게 비판해 온 이승만이 "최근에 좌익계 극렬분자를 검거한 것으로 말하면 하지 중장이 2년 동안 행정상에 처음으로 정당한 수완을 시(施)함이니"[145]라고 평가하고 있다.

이렇게 하여 공산당으로부터 남노동당으로 흘러간 한국의 극좌 세력은 소련의 꼭두각시 노릇을 함으로써 '좌파=매국 세력'이라는 딱지만 남기고 남한의 정치무대에서 사라졌다. 하지만 그들은 단지 사라진 것만이 아니었다. 보다 중요한 것은 그들의 외세지향적 자세는 원래 친일 외세 세력이며 그 탓에 통치에 필요한 권위를 상실한 국내 우파 세력에게 반공=독립 세력이라는 새로운 애국적 '공'을 줌으로써 항일에 대신하는 권위의 원천을 제공하는 역설을 낳았다는 점이었다.

한편 여운형은 그런 박헌영계 공산 세력과 마지막까지 걸음을 같이 한 것이 아니었나. 인공의 사실상의 해체를 맞아 그는 1946년 2월 민주주의민족전선에 참가했으나 좌우합작 방침을 위해서 미군정 버취(Leonard Bertsch)에 의한 여운형 '끌어들이기' 공작도 있어[146] 일단 미국과의 협조노선을 걷게 되었다. 6월 30일에는 하지의 지지선언으로 인해 본격화된 좌우합작에 좌파 대표로 참가했다. 7월 27일 좌우합작에 대한 공산당 주도의 좌파 5원칙이 나오자 그 속에 있던 "남한의 정권을 즉시 군정으로부터 인민위원회에 이양"이라는 무모한 요구에 실망, 8월 13일 민주주의민족전선을 이탈했다. 물론 이 태도 변화는 온건좌파 노선에 나름대로 정치생명을 걸려고 한 흔적이라고 일단 볼 수 있다. 하지만 이 좌파와의 결별은 당연한 결과로서 좌파로부터 증오심이 어린 불신을 일으켰다. 좌파는 여운형을 "개인 영웅주의적 사상이 풍부한 사람인 까닭에 개인의 이해감에서 정치태도상 동요가 극심한 것이 그의 역사에 있어서 일관적이었다"[147]고 잘라 말하고 있다.

그러나 그런 좌파와의 결별을 통해서 얻어진 미국과의 협조노선을 그는 끝까지

---

144) ibid., 213쪽.
145) ibid., 294쪽.
146) B. 커밍스, op.cit., 329쪽. 또 여운홍에 의하면 버취는 여운형을 한국 지도자 중 가장 높이 평가했다고 전하고 있다. 呂運弘, op.cit., 214~215쪽.
147) "여운형씨에 관하야", 한림대학교 아시아문화연구소, op.cit., 228쪽.

지키려고 하지 않았다. 과도정부를 창설하기 위한 입법기관으로서 미군정 주도하에 설립된 입법기관 관선의 지위를 그는 민선선거의 부정을 둘러싼 미군정의 대응에 대한 불만을 이유로[148] 포기하고 말았다. 12월 4일에는 자기비판을 표명하여 지도적 지위로부터의 사퇴를 표명, 사실상 좌우합작위원회에서의 탈퇴를 선언했다.[149] 여운형의 이러한 태도변화에 대한 믿을 만한 자료적 근거는 보이지 않는다. 그러나 가령 그 이유가 본인이 표명했듯이 민선선거의 부정에 대한 순수한 비판에 있었다고 할지라도 재선거의 여부도 가려지지 않은 단계에서 사퇴한 것은 지도자로서는 비판을 면하기 어려운 일이었다. 여운형은 결국 김규식처럼 마지막까지 좌우합작에 그 정치생명을 걸려고도 하지 않았던 것이었다.

이렇게 하여 여운형은 같은 국내파인 한민당과의 대립, 국가 건설의 주도권 장악 기도로 인한 김구 세력과의 불신, 좌파로부터 받은 경멸, 그리고 마지막으로 대미협조의 포기로 인한 합작파와의 단절을 맞이해서 사면초가의 고립 상태에 빠져들었다. 그런 그는 1947년 본격화된 미소 대립구도 속에서 사실상 아무런 의미 있는 정치적 역할을 하지 못한 채 이미 세력이 약해진 근로인민당 당수로서 끝내 목숨까지 잃고 만다. 여운형 역시 국내의 통합을 이루어 낼 수 있는 존재가 아니었던 것이다.

물론 그런 여운형에게 "익(翼)의 좌우를 거르지 않았을 뿐 아니라 어느 한쪽에만 치우치지도 않았다. 그는 오르지 민족만을 사랑한 철저한 민족주의자였다"[150]라는 긍정적 시각도 있다. 그러나 중요한 것은 그런 '치우치지도 않는' 입장은 개인의 권위가 다른 정파지도자들을 압도적으로 능가할 경우에만 유효하다는 것을 잊지 말아야 한다는 점이다. 그만한 '권위 없는 중립'은 단지 '줏대 없는 철새'로 비치기 마련이다. 사실 여운형에게 돌린 눈길은 좌우 어느 측을 가리지 않고 결코 달가운 것이 아니었다. 우파인 한민당은 그를 다음과 같이 비판하고 있다. "소위 대동아전쟁에 협력할 것과 황국신민이 되겠다고 맹세한 것을 기억하고 있습니까?"[151]

---

148) 呂運弘, op.cit., 220쪽.
149) 『資料 大韓民國史 3』, 982~983쪽.
150) 송건호, "추천의 글: 합작과 통일의 민족주의자 몽양 여운형을 기억하여", 정병준, 『몽양 여운형』(한울, 1995), 6쪽.
151) 趙炳玉, op.cit., 173쪽.

한편 좌파 역시 몇 가지 친일 전력을 지적한 후 그를 "친일분자의 소멸을 당면적 정치투쟁 구호로 우리로서는 아름답지 못한 여씨의 명단을 신정권 지도인물로 제출하게 된다면 그는 반동진영에 구실만 줄 뿐 아니라 친일분자 소멸투쟁에 불리한 영향을 급할 것은 명약관화한 일"[152]이라고 깎아내렸다. 이것이 '익의 좌우'를 가르지 않는 그에게 좌우 양 진영에서 돌려진 차가운 눈길의 현실이었다. 그들 비판의 사실 여부를 떠나 그들 비판이 가리키는 것은 해방 후의 남한 정치에 있어서 여운형 역시 결코 그 항일의 실적으로 인해 갈라선 다른 정파들을 그의 지도하에 뭉치게 할 만한 지위에 있지 않았다는 것이었다.

결국 그런 항일 없는 그가 집권을 위하여 내세울 수 있었던 대의, 그것은 이 항 벽두에서 말한 '다수자'임밖에 없었다. 전 군대국가로부터 외세 지배로 인한 왜곡된 사회경제구조, 그 오래된 모순의 축적이 남긴 것은 틀림이 없이 국내에서의 압도적 나수의 빈곤층이었다. 좌파는 그 사상적 본성 탓으로 당연히 그런 빈곤층에 침입하려고 했으며 일정한 세력을 가지는 데 성공했음은 그 후 계속된 좌파소탕이라는 수많은 물리적 탄압의 비극들이 역설적으로 입증하고 있다. 물론 그런 '다수자'가 국내에서의 튼튼한 좌파 사상의 정착 위에 자리 잡았다고 쉽게 판단하는 것은 너무나 졸속한 일일 것이다.

그러나 당시의 사회·경제 구조가 그 가능성으로서 압도적 다수를 좌파로 밀고나가려고 하는 자장(磁場)을 형성했음은 역사적으로도 논리적으로도 분명하다. 예를 들어 1947년 3월 시점에서 미군정 보고서는 '반탁', '즉시 독립(independence now)'과 같은 프레이즈를 내건 우파는 '무상 토지배분(free land)', '자유시장', '일반참정권', '40시간 노동', '남녀평등' 등을 내건 좌파에 대해서 그 힘을 상실하고 있다는 소식을 전한 후 "혹시 총선거(general election)가 현재 실시되면 상징적 공산당 지도자인 박헌영이 대통령으로 선출될지도 모른다"는 일부 관측까지 소개하면서 그 위기의식을 드러내고 있다.[153]

---

152) "여운형씨에 관하야", 한림대학교 아시아문화연구소, op. cit., 228쪽.
153) "G2 Periodic Report", no. 485(1947.3.21), 『美軍政情報報告書』 통권 제3권, 616쪽.

지도자로서 그런 다수의 이해를 대변하려고 한 것은 어찌 보면 당연한 것이었다. 그러나 중요한 것은 이미 강조했다시피 신 국가 건설을 지상명제로 하던 당시 남한 사회가 필요로 한 것은 단순한 '다수자'가 아니라 오히려 '소수'였다는 점이다. 암울한 외세 지배로부터 빛을 되찾게 해준 뚜렷한 항일의 주체, 바로 그것이 국민통합을 위해 당시 한국이 갈망하던 요건이었다.

그런 권위 없는 다수자가 집권을 위하여 내세워야 했던 논리, 그것은 바로 극좌에 상징되는 소련과의 연계를 통한 힘의 논리 또는 여운형으로 상징되는 '줏대 없는 철새' 행각이었다. 그러나 전자가 내세운 단순한 힘의 논리는 보다 강력한 미군정과 남한 보수 세력들 앞에 무릎을 꿇을 수밖에 없었으며 또한 후자의 방법을 기다리고 있었던 것은 다른 유력한 정파들로부터 받게 된 경멸의 눈길이었다.

즉 극좌, 온건을 막론하고 좌파 역시 남한 사회에서는 국민통합의 힘이 될 논리성을 내포하지 않고 있었던 것이다.

4) 한국 민주당: 힘에 의한 '권위의 갈아 치우기'

● 친일전력과 그 전략

이미 언급했듯이 미군정이 "국내 정치집단 속에서 최 보수파"로 평가한 한민당은 김성수가 이끄는 호남 재벌을 기반으로 해외유학파, 동아일보를 중심으로 한 언론인, 보성전문학교를 중심으로 한 교육인, 그리고 경성방직에 상징되는 기업가, 그리고 크고 작은 지주 등이 결집한 국내 최대의 우파 세력이었다.[154]

일제통치하 민족자본의 형성이 극히 억제되고 교육을 받는 기회조차 여의치 않았던 국내에서 거의 유일한 민족자본의 영수 호남재벌을 발판으로 한 자금력과 "한국 사회의 지식층을 대표하는 거의 모든 지명인사들이 망라"[155]된 인재집단인 한민당은 남한의 통치 주체가 소련이 아니라 미국이 된 이상 원래 가장 권력 장악에 가까운 존재였다고 볼 수 있다. 물론 해방 후 정국에서 이 집단은 커다란 영향을 주었으나

---

154) 한민당의 구체적인 인물구성에 관해서는 沈之淵, op.cit.(1984), 1부 "한국민주당의 구조분석" 참고.
155) 仁村紀念會, op.cit., 478쪽.

적어도 선두에 서려는 탐은 내지 않았다. 한민당 결성의 주요 인사이던 허정은 한민당 결성에 있어서 같은 중심 멤버인 장덕수와 "집권을 목적으로 해서는 안 되며"[156]라고 기약했다고 하나 정확하게 말한다면 기약 못했다고 함이 옳을 것이다. 그러면 왜 한민당은 권력의 장악을 일차적인 목적으로 삼지 않았을까? 그것은 허정이 말한 대로 "일부 계층이나, 파벌을 대표해서는 안 된다"[157]라는 숭고한 동기로부터 나온 처신이었을까? 그렇지 않았음은 무엇보다 이 세력이 그 후 취한 여러 대응들이 여실히 말하고 있다.

이 집단이 집권하고 싶어도 못했던 이유, 그것은 역설적이나 바로 이 집단이 '최대의 우파'였다는 사실에 기인한다. 즉 그것 역시 친일 문제였다.[158] 철저한 일제통치하에서 한국 사회에서 출중한 존재는 그 가치로 인해 강한 친일성을 띠지 않을 수가 없었다. 실제 미군정도 "그들(=한국인들)의 증오 대상 중 몇 명은 이 당 멤버에 돌려(directed) 있나"[159]고 보고하고 있으며 또 조병옥 역시 자기 스스로의 친일 행적을 간접적으로나마 인정할 정도다.[160] 일제통치하에서 국내에서의 부의 축적은 그 동기가 어떻든 간에 현실적으로 일제와의 일체화 없이 불가능한 것이었음은 바로 한민당의 영수이던 김성수와 그 일가의 역사가 입증하고 있다.[161] 그만큼 당시 한반도에서 걸출한 존재는 빈곤층이 압도적 대부분이던 국내에서 그 친일성에 대한 원한을 사지 않을 수가 없었던 것이었다. 말 바꾸면 이 세력이 가지게 된 실질적 힘은 해방 후 정국에서 가장 기본이 되어야 했던 항일이라는 권위의 대극에 위치한 대가로서 얻은 것이었다.

따라서 해방 후 집권에 필요한 항일 실적에서 가장 먼 존재로 된 이 세력이 살아남

---

156) 許政, op.cit.(1979), 95쪽.
157) ibid.
158) 한민당의 친일적 성격에 기인하는 정치활동에 관해서는 木村幹, 『韓国における権威主義的体制の成立: 李承晩政権の崩壊まで』(ミネルヴァ書房, 2003)가 특필할 만하다.
159) "G2 weekly summary", no.11(1945.11.27), 『美軍政情報報告書』 통권 제11권, 156쪽.
160) 趙炳玉, op.cit., 174쪽. 그러나 그런 스스로의 친일전력의 고백은 자성을 위한 것이 아니라 여운형, 김규식 등의 친일 행동의 추궁과정에서 나온 자기변호를 위한 것이었음은 말해 둘 필요가 있을 것이다.
161) 이에 관해서는 C.J.エッカート, 小谷まさ代 訳, 『日本帝国の申し子 高敞の金一族と韓国資本主義の植民地起源1876~1945』(草思社, 2004(1991))를 참조.

기 위해서는 논리적으로 두 가지 방법밖에 없었다. 그것은 항일의 권위를 내세운 다른 세력으로부터 그것을 빌려 받는 것, 또는 힘에 의하여 아예 다른 권위를 '날조'하는 것이었다. 한민당 결성 이전인 9월 4일 김성수, 송진우, 원세훈, 조병옥, 윤보선 등 이후 한민당의 중핵을 이룬 인사들이 상하이 임정 및 연합국환영준비회를 발족시킨 것은 바로 위의 논리를 천명하고도 남은 것이었다.

즉 임정의 법통으로서의 권위와 미군정이라는 압도적 힘과의 결합, 이것이 해방 직후의 한민당이 꾸민 전략이었다.[162] 국내에서는 한민당의 최대의 적이던 좌파가 급속하게 세력을 확대했었다. 이에 초조한 한민당은 정식으로 창당하기 이전인 8일에 서울에 진주한 미군정에게 임정 요원의 조기 귀국과 활용을 호소했었음은 이미 언급한 바다. 그 계급구성과 정치경제적 이해관계에서 피할 수 없이 적대하는 좌파 세력의 확대는 한민당에게 최대의 위기이며 이런 세력의 타도에는 김구 세력들이 가진 항일의 권위와 미군정이라는 힘, 그 양쪽을 필요로 했던 것이었다.

● 임정 이용의 진상

그러나 한민당의 임정 추대는 결코 그 요원들에 대한 진지한 믿음에 기초한 것이 아니었다. 한민당의 입장에서 쓰인 몇 가지 평전은 한민당의 임정 이용의 속셈을 생생하게 전하고 있다. 예를 들어 임정 요원들과의 접견을 마친 일부 인사가 "임시정부를 절대시 해왔는데 막상 만나본즉 대단한 인물은 없는 것 같더라"고 발언한 데 대해 장덕수는 "임시정부는 구성원이 중요한 게 아니라 그 역사적 전통에 가치가 있는 거요. 그리고 백범 선생의 애국자로서의 권위가 큰 무기요"[163]라고 대답했다고 한다. 또한 "일반 국민들에게 모두 (임시정부를) 떠받들도록 하는 것이 3·1운동 이후 임시정부의 법통 관계지, 노형들을 위해서인 줄 알고 있나?"[164]라고 한 송진우의 발언 역시 한민당 인사들의 김구 세력 활용의 의도를 여지없이 드러내고 있다.

---

162) 이 논리에 관해서는 정해구, "미군정기 이데올로기 갈등과 반공주의", 역사문제연구소 편, 『한국 정치의 지배 이데올로기와 대항 이데올로기』(역사비평사, 1994), 17쪽; 木村幹, op.cit., 86~87쪽 등이 이미 지적하고 있다.
163) 李敬南, op.cit., 325쪽.
164) 金學俊, op.cit., 336쪽.

이런 직접적인 표현들이 드러내듯이 한민당이 구한 것은 임정의 법통이라는 명색이었으며 김구 세력이 아니었다. 다시 말해서 그들의 임정 추대는 임정 요인의 항일이라는 실적에 기초한 인격적 존경에 기초한 것이 아니라 다른 집단이 가지지 못했던 3·1운동이라는 권위가 필요했기 때문이었다.[165] 아니 한민당의 김구 세력에 대한 솔직한 심정은 송진우의 다음 발언이 상징하고 있다. "국내에 발붙일 곳도 없이 된 임시정부를 누가 오게 하였기에 그런 큰 소리(=국내파를 친일파라고 한 신익희의 발언)가 나오는 거요?",[166] "중국에서 궁할 때 뭣들 해 먹고서 살았는지 여기서는 모르고 있는 줄 알아?"[167] 이것이 임정 추대의 내막이었다. 국내 우파의 김구 세력에 대한 평가는 그 오랜 해외에서의 항일 실적에 대한 존경은커녕 경멸에 훨씬 가까웠다. 요컨대 한민당에게 임정의 가치는 신 국가 건설에 대한 정치적 이용에만 있는 것에 불과했던 것이다. 사실 한민당의 영수인 김성수는 김구 세력에 대한 반발을 표한 자에 대해 "지금은 그들을 받들고 나라를 세울 때란 것을 잊지 말게"[168]라며 달래고 있다.

그러나 상술했듯이 임정의 법통은 그런 한민당의 속셈을 허용하지 않았다. 한민당의 친일성은 김구 세력의 입장에서는 자기 권위를 손상시킬 위험한 가능성을 가진 것이었기 때문이었다.

● 힘에 의한 대체 권위의 창출

법통을 내세운 김구 세력의 비협력적 태도로 인해 한민당은 당초의 기대와 달리 동 세력과의 협력을 통한 정치적 보호를 받지 못하게 되었다. 그들에게 남은 선택은 이승만의 '개인화 된 초월'의 이용과 무엇보다 미군정이란 현실적 힘으로의 침투였다. 이 점에서 당시의 조건은 한민당에 유리한 환경을 제공했다.

한국에 진주한 미 24사단은 원래 일본 진군을 위한 부대였으므로 한국말을 이해하는 요원이 존재하지 않았다. 그런 고로 초대 군정장관 아놀드는 영어와 한국말 양쪽

---

165) 실제 한민당계 인사가 중심으로 된 국민대회에서는 권동진, 오세창이란 3·1독립운동 지도자를 고문으로 참가시켰다. 古下先生傳記編纂委員會, op.cit., 452쪽.
166) 金學俊, op.cit., 336쪽.
167) ibid.
168) 仁村紀念會, op.cit., 486쪽.

할 줄 아는 인재를 찾는 과정에서 선교사의 아들을 통역자로 기용, 그를 통하여 송진우와 만나게 되었다는 증언이 있다.[169] 미군정 역시 한민당과의 접근을 "한국에 도착하자마자 미군정 당국자들은 한국인에서의 협력(assistance)을 필요로 했기 때문에 자연스럽게 기업인·지식인의 원조(aid), 조언을 구했으나 그 가운데 많은 사람이 이 당(=한민당)의 멤버였다"고 시인하고 있다.[170]

그러나 한민당의 미군정에 대한 접근은 그런 우연함을 넘어 그들이 가지는 본성으로부터 필연적으로 요구되는 의도적인 결과였음은 명약관화의 일일 것이다. 사실 허정은 당시 한민당의 외교책임자이던 장덕수가 매일 하지와 접촉했었다고 증언하고 있다.[171] 이런 한민당의 미군정 공작의 효과는 전 항에서 논한 건준, 인공에 대한 미군정의 부정적 태도[172]에 귀결한 것뿐만 아니었다. 사실상 미군정 자신의 협력 하에서 재개된[173] 한민당의 실질적 기관지 「동아일보」[174]에 대해서 미군정은 "이 신문은 전쟁이 시작하자 일본 정부에 의해서 억압당했다. 그 편집 방침으로서 비당파적이라고 주장되어 있다"[175]고 전하는 등 한민당의 목소리가 미군정 내에 착실히 침투했음을 알 수가 있다.

한민당의 미군정으로의 이런 침투의 성과는 10월 5일 미군정에 의한 11명의 한국인 군정장관 고문 임명시에도 나타났으나[176] 무엇보다 최대의 성과는 치안기구의 장악이었다.

10월 16일 김용모 대법원장, 20일 조병옥 경무부장, 22일 이인 특별검찰위원장, 그리고 장택상 수도경찰청장 취임 등[177] 잇따른 한민당계 인사의 미군정하의 치안

---

169) 呂運弘, op.cit., 168쪽.
170) "G2 weekly summary", no.11(1945.11.27), 『美軍政情報報告書』 통권 제11권, 156쪽.
171) 許政, op.cit.(1979), 123쪽.
172) 한편 미군정의 건준, 인공에 대한 부정적 견해에 대해서 일본총독부의 공작에 의한 영향에 주목한 연구도 있다. 예를 들어 李景珉, 「朝鮮總督府終焉期의 政策」, 『思想』 no.734(1985.8), 98~121쪽.
173) 「동아일보」 재간이 가능해진 것은 미군정청 하에 들어간 경성일보의 일부 시설을 이용할 수 있게 되었기 때문이라고 한다. 仁村紀念會, op.cit., 489쪽.
174) 「동아일보」와 한민당의 관계에 관해서는 沈之淵, op.cit.(1984), 20~21쪽.
175) "G2 Periodic Report", no.9(1945.9.19), 『美軍政情報報告書』 통권 제1권, 56쪽.
176) 고문 11명 중 북한에 재류 중이던 조만식과 여운형을 빼면 모두 한민당계 인사였다. 『資料 大韓民國史 1』, 191쪽. 또 이에 관해서는 커밍스가 상세히 논하고 있다, B.커밍스, op.cit., 200쪽.
177) 기타 한민당의 군정으로의 침투의 구체적인 명단은 沈之淵, op.cit.(1984), 56~57쪽.

부문 침투는 남한 사회에서의 실질적 통치능력을 한민당에게 안겨주었다. 치안, 사법 부문의 장악은 특히 혼란기에는 권력의 귀추 자체를 좌우하는 관건이 되므로 그 정치적 영향은 너무나 컸다. 그리고 그 영향은 경찰 권력에 의한 좌파 탄압으로서 나타났다.

실제 이런 경찰 권력에 의한 폭력의 심각성은 같은 무렵 입법의원 의장으로 당시 한인 최고의 지위에 있던 김규식이 원래 치안을 확보해야 할 경찰의 폭력 문제를 다루기 위하여 미군정 측과 따로 기관을 만들어서 토의해야 했던 상황이 입증하고 있다.[178] 또 거센 경찰 비판에 밀린 장택상 자신 역시 11월 5일 자기 부하 경찰관에게 고시를 하달하여 "민중의 생명과 재산을 거듭 빼앗는다는 것은 더욱 유감스럽다"고 표명하였다.[179] 그러나 보다 주목해야 할 것은 그런 비판의 화살은 단지 경찰의 폭력에 대한 불신에만 돌려진 것이 아니라는 점이다. 사실 경찰 내부로부터의 고발은[180] 그 폭력이 과거 일제통치 협력자에 의해 저질러진 행위였음을 문제로 삼고 있다.

여하튼 한민당은 1945년 말에는 치안 부문을 중심으로 미군정의 행정을 뒷받침하는 사실상의 '여당' 노릇을 맡게 되었다.[181] 그러나 어디까지나 그것은 미군정이란 압도적 힘에 의하여 가능한 것이지 결코 남한 사회에서 얻은 지지에 의하여 가능해진 것이 아니었다. 따라서 그들은 민족우파로서 하루라도 빠른 독립을 이끌어나가야 한다는 과제와 그 독립의 실현이 자신들의 최대 후원자인 미군정의 종언을 뜻한다는 현실 사이에서 생길 모순을 푸는 문제에 고심해야 했다.

미국이라는 현실적 힘이 사라진 후에도 자기들의 정치, 사회적 기득권을 유지하는 방법, 국내 우파로서 늘 일반 대중과 가까이 있으므로 친일 세력으로서 당시 한국

---

178) 이를 위하여 1946년 10월 23일 조미공동소요대책위원회가 개최되었다. 『資料 大韓民國史 3』, 620~621쪽.
179) ibid., 729쪽.
180) 예컨대 12월 5일, 13일의 경무부 수사국장 최능진(崔能鎭)의 고발, ibid., 996~997쪽; 1087~1088쪽.
181) 이 지위가 얼마나 소중한 것이었는지를 드러내는 행동으로서 흥미로운 것은 1946월 9월 당시 돌아다니던 하지 해임의 소문에 대해서 한민당은 하지 유임을 탄원하는 전문(電文)을 아이젠하워(Dwight D. Eisenhower) 및 맥아더(Douglas MacArthur)에 보내고 있다는 점이다. 이 전문은 沈之淵, op.cit.(1984), 489~491쪽에 수록.

사회의 중오 대상이었던 그들에게 이미 항일이라는 실적을 날조하는 방법은 불가능했다. 그러나 없던 권위를 날조하지 못하더라도 새로운 권위를 만들어 내는 것은 가능했다. 절묘하게도 그들에게는 방법이 하나 있었다.

그것은 바로 민족 최대의 염원이던 조기 독립 쟁취라는 권위의 창조와 독립 후의 미군정의 힘에 대신하는 현실적 권력의 장악을 동시에 달성시키는 방법이었다. 바로 그 양립의 요구에 맞아떨어진 것이 반공을 국시로 한 남한 단독정부 수립이었다. 즉 소련과 연결함으로써 민족의 최대의 염원이던 독립을 가로막으려고 하는 좌파를 타도하여 남한에서 하루라도 빨리 독립을 이룩하는 길은 그들에게 없었던 새로운 권위와 현실적 힘을 안겨줄 바로 두 마리 토끼를 잡는 방법이었다. 그리고 적어도 그런 정치적 승부수는 이승만의 '개인화된 초월'에서 도출된 정치적 요구와 맞아떨어졌다. 바로 여기에 양자의 협력체제가 이루어지는 발판이 들어섰다. 따라서 이승만과 더불어 한민당에게 필요했던 것은 좌파를 단지 자기들의 정치적 적으로서 공격하는 것이 아니라 독립을 방해하는 '좌파=민족반역자'로서 매장시키는 것이었다.

45년 10월 10일 인공 부정에 성공한 그들에게 다음 과제는 "조국보다 소련을 더 숭상하는 좌익의 사대주의"[182]를 일반 대중에게 심어주는 일이었다. 그것은 '좌파=친소 외세 세력'이라는 구도를 분명히 함으로써 친일이라는 매국에 대신하는 또 하나의 매국 논리를 만들어내는 작업이었다. 그들이 일관되게 미군정과의 협조를 유지하면서도 신탁통치나 좌우합작 문제 등에 관해서만큼은 미군정에 대해 반항적 자세를 보인 것도 이 때문이었다. '찬탁=친소외세', '좌우합작=독립지연세력'이라는 공식화는 일본이란 외국 지배에 협력한 그들로 하여금 자기들의 과거의 흠을 메워주는 전략적 관건이었다.

바로 한민당의 이런 전략은 신탁통치를 둘러싼 움직임에 구체화되었다. 한민당은 미소에 의한 신탁통치 합의에도 불구하고 그것을 소련의 주도인 양 꾸미려고 했다. 사실 놀랍게도 「동아일보」는 일찌감치 12월 28일 신탁관리안이 마치 소련의 주장인 것 같이 보도하고 있다.[183] 한편 상술했다시피 신탁안을 둘러싼 반발로 인해 김구

---

182) 許政, op.cit.(1979), 128쪽.

세력이 보인 급진적 반미, 반탁 행동에 대해서는 그것을 억제시키려고 노력했다. 이 반미 억제 공작과정에서는 찬탁이라는 오해로 인해 당 대표 송진우가 피살당하는 큰 대가를 치르기까지 했다.[184]

즉 한민당은 신탁통치라는 어려운 정치적 과제에 대해 미군정과의 협력관계를 손상시키지 않기 위해서라도 신탁통치 반대를 반소=반좌파의 논리로 전개하려고 한 것이었다. 좌파는 마치 이 전략에 호응하듯이 한민당에 호기를 제공했다. 물론 그 계기는 이미 언급한 좌파 자신에 의한 반탁으로부터 찬탁으로 하루아침에 태도 변화를 보인 것이었다.

새로운 권위를 만들어야 했던 한민당이 이런 호기를 놓칠 리가 없었다. 그들은 좌파의 태도 변화의 배경에는 소련이 있음을 부각시키고 좌파는 민족이 갈망하는 독립을 지연시키는 민족반역자임을 강조하기 시작했다. 1월 5일에는 반탁집회의 찬탁으로의 변화에 대해서 "공산주의의 선전하는 상투 수단"으로 규정, "인공, 조공(=조선공산당)의 반역적 행동을 타도하라"[185]라는 성명을 내고 있다. 또 1월 8일에는 한민당 특보가 그 일면 머리기사로서 또 다시 신탁안은 소련이 주장한 것처럼 선전했다.[186]

그러나 1월 25일 미 국무차관보 애치슨(Dean Acheson)은 신탁통치가 오히려 미국의 주도하에서 진행되었음을 밝혔다.[187] 원래 미국의 이런 태도에 대해서 가장 난감한 입장에 서게 된 것은 물론 한민당 세력들이었다. 말할 필요도 없이 민족의 조속한 독립을 이룩함으로써 친일의 누명을 씻으려고 한 그들에게 가장 친밀한 관계에 있는 미군정 자체가 독립을 지연시키는 주체가 되기 때문이었다. 그러나 한민당은 이 역경에도 재치 있게 이 모순을 해소하는 논리를 꾸몄다. 그것은 조속한 독립을 쟁취하기 위해서도 우파는 미국과 협력하여 미국이 주최하는 미소공동위원회에 참

---

183) 『資料 大韓民國史 1』, 678~680쪽.
184) 같은 한민당에 속한 김도연의 증언에 의하면 송진우 암살은 미국의 신탁 안을 지지하는 듯한 송진우의 "훈정기간"이라는 발언이 오해를 받았기 때문이라는 것이었다. 김도연, op.cit., 163쪽.
185) 『資料 大韓民國史 1』, 773쪽.
186) 이 점은 宋建鎬, op.cit., 44쪽을 참고.
187) 『資料 大韓民國史 1』, 918쪽.

가함으로써 그 자리에서 반탁을 전개해야 한다는 논리였다.

2월 1일 한민당은 김구 세력 중심으로 조직된 비상국민회의에 이승만을 설득해서 결집시키는 한편 미군정에 의한 신탁협력기관인 민주의원에 반대하던 김구에게도 미군정과의 협조를 설득, 민주의원에 참가시키는 등 미군정과 이승만, 그리고 김구 세력의 삼각형 협력 유지에 세심한 주의를 기울였다.[188] 그들을 고민에 빠뜨린 4월의 미소공동성명 제5호는 미국과의 협조와 반탁 추구의 모순을 노정시키는 것이었으나 이 위기는 4월 27일 공동위원회에서의 신탁안에 대한 찬반의 의견발표의 자유를 보장한다는 하지의 성명[189]으로 인해 구출되었다. 신탁안에 대한 찬반의 자유가 보장되는 한 미소공동위원회로의 참가와 반탁은 아무런 모순도 없는 일이었기 때문이다. 실제 우파 세력들은 김구계 한독당을 제외하고 공동성명 5호 지지를 내걸었다.[190] 그 결과 참가단체의 구성에 밀린 소련은 결국 공동위원회로의 참가 단체는 찬탁의사를 가진 단체에만 제한하도록 주장하며 5월 8일 이 위원회는 결렬되고 말았다. 이 흐름은 소련이야말로 민족의 통일을 가로막는 주된 세력임을 부각시키려고 한 한민당의 의도대로였다.[191] 23일에는 좌파에 의한 반탁으로부터 찬탁으로의 변화의 뒤에는 소련의 지령이 있었음을 또 다시 「동아일보」가 대서특필했다.[192] 한민당의 전략은 순탄해 보였다.

그러나 미소공동위원회의 결렬로 말미암아 대립의 양상을 짙게 한 국내 정국을 수습하기 위하여서도 미군정은 국내 극우파 지지를 꺼렸다. 혹시 그럴 경우 극좌뿐 아니라 중간파를 대거 좌파 세력으로 몰아갈 위험이 컸기 때문이었다.[193] 물론 소위 좌우합작으로 인한 중간파의 득세는 한민당 세력에게는 두려워할 수밖에 없는 일이었다. 원래 친일파이자 국내 최우파라고 간주된 이 세력에게 좌우합작의 성공은 논리

188) 李敬南, op.cit., 339쪽.
189) 『資料 大韓民國史 2』, 498쪽.
190) ibid., 522~524쪽.
191) 李敬南, op.cit., 348쪽.
192) 『資料 大韓民國史 2』, 655~657쪽.
193) 이 정책의도에 관해서는 미 측 미소공동위원회 관계자의 회고담으로서 강만길이 소개하고 있다. 姜萬吉, "左右合作運動의 경위와 그 性格", 宋建鎬·姜萬吉 編, 『韓國民族主義論 2』(創作批評社, 1983), 69쪽.

적 귀결로서 자기 세력의 쇠퇴를 의미했기 때문이었다. 그러나 미군정의 지지가 있는 합작에 대해서 한민당이 뚜렷한 적대 행동에 나서는 것은 어려웠다. 따라서 그 정치적 속성으로 인하여 좌우합작에 참가하지 못하는 한민당은 마지못해 원세훈을 개인자격의 선으로[194] 합작위원회에 보내는 등 사태의 추이를 지켜봤다. 합작으로의 직접적 반대는 자기들의 정파성을 노골적으로 드러내는 짓이며 거꾸로 전면적인 찬성 역시 이미 그들의 속성과 행보로 인하여 불가능한 일이었기 때문이다. 사실 장덕수는 이 무렵 이승만에게 좌우합작에 반대성명을 내도록 설득하고 있다.[195] 이 공작은 우파의 상징이던 이승만의 합작 동의가 국내의 동향을 일거에 합작 찬성으로 몰아갈 위험성이 크다고 판단한 결과임은 쉽게 예상할 수 있다.

10월 좌우합작 7원칙이 발표되자 토지분배를 둘러싼 당내 대립은 10월 8일의 원세훈 등 대거 탈당 소동으로 이어갔다. 9일에는 16명,[196] 또 21일에는 김약수 등 49명이 탈당하기에 이르러 그들은 그 탈당에 즈음하여 "보수적이며 지주적인 운동이 민족해방운동이 아닌 것은 누구도 아는 상식이다"[197]라는 말을 남겼다. 즉 한민당의 지주적 속성은 좌파의 색깔이 섞일 합작을 일절 거절하지 않을 수가 없음을 고발한 것이었다. 그러나 이런 합작에 대한 부정적인 태도는 한민당만이 아니었다. 좌파 역시 합작 5원칙이나 폭력노선에 의하여 합작에 대한 비협조적 태도를 노골화시켰으므로 한민당의 합작 반대노선은 한민당만의 민족분열 노선으로서 부각될 일은 없었다. 한민당의 고립을 막은 것은 다름이 아닌 좌파였던 것이다.

그러나 한민당에 대한 각 정파의 대응은 여전히 차가웠다. 이미 언급했다시피 46년 10월 임시정부수립을 위하여 좌우합작파를 중심으로 창설된 입법의원의 민선선거의 결과를 둘러싸고 다른 정파들로부터 노골적으로 받은 망신은 한민당에게 돌려진 비판의 시선이 단지 좌파만이 아니라 중간파로부터 우파에 이르는 거의 모든 정파에 공통된 것이었음을 드러냈다.

---

194) 다만 개인 자격에 대해서는 일단 분명히 하는 것은 삼갔다고 한다. 李敬南, op.cit., 355쪽.
195) ibid., 357쪽.
196) 『資料 大韓民國史 3』, 502~503쪽.
197) ibid., 602쪽.

또 이런 한민당에게 돌려진 불신은 국내에서의 그들의 거의 유일한 정치적 동반자였던 이승만도 예외가 아니었다. "보선(普選)을 속히 실시하여 과도정부를 수립"[198] 할 것을 줄곧 요구해 온 한민당은 1947년 4월 미소공동위원회의 재개에 이르자 5월 16일 또 다시 위원회 참가를 표명했다. 이 줏대 없는 태도변화야말로 이승만의 한민당에 대한 불신을 결정지은 것이었다.[199]

그러나 이승만의 경우와 마찬가지로 미국의 대소 정책의 세계적인 변화는 그런 국내에서의 한민당의 정치적 궁지를 구제했다. 사실 이승만과 같이 장덕수는 3월의 트루먼 독트린(Truman Doctrine)의 발표를 듣고 다음과 같이 말하고 있다. "이것은 큰 불빛이다. 긴 터널의 출구가 보이기 시작했다."[200]

이미 약속된 미소공동위원회의 실패는 결국 남한 정치노선에 관해서 이승만, 한민당 등 단독정부 수립파의 손을 들었다. 그 과정에서 좌파는 물론 김구 세력도 몰락해 갔다. 그러나 해방 후 마지막 승리자로서 남한 정치에 남게 된 이승만과 한민당의 관계 역시 굳은 신뢰 위에 맺어진 것이 아니었음은 따로 논할 필요도 없는 주지의 사실이다.

48년 대한민국 건국 후 초대 국무총리의 자리를 둘러싸고 김성수 임명 거절을 단서로 표면화된 이승만과 한민당의 대립구도는 그 후 민주국민당, 민주당 등으로 약관 그 구성을 바꾸어가면서도 50년대 한국 정치의 기본적 대립 구도를 형성해 나갔다. 이 과정에서는 구 한민당 세력은 어느덧 독재정권과 맞서는 '한국 민주주의의 기본세력'으로 탈바꿈까지 했다.

불과 몇 년 전까지만 해도 서로 반공을 집권의 권위로 세워야 하는 정치적 속성으로 인해 맺어진 양자의 표면적 협력관계는 그 공통의 목적을 달성하자 상호불신이라는 원래의 모습을 되찾은 것이었다.

---

198) 『資料 大韓民國史 4』, 605쪽.
199) 손세일에 의한 관계자 면담에서는 훗날 대한민국 수립시 한민당 세력을 정권으로부터 소외시킨 이유가 이때의 한민당의 행동에 대한 앙심이었다고 한다. 孫世一, op.cit., 270쪽.
200) 李敬南, op.cit., 379쪽.

3. 구조적 갈등과 한국 정부의 국민적 합의 도출 능력 결여의 필연성

  이상 해방 후의 남한 정국은 온갖 불신과 대립으로 인해 점철되었다. 정국의 주요 4파 사이에는 단 한번도 신의와 믿음에 기초해서 이루어진 협력관계는 없었다고 해야 하겠다. 강조하고 싶은 것은 그런 갈등의 원인은 "조선의 유수한 정치지도자와 거짓 선지자들은 자기네의 개인적 세력과 이익을 얻기 위하여"[201]라고 말한 하지의 성명처럼 단순한 개인적 차원에서의 권력다툼에 있는 것이 아니라는 점이다. 당시의 조건하에서는 남한 사회의 갈등을 흡수할 만한 권위에 기초한 권력 장악이 과연 누구에 의하여 가능했는가 하는 문제를 생각하지 않을 수가 없기 때문이다. 즉 남한 특유의 권력 투쟁은 개인적 차원에 깃든 것이 아니라 한국 사회가 걸어 온 과정에서 생긴 역사 논리의 필연적 결과였다.

  말했다시피 35년의 외세지배에서 벗어나 하루라도 빠른 독립을 이룩하고 싶었던 당시의 한국에서는 무엇보다 국가가 필요했다. 하지만 단절된 이조시대의 권위가 바닥까지 떨어졌던 한국에서 신 국가 건설에 필요한 권위는 오직 항일 이외에는 있을 수 없었다. 외세의 힘에 의하여 잃어버린 민족을 또다시 '민족'으로서 뭉치게 하기 위한 권위는 바로 그 외세를 물리치고 그 '민족'을 되찾는 데 남긴 압도적인 실적 위에 생길 수밖에 없었다. 그러나 당시의 한국은 그 기본적인 조건을 충족하지 못했으므로 출발부터 비극을 예고했다. 신 국가 건설을 위하여 누군가가 그 권위를 획득해야 하면서도 누구 하나 그 자격을 갖추지 못했다는 역설, 해방 후 대립으로 점철된 남한 정치의 기원은 바로 이와 같은 구조적 역설에 깃들었다.

  '개인화된 초월'을 내세운 이승만은 그 초월 탓으로 김구 세력과 대립하는 한편 그 초월을 유지하기 위하여 좌파를 민족에서 배제해야만 했다. 김구 세력 역시 법통이라는 권위를 고집하지 않을 수가 없었으므로 미군정과 한민당 그리고 좌파와의 돌이킬 수 없는 대립에 들어가서 이윽고 정치 세력으로서는 사라졌다. 그 법통은 결국 남한정치의 구심력이라는 알맹이로서가 아니라 북한에 대한 남한 정부의 정당성을

---

201) 『資料 大韓民國史 1』, 943쪽.

부여하는 꼬리표로만 남았다. '다수자'라는 힘을 가진 국내 좌파는 당시의 한국이 오히려 '소수'를 요구하고 있었으므로 다른 정파와의 대립 속에서 미군정이라는 압도적 힘 앞에 무릎을 꿇어야만 했다. 친일 세력이라는 전력으로 인해 유일하게 집권 가능성으로부터 먼 존재이던 한민당은 다른 정파와 상이한 전략을 취했다. 한민당의 전략은 실질적인 힘으로 인하여 다른 권위를 세우는 것이었다. 그 가운데 양자의 이해가 맞아떨어진 것이 이승만과 한민당이었다. 그리고 그 양자의 결합은 확실히 남한 정치의 통합에 필요한 권위의 소재를 바꾸어갔다.

압도적 항일의 실적으로 인한 권위를 가지지 않았던 이승만에게 이미 항일의 실적은 정치적 의미로서는 그다지 크지는 않았다. 그에 부족했던 것은 확실히 통치에 필요한 현실적 힘이었다. "정부직으로부터 모든 일본인을 즉각적으로 추방함에 따르는 심각한 문제를 이해하는 한국인은 거의 없다"[202]고 미군정은 말했으나 이승만은 틀림이 없이 그 현실을 아는 소수의 인물이었다. 자금, 조직, 인재 등 통치에 관한 모든 현실적인 힘이 그 당시의 한국 땅에서는 '친일성'을 띨 수밖에 없었던 조건하에서는 이승만에게 오히려 항일이란 권위의 지나친 추구는 자기 집권의 걸림돌이 되지 않을 수가 없었다. 한민당은 그 현실적인 이해관계에서 좌파와 대립하지 않을 수 없었으므로 좌파 제거가 무엇보다 초급한 과제였다. 그러나 정치는 현실적 힘으로만 다스릴 수 있는 것도 아니다. 따라서 친일 색깔이 짙은 그들에게는 다른 권위를 만들어내는 것 이외에는 방법이 없었다. 즉 그들에게는 항일이라는 권위로 인하여 현실적 통치의 주도권을 잡는 것이 불가능한 이상 남은 선택은 다른 권위를 만들어내는 것이었다. 그리고 그들이 다른 권위로서 내세운 것이야말로 조기 독립을 위한 반공의 논리였다.[203] 좌파는 양자의 이해가 겹치는 바로 그 교차점에 위치했으며 또 그만한 과오를 저질렀다.

202) "G2 Weekly Summary", no.1(1945.9.18), 『美軍政情報報告書』 통권 제11권, 9쪽.
203) 이런 자기집권을 위한 항일의 봉쇄와 반공의 활용이라는 사례는 집권 후에도 나타났다. 1948년 그가 최고 권력의 지위에 올라간 후 친일파 처분을 위해 성립된 주지의 반민족행위 처벌법과 그 실시를 위해 조직된 특별조사위원회에 대해 그가 보인 방해 행동이나, 심지어는 그 법안 추진세력들을 공산 세력으로 몰아간 사실들은 이승만의 권력기반이 무엇인지를 다시 뚜렷하게 보여주는 일이었다. 이에 관해서는 徐仲錫, "李承晩 대통령과 韓國 民族主義", 宋建鎬・姜萬吉 編, op.cit., 222~271쪽을 참고.

그러나 여기서 주의해야 하는 것은 그런 반공이라는 권위 내세우기에 깔린 논리는 일차적으로 공산주의의 내용에 대해서 돌려진 것이 아니었다는 점이다. 당시 남한 재산의 압도적 대부분은 주인을 잃은 일본인 재산이었다.[204] 그 막대한 재산을 직접적으로 이어받을 권리가 그 누구에게도 없는 이상 그 처분을 위해서 일단 국유화가 불가결함은 한민당 조차 그 창당 시 국유화 등의 정책을 내걸고 있었던 데에 확인할 수가 있다.[205]

또한 당시 또 하나의 큰 정치적 과제는 근대국가 건설을 위한 농지 분배의 문제였다. 당시 남한 사회의 압도적 대부분이 토지를 물려받을 소작층인 이상[206] 좌파의 무상몰수 무상공여라는 주장이 일반 민중에 더 관심이 가는 정책이었음은 자연스러운 시대적 추세였다. 북한은 무상몰수, 무상분배의 원칙 아래 이미 1946년 3월에 철저한 토지개혁을 단행, "북쪽의 바람은 더욱 거세게 부는"[207] 상황이었다. 물론 이들 조건이 꼭 마르크스주의에 대한 지지를 뜻하는 것이 아니다. 그러나 강조해야 할 것은 당시의 조건하에서는 항일의 실적을 제치고 반공만을 가지고 통치의 권위로 삼을 수 있는 시대적 문맥이 아니었던 것만은 확실하다. 이것은 1946년 8월의 미군정에 의한 여론조사를 봐도 짐작할 수 있다.[208]

따라서 그들이 내세운 반공의 논리는 강조했다시피 '좌파 = 외세, 독립지연세력'

---

204) 이 재산 규모에 관해서는 한일회담 자체의 분석에 들어가는 3부에서 논할 예정이나 한일회담 이전의 한국 측 움직임에 관하여 하나 예를 든다면 비상국민회의 의장이던 홍진은 1946년 5월 당시 대일배상계획을 입안하던 폴리(Edwin E. Pauley)에 대한 메시지 속에서 한국에 있는 일본인 재산은 전(全) 한국 재산의 90%에 이르는 막대한 규모임을 주장하고 있다. 『資料 大韓民國史 2』, 681쪽.

205) 沈之淵, 『韓國民主黨硏究 Ⅰ』(풀빛, 1982), 151쪽. 물론 한민당이 말하는 국유화가 소위 공산주의적 계획경제를 위한 항구적 국유화를 의미한 것이 아님은 허정이 밝히고 있는 바이다. 許政, op.cit.(1979), 108쪽.

206) 예컨대 1948년 시점에서 조선은행조사부는 남조선의 농가 중 약 70%가 전혀 농지를 가지고 있지 않거나 이와 흡사한 상태, 또 그 외의 농가도 그 경작능력에 비교해서 충분한 토지를 소유하지 않고 있으며 불과 3.2%의 농가만이 만족할만한 토지를 소유하고 있다는 조사결과를 발표하고 있다. 朝鮮銀行調査部, op.cit. Ⅰ-29쪽.

207) B. 커밍스, op.cit., 526쪽.

208) 군정청 여론국이 실시한 조사에 의하면 찬성하는 체제에 대해서 자본주의 14%, 사회주의 70%, 공산주의 3%로 되어 있다. 다만 정치 형태로서 대의(代議)정치를 바라는 비율이 85%이므로 여기서 나온 사회주의가 단순히 마르크스주의적인 체제를 의미하는 것이 아니란 점에 대해서는 주의가 필요하다. 『資料 大韓民國史 3』, 104~105쪽.

으로 몰아가는 것이었다. 그러나 이승만과 한민당 세력의 최종 승리는 이 논리가 국민의 통합적 지지로 이어감으로써 이루어진 것이 아니라 단지 미국의 세계전략의 변화에 따른 요행수에 불과했다. 이 의미에서 그들이 역시 '외세 세력'이었다. 그런 '외세 세력'이 내세운 반공의 논리가 적어도 해방 후 몇 년간 항일에 대신해서 국민통합의 기축이 될 만한 지지를 얻지 못했던 것은 건국 전후의 좌파를 중심으로 한 대규모 저항운동의 역사가 분명히 입증하고 있다.

하지만 계속된 좌파폭동과 무엇보다 6·25전쟁은 이런 애매한 반공의 권위를 현실화시켰다. 50년대 중반 이후 남한 사회에서는 확실히 '국가수호 과제'가 지상명제로 부각되면서 반공이라는 논리가 본격적으로 국민통합의 기축으로서 작용하기 시작했다. 그러나 사람들의 기억은 쉽게 갈아 치울 수 있는 디스켓 내의 데이터가 아니다.

불과 십수년 전까지만 해도 일본과 맺어진 관계 속에서 유리한 지위를 차지한 친일 세력들이 이번에는 반공의 권위를 내세우고 여전히 지배층으로서 군림하고 있는 사실과 현실화된 공산주의의 위험이라는 모순, 이것이 이후 남한 사회에서는 다른 나라에서 보기 힘든 '반공이 친일의 눈가림'으로 또 '항일이 친북, 용공의 속임수'로 되어 버리는 특유의 대립구도의 원인으로 되었다. 국민통합의 기축인 반공과 항일이 서로 그 권위를 상쇄시키는 대립구도가 자리 잡은 남한에서는 이후 군민통합의 메커니즘이 완전히 기능부전에 빠질 수밖에 없었다.

자연스러운 통합의 메커니즘을 상실한 사회는 결국 경찰, 군대 등의 폭력통치를 자초하게 마련이다. 남한 역시 그랬다. 부산파동, 사사오입개헌, 국가보안법 파동, 진보당 사건, 경향신문 폐간 등으로 이어지는 50년대 이승만의 권위주의 폭력 통치는 이윽고 반공안보라는 통합구호가 독재권력 유지를 위한 안정장치라는 또 하나의 불신을 한국 사회에 심어주었다. 4·19를 거쳐 집권한 장면 정권을 거세게 몰아친 정서적인 남북결집운동은 반공이 여전히 남한 사회에서는 완전한 국민적 통합메커니즘으로서 자리 잡은 것이 아님을 여실히 보여주었다. 그러나 동시에 어떤 외국인 저널리스트의 눈에는 "무정부 직전(on the verge of anarchy)"[209]까지 비쳐진 '민주정권'하의

---

209) Richard C. Allen, "South Korea: The New Regime", *Pacific Affairs*, vol. 34, no. 1(1961), 54쪽.

그런 혼란은 자유민주주의적 질서가 한국에서 여전히 제도화되지 않고 있음을 노출시킨 과정이기도 했다.

그런 자유민주주의 질서의 비제도화 탓에 생긴 정치·사회적 혼란은 북한이라는 현실적 국가안보의 위협 앞에 결국 또 다시 물리적 힘에 의하여 그 사태를 수습해야만 하는 틈을 제공했다. 하지만 남한 사회에게 보다 불행했던 것은 단지 군부가 집권했다는 것 뿐만 아니라 그 쿠데타가 일본의 군인 교육을 자진해서 받은 인물에 의하여 이끌렸다는 엄연한 사실이었다. 결과 그 통치의 정당화를 위하여 내세워진 반공의 논리는 또 다시 친일과 연결되는 회로를 재현시켰다. 그 회로의 재현으로 인해 반공이 친일과 굳게 맺어지는 구조에서 벗어나지 못한 60년대의 한국 사회는 국민통합을 이루어내는 논리를 여전히 결여시켜야만 했던 것이다.

이와 같이 '친일매국노', '용공외세'라는 구호로 상징되는 해방 후의 남한 정치의 갈등은 결국 반공도 항일도 국민통합의 메커니즘으로서 기능하지 못한 구조적 결함에서 비롯되었다. 반공이 친일 전력의 숨기기나 기득권의 수호 또는 독재 권력 정당화의 슬로건으로 또한 항일이 국가안보 위협이나 사회질서의 혼란, 또 경제 건설의 걸림돌이 되어 버린 한국 사회에서는 '국가수호 과제'를 위한 대일 수교이라는 주권국가로서의 당연한 선택이 정치적 비난의 표적으로 되지 않을 수가 없게 되었다. 어찌 보면 오늘날까지 계속되는 이 불신의 구조는 적어도 한일교섭 당시 과거청산을 둘러싼 일본과의 교섭에 관해 그 국민적 합의를 도출하는 데 필요한 능력을 한국 정부가 가질 것을 구조적으로 봉쇄했다.

한일회담은 이렇게 하여 가능조건의 첫 번째인 한국 정부의 과거청산에 관한 국민적 합의 도출 능력을 결여시킨 채 진행될 수밖에 없는 그런 회담이었던 것이다.

4장
일본 보수파와의 연계라는 '역 선택'의 논리

한일회담에서의 과거청산을 위한 두 번째 가능조건은 일본 측 과거반성 세력과의 교섭을 통한 과거청산 실현의 가능성 여부다. 이것은 한일회담이 전승 - 패전국이라는 비대칭적 역학 관계로서가 아니라 대등한 주권국가 간의 국교정상화 교섭에서 진행되게 된 데에서 연유하는 불가피한 조건이기도 하다. 한일회담의 연구에 있어서 선행연구가 일본 측 집권 세력인 보수파의 과거 무반성적 인식에 주목해 온 것도 한일회담의 내용이 주권국가로서의 일본의 판단에 달려 있는 점이 많음을 상정한 당연한 결과라고 볼 수 있다. 하지만 주로 일본 집권 세력의 과거 무반성적인 사고에 주목해 온 선행연구들의 시각에는 결정적인 함정이 있다. 실제로 일본 보수파가 일본 정부를 구성함에 따라 그들의 과거 무반성적 인식이 한일회담에서 과거청산 소멸의 큰 원인이 되었다는 종래의 접근은 그 논리적 귀결로서 일본 측 과거반성파가 집권했더라면 과거청산이 적어도 그 조건에 관해서는 이루어질 수 있었음을 단순히 가정한다. 과연 그 가정은 진정 옳은 것인가?

이 장에서는 바로 위의 가정을 논리적으로 검증한다. 전후 일본에 있어서도 아시아 침략, 식민지 지배라는 과거에 대한 반성 의식을 가진 세력들이 일부나마 재야를 중심으로 확실히 자리 잡고 있었다. 하지만 이하 논하듯이 그런 과거반성 세력은 한일회담에 반대했다. 그러면 그들은 왜 한일회담에 반대했는가? 만약에 그들의 반대논리가 나름대로의 과거반성 의식과 논리적으로 연결된 것이었다면 그 논리적 귀결은 그들 과거반성파가 가령 집권했더라도 한일회담이라는 형식을 통해서 과거가 청산되는 일은 없었다는 것을 의미한다. 왜냐하면 과거반성 세력들의 집권은 그 반대의사에 따라 한일회담 자체가 성사되지 않았을 턱이기 때문이다. 바꾸어 말한다면 두 번째 가능조건에 관해서 한일회담을 통한 과거청산의 소멸은 단지 일본 보수파가 집권했다는 '우연한' 현실을 넘어 이미 논리적인 필연이었다고 말해야 하겠다.

한국 정부는 일본 내에서의 한일회담 반대파를 단지 "중공, 북괴, 일본의 좌익 세력"[1]이라고만 규정함으로써 한일회담 반대의 논리를 세계적인 이데올로기 경쟁의 문제로만 돌리고 있다. 물론 일본 공산당, 사회당으로 중심으로 한 일본 내 좌파정치 세력들이 한일회담을 반대했음은 틀림없다. 그리고 그런 반대의 이유가 체제 경쟁, 북한과의 정치적 연계, 그리고 반공 군사동맹에 대한 비판 의식 등 양국 간의 특수한 과거청산과 직접적으로는 상관없는 정파적 성격을 띠고 있었던 것도 사실이다.

하지만 단지 반공만이 자유민주주의의 구호로 되어 버린 한국 사회와 달리 우익군국주의에 의한 암울한 억압기를 거친 전후의 일본 사회에서 한일회담을 바라보는 시각들에는 그런 좌우의 이데올로기 대립만으로는 환원하지 못하는 생각들이 포함되어 있었다. 그 중에는 일본의 한국 지배에 대한 진정한 반성이라는 입장에서 한일회담에 반대하는 세력들이 존재했다. 이하 주로 다룰 소위 전후민주주의 세력이야말로 이런 세력의 대표라고 평가해도 과언이 아니다. 물론 이 세력들은 정치집단으로서 현실적으로 뭉친 것이 아니며 따라서 그들이 전후 일본에서 집권하는 가능성은 현실적으로 전혀 없었다고 말할 수 있다. 이 의미에서는 그런 세력들의 현실적 무게는 크지 않다는 비판도 있을 것이다. 그러나 두 번째 가능조건의 검증에는 그들 집권의 현실적인 가능성 여부가 중요한 것이 아니라 그들의 과거반성 논리와 한일회담 반대 논리의 연결 여부가 핵심적인 과제임을 잊지 말아야 한다.

이하에서는 패전으로 시작된 일본 고유의 과거반성 논리는 그 고유성으로 인해 3장에서 논한 해방 후 한국에 있어서의 반공·독재체제의 확립과 맞물려 그 당시 한일회담에 반대하지 않을 수 없는 논리를 내포하고 있었음을 밝힌다.

---

1) 대한민국 정부, op.cit.(1965a), 6쪽.

1. 일본의 과거반성 논리

원래 매끄러운 연속적 흐름에 불과한 시간에 임의적으로 난면을 수고 어떤 시간적 간격을 '과거'로 규정하는가 하는 문제는 그 과거를 바라보는 시각과 일체화된 작업이라 해야 한다. 여기서 다룰 문제는 바로 과거를 '반성'이라는 시각으로 절단하는 문제인 만큼 그 분석에 필요한 작업은 일본에 있어서의 과거 창출의 의미와 그에 대해서 반성이 생기는 논리가 무엇이었는가를 밝히는 것이다. 이 문제를 논하는 데는 전전의 말하자면 '비분열적 무책임체제'에 대한 시각이 필요하다고 생각하므로 이하 그에 필요한 최소한의 분석으로부터 시작하고자 한다.

1) 일본의 '비분열적 무책임체제'의 구조와 그 영향

1945년의 패전까지 소위 대일본제국의 국체를 규정한 대일본제국헌법은 프러시아헌법을 기초로 한 천황대권의 헌법이었음은 주지의 사실이다. 그러나 동 헌법 제1조 "대일본제국은 만세일계의 천황 이것을 통치한다(大日本帝国ハ万世一系ノ天皇之ヲ統治ス)"고 명시된 군주대권은 결코 글자 그대로 이후 실질적인 천황 친정(親政)의 실행을 의미하는 것이 아니었다.

소위 '메이지(明治) 14년의 정변'으로 인해 오쿠마(大隈重信) 등의 영국식 입헌주의를 배제한 이토(伊藤博文)가 그 후 메이지헌법 제정에 적극 나선 의도에는 입헌정치로의 대세에 대한 호응이라는 형식을 취하면서 사쓰마(薩摩)・조슈(長州) 주도의 정치운영을 보완하려고 하는 정책적 논리가 깔려 있었음은 널리 알려진 사실이다.

즉 노골적인 사쓰마・조슈 주도의 정치와 오랜 지방분권의 체제와의 갈등은 당시 서양 강대국들에 대항해야 했던 메이지정부 중진들을 고민하게 한 기초적인 요건이었다. 사쓰마・조슈 주도라는 현실적 힘에 의한 정치 운영은 일본에 있어서 구 번벌(藩閥)정치의 계속을 의미하지 않을 수가 없었으며 그 색깔의 부각은 중앙집권제에 의한 부국강병이라는 국가목표를 달성하는 데 중대한 지장이 되지 않을 수가 없었다. 따라서 실권을 장악한 메이지 정부 중진들에게는 자신들의 정치운영에 있어서 구 번벌정치의 색깔을 불식함으로써 국민통합을 이끌어가야 하는 어려운 과업이 바로 핵심적 문제로서 제기되었었다.

바로 여기에 요청된 논리가 천황대권이었다. 헌법 초안을 설명하는 연설 속에서 "기축 없이 정치를 인민의 맹목적인 의론에 맡길 때는 정치의 통솔을 잃어버리고 국가도 그에 따라서 폐망한다(基軸ナクシテ政治ヲ人民ノ妄議ニ任ス時ハ, 政其統紀ヲ失ヒ, 国家亦隨テ廃亡ス)"고 말한[2] 이토에게는 이미 남은 국가 기축은 하나밖에 없었다. "그러나 우리나라에 있어서는 종교라는 것은 그 힘이 약해서 국가의 기축될 만한 것이 하나도 없음 [……] 우리나라에 있어서 기축으로 해야 함은 유독 황실이 있을 뿐(然ルニ我国ニ在テハ宗教ナル者其力微力ニシテ, 一モ国家ノ基軸タルベキモノナシ [……] 我国ニ在テ基軸トスベキハ独リ皇室アルノミ)"[3]이라고 단정한 이토가 국내 갈등을 흡수하는 기축으로서 천황제를 내세워야 했던 것은 당시의 일본 사회의 구조적 요청이었다.

그러나 주의해야 할 것은 이 발언은 결코 단순히 천황의 절대 친정을 의미하는 것이 아니었다는 점이다. 사실 위 이토의 발언은 혹시 기축으로 될 만한 종교가 있으면 굳이 천황을 기축으로 삼을 필요가 없음을 역으로 의미하는 것이며 이토가 말한 '황실'이라는 표현 역시 이에 부응한다. 즉 국가통치를 위한 기축은 '황실'이라는 일종의 제도에 기인하는 것이었으며 결코 그것은 메이지 천황 본인의 구체적인 인격과 필연적으로 연결되어야 하는 것이 아니었다.[4] 다시 말하면 이토에게 필요했던 것은 종교와 같이 국민통합을 위한 정신적 기축이지 천황 개인이 가진 구체적 통솔 능력이 아니었던 것이다.

실제 천황통치권을 정한 헌법4조 "천황은 국가의 원수이자 통치권을 총람하여 이 헌법의 조항에 의하여 이것을 행한다(天皇ハ国ノ元首ニシテ統治権ヲ総攬シ此の憲法ノ条規ニ依リ之ヲ行ウ)"는 규정에 관하여 동 조항은 오히려 헌법에 의한

---

2) 「憲法草案 枢密院会議筆記(抄)第一審会議第一読会における伊藤博文枢密院議長の演説」(明治 21年 6月 18日), 鳥海靖, 『日本近代史講義』(東京大学出版会, 1988), 319쪽.
3) ibid., 319~320쪽.
4) 이에 관해서 하나 예를 들자면 이토는 초대 이토내각 조각시 천황의 반대가 있었던 모리(森有礼)의 문부대신(文部大臣) 취임인사를 그대로 실행했다고 한다. ibid., 215~216쪽.

대권 제한을 의미하므로 천황대권의 권위 실추를 가져다 준다는 반대론에 대해서 이토는 "본 조는 이 헌법의 골자다(本条ハ此憲法ノ骨子ナリ)"5)라고까지 말하여 이하와 같이 적극적으로 헌법에 의한 천황대권의 제한을 주장하고 있다. "헌법을 창설하여 정치를 행한다는 것은 군주의 대권을 제규(制規)에 명기하여 그 몇 부분을 제한하는 것임. 헌법 정치라 함은 즉 군주권 제한의 의의임은 분명하다(憲法ヲ創設シテ政治ヲ施スト云ウモノハ,君主ノ大権ヲ制規ニ明記シ其ノ幾部分ヲ制限スルモノナリ [……] 憲法政治ト云ヘバ即チ君主権制限ノ意義ナルコト明ナリ)".6) 그 뿐만 아니다. 이토는 헌법 성립 후 헌법설명회의 연설 속에서 동 헌법4조에 대해서 한 걸음 더 나아가 그 운영에 대하여 이하와 같은 말을 남기고 있다.

[헌법연설](明治 22年 3月 25日)7)
이 주권은 귀일(歸一)이자 분할하지 못함을 밝히는 바다. 그러나 그 주권을 활동시키는 기관은 여럿 있으며, 즉 정부 각부의 기관 같은 것은 주권제재 하에 있어서 경락 기능을 보유하며 실제 운동하는 것이 허용됨. 그 고로 관리는 어떨 때에 있어서는 주권을 대표하여 또 어떨 때에는 주권의 위임에 의하여 그 직권을 행하는 것이 허용된다(是ノ主権帰一にして分割すべからざるを明らかにする者なり. 然れども其の主権を活動せしめるの機関は種々あり, 即政府各部の機関の如きは主権制裁の下に居て経絡機能を有し, 実際に運動するを得る者なり. 故に官吏は或る場合に於ては主権を代表し, 又或る場合に於ては主権の委任に依り其職権を行うことを得る).

즉 4조는 모든 권력이 형식적으로 천황에 귀속될 것을 명기하고 있으나 현실적인 운영에 있어서는 각 기관이 사실상 그 권력을 행사할 것을, 즉 주권을 대표함을 인정하고 있었다. 이것을 더 구체적인 기능으로 정한 것이 헌법 제55조 "국무대신은 천황을 보필하여 그 직책에 임한다(国務大臣ハ天皇ヲ輔弼シ其ノ責ニ任ス)"고 하는 소

---

5)「憲法草案 枢密院会議筆記(抄)第一審会議第二読会における憲法草案第四条・第五条の審議」 (明治 21年 6月 18日), ibid., 320쪽.
6) ibid.
7) ibid., 348쪽.

위 보필규정 조항이었다. 영어로 'advice'로 번역되는 이 애매한 보필제도에 대해 마루야마(丸山真男)는 "통치의 유일한 정통성의 원천인 천황의 의사를 헤아리는 것과 동시에 천황으로의 조언을 통해서 그 의사에 구체적 내용을 주는 것이나 다름 없다"[8]고 해석했다. 보필의 역할은 천황의 의사를 헤아리면서도 단지 거수기 역할에 그치는 것이 아니라 천황에게 조언을 함으로써 실질적으로 천황의 의사에 내용을 주는 역할을, 즉 보필의 생각이 사실상 천황의 의사가 될 그런 중대한 가능성을 내포하는 것이었다.

이렇게 해서 형성된 대일본제국의 국체는 소위 '다두일신(多頭一身)'의 구조를 가지게 되었다. 즉 일본의 국체에 있어서는 일본 국가라는 하나의 신체를 통솔하는 두뇌가 사실상 천황 대권의 명목 아래 각 기관마다 독립하여 존재하게 되었다. 즉 그런 각 기관은 직접 천황의 권위아 연결되는 구조가 되어 있다는 상호독립성으로 인해 상호 불간섭이 암묵적 규약으로 됨에 따라 국가로서의 통일된 의사결정을 하기 어려운 구조가 되었다. 그런 조건하에서 그나마 각 기관의 조화로운 조정과 그 운영을 위한 기능을 맡은 존재가 원로였다.

헌법상 아무런 규정도 없던 이 원로집단이 맡은 가장 기본적인 역할은 내각을 통솔하는 총리대신 선출에 관해 그 인물을 천황에게 추천하는 것이었으나 천황이 이 추천을 거부한 일은 없었다.[9] 다시 말하면 국가의 최고 법규인 헌법에 아무런 규정도 없는 존재가 헌법상 최고통치권자인 천황을 지휘하는 셈이었다. 그러나 이 역할은 헌법에 명문화된 것이 아니므로 그 의미에서는 초헌법적 것에 불과하며 따라서 원로는 그 기능에 대해 아무런 법률적 책임을 지는 일은 없었다. 즉 법률적으로 책임 없는 주체가 내각총리대신의 선출을 비롯한 기타 각 주관 대신의 권한을 넘는 총합적인 의사결정권을 행사한다는 기묘한 구조가 그 뿌리를 내린 것이었다.

또한 이토, 구로다(黑田清隆), 야마가타(山県有朋) 등으로 대표되는 원로들은 일견 초헌법적 지위를 차지함으로써 독재적 권력을 발휘하는 것으로 예상하기 쉬우나

---

8) 丸山真男, 『日本の思想』(岩波書店, 1961), 38~39쪽.
9) 鳥海靖, op.cit., 272쪽.

원로 역시 결코 그들만의 독재적 권력을 행사하는 일은 없었다. 그들이 메이지유신(明治維新)의 공로로 인하여 압도적 권위를 가진 것은 사실이나 사쓰마·조슈의 상호견제 관계, 천황대권의 유지, 그리고 원로가 가지는 관습적 기능의 한정 등으로 인해 원로 누구 하나 온 국가적 통솔에 관하여 독재적 권력을 행사하는 일은 없었다. 그들이 실무적인 권력을 행사할 때는 내각총리대신 등 제도적 지위에 취임해야 하며 또 그 관습에 따라 그 지위에서 물러났다. 예컨대 이토가 네 번에 걸쳐서 총리대신의 지위에 오르내린 것은 그의 독재적 지위 탓이라기보다 오히려 그 결여를 뜻했다. 더구나 총리대신은 현행 헌법과 달리 메이지헌법상 그 지위에 관해 아무런 규정도 없이 그 기능이 부여된 실권 없는 존재에 불과했다. 요컨대 비록 메이지유신의 권위에 연유하는 국가원로라 하더라도 누구 하나 제도나 관습을 초월할 지위를 차지한 것은 없었던 것이다.

그런 고로 일견 천황 친정으로 보이는 대일본제국의 국체는 비록 천황의 이름 아래 모든 의사결정이 행해졌으나, 그 실질적 권력행사는 천황을 보필하는 각 대신이 맡으며 또 각 권력기관 사이의 조정은 초헌법적 원로가 처리한다는 특유의 구조가 자리 잡았다. 헌법상의 최고 통치자인 천황과 그 권력을 실질적으로 대행하는 보필, 그리고 초헌법적 존재인 원로라는 삼각 구도의 권력 분산이 생긴 것이었다. 그 결과는 당연히 의사결정에 대한 책임 소재가 애매해지는 것이었다. 메이지시대 중엽 경에 자리 잡기 시작한 이런 천황대권이라는 명목하의 책임 소재의 소멸은, 일본 국체의 전통을 말하자면 그 후 '비분열적 무책임체제'로 했다. 그리고 쇼와(昭和)의 군국주의 시대에 이 무책임한 의사결정 시스템의 애매함이 여지없이 나타난 것이야말로 국운을 좌우한 어전회의(御前会議)의 속성이었다.[10]

천황의 합석이라는 것을 가지고 국가 최고의 의사결정의 장으로서 그 권위를 자랑한 이 어전회의는 한편으로 실질적인 의사결정이 이루어지는 마당이 아니었다. 어전회의는 그것을 열기 위한 대본영정부연락회의(大本営政府連絡会議)에서 결정된 정책 내용을 미리 천황에 보고하여 승인을 받은 후에 열리는 것이 관례로 되어 있었으며 의사결정은 사실상 최고의 권위마당 이전에 이미 이루어지는 셈이었다. 천황 자체

---

10) 어전회의의 상세한 것에 관해서는 五味川純平, 『御前会議』(文藝春秋社, 1978)를 참고.

는 대본영정부연락회의의 결정에 대해서 언급할 일이 있어도 최고 권위의 장이던 어전회의에서는 통상 아무런 말도 하지 않았다.[11] 따라서 형식적으로 최종의사결정이 내려지는 무대에서는 천황은 아무런 의사표현도 꺼림으로써 천황의 정책결정에 관한 책임은 흐지부지되는 구조가 되었던 것이다. 아니, 정확하게 말한다면 그런 천황의 영구적인 책임회피를 도모한 제도가 이 어전회의의 기능이라고 보는 것이 보다 옳을 것이다. 하지만 책임회피는 단지 천황만의 일이 아니었다.

현행 헌법과 비교하여 그 중요성이 덜하다 하더라도 각 실무기관을 총괄하는 입장에 있었던 내각총리대신 역시 어전회의에서는 통상 사회자 역할만을 하는 데 그쳤다. 어전회의 벽두의 관례인 "허가를 얻었음에 따라서 오늘 의사(議事) 진행은 제가 이에 임합니다(御許シヲ得タルニ依リマシテ,本日ノ議事ノ進行ハ私ガ之レニ当リマス)"[12]라고 하는 수상이 맡은 회의를 진행하는 내각총리대신의 지위를 상징했다. 즉 그 자리에서의 총리대신의 지위는 바로 "허가를 얻었음"에 의하여 가능해지는 사회자 역할에 불과하며 최종적인 의사결정권을 가진 최고 책임자로서 그 회의를 소집한 것이 아니었다. 따라서 참석자의 의견이 분분할 경우 내각총리대신이 그 책임 밑에 최종 의사결정을 내리는 권한을 가지는 것도 아니었다. 심지어 어전회의는 단지 결정된 내용의 형식적 승인을 주는 마당에 불과했으므로 각 참가자의 책임을 명확히 하는 것을 가능하게 하는 다수결 등 의사결정에 관한 절차조차 갖추고 있지 않았다.

따라서 한국에서도 침략전쟁의 상징으로 여겨져 온 도조(東篠英樹) 역시 결코 히틀러(Adolf Hitler)처럼 독재적 권력을 가진 전쟁지도자가 아니었다.[13] 물론 그가 태평양전쟁에 대해서 그 추진파의 중심 인물이었음은 주지의 사실이다. 그러나 그의 내각총리대신 취임 및 해임은 절차적 관례에 따라서 메이지시대의 원로에 해당하는

---

11) 유일한 예외가 1941년 9월 6일의 회의였음은 유명하다. 다만 그 내용은 추밀원의장(枢密院議長)의 질문에 대한 통수부장(統帥部長)의 대답을 촉구하는 것과 메이지 천황의 와카(和歌)를 암송하는 것뿐이었으며 자신의 의사에 의한 전쟁결정에 관한 시시비비를 분명히 한 것이 아니었다. ibid., 119쪽.
12) ibid., 12쪽.
13) 이에 관해서는 "메이지헌법하에서의 국가체제는 많은 기관이 존재하며 그들 각각이 천황에 직속하기로 되어 있었으므로 내각의 권력도 한정되며 수상 겸 육상의 도조조차 통수에 관여하지 못했음은 널리 알려져 있다"는 지적이 있다. 中村隆英, 『昭和史I 1926~1945』(東洋経済, 1993), 367쪽.

중신들에 의해 이루어졌다. 즉 도조도 일본의 의사결정시스템 기관 중 하나에 불과하고 도조의 개인적 사상 탓으로 전쟁이 시작된 것도 아니거니와 1944년의 그의 퇴진에 따라서 종결된다는 성격의 문제도 아니었다. 더구나 도조가 주도한 개전은 어디까지나 41년의 미영전쟁 만이었으며 31년 이후의 소위 15년 전쟁의 일관된 최고지도자도 아니었다.

또 전쟁책임의 애매함에 대해서는 당파성의 결여도 한 몫을 했다. 소위 '익찬(翼贊)정치'로 불린 일본 국회의 거국적 전쟁지지 시스템은 나치스(Nazis)당과 같은 전쟁수행에 관한 명확한 당파적 책임 주체를 낳지 않았다.

국민의식 역시 이미 전쟁수행에 대해서 아무런 저항의 요건도 갖추지 못했다. 마루야마가 "'국체'라는 이름으로 불린 비종교적 종교가 어떻게 마술적 힘을 떨쳤는지에 대한 통절한 감각은 [……] 그 마술 속에 흠뻑 빠져 그 속에서 '사상의 자유'를 향수하던 낡은 세대에는 본시 없다"[14]라고 표현한 전중 세대에게 만세일계(万世一系)의 국체호지(國體護持)는 의심할 여지없는 신민(臣民)의 의무이자 이익이라고 생각되었다. 그 귀결로서 천황의 이름으로 내려지는 전쟁 수행의 명령에 반항하는 것은 일부 지식인들을 제외하면 실질적으로 불가능한 상황이었다. 마루야마와 같이 전전을 직접 경험한 고미카와(五味川純平)의 "대 권력의 관계에 있어서 일본인은 자주독립의 정신을 봉쇄당해서 오랜 시간이 경과했다는 것이다"[15]라는 말은 메이지시대 이래 확립된 지 반세기가 지나던 신민의식이 이미 자기완결되어 있었음을 자백한 말이라고 이해할 수 있다.

법적 최고통치자인 천황과 그 권력의 실질적 행사기관으로서의 보필제도, 그리고 원로에 의한 내각총리대신 지명이라는 메이지시대로부터의 전통 위에 국회에서의 당파성 결여, 노사 모두가 일체화된 산업보국(産業報國) 체제, 그리고 국민의 '신민화'가 가해진 쇼와의 국체는 일본 군국주의 체제에 의한 전쟁수행에 대해서 그 사회적 균열의 발생을 완벽하게 막는 힘을 여지없이 발휘했다. 바로 이런 내부적 균열의 부재

---

14) 丸山真男, op.cit.(1961), 31쪽.
15) 五味川純平, op.cit., 8쪽.

는 그 전쟁의 성격이나 그 추진 주체의 책임을 추궁하려고 하는 내재적 에너지가 일본 국내에서 작동하는 틈을 원천 봉쇄했다.

다시 말하면 책임 주체를 애매하게 한 천황, 군국시도자 그리고 국민의 완벽한 일체화 구조는 국체호지를 위하여 서로의 이해대립을 지양시켜 일본 사회에서 내부적인 상호 비판의식을 낳을 여지를 주지 않았던 것이었다. 그런 완벽한 일체화 구조하에서 유일화 된 국체호지 사상에 흠뻑 빠진 각 구성원들에게는 마치 자신의 눈동자를 통해서는 자신의 눈동자를 원리적으로 보지 못하는 것과 마찬가지로 그 사상 자체의 의미를 반성적으로 돌이켜보려고 하는 대자적인 시각을 갖는 길은 완전히 막힐 수밖에 없었다.

그런 국체호지 사상의 구조화는 당연한 결과로서 그 사상 아래 벌어진 침략전쟁에 대한 명확한 책임 주체를 낳을 길을 막았다. 법적 최고 통치자인 천황은 단지 그 최고 권위를 개인의 자유로운 인격과 맺음으로써 획득한 것이 아니라 만세일계의 황통에 속함을 통해서만 부여된 것이었다. 따라서 그의 통치하에서 일어난 전쟁 역시 자신의 사상 때문에 그 교전권을 행사한 것이 아니라 어디까지나 황조황종(皇祖皇宗)의 덕을 세계에 퍼지게 할 것을 목적으로 한 '성전(聖戰)'을 위한 것이었다. 보필로서 실질적으로 전쟁의 지도를 맡은 지도자들 역시 개인이나 어떤 특정한 정치 세력의 이해 위에 군림한 것이 아니었다. 도조 이하의 전쟁지도자는 어디까지나 국체호지를 위하여 이미 확립되어 있었던 제도하에서 일종의 '기계적 기능'을 한 것뿐이었다.[16] "'국체'의 마술에 흠뻑 빠진" 일반 국민 역시 이 전쟁수행에 대한 봉사는 황국신민으로서의 일종의 '무의식적인 반응'에 불과하며 명확한 의식 주체로서 능동적으로 참여한 것이 아니었다.

전중 세대인 마루야마가 너무나 인상적으로 고백한 "그냥(何となく) 무언가에 (何物かに) 밀리고 질질(ずるずると) 온 나라가 전쟁의 와중에 돌입했다는 이 놀라

---

16) 이런 심정은 사형 집행을 앞둔 도조의 일기에 나온 "그러나 죄로 간주된 행위는 보는 입장은 달라도 저 자신은 일점의 사심 없이 오직 애국충정에서 발한 것으로서 자부하고 있는 것"이라는 그의 말에 잘 나타나고 있다. 東篠英樹, 「最後の日記」(1948), 『「文藝春秋」にみる昭和史 2』(文藝春秋社, 1988), 93쪽.

운 사태"[17]는 바로 메이지 이래 자리 잡게 된 책임 주체 없는 국체호지 사상이 "히틀러를 선망시켰을 만큼"[18] 완벽하게 그 뿌리가 일본 사회에 내려졌음을 증명한 것이었다.

그런 고로 그 일체화된 체제를 무너뜨리는 일은 결국 외부로부터의 충격을 기다릴 수밖에 없었다. 마루야마가 근대 일본의 형성에 있어서 '국민의식'의 싹트기에 거의 유일한 결정적 영향을 주었다고 평가한 외부 충격[19]은 그로부터 약 100년 후 이번에는 전후의 새 출발에 즈음하여 그 국민의식의 완성체인 신민의식을 해체시키는 데 다시 한 번 큰 몫을 한 셈이었다. 바로 패전이라는 외부 충격은 그런 완벽하게 통일화되던 국체호지 사상에 균열을 줌으로써 일본인들에게 일본 사회 내부에도 자타가 존재함을 깨닫게 하는 기회를 주기 시작했다. 그리고 이 계기가 전후 일본에서의 과거 반성 의식의 출발점을 이룬 것이었다.

2) 패전을 계기로 한 과거반성 의식의 한계

이상과 같이 그 내부적인 구조로 인하여 군국주의 체제에 대한 반성의 의식을 키우지 못했던 일본은 결국 패전을 계기로 '과거'를 맞게 되었다. 따라서 강제적인 외부 충격으로 인해 갑자기 '과거'와 대면한 전후 직후의 일본 사회에서 그 전쟁수행의 이데올로기에 대신하는 사상적 준비가 되었을 리가 없었다. 요시다(吉田光)가 전후 직후의 일본의 전쟁책임에 대한 의식의 희박함을 "사상의 재건의 기점이 패전에 의하여 주어진 것이며 자주적으로 이겨서 얻은 것이 아니었다는 사정"[20]에서 찾은 것은 바로 '과거'를 자신들의 힘으로 만들어낸 것이 아닌 일본 고유의 논리를 규명하는 데 적절한 접근이었다. 그런 반성의식의 희박함으로부터 책임의식이 생긴다고 하면 그것은 자연스러운 귀결로서 패전에 대한 책임의식으로부터 출발할 수밖에 없었다.

사실 패전 후 처음으로 회기 이틀 동안만 개최된 제88회 제국의회의 심의내용을

---

17) 丸山眞男, 「超国家主義の論理と心理」, 『世界』 1946年 5月 号, 12쪽.
18) 丸山眞男, op.cit.(1961), 34쪽.
19) 丸山眞男, 『日本政治思想史研究』(東京大学出版会, 1952), 第3章.
20) 吉田光, 「戦後精神について: '市民'と'民族'」, 山田宗睦他, 『現代の発見 第6巻: 戦後精神』(春秋社, 1960), 25쪽.

보면[21] 그 당시 일본 사회의 분위기를 느낄 수 있다. 소위 '일억총참회(一億総懺悔)' 발언으로 유명해진 전후 초대 수상이던 히가시쿠니노미야(東国邇宮稔彦)의 의회 연설은 평화론자 천황의 의향에 부응하지 않고 미영과의 전쟁으로 나서고 패전으로 끝난 결과에 대한 온 국민의 반성과 천황의 국가통치를 의미하던 국체를 또 다시 빛나게 하는 것을 국민의 의무로 삼았을 뿐이었다. 또 본시 이런 새 정부의 무책임한 자세를 추궁해야 했던 아시다(芦田均)의 대정부질문 역시 대동아전쟁을 불리하게 종결로 이끈 원인 및 책임의 소재를 명백히 하기 위한 것에 불과하며 전쟁의 책임 추궁은 어디까지나 패전에만 돌린 것이었다.

다시 말하면 전쟁책임을 천황대권의 국체를 위태롭게 한 온 국민에 있음을 강조한 히가시쿠니노미야든, 그 책임을 정부의 전쟁 수행에 관한 정책들에 찾으려 한[22] 아시다든 간에 반성의 대상은 어디까지나 패전에만 있었던 것이었다. 따라서 국체 유지의 실패라는 '안'으로 돌려진 반성의 시각은 자동적으로 아시아 침략에 대한 반성이라는 '밖'으로 향하는 논리성을 창조할 수 있을 리가 없었다.[23]

그러므로 일본 사회 내에서 다른 아시아 국가들이 겪은 피해에 대한 반성의식이 조금이나마 싹트기 위해서는 또 다시 외부의 힘으로 인하여 인위적으로 그 방향성이 바꾸어질 것을 기다릴 수밖에 없었다. 바로 그 의식변화의 계기는 패전으로부터 개전 책임으로의 의식변화였다. 물론 개전에 대한 책임의식은 결과적으로 패전으로 이어간 전쟁을 왜 일으켰는가는 하는 문제를 포함하므로 한계를 가진 측면이 있음은 틀림없다. 그러나 개전에 대한 책임의식은 단지 전쟁의 승패를 떠난 또 하나의 논리, 즉

---

21) 衆議院 参議院 編, 『議会制度70年史 帝国議会史』 下巻(大蔵省印刷局, 1962), 1017~1029쪽.

22) 구체적으로는 일본의 고립의 원인, 전쟁 수행을 위한 국방병력, 전쟁지도의 기구, 개전 후의 국내 여러 정책들, 사상동원체제 등이었다.

23) 흥미로운 것은 이런 아시아침략이라는 '밖'으로 향한 반성의 결여는 천황제를 옹호해야만 했던 정치가들만이 아니라 일반 국민들 역시 마찬가지였다고 추측되는 점이다. 예컨대 연합국 점령하의 일본 국민들이 맥아더(Douglas MacArthur)에 부친 편지를 조사한 소데이(袖井林二郎)는 천황에 관한 편지 속에서는 천황의 면책을 호소하는 것이 압도적이었으나 그런 속에서 천황의 전쟁책임을 주장하여 천황제 폐지를 주장한 편지가 9통 있었음을 밝히고 그들을 소개하고 있다. 袖井林二郎, 『拝啓 マッカーサー元帥様 占領下の日本人の手紙』(岩波書店, 2002), 108~136쪽. 그런 가운데 주목해야 할 것은 위 9통의 편지 속에서조차 아시아 침략에 대한 고발과 그 책임 추궁의 의식을 드러낸 편지는 단 한 통도 없었다는 점이다.

전쟁의 성격이나 그것을 일으킨 자신들의 체제의 문제점을 따져보려는 시각을 내포하고 있었던 것도 사실이었다. 그리고 그 계기를 제공한 것이 그 재판의 성격에 관한 논란을 떠나서 미국의 힘에 의하여 행해진 극동국제군사재판(이하 도쿄재판)이었다. 즉 중요한 것은 패전책임으로부터 개전책임으로의 의식 변화 역시 일본은 자력으로 이룬 것이 아니라 외부적 힘에 의하여 주어졌다는 점이다.[24]

일본이 저지른 전쟁책임을 추궁한 도쿄재판에 대해서는 오늘날까지 승자에 의한 재판이냐, 문명에 의한 재판이냐 라는 말이 상징하듯이 그 재판의 법적, 정치적, 도덕적 문제들에 관해서 많은 논란이 있다. 그러나 여기서 주목해야 하는 것은 그런 도쿄재판에 대한 평가를 떠나서 그 재판이 한국이나 다른 아시아 국가들에 대한 일본의 과거반성 의식에 결과적으로 가져다준 역작용에 대해서다. 이 역작용의 원인은 주로 두 가지로 나눌 수 있다. 하나는 재판이라는 형식이 준 역작용이며 또 하나는 그 재판의 내용에서 비롯된 역작용이다.

첫 번째인 재판의 형식 문제라 함은 도쿄재판에서 진행된 개인책임 추궁의 형식 문제였다. 동 재판이 독일의 전쟁책임을 심판한 뉘른베르크(Nuremberg)재판의 형식, 즉 통상의 전쟁범죄에 더해서 '평화에 대한 죄' 그리고 '인도에 대한 죄' 등에 대한 지도자 개인의 책임추궁이라는 형식을 그 하나의 특징으로 하고 있었음은 주지하는 바다. 종래 국제적 분쟁에 있어서 그 해결수단으로서의 국가 주권의 발동인 전쟁행위에 대해서 그 개인의 책임을 추궁하는 역사가 일반화되지 않았던 당시의 상황을[25] 생각할 때 이런 형식이 애매한 전쟁책임의 명확화를 도모하는 데 의의 있는 하나의 형식임은 부정하지 못하는 일이다. 그러나 이 형식은 히틀러나 나치스당 같은 뚜렷한 책임 주체가 있는 경우와 달리 메이지시대 이래 거의 반세기를 넘어서 모두가 국체호

---

24) 물론 일본 내부에서도 자주재판의 움직임이 전혀 없었던 것이 아니다. 그러나 아와야(粟屋憲太郎)가 지적한 바와 같이 그런 일본 내부의 자주적 전범 처벌의 움직임은 "구지배층의 희생을 최소한에 그치도록 하려는 방위적인 것"이었다고 이해하는 것이 적절해 보인다. 粟屋憲太郎, 「占領, 被占領: 東京裁判を中心に」, 『岩波講座 日本通史 第19卷 近代4』(岩波書店, 1995), 190쪽. 실제 이런 한계는 도쿄재판 후 일본인 자신에 의한 전범 처벌의 추궁이 결국 일체 이루어지지 않았던 점에 잘 나타난다.

25) 사실 도쿄재판에 있어서 이 논점이 일본의 피고인을 변호하는 결정적 논리였음은 도조의 주임변호인이었던 기요세(清瀬一郎)의 모두진술을 봐도 명확하다. 이 모두진술은 이하 재수록. 清瀬一郎, 『秘錄 東京裁判』(中公文庫, 2002年 改訂版), 205~270쪽.

지의 '기관'으로 되어 있던 구조하에서 행해진 일본의 전쟁책임을 추궁하는 데는 큰 문제를 안겨주는 역설을 낳다.

뚜렷한 의사결정 주체의 결여라는 국체의 전통은 결국 침략전쟁이라는 결과에 대해서 그 무책임체제로 인해 두 가지 모순된 의식을 갖는 가능성을 일본 사회에 열어 놓았다. 그것은 지위에 따른 양적인 차이가 있을지언정 모두에게 전쟁에 대한 책임이 있다는 의식을 갖게 하는 가능성과 역으로 누구에게도 책임이 없다는 의식을 갖게 하는 가능성이었다. 그러나 일견 정반대로 보이는 이 두 가지 인식은 그 전쟁이 누구를 위한 누구에 의한 전쟁이었는가를 인식시키는 데 오히려 장애물이 된다는 의미에서는 같았다.

따라서 그런 의식구조라는 조건하에서 이루어지게 된 개인책임의 추궁이라는 도쿄재판의 형식은 일본의 국가적인 전쟁책임을 밝히는 데 두 가지 역작용을 가져다주었다. 하나는 일본인들이 자기들의 책임을 전체적으로 인식하려고 할 경우도 원래 누구를 위한 누구에 의한 전쟁인가가 애매했던 일본에서 재판이라는 개인 책임의 추궁 형식은 그 책임을 뒤집어쓰게 된 전범들의 책임만을 부각시키는 반작용으로서 대부분의 책임을 면책시키는 효과를 낳았다. 즉 그런 유한수의 개인의 책임 추궁 형식은 압도적 대부분의 일본인들에게 법적, 심리적 면죄부를 줌으로써 국가책임이라는 추상적 의식을 키워나가는 것을 오히려 막았다.

개인의 책임 추궁이라는 형식이 낳은 또 하나의 역작용은 일본인들이 누구에게도 책임 없다고 인식할 경우에 생길 연합국에 의한 책임 규정에 대한 반발이었다. 무책임 구조에 빠지고 통절한 전쟁책임에 대한 자각을 결여한 당시의 일본 사회에서 누구에게도 책임은 없다고 인식할 경우 전승국이라는 분명한 힘에 의한 책임의 소재 추궁형식은 "승패에 의하여 승자가 재판권을 잡고 승리자의 자의에 의하여 패자를 처벌하는 것이 과연 옳은 것인지 나는 묻고 싶다"[26]는 반발을 당연히 일으키지 않을 수가 없었다. 그런 반발은 단지 보수적 사고의 탓이라기보다 누구를 위한 누구에 의한 전쟁인가

---

26) 平光吾一,「戦争医学の汚辱にふれて」(1945),『「文藝春秋」にみる昭和史 第1巻』(文藝春秋社, 1988), 634쪽.

가 근본적으로 명확하지 않았던 일본 사회를 반영시킨 필연적인 반응의 하나였다고 보는 것이 타당할 것이다.

아무튼 그것을 통한 책임의 회피이든 반발이든 결국 개인책임의 추궁이라는 도쿄재판의 형식은 일부 전쟁 지도자의 전쟁책임 인정이라는 형태를 통해서 그들을 일본국가로부터 떼어버렸다. 그 결과 재판의 종결과 동시에 국가로서의 전쟁책임의 추궁이라는 과제는 일본 사회의 인식으로부터 사라지게 되었던 것이다.[27]

그러나 또 다른 문제가 있었다. 도쿄재판이 가지는 제2의 한계는 한일 간의 과거청산에 대해서 그 재판이 가진 내용적 측면이었다. 주지하는 바와 같이 도쿄재판은 미국의 국제정치적 이해관계에 따라 진행된 성격이 짙었다. 그런 까닭에 이 재판은 '누가, 무엇에 대해서, 왜'라는 전쟁책임 추궁의 기본적 물음에 대해서는 오누마(大沼保昭)가 지적했듯이[28] 미국에 대한 개전 책임자가 비교적 그 죗값을 무겁게 물리는 등 아시아 제국의 피해라는 각도에서 볼 때 왜곡된 내용을 가지고 있었다. 결과 그나마 부각된 전쟁책임은 미국을 중심으로 한 연합국에 대한 전쟁책임으로 되고 말아서 연합국에 들어가지 못했던 한국에 대한 식민지 과정이나 그 지배에 대한 책임은 전혀 문제가 되지 않았다.[29]

그나마 일본의 책임을 추궁하려고 열린 도쿄재판이 한국에 대한 식민지 지배와 전혀 관계없는 내용으로 일본의 전쟁책임에 대해 매듭을 지은 이상 이후 공식적으로 일본의 한국 지배에 대한 책임을 추궁하는 기회는 영원히 사라졌다. 즉 도쿄재판은 그 형식에 있어서도 내용에 있어서도 일본의 한국 지배에 대한 책임을 묻는 데 오히려

---

27) 이에 대한 가장 명확한 증거가 기시(岸信介)의 복권일 것이다. 한 때 도쿄재판에서 A급 전범으로서 기소될 뻔했던 그가 결국 불기소로 되고 그 책임으로부터 벗어나게 되자 그 후 일본 사회에서는 전혀 책임 추궁의 대상으로 되지 않았을 뿐 아니라 심지어는 수상이라는 최고 책임자의 지위에까지 오른 것은 결국 일본인의 전쟁책임의 인정이 도쿄재판에 따라서 규정되었음을 여실히 나타내는 대목이다.

28) 大沼保昭, 『東京裁判から戦後責任の思想 第4版』(東信堂, 1997), 특히 제1장, 2장.

29) 도쿄재판의 기소장 작성에 관한 상세한 연구를 한 아와야는 그 재판이 식민지 지배에 관해서 소극적이었음을 이하와 같이 지적하고 있다. "'아시아의 부재'는 조선·대만에서의 일본의 식민지 지배에 대해서는 바로 타당하다. 46년 2월 4일의 미 검찰진이 기소장 초안에서는 '인도에 대한 죄', '통례의 전쟁범죄'가 저질러진 지역의 하나에 '朝鮮'이 들어가고 있었다. 그러나 이것은 조선에서의 미국인 포로 등의 학대를 상정한 것으로 생각되며 이후의 기소장 작성과정으로부터 '조선'은 탈락한다. 검찰진영 속에서는 일본의 조선에 대한 식민지 지배를 전쟁범죄로서 추궁하려고 하는 자세는 없었다. 분단된 채로 주권국가로 되어 있던 조선을 대변하는 국가의 대표검찰은 존재하지 않았다." 粟屋憲太郎, op.cit., 196쪽.

부정적인 영향을 주었다고 평가하는 것이 마땅한 것이었다.

물론 남은 가능성으로서는 도쿄재판이라는 외부 충격을 계기로 국내적으로 일본인 스스로가 전쟁책임의 추궁을 확대해 나갈 길이 있었다. 그러나 기노시타(木下順次)가 회고하듯이[30] "극동국제군사재판이라는 것이 어떠한 거짓을 포함하고 있었다고 쳐도 […⋯] 그것을 단서로(手がかりに) 일본인으로서 전범 추궁의 문제를 발전시켰으면 좋았다. 당시의 일본인 속에서 일본인으로서 전쟁책임을 추궁하는 입장, 시각을 가질 수 있었던 사람은 적었다"는 것이 당시 일본 사회의 현주소였다. 즉 재판을 계기로 한 내부적 반성의식의 생성 가능성 역시 거의 희박한 상황이었던 것이다.

이렇듯 외부 충격으로서의 도쿄재판은 일본 사회 내부에 대 아시아 침략의 과거를 반성하는 눈길을 키우는 데 결코 바람직한 노릇을 한 것이 아니었다. 그러면 전후 일정한 세력으로서 확실히 일본 사회에 싹튼 과거반성파들은 어떤 논리성으로 인해 일본 사회에 뿌리 내리기 시작한 것이었을까? 다음은 이 문제를 검토해야 한다.

3) 과거반성 의식 생성의 논리

위에서 살펴봐 왔듯이 일본의 무책임체제와 패전을 계기로 한 '과거창출' 과정은 직접적으로 한국을 비롯한 아시아 침략에 대한 반성의식을 키우는 데 바람직한 일이 아니었다. 또 패전책임으로부터 개전책임으로 그 의식을 선회시킨 도쿄재판이라는 외부 충격 역시 고작 연합국에 대한 개전책임에 한정되는 구실을 줌으로써 한국에 대한 과거반성 의식을 키우는 데 오히려 걸림돌이 되는 성격을 지녔다. 따라서 전후 확실히 자리 잡게 된 아시아 국가들에 대한 반성의식은 다른 각도에서 고찰되어야 하는 논리성을 가진다고 말해야 하겠다.

이 논리를 탐구하기 전에 또 하나 과거반성 의식이 생성될 가능성으로서 생각할 수 있는 것은 각 개인의 구체적인 체험을 통한 직접적인 반성의식의 생성 가능성이다. 그러나 이 논리는 국가 간에서의 과거청산을 가능하게 하는 국가책임이라는 의식을

---

30) 木下順次・神島二郎対談,「歴史の痛恨と日本人」(1975), 神島二郎,『天皇制の政治構造』(三一書房, 1978), 176쪽.

키우는 데는 애당초부터 한계를 가진 것임을 지적해야 한다. 물론 전쟁터에서의 구체적인 체험 속에는 전쟁의 실태가 아시아 해방을 위한 것이 아니라 일본의 지배를 위한 침략이었음을 깨닫게 하는 요소를 전후 일본 사회에 일부 제공한 것은 사실일 것이다.

그러나 여기에는 역설이 있다. 그런 각 개인의 구체적인 경험은 바로 구체적인 것인 만큼 보편성이 떨어질 수밖에 없다. 침략의 제 행위라는 구체적인 체험은 그것을 경험하지 못한 사람들에게는 공유의 재산이 되지 않는데다가 다른 아시아 국가들의 생활향상에 기여했다는 다른 구체적인 체험에 의하여 상쇄되기 마련이다. 또한 그런 구체적인 체험에 기초한 책임 의식은 시간의 경과에 따라 당사자의 사망과 신세대의 탄생으로 인하여 오히려 일본 사회에서 그 책임의식이 희박해지는 것이 논리적인 순리가 된다. 그러나 전후 일본의 대아시아 책임의식은 확실히 그것과 반대, 즉 시간의 경과에 따라 높아졌음은 일본 수상의 전후 식민지 지배의 책임에 대한 발언들의 변화를 봐도 확실하다.[31]

더구나 이런 구체적인 체험에 과거반성의 논리의 기원을 보려고 하는 시각에는 개별적인 구체적 체험과 과거청산에 필요한 국가책임이라는 추상 개념과의 논리적 순서에 대한 오해가 있다. 즉 일반적으로 어떤 개별대상을 인식할 때는 이미 그것을 '어떤 것'으로서 인식시키는 추상개념이 늘 선행하듯이 과거 반성에는 어떤 사상(事象)을 가지고 그것을 반성이라는 시각으로 바라보게 하는 추상적 가치기준이 늘 선행해야 한다. 다시 말하면 반성은 반성 대상의 내용이 결정한다기보다 그 내용을 가지고 반성해야 한다는 의식을 갖게 하는 인식의 틀이 결정한다.

예를 들어 한반도 식민지 지배를 반성하는 시각은 그 과정에서 일어난 개별적 내용만으로 가능한 일이 아니다. 사실 식민지 지배라는 폭력성은 미국, 영국을 비롯한 서양 국가들이 모두가 가진 것이었다. 난징대학살 같은 전쟁 수행 중의 범죄행위를 따져 봐도 두 번에 걸친 원폭 투하가 그것을 상쇄하기에 충분하다고 볼 수도 있다.

---

31) 이것은 이하 본론에서도 재론하나 1965년의 한일조약 비준국회에서 나온 "(병합조약은) 대등한 입장으로 또 자유의사로 이 조약이 체결되었다 이렇게 생각하고 있다"고 말한 사토(佐藤栄作) 수상의 발언과 앞서 언급한 1998년 10월의 소위 '한일파트너십선언'시 "통절한 반성과 진심으로부터의 사과"라는 오부치(小渕恵三) 수상의 발언의 차이를 생각해도 알만하다.

만주사변으로 상징되는 비겁한 허위공작도 일소중립조약을 무시해서 대전 말기에 참전한 소련의 조약 위반 행위가 똑같은 구설수에 올라야 마땅했다. 요컨대 전쟁에 관한 지배, 무력 사용의 제 행위들의 내용을 아무리 따져 봐도 그 자체의 평가는 결국 전승 - 패전의 문맥에서만 결정될 수 있는 일이었다. 그 문맥에서는 미국 등의 주요 연합국과 달리 오직 일본만이 반성해야 한다는 의식이 생길 여지는 없다.[32]

그러면 그런 구체적인 경험이나 전승 - 패전이라는 틀을 떠나서 오직 국가로서 일본만이 반성해야 한다는 사고는 어디서 나올 수 있었을까? 결국 그것은 전쟁에 관한 구체적인 내용에 대해서가 아니라 그런 개별적인 내용들을 반성이라는 시각으로 바라보게 하는 추상적 인식의 틀의 유무였다. 즉 일본에는 없었고 다른 주요 연합국에는 있었던 그런 틀, 바로 그것은 전쟁 중 미영에 의하여 밝혀진 대서양헌장(Atlantic Charter)이 상징하는 소위 자유민주주의적 가치였다. 민족자결, 개인의 인권 존중, 사상·표현의 자유 등을 비롯한 소위 서양식 자유민주주의적 가치를 호소하여 싸우게 된 2차 대전은 1차 대전과 달리 자유민주주의적 체제와 전체주의적 파시즘 국가 간의 전쟁이라는 성격으로 이미 변해가고 있었다.

"불행하게도 진리와 정의는 우리의 위에 없으며 미·영의 위에 멈추었다. 그것은 단지 싸움에 이긴 자가 정의라는 것이 아니라 세계 역사에 있어서 엄연한 '이성의 심판'이며 우리 함께 패전의 비통 속으로부터 엄숙하게 그 선고를 받아들여야 한다"고 한 난바라(南原繁) 도쿄대 총장의 말은[33] 바로 전쟁의 내용이나 승패를 떠나 자유민주주의와 전체주의의 차이에 반성해야 하는 과거를 보려고 한 전후의 예민한 통찰의 시작을 고했다.

물론 패전 직후 나온 이런 발언은 어디까지나 시대를 한 발짝 앞서는 예민한 두뇌의 소산에 불과했다. 따라서 일본 사회에서 그런 과거반성의 시각이 안정된 영향력을

---

32) 이 점은 전후 일본의 전쟁책임론의 대표자의 한 사람인 다케우치(竹内好)의 사고에 잘 나타나고 있다. 다케우치는 전쟁일반이라는 생각을 배제하여 전쟁 중에서 대 중국(및 대 아시아) 침략전쟁이라는 측면을 집어 들고 그에만 책임을 지려고 하는 생각을 지지했으나 바로 그 근거가 "제국주의에 의하여 제국주의를 처벌하지도 못한다(裁くこともできない)"는 논리였음은 상징적이다. 竹内好, 「近代の超克」, 竹内好·亀井勝一郎 編, 『近代日本思想史講座 第7卷 近代化と伝統』(筑摩書房, 1959), 253쪽.
33) 南原繁, 「戦歿学徒に告ぐ」(1946), 『「文藝春秋」にみる昭和史 2』(文藝春秋社, 1988), 16쪽.

가진 존재로서 자리 잡게 되기까지는 일정한 시간이 필요했다. 그리고 그러한 자유민주주의적 가치의 정착에 크게 기여한 것이 미국에 의한 점령통치였음은 의심의 여지가 없을 것이다. 미국의 통치 내용이 일본인에 대한 일본어 사용금지나, 교회 예배의 강요, 또 강제노동력 동원에 있는 것이 아님을 실질적으로 겪은 일본인들에게는 자기들의 식민지 지배, 점령 정책과의 대조를 느끼지 않을 수가 없었다. 또 미국에 의한 군국주의 제 제도 폐지, 새 헌법을 비롯한 갖은 민주주의적 장치의 마련 등은 전후 일본에서 거의 아무런 갈등 없이 받아들여졌다. 그 요인은 몇 가지 있을 수 있으나 그들 순조로운 정착의 기반에는 "져서 천황제 파시즘이 무너뜨려지고 좋았다는 안도감이 있었다"[34]는 일본인들의 의식이 깔려 있었음은 확실하다. 이것은 다워(John W. Dower)가 "이 현상(＝맥아더에 대한 일본인들의 반응)과 조금이라도 비교할 수 있는 것을 근대사 속에서 찾기는 어렵다"고까지 평한[35] 점령하의 일본 국민들이 보인 맥아더에 대한 열광이 입증하고 있다. 즉 미국은 다른 아시아 제 국민들뿐만 아니라 대부분의 일본인들에게도 단순한 정복자가 아닌 해방자였던 것이다.

그런 점령을 통한 자유민주주의라는 보편적 개념의 침투는 그 귀결로서 그와 상반된 천황대권에 대한 의심과 군부주도의 국정운영에 대한 깊은 불신을 일본 사회에 심어주었다. 그리고 전전 체제에 대한 혐오감이 정착되면 될수록 그 체제하에서 저질러진 대아시아 군사행동에 대한 반성의식이 싹틀 가능성이 열렸다. 즉 자유민주주의적 가치관이야말로 그 승패를 떠나서 전쟁에 관한 제 행위들의 내용에 대한 반성의식을 키울 수 있는 유일한 발판이었다. 그리고 그런 전쟁과 얽힌 제 해위에 대한 반성의식은 전쟁 자체에 대한 비판 의식을 키우므로 결국 그 전쟁 자체를 일으킨 일본의 국가시스템 전체에 대한 반성의식과 연결되어 갔다.

하지만 여기서 강조해야 하는 것은 전후 일본 사회에 그런 국가책임으로서의 과거

---

34) 中林賢二郎, 「戦争の中の労働者: 民族主義と労働者」, 『現代の発見 第二巻: 戦争体験の意味』 (春秋社, 1959), 155쪽.
35) J. W. ダワ-, 袖井林二郎 訳, 「해설」, 袖井林二郎, op. cit. (2002), 422쪽. 또 앞서 소개한 점령통치하의 일본 국민들이 맥아더에 대해 보낸 편지들 속에 담겨진 그에 대한 경애를 봐도 맥아더에 대한 일본인들의 해방자의식을 실감할 수 있다. 그 편지들을 단지 점령자에 대한 '아부'로 보는 것은 주권회복 후의 일본 사회의 친미 성향으로 볼 때 설득력을 잃는다.

반성의 시각을 제공한 자유민주주의적 가치는 역으로 한일회담을 통해서는 과거청산이 이루어지지 못하게 하는 요인으로 작용하지 않을 수 없었다는 점이다. 왜냐하면 추상성을 지닌 자유민주주의적 가치는 그 보편성으로 인해 시간성과 지역성을 넘어 일반화되는 성격을 띠었다. 그로 인해 그 가치는 일본인들에 대한 과거반성의 논리를 제공하는 계기가 된 것과 동시에 일본이라는 특수성을 넘는 속성을 내포했다. 그리고 이 속성이야말로 이하 논하듯이 한일회담시 한국 정부에 대한 일본 사회의 잣대로서 적용하지 않을 수가 없는 원인으로 된 것이었다.

2. 일본의 과거반성 논리와 한일회담 반대의 논리

1) 전후 일본에서의 자유민주주의적 가치의 특징과 그 귀결

살펴봤듯이 천황대권 아래서의 특유의 무책임 구조와 패전을 계기로 한 '과거창출' 과정으로 인하여 자주적인 반성의 시각을 가지지 못했던 일본 사회는 자유민주주의라는 보편적인 가치의 정착을 기다리면서 점점 과거에 대한 반성의식이 싹트기 시작했다. 그러나 일본에 그런 과거반성의 근거를 제공한 보편적인 개념은 한편으로 바로 그 보편적 성격으로 인해 일본이라는 고유성을 넘어 한국을 바라보는 잣대로서도 적용될 수 있었다.

그러나 앞서 상세히 논한 한국 사회에서의 국민통합 메커니즘의 구조적 결여가 낳은 권위주의적 폭력 정치는 위의 잣대를 통해서 한국을 평가하게 된 일본 사회에 대해 한국 정부에 대한 부정적 인식을 심어주는 데 충분한 근거를 제공했다. 1952년의 소위 부산파동시 "검거된 국회의원은 공산주의자와 음모하여 한국 정부를 번복하려는 혐의 때문에 구속되었으며 [……] 계엄령은 순수한 군사적 이유에서 선포된 것이고 후방의 치안이 만족할 정도로 확보될 때까지 해제할 수 없다"[36]고 천명해서 본격화된 이승만의 반공우파정치는 60년대 박정희에 의한 쿠데타 정권으로 이어감으로써 그 폭력통치의 양상을 한층 제고시켰다. 그간 한국 정치가 보인 모습은 자유민주주의 사

---

36) 解放二十年史編纂委員會, 『解放二十年史』(希望出版社, 1965), 601쪽.

상이 요구해 온 '법의 지배'라는 룰에 기초한 권력의 행사가 아니라 권력이 임의로 법 제도를 초월하며 반대 세력을 물리적으로 탄압한다는 독재정치의 단골 모습이었다.

그런 반공안보의 논리가 어디까지 진실인가를 떠나 암울한 우익군국주의 시대를 겪고 겨우 자유민주주의라는 잣대를 통해서 사회를 바라보게 된 일본의 과거반성파에게 이런 한국 정치의 폭력성은 바로 반성해야 하는 스스로의 과거 모습의 재현이나 진배없었다.

바로 여기에 자유민주주의를 통한 일본의 과거반성 논리가 왜 한일회담 반대로 연결되어야 했는지에 대한 논리적 특징을 볼 수 있다. 즉 이하 논하듯이 이들 과거반성 세력들은 그 자유민주주의적 가치관을 가지고 확실히 한일회담에 대해서 회의적 태도를 취했다. 하지만 본시 자유민주주의적 가치와 한일회담 반대는 별개 문제였다. 사실 전후 일본에 그런 자유민주주의적 가치를 가져다준 미국은 한일회담의 주된 추진 세력이었다. 무엇보다 대한민국은 원래 자유민주주의를 수호하는 나라로서 성립되었다.

그럼에도 일본의 과거반성 세력들은 한일회담에 반대했다. 아니, 하지 않을 수가 없었다. 일본의 과거반성 세력들이 한일회담을 양 민족 간의 특수한 과거를 청산하여 새로운 출발을 가능하게 하는 기회로 삼아야 한다고 인식했기 때문이었다. 다시 말하면 과거를 청산해야 한다는 한일회담의 성격이 일본의 과거반성파로 하여금 한일회담에 반대해야 하게 만든 역설을 낳은 것이었다.

즉 적어도 2차 대전 당시 독일, 일본 등의 협소한 민족주의적 군국주의를 타도, 그들에 지배당한 제 민족들을 해방시켜 전후의 세계질서를 자유민주주의적 가치를 기축으로 재편성하려고 한 미국에게 전후 그런 가치 실현의 최대의 적은 말할 나위 없이 공산주의였다. 따라서 반공을 위한 한일회담의 추진은 미국에게는 한국의 권위주의체제를 감수하면서도 자유민주주의적 질서를 극동에서 정착시키는 데 밀고 나가야 할 차선의 선택이었다.

그러나 일본의 과거반성 세력에 있어서 반성해야 할 과거는 바로 일본의 제국주의적 침략전쟁이나 그 지배였다. 따라서 그들의 자유민주주의적 가치가 적어도 과거반성의 시각과 결합될 경우는 그 비판의 화살은 반성해야 할 과거의 원인이 된 우익군국주의 체제나 '아시아의 해방'이라는 민족적 오만에 돌려지게 됨은 당연한 일이었다. 즉 그들에게는 자유민주주의적 가치는 일차적으로는 우익군국주의에 대한 혐오감에 있지 공산주의와의 대결에 있지 않았던 것이었다. 따라서 그들이 한일회담에 반대한 것은 바로 그 회담의 타결 자체가 그들이 생각하는 자유민주주의적 가치에 기초한 과거청산과는 어긋나는 것이라고 간주했기 때문이었다. 그러면 더 구체적으로 말해서 그들은 왜 한일회담을 그런 가치와 어긋나는 것으로 판단했던 것인가?

이 문제 자체는 다음 항에서 구체적으로 논하나 그를 위해서도 우선 일본의 고유의 문맥을 배경으로 그들이 신봉하는 자유민주주의적 가치가 낳은 한일회담 반대론의 잣대를 정리하는 것이 필요하다. 그 잣대는 주로 이하 네 가지로 나눌 수 있다고 본다.

그 첫 번째 잣대는 군국주의 비판이다. 군국주의가 자유민주주의적 가치의 하나의 대극에 위치하고 있음을 감안한다면 양자의 연결은 이해하기 쉽다. "지금 백일하에 드러난 것은 군벌, 초국가주의자들 소수자의 무지와 야망에 의하여 도모된 오직 전쟁 한 곬과 그 결과의 몰락"이라고 말한 난바라의 고발[37]은 이런 군국주의 비판의 선구적 시각이었다. 원래 군무대신의 현역무관제도(現役武官制度)에서 비롯된 정치에 대한 군인의 관여는 쇼와의 대륙팽창기에 들어가서는 무력행사를 동반한 군부에 의한 직접적인 정치 개입과 군인내각의 성립으로 이어졌다. 따라서 자유민주주의적 가치에 기초한 과거에 대한 반성은 군부의 정치로의 개입 자체에 대한 혐오감을 동반했다. 실제 전후 일본국헌법은 66조로 인하여 내각으로의 군인참여의 길을 봉쇄하고 있다. 물론 이 시각이 한일회담시에 한국 정부에 대한 일본 사회의 강한 회의의식을 키우는데 작용하지 않을 수가 없었음은 물론이다.[38]

두 번째 잣대는 첫 번째 논리의 뒷면을 이루나 민주주의의 취약성에 대한 뉘우침이다. 자유민주주의적 가치에 기초한 과거반성은 일본의 국가체제에 대한 비판과 직결

---

37) 南原繁, op.cit., 15쪽.
38) 실제 한국에 군사정부가 들어선 후 주일공사는 자신의 관측으로서 일본 국민들이 과거에 군국주의를 경험하고 있는 만큼 한국의 군사 정부를 과거의 그들의 경험과 관련시키고 있는 경향이 있음을 지적, 양자가 전혀 다른 것임을 인식시키는 노력의 필요성을 본국에 전하고 있다. "JW-08170",『제6차 한일회담 예비교섭, 1961, 전2권(V.1 7~8월)』, 173쪽.

되는 논리이므로 일부 군국지도자에게만 그 책임을 떠넘기려고 하는 군국주의 비판뿐만 아니라 그 폭주를 막지 못했던 일본 사회의 민주성의 취약함에 대한 반성의식을 동반했다. 사실 대부분의 일반 국민 역시 '성전(聖戰)'을 믿고 침략전쟁에 적극 협력했다. 비록 개인의 선택을 다 봉쇄한 가공할 만한 군국주의 체제하에서는 그런 군국주의에 대한 저항은 극히 어려웠다고 변명하더라도, 왜 그런 지배체제가 성립되기 전에 미리 그것을 막을 수가 없었는지에 대한 책임은 일본인 전체에게 던져진 물음이었다. 그리고 그런 자성의식의 추궁의 끝은 결국 일본 사회의 민주주의적 의식의 미숙함과 취약함으로 귀착하게 됨은 자명한 귀결이었다. 따라서 민주주의의 취약성에 기초한 과거반성론은 역으로 민주주의의 소중함에 대한 일종의 신앙을 낳았다.

세 번째는 언뜻 보기에는 자유민주주의와 상반되는 논리로 보이나 전통적 마르크스주의에 입각한 반성논리였다. 바로 그것은 자본주의체제와 제국주의적 논리를 연결시킴으로써 만들어진 반성논리였으나 그것은 바로 일본의 고유의 문맥과 세계사적인 움직임이 합쳐짐으로 인해 태어난 것이었다. 레닌(Vladimir Lenin)이 제기한 자본주의의 최고 단계로서의 제국주의라는 주지의 논리는 그 사회철학으로서 자본주의의 발전이 가져다주는 제국주의는 그 본성으로 인해 전쟁을 불가피하게 한다는 사고를 가지고 있었다. 자본주의적 근대화가 대규모 자원, 노동력, 그리고 시장 등의 확보를 불가피하게 요구하는 당시의 구조하에서는 바로 제국주의적 해외 팽창의 움직임과 그에 따른 전쟁의 연쇄가 자본주의 시스템의 내재적 속성이라고 인식되었음은 오직 일본의 좌파뿐만이 아닌 세계적 사상의 하나의 축이었다. 사실 2차 대전까지만 해도 식민지를 가진 나라들은 기본적으로 모두 자본주의 국가들이었다.

이런 추세하에서 일본의 과거반성 세력은 일본이 일으킨 식민지 지배 및 침략전쟁을 그런 자본주의적 속성에 기인한 필연으로 간주했다. 주의해야 할 것은 이들 반대논리는 일본의 전후의 문맥에 있어서는 단지 공산주의 사상에 대한 지지에서만 짜여지는 것이 아니었다는 점이다. 즉 전후 일본의 자유민주주의적 가치는 일차적으로 전전 천황대권의 우익 전체주의에 대한 안티(anti)에 있었으므로 좌파의 논리의 답습은 결코 단순히 공산주의에 대한 지지만을 의미한 것이 아니었다. 실제 도쿠다(德田

球一), 미야모토(宮本顯治) 등 침략전쟁에 반대하여 옥살이를 겪어야 했던 일본 내 공산주의자들의 석방이나 노사카(野坂參三)의 귀국, 그리고 그들에 의한 공산당의 정치활동 재개는 결사나 사상의 자유가 보장된 일본의 전후민주주의 상징으로서 미국의 힘에 의하여 이루어졌다. 다시 말하면 일본의 우익 군국주의적 침략의 경험에서 생긴 과거반성 논리는 비록 그 논리가 전통적 마르크스주의적 역사관에 기초한 것이라고 쳐도 결코 적어도 진후의 일본의 문맥에 있어서는 자유민주주의 가치관과 모순되는 것이 아니었던 것이다. 따라서 후술하듯이 한일회담 당시 경제적 침략이라는 비판을 들고 그 회담에 반대한 세력들의 사고는 단지 좌파의 사상적 공세로만 간주될 수는 없다. 그 논리는 과거반성이라는 사고가 일본의 고유의 문맥과 세계사적인 경험과 결합함으로써 필연적으로 낳은 하나의 귀결이었던 것이다.

마지막 네 번째 깃대는 지유민주주의적 가치가 민족이라는 개념과 연결되어 빚어진 과거반성의 논리였다. 강력한 제국주의적 지배체제하에서도 20세기에 들어가고 나서는 자유민주주의적 가치가 착실히 세계적으로 침투하기 시작했다. 그에 따라 각 통치의 기반을 민족자결에 두려고 하는 움직임이 본격화되기 시작했다. 그로 인해 자유민주주의적 가치 역시 민족적 지배 - 피지배라는 각도로부터의 반성의 가능성을 열었다. 예를 들어 다마키(玉城素)가 "민족적 책임론"으로 소개한 "일본 민족이 민족으로서 타자에게 준 고통을 자기 심중의 아픔으로 받아들이는 데부터 출발하여 스스로 사상적 변핵을 거쳐서 새로운 민족 간 연대의 길을 열려는 시도"[39]는 20세기 초 이미 싹트기 시작한 민족자결이라는 세계사적인 흐름에 역행해서 침략을 확장해 나간 일본 민족의 아픈 역사에서 생긴 것이었다.

따라서 그들은 팔굉일우(八紘一宇), 대동아공영권(大東亞共榮圈)으로 상징되는 일본의 아시아 지배의 정당화 논리를 메이지시대로부터 노골화된 일본 민족의 오만의 소산으로 봤다. 그들은 일본의 대륙팽창을 단지 국제정치의 힘겨루기라는 각도로만 보는 것이 아니라 파시즘이 가지는 협소한 민족우월주의에 찾으려고 했다. 따라서 그런 민족의 오만에 기인한 과거에 대한 비판의식은 전통적인 일본의 대아시

---

39) 玉城素, 『民族的責任の思想』(お茶の水書房, 1967), 37쪽.

아 맹주론을 청산하여 대등한 민족적 관계를 재구축함으로써 민족적 화해를 이룩해야만 한다는 사고와 논리적으로 연결되었다.

이하에서는 위에서 정리한 일본의 자유민주주의적 가치에 기초한 네 가지 과거반성 논리가 바로 한일회담 반대 논리와 연결되어 있었음을 논하고자 한다. 그 작업을 통해서 일본의 과거반성론과 한일회담 반대론이 논리적 연관관계에 있었음을 밝힐 수 있기 때문이다. 하지만 그 과제에 들어가기 전에 덧붙여 말해야 할 것은 그들의 한일회담 반대론의 특징은 한국을 식민지 지배했던 것에 대한 고유의 논리성을 거의 가지고 있지 않았다는 점이다.

즉 일본의 과거에 대한 반성이라 하더라도 한반도에 대한 일본의 책임 문제는 직접적으로는 20세기 초부터 시작된 식민지 지배에 대한 것이었다. 따라서 식민지 지배에 대한 반성 논리는 본시 2차 대전을 수행한 데 따른 반성 논리와 기본적으로 그 성격을 달리 해야 할 부분이 있었다.

그러나 이하에서 살펴보듯이 한일회담 반대의 논리는 확실히 위에서 말한 자유민주주의적 가치에 기인한 반성 논리에서 나온 것이었다. 환언하면 한반도 식민지 지배에 대한 반성 논리 역시 일본의 군국주의에 의한 침략전쟁에 대한 비판과 그 문맥을 똑같이 했던 것이다. 따라서 이것은 일본의 식민지 지배에 대한 반성 논리가 전쟁반성의 논리 이외에는 아무런 독자적인 시각들을 가지지 못했다는 것을 뜻하므로 그들의 한일회담 반대논리는 결국 침략전쟁에 대한 반성논리에 직접적으로 규정되지 않을 수가 없었다. 그 결과 그들의 한일회담 반대논리도 정리하면 위에서 든 네 가지 잣대로 집약될 수 있음을 알 수가 있다.

2) 전후민주주의 세력의 한일회담 반대논리

이상 일본에서의 과거반성의 시각은 결국 자유민주주의라는 보편적 개념에 그 근거를 두었다는 것, 그리고 그런 자유민주주의적 가치가 일본의 반성해야 할 '과거'라는 고유성과 맞물림으로써 만들어낸 과거 반성의 네 가지 잣대를 정리했다. 따라서 일본 내 과거반성 세력들의 반성 논리가 한일회담 반대 논리와 연결되지 않을 수가 없었음을 밝히기 위해서는 이하에서 실제 그들 과거반성 세력들이 전개한 한일회담 반대의 의견들을 고찰하여 그 반대의견에 깔린 논리가 바로 위에서 정리한 네 가지 잣대와 밀접하게 얽히는 속성을 지니고 있었음을 논증해야 한다.

그를 위해서는 우선 일본의 과거반성파를 더 구체적으로 규정하는 데부터 논의를 시작해야 한다. 이 문제를 생각할 때는 지금까지 살펴온 논의를 뒤집어 생각하는 것이 편리하다. 즉 일본에 있어서는 그 과거를 반성하는 논리의 생성을 위해서는 자유민주주의적 가치가 필요했다고 한다면, 역으로 일본에 있어서 그런 과거를 진심으로 뉘우치는 세력들은 전후 일본에 자리 잡게 된 자유민주주의적 가치의 강한 지지자임을 의미한다.

바로 전후 일본국헌법의 정신으로 상징되는 국민주권, 평화주의, 기본적 인권 존중, 사상·표현의 자유, 국제협조주의 등 전후 일본 사회의 사상적 기축이 된 그런 가치관들을 무엇보다 존중한 세력들을 우리는 일단 소위 전후민주주의 세력이라고 규정할 수 있다. 따라서 이하 이들 세력들의 한일회담에 대한 견해를 살펴보도록 하나 그 작업에 들어가기 전에 간략하게나마 나머지 두 가지 논점에 대해 언급할 필요가 있다.

그 하나는 이하 보듯이 그들이 펴낸 한일회담 반대론은 그 대부분 일본 사회당, 공산당을 비롯한 좌파 반대파와 그 내용을 같이 하고 있었다는 점이다.[40] 그러나 이 사실은 그들이 사회주의체제, 더 나아가 북한과의 단독 수교를 지지한다는 정치 이데올로기적 집단으로서 한일회담 반대론을 펼쳤음을 뜻하지 않는다. 소위 '진보적 지식인'이라고도 일컬어지는 그들의 사고에는 크고 작든 간에 마르크스주의적 영향이 있었음은 부정하지 못한다. 그러나 그들이 어디까지나 전후민주주의 세력으로 불리는 그 기초에는 강조했다시피 전전의 군국파시즘에 대한 자유민주주의적 가치

---

40) 예를 들어 이원덕은 당시의 일본 좌파혁신계의 회담 반대논리를 미·일·한의 군사동맹에 대한 의구심, 남북한 분열의 고착화, 한국의 군사정권에 대한 불신, 일본의 대한 경제 침략으로 요약하고 있다. 이원덕 『한일 과거사 처리의 원점』(서울대학교출판부, 1996), 222~223쪽. 이 논점들은 이하에서 논할 '박정희 정권의 성격', '회담추진의 목적', 그리고 '한일국교정상화의 폐단과 민족적 오만"의 내용과 거의 일치한다. 즉 군사정권에 대한 불신은 '박정희 정권의 성격'에, 미·일·한의 군사동맹에 대한 의구심과 일본의 대한 경제침략론은 '회담 추진의 목적'에, 마지막으로 남북한 분열의 고착화는 '한일국교정상화의 폐단과 민족적 오만'에 각각 해당하는 논리다.

의 옹호라는 속성이 강했다. 따라서 그들은 현실적 체제론으로서 일당독재, 계획경제 등의 사회주의 국가체제를 지지한 것도 아니거니와 일본의 그런 사회주의, 공산주의화를 지지하는 입장도 아니었다. 따라서 그들은 체제 경생의식으로 한일회담을 평가한 것이 아니므로 한일회담 반대파를 일본 내 좌파로만 규정하려고 하는 사고는 오히려 너무나 이데올로기적이라고 해야 하겠다.

두 번째 논점은 이들 전후민주주의 세력의 견해를 고찰하는 데 뒤따른 자료적 어려움이다. 전후민주주의 세력은 전후 일본 사회의 각계각층에 확실히 스며들고 있었으나 한편 그런 성격으로 인해 뚜렷한 하나의 정치 세력으로서 뭉치거나 사상집단으로서 통일된 활동을 펼친 것도 아니었다. 한일회담에 대해서도 그랬다. 따라서 그들의 한일회담 반대의 논리를 분석하는 데 있어서 바로 전후민주주의 세력의 견해를 공식화시킨 것이라고 판단되는 문헌은 존재하지 않는다.

그러나 물론 이것은 그들의 한일회담에 대한 견해표명이 없었음을 의미하지는 않는다. 사실 그들에 의한 한일회담 반대의 주장은 각종 종합잡지 등을 중심으로 흐트러진 형태로나마 수많이 있다. 그러나 그들 견해가 흐트러진 형태로 다양하게 피력된 만큼 그 어느 견해를 가지고 전후민주주의 세력의 반대 논리의 대표로 규정할 수 있는가 하는 원리적인 문제는 늘 뒤따른다. 이 의미에서는 그들 견해 분석에 관한 문헌 검증적 접근에는 늘 한계가 있음을 인정할 수밖에 없다. 그러나 연구는 완벽한 자료가 있을 때만 가능해지는 것도 아닐 것이다.

이하 전후민주주의 세력의 한일회담 반대논리를 살피는 데 본 연구가 사용하려는 잡지 『세카이(世界)』는 비록 완벽하지는 않더라도 그런 자료적 한계를 메우는 중요한 역할을 해 준다. 바로 전후 1945년 말에 창간되고 나서 일관되게 "전전 일본의 과오를 근본으로부터 반성하기 위하여 [······] 따라서 편집의 주안이 세계 평화와 일본의 민주화와 아시아 제 국가와의 화해"[41]에 주어진 동 잡지가 전후 진보적 지식인들의 본거지로서 전후민주주의 세력의 언론활동의 중심이 되어 왔음을 부정하는 사람은

---

41) 이 말은 오랫동안 직접 『세카이』의 편집에 관여해 온 야스에(安江良介)의 말이다. 安江良介, 「日韓条約の本質 日韓関係の基本問題」, 『世界』 1995年 8月 号(臨時増刊号), 33쪽.

없을 것이다.[42)

따라서 이 글에서는 상기한 과제를 밝히는 자료로서『세카이』에 실린 논고들을 이용하고자 한다. 바로『세카이』는 박정희 정권의 성립에 따른 본격적인 한일교섭의 진전에 따라 1962년 12월과 1964년 4월 두 번에 걸쳐서 각각 "[설문] 일한교섭을 어떻게 생각하는가", "[설문] 일한회담에 관한 나의 의견"이라는 특집을 짜서 당시 이 문제에 관심을 가진 지식인들의 의견을 집중적으로 모았다.[43)

이하에서는 위의 특집에 실린 논고들에 초점을 맞추어 거기에 담겨진 한일회담 반대론[44)이 바로 위에서 논한 일본의 과거반성 논리와 밀접한 관계에 있음을 논하고자 한다.

이 작업을 진행하는 데 이 특집에 실린 많은 견해들을 먼저 정리한다면 '박정희 정권의 성격', '회담 추진의 목적' 그리고 '한일국교정상화의 폐단과 민족적 오만'이라는 세 가지 분류에 집약할 수 있다. 그리고 이에 대한 반대 의견들 속에는 상술한 네 가지의 과거반성 논리가 서로 얽히면서도 스며들고 있음을 알 수가 있다.

● 박정희 정권의 성격

일본의 과거반성 세력들이 한일회담 반대의 이유로 내건 논리 중 하나가 교섭 상대인 박정희 정권 자체의 속성에 대한 것이었다.

우선 1962년 말 짜인 특집에 실린 의견들을 보면 그 시기가 여전히 소위 민정이행

---

42) 지명관도 "한일협정비판의 논리에 관한 실증적 연구"(1996),『한일관계사연구』(小花, 2004)에서 "일본의 리버럴한 지식인의 한일회담과 협정에 대한 자세"(같은 논문, 143쪽)를 살펴보기 위하여『세카이』에 실린 논고들을 다루고 있다(같은 논문, 153~161쪽). 이 '리버럴한 지식인'과 이 책이 말하는 전후민주주의 세력이 거의 일치함은 틀림이 없을 것이다.

43) 世界編集部,「アンケート日韓交渉をどう考えるか」,『世界』1962年 12月号, 88~100쪽;「アンケート日韓会談に関する私の意見」,『世界』1964年 4月号, 192~215쪽.

44) 한편 이 특집에는 찬성 의견도 있음을 지적해 두어야 할 것이다. 1962년 특집에서는 전 11면 중 유일하게 국제법의 입장으로부터 이리에(入江啓四郎)가 부분적인 한일교섭의 가능성에 언급하고 있다. 또한 1964년 특집에서는 전 17명 중 명확한 반대를 주장하지 않은 중립적인 입장으로서 학자인 로야마(蝋山政道), 경제계 및 정계의 입장으로 찬상하는 이와사(岩佐凱実) 후지은행 은행장(富士銀行 頭取), 그리고 정치가인 소네(曾根益) 민주사회당 의원의 둘이 있다. 또한 이하에서는 한일회담 반대론자이기도 하나 당파성을 피하는 의미에서 일본 사회당 및 일본공산당의 현역 국회의원이던 구로다(黒田寿男), 시가(志賀義雄)의 견해는 다루지 않도록 한다.

이전의 단계인 만큼 박정희 정권의 비합법적 성격에 대한 지적이 두드러진다. 예컨대 스에카와(末川博)의 "현재의 박 정권하에서는 모든 것이 군정계엄령하에 놓인 비상 사태이므로 이런 시기에 서두르면 훗날 후회를 남기게 할 것이다"[45]라고 한 지적이나 다케우치(竹內好)의 "한국은 군사정권하에 있다. 이 정권은 내년은 신(信)을 민중에 묻는다고 공약하고 있다 [……] 한국의 민중의 선택을 기다리지 않고 일본이 특정정 권의 승인에 앞서는 것은 일종의 내정간섭"[46]이라는 의견들은 한일회담 반대의 근거 를 그런 박정희 정권의 비합법성에 둔 것임은 두말할 나위도 없다. 물론 그런 비판의 가장 기초에는 마쓰다(松田道雄)가 지적하는 "박 정권 자체가 쿠데타로 들어선 정 권"[47]이라는 인식이 깔려 있었다.

그러나 중요한 것은 그런 비판은 단지 군사력을 통한 정권 장악에 따른 군사정권으 로서의 성격으로만 그치는 것이 아니었다는 점이다. 나와(名和統一)는 "두 개의 정 부를 인정한 위에서 통일로의 이야기를 하려 하는 평화적 해결의 손길을 북선(北鮮) 측이 뻗고 그에 대해서 응하려고 하는 기운이 한국 민중 측에 팽배하게 일어나려 하던 참에 군인 쿠데타가 있었으며 박 정권이 출현했다. 현 한국 정권의 성격은 여기에서 잘 나타난다"[48]고 지적하며 박정희 정권의 정권으로서의 성격을 반통일적 정권으로 규정한 것이었다.

그리고 이 비판의식이 이승만 독재하에서 억눌린 남한 사회의 통일에 대한 회구가 폭발한 장면 정권하의 '민주주의'를 방공을 이유로 군사적으로 무너뜨린 것에 대한 원리적인 불신의 위에 생긴 것이었음은 틀림없다. 즉 그 평가의 옳고 그름을 떠나서 통일이 민족 최대의 과제인 만큼 '선 국가 건설 후 통일'을 외친 박정희 정권의 성격은 그 귀결로서 최대의 반민주주의적 정권이라는 이미지를 일본 사회에 심어주게 되었 다. 다케다(武田清子)의 "현재 일한 교섭의 상대인 박 정권이 과연 한국의 민의를 참으 로 공정하게 대표하는가 하는 점에 큰 의문을 가집니다"[49]라고 한 비판은 군사정권에

---

45) 末川博, 「いつ だれが どういう方向で」, 『世界』 1962年 12月号, 88쪽.
46) 竹內好, 「日韓交渉私感」, ibid., 92쪽.
47) 松田道雄, 「個人的贈与はこまる」, ibid., 91쪽.
48) 名和統一, 「二つの朝鮮について」, ibid., 97쪽.
49) 武田清子, 「韓国をアジアの孤児にしてはならない」, ibid., 99쪽.

대한 이러한 불신을 솔직하게 대변한 것이라고 할 수 있다. 다시 말해 군부의 정치로의 개입이 결국 통일이라는 민주주의적 욕구를 억제하는 것과 직결되었다는 상황하에서는 군사정권=반 민주주의적 정권이라는 공식이 그대로 맞아떨어진 것이었다.

그러나 이런 박정희 정권에 대한 불신은 63년의 민정 이행 이후도 해소되는 일은 없었다. 사실 64년의 특집에서도 대통령 선거를 거친 민정 이행 후의 동 정권의 성격이 여전히 비판의 도마에 올랐다.

63년 대선을 통한 박정희 정권의 정식 출범을 진정한 민정 이행이라고 보는지 아니면 군부권력의 연장으로 보는지는 결국 각 논자의 정치적 입장에 달려 있는 문제이나 한일교섭에 반대하는 입장에서는 후자의 견해가 지배적이었다. 나카노(中野好夫)는 "지금으로서는 일단 민정이라는 형태로 되었으나 여전히 군사정권의 유제(遺制)를 많이 온존하는(예컨대 남북통일론에 대한 타압) 박 정권"[50]이라고 규정하여 선거를 거친 후의 박정희 정권의 속성을 여전히 군사정권의 연장선상으로 보았다. 또한 노하라(野原四郎)는 "조선 민족의 통일운동은 북에서도 남에서도 행해지고 있다. 그러나 현재 한국의 정권은 통일운동에 반대해서 성립하고 있다"[51]고 지적하여 62년 특집과 같이 박정희 정권의 반민주적 근거를 반통일적 성격에 두었다.

따라서 적어도 전후민주주의적 가치를 지지하여 그 입장에서 과거를 반성해야 한다고 생각한 논자들에게는 한국 국민의 민의조차 반영되지 않고 있는 정권과의 단독 수교를 의미하는 한일회담은 오노(小野義彦)가 말하는 "미국의 반공군사원조에 의하여 겨우 북돋워지고 존재하는 듯한 '교전국'과의 인연 엮음(緣組)"[52]에 불과한 행위였다.

여기서 잊으면 안 되는 것은 이런 박정희 정권에 대한 불신은 일본의 과거반성 논리인 군국주의에 대한 비판과 민주주의의 취약성에 대한 반성이라는 시각의 연장선상에 있었다는 점이다. 즉 지난 날 군국주의적 팽창정책에 의하여 한국 국민의 독립이라는 민의를 짓밟음으로써 바로 청산해야 할 과거를 만들었던 일본인에게는 그

50) 中野好夫, 「会談の打ち切りを」, 『世界』 1964年 4月号, 194쪽.
51) 野原四郎, 「わが国の民族的責任」, ibid., 200쪽.
52) 小野義彦, 「全朝鮮との国交回復を」, ibid., 203쪽.

청산의 책임 중 하나는 다케다가 말하듯이 "한국에 가급적 민의가 공정하게 표현되는 건전한 민주주의 체제가 수립되도록 옆에서 협력"[53]하는 것이었다.

즉 자기들이 겪은 군국주의와 비민주주의가 낳은 과거를 진지하게 반성해야 한다는 입장에서 군부의 힘에 의하여 통일이라는 최대의 민의를 억눌러서 들어선 박정희 정권과의 손잡기는 그들의 반성논리로 볼 때 거의 정의적으로 그 책임의식과 어긋나는 처사였던 것이었다.

● 한일회담 추진 목적

전후민주주의 세력으로 대표되는 과거반성 세력들이 한일회담에 반대하는 두 번째 논리는 위에서 말한 민의를 반영하지 않는 박정희 정권과의 단독 수교를 굳이 이룩하려고 하는 그 회담의 목적에 대한 근본적 불신이었다. 원래 한일교섭은 다음 5장에서 고찰하듯이 대일평화조약 제2조·제4조 등을 비롯한 대일평화조약 한국 관련 조항에 그 법적 기초를 둔 것이었다. 그러나 이 대일평화조약이 말하는 일본으로부터의 분리지역은 말할 나위도 없이 원래 북한 지역도 포함되는 것이었다. 그런 고로 평화선 등 장래의 문제를 빼면 과거 문제에 관한 청산은 이리에(入江啓四郎)가 말하듯이 "평화조약의 규정상 [………] 각각 남북 양선(兩鮮) 당국을 상대로 해야 한다"[54]는 문제였음은 그 누구도 부정하지 못하는 일이었다. 그럼에도 적어도 일본의 과거반성 세력들의 눈에는 믿음직스럽지 않았던 남한 당국자만을 교섭 상대로 하는 한일회담은 그 정치적 억측을 불러일으키지 않을 수가 없었던 것이었다.

후루야(古屋貞雄)는 솔직하게 이 문제를 이하와 같이 표명하고 있다. "일한 교섭은 그 동기에 있어서도 경과에 있어서도 양 민족의 평화와 우호를 제일의적으로 추구해 온 것이 아니다."[55] 바꾸어서 말하면 이 지적은, 한일교섭은 한국 국민이 원래 희망한 과거청산에 목적이 있는 것이 아니라 다른 데 있음을 지적한 것이었다. 그러면 다른 목적이라는 것은 무엇인가? 오가다(幼方直吉)는 "오늘날 일본과 조선의 관계는

---

53) 武田清子, op.cit., 99쪽.
54) 入江啓四郎, 「日韓交渉の限界」, 『世界』 1962年 12月 号, 96쪽.
55) 古屋貞雄, 「朝鮮分断を固定させるもの」, 『世界』 1964年 4月 号, 214쪽.

두 나라 간 관계가 아닌 데에 이전과 결정적 상이점이 있다"[56]고 말하며 은근히 이 회담의 배경에 미국이 있음을 내비쳤다.

그러면 그들은 미국이 한일회담에 관여하는 이유를 무엇이라고 생각했는가? 이에 대해서 오구라(小椋広勝)는 "일한 교섭이 미국의 군사블록정책, 동북아시아 동맹의 토대를 만들려고 하는 것임은 많은 사람들이 지적하고 있다"[57]고 언급하여 한일교섭이 한일 간의 과거청산이라는 대의와 관계없는 정치적 과제에 의하여 규정되어 있음을 지적했다. 따라서 그들에게는 한일회담은 오구라 자신이 위의 말을 이어 지적했듯이 "박 정권을 강화하기 위하여"[58] 그 성사가 필요한 회담에 불과하며 또 그 정권을 강화해야 할 이유는 모리(森恭三)가 고발하듯이 "일본 정부의 기본적 입장은 부산에 적기가 서게 되면 곤란하다"[59]는 소위 '부산적기론(釜山赤旗論)'에 있는 것으로 간주했다. 요컨대 그들의 비판의 화살은 일본 정부의 박정희 정권과의 교섭 목적이 일본의 군사안보상의 이익을 챙기는 데 있다는 것으로 향한 것이었다.

여기서 주목해야 할 것은 통상의 외교교섭에 있어서는 어찌 보면 당연한 국익 확보라는 일본 정부의 태도가 과거반성 세력에게는 비판의 대상이 되었다는 점이다. 그리고 그 이유에는 한일회담이 단순한 외교교섭이 아니라 양국 간의 특수한 과거를 제대로 청산해야 할 장이 되어야 한다는 인식이 작용했다. 즉 남북한의 분단이라는 틈을 타서 단지 자국의 국익을 위하여 남측만의 단독 수교를 도모하여 더구나 그것을 남측의 민의조차 충분히 반영하지 않고 있는 군사정권을 상대로 추진하려는 태도는 오구라가 말하듯이 "메이지 이래 일본이 조선의 내정에 간섭하여 이것을 식민지로 한 역사"[60]를 상기시키는 일이었다.

한일회담의 추진 목적에 관한 원칙적인 비판은 그 회담을 통한 경제적 측면에도 모아졌다. 원래 양 민족 간의 청산은 북측 지역도 포함되는 문제인 만큼 양국 간의 경제적 연계는 한민족 전체의 번영과 연결되어야 한다는 것이 과거반성 세력의 입장

---

56) 幼方直吉, 「ひとつの朝鮮」, 『世界』 1962年 12月号, 94쪽.
57) 小椋広勝, 「何のための'国交正常化'か」, ibid., 94쪽.
58) ibid.
59) 森恭三, 「冷戦の論理を排す」, 『世界』 1964年 4月号, 199쪽.
60) 小椋広勝, op.cit., 94쪽.

에서 도출되는 당연한 생각이었다. 그리고 그를 위해서는 나카노가 지적하듯이 "전 조선 민족이 자립하여 번영되기 위해서는 남북통일 이외에는 길이 없음은 어린아이 도 이해할 수 있는 도리"[61]인 이상 경제적 연계는 남북한의 통일에 기여하는 형식으로 진행되어야 한다는 것이 과거반성파들의 공통된 생각이었다. 그러나 한일국교정상화를 통한 자금 공여라는 형식은 그런 전체 한민족의 번영이나 경제적 자립을 위한 불가결한 통일의 모색과는 그 성격을 사뭇 달리 하고 있다는 것이 과거반성 세력들의 비판의식을 키웠다.

우선 남한만의 자금공여라는 형식은 그것이 원래 35년간의 한반도 전역의 지배로 생긴 갖은 이해관계의 청산이라는 측면을 감안할 때 원리적으로 있을 수 없는 일이었다. 그런 북측과의 불균형 문제를 발생시키면서도 굳이 남한 정부에만 자금을 공여하려 하는 것에 대한 불신을 오노는 "박 정권의 경제적 붕괴를 방지하는 구제융자"[62]라고, 또 마쓰다는 "박 정권에 대한 이케다(池田)정부의 개인적 증여"[63]라고 평가절하했다.

또 그 경제적 개입의 배경에는 그 당시 대한원조 삭감이 불가피했던 미국의 요청이 숨어있다는 것이 그들의 비판의식을 한층 더 제고했다. "무상 3억 유상 2억(10년에 걸친 국가자본수출), 민간 크레디트 1억 달러라는 대한(對韓)지불의 예정이 달러 방위정책의 강화에 따른 미국의 대한원조 삭감에 대한 구멍메우기(穴埋め)임은 의문의 여지가 없다"[64]고 말한 오노의 지적은 바꾸어서 생각한다면 일본의 한국에 대한 자금공여가 비록 남한에 대해서만이라도 과거청산을 목적으로 이루어지는 것이 아님을 지적한 것이었다.

경제적 측면에 관해서는 또 하나의 비판의식이 깔려 있었다. 과거청산을 위한 재산청구권 처리가 "단지 조선으로의 자본 진출, 시장 획득이라는 의도 아래 진행된다면 과거의 식민지주의를 또 다시 거듭하는 것이 될 위험이 있다"[65]고 표현한 노하라의 우려는 한일회담을 추진하는 세력 속에 경제계 인사가 깊이 관여하고 있었던

---

61) 中野好夫, op.cit., 194쪽.
62) 小野義彦, op.cit., 203쪽.
63) 松田道雄, op.cit., 91쪽.
64) 小野義彦, op.cit., 203쪽.
65) 野原四郎, op.cit., 201쪽.

데[66] 대한 또 하나의 불신의 표출이었다. 즉 과거반성 세력들에게는 정치적 책임 없이 청구권 문제가 돌출한 한일회담은 바로 시카타(四方博)가 말하는 "고도성장, 잉여 정력(精力)의 배출구(捌け口)로 몰리는 재계 적극파"[67]에 끌리고 있는 감을 떨칠 수 없었던 것이었다.

이런 일본의 안전보장의 강화와 재계의 요구에 부응한 경제적 발판의 마련이라는 한일회담의 추진목적은 나카노가 말하는 "메이지 이래 특히 병합 이래 일본제국주의자 놈들(ども)의 저질러 온 잘못의 책임은 우리는 남북 온 조선에 대해서 평등하게 지고 있다"[68]는 입장에서 보는 한 과거의 일본의 안보 확보와 경제적 세력 확장이라는 바로 반성해야 할 제국주의적 과오를 또 다시 거듭하는 것이나 다름 없었다.

그리고 이들 시각에는 위에서 정리한 일본의 과거반성 논리의 세 번째인 제국주의에 대한 반성의식이 깔려 있었음을 쉽게 알아낼 수 있다. 즉 전후 마르크스주의적인 영향을 많이 받은 일본의 지적인 풍토 속에서 사적유물론에 기초한 역사인식은 당시 일본의 지식인들을 압도적으로 지배한 사고방식이었다. 또한 당시는 세계적으로도 자력갱생이라는 철학 밑에 구 식민지 국가들을 중심으로 한 소위 제3세계에서는 선진 자본주의국들의 경제적 간섭을 배제할 것을 정당화하는 논리가 힘을 얻고 있었다. 즉 당시의 문맥에서는 구 종주국들의 구 식민지에 대한 정치, 경제적 개입은 제국주의적 신식민지주의라는 비판을 면하기 어려운 시대적 추세에 있었던 것이다.

일본의 과거반성파가 한일회담의 움직임 속에서 알아챈 경제적 성격 역시 그런 일본에 의한 신식민지주의적인 한반도 지배의 새로운 모습이었던 것이다.

● 한일국교정상화의 폐단과 민족적 오만

이상까지 살펴 온 박정희 정권에 대한 불신, 미국의 요구와 일본의 안보 및 경제

---

66) 이 경제계 인사의 관여는 단지 제6차 · 제7차 한일회담 일본 측 수석대표가 각각 스기(杉道介), 다카스기(高杉晋一)라는 경제인이었다는 점에 그치지 않는다. 특히 박정희 집권 이후의 경제계의 인물의 움직임에 관해서는 예컨대 기무라(木村昌人)가 논하고 있다. 木村昌人, 「日本の対韓民間経済外交: 国交正常化をめぐる関西財界の動き」, 日本国際政治学界 編, 『国際政治』, 第92号(1989), 116~131쪽.
67) 四方博, 「その前になすべきことがある」, 『世界』1964年 4月号, 208쪽.
68) 中野好夫, op.cit., 194쪽.

진출을 위한 한국의 반공군사체제 지원이라는 한일회담의 추진 목적에 관한 비판은 결국 한일회담이 한국과 일본의 민족적 화해를 이룩하려는 것이라기보다 오히려 그에 역행하는 것이라는 인식에 기초한 것이었다. 다시 말하면 전후의 양 민족의 새로운 관계의 재출발에 즈음하여서는 그들 나름대로 일본의 책임의식에 입각한 진정한 과거의 청산이 필요하다는 인식이 작용한 것이었다.

예컨대 다케다는 바로 이 인식을 "조선과의 국교회복에는 특별히 겸허하고 양심적인 '사과(おわび)'와 '보상(償い)'의 태도를 가지고 옳은 관계의 확립을 추구해야 한다고 생각하고 있습니다"[69]라고 표현했다. 하지만 중요한 것은 반성 의식을 가지면 가질수록 적어도 일본의 회담반대파에게 한일회담은 참된 의미에서 한일 간의 민족적 화해를 도모하려는 것이 아니라 오히려 폐단만 낳을 것으로 비쳤다. 그러면 한일회담 반대파들에게 있어 다케다가 말한 "옳은 관계의 확립을 추구"라고 함은 무엇이었는가? 적어도 그 문제를 생각할 때 그 기본이 되어야 하는 출발점에는 모리가 지적하듯이[70] "일본이 식민지 지배를 행한 것은 남북 조선의 양측에 대해서다"라는 기본인식이 있어야 했다.

그 인식에 입각하는 한 일본의 과거반성 세력들에게 있어 그 반성의 자세를 남한에 대해서만 기울여야 할 근거는 어디에도 없었다. 그것은 나라모토(奈良本辰也)가 말하듯이 "저희들이 책임을 져야 하는 것은 그 38도선이라는 불행한 경계로 나누어진 어느 쪽 일방의 조선(한)민족이 아니라 그 전체입니다. 정치의 색채를 넘어서는 민족 그 자체"[71]에 있다고 판단했기 때문이었다. 따라서 한일회담은 당연히 그런 정치적 색채를 떠나 시카타가 말한 "긴 장래의 일본 대 통일조선의 우호관계라는 퍼스펙티브(perspective)"[72]에 서면서 그에 공헌할 수 있도록 진행되어야 했다.

그러나 남북 분단이라는 현실적 조건하에서는 직접적으로 통일된 한국을 상대로 하지 못하는 상황임을 생각할 때 일본의 한반도 접근의 방법은 오다(小田実)가 제안

---

69) 武田淸子, op. cit., 99쪽.
70) 森恭三, op. cit., 199쪽.
71) 奈良本辰也, 「「奇妙な交渉」に反対する」, 『世界』 1964年 4月号, 202쪽.
72) 四方博, op. cit., 208쪽.

하는 "일본 대 한국 혹은 일본 대 북조선이 아니라 일본인 대 조선인이라는 관계"[73]를 염두에 두면서 구상되어야 했다. 왜냐하면 시카타가 말하듯이 "오늘날 조선은 조선민주주의인민공화국과 대한민국이라는 두 개의 정치권으로 갈라서고 있으나 이것이 항구적인 모습이어야 한다고는 조선민족의 어느 누구도 생각하지 않을 것"[74]이므로 그 분단의 원인을 만든 일본의 처사를 반성하는 입장에서 볼 때 분단의 고정을 전제로 한 남한만의 단독 수교는 절대 삼가야 할 기초적 원칙이었기 때문이다.

가령 이웃나라 관계에서 연유하는 갖은 이유로 정치적 접촉이 불가피할 때도 일본의 최소한의 도덕적 책임은 스에카와의 지적에 있듯이 "조선 민족이 갈망하고 있는 남북의 통일을 방해하는 방향으로 진행하면 안 된다는 것이 근본"[75]이 되어야 했다. 그러나 남한과의 단독 수교를 의미하는 한일회담은 이 원칙에 어긋나는 것이었다. 왜냐하면 한국과의 단독 수교는 적어도 당시의 국제정세하에서는 나와가 언급하듯이 "일본이 한국과 타결함으로써 북조선과 한국과의 관계는 극도로 험악해져 민족통일의 기회는 멀어진다"[76]라는 정치적 결과를 피할 수 없기 때문이었다.

그럼에도 굳이 한일교섭을 밀고 나갈 수 있는 요인은 무엇이었는가? 바로 그들이 한일회담에 반대하는 또 하나의 이유가 그런 한일회담의 폐단에도 아랑곳하지 않고 한일회담을 밀고나갈 수 있는 그런 민족적 오만에 대한 반성의식이었다.

오가타는 이 문제의식을 추상적으로나마 다음과 같이 표현하고 있다. "일본인은 그들이 독자적 문화적 전통을 가진 다른 민족이라는 것을 감각적으로 인식하는 것이 부족했다. 즉 조선인일지라도 조선민족이라는 인식이 모자라다."[77] 부연한다면 이 말은 일본인이 원래 존엄을 가진 독립된 하나의 민족으로서 한국인들을 보지 않고 일본의 이익을 위해서는 얼마든지 조작 가능한 개별적 대상에 불과하다고 인식해 왔다는 것에 대한 민족적 오만을 고발한 것이었다. 또한 그런 조작 대상이라는 그릇된 사고방식으로부터는 이즈미(泉靖一)가 지적하는 "우리는 조선인에 대한 인종적 편

---

73) 小田実, 「第三の立場に立って」, 『世界』 1964年 4月 号, 205쪽.
74) 四方博, op.cit., 208쪽.
75) 末川博, op.cit., 89쪽.
76) 名和統一, op.cit., 97쪽.
77) 幼方直吉, op.cit., 93쪽.

견으로부터 조선의 현실을 객관적으로 보는 눈을 잃어버리고 있다. 지금 이분되어 있는 조선은 결코 건강한 조선이 아니다"[78]라는 인식이 생길 리가 없었다. 따라서 그런 일본인들의 사고방식에서는 인위적으로 분단을 부추기는 행동에 나서도 그에 대한 죄책감을 느껴야 할 이유가 없었던 것이다.

　오다는 이처럼 죄책감도 없이 한일회담을 추진할 수 있는 세력에 대해서 "현재에 있어서 교섭을 무리하게 밀고 나가려는 사람들은 내가 신뢰하지 못하는 사람들"[79]이라고 잘라 말하고 반대 세력들의 심정을 대변했다. 그리고 이런 불신의 눈길은 한일회담에 적극적으로 반대한 사람들에게는 틀림없이 공통된 것이었다. 하타다(旗田巍)는 그런 "신뢰하지 못하는 사람들"의 사고를 "일한회담의 추진자는 여전히 조선 통치를 조선인에 대한 은혜라고 생각하고 있다"[80]고 비판하여 한일회담의 추진은 역설적으로 과거를 반성하지 않는 세력이므로 가능한 것이라는 날카로운 지적을 했다.

　이렇듯 한일회담의 폐단을 인식하여 진정한 민족 화해를 도모해야 한다는 각도에서 한일회담에 반대한 세력들에게는 시카타가 말하듯이 "일본인은 자신의 조상과 자기 세대가 저지른 부정을 사과해야 하며 보상해야 하는 멍에를 지고 있음을 통절히 느껴야 할 터이다"[81]는 과거에 대한 깊은 자성의 눈길이 있었다. 그 반성이 진지하면 진지할수록 하타다가 말하듯이 "그와 다른 차원의 요구―아시아에 있어서의 반공군사체제의 강화―에 의하여 추진"[82]되는 한일교섭은 받아들이기 어려운 일이 아닐 수가 없었던 것이다.

　따라서 이들 반대파에게는 과거를 청산해야 할 한일회담은 청산은커녕 반성해야 할 과거를 또 다시 거듭하려는 어이없는 회극으로 보일 수밖에 없었다. 오구라는 이런 심정으로 "나의 눈에는 일한교섭의 끝에(彼方に) 이런 역사(＝일본이 대한제국의 내정 간섭을 거듭한 끝에 식민지로 한 역사)의 모습이 떠오른다"[83]고 말하여 한일회

78) 泉靖一, 「朝鮮の現実に目をふさぐな」, 『世界』 1962年 12月号, 95~96쪽.
79) 小田実, op.cit., 204쪽.
80) 旗田巍, 「韓国民衆の声を重視せよ」, 『世界』 1962年 12月号, 90쪽.
81) 四方博, op.cit., 209쪽.
82) 旗田巍, op.cit., 90쪽.
83) 小椋広勝, op.cit., 94쪽.

담의 아이러니를 꼬집었다. 그리고 이런 역사를 두려워할 줄 모르는 세력들에 대해서 노벨상 수상 작가인 오에(大江健三郎)는 이하와 같이 표현하며 회담 추진 세력들에 대한 생리적인 거부감을 나타냈다. "도대체 우리는 스스로의 내부에서 수치심의 뜨거운 아픔 없이 오히라 - 김 회담의 기사를 읽을 수 있습니까? 저는 못한다."[84]

상술한 일본 측 한일회담 반대 세력들의 논리는 21세기의 오늘날 볼 때 쉽게 수긍하지 못하는 내용들이 담겨져 있는 것도 사실이다. 그 당시 국력에서 뒤져 있던 한국이 공산화를 막기 위하여 통일에 실질적으로 반대할 수밖에 없었음은 오늘날 북한의 대립적인 여러 행동들을 보아도 충분히 옹호할 만하다. 또한 현재 북한의 낙후된 모습과 한국의 고도성장은 그 당시의 '반통일적'이던 한국 정부의 제 행위들을 적어도 결과적으로는 정당화시키는 근거를 제공하기도 하다. 심지어는 당시의 한국 정부의 '반통일적'인 행동들이 어쩐지 성사하지 못하는 민족통일에 정말 역행한 행위였는지 장래의 역사가 결정할 문제다.

또한 많은 반대파가 의심한 한·미·일 삼각형 군사동맹은 적어도 직접적으로는 형성되지 않았다. 자금공여를 통한 경제 침략이라는 낡은 사상은 자유무역이나, 장벽 없는 자유로운 자금의 흐름이 많은 문제를 발생시키면서도 기본적으로 각 나라의 경제성장을 이룩하는 데 도움이 된다는 경험에 의하여 이미 부정되어야 할 것이다. 더군다나 냉철한 국제정치 속에서 마냥 도덕적 책임을 내세우고 한일회담에 반대하는 것이 일본인으로서 정말 과거를 반성하여 통일에 기여하는 유일한 길이었는지 오늘날 다시 한 번 검증이 필요할 대목일지도 모른다.

그러나 1960년대 초라는 시점은 확실히 이런 결과들을 내다볼 수 있는 시기가 아니었다. 이윽고 본격화될 베트남전쟁에 상징되듯이 민족해방투쟁은 거의 사회주의 세력에 의해서 주도되는 추세에 있었으며 또한 모택동 노선에 보인 제3세계에서의 자주경제 건설 노선은 중차대한 인류의 실험으로서 세계적 지지와 관심을 이끈 시기였다. 실제 이런 흐름을 탄 북한의 경제는 그 당시 남한을 앞서는 성과를 거두고

---

84) 大江健三郎, 「朝鮮人と日本人のauthenticité」, 『世界』 1962年 12月号, 99쪽. 여기서 말하는 '大平 - 金회담'이라 함은 시기적으로 후술할 1962년 11월의 청구권 타결의 틀이 마련된 회담을 가리킨 것이라고 풀이된다.

있었다. 또한 세계는 미소의 냉전 구조에 대처하기 위하여 제3세계라는 새로운 동향을 낳아 인류는 동서 대립을 어떻게든 극복하려고 하는 새로운 가치의 창조에 그 노력을 기울이기 시작한 시기였다.

이런 세계적인 정세들을 배경으로 하여 군부의 독주, 민주주의 탄압, 제국주의적 침략, 그리고 민족적 오만에 대한 반성으로부터 한반도와의 관계를 재구축하려 한 일본의 전후민주주의 세력들이 나름대로 진지한 반성의식을 가지고 한일회담에 반대한 것임은 누구도 부정하지 못할 일이었다. 아니, 일본인으로서 진지하게 과거를 반성한다면 그 당시의 제 요건들은 한일회담에 대해서 반대하지 않을 수가 없는 그런 기초적인 속성을 지니고 있었다고 평가하는 것이 보다 정확한 판단일 것이다.

즉 과거를 청산하는 데 가장 기본적으로 되어야 할 일본 측 진지한 과거반성의 논리는 한국과의 단독 회담을 포용하는 아무런 논리도 내포하지 않고 있었던 것이다.

3. '역 선택'의 불가피성

이상 살펴봤듯이 양국 간의 특수한 과거의 청산에 결정적으로 필요한 일본 측 과거반성 의식의 형성은 한일회담 반대론과 필연적으로 연결되는 논리성을 내포하고 있었다. 환언하면 한일회담은 그 시작부터 논리적으로 일본 측 과거반성 세력들과의 협력하에서 진행되는 요건을 갖추고 있지 않았던 것이었다.

따라서 남은 가능성은 당연히 그런 과거의 반성으로부터 가장 먼 존재, 즉 불과 10~20년 전까지만 해도 만세일계의 천황체제를 찬미하여 군사력을 동원한 대일본제국의 대륙팽창의 꿈을 같이 꾸던 보수 세력들과의 연계밖에 없었다. 그들은 본시 그 사상의 본성에 비추어 경우에 따라서는 군사독재나 민주주의에 대한 억압을 쉽게 받아들이며 또 반공안보나 경제적 이익이라는 국익을 위해서는 과거의 과오와 상관없이 분단하의 단독 정권과의 교섭도 마다하지 않는 바로 그런 의미에서의 현실적인 인물들이었다.

51년의 한일회담 개시부터 65년의 체결까지 일본의 정권을 맡고 한일회담에 관여한 주된 수상[85]이던 요시다(吉田茂), 기시(岸信介), 이케다(池田隼人), 사토(佐藤榮作), 또 외상으로서 큰 몫을 한 오히라(大平正芳), 시이나(椎名悦三郎) 등은 기본적으로는 바로 그런 사상의 계보에 속한 사람들이었으며 적어도 일본의 아시아 침략, 한반도 지배에 대한 뉘우침을 가진 사람이 아니었다.

전쟁 중 그 외교적 대미 협조 노선과 그에 따른 군부와의 대립 덕분에 전후 일본 보수의 거물로 되고 주권회복의 최대 주역이 된 요시다 수상은 2차 대전시 일본의 침략의 상징이던 만주에서 봉천총영사(奉天総領事)의 지위에 있던 사람이었음은 주지하는 바다. 그는 아직 한일국교정상화가 이루어지지 않았던 1963년의 저서 속에서 그 책임을 기본적으로 한국 측 태도에 돌리면서 "일본의 한국 통치가 조선 국민에 고통만을 주었다는 것은 사실과 현격히 다르다. 오히려 일본이 한국의 경제발전과 민생향상에 힌 기여는 공정하게 이것을 평가해야 할 것이다"[86]고 역설했다. 그러면서도 같은 책 속에서 그는 국가부흥을 위한 자유주의의 중요성을 강조하고 있다.[87] 즉 그는 국가부흥을 위한 자유의 필요성을 강조하면서도 일본의 지배로 인해 한국인들이 겪어야 했던 부자유에 대해서는 아무런 관심도 없이 유독 한국에 대해서만은 일본의 지배라는 부자유가 오히려 유익했다는 판단을 할 수 있는 그런 인물이었다.

그런 그의 한국 지배에 대한 무반성적 사고는 일본의 지배 탓에 전후 일본에 정착하게 된 제일한국인들을 일본 사회의 짐으로 여겨, 전원 한반도 송환을 원하는 서한을 맥아더(Douglas MacArthur)에게 보냈다는 이미 밝혀진 사실[88]일 뿐만 아니라 그

---

85) 한일회담 기간 중에는 기타 하토야마(鳩山一郎), 이시바시(石橋湛山)가 수상에 취임했으나 그들의 재임 기간 중에는 제3차 한일회담의 결렬로 인하여 한일회담은 중단기에 들어가고 있었으므로 여기서는 뺐다. 또한 주지하는 바와 같이 이시바시 수상은 전전 소일본주의(小日本主義)를 주장해서 일본의 대륙 팽창에 대해서 비판적인 입장을 천명했다는 의미에서는 위의 보수 정치가들과 다른 성격을 지니고 있었음은 부정하지 못한다. 그러나 그의 소일본주의가 아시아 침략에 대한 반성이라기보다 일본의 현실적 국익론에 입각한 것이었다는 것, 또한 그것은 한반도 식민지 지배에 대한 비판과 그 포기를 주장한 것도 아니었다는 것들을 고려한다면 적어도 한반도 지배에 관해서는 다른 보수주의자와 크게 다른 바가 없었다고 볼 수 있다.

86) 吉田茂, 『世界と日本』(番町書房, 1963), 149쪽.

87) ibid., 150쪽.

88) 동 서한에서의 송환 희망 이유는 일본의 식량 사정, 조선인의 일본 경제 재건으로의 공헌의 적음, 재일조선인의 범죄율의 높음, 특히 공산주의운동 등 정치적 범죄의 많음이었다. 이 문서는 이하 수록. 袖井林二郎 編, 『吉田茂＝マッカーサー往復書簡集 1945~1951』(法政大学出版局, 2000), 275~277쪽.

이후도 덜레스(John F. Dulles)에게 같은 송환 요구를 끈질기게 거듭하고 있는 태도에서도[89] 확인할 수 있다.

특사 야쓰기(矢次一夫)를 통해서 "일본 군벌의 제국주의적 지배로 폐를 끼친 것에 대해서 이전으로부터 유감으로 생각하고 있었음"[90]을 전한 기시가 도조 내각시 상공상(商工相)으로서 만주 식민정책의 총 책임자였음은 언급할 필요도 없는 사실이다. 그런 그가 위의 발언을 한 것은 진정한 반성에 기초한 것이 아니었음은 훗날 도쿄재판에 대한 평가를 묻는 질문에 대한 답을 봐도 알 수가 있다. 즉 "당시도 마찬가지였지만 우리는 전쟁에 진 것에 대해서 일본 국민과 천황 폐하에게 책임은 있어도 미국에 대해서는 책임은 없다 [……] 자기들의 행동에 대해서는 침략전쟁이라 하는 사람들도 있을 것이나 우리로서는 밀려서 싸울 수밖에 없었다"[91]는 생각이 만년에 이른 그를 여전히 지배했었다.

같은 좌담회에서 그의 특사로서 이승만과 접견한 야쓰기 역시 "나의 또래라도 기시 씨의 또래라도 마찬가지라고 생각하나 일본이 한국을 침략했다거나 제국주의적으로 지배했다는 의식은 전혀 없을 것이에요"[92]라고 당당하게 말하였다. 후술하듯이 교착상태에 빠진 한일회담을 재개시키기 위하여 일본의 대한청구권을 대담하게 포기한 기시의 속셈은 동서냉전이라는 틀 속에서 보다 큰 일본의 국익을 확보해야한다는 판단에서 나온 것이며, 결코 과거를 뉘우치는 사고에서 나온 것이 아니었다. 이것은 반공주의자인 그가 심한 민족 차별로 인해 생활고에 시달리던 재일한국인에 대해서는 사실상 공산국가로의 추방을 의미한 소위 북송사업을 인도라는 미명하에서 강행한 정책에서도 엿볼 수 있다.

'안보투쟁'의 혼란으로 인해 정치적 상처가 깊었던 가운데 등장한 이케다 수상은 출발부터 경제 중심의 노선을 추구하는 것이 약속된 정권이었다. 정치색이 짙은 한일회담에 대해서도 경제에 초점을 맞춘 경제외교를[93] 벌여야만 했던 그는 그런 까닭에

89) *Foreign Relations of the United States*(이하 *FRUS*) vol. VI(1951), *Asia and the Pacific*, 1007쪽.
90) 矢次一夫, 「李承晩大統領会見記: 訪韓日本人第一号として」, 『文藝春秋』 1958年 7月号, 187쪽.
91) 岸信介 他, 『岸信介の回想』(文藝春秋, 1981), 88쪽. 동 회상은 도쿄재판에 임할 심정을 말한 것이나 문맥상 회상 당시의 생각을 동시에 드러낸 것으로 해석해서 틀림이 없다.
92) ibid., 227쪽.

과거에 대한 정치 판단을 피해야만 하는 사람이었다. 그는 일본 공산당 노사카의 일본 제국주의의 식민지 지배에 따른 갖은 범죄행위에 대한 인식을 묻는 질문에 대해서 "조선을 병합하고 나서의 일본의 비행에 대해서는 나는 과문한 탓에 충분히 알지 못한다"[94]라는 답변만 남기고 있다. 그런 이케다 정권하에서 1961년 5월에 실행된 자유민주당 국회의원들에 의한 한국 친선 방문시 그들은 사과를 요구한 한국 측 요망에 대해서 형제로서 병합한 것, 그 후 몇 십만이라는 한국인들을 형제로서 받아들여 교제해 왔다는 것, 패전 후 일본인은 재한(在韓) 재산을 잃었다는 것, 한국인이 전승국인 것처럼 굴었다는 것 등을 들며 일본 국민은 사과할 마음이 없다고 당당하게 말하고 있다.[95]

또 이케다 수상의 측근이자 그 내각의 외상으로서 청구권 문제에 실질적인 돌파구를 마련한 오히라 외상은 "과거는 다시 묻지 않겠다. 과거는 하나의 재로서 버려 버린다"[96]고 말하며 상처 깊은 과거를 쉽게 '재'로서 버릴 줄 아는 사람이었다. 그런 고로 그는 일본 자금의 공여를 "한국이 독립하여 새로운 나라를 만드는 것으로 되었으나 그에 대해서 구 종주국이자 가장 깊은 관계에 있는 이웃나라 일본이 '축의'를 표한다"[97]는 의미로 탈바꿈시킨 장본인이었다. 또 그는 한일회담을 보통 외국과의 교섭과 같은 것으로 생각하여 특수한 과거의 청산을 위한 교섭이라는 성격을 지울 필요성을 역설하기도 했다.[98] 아이러니컬하게도 과거 병합을 위하여 '일조동조(日朝同祖)'라는 한일의 동질성을 강조한 보수층은 한일국교정상화에 즈음하여서는 한일관계를 단순한 외국과의 관계로 간주할 수 있는 그런 사람들이었던 것이다.

---

93) 伊藤昌哉, 『池田隼人その生と死』(至誠堂, 1966), 174쪽.
94) 国会会議録, 第四十三回国会, 「参議院本会議」第五号(1963.1.26), 16쪽.
95) 自由民主党, 『自由民主党第1回韓国訪問議員団帰国報告』(1961.5, 非売品), 13~14쪽.
96) 大平正芳, op.cit.(1966), 28쪽.
97) 大平正芳, 『私の履歴書』(日本経済新聞社, 1978), 112쪽.
98) 예를 들어 소위 '김-오히라 메모'로 인하여 청구권 해결에 큰 노릇을 한 오히라는 한일교섭의 성공의 비결을 다음과 같이 표현하고 있다. "일한 양국 간은 좀 웻(wet)이다. 즉 여러 추억이 있고요. 요컨대 헤어진 부부 같은 것이란 말이요. 헤어진 부부란 '그때 남편은 잘못한 모진 짓을 했다'는 것을 잘 기억하고 있어서 그리고 언제나 그런 것을 들먹이기 마련이죠. 따라서 타인이 되어야 한다고. 타인이 된다는 것은 드라이(dry)한 타인이 된다는 것. 외교관계라는 것은 저는 그런 것이라고 생각한다." 大平正芳, op.cit.(1966), 27쪽.

기시의 친동생이자 한일회담이 성사될 당시 내각총리대신이던 사토 수상은 비준 국회에서 한일병합조약에 관해 "대등한 입장으로 또 자유의사로 이 조약이 체결되었 다고 생각한다"[99]라고 주저 없이 답변하는 등 한국이 원하여서 일본이 되었다는 역사 인식을 가진 사람이었다. 그는 그러면서도 한일병합에 관한 이토의 잘못을 인정한 친형 기시의 생각에 대해서는 그것을 부정하지 않는 등 국회라는 공식마당에서도 그 입장을 필요에 따라 바꾸는 그런 인물이었다.[100]

또한 기본관계조약이 가(仮)서명된 1965년 2월의 방한시 "양국 간의 오랜 역사 속에는 불행한 기간도 있었던 것은 유감이며 깊이 반성한다"[101]고 전후 일본 정부 고관으로서 처음으로 공식적인 '사과'를 함으로써 당시 한국 측 이동원 외무부장관으 로부터 "행운배달인"[102]이라는 평가를 받은 시이나 외상이 기시와 함께 만주 식민정 책을 수행한 그의 측근이었음은 잘 알려진 사실이다. 그는 방한 2년 전인 1963년에는 그 저서에 "일본이 메이지 이래 이렇듯 강력한 서양제국주의의 아(牙)로부터 아시아 를 지키고 일본의 독립을 유지하기 위하여 대만을 경영하여 조선을 병합하며 만주에 오족공화(五族共和)의 꿈을 꾸었던(託した) 것이 일본제국주의라고 한다면 그것은 영광스러운 제국주의"[103]라고 적었다. 시이나의 65년의 '반성발언'이 얼마나 공허한 것이었는지는 그런 역사관의 극적인 전환을 이룩하는 데는 너무나 짧은 2년이라는 세월이 여실히 드러내는 일이라 해야 하겠다. 실제 그의 역사인식은 한국 정부가 동 방한을 앞둔 1월 하순쯤 내무부로부터의 정보로 최근 시이나 외상이 귀국한 주한 일본인 기자에게 과거의 낡은 군국주의적 언동을 한 것을 파악, 그런 사고를 가진 인물이 방한할 경우 잘못된 언동을 할 우려가 있음을 주일대표부에 주의시켜야 할

99) 国会会議録, 第五十回国会, 「衆議院 日本国と大韓民国との間の条約及び協定等に関する特別 委員会議録」第十号(1965.11.5), 2쪽.
100) 사토는 이 모순에 관해서는 회담의 타결이 양국 간의 "친선관계, 우호관계를 수립할 수 있다"는 답변으 로 회피했다. 国会会議録, 第五十回国会, 「参議院 日韓条約等特別委員会議録」第九号(1965.12.3), 32 쪽.
101) 外務省アジア局北東アジア課, 「椎名外務大臣の韓国訪問と日韓基本関係条約案のイニシ アル」, 『国際週報』825号(1965.3), 外務省情報文化局, 4쪽.
102) 李東元, 崔雲祥監 訳, 『韓日条約締結秘話: ある二人の外交官の運命的出会い』(PHP研究所, 1997), 39쪽.
103) 椎名悦三郎, 『童話と政治』(東洋政治経済研究所, 1963), 58쪽.

정도였다.[104)]

　바로 이런 과거에 대한 뉘우침을 결여한 세력과의 과거청산 교섭이 한일회담의 피할 수 없는 현실적 조건이었다. 하지만 이런 한계를 단지 일본 보수층의 집권이라는 현실로만 보려고 해 온 선행연구의 시각은 결코 충분하지 않았다. 보다 본질적인 문제는 한일회담은 보수층 집권이라는 현실의 문제뿐만 아니라 그 세력과의 협력밖에 없었다는 논리적 필연에 있었던 것이었다. 그리고 그것은 바로 한국의 반공독재체제와 일본의 과거반성 의식의 형성 논리가 서로 맞물려 생긴 논리적 결과였다.

　한일회담은 그 현실뿐만 아니라 논리성이라는 각도로 봐도 과거에 대한 진정한 반성의식을 가진 세력과 손을 잡는 가능성을 결여시킨 채 진행되어야 할 그런 회담이었던 것이다. 이 점에서 과거청산을 위한 두 번째 가능조건 역시 충족되지 않았음을 확인할 수 있다.

---

104) 『椎名悦三郎 일본외상 방한, 1965. 2. 17~20』, 39쪽. 한편 시이나 외상은 1965년의 한일조약 비준국회에서는 구로야나기(黒柳明) 의원의 질문에 대답하는 형식으로 "영광의 제국주의"라고 적은 저서에 대한 인식에 대해서 반성의 의사를 드러내고 있다. 国会会議録, 第五十回国会, 「参議院 日韓条約等特別委員会議録」第九号(1965.12.3), 30쪽. 물론 이런 자세는 진정한 반성에 기초한 것이 아니라 그가 때와 장소에 따라 자신의 역사관을 쉽사리 바꿀 수 있는 그런 인물이었음을 드러내고 있을 뿐이라고 해야 하겠다.

5장

대일평화조약에서 한국 관련 조항의 '공백' 논리

과거청산을 위한 세 번째 가능조건은 대일평화조약에서의 과거청산 규정의 문제였다. 논했다시피 한국 정부의 과거청산에 관한 국민적 합의 도출 능력의 결여, 일본의 과거반성 세력과의 연계 불가능성이라는 다른 두 가지 가능조건의 불성립은 한일회담을 통한 과거청산을 이미 어려운 것으로 만든 것이었다. 그러나 한일 간의 과거청산이 도모하게 된 한일회담은 원래 대일평화조약에 그 법적 근거를 둔 것이었으므로 혹시 동 평화조약에서 일본의 한국에 대한 과거청산 의무규정이 명확하게 되었다면 적어도 청산 내용에 관해서는 과거청산이 이루어질 가능성이 열려 있었다. 따라서 한일회담이 가지게 된 역사논리는 대일평화조약의 논리와 뗄 수 없는 문제라고 말해야 하겠다.

한일회담에 관한 선행연구들 역시 이 점을 이해하여 그 관심을 기울여 왔다.[1] 하지만 이들 선행연구는 한국의 평화조약 서명국으로부터의 배제 과정에 관한 실증적 분석이나 결과로 나타난 평화조약 한국 관련 조항의 문제점만을 짚어보는 시각이 두드러진다. 이들 성과는 후술하듯이 한국의 서명국 배제에 따른 배상 형식의 소멸이나 청구권 처리의 애매함, 기타 독도영유권, 병합조약의 무효시점 등에 관한 결과적인 문제점을 부각시키는 데 중요한 시각들을 제공해왔으나 과거청산의 문제를 더 큰 틀 안에서 분석하려고 할 때는 동시에 한계를 안고 있는 것도 지적하지 않을 수가 없다.

그 큰 틀이라고 함은 과연 미국의 정치적 의도 아래 작성된 대일평화조약은 대한민국이 원하는 과거청산을 이뤄낼 수 있는 그런 논리성을 지니고 있었던가 하는 문제다.

---

1) MIN PYONG-GI, op.cit.; 성황용 op.cit.; 佐々木, op.cit.(1993); 이원덕, op.cit.; 高崎宗司,『検証 日韓会談』(岩波新書, 1996); 太田修,『日韓交渉 請求権問題の研究』(クレイン, 2003); 吉澤文寿,『戦後日韓関係: 国交正常化交渉をめぐって』(クレイン, 2005) 등.

다시 말하면 대일평화조약은 일본의 한반도 지배에 대한 명확한 책임 규정이나 그에 따른 과거의 청산을 촉구하는 논리성을 가지고 있었던가 하는 근본 문제는 평화조약에 의하여 그 역사적 성격이 주어진 한일회담을 통한 과거청산의 소멸논리를 밝히는 데 빼놓을 수 없는 문제가 된다.

이 문제를 생각하는 데는 이하의 세 가지 요건들이 빼놓을 수 없는 과제가 될 것이다. 말할 나위도 없으나 이들 요건이야말로 한일회담에서 양국 간의 특수한 과거를 청산하기 위해서는 바로 핵심적인 기둥이 되기 때문이다.

① 일본의 한반도 지배가 한민족의 의사와 관계없는 불법적 지배이었다는 명확한 규정을 넣는 것
② 위의 명확한 책임 규정에 따른 보상을 실시해야 할 것을 규정하는 것(이들 규정이 있으면 그 지불 명칭은 배상, 보상, 한국의 대일청구권이든 여러 가지가 있을 수 있다)
③ 위의 처리를 진행하는 데 필요한 한민족의 대표권한은 대한민국 정부에만 귀속될 것을 규정하는 것

주지하는 바와 같이 결과로서 대일평화조약에서는 상기 세 가지 규정이 이루어지는 일은 없었다. 그러나 중요한 것은 과연 이들 결과는 단지 대일평화조약의 미흡함을 의미하는 것인가 하는 문제를 생각하는 것이다. 이하에서는 전후 한일관계의 틀을 규정한 평화조약 성립의 역사적 논리를 탐구함으로써 대일평화조약의 형성논리는 위 세 가지 요건, 구체적으로는 제2조(a) 한국독립 규정과 제4조(a, b) 청구권 처리 규정에 관해 그들이 미국의 국익을 위하여 만들어진 결과 바로 '공백'으로서 나타날 수밖에 없었다는 것, 따라서 그들 조항의 문제점은 결코 우연한 결과가 아니라 논리 필연적이었다는 것, 그 의미에서는 한일 간의 특수한 과거가 청산될 그런 의무규정이 대일평화조약에 들어갈 가능성은 근본적으로 없었음을 논증하고자 한다.

1. 대일평화조약으로의 길

넓리 알려져 있듯이 대일평화조약은 미국의 대일, 대극동정책의 집대성으로서 만들어졌다. 따라서 동 평화조약에서의 한국 관련 조항의 공백 논리를 밝히기 위해 우선 미국의 대일정책의 논리를 밝히는 것에서부터 고찰을 시작할 필요가 있다.

1) 초기 대일점령정책

일본의 포츠담선언 수락으로 9월 2일 시작된 미국의 대일점령정책은 일본 통치의 스타일, 즉 직접통치 · 간접통지의 채용 여부를 결정하는 것에서 시작되었다. 그를 위하여 8월 22일 미국무성 · 육군 · 해군3성조정위원회(SWNCC)가 펴낸 SWNCC150/3 "항복 후 미국의 초기 대일관련 정책"은 대일 점령방침을 대독일과 달리 간접통치로 정했다. 그러나 그런 간접통치의 방침은 결코 초기 대일정책의 유화를 의미하는 것이 아니었다. 그것은 바로 이 SWNCC150/3 문서 속에서 "천황과 일본 정부 당국은 최고 사령관(Supreme Commander)에 복종하는 것"[2] 그리고 "이 정책의 목적이 일본 정부의 기존 형태(form)를 이용하는 것에 있으며 그것을 지원(support)하는 것이 아님"[3] 이라고 명시한 데서도 알 수 있다. 즉 간접통치의 방침은 어디까지나 7월의 원폭실험 성공과 8월의 두 차례에 걸친 현실적 사용으로 인하여 예상보다 일본의 항복이 앞당겨졌다는 것이 작용했다.[4] 그에 따라서 일본 항복에 불가결한 희생이라고 간주했던 본토결전이 피해지게 됨으로써 반대로 일본 국내에는 행정, 치안 등의 국가기구가 그대로 남게 되었다.

따라서 미국은 직접통치를 행하기에는 도리어 위험이 크다는 것, 경제적인 부담, 일본 국민의 민심 유화 등을 고려, 전후 개혁을 원활하게 진행하는 효과 등의 판단하에

---

2) "United States Initial Post-Defeat Policy Relating to Japan", 大蔵省財政室 編, 『昭和財政史: 終戦から講和まで 第20巻(英文資料)』(東洋経済新報社, 1982), 64쪽.

3) ibid.

4) 트루먼 회고록에 의하면 육군의 계획에서는 일본 규슈(九州) 진군이 1945년 가을, 본토 완전 굴복은 46년 말까지 걸릴 예상이었다고 한다. H. トルーマン, 堀江芳孝 訳, 『トルーマン回顧録 1』(恒文社, 1966(1955)), 295쪽.

간접통치를 택한 것이었다. 이 의도는 동 문서가 "일본 사회의 현 특징과 군사력 및 자원의 최소한의 사용으로 미국의 목적을 달성할 것을 희망한다는 관점에서 사령관은 그 권위를 천황을 포함해서 일본 정부의 기구, 기관 등을 통해서 행사한다"[5]고 지시한 데서도 여실히 엿볼 수 있다.

간접통치를 택한 미국의 대일 초기점령 정책의 내용의 엄격함은 바로 그 포괄적인 지령이라고 할 수 있는 1945년 11월 3일자 합동참모본부 문서 JCS 1380/15, "항복 후 일본 본토에서의 점령 정부에 대한 기본 지령"[6]에 결실되었다. 이 문서는 일본의 비군사적 민주국가 재건을 궁극적 목표로 하면서 영토조항(=구 식민지의 분리), 정치·행정적 재조직, 비군사화, 공직자의 체포·구금, 전범 처벌·추방, 정치활동, 교육, 경제개혁 등 광범위한 분야에 걸쳐서 그 개혁을 지시한 바로 구 일본제국 해체에 관한 서빙진이있다. 인뜻 보기에는 민주화, 비군사하라는 개념은 대일강경정책으로 보이지 않으나 그 목표의 추구가 직접적으로 일본의 국력 저하를 가져다줄 것을 의미할 때 이후 전환되어 갈 미국의 대일정책의 내용과 바로 대조적인 엄격함을 지닌 것이라고 할 수 있다. 이 시기의 정책 내용은 아직 전쟁 중이던 1944년 9월 4일 전후 배상 방침에 언급한 "배상정책의 원칙"에 나타난 미국의 대일 인식, 즉 "법적·도덕적 의무에 반하여 정복전쟁을 저질렀다는 침략자(aggressor) 일본"[7]이라는 적대적 인식의 연장선상에 있었다고 해도 과언이 아닐 것이다. 또 이 문서는 일본의 배상 책무에 대해서 "물적 보상(material compensation)이 가능한 한"[8]이라고 규정하고 있으며 이것이 곧 후술할 폴리(Edwin E. Pauley) 보고서로 대표되는 점령 직후의 미국의 대일배상방침의 기초를 이룬 것이었음은 쉽게 이해 가능하다.

전쟁 중 밝혀진 이러한 대일강경방침은 전후 초기의 구체적인 배상정책으로서 현실화되었다. 1945년 10월 30일 대일배상사절단이 작성한 보고서 "일본에 대한 미

---

5) "United States Initial Post-Defeat Policy Relating to Japan", 大藏省財政室 編, op.cit., 64쪽.
6) "Basic Directive for Post - Surrender Military Government in Japan Proper", ibid., 162~175쪽.
7) "Principles of Reparation Policy", ibid., 430쪽.
8) ibid. 동 문서에서는 배상에 관해서 그 징벌적 성격을 부정하고 있으나 일본의 배상지불과 세계의 안정을 연결시키고 있는 것을 짐작할 때 어디까지나 그 징벌적 성격의 부정은 1차 대전 후의 대독 배상요구와 같은 지불능력을 월등히 넘는 청구의 배제를 의미할 따름이었다고 해석된다.

국의 배상 정책"은 "동아시아의 모든 국가들이 일본에 의하여 시작된 전쟁의 결과로서 피해를 입고 경제적 후퇴를 겪었다는 것"[9]을 인정, "일본은 그 길로의 복귀(=정치적 안정과 평화적 진보로의 길)에 있어서 최후의 순위(last priority)가 될 것"[10]을 밝히고 그 결과 미국의 정책으로서 "일본에는 필요하고 또 허락되는 수입물을 위한 외화(exchange)를 얻는 목적을 위해 필요한 최소한의 수출재를 생산하는 산업만을 남길 것"[11]을 권고했다.

이런 강경적인 대일배상방침이 구체안으로 결정된 것이 점령 초기 미국의 대일배상정책의 틀을 지은 소위 두 가지의 폴리보고서, 즉 1945년 12월 6일자 "중간 배상정책 - 폴리리포트"와 1945년 12월 18일자 "일본으로부터의 배상 - 초기계획(폴리 중간 리포트)"[12]이었다. 폴리는 양 보고서를 통해서 일본은 여전히 평화시의 시민생활에 필요한 생산능력 이상을 가지고 있다와 같은 취지의 인식을 나타내면서 일본으로부터의 인근 아시아 국가들로의 과잉능력 이전은 일본의 생활수준을 저하시키지 않고 아시아 각 나라들의 산업, 생활수준을 올리는 데 도움이 된다는 판단으로 그 즉각적인 현물배상의 실시를 기계와 플랜트 같은 자본재로 할 것을 촉구했다.[13] 또 이 보고서는 포츠담선언으로 규정된 일본 영토 외의 대외 일본자산 몰수도 명시함으로써 한일 간의 재산권 등의 처리를 생각할 때 주목할 만한 인식을 드러냈다.[14]

이런 폴리 계획 속에서 또 하나 주목할 만한 사고방식은 일본과 다른 아시아 국가

---

9) "U.S. Reparation Policy for Japan", ibid., 435쪽.

10) ibid.

11) ibid.

12) "Interim Reparations policy - Pauley Report", "Reparations from Japan - Immediate Program(Pauley Interim Report)", ibid., 각 440~443; 443~449쪽.

13) "Reparations from Japan-Immediate Program(Pauley Interim Report)", ibid., 444쪽.

14) ibid. 동 문서에는 또 하나 주목점이 있다. 그것은 바로 한국 관련의 인식이다. 거기서는 한국은 우호국으로서 취급되되 배상에 대한 아무런 권리가 없음을 명시되어 있다. 그리고 그 이유는 "한국(Korea)은 대일 승리를 이끄는 데 아무 특별한 공헌이 없었다"는 것이었다(같은 문서, 447쪽). 즉 대일강경정책과 다른 아시아 국가들 중시의 입장을 취한 폴리 역시 한국의 배상 수취 자격을 인정하지 않았던 것이다. 그러나 그 한편으로 폴리는 한국(Korea)에서 수입한 원재료를 가공했던 산업시설을 한국(Korea)으로 이전한다는 것 또 재한일본인 주요 자산은 통일된 후 한국(Korea)에 그 지배권(control)을 주어야 한다는 지적들을 하고 있는 것을 감안하면 준(準)배상 수취 국으로서 한국(Korea)을 인정하는 측면이 있는 것도 사실이다.

들의 지배 - 피지배 관계를 청산할 것을 의도했다는 점이다. 동 보고서는 "일본과 일본이 정복한 지역들의 상류 - 하류관계(tributary ties)를 절단하여 이들 지역의 경제적 재통합을 이룩함으로써 아시아의 평화적, 번영적 경제 균형의 확립을 돕는 것"[15]을 배상사절단의 목적으로 규정하고 있다. 따라서 폴리가 이 문서에서 말한 '경제적 재통합'이라고 함은 어디까지나 일본과 다른 아시아 국가들의 수직적 관계를 청산하여 각국의 자립적 지위에 기초한 상호간 경제협력관계의 수립을 의미한 것이었다. 즉 그것은 후술할 대일정책의 변화로 인해 일본을 이 지역의 주축으로 삼게 된 소위 지역 통합 전략과는 그 발상에 있어서 근본적으로 대조적인 것이었다. 그리고 이런 폴리의 발상에는 "일본의 침략적 힘이나 장래의 전쟁으로의 잠재적 지배력의 파괴에는 일본의 주변국의 공업, 농업, 무역의 동시적 발전 없이는 비효과적이다"[16]라는 전략적 사고가 깔려 있다. 즉 일본의 침략적 힘을 억제하기 위해서는 극동 각 나라들의 상대적 부흥이 필요하다는 인식이 그 기초를 이루었던 것이다.

이와 같이 폴리보고서의 내용의 엄격함은 일본에게는 예상 이상의 일인 것 같았다. 46년 12월 4일자로 외무성은 배상부장(賠償部長)의 이름으로 "폴리 대사의 대일 배상 최종보고에 관한 견해"라는 내부 문서를 작성, 그 속에서 혹시 폴리리포트대로 배상계획이 실행될 경우 "장래의 평화일본의 건설은 한낱 공상으로만 끝나고 기아와 혼란이 장래의 일본에 남겨지는 데 그칠 것으로 생각된다"[17]는 위기의식을 드러내고 있다.

이상에서 살펴봤듯이 미국의 초기 대일, 대극동정책은 일본의 국력의 저하와 다른 극동 국가들의 우선적 부흥에 그 주안점이 주어졌다. 주의해야 할 것은 이런 사고는 적어도 점령 초기까지 미국이 아시아 각 나라들을 각 나름대로의 이익과 목표를 가진 각 주체로서 인식하고 있었음을 가리킨다는 점이다. 그러나 그 후 세계를 약 40년간 덮은 냉전의 그늘은 그런 아시아 각국이 가진 자립적 부흥의 희망을 꺾었다.

---

15) "Policy Toward Japanese Assets in China and Korea"(1946.5.11), ibid., 449쪽.
16) "Report on the Industrial Disarmament in Japan"(1945.11?), ibid., 436쪽.
17) 外交記録公開文書, 第4回公開, B'3.1.1.1-3,「占領下の対日賠償関係一件 ポーレー大使来朝関係」, 138쪽, B'3.1.1,『中間賠償』수록.

2) 대일점령정책의 전환과 지역통합

1946년 처칠(Winston Churchill)의 '철의 장막' 연설로 부각된 냉전의 싹은 1947년에 들어가서 본격화되기 시작했다. 1947연 동유럽에서의 코민포름(Cominform) 결성의 흐름을 타고 1948년에는 소련에 의하여 베를린(Berlin) 봉쇄가 이루어졌다. 극동에서도 46년 여름 중국에서 표면화된 국공(國共) 대립은 47년에는 본격적인 내전으로 돌입하여 48년에는 중공 승리의 추세가 군어가고 있었다. 한반도에서도 좌우의 격한 대립과 미소공동위원회의 불발로 남북 분단의 그늘이 점점 눈에 띄게 짙어져 갔다. 이런 국제정세의 급격한 변화는 피할 수 없이 미국에게 대일, 대극동정책의 변화를 요구했다.

종전 직후인 1945년 9월 19일 시점에서 SWNCC가 이미 그 가능성을 경고했던[18] 대소 협조 붕괴의 전망은 1946년 9월 클리포드(Clark M. Clifford) 특별고문에 의한 대통령 보고서에서 구체화되기 시작했다. 이 보고서는 "혹시 세계의 여러 문제를 해결하기 위한 소련과의 협조가 불가능하다면 영국과 다른 서양 국가들과의 협조의 준비를 해야 한다"[19]고 그 정책 변경의 가능성을 열어 놓았다. 그러나 이 보고서에서 더 주목할 만한 것은 대소 정책으로서 세계적 범위가 강조된 것이었다.

그때까지만 해도 유럽정책, 근동(near eastern)정책, 인도정책, 중국정책 등 각기 다른 문제로서 다루어져 온 유서 깊은(time-honored) 지역정책은 이들 지역이 모두 소련과 접해 있다는 것을 감안해서 대소라는 전체적인 관점에서 고려되어야 한다는 시각변화가 일어나기 시작한 것이었다.[20] 이것이야말로 "소련의 영향을 현행 지역에 봉쇄하는"[21] 사실상의 냉전형 정책 전환의 권고이며 여기에는 비록 아직 시기적으로 직접 극동지역과의 협력관계가 내세워지지 않고 있으나 미국의 대일본, 대극

---

18) "Basis for the Formation of a U.S. Military Policy(SWNCC282)", Thomas H.Etzold & John L.Gaddis'ed, *Containment: Document on American Policy and Strategy, 1945-1950* (columbia University Press, 1978), 40쪽.
19) "American Relations with the Soviet Union: A Report to the President by the Special Counsel to the President", ibid., 65쪽. 다만 동시에 동 문서에서는 소련 지도자에게 자본주의와 공산주의의 평화공존의 가능성을 알려야 할 필요성도 여전히 강조하고 있다.
20) ibid., 70쪽.
21) ibid.

동정책의 변화를 예감하는 데 중요한 분기점을 이룬 시각 변화라고 말할 수 있을 것이다.

1947년에 들어서면서 트루먼 대통령은 마샬(George C. Marshall)을 국무장관에 기용, 냉전형 봉쇄외교를 본격화시켰다. 마샬은 국무성 내에 그 후 냉전형 외교의 중심적 역할을 맡게 된 케넌(George F. Kennan)을 실장으로 하는 '정책기획실(PPS)' 을 신설했다.[22] 이 기획실이 가진 대소 불신의 철저함은 케넌의 인종차별적 발언[23]을 봐도 이해할 만하다.

사실상 트루먼의 대소 봉쇄정책의 입안을 맡았던 케넌은 1948년 2월 24일 정책기획실에 의한 최초의 통일적인 세계정책인 기획실 문서 "현행 추세의 개관: 미국의 외교정책"을 작성했다. 동 문서 제7장 "극동"에서 케넌은 "이 지역에서 미국은 자기가 알 수 있는 것과 해야 하는 것에 대한 우리의 전체적 사고에 있어서 상당한 과잉확장 (over-extended)을 하고 있음"[24]을 지적, 아시아에서의 서양식 도덕 이데올로기를 적용시키려는 것에 대한 한계를 주장하고 있다. 그 전제하에서 극동에서의 미국의 이익을 지키기 위해서는 "인권, 생활수준의 상승, 민주화 등의 애매하고, 비현실적인 목표를 말하는 것은 이제 그만두어야 하고",[25] "가까운 장래 극동지역에서의 미국의 영향력은 주로 군사적, 경제적인 것으로 될 것"[26]을 밝힘으로써 그 정책적 현실노선 을 천명했다. 그런 현실 노선을 바탕으로 그는 태평양, 극동의 어느 지역이 미국의 안전보장에게 결정적인가 하는 문제를 던져, "태평양 지역의 안보시스템의 주춧돌 (corner-stones)로 생각되는 것은 일본과 필리핀임"[27]을 분명히 내세웠다. 필리핀의 지위가 미국과의 역사적 관계에서 연유하는 것을 감안하면 유독 일본에 대한 시각만

---

22) 이 과정에 관해서는 五十嵐武士, 『対日講和と冷戦』(東京大学出版会, 1986), 2장 참고.
23) 예컨대 그는 "크렘린(Kremlin)의 세계 여러 문제들에 대한 뉴로틱(neurotic)한 시각 밑에는 전통적으로 본능적인 불안정에 대한 러시아인의 감각이 있다. 원래 이것은 인근의 사나운(fierce) 유목민에 둘러싼 관활한 평원에 사는 평화적 농업민의 불안정이다"라고 전하고 있다. "Moscow Embassy Telegram #511"(1946. 2. 22), Thomas H. Etzold & John L. Gaddis' ed, op. cit., 53쪽.
24) "Review of Current Trends: U.S. Foreign Policy", ibid., 226쪽.
25) ibid., 227쪽.
26) ibid.
27) ibid., 227~228쪽.

이 두드러지게 변화되었음을 알 수가 있다. 즉 적어도 1947년에는 미국의 대일정책에 관한 시각 변화가 분명히 싹트기 시작했던 것이었다.[28]

더구나 그런 흐름은 단지 국무성만의 변화가 아니었다. 누구보다 냉전의 전개에 민감해 질 수밖에 없었던 육군성은 대일배상에 관한 독자조사를 실시, 그 결과로서 소위 "제1차 스트라이크(Clifford S. Strike) 보고서"[29]를 1947년 2월 18일 맥아더 (Douglas MacArthur)에게 제출했다. 동 보고서는 폴리보고서로부터 불과 1년 3개월 정도의 시간 경과에도 불구하고 대일정책에 필요한 일본의 기존 조건이 이미 많이 바뀌었다고 지적, 폴리보고서를 따를 필요가 없음을 강조했다.[30] 그 근거에는 비군사화 목표의 달성이라는 점령정책의 대의명분도 있었으나, 무엇보다 폴리보고서에 규정되어 있었던 시설 배상의 실시에 얽힌 현실적인 어려움이 부각되었다. 미국의 현실노선이 배상정책에도 반영되기 시작한 것이었다.

그 현실적 어려움에는 두 가지 측면이 있었다. 하나는 일본 경제의 최소한의 자립적 부흥이라고 할 때의 그 평가 문제였다. 그것은 계산 착오(일본의 수출량의 추측 등), 세계시장의 변화, 더 나아가서는 그 변화 자체의 예측 불가능성 등으로 인하여 불가피하게 발생할 '자립'에 관한 측정의 어려움이었다. 또 하나는 시설배상을 실행할 경우에 생길 추가 비용 문제였다. 이들에게는 시설 재설정, 설치의 관한 관련 시설비용, 시설 수송비용, 그리고 그들을 감당하는 일본의 자금 확보 등의 문제가 포함되었다. 무엇보다 이들 대일시설배상 계획이 결국 미국의 부담으로 이루어질 수밖에 없는 이상 현행 플랜트 철거에 관한 배상계획은 마땅히 기각되어야 한다는 것이 이 보고서의 결론이었던 것이다.[31]

그러나 보다 중요한 것은 이런 현실 노선으로의 선회는 결코 유독 실천에 관한

---

28) 이 점에 관해서 간(管英輝)은 1947년 1월의 마샬에 의한 국공(國共)간의 조정노력 실패까지는 아시아에서의 정책의 중심은 루즈벨트(Franklin D. Roosevelt)가 구상한 '중국대국화'에 있었다고 지적하고 있다. 管英輝, 「アメリカの戦後秩序構想とアジアの地域統合 1945~50」, 日本国際政治学会 編, 『国際政治』, 第89号(1988), 109~125쪽. 즉 그 지적에 의하면 대일 중시정책의 배경에는 중국에서의 공산 세력 확장이 있었다는 것이다.

29) "Report on Japanese Reparations(First Strike Report)", 大蔵省財政室 編, op.cit., 464~471쪽.

30) ibid., 464쪽.

31) 이상의 내용은 ibid., 465~468쪽.

현실적 효율성이란 차원에만 그치는 것이 아니라 미국의 대일인식의 근본적 변화와 뗄 수 없는 관계에 있다는 점이다. 즉 미국은 이미 일본을 지난 침략전쟁의 책임을 묻는 일방적 징벌대상으로서가 아니라 자국의 현실적 이익이라는 각도에서 다룰 '조작 대상'으로 보기 시작했다는 점이다. 이 시각 변화는 제1차 스트라이크 보고서에 이어 발표된 1948년 2월 26일자 "2차 보고서"[32]에서 알 수 있다.

이 보고서에서는 "일본의 강한 공업력은 극동의 평화와 번영에 오히려 공헌한다 (less dangerous)"[33]는 인식이 선명히 표명되어 있으며 극동 지역의 최적한 이익을 위해서는 "일본의 공업능력의 대부분을 가급적 빨리 재건축·이용하는 자유를 일본에 부여할 것"[34]을 권고했다. 즉 "일본의 궁상은 그들 자신의 행동의 직접적 결과이며 연합군은 그 파괴의 부흥을 위한 부담(burden)은 하지 않는다"[35]고 해서 시작된 미국의 대일 셈딩은 불과 2년 빈 시이에 극저인 인시 변하를 겪은 것이었다. 다시 말하면 당초 부흥의 가장 낮은 순위에 놓이던 일본이 사실상 극동지역에서 가장 높은 부흥 순위에 위치하게 된 셈이다. 그 2개월 후 육군성에 제출된 소위 "존스튼(Percy H. Johnston) 보고서"[36]에서는 "일본의 공업생산물은 극동지역 전체에 대해 필요하다"[37]는 판단 아래 일본의 공업생산물과 극동지역의 농산물 교환이 극동지역 전체의 영구적 부흥에 결정적(essential)이라는 논리가 전개되었다.

이런 일본 부흥의 흐름은 연합국으로 구성된 대일 점령에 관한 최고 기관이었던 극동위원회에서의 소위 "맥코이(Frank R. McCoy)성명"[38]으로서 그 모습을 겉으로 나타냈다. "맥코이성명"은 상술한 스트라이크, 존스튼 보고서와 기본적으로 그 정신을 같이 하면서도 한 걸음 더 나아가서 배상에 관한 대일 면책의 자세를 천명했다. 동 성명

---

32) "Report on Industrial Reparations Survey of Japan to the United States of America", ibid., 473~479쪽.

33) ibid., 474쪽.

34) ibid., 476쪽.

35) "United States Initial Post-Defeat Policy Relating to Japan(SWNCC150/3)", ibid., 65~66쪽.

36) "Report on the Economic Position and Prospects of Japan and Korea: Measures Required to Improve Them", ibid., 483~485쪽.

37) ibid., 484쪽.

38) "Unites States Policy for Japan"(1948.1.21), ibid., 186~187쪽.

은 "일본의 경제적 혼란(chaos)은 사활적인 식물이나 기타 물품 수입을 위한 자금공여를 해 온 미국 국민의 희생으로만 막아왔다"[39]는 것이 현실인 이상 "연합국최고사령관은 일본 정부와 국민이 그 배상 책임으로부터 강력하게(energetically), 효과적으로 벗어날 수 있도록 보장하기 위해 필요한 조치를 취해야 한다"[40]고 권고함으로써 사실상 일본의 배상책임 면제를 내세운 것이었다.

결국 대일전쟁 책임 추궁의 흐름은 1948년 후반에 들어서면서 완전히 역회전하기 시작했던 것이다. 바로 그것이 국가정책으로 결정된 것이 국가안전보장회의(NSC)가 펴낸 NSC13시리즈다. 그 속에서 1948년 10월 7일자로 작성된 NSC13/2는 이 시점에서 대일평화조약을 될수록 간략하게(brief), 그리고 일반적으로(general)하는 것, 그리고 비징벌적으로(non punitive) 할 목표를 명시하고 있다.[41] 이어 1949년 5월 6일자로 나온 NSC13/3은 배상에 관하여 "미국의 일방적 지령하의 현행 배상 이전(移轉)은 중지되어야 하고 전체로서 배상 문제는 사문(dead letter)의 지위에 격하(reduce)시켜야 한다는 원칙에 대해 다른 배상 수취국의 동의를 확보하기 위한 모든 노력을 해야 하는 것이 미국 정부의 책임"[42]임을 역설했다.

위에서 본 미국의 대일정책의 변화는 아직 경제 부흥이란 각도가 강했으나 한반도에서의 남북 분단국가의 탄생과 그에 이어 중화인민공화국이 창건된 1949년에는 안전보장이라는 측면에서도 한층 두드러지게 나타났다. 소위 '지역통합정책'이라고 불리는 미국의 정책[43]은 극동을 하나의 지역으로 묶는 것이 안전보장에 있어서 보다 효과적인 반공 정책임을 인식한 산물이었다.

미국은 이런 정책적 인식 아래 1949년 6월 15일 일본을 극동에서의 미국의 안전보

---

39) ibid., 187쪽.

40) ibid.

41) "NSC Recommendations with Respect to U.S. Policy Toward Japan(NSC13/2)", ibid. 193쪽.

42) "NSC Recommendations with Respect to U.S. Policy Toward Japan(NSC13/3)", ibid., 200쪽.

43) 이에 관해서는 Herbert P. Bix, "Regional Integration: Japan and South Korea in America's Asian Policy", Frank Baldwin'ed, *Without Parallel: American-Korean Relationship since 1945* (NewYork, Pantheon Books, 1973), 179~232쪽; 李鐘元, 「東アジアにおける冷戦と地域主義: アメリカの政策を中心に」, 鴨武彦 編, 『講座 世紀間の世界政治 3』(日本評論社, 1993a), 186~239쪽; 「戦後米国の極東政策と韓国の脱植民地化」, 『岩波講座 近代日本と植民地8 アジアの冷戦と脱植民政策と韓国の脱植民地化』(岩波書店, 1993b), 3~38쪽 등 참고.

장과 연결시키는 국가정책을 채용했다. 바로 NSC49 "일본에서의 미국의 안전보장의 필요성의 전략적 평가"에서 극동에서의 일본의 전략적 중요성을 북태평양의 무역 통로, 소련의 군사기지로서의 가치, 인적 능력, 산업의 잠재력 등으로 규정하여 일본을 극동에서의 미국의 안전보장상의 요체로 삼았다.[44]

그 6개월 후인 1949년 12월 23일 작성된 미국의 아시아정책의 핵심적 문서 NSC48/1에서는 아시아지역은 정치적 혼란 속에 있음을 지적하고 따라서 공산주의가 주도권을 잡는 시도를 할 위험성이 크다는 인식 아래 "혹시 극동의 전쟁 발생의 복합요소(war-making complex)의 주된 구성원인 일본이 소련하에 들어가게 되면 소련의 아시아 기지는 세계의 힘의 균형을 미국에게 불리하게 변화시키는 강한 능력의 원천이 될 것"[45]이라는 위기의식을 드러내고 있다. 즉 이 지적은 잠재적인 국력을 가진 일본의 귀추가 세계적 동시 역학의 핵심으로 보는 인식을 미국이 가지게 되었음을 뜻했다.

그런 일본의 잠재적 힘은 물론 극동정책에서도 중요시 되지 않을 수가 없었다. 이 문서는 일본이 이미 세계적 규모의 힘이 될 수는 없으나 또다시 아시아에서 중요한 세력이 될 힘을 가지고 있음을 지적, 그 잠재력의 발전 여부, 그리고 그 힘이 어떻게 이용될 것인지가 아시아에서의 장래의 정치 패턴에 강하게 영향을 주게 된다는 인식을[46] 드러낸 후 그 이용방법으로서 다른 아시아 자유주의 국가들의 부흥과의 연결을 권고했다.

즉 "일본의 공업화를 제외하면 아시아는 기본적으로 농업지역"[47]이라는 조건하에서는 아시아 자유주의국가들의 부흥과의 연결방법은 일본의 공업 생산력과 다른 나라들의 농산물 또는 원재료 등을 연결시키는 무역 확대정책 밖에 없었다. 즉 지역통합의 하나의 형태인 수평적 통합이 비교적 같은 산업구조를 가진 나라 간에만 가능한

---

44) "Strategic Evaluation of United States Security Needs in Japan", Thomas H.Etzold & John L.Gaddis'ed, op.cit., 231쪽.
45) NSC48/1 "The Position of the United States with Respect to Asia", ibid., 253쪽.
46) ibid., 254쪽.
47) ibid., 265쪽. 다만 정확하게는 원문에서는 공업국의 대열 속에 "보다 낮은 정도(lesser extent)의 인도의 공업화"라고 규정하여 인도도 공업국가에 포함하고 있다.

이상 그 당시 일본만이 유일하게 공업화의 경험을 쌓은 나라였다는 극동의 조건하에서 그 지역통합이 수직적인 형태로 되는 것은 이미 선택의 여지없는 유일한 논리적 답[48]이었던 것이다.

이런 미국에 의한 극동에서의 지역적 통합전략은 1949년 12월 30일자 NSC48/2에서 한층 더 강력한 "지역연합(regional associations)" 구상[49]으로 격상되었다. 이 지역연합의 내용은 방공을 목적으로 "그 지역의 정치경제, 사회 문화의 문제들을 푸는 상호 이익을 위한 협조"[50]를 뜻했다. 동 문서에서는 미국은 그런 목적 추구를 위하여 각국의 이익과의 양립과 그들의 지지를 얻을 만한 방법으로 행동할 것을 지적하고 있으나[51] 전후의 한일관계처럼 그 양립이 기본적으로 불가능한 문제일 경우 각국의 직접적 이익 추구의 행동은 미국의 대소봉쇄정책이란 지상명제 앞에서 꺾이게 됨은 두말할 필요도 없는 이야기였다.

즉 1950년 전후라는 시점에서 이미 미국에게는 극동지역은 서로 나름대로의 다양한 정치적 의도·목적을 가진 독립국가의 집합체라기보다 대소라는 공통의 목표를 가진 분해 불가능한 '유기체'로 비친 것이었다. 이미 언급한 '유서 깊은' 미국의 지역정책은 극동에서도 포기되며 이 지역 역시 대소봉쇄정책을 위한 떼려야 뗄 수 없는 공동체로 되어간 것이었다.

대일평화조약은 바로 그런 극동정책의 결정(結晶)이라고 볼 수 있으나 그것을 더 명확히 하기 위해서라도 평화조약 체결의 과정을 간결하게나마 고찰할 필요가 있다.

3) 대일평화조약 체결 과정

지금까지 살펴봤듯이 미국의 대일정책은 48년쯤을 전환기로 그 정책내용을 거의 180도 바꾸었다고 해도 무방하다. 미국의 대일정책의 주된 목표가 그 초기의 비군사

---

48) 이런 미국의 지역통합의 구상에는 일본의 공업과 아시아의 농업, 원재료를 연결시키는 데 효과적인 소위 "달러(dollar)의 이중의 기능"이란 정책적 판단이 작용했다는 지적은 李鐘元, op.cit.(1993b), 9쪽 참고.
49) NSC48/2 "The Position of the United States with Respect to Asia", Thomas H.Etzold & John L.Gaddis'ed, op.cit., 270쪽.
50) ibid.
51) ibid., 269쪽.

화, 약체화 방침으로부터 친미라는 조건부의 지역 중심 국가로 바뀐 이상 미국의 대일
포용정책의 종착점인 평화조약이 그 논리성을 고스란히 내포하게 됨은 당연한 귀결
이었다.

1947년 3월 맥아더는 기자회견에서 처음으로 대외적으로 대일강화를 언급하였
으며[52] 또 이 시기 미국의 대일평화조약 최초의 초안이 나왔다.[53] 그러나 대일강화로
의 움직임이 본격화된 것은 냉전이 본격화된 1949년 애치슨(Dean Acheson)의 국무
장관 취임과[54] 덜레스(John F. Dulles)의 국무장관 정책고문 취임 이후의 일이다.
덜레스는 5월 18일에 대일강화 문제 담당자로 되기가 무섭게 6월 6일자로 대일강화
에 관한 각서를 작성, 미 국무성에 제출하고 있다. 그 속에서 그는 대일정책의 장기목
표로서 일본이 자유진영의 일원과 미국의 우방이 될 것, 또 다른 아시아 태평양 지역의
사람들에게 자유주의적 생활양식이 우수성을 보이기 위한 모범 사례로 할 것들을
주장했다.[55] 그리고 그를 위하여 대일평화조약은 배상책무를 없애고 특별한 경제적
제한이 없거나 있어도 최소한도의 제한만으로 평화적 경제발전의 완전한 기회를 주
는 것이 되어야 한다고 주장했다.[56]

덜레스에 의한 위와 같은 대일강화 방침은 한 마디로 말해서 친미라는 틀 안에서의
일본 부흥의 결의표명이었다. 덜레스는 이 각서에서 표명한 방침 아래 6월 14일 일본
방문을 효시로 일련의 조정외교에 나섰다. 그 가운데 터진 것이 바로 6·25전쟁이었
다. 9월 22일 덜레스에 의하여 대일강화 7원칙[57]이 작성되었다. 이 7원칙의 요지는

---

52) "Press Interview with MacArthur", 大蔵省財政室 編, op.cit., 178쪽.
53) 쓰카모토(塚元孝)의 연구에서는 대일평화조약 초안은 1947년 3월부터 몇 차례 작성되었다고 한다.
塚元孝,「韓国の対日平和条約署名問題: 日朝交渉,戦後補償問題に関連して」,『レファレンス』, n
o.494(1992.3), 96쪽. 또한 시볼드(William J. Sebald)의 회상에 의하면 이 시기의 초안은 일본의 군국주
의 부활을 억제하기 위하여 일본을 무기한으로 연합국의 통제하에 두려고 한 내용이었다고 한다. W.
J. シーボルト, 野末賢三 訳,『日本占領外交の回想』(朝日新聞社, 1966(1965)), 210쪽.
54) 애치슨의 대일, 대한 관계에 관한 움직임에 관해서는 Ronald McGlothlen, "Acheson, Economics
and the American Commitment in Korea, 1947-1950", *Pacific Historical Review*, vol.58, no.1(1989),
23~54쪽.
55) 694.001/6-750 "Memorandum by the Consultant to the Secretary (Dulles) to the Secretary of
State", *FRUS, 1950*, volume VI, *East Asia and The Pacific*, 1207쪽.
56) ibid., 1210쪽.
57) "Memorandum of Seven Points", 大蔵省財政室 編, op.cit., 263쪽.

이하와 같은 것이었다.

- 조약 당사국 규정: 중국을 포함한 일본과의 교전관계에 있었던 49개국 참가
- 일본의 국제연합 가맹 승인
- 일본의 영토영역: 한반도(Korea)의 독립 기타
- 안전보장: 일본의 안전보장을 위한 일본에 의한 미국으로의 시설제공
- 국제적 제 협정 준수
- 청구권: 자국 내 일본 자산의 보유와 대일배상권의 포기
- 분쟁: 국제사법재판소에서의 평화적 해결

세계 각국을 향해서 밝혀진 이 대일강화 7원칙에는 표면적으로조차 일본의 독립에 즈음하여 그 전쟁책임을 명확하게 하여 그에 따른 처리를 촉구하는 규정 등은 일체 없었다. 오히려 자국 내 일본인 재산의 몰수 대신 배상요구 권리 자체를 포기하는 원칙조차 명시되어 있었다. 따라서 일본의 침략전쟁 피해국들을 중심으로 하여 애당초 동 7원칙은 좋은 반응을 얻지 못했다.[58] 소련, 중국 등 미국과 직접적으로 대립관계에 있던 사회주의 국가들은 물론 인도처럼 중립적인 입장에 있던 나라도 중국에 관한 취급이 명기되지 않고 있다는 점을 들고 비판적인 입장을 취했다. 또 미국에 협조적 나라인 오스트레일리아, 뉴질랜드, 필리핀 등조차도 일본에 의한 배상 지불의 부족함과 재군비 제한 항목의 부재 등을 이유로 미국의 대일강화 방침에 이의를 제기했다. 1951년 3월에는 최대의 우방인 영국도 평화조약 서문에서 대 이탈리아평화조약처럼 침략전쟁을 일으킨 일본의 군국주의체제에 대한 언급을 할 것, 또 일본 내 금(金) 준비를 배상으로 할당하도록 요구하는 등의 비망록을 미 국무성에 보내고 있다.[59]

하지만 무엇보다 이 조약체결 과정의 성격을 여실히 드러낸 것은 바로 소련이 그 대미 비판각서[60] 속에서 제1항목으로서 든 미국에 의한 두 나라 간 개별교섭이라는

---

58) 이하 각 연합국의 반응에 관한 자세한 기술은 鹿島平和硏究所,『日本外交史27 サンフランシスコ
平和条約』(鹿島硏究所出版会, 1971), 68~80쪽; 100~101쪽 참고.
59) Lot 54D423 "The British Embassy to the Department of State", *FRUS, 1951*, volumeVI, *Asia and the Pacific*, 911~912쪽.
60) 鹿島平和硏究所, op.cit., 130쪽.

방식이었다. 즉 그것은 소련의 비판에서 드러나듯이 조약 작성과정에서 사회주의
진영의 영향력을 배제하기 위한 교섭 방식을 뜻했다.[61] 따라서 이 조약을 작성하는
과정에서는 각국의 의견을 청취한 뒤 약관의 수정이 이루어진 일이 있었으나 기본적
으로는 일관되게 미국의 주도하에서 진행되었음은 조약의 작성 책임자이던 덜레스
자신이 인정하는 바였다.[62] 거꾸로 말하면 1951년 시점에서 일본은 이미 미국에게는
소련을 중심으로 한 사회주의국가들과의 대립은 물론 같은 자유주의 진영의 국가들
과의 마찰을 무릅쓰더라도 그 이익을 감싸주고 포섭해야 하는 상대로까지 격상되어
있었던 것이다.

2. 미국의 한국 인식과 대일평화조약으로부터의 배제

이상 미국의 대일, 대극동정책의 변화를 살펴보고 대일평화조약 형성의 논리를
고찰했다. 그러나 주의해야 할 것은 상술한 미국의 대일중시정책의 흐름 자체는 평화
조약 한국 관련 조항의 결과를 반드시 필연하게 할 것을 뜻하지 않는다는 점이다.
무엇보다 한국 역시 대소, 대중공을 겨냥하는 자유주의 진영의 하나였다. 따라서 평
화조약 한국 관련 조항의 논리를 생각할 때는 미국에 대일 인식과 함께 미국의 한국
인식의 문제 역시 살펴볼 필요가 있다. 물론 한일 양국 간 관계가 바로 청산해야 할
과거를 둘러싸고 이율배반적인 이해관계에 있을 때 미국에게 일본의 지위 상승은
한국의 지위 저하를 귀결시키기 쉽다. 그러나 미국의 한국 인식에 따라서는 한국 관련
조항의 내용은 어느 정도 달라질 수도 있었다. 그 의미에서는 평화조약 한국 관련

---

61) 이 점에 관해서는 예컨대 한국의 평화조약 참가 지지를 전하는 자리에서 덜레스 자신이 두 나라 간
토의 방식은 어떤 나라들이 대한민국과 국민당 정부 대신 북한과 중공이 각각 한반도와 중국을 대표해야
한다고 주장하는 기회를 빼앗기 위한 것임을 밝히면서 간접적으로나마 소련 등의 사회주의 국가의 영향력
을 차단하기 위한 것임을 시인하고 있다. Lot54D423 "Memorandum of Conversations, by Mr.Robert
A. Fearey of the Office of Northeast Asian Affairs", *FRUS, 1951*, volumeVI, *Asia and the Pacific*,
817쪽.
62) 사실 9월 5일 대일평화회의 제2회 총회 연설에서 덜레스는 태평양전쟁에서 미국이 행한 역할에 따라
미국이 앞장서고 조약 작성을 맡았음을 인정, 더 나아가서는 그것을 미국의 분명한 의무라고 주장했다.
外交記録公開文書, 第7回公開, B'4.1.1.20「サン・フランシスコ対日講和会議関係議事録(第二巻)」,
64쪽, B'4.1.1『サン・フランシスコ会議及び平和条約』수록.

조항의 결과는 한국 스스로 간접적으로나마 가져온 것이기도 했다. 이하에서는 이 문제를 다루어야 한다.

1) 미국의 한국 인식과 그 평가

1945년 9월 2일, 38도선 이남의 미국에 대한 항복요구[63]로 시작된 미국의 한국 접촉은 당초부터 일관성 있는 입장으로 출발한 것이 아니었다. 그 일관성의 결여는 한국과 일본의 과거 관계를 규정하는 데 중요한 의미를 가지게 될 해방 후의 미국의 한국에 대한 취급 문제로서 나타났다. 즉 미국은 해방 후의 한국을 그 전쟁 처리에 관해서 어떠한 자격을 가진 나라로서 취급해야 할지 정해진 일관된 계획을 가지지 않고 있었다. 예컨대 1945년 10월 31일자로 작성된 연합국, 중립국, 적국의 정의에 관한 총사령부 각서에서 한국은 그 어느 유형에도 들어가지 않고 있다.[64] 미국에게 한국(Korea)은 비록 카이로선언을 효시로 하여 전후의 독립을 공약한 존재였으나 한편 적어도 표면상 '일본으로서' 연합국과 싸운 지위에 있었으므로 그 미묘한 정치적 지위상 명확한 규정 아래 정책을 수행해 나가야 할 필요조차 없었을 것이다.

명확한 규정의 결여는 한국 민생에 관한 점령행정의 내용을 규정한 SWNCC176/8의 내용에도 나타났다.[65] 이 지령에서 "한국(Korea)의 군사점령을 귀관(貴官)이 행했으므로 귀관은 적국 영토의 군사 점령자가 통례 가지는 권한을 부여된다"고 하면서도 바로 그 뒤에서는 "귀관의 민정은 귀관의 군대의 안전과 양립하는 한 최대한 한국(Korea)을 해방된 국가로서 취급할 것을 기본으로 한다"[66]고 지령되어 있었다. 즉 한국은 '적국'과 '해방국'이라는 모순된 두 가지 지위에 동시에 놓인 셈이었다. 물론

---

63) "General Order no.1, Military and Naval", 大藏省財政室 編, op.cit., 153쪽.
64) "Definition of 'United Nations', 'Neutral Nations', and 'Enemy Nations'", 外務省特別資料部 編, 『日本占領重要文書 第2卷』(日本図書センター, 1989), 33~35쪽. 결국 한국의 지위는 1947년 8월 4일자의 같은 취지의 각서에서 본문의 어느 유형에도 해당하지 않는 "특별지위(Special Status)국"으로 자리매김 되었다. "Definition of United, Neutral, Enemy, Special Status and Undetermined Status Nations", 같은 자료 35~37쪽.
65) 이 문서는 일본어 역으로 참고했다. 神谷不二, 『朝鮮問題戰後資料 第1卷』(日本国際問題研究所, 1978), 171~185쪽(資料57).
66) 본론 인용 중의 "한국"은 일본어 역에서는 "朝鮮"으로 되어 있다, ibid., 171쪽.

일부러 "적국 영토의 점령자가 통례 가지는 권한을 부여" 운운을 붙이는 것은 미국에게 한국(Korea)이 단순히 일본 본토와 똑같은 적국이 아님을 인식하고 있었음을 의미한다.

이와 같은 해방국 인식은 일본 점령 초기의 대표적 지령이던 1945년 11월 3일 JCS1380/15 문서에서도 뚜렷이 나타나고 있었다. 거기에서는 일본국으로부터의 완전한 정치·행정적 분리지역 속에 한반도(Korea)가 명기되어 있으며[67] 그와 동시에 군사적인 안전이 유지된다는 조건부였으나 대만인과 동시에 한국인(Korean)을 해방 국민으로서 취급할 것을 분명히 밝혔다.[68] 즉 일본으로부터의 정치적 분리와 해방국민이라는 취급은 당연히 한국을 일본에 의한 불법, 부당한 지배의 피해국으로 취급한다는 정치적 의미를 짙게 나타내는 것이었다.

그러니 미국의 한국 인식은 결코 해방국으로서 일관된 것이 아니었다. 예를 들어 1946년 4월 8일 SWNCC 문서에서는 독일, 오스트리아, 일본이라는 바로 전쟁책임 당사국에 이어 한국(Korea)도 점령지역으로 지정되었다.[69] 바로 한국을 추축국(樞軸國)과 같은 점령지역으로 인식한다는 것은 전쟁 당시 주권국가로서 스스로 전쟁에 참전하지 못했던 한국으로 하여금 그 당시는 같은 일본이었다는 인식을 빼고서는 성립되지 않는 것인 만큼, 결과적으로는 그 취급은 한일병합의 합법성을 간접적으로나마 인정하는 것을 의미했다. 물론 미국의 이런 인식은 바로 "태평양미국육군총사령부 포고 1호"로 인해 미국의 대한점령이 일본의 항복문서 수락에 따라 행해진 것이므로 한반도로의 진출은 한반도가 일본 영토임을 전제로 한 것이었다는 현실적인 요건에서 비롯된 것으로 풀이된다.

이렇듯 해방 후 한일 간의 과거청산에 중대한 영향을 줄 수밖에 없었던 미국의 한국 접촉은 그 지위에 관해 뚜렷한 방침 없는 애매한 인식에서 시작되었다. 여기서 주의해야 할 것은 그런 애매함은 오히려 그 후 한국에 대한 취급의 내용이 한국의

---

67) "Basic Directive for Post-Surrender Military Government in Japan Proper", 大蔵省財政室 編, op. cit., 164쪽.
68) ibid., 167쪽.
69) "United States Policy with Respect to Occupied Areas", ibid., 177쪽.

미국에 대한 중요성, 즉 정치역학상의 한국의 역량에 의하여 달라질 수 있었음을 의미했다는 점이다. 즉 미국의 한국에 대한 전략적 평가가 높았더라면 그 후 한국의 지위는 해방국을 넘어 연합국으로서의 대우까지 내다볼 수 있는 그런 가능성을 가지고 있었다. 그러나 일본의 전략적 지위 상승과 마치 역비례하듯이 한국의 지위는 거의 역궤도를 그렸다.

예컨대 대일정책의 변화가 일어나기 시작한 1947년 4월 29일 JCS1769/1에서는 한국에 대한 자세한 평가가 내려져 있다. 그 속에서는 "안전보장이란 관점에서 한국(Korea)에 대한 현행 원조의 주된 이유는 38도선의 결과로서 일국 내에서 우리가 적과 사상적 전쟁을 거의 2년 계속해 왔다는 데 있으며 따라서 이 싸움에서 지는 것은 전 세계적으로 미국의 명성, 따라서 안전보장에 중대한 악영향을 줄 것이다"[70]라는 인식이 표명되는 한편 "혹시 우리의 능력(resources)에 관한 전반적 자료를 통해서 모든 전선(front)에서 적과 사상적으로 대항할 여유가 없다는 것, 그리고 우리에게 보다 전략적으로 중요한 지역에 우리의 원조를 주기 위하여 한국(Korea)에 대한 원조를 중지한다는 것을 공적으로 알린다면 이 의심(＝미국의 자유세계에 대한 의무 포기)은 사라질 것이다"[71]는 평가가 밝혀져 있다. 물론 이런 인식의 기초에는 이미 1947년 시점에서 "혹시 현행 외교적 사상적 전투상태가 군사적(armed) 전투로 전환될 경우 한국(Korea)은 우리의 안전보장 유지에 거의 내지는 전혀 도움이 안 된다"[72]는 미국의 한국에 대한 저평가가 깔려 있었다.

그 결과 동 문서에서는 전략적 중요성과 공산화를 막기 위한 원조의 긴급성이라는 두 가지 관점에서 한국(Korea)은 전 16개국 중 13위의 지위가 주어지고 전쟁이 끝난 지 얼마 안 되는 47년이란 시점에서 8위로 된 '적국' 일본보다 낮은 평가를 받게 되었다.[73] 위에서 말했다시피 미국의 국가정책 자체가 케넌이 말하는 현실주의로 옮아가

---

70) "United States Assistance to Other Countries from the Standpoint of National Security", Thomas H. Etzold & John L. Gaddis'ed, op. cit., 77~78쪽.

71) ibid., 78쪽.

72) ibid.

73) ibid., 83쪽. 그러나 일본의 8위는 아시아에서 최고 순위이며 한국의 13위도 아시아에서는 2위이기는 하다. 또 한국의 지위를 헤아리는 데 더 고려해야 하는 것은 원조의 긴급성이라는 측면에서 아시아 최고의 5위에 놓여 있으면서도 전략적 중요성에 관해서는 16개국 중 15위였다는 사실이다. 즉 전략적으로는 그

는 추세하에서는 원조의 긴급성만이 높고 전략적 가치가 높지 않는 한국은 당연히 높은 평가를 줄 만한 존재가 아니었던 것이다.

그러나 미국의 한국에 대한 저평가는 그런 현실주의적 측면에만 있었던 것도 아니다. 그 낮은 평가의 밑에는 자유민주주의적 발전을 향한 한국인 내부의 역량에 대한 미국의 원리적인 회의의식이 숨어 있었다. 예컨대 이런 불신은 정책기획실이 펴낸 PPS13에서도 엿볼 수 있다. 거기에서는 "한국(Korea)에 관해서 그 나라에서는 순수하게 평화롭고 자유로운 민주주의적 발전은 이미 전혀 희망이 없다"[74]고 단정하여 이어 "앞으로 이 나라에서의 정치 상황(life)은 틀림없이(be bound to) 정치적 미성숙, 불관용, 그리고 폭력에 의하여 지배될 것이다"[75]라고 보고 되어 있다. 그 결과 이 문서가 권고한 것은 "이 지역이 우리에게 전략적으로 결정적이지 않으므로 우리의 주된 일은 명성의 큰 손실 없이 철수하는 것"[76]이었다. 1947년의 남한 사회는 앞서 어급했다시피 좌우합작의 전망이 거의 사라진 격한 대립의 소용돌이 속에 있었으며 7월의 여운형 암살이 상징하듯이 폭력의 연쇄를 노출시키던 시기였다.

요컨대 1947년이라는 시기에 이미 미국에게는 전략적 이해관계라는 현실주의에서도, 또 자유민주주의란 사상적 대의에서도 한국으로의 적극적인 관여를 계속할 의의가 거의 사라지고 있었다는 것이었다. 그리고 이런 미국의 한국 인식이 국가정책으로 구체화된 것이 이 시기의 대한정책을 집중적으로 다룬 NSC8이었다.[77] "한국(Korea)에 관한 미국의 입장"이라는 제목이 붙여진 동 문서는 미국의 극동정책의 주축인 대일정책의 골자가 그 약체화로부터 아시아 반공의 기둥으로 바뀌어가는 전환점인 1948년에 작성된 것인 바, 바로 극동에서의 한국의 전략적 평가를 공식적으로 결정한 것이라고 평가할 수 있다. 그러므로 이 문서는 1951년의 대일평화조약 한국 관련 조항의 발판을 제공한 기초가 되었다고 보아 큰 과오는 없을 것이다.

중요성이 떨어지면서도 긴급성이 높다는 것은 사실상 한국은 미국에게는 '짐'에 가까웠다고 해야 하겠다.
74) "Resumé of World Situation", ibid., 95쪽.
75) ibid.
76) ibid., 96쪽.
77) "The Position of the United States With Respect to Korea"(1948.4.2). 이 문서는 인터넷상인 www.gwu.edu/~nsarchive/coldwar/documents에서 출력했다(2004.4.12 현재).

이 문서는 그 벽두에서 미국의 한국에 대한 입장이 극동지역 전체에서의 정치, 경제, 그리고 전략적 필요성이라는 틀 속에서[78] 결정되는 것이 전제조건임을 명시하여 사실상 하나의 주체로서 한국을 인식하는 시각을 기각하고 있다. 그 조건 아래 이 문서는 미국의 대한정책의 목적을 통일된 자기통제가 가능한(self-governing) 주권국가의 건설, 한국 국민(Korean people)의 자유로운 의사에 의한 대표 정부의 보장, 그리고 독립 및 민주적 국가의 본질적 기초인 건전한 경제와 교육체계의 건설 돕기의 세 가지로 정하고 있으나 어디까지나 이들 목표를 액면 그대로 받아들이는 것은 어리석을 것이다. 사실 동 문서는 "한국(Korea)에서의 민주적 정부 설립이라는 미국의 노력은 한국인의 정치적 미성숙 탓으로 무력화(handicapped)되어 있다"[79]고 하는 비관적인 평가를 내리고 있으며 무엇보다 이하 보듯이 이 문서의 결론 자체가 당시의 상황을 생각할 때 사실상 위 목표들을 포기한 것이라고 판단하지 않을 수 없는 내용이었기 때문이다.

이 문서는 대한정책의 가능한 선택을 한국의 포기, 철수를 전제로 한 한정적 원조, 그리고 필요할 때는 무력을 통해서라도 한국의 정치적 독립과 영토적 존엄을 보장한다는 세 가지로 나누어 각 선택의 내용을 검토한 후 미국이 추구해야 할 정책으로서 두 번째인 철수를 위한 한정된 원조를 택하고 있다.[80] 첫 번째 선택은 미국의 명성(prestige)이라는 관점에서 받아들이지 못하나 세 번째 목표 역시 그를 위하여 정치, 경제, 군사적 측면의 계속 관여가 필요한데다가 대규모 전쟁에 휘말려드는 위험성까지 있는 만큼 미국으로서도 한국의 전략적 위치를 감안할 때 택하지 못하는 선택이었다. 따라서 미국으로서는 그 당시 한정된 관여 능력을 유효하게 살리는 의미에서도 한국에 대해서는 "악영향을 최소한으로 하면서 한국(Korea)에서의 미국의 인원과 자금의 관여의 청산을 촉진하는 수단으로서 실행 가능하고 타당한 제한 내에서 남한에 수립될 정부 지원을 확립하는 것", 그리고 그것을 통해서 "한국(Korea)으로

<hr>

78) ibid., 1쪽(동 문서의 페이지 표기는 모두 인터넷상의 수치). 기타 원문에서는 유엔의 틀 내외에서의 미국의 국제적 관여를 고려하는 것도 전제로 되어 있다.
79) ibid., 5쪽.
80) ibid., 9~11쪽.

부터의 가급적 빠른 시기의 철수가 가능하게 될 한국 문제의 해결"[81]을 도모하는 것이 최선의 정책이었다. 한 마니로 말하면 '철수를 위한 관여'가 미국의 결론이었던 것이다.

물론 미국에 의한 동 정책은 결코 한국에 대한 완전한 불 관여를 뜻하는 것이 아니었다. 이 문서는 주권국가 출범 후에도 외교사절의 확립 등[82]을 통한 일정한 영향력 행사를 목표로 하고 있으나 어디까지나 이 관여는 이 지역의 전략적 요체로서 일본을 키워나갈 방침과 비교할 때 거의 정반대의 지위에 한국을 둘 것을 뜻하는 것과 마찬가지였다.

이처럼 바로 1948년이란 전환점에서 미국의 대일, 대한정책의 흐름은 결정적으로 역 경로를 걷게 되었다고 말할 수 있다. 이 흐름은 1949년 초에 들어서면서 NSC8에 이어 대한정책을 위하여 작성된 NSC8/2 "한국(Korea)에 대한 미국의 입장"[83]에도 큰 변화는 없었다. 이 문서에서는 NSC8 이후의 소련의 움직임에 대한 검토가 진행된 후 그에 따라 주한미군의 철수시기를 1949년 6월 30까지 미루는 등[84] 약간의 정책적 변경이 이루어졌으나 NSC8에서 명시된 한국에 대한 정책목표, 방침은 그대로 유지되었다.[85] 무엇보다 그런 한국에 대한 저평가는 동년 6월의 미군의 현실적 철수로 결실되었다.

2) 한국의 대일평화조약 서명국 참가 노력과 그 좌절

살펴봤듯이 48년 무렵을 분기점으로 미국에게 한국과 일본의 전략적 지위는 역 궤도를 긋게 되었다. 51년 9월에 서명된 대일평화조약이 그 작성과정과 내용으로

---

81) 구체적으로는 이 문서에서는 1948년 12월 31일까지의 철수를 주장하고 있다. ibid., 12쪽.
82) ibid.
83) NSC8/2 "The Position of the United States with Respect to Korea"는 한국어 자료를 참고, 『資料 大韓民國史 11』, 231~237쪽.
84) ibid., 236쪽.
85) 맥글로스린(McGlothlen)은 트루먼 대통령 재선 후 애치슨이 국무성에 복귀하고 나서 발표된 NSC8/2 에서는 미국의 대한정책이 적어도 경제 부분에 한해서 적극 관여로 바뀌었다고 주장하고 있다. Ronald McGlothlen op.cit., 41쪽. 그러나 가령 그런 변화가 있어도 어디까지나 일본 부흥이란 기초적 틀 속에서의 변화이며 한일수교를 둘러싸고 양국 간 관계의 역학에 영향을 줄 만한 기본적 전환으로 보는 것은 불가능하다.

볼 때 그런 흐름의 연장선상에 성립되었음은 틀림이 없다. 미국의 그런 대소봉쇄정책에 따른 극동지역에서의 대일중시정책은 평화조약의 성격을 그 전쟁 책임의 추궁과 그에 따른 청산을 위한 것으로부터 대일 부흥과 국제사회로의 포섭을 위한 것으로 바꾸었다. 그 결과 그 전문에 "침략전쟁을 일으키고(undertook a war of aggression) [……] 그 전쟁에 대한 책임을 분담하고 있다(bears her share of the responsibility for the war)"[86]라고 하는 규정이 들어감에 따라 그 책임 처리를 위한 조약의 성격을 강하게 지닌 이탈리아평화조약과 달리 대일평화조약은 일본의 전쟁책임을 묻는 성격을 상실하게 되었다. 요시다(吉田茂) 수상은 평화조약 수락 연설 속에서 "평화조약은 징벌적인 조항이나, 보복적 조항을 포함하지 않고 [……] '화해'와 '신뢰'의 문서"라고 평가했다.[87]

그런 일본의 지위 상승과 한국의 상대적 하락이 결국 한국의 평화조약 서명국 배제, 즉 연합국 참가 좌절로 이어진 것이었다.[88]

한국에서 대일평화조약 참가 노력이 부각된 것은 1947년 여름쯤부터다. 아직 대한민국 수립 전인 1947년 8월 18일 입법의원은 제131자 본회의에서 조선의 대일평화회의 참석을 요청하는 결의를 하고 있다.[89] 23일에는 한국과도정부는 배상요구액 결정을 위한 조사 착수와 그에 필요한 인선을 결정했다.[90] 또 대한민국 수립 후인 49년 2월에는 기획처 내에 대일배상조사심의회가 설치되고 이 기관을 통해서 배상요구의 작성이 진행되기로 되었다.

그 성과로서 대일현물배상요구 1차 목록이 3월 말 총사령부(General Headquarters)로 부쳐졌다.[91] 이 배상요구목록은 바로 그 '배상'이라는 말이 상징하듯이 올 평화회

---

86) 外務省条約局 訳, 『イタリア平和条約』(文友社, 1947), 5쪽. 일본외무성은 동 번역을 행한 이유를 장래 예상될 자신들에 대한 평화조약에 관한 연구라는 의미임을 밝힌 후 해당 부분을 "侵略戦争を企て [……] その戦争についての責任を分擔しているので"로 번역했다.

87) 外交記録公開文書, op. cit., B'4. 1. 1. 20, 304~305쪽.

88) 이에 관해서는 塚元孝, op. cit., 95~100쪽; 이원덕, op. cit.(1996); 김태기, "1950년대 초 미국의 대한(對韓)외교정책: 대일강화조약에서의 한국의 배제 및 제1차 한일회담에 대한 미국의 정치적 입장을 중심으로", 『한국 정치학회보』, vol. 33, no. 1(1999), 357~377쪽; 金民樹, 「対日講和条約と韓国参加問題」, 『国際政治』, 第131号(2002. 10), 133~147쪽 등 주목되는 연구들이 있다.

89) 『資料 大韓民國史 5』, 231쪽.

90) ibid., 250쪽.

의에서 한국이 연합국 취급을 받을 것을 기대해서 작성된 것이었다.[92] 사실 한국 정부는 국무회의에서 한국이 배상을 요구하는 법적 근거로서 일본 지배는 한국인의 의사에 반한 것이라는 점, 포츠담선언의 규정, 폴리 배상사절단 보고에서의 배상 명시, 그리고 한국 정부의 기본조사 결과 등을 들고 대일배상요구의 자세를 확인하고 있다.[93]

한편 당초 미국 측도 이런 한국 측 움직임에 대해서 호의적으로 대했다. 예컨대 1947년 3월 27일 맥아더는 조선합동통신사 김동성 사장과의 면회에서 한국의 평화회의 참가를 용인하는 발언을 하고 있다.[94] 또 미 본국도 1949년에는 한국의 서명국 참여 문제를 본격적으로 검토하시 시작했다. 11월 23일자로 국무성은 무쵸(John J. Muccio) 주한 미 대사에 대해 현재 13개국이 실질적인 교섭당사국(actual negotiating powers)으로서 또 38개국이 가문저(consultative) 지위로서 평화조약에 참여하게 될 전망이라는 것과 한국(ROK)은 현재 그 어느 지위에도 포함되지 않고 있다는 것들을 알리면서도 앞으로의 한국의 평화조약 참가의 여부와 그 참가를 위한 조항의 작성에 관해서 국내정치 및 평화조약에 대한 영향이라는 각도에서 조언하도록 훈령을 보내고 있다.[95]

이에 대해 12월 3일 무쵸는 한국 부대가 중국군에 참여하고 있었다는 것, 한국인 게릴라(guerrillas)가 만주에서 오래 일본군과 교전하고 있었다는 것, 최고 통치권위 (supreme authority)인 임시정부가 중국에 존재했다는 것 등의 사실들로 인해 한국인들은 자신들이 일본과 교전관계에 있었다는 생각을 갖고 있다고 보고, 한국 정부의

---

91) 「동광신문」 3월 27일자 기사, 『資料 大韓民國史 11』, 265~267쪽에 수록. 다만 동 신문이 보도한 제출 시기와 高崎宗司, op.cit., 12쪽; 太田修, op.cit., 49쪽이 전하는 동 목록 제출 날짜 4월 7일의 시차에 관해서는 어느 쪽이 정확한 것인지는 불확실하다.

92) 그러나 유진오는 이승만이 평화조약 서명국 참가 노력을 도중에서 포기할 것을 지시했다는 사실을 들었다는 증언을 남기고 있다. Yu Chin-O, "What Prevents the Successful Conclusion of the Korea-Japan Conference?", *Korean Affairs*, vol.1, no.2(1962), 124쪽. 다만 이 사실 여부, 그 배경 등에 관해서는 일체 다른 문서 등에서 뒷받침되지 않는다.

93) 『資料 大韓民國史 14』, 602~603쪽.

94) 『資料 大韓民國史 4』, 484쪽.

95) 740.0011 PW(Peace)/11-2349, "The Acting Secretary of State to the Embassy in Korea", *FRUS, 1949*, volumeVII, *The Far East and Australasia*, 904쪽.

위상 상승이나 일본의 한국에 대한 주권 포기를 명확하게 하는 의미에서도 자문적 지위(consultative capacity)에서의 평화조약 참가를 본국에 권고했다.[96] 무쵸의 이런 호의적 자세는 한국의 서명국 참가에 대해 11월 10일 국내 기자난의 "미국은 한국의 참가 요구를 지지해주는가?"라는 질문에 대한 "그렇다, 지지하겠다"라는 답변에서도 볼 수 있다.[97]

드디어 1949년 12월 29일자 평화조약 초안에는 '한국(Korea)'이 서명국 대열에 들어갔다.[98] 극동에서의 사실상 한국의 지위 저하에도 불구하고 미국이 왜 한국을 서명국으로서 받아들이려고 했는지에 대해서는 아직도 불분명하다. 그러나 미국에 의한 이런 한국의 서명국 참가 고려가 대한중시정책으로 인해 나타났다고 보는 것은 과대평가일 것이다. 왜냐하면 대일평화조약 서명국 증대는 평화조약의 국제적 권위를 상승시킬 수 있다는 점, 더구나 한국의 서명 참가는 무쵸의 권고에서도 있었듯이 자문적 지위에 불과하며 사실상 대일평화조약의 내용에 대해서 아무런 영향력을 행사할 수 있는 지위에 있지 않았다는 점, 그리고 무엇보다 동 권고는 필요에 따라 한국의 서명국 참가를 후술할 재한(在韓)일본인 재산 취득 이상의 배상을 요구하지 않는다는 조건부로 수락할 것을 밝히고 있는 것들을 보면 한국의 서명국 참가는 일본의 경제적 부담이 되지 않는다는 조건하의 일에 불과했다. 다시 말하면 한국의 서명국 참가는 일본의 이익에 맞는 측면이 강했던 것이다.

일단 그런 한국의 서명국 참가로의 흐름은 평화조약 작성의 주인공 덜레스가 국무장관고문으로 취임한 후에도 한동안 변함이 없었다. 그가 국무장관에 부치기 위하여 1950년 6월 6일자로 작성한 각서에서는 평화조약 추진의 절차에 관해서 소집될 예비적 평화회의 구성원 속에 한국(South Korea)이 명기되어 있었다.[99] 또 익년 51년 1월 26일 덜레스는 장면 주미대사에게 한국이 평화조약에 참가해야 한다는 것이 미국의

96) 740.0011 PW(Peace)/12-349 "The Ambassador in Korea(Muccio) to the Secretary of State", ibid., 911쪽.
97) 『資料 大韓民國史 15』, 129쪽.
98) 塚元, op.cit., 96쪽. 동 연구에서는 11월 2일자의 초안까지 한국의 서명국 참가는 예정되지 않았었다고 한다.
99) 694.001/6-750 "Memorandum by the Consultant to the Secretary(Dulles) to the Secretary of State", FRUS, 1950, volumeVI, East Asia and The Pacific, 1211쪽.

입장임을 밝히고 있다.[100] 이런 추세에 자신을 가진 한국 측은 이 무렵 장면 주미대사가 미국 측에게 평화조약 참가는 그것이 '요청(request)'이 아니라 '권리(right)'임을 주장하는 등의[101] 여유를 보이기도 했다.

한편 일본은 한국의 서명국 참가를 쉽게 무조건으로 받아들이지 않았다. 김태기가 입수한 1951년 4월 23일자 제2차 미일교섭에서 요시다 수상이 제출한 "한국과 평화조약(Korea and the Peace Treaty)"[102]에 의하면 일본 측이 한국의 서명국 참가에 반대한 이유는 한국은 해방될 나라이며 일본과 교전관계에 있지 않았다는 것, 한국이 서명국이 되면 100만 명에 이르는 재일한국인이 연합국 국민으로서의 권리를 획득하게 되며 그에 따라 터무니없는 배상을 청구하게 될 것, 그리고 평화조약에서는 한국의 독립과 그에 따른 모든 권리의 포기만 규정하여 양국관계의 수립은 한반도에 평화와 안정이 확립되었을 때 그에 따라 협정을 체결하는 형식으로 이루게 하는 것이 최선이라는 세 가지였다.

그러나 동 회의에서 평화조약에서는 재산상의 이익을 가질 권리를 일본 항복시의 연합국으로 제한함으로써 그 대부분이 공산주의자인 재일한국인의 권리 취득은 막을 수 있다는 언질과 미국은 한국 정부의 지위 상승을 원한다는 딜레스의 의견 표명[103]이 나왔다. 그로 인해 일본은 조기의 독립을 우선시키는 입장에서 한국의 평화조약 참가 반대라는 입장을 곧 번복했다. 사실 일본은 같은 날 오후 미국 측에 제출한 "1951년 4월 23일 오전의 토의에 대한 보충진술(Supplementary Statement to the

---

100) Lot 54D423 "Memorandum of Conversations, by Mr. Robert A. Fearey of the Office of Northeast Asian Affairs", *FRUS, 1951*, volume VI, *Asia and the Pacific*, 817쪽.

101) 795.00/1-1751 "Memorandum of Conversation, by the Officer in charge of Korean affairs", *FRUS, 1951*, volume VII, *Korea and China*, 97쪽.

102) 김태기는 동 문서 전문(全文)의 번역을 싣고 있다. 김태기, op. cit., 364쪽. 다만 동 문서는 미 측 *FRUS, 1951*, volume VI, *Asia and the Pacific*, 1007쪽에서도 각주로 간단히 그 존재가 언급되어 있을 뿐이다. 또 흥미로운 것은 저자가 인터넷을 통해서 확인한 일본외무성의 공식 문서 중 요시다 - 딜레스회담 기록이나 기타 관련 부분에서도 일본이 한국의 서명국 참가에 반대한 기술은 일체 존재하지 않는 점이다. 저자가 조사한 일본 측 관련 공식 문서는 다음과 같다. 外交記録公開文書, 第7回公開, B'4.0.0.5「対日平和条約関係 第二次ダレス来訪関係(第二次交渉)」, B'4.0.0『講和会議及び条約対日平和条約 関係』 수록; B'4.1.0.17「対日講和に関するダレス米特派来朝関係」, B'4.1.0『対日講和(雑)』 수록.

103) Lot 54D423 "Memorandum of Conversations, by Mr. Robert A. Fearey of the Office of Northeast Asian Affairs", *FRUS, 1951*, volume VI, *Asia and the Pacific*, 1007쪽.

Conversation of Friday Morning, April 23, 1951)"에서 재일한국인 거주자들(Korean residents in Japan)이 연합국 국민의 지위를 획득하지 않는 것이 확약된다면 한국 (Korea)의 서명국 참가에 반대하지 않음을 천명했다.[104] 따라서 일본의 반대가 한국의 서명국 참가 좌절의 원인이었다는 가설은 원천 성립되지 않는다.

한편 이런 한국의 평화조약 서명국 참가의 흐름을 역전시켜 한국의 서명국 참가를 좌절시킨 계기가 영국의 반대였음은 널리 알려져 있는 사실이다. 사실 김민수의 연구에 의하면[105] 50년 12월 영국은 "대일평화조약에 한국(Korea)이 서명국으로서 참가하는 문제"라는 문서에서 한국의 서명국 참가에 반대의사를 나타냈다. 이듬해 3월 21일 열린 미영회담에서는 영국은 한국이 극동위원회의 참가국과는 그 법적 지위가 다르다는 이유로 한국에 평화조약 초안을 부치는 것 자체마저 반대했다.[106]

표면상 한국의 법적 지위를 문제로 삼아 서명국 참가에 반대한 영국의 본의가 중국 문제에 대한 악영향을 우려한 데 있었음은 위 김민수의 연구가 영국 측 문헌 검증을 통해서 밝히고 있다.[107] 또 이것은 미국과 대립하면서까지 중공을 중국 대표로서 평화회의에 참가시킬 것을 요구한 영국의 태도에서도 확인 가능하다.

그러나 중요한 것은 결과적으로 미국이 한국의 배제를 결정한 이유는 이런 영국의 반대가 절대적으로 작용했기 때문이라고 생각할 수 있는가 하는 문제다. 호소야(細谷千博)의 연구에 의하면 영국은 4월 6일로 '모리슨(Herbert S. Morrison) 각서'를 미국 측에 제출, 이 각서에서 미국이 이 문제를 중요시 한다면 한국의 서명국 참가에 반대하지 않을 것을 전하고 있었다.[108] 또 5월 3일의 대일평화조약 미영 공동 초안에서도 그 비준 조항인 제23장에서 비록 새롭게 '[ ]'가 달려 그 지위가 약해지기는 했으

---

104) 外交記録公開文書, op. cit., B'4.0.0.5. 「平和条約関係 第2次ダレス来訪関係(第二次交渉)」, 41쪽. 또한 Lot54D423, "Unsigned Japanese Government Memorandum", *FRUS, 1951*, volume VI, *Asia and the Pacific*, 1011쪽에 수록.

105) 金民樹, op. cit., 139쪽.

106) 694.001/3-2851 "Memorandum of Conversation, by the Second Secretary of the Embassy in the United Kingdom(Marvin)", *FRUS, 1951*, volume VI, *Asia and the Pacific*, 941쪽. 그러나 유진오의 증언에도 있듯이 이 초안은 미국의 방침대로 한국에도 부쳐졌다고 생각된다. 兪鎮午, "韓日會談이 열리기까지(上)", 『思想界』 1966년 2월호, 92~98쪽.

107) 金民樹, op. cit., 140~141쪽.

108) 細谷千博, 『サンフランシスコ講和への道』(中央公論社, 1984), 227~228쪽.

나 '[Korea]'로서 한국의 서명국 참가 가능성이 남아 있었다. 무엇보다 대일 교전국으로서의 한국의 지위를 부정하여 서명국 참가에 반대한 영국 자신이 연합국 서명의 당사자로 인정받지 못했던 중공 정권을 평화조약에 참가시키려고 주장한 태도를 볼 때 한국의 법적 지위가 평화조약 서명국 참가의 참된 걸림돌이 될 리가 없었다.

그러면 한국의 참가를 막은 진정한 이유는 무엇이었는가? 이 문제를 푸는 데 있어서 우선 주목해야 할 것은 미 국무성은 51년 6월 1일자로 작성한 5월 3일의 미영 공동 초안에 대한 코멘트 문서 속에서 동 제23장에 관해 "한국(Korea)은 삭제된다"는 규정을 "III 다른 정부의 시각"이라는 부분이 아니라 "II 미국의 입장"이라는 부분에 명기하고 있는 점이다. 동 부분에서는 그에 대한 추가설명으로서 "한국(Korea)은 조약 서명국이 되어서는 안 된다는 것이 미국의 새 입장"임을 밝히고 있다.[109] 즉 이 인식은 한국의 서명국 참가 반대의사의 번복을 시사하던 영국의 밧침 변경도 아울러 감안해서 생각하면 미국 역시 적극적으로 한국의 배제에 그 입장을 선회시켰다고 해석하는 것이 설득력을 보다 가지게 할 대목일 것이다.

따라서 한국의 서명국 배제의 진정한 이유는 영국의 반대가 절대적으로 작용했다기보다 미국 자신의 재고에 따른 것이었다고 풀이된다. 그러나 그런 미국의 방침 변경의 참된 이유가 7월 9일의 덜레스 - 양유찬 회담 석상에서 전해졌듯이 미국이 임시정부를 승인한 적이 없다는 등의[110] 표면적인 것에 있지 않다는 것도 확실하다. 그것은 무엇보다 임시정부 승인 부정이라는 사실은 같으면서도 당초 한국을 서명국으로 받아들이려고 한 미국 스스로의 모순된 자세가 입증하고 있다.

또 한국의 서명국 배제 이유를 당시의 동아시아에서의 냉전의 격화에서 찾는 시각[111] 역시 설득력을 가진다고 보이지 않는다. 왜냐하면 미국의 태도 변화의 원인을 찾기에는 그 변경 기간이 세계정세의 흐름과 비교해서 너무 짧기 때문이다. 자료적으

---

109) 694.001/6-151 "Japanese Peace Treaty: Working Draft and Commentary Prepared in the Department of State", *FRUS, 1951*, volumeVI, *Asia and the Pacific*, 1098쪽.
110) 694.001/7-951 "Memorandum of Conversations, by the Officer in charge of Korean Affairs in the Office of Northeast Asian Affairs(Emmons)", ibid., 1183쪽.
111) 한국의 서명국 배제 이유를 이 시각에 찾는 연구는 鄭城和, "샌프란시스코 平和條約과 韓國·美國·日本의 外交政策의 考察", 『人文科學研究論叢』, 제7호(1990b), 143~157쪽.

로는 상술한 4월 23일의 덜레스 - 요시다 회담에서 한국의 서명국 참가 승인을 미국이 요청하고 나서 아직 한 달도 경과되지 않는 5월 16일에 미국은 한국이 서명국이 되어서는 안 된다는 영국의 생각을 수용하는 쪽에 기울이고 있다는 앨리슨(John M. Allison)의 덜레스에 대한 메모[112]에서 이미 그 방침 변화가 일어났음을 알 수가 있다.

따라서 평화조약 작성에 절대적인 영향력을 가지던 미국이 최종적으로 한국의 배제를 결정한 직접적인 이유는 동아시아에서의 냉전의 격화라는 큰 배경에 있다기보다 오히려 막판 구체적인 조약문 작성에 즈음해서 미국이 겪게 된 논리적인 어려움에 있었다고 판단된다. 그리고 그런 조약문 작성상의 논리적인 어려움이야말로 이하에서 다룰 미국의 극동정책의 '과거', 전후의 대일·대극동정책의 변화 그리고 대일평화조약의 논리가 서로 복잡하게 얽혀서 만들어낸 특유의 모순구조의 결과였다고 생각된다. 이하 살필 평화조약 한국 관련 조항의 '공백'은 그런 어려움을 미국이 피하기 위하여 만들어낸 논리적 귀결이었던 것이다.

미국의 그런 방침변화에 따라 51년 6월 14일 개정된 대일평화조약 미영 공동초안으로부터는 그 서명국 대열에서 '한국(Korea)'의 이름이 정식으로 빠졌다.[113] 7월 19일 양유찬 - 덜레스 회담에서 양유찬은 재차 한국의 서명국 참가를 요구했으나 덜레스는 1948년에 들어선 한국(Korea)을 참가시킬 경우, 한국(ROK)처럼 서명국이 될 것이라고 당연하게 생각하는 다른 나라들도 참여시켜야 하는 문제가 예상되며 조약 통과가 복잡해질 수도 있다는 등의 이유를 들어,[114] 또한 8월 16일에는 훗날 국무장관이 되는 러스크(Dean Rusk)가 서명국 참가를 열망하는 한국 정부의 입장을 전한 양유찬에게 한국(ROK)의 평화회의 참가는 균열을 낳으려 하는 소련의 의도와 싸우는 데 공헌하지 않는다는 이유를 들어 그 참가 요청을 거절했다.[115]

---

112) Lot54 D 423 "Memorandum by the Deputy to the Consultant(Allison) to the Consultant to the Secretary(Dulles)", *FRUS, 1951*, volumeVI, *Asia and the Pacific*, 1043쪽.
113) 694,001/6-1451 "Revised United States-United Kingdom Draft of a Japanese Peace Treaty", ibid., 1130~1131쪽.
114) 694.001/ 7-1951, "Memorandum of Conversation, by the Officer in Charge of Korean Affairs in the Office of Northeast Asian Affairs(Emmons)", ibid., 1205쪽.
115) 795B.56/8-1651, "Memorandum of Conversation, by H.O.H Frelinghuysen of the Office of Northeast Asian Affairs", *FRUS, 1951*, volumeVII, *Korea and China*, 823쪽.

이런 서명국으로부터의 배제의 대세를 맞아 한국 측은 위에서 말한 양유찬 - 덜레스 회담이 있었던 같은 7월 19일 미 측에 부속서를 제출하여 제2조 영토조항에 관해서 독도 등의 포기, 제4조 청구권 조항에 관해서 미군정에 의한 재한일본인 재산의 몰수와 그 후 한국으로의 이양의 승인, 제9조 어업협정 조항에 관해서 양국 간의 협정 체결까지는 맥아더라인(MacArthur Line)을 존속시킬 것 등을 명기할 것을 요구했다. 19일의 회담에서는 덜레스 자신이 독도가 병합 이전에 한국 땅이었으면 적절한 부분에 그 섬을 명기할 것은 별 문제가 없다는 반응을 보였으나[116] 이미 밝혀졌듯이 이들 요구 속에서 결과적으로 받아들여진 것은 두 번째 만이었다. 이것이 구체화된 것이 8월 16일의 평화조약 공표 직전인 13일 급히 추가 삽입된 청구권에 관한 제4조(b)항이었던 것이다.[117]

3) 대일평화조약 한국 관련 조항

결국 한국은 대일평화조약 서명국으로부터 배제되었다. 그에 따라 한국(Korea)은 여러 부분에서(in many ways) 연합국처럼 취급되는 특수한 지위를 가진 나라가 되었다.[118] 그런 특수한 지위를 가진 나라로서 대일평화조약에 규정된 관련 조항의 요점은 이하와 같은 것들이었다.

제2조(a): 일본에 의한 한반도(Korea) 독립 승인

---

116) 694.001/ 7-1951, "Memorandum of Conversation, by the Officer in Charge of Korean Affairs in the Office of Northeast Asian Affairs(Emmons)", *FRUS, 1951*, volumeVI, *Asia and the Pacific*, 1203쪽. 그러나 그런 반응이 겉치레에 불과했다고 추측되는 것은 그 후 결과로서 독도가 일본의 영토포기 대열에 포함되지 않았다는 것과 아울러 1950년 가을쯤에 이미 미국은 독도를 전통적으로 일본영토로서 생각되어 온 다른 섬들과 함께 일본에 영유시킬 방침을 갖고 있었다는 점에서도 짐작할 수 있다. 이 인식은 구 일본영토의 처분방침을 질문한 호주에 대한 답변 속에 이미 나타나고 있다. 694.001/10-2650 "Undated Memorandum by Mr. Robert A. Fearey of the Office of Northeast Asian Affairs", *FRUS, 1950*, volumeVI, *East Asia and The Pacific*, 1328쪽. 한편 한국의 서명국 참가에 반대한 영국이 독도에 관해서는 역으로 한국영토로 할 초안을 준비하고 있었던 점에 관해서는 정병준, "영국 외무성의 對日 평화조약 초안·부속도서의 성립(1951.3)과 한국 독도영유권의 재확인", 『한국독립사연구』, 제24권 (2005), 131~166쪽.
117) 이 사실은 국회에서의 니시무라(西村熊雄) 외무성 조약국장의 답변으로 확인 가능하다. 国会会議録, 第12回国会, 「参議院 平和条約及び日米安全保障条約特別委員会」第10号(1951.11.5), 18쪽.
118) 外交記録公開文書, op.cit., B'4.1.1.20, 322쪽.

제4조(a): 일본과 제2조(a)에 규정된 시정 당국자 간에서 상호 청구권 문제 청산을 위한
　　　　 특별협의를 행할 것에 관한 규정
　　　(b): 미군정에 의한 재한일본인 재산 처리 효력 승인
　　　(c): 한국과의 해저전선 이등분할, 보유 규정
제9조: 연합국과의 어업협정 교섭 규정
제12조: 연합국과의 무역, 해운, 통상에 관한 편익규정
제21조: 한국(Korea)에 대한 제2, 제4, 제9, 제12조항 수혜국 규정

위 조항 속에서 이 책의 주제인 과거청산과 직결되는 조항은 제2조(a)와 제4조(a, b)였다. 제2조(a)는 단지 한국의 독립을 일본이 승인한다는 규정에 그치고 있으며, 일본의 한국병합 및 그 지배에 관한 합법성 여부를 일체 명시하지 않았다. 요컨대 일본의 한국 지배에 관한 성격 규정 자체는 공백으로 남았던 것이었다. 그러나 동 조항은 그 내용상 분명히 일본의 한국병합을 정당화시킬 수 있는 해석의 여지를 준 것이었음을 잊어서는 안 될 것이다. 물론 그 이유는 병합조약이 불법적인 것이라면 한국의 '독립'에 즈음하여 일본의 승인을 군이 얻어야 할 아무런 이유가 없었기 때문이다. 이로 인해 한국은 한일회담에서 식민지 지배에 따른 청산을 이룩하는 데 많은 어려움을 겪지 않을 수 없게 되었다.

　제4조(a)는 한일회담에서 과거청산 실천 문제의 핵심인 양국의 상호 재산권 처리에 관한 조항이었다. 이 조항에 관해서 주목해야 할 것은 다음 세 가지였다. 첫째는 재산권의 처리에 관해서 그 규정이 상호성을 시사하는 내용을 줌으로써 대일 피해자로서 일본으로부터 일방적으로 보상을 받을 장이어야 했던 한일회담의 성격을 공백으로 했다. 둘째는 그 처리를 특별협의의 주제로 할 것만을 규정함으로써 그 처리의 내용이나 원칙에 관해서는 일체 공백으로 했다. 그리고 마지막 셋째는 그런 한반도와 일본 간의 재산 처리에 관한 상호 교섭의 주체에 관해서 대한민국으로 명확히 규정하지 않고 단지 '시정당국자(authorities)'로만 규정함으로써 그 주체 규정 역시 공백으로 되었다.

　한편 제4조(b)는 일본 측에게는 불리한 내용을 가진 조항이었다.[119] 해방 후 한국

에 들어선 미군정 당국은 1945년 12월 6일 군정령 33호를 냄으로써 1945년 8월 9일 이후 남한 지역에 남았던 일본인 재산을 9월 25일자로 취득(vest), 소유(own)했으나 이 취득한 재산 중 이미 처분된 일부를 뺀 남은 것들을 대한민국 건국 후인 1948년 9월 20일 대한민국 정부 및 미국 정부 간의 재정 및 재산에 관한 최초 협정(이하 한미협정)에 의하여 한국 측에 이양(transfer)했다.[120] 이 조항은 바로 이들 일련의 미국의 조치를 일본이 승인할 것을 규정한 것이었다. 그러나 동 조항은 그 몰수·이양의 근거에 관해서는 일절 공백으로 함으로 인해 후술하듯이 그 후 일본의 자의적 해석을 일으키게 된 것은 한일회담사에서 주지의 사실이다.

이렇듯 특히 제2조(a), 제4조(a, b)에 나타난 애매함은 이 장 벽두에서 제기한 세 가지 과거청산 의무규정, 즉 일본의 한국 지배의 성격 규정, 그에 따른 보상 실시의 규정, 그리고 그 처리의 주체에 관한 규정이라는 세 가지 요건들을 모두 다 공백으로 히는 결과를 가져왔다.

하지만 여기서 무엇보다 강조해야 하는 것은 이런 공백은 단지 미국의 눈치식한 잘못에 의하여 우연히 생긴 결과에 불과한가 하는 문제다. 혹시 이 공백의 논리가 그런 우연한 잘못이라기보다 일종의 논리적 필연성을 가지고 있는 결과라면 이는 한일회담의 법적 근거가 마련된 대일평화조약에서는 양국 간의 특수한 과거를 청산하는 데 필요한 한국 관련 조항이 성립될 가능성은 당초부터 봉쇄되어 있었음을 의미한다. 동시에 그것은 과거청산의 세 번째 가능조건이 논리적으로 충족되지 않는 것임을 뜻한다. 이하에서는 바로 이 문제를 논해야 한다.

---

119) 사실 이 조항의 삽입에 관한 일본 측 실망은 니시무라 조약국장의 다음 답변 "일본에게는 무어라고 할까, 논의의 범위라고 할까 논의의 효과라는 것이 크게 제약당하는 결과가 되는 조항이므로 유감이라고 생각하고 있다"에 여실히 나타났다. 国会会議録, 第12回国会, 「参議院 平和条約及び日米安全保障条約特別委員会」第10号(1951.11.5), 18쪽.

120) 군정법령 33호 및 한미협정은 외무부, 『한일관계참고문서집』(1958), 각각 127~130; 131~151쪽에 수록.

3. 대일평화조약 한국 관련 조항 '공백'의 필연성

1) 대일평화조약의 역사 논리

위에서 살펴본 바와 같이 미국의 주도로 작성된 대일평화조약은 한국과의 과거청산 문제에 있어서 그 핵심적인 조항에 관해서 애매한 결과를 가져다주었다. 그러면 왜 대일평화조약은 한국 관련 조항에 관해서 그런 애매한 규정을 한 것인가? 그 기본적 답은 바로 미국이 이 조약 작성의 주도권을 잡았다는 데 있었다. 이 논리를 풀기 위해서는 각 규정의 공백 논리 탐구에 들어가기 전에 우선 평화조약의 작성에 있어서 미국이 주도했다는 데에서 연유하는 평화조약의 전체적 역사 논리를 밝히는 데부터 논의를 시작하는 것이 편리하다.

대일평화조약의 일차적 목적은 바로 이 조약 제1조(a)에 명기되어 있듯이 연합국과 일본의 전쟁 상태를 정식으로 종결시키는 데 있음은 두말할 필요도 없었다. 그러면 그 종결시키려고 하는 전쟁이란 무엇인가? 바로 이것이 동 평화조약의 이율배반적 성격의 기본적 출발점이었다.

동 평화조약의 대상인 2차 대전은 주로 두 가지 속성을 지니고 있었다. 하나는 이 전쟁의 주역 역시 각각 제국주의적 과거를 가지고 현실적으로도 식민지를 가진 제국주의적 국가 간의 전쟁이었다는 것이다. 이 성격이 한국 서명국 참가 문제에 대한 영국의 태도에 상징적으로 나타났으며 또한 결국 그것을 승인한 미국의 한계이기도 했다.

하지만 2차 대전은 그러면서도 1차 대전과 달리 민주주의 체제와 전체주의·군국주의 체제 간의 전쟁이라는 다른 또 하나의 성격을 띠고 있었다. 1941년 8월 2차 대전의 성격을 규정한 소위 대서양헌장에서 미·영 양국은 "모든 사람(all peoples)에게 그들이 살아갈 통치형태(the form of the government)를 선택할 권리를 존중한다"고 선언했다.[121] 그에 따라 미·영은 전후 처리에 있어서 자유민주주의적 전쟁 처리의 책임을 얻게 되었다. 따라서 제국주의적 논리로 인하여 이 전쟁의 청산 역시 식미지

---

121) "Atlantic Charter" 제3항, 大藏省財政室 編, op.cit., 149쪽.

독립을 둘러싼 역사적 한계를 지닐 수밖에 없으면서도 또 한편으로는 그 전쟁 목적의 대의로 인하여 패전국·피지배국들 양쪽에 그 민족자결을 위한 처리를 추진해 나가야만 하는 성격을 띤 것이었다.[122] 그리고 그러한 2차 대전 자체가 가졌던 두 가지 모순에 겹친 것이 전후의 정세 변화에 따른 미국의 대일정책의 변화와 극동지역의 구조적 조건이었다.

일본이 전쟁에 지고 극동에서의 위협이 사라지자 미국에게 적국이 달라지게 됨은 어찌 보면 필연적인 일이었다. 잠시나마 공통된 적이었던 군국주의가 패망한 후 본시 대립관계로 될 수밖에 없는 자유주의와 공산주의의 대립이 생기는 것은 피할 수 없는 시간의 문제였다. 그 결과 미국은 대일정책의 변화로서 일본의 자유주의 진영으로의 포섭을 택하지 않을 수가 없었다. 그러나 그뿐만이 아니다.

이미 자료를 통해서 확인했듯이 그런 미국의 정책 변화에는 일본이 극동 지역에서 그 구축 억할을 맡을 수밖에 없었다는 이 지역 특유의 구조적 조건이 한 몫을 했다. 그것은 아무리 한때 전체주의, 군국주의로 달렸다 하더라도 일본은 극동 지역에서 유일하게 근대화, 공업화의 경험을 가진 나라였다는 데에 기인한 필연적 귀결이었다. 전쟁으로 인하여 잠시 그 국력에 중대한 손상을 입었다고 하더라도 일본에는 근대화, 공업화에 필요한 지식과 기술이 있었다. 따라서 거기에 필요한 자금이나 자재 등을 공급해 주기만 하면 부흥은 비교적 쉬웠다. 미국이 냉전하에서의 국익 극대화라는 시급한 과제를 풀어나가기 위해서는 비록 한때 적국이었다 하더라도 일본을 이 지역에서의 주축으로 삼으려고 한 것은 이미 선택이 아닌 필연이었다.

여기서 이 평화조약이 지닐 수밖에 없는 이율배반적 두 가지 성격이 나온다. 그것은 평화조약이 본시 가지는 일본의 전쟁책임의 추궁, 청산이라는 본연의 형식적 과제와 일본을 부흥시켜야 한다는 현실적 과제라는 특유의 속성이었다. 전자의 추궁은 당연 일본의 국력을 저하시키는 성격을 면하기 어렵고 후자의 추구는 전쟁책임을

---

122) 물론 이런 처리 방식에는 자유주의, 민주주의의 이념으로서의 관대함과 동시에 1차 대전 처리의 과오, 즉 독일에 대한 전후 처리의 실패를 거듭하지 않는다는 정치적 의도가 있었다. 사실 덜레스는 조약안 작성 과정에서 "과거의 잘못, 특히 베르사유(versailles)조약의 틀림—베르사유조약은 불철저했다는 것과 과혹했다는 점에서 이중의 잘못을 범했다—을 거듭하지 않도록 주의하며 이번에는 구 적국에 최대한의 자유를 주려 하고 있다"고 밝힌 바가 있었다. 鹿島平和硏究所, op.cit., 65쪽 참조.

진 나라를 청산도 없이 우선적으로 부흥시킨다는 대의에 어긋나는 성격을 지녔다. 논리적으로 이율배반적 관계에 있는 이들 모순된 두 가지 과제를 푸는 방법은 이미 논리 일관된 정책에 의해서 이루어질 리가 없었다. 남은 길은 평화조약이 원래 가져야 할 전쟁책임의 추궁이라는 대의와 일본의 부흥이라는 현실적 요구를 미국의 힘에 의하여 '양립'시키는 것이었다. 그리고 이 양립의 기초적인 방법이야말로 NSC13/2에서 이미 언급되었던 평화조약의 내용을 될수록 간결하게 그리고 일반적으로 하는 것, 다시 말하면 그 내용들을 공백으로 함으로써 자세한 규정에 따른 각 나라의 이해관계의 충돌을 가급적 피하는 것이었다. 바로 평화조약 한국 관련 조항의 내용은 위 모순된 두 가지 과제를 슬기롭게 풀려고 한 결과라고 볼 수 있다.

한국을 평화조약의 서명국으로부터 배제하는 내용적 의미도 여기에 있었다. 왜냐하면 한국이 연합국, 즉 형식적으로나마 대일전승국이 되고 일본에 대한 한국의 지위가 상승되면 그 후의 대일교섭에 있어서 일본의 한국 지배에 대한 책임추궁의 강화, 대일배상요구의 증액 압력[123] 등 우려할 만한 사태가 예상되었다. 또 동서 냉전과 한국 전쟁 중이라는 특수한 조건하에서 남한 단독의 대일전승국 참가는 미국 주도로 인한 북한 배제의 성격을 뚜렷하게 부각시키지 않을 수가 없었다. 당연히 이 사태는 사회주의 국가들은 물론 다른 중립적인 국가의 반발을 자초하여 대일평화조약의 국제적 위상을 저하시킬 우려를 제고했다. 그리고 이것은 일본 부흥을 위해서 평화조약으로 일본의 전쟁책임의 문제를 종결시켜야만 했던 미국의 국익과 상반되는 것이었다.

이 우려들에 비해 미국이 한국을 군이 연합국으로 받아들여 얻을 수 있는 이익은 훨씬 적었음은 불을 보듯이 뻔한 일이었다. 그러나 한편 한국은 일본과의 전후 처리에

---

123) 물론 앞서 언급한 주한 미 대사 무효의 권고에 있었듯이 추가배상의 청구를 하지 않음을 서명국 참가의 조건으로 할 방법도 있을 수 있으나 대일전승국이 될 한국에만 그런 제한을 하는 것은 정치적으로 쉬운 일이 아닐 것이다. 또 실제 역무배상에 한정하려 한 미국의 방침에 대해서는 다른 나라로부터 반발이 생겼다. 그런 가운데 한국과 같이 자국 내 일본인 재산을 취득하는 권리를 가진 필리핀 능 퐁남아 4개국이 그 후 개별적으로 배상 협정을 맺음으로써 배상 형태를 확대시켜 생산물을 중심으로 한 현물 및 역무배상으로 한 것은 주지의 사실이다. 따라서 한국의 대일 감정을 생각해서라도 미국에게는 한국이 연합국이 될 경우 보다 강한 태도에 나설 우려는 충분히 있었을 것이다.

있어서 확실히 관련 당사국이었다. 비록 연합국이 아니더라도 한국은 카이로선언 이후 미국의 주도로 일본으로부터 해방된 지위에 있었으며 또 그 분리에 따라 처리해야 할 현실적 문제들을 가지고 있었다. 따라서 미국은 한국을 연합국에서 배제시킨 후에도 평화조약에서 다루어야 하는 과거처리 문제만큼은 피하지 못했다. 바로 그 책무와 그 문제를 가급적 부각시키지 말아야 한다는 현실적 계산, 바로 그런 모순 사이에 생긴 논리야말로 한국 관련 조항의 공백 논리였다고 추측된다.

따라서 마지막으로 남은 과제는 한일 간의 과거청산 문제와 직결되는 일본의 한국 지배에 관한 성격 규정 문제, 그에 따른 청산 규정 문제, 그리고 그 청산을 이룩하는 대표권의 규정 문제들에 관한 공백이 바로 위에서 논한 미국의 우려에 대처하는 논리를 가지고 있었음을 보다 상세히 밝힐 것이다. 이것을 논증하면 한일회담에서의 과거청산의 세 번째 가능조건인 과거청산 의무규정이 대일평화조약에서 이루어질 가능성이 논리적으로 없었음을 밝힐 수 있을 것이며 또 그로 인해 한일회담은 애당초부터 세 번째 가능조건을 충족하는 논리를 결여한 회담이었음을 알 수가 있기 때문이다.

2) 세 가지의 공백 논리

• 일본에 의한 한국 지배의 성격 규정에 대한 공백 논리

첫 번째 문제는 바로 한일 간의 특수한 과거를 청산하는 데 가장 기초적 요건인 일본의 대한반도 지배에 대한 성격 규정이 왜 공백으로 남았는가 하는 문제다. 혹시 평화조약에 의한 한국의 독립 사유가 일본의 한반도 지배의 불법성에 있는 것이 명시되어 있었더라면 비록 한국이 연합국에 참여하지 못하더라도 그 후 한일회담을 통한 과거청산 교섭은 전혀 다른 모습을 보였을 것이다. 하지만 이미 확인한 바와 같이 평화조약 2조(a)는 단지 일본에 의한 한반도(Korea) 독립의 승인만 규정했다. 즉 한국을 독립시켜야 할 근본 원인에 대해서는 공백으로 한 것이었다. 그 이유는 무엇일까?

이 문제를 생각하는 데 다음 물음을 하나 만들어 고찰해 나가고자 한다. 그 물음이란 일본에 의한 한국 지배의 근거, 성격 규정 없이 왜 이 평화조약에서 한국의 독립 승인을 일본에게 요구할 수 있었을까 하는 문제다. 바로 이 '공백 논리'로 인한 한국의 독립 승인 규정은 미국이 이 문제를 주도했다는 사실에 기인한 것이었다. 즉, 이하 보듯이 그 공백의 논리는 미국이 주도함에 따라 한국 독립 문제가 일본의 한국 지배를 승인한 미국의 과거, 피억압 민족의 해방이라는 미국의 세계적 공약과 대일 징벌이라는 힘의 논리, 종전 후의 미국의 대일 정책의 변화 등 상호 모순된 조건하에서 다루어지게 된 결과였다.

우선 이 문제를 풀어나가는데 대일평화조약이 기본적으로 연합국과 일본의 전쟁 종결과 평화 회복을 위한 강화조약이었다는 점을 다시 상기해야 한다. 따라서 평화조약은 원래 그 청산 대상의 시기를 일본이 본격적으로 중국 침략을 시작한 1931년 만주사변 이후로 하는 것이 당연하다. 왜냐하면 1942년 1월 47개국으로 결성된 연합국 중에서도 대일전쟁을 가장 오래 치른 주역이었던 중국과 일본의 군사적 충돌이 생긴 것은 가장 길게 잡아 1931년이었기 때문이다. 따라서 1910년에 시작되며 또 연합국으로서 대일교전 관계에 있었던 것도 아닌 한반도 독립조항이 연합국과 일본 간의 전쟁처리의 문제로서 들어가는 것은 논리적으로 반드시 이치에 맞는 것이 아니었다. 따라서 논리적으로는 한반도 독립조항은 2차 대전의 처리 문제로서 들어갈 성격의 문제가 아니었다.

물론 이것은 한반도의 독립에 관한 법적 근거가 없음을 단순히 뜻하는 것이 아니다. 이 평화조약은 거슬러 올라가서 한반도의 독립 규정이 처음으로 명시된 1943년 12월의 카이로선언, 그 이행을 규정한 1945년 7월의 포츠담선언에 기초한 조약이므로 평화조약이 그들 선언 승인의 연장선상에 있는 한 거기에 한반도 독립 조항이 들어가게 됨은 충분한 법적 근거를 가지기 때문이다.

그러나 식민지 규정의 공백 논리를 규명하기 위해서는 한반도 독립 조항이 거기에 들어가게 된 논리구조를 따져볼 필요가 있다. 당시 한반도의 장래의 독립을 선언한 카이로선언은 전쟁 중이므로 틀림이 없이 대일 징벌적인 성격을 지닌 것이었다. 사실 카이로선언은 "3개국은 일본의 침략을 억제·징벌하기 위하여 싸우고 있다"[124]고 대일전쟁의 성격을 규정했다. 그에 따라 동 선언은 1914년의 1차 대전 이후 일본이

---

124) "the Cairo Declaration", 외무부, op.cit.(1958), 1쪽.

획득한 태평양의 섬들의 박탈, 만주·대만 등의 중화민국으로의 귀속, 그리고 한반도의 적당한 시기의 독립을 공약했다. 다시 말하면 그 영토의 획득 시기, 경위 등에 있어서 각기 사정이 다른 일본 지배하의 영역들을 일괄적으로 빼앗는 규정이 가능한 것은 이 선언이 힘에 의한 대일 징벌적 성격을 지니고 있었기 때문이었다.

예컨대 이 선언 중에 있는 만주·대만 등의 중국 영토로의 귀속은 통상의 교전국 간의 전쟁 처리에 따른 영토 변경으로 생각할 수 있다. 그러나 한반도의 영유 포기는 그와 다른 성격의 문제였다. 그럼에도 일본의 1931년부터의 침략전쟁의 '대가'로서 그것을 한꺼번에 요구한 것은 동 선언이 대일 징벌적 성격으로부터 나온 것 외에는 생각할 수 없다. 사실 동 선언은 한국의 장래의 독립 규정에 대한 근거에 관해서는 "한국인들의 노예상태에 유의하여(mindful of the enslavement of the people of Korea)"[125]라고만 밝히고 있을 뿐, 구체적인 법적 근거 등은 일절 제시하지 않았다.

다시 말하면 일본으로부터의 한국의 독립은 법적 근거에 기초해서 이루어진 것이 아니라 일본의 국력을 저하시켜야 한다는 그 당시 연합국의 힘으로 인한 정치적 판단에 기인한 것뿐이었다. 하지만 역설적이나 바로 이 힘의 논리는 대일평화조약에서 한국의 독립 규정을 일본에 의한 한반도 지배의 명확한 성격 규정에 따라 행함을 불가능하게 했다. 왜인가?

이를 이해하기 위해서는 문제를 반대로, 즉 그 명확한 성격 규정을 무리하게 하려고 하면 어떤 결과가 생길 것인지를 생각해보는 것이 편리하다. 그 기본적 물음은 두 가지 뿐이다.

혹시 청산해야 할 과거의 기초인 병합조약이 '합법적'이라고 판단한다면 후술할 한일교섭에서 '구보타 발언'으로 나타났듯이 한국의 독립은 '위법'으로 해석될 가능성이 생긴다. 병합조약은 대한제국의 주권을 일본 천황에게 '영원히 양도'할 것을 명시하고 있을 뿐 그 후의 전쟁의 승패가 직접 그 조약의 무효를 법적으로 보장하는 것이 아니었다. 따라서 이 경우는 한반도의 독립을 규정한 카이로선언 이후 미국의 일련의 조치가 힘에 의한 '위법'적인 것으로 되어 버릴 여지를 남긴다.[126] 물론 병합의

---

125) ibid.

합법성 인정은 한국의 반발도 예상되었다. 반대로 혹시 병합조약은 '불법'이라는 근거에 서서 미국이 독립을 합리화 할 경우는 가쓰라(桂太郞) - 태프트(William H. Taft) 협정에 상징되는 일본의 한반도 지배를 적극적으로 승인한 미국 자신의 과거[127]와의 모순이 드러나지 않을 수가 없었다. 또 이 경우는 위와 반대로 이미 미국에게 중요한 우방으로 포섭하게 되어 있던 일본 측 반발이 불가피했다.

그러므로 대일평화조약은 한반도의 독립, 즉 한국의 일본 지배로부터의 이탈에 관한 근거에 대해서는 법적으로 그 이유를 댈 수 있었으나 독립시켜야 할 근본적 원인, 즉 일본의 한반도 지배에 관한 성격 자체에 대해서는 뚜렷한 규정을 행하지 못한 결함을 내포했다고 볼 수 있다.

한일병합의 합법성 여부에 관한 규정을 하지 못한다는 논리구조에서는 나머지 두 가지 추가적 문제가 생긴다. 그것은 한국 독립의 성격 문제이며 또 하나는 시기의 문제다. 한일병합의 불법성 여부에 대해서 아무런 판단도 하지 못한다는 평화조약의 속성은 한국이 합법적으로 일본이 되었는지 아니면 힘에 의한 불법적 강점을 당했는지를 가리지 못하는 결과를 논리적으로 자초하므로 한국 독립의 성격은 과연 무엇인

---

126) 물론 이에는 대한제국(大韓帝國)과 대한미국과의 법적 계승관계를 어떻게 생각하는가 하는 문제도 고려해야 한다. 일본 측 외무성은 양자의 법적 계승관계를 부정하고 있다. 福田博,「基本関係」, 谷田正躬, 辰巳信夫,武智敏夫編集,『日韓条約と国内法の解説』(大蔵省印刷局, 1966), 13쪽. 또는 藤崎萬里政府委員国会答弁, 国会会議録, 第50回国会,「参議院 日韓条約等特別委員会」, 第8号(1965.12.2), 5쪽 등. 따라서 이 경우 대한민국의 독립은 결코 위법이 되지 않는다. 그러나 한국 측은 구조약이 원천 무효가 됨에 따라 1945년 8월 15일 이전에 일본이 한국에 가한 모든 재산 손실에 대한 보상 의무가 일본국에 부가되며 그것이 대일청구권으로서 나타났다는 인식을 그 내부 문서에서 드러내고 있다. 『속개 제6차 한일회담, 기본관계위원회, 1964』, 34쪽. 이 주장에 있듯이 병합조약의 원천 무효에 따른 불법 지배에 대한 보상을 대한민국 정부가 받는다는 입장은 대한제국 지배의 대가를 대한민국이 받는다는 것을 의미하므로 암묵적으로 대한제국과 대한민국의 법적 계승관계를 가정하고 있는 것으로 된다. 물론 그런 국가의 형식적인 법 관계뿐만 아니라 한민족의 역사적인 연속이라는 현실을 무시할 수 있을 리도 없다. 따라서 이 경우 혹시 병합조약의 합법성을 미국이 인정한다면 대한민국의 독립은 불법으로 풀이될 가능성이 생긴다고 해야 하겠다.

127) 1905년의 소위 을사보호조약 체결시 일본이 '가쓰라 - 태프트 협정'에 의하여 사전에 미국의 승인을 얻은 것은 유명한 일이나 미국의 자세는 그에 그친 것이 아니었다. 은노(海野福寿)의 연구에 의하면 보호조약 체결시 만일 한국의 거부에 의하여 조약 형식을 취하지 못할 경우는 일방적 선언에 의하여 한국의 보호국화를 실현시킬 것에 대한 승인을 요구한 일본에 대해서 루즈벨트(Theodore Roosevelt) 대통령은 "한국에 일본의 일방적 선언으로 보호권이 설정될 경우도 이것을 지지한다"고 말했다고 한다. 海野福寿, 『韓国併合史の研究』(岩波書店, 2000), 187쪽.

가에 대한 해석의 여지가 생긴다. 즉 그것은 일본의 승인, 쉽게 말하면 일본의 허락에 기초한 일본으로부터의 '분리'인지 아니면 힘에 의한 부당한 강점으로부터의 '광복'인지 그 성격 규정을 분명히 하지 못하게 했다.

또 하나 생길 파생적 문제는 독립시기에 관한 문제였다. 카이로선언으로부터 평화조약까지 모두 한국의 독립시기에 관한 명확한 규정이 없다. 이 원인의 기초에도 역시 한일병합에 대한 평가 문제가 깔려 있었다. 왜냐하면 병합이 합법적인 것이었다면 한국 독립의 법적 완결은 일본 정부가 주장하듯이 평화조약 발효시가 될 것이다.[128] 말할 나위도 없으나 병합조약이 합법적이면 한국의 독립에는 일본의 승인이 필요하게 되나 그것이 가능하기 위해서는 일본이 주권을 회복할 바로 평화조약의 발효를 기다려야 하기 때문이다. 그러나 불법적 강점이면 당연히 독립은 힘에 의한 해방을 의미하는 것이므로 8월 9일 또는 14일의 일본에 의한 포츠담선언 수락일을[129] 바로 독립시기로 간주하는 것이 타당할 것이다.

이와 같이 미국의 주도로 작성된 대일평화조약은 일본의 한반도 지배에 관한 아무런 구체적인 성격 규정도 가능하게 하는 속성을 가지고 있지는 않았다고 보인다. 바로 이에 대응하기 위한 것이 '공백'으로 인한 한국 독립에 대한 승인조항 규정이었다. 그러나 바로 이것은 결국 한국의 독립 문제가 미국의 주도하에서 이루어졌다는 역사 논리가 낳은 것이었다.

● 청구권 규정의 공백 논리

두 번째 문제는 한일회담에서 최대의 관심사이던 청구권 문제에 관한 논란의 기원이 된 청산규정 문제의 '공백' 논리다. 그리고 바로 이 문제는 위에서 논했듯이 미국의

---

128) 이 점에 관해서는 예를 들어 일본의 시이나 외상의 발언 참고. 国会会議録, 第50回国会, 「衆議院 日本国と大韓民国との間の条約および協定等に関する特別委員会議録」, 第6号(1965.10.29), 5쪽.
129) 주지하는 바와 같이 일본의 포츠담선언 수락은 일단 8월 9일의 어전회의(御前會議) 때 결정되며 연합국에 통보된 바가 있었으나 천황제를 둘러싼 문제 때문에 14일의 어전회의시 다시 최종적으로 결정이 된 것이다. 따라서 일본의 동 선언 수락 날짜를 어느 쪽으로 할까는 각 입장과 해석에 따라 차이가 날 수 있으나 한국 측은 후술할 '대일8항목요구'에 나타나듯이 조기 독립과 그에 따른 국익 극대화라는 입장에서 8월 9일을 일본의 포츠담선언 수락일로 간주하고 있었다고 말할 수 있다.

주도하에서 이루어진 대일평화조약에서는 일본의 한국 지배에 관한 성격 규정을 하지 못한다는 역사 논리에서 직접적으로 귀결하는 문제이기도 했다. 한국의 입장에서 볼 때 만약에 평화조약에서 일본의 한반도 지배의 책임 규정과 그에 따른 보상 규정이 이루어졌으면 그 후 한일회담을 통한 과거청산은 훨씬 쉬운 과제가 되었을 것이다.

그러나 상술한 바와 같이 평화조약 4조(a)는 단지 양국 간의 재산 처리에 관한 상호 협의만을 지시했다. 그 직접적인 원인이 일본의 한반도 지배에 대한 성격 규정을 하지 못한 평화조약의 속성에 있었음은 알기 쉽다. 이 조약으로 인해 일본의 한국 지배의 성격이 애매해진 이상 동 문제의 처리를 불법적인 지배에 따른 가해자 - 피해자라는 틀에서 그 청산 원칙을 세우는 것은 불가능해 졌기 때문이었다. 그러나 비록 일본의 한반도 지배에 관한 성격 규정을 하지 못하더라도 논리적으로는 한일 간의 특수한 관계를 고려하여 그 재산 처리 등 청구권 교섭에 관해서는 한국의 일방적인 권리만을 인정한다는 등의 규정을 하는 방법은 남았다. 그러나 4조(a)는 결국 양국 간의 특별협의에 모든 처리를 맡김에 따라 청구권 교섭의 혼란을 낳은 직접적 원인이 되었다.

그러면 미국은 왜 평화조약에서 그 재산 처리에 관한 구체적인 규정을 일체 피했을까? 바로 청구권 문제의 공백 논리 역시 미국이 이 문제를 주도함에 따라 평화조약이 가지게 된 원천적 모순에서 나온 것이었다. 즉 청구권 문제의 배경에는 두 가지 모순된 요구가 있었다. 하나는 청구권 문제가 일본의 전쟁 책임과 연관되는 만큼 그 피해국들의 요구를 받아들여 그 보상을 실행시켜야 한다는 대의의 측면이며, 또 하나는 이미 미국의 정책목표가 지역 주축으로서의 일본의 부흥에 있다는 현실적 변화에서 나온 요구였다. 거기에 겹친 것이 미국의 대일정책이 불과 몇 년 사이에 당초의 그 약체화 정책에서 부흥 정책으로 180도 바뀌었다는 이력이었다.

앞서 언급했다시피 1945년 12월 6일 미국은 미군정령 33호로 재한일본인 재산을 '몰수'했었다. 훗날 한일회담에 있어서의 양국 간의 청구권 교섭의 핵심적인 쟁점의 하나가 된 이 법령은 8월 9일 이후 남한에 있던 일본 재산을 9월 25일자로 미군정이 '취득(vest)', '소유(own)'했음을 규정한 것이었다. 그 당시 미국의 대일정책의 목표가 위에서 논했다시피 일본의 국력 저하에 있었던 만큼 이 몰수가 '점령지'에서의 징벌적인 적산(敵産) 취급에 따른 것이었음은 틀림없다.[130] 당시 몰수에 관한 유일한 법적근거인 1907년 10월의 헤이그 제4육전에 관한 법과 관습(Laws and Customs on War on Land on HagueIV: 이하 헤이그육전법규) 부속서 제3부(Section III) 내 제46조, 제53조, 제55조 등은 몰수의 제한을 명시함으로써 역설적으로 몰수의 근거를 주었다. 바로 그 헤이그육전법규 부속서 제3부의 제목은 "적국의 영토에서의 군의 권력"으로 되어 있었으며, 이것은 '점령지'라고 할 경우 적국 영토를 의미했던 것이었다.[131] 즉 한반도 내에 있던 일본인 재산의 몰수는 법적으로는 한반도가 '적국'이었다는 조건하에서 가능해진 것이었다.

또 이것은 미국의 한반도 진출의 법적 근거를 생각해도 확실하다. 미국의 한반도 진출·점령의 법적인 근거는 이미 언급한 "태평양미국육군총사령부 포고 1호"에 있는 "일본국 천황과 정부와 대본영을 대표하여 서명한 항복 문서의 조항에 의하여 본관 휘하의 전첩군은 본일 북위 38도 이남의 한국(Korea)을 점령함"[132]이라는 규정에 기초한 것이었으나 이것은 바로 일본의 항복이 한반도 '점령'의 형식적 근거임을 천명한 것이었다. 그리고 이는 한반도가 적국인 일본 영토였음을 뜻하는 것이나 마찬가지였다.[133]

따라서 문제는 바로 이 '적국 영토'로서의 점령지적 성격과 한일관계가 지니는 특수한 역사적 성격 사이에서 나타났다. 가령 한국은 미국에게 헤이그육전법규 부속서가 말하는 의미의 점령지, 즉 적국 영토였을까? 위에서 살펴봤듯이 45년 당시 미국은 한국의 지위를 어떻게 다루는가에 대한 명확한 방침을 가지고 있지 않았다. 바로

---

130) 이 인식은 일본의 국회심의에서도 거론된 적이 있다. 재외재산 처분에 관한 대 이탈리아평화조약과 비교해서 왜 대일평화조약에서는 제4조(b) 같은 개인의 사유재산 처분에 관한 인정까지 포함되었는가라는 질문에 대해서 정부 측은 그 하나의 원인으로서 2차 대전 종결 당시의 연합국의 일본인에 대한 강한 적대심을 지적하고 있다(원문에는 "대독일인에 대한"이란 표현도 있음). 国会会議録, 第12回国会, 「参議院 平和条約及び日米安全保障条約特別委員会」第11号(1951.11.6), 8쪽.
131) 바로 제3부의 벽두인 제42조는 점령지역을 "적군의 권력 내에 귀속할 경우"로 정의했었다.
132) "Proclamation no.1", 외무부, op.cit.(1958), 115~116쪽(국문), 117~118쪽(영문).
133) 점령의 또 하나의 근거로서는 유엔헌장 제77조 (b)항이 있다. 이것은 "2차 대전의 결과로서 적국에서 분리되는 지역"을 신탁통치에 두는 권한을 준 조항이나 동 헌장의 발효는 1945년 10월 24일이므로 시기적으로 이것을 한반도 점령의 근거로 삼기는 어렵다.

이러한 애매한 시기에 일본의 국력 저하 정책의 일환으로서 취해진 것이 군정령 33호에 따른 한국 내 일본 재산의 몰수였던 것이다.

법적 근거라기보다 그런 현실 노선에 따라 기정사실로 되어 있던 몰수에 관해서는 두 가지 해석밖에 없었다. 하나는 전승국 미국에 의한 미국을 위한 몰수이며 또 하나는 훗날 한반도에서의 신 국가 수립시의 이양을 전제로 한 '대리 몰수'라는 해석이다.

그러나 혹시 재한일본인 재산의 몰수가 전자인 미국을 위한 몰수라고 한다면 한국 내 일본인 재산 몰수는 헤이그육전법규 부속서가 가리키는 점령지 내 적산 몰수로서 이루어졌다고 해석할 수밖에 없으므로 그 귀결은 한반도가 당시 일본 영토임을, 즉 1910년 병합조약의 합법성을 인정하는 것이 되고 만다. 따라서 그가 의미하는 바는 논리적으로 따지면 한국 내 한국인 재산까지도 몰수 대상이 되어야 한다는 것이다. 물론 불과 2년 전 카이로선언에서 '한국인의 노예상태'를 언급한 미국이 일본에 의한 한국 지배를 명확한 합법성 위에 인정할 수 있는 입장이 아니었다. 또 한국을 현실적으로 통치해야 했던 당시의 미군정의 입장에서 봐도 한국 국민의 국민감정이나 민생 안정을 생각할 때 그런 입장, 정책을 취할 수 있을 리가 없었다.

또 이 해석은 그 후 48년에 이루어진 몰수 재산의 한국으로의 이양을 미국과 한국 간의 '경제원조'로 해석하는 결과를 자초했다. 그러나 이는 훗날 한일 간에 처리해야 할 재산 처리에 즈음하여 한국이 몰수 재산을 취득하는 것이 일본의 한국에 대한 '선불'과 아무런 상관없는 것이 됨을 뜻했다. 이는 결과적으로 일본의 대한지불을 실질적으로 늘리는 것으로 귀결되므로 45년 당시에는 예상하지 않았던 일본 부흥이 이미 미국의 시급한 과제가 된 이상 군이 미국을 위한 몰수임을 천명해야 할 이유는 없었다.

한편 1945년 12월의 몰수가 한국 독립 후의 이양을 전제로 한 미군정에 의한 '대리 몰수'라는 입장을 천명해야 할 이유 역시 없었다. 만약에 그렇게 해석할 경우는 우선 한국과 일본이 결과적으로 교전관계에 있었다는 것을 의미하고 일본에 의한 한국 지배는 오직 힘에 의한 강점이라는 해석을 낳기 쉽다. 그렇지 않고서야 독립 후의 한국이 무슨 근거로 일본인 재산을 몰수할 수 있는가 하는 문제에 부딪치게 되기 때문이다. 사실 대일평화조약 제14조는 연합국에만 자국 내 일본 재산 몰수의 권한을 규정하고 있다. 그러나 그런 논리구성은 또 다시 다른 모순의 함정에 빠질 수밖에 없었다. 왜냐하면 한국의 대일 교전국으로서의 인정은 한반도의 지배를 승인한 미국의 '과거', 임시정부의 대일교전이라는 사실을 부정한 자세, 그리고 한국을 평화조약 서명국에서 제외한 현실과 상치되는데다가, 이미 일본을 극동에서의 동맹국으로 만들고자 했던 미국으로서는 받아들이기 어려운 영향을 줄 우려가 있었다. 그 우려 역시 경제적 부담 문제였다.

즉 '대리 몰수'라는 인정은 한일 양국 간의 교전관계나 한반도 강점의 성격을 부각시킬 위험성을 높이므로 그에 따라 예상될 한국 측의 대일 피해보상의 액수 증가의 요구가 우려스러웠다. 이미 미국의 주요 동맹국으로 포섭되었던 일본의 경제적 부담 증가는 사실상 미국 자체의 비용 부담의 증가를 뜻하므로 이 역시 미국의 국익에 부합하는 것이 아니었다.

따라서 미국은 재한일본인 재산 몰수에 관해서 명확한 근거를 굳이 대야 할 현실적인 이익이 없었다. 그 결과 한반도에 있었던 일본인 재산의 몰수와 그의 대한민국으로의 이양은 명확한 근거 없는 기정사실로만 될 수밖에 없었다. 그리고 이미 벌어진 그런 근거 없는 기정사실은 한일 양국 간의 재산권 등 그와 연관된 남은 채권 - 채무관계 청산에 관한 명확한 규정을 내리지 못하게 했다.

바로 그 결과 나온 것이 제4조(a)항, 즉 청산을 위한 상호교섭의 규정뿐이었다. 이 조항은 말 그대로 청구권에 관한 당사자 간 협의만 제시했을 뿐, 그 청산에 관한 내용, 원칙, 그리고 그 근거 등에 관한 규정은 일체 피해갔다. 물론 미군정에 의한 재한일본인 재산의 몰수, 처분, 그리고 한국 정부로의 이양에 관한 성격 규정도 이루어지지 않았다. 그에 따라 양국 간에서 상호 청구권의 처리를 진행할 때 고려되어야 할 몰수재산의 한국으로의 귀속에 관한 해석 역시 들어갈 리가 없었다.

이에 위기를 느낀 한국 측이 그 삽입을 요구한 것이 제4조(b)항, 즉 미군정에 의한 일본 재산 처분의 승인조항이었다. 미국이 막판에 이르러 이 한국의 요구만은 받아들인 것은 한국에 대한 존중이라기보다 이미 기정사실로 되어 있던 재한일본인 재산의 몰수와 그들의 한국 정부로의 이양을 일본에 승인시키지 않은 한 미국에게는 그 근거 없는 처분에 관한 법적 책임 문제가 생길 여지가 있었기 때문이었다.

그러나 중요한 것은 동 조항 역시 단지 그 처분에 관한 일본의 승인만 요구했을 뿐, 그 처분에 관한 내용적, 법적 의미에 관해서는 전혀 언급되지 않았다는 점이다. 그리고 33호에 따른 재산 몰수와 그들의 대한민국으로의 이양이 일관된 해석에 따라 진행된 것이 아닌 이상 아예 4조(b)에서 그 규정을 할 수 있을 리가 없었다. 따라서 이하 3부에서 상세히 다루듯이 한일교섭에 들어가서는 이 조항을 둘러싸고 일본 측은 헤이그육전법규 부속서 제3부 제46조 "개인 재산의 몰수 불가"를 근거로 개인재산권 보호, 신탁재산 이론 등을 들어 후술할 대한 역청구권을 주장하게 되었다. 즉 4조 (a)에 이어 4조(b)마저 사실상 공백으로 됨에 따라 한일 간의 특수한 과거를 청산하는 구체적인 규정이 주어지는 것은 불가능해졌다.

한일회담에서의 청구권 문제를 둘러싼 그 후의 우여곡절은 평화조약 제4조(a, b)가 위와 같은 이유로 명확한 규정 없이 사실상 공백으로서 나타났기 때문이었다. 그리고 그런 공백은 평화조약이 지니게 된 역사 논리, 즉 피해국 한국의 대일청구권의 확보라는 대의와 일본 부흥이라는 정책과의 모순, 그리고 기정사실로 되어 있던 재한 일본인 재산의 처분에 관한 명확한 규정을 제시하지 못한 미국의 입장의 귀결이었다. 즉 동 조항의 공백 역시 미국이 평화조약을 주도했다는 사실에 그 싹이 튼 것이었다.

● 청산 주체의 공백 논리

대일평화조약에서의 과거청산 의무규정에 관한 마지막 문제는 한반도와 일본의 과거청산을 행하는 데 있어서 빼놓을 수 없는 청산 주체에 관한 규정 문제였다. 한반도에 사실상 두 가지 정권이 들어선 상황 속에서 양 민족 간의 과거를 한일회담이라는 형식을 통해서 청산하려고 할 때에는 평화조약에서 대한민국 정부가 한민족을 대표하는 유일한 권위임을 규정하는 것이 당연히 필요했다. 그러나 대일평화조약에는 대한민국의 대표권을 가리키는 아무런 규정도 없다. 그 제21조로 인하여 4조, 9조, 12조의 수혜국으로 규정된 주체는 단지 'Korea'에 불과하며 대한민국을 직접 지칭한 것이 아니었다. 또한 청구권 문제의 논란과 직결된 4조(a)는 단지 '시정당국자(authorities)'로만 규정했을 뿐 북측 지역의 시정권이 대한민국 정부에 귀속되어 있음을 명시하는 표현 역시 없다.

그러면 왜 미국은 반공국가로서 탄생한 우방인 대한민국을 한반도를 대표하는 유일한 정부, 즉 한반도 북측 지역까지의 시정권을 가진 국가로서 평화조약에 규정하지 않았는가? 바로 이 공백 논리 역시 기본적으로 대일평화조약이 내포한 논리구조에서 비롯된 것이었으며, 나아가 결국 그것은 동 조약이 미국의 주도하에서 이루어졌다는 데에 기인한 논리적 결과였다.

이를 해명하는 데 우선 생각해야 하는 것은 재차 강조하듯이 이 평화조약은 기본적으로 연합국과 일본의 강화를 위한 것인 만큼 대일전쟁에 관한 전후 처리를 행하는 것이 그 주된 목적이었다는 점이다. 따라서 일본의 패전 후 한반도의 전후 처리의 영역이 일본의 주권 포기에 따른 한반도 전역으로 됨은 당연한 귀결이었다. 실제 한국 독립의 법적 효시가 된 카이로선언 이후의 한반도 독립조항은 모두 'Korea', 즉 한반도 전역을 지칭했다. 여기서 주의해야 할 것은 한반도의 독립은 어디까지나 일본의 패전에 따른 일본의 대 한반도 주권 포기로서 실현되었을 뿐, 그 후 한반도를 이어받을 한민족 대표 정부와의 합의로 인해 이루어진 것이 아니었다는 점이다. 이로 인해 일본의 주권 포기는 단지 한반도에서 모종의 권력에 대한 '백지화'만을 초래했을 뿐이며, 그에 따라 그 백지를 메우기 위한 한반도에서 유일한 새 주권의 확보는 다른 인위적인 방법에 의하여 진행되어야 했다. 그리고 무엇보다 이 문제를 한층 더 복잡하게 한 결정적 요인이 남북 분단이라는 현실이었다.

이러한 조건하에서 한반도 전역에 있어 한국 정부가 그 시정권을 대표한다는 이유가 될 만한 유일한 근거는 1948년 12월 12일 채택된 주지의 유엔결의 195(III)호, 즉 한국이 한반도에서의 '유일한 합법정부'라는 결의였다. 그러나 우선 주의해야 할 것은 유엔결의안 자체는 어디까지나 한낱 선언에 불과하고 각 나라가 이를 준수해야 할 아무런 법적 구속력이 있는 것도 아니었다는 점이다.[134] 따라서 이 유엔결의가

---

134) 유엔헌장 11조는 유엔총회의 활동은 가맹국에 대한 권고를 할 수 있다고만 규정하고 있을 뿐이다.

한반도에서의 대한민국의 유일합법성을 가리키는 내용을 담은 것이었다고 쳐도 그 선언을 둘러싼 대응 자체는 결국 각국의 정치적 판단에 달릴 수밖에 없는 문제였다.

물론 문제의 핵심은 그런 선언의 성격이라기보다 그 신언의 합법성의 내용에 있었다. 그것을 검토하기 위해서 더 여기서 한번 결의안 195(III)호 제2항을 엄밀하게 검토해 볼 필요가 있다. 주지하는 바와 같이 한국 정부는 이 결의를 가지고 한반도 전역에 시정권을 가진 유일한 대표정부임을 자칭해 왔다. 그러나 엄밀하게 따지면 이 조항은 각 나라의 입장을 떠나 그런 해석에 관한 합의를 도출할 만한 내용을 가지고 있지 않다. 그 제2항의 핵심을 나름대로 여기서 부각시킨다면 **"임시위원회가 관찰·자문할 수 있고 및 전 한국 국민의 대부분이 거주하는 부분**에 대해서 지배 및 시정권을 가진 합법정부가 확립돼 있음을, 그리고 이 정부는 **한반도 그 부분의 선거민의 자유의사의 정당한 의사표명인 선거에 기초하고 있으며** 또 그 선거는 임시위원회에 의하여 감시되었음을, 그리고 대한민국 정부가 **한반도에서의 유일한 그런 정부**임을 선언한다" (강조는 인용자)고 번역된다.[135]

이 선언은 한국 정부의 합법성에 대해서 세 가지 요건들을 들고 있다. 하나는 역사적 사실인 "임시위원회가 관찰·자문할 […] 부분", 두 번째는 합법성 부여의 근거인 선거의 관해서 "한반도 그 부분의 […] 선거에 기초하고 있으며", 그리고 마지막은 한국 정부의 성격 규정에 관해서 "한반도에서의 유일한 그런 정부"다.

세 가지로 나누면 곧 알 수 있듯이 첫 번째 조건을 만족하는 부분은 역사적 사실로서 남한만이다. 따라서 두 번째 요건도 오직 남한으로만 한정됨은 첫 번째 조건으로부터 직접적으로 도출되는 결과였다. 따라서 한국 정부의 성격 규정인 바로 세 번째 요건인 '유일한 그런 정부'라 함은 한반도에서 그런 과정을 거친 정부는 유독 대한민국

---

135) 원문은 다음과 같다. "Declares that there has been established lawful government(the Government of the Republic of Korea)having effective control and jurisdiction over that part of Korea where the Temporary Commission was able to observe and consult and in which the great majority of the people of all Korea reside; that this Government is based on elections which were a valid expression of the free will of the electorate of that part of Korea and which were observed by the Temporary Commission; and that this is the only such Government in Korea", 외무부, op.cit.(1958), 5쪽.

정부밖에 없음을 의미하는 것뿐이며 남한에서만 그런 성격을 지닌 한국 정부가 북측 지역에 대한 시정권을 가진다는 논리는 어디에서도 찾아볼 수 없는 이야기였다. 즉 상기 선언에서 말할 수 있는 한계는 한국 정부는 한반도 남한에서만 그 합법성을 부여 받았다는 것에 불과하며 그 영역을 넘는 시정권에 대해서는 그 합법성·비합법성을 가리는 데 그 법적 근거를 댈 수 있는 그런 결의가 아니었다. 아니 동 결의는 위의 규정을 줌으로써 오히려 대한민국이 남한 지역에서만 그 대표성을 가진 정부임을 부각시킨 내용이었다고 해야 하겠다. 이 사실은 무엇보다 한일회담의 막판 교섭에서 한국의 대표성을 둘러싸고 이 조항의 부각을 막으려고 한 한국 정부의 자세 자체가 입증하고 있다.

따라서 한반도 남쪽에서 합법성을 가진 대한민국 정부가 존재하고 있다는 인정은 그 합법성이 영역을 넘는 북한 정부의 불법 점거, 즉 대한민국 영토의 불법적인 강점을 의미하지는 못한다. 더 엄밀하게 따지면 논리적으로는 합법과 불법 사이의 중간 상태가 존재할 수 있다. 그것은 합법승인을 받기 전이라는 상태다. 북한이 여전히 유엔으로부터 합법승인을 받지 못했다는 것 자체는 결코 논리적으로 북한의 불법성을 귀결시키지 않는다. 예를 들면 1948년에 들어선 대한민국이 1952년의 일본에 의한 승인[136]을 받기까지 일본에 대해서 '불법국가'로 되는 아무런 논리적 필연성이 없는 것과 같은 논리다. 물론 유엔은 국제기구이기도 하나 국가승인은 각 주권국가의 판단에 달린 문제이며 또 현실적으로도 사회주의권을 비롯하여 복수의 국가들이 북한을 승인, 외교관계를 맺었다.

따라서 논리적으로도 현실적으로도 평화조약 체결시 각 나라의 이해관계를 초월할 만한 강한 논리로서 한국이 한반도 전역을 대표하는 국가로서 그 승인을 받을 만한 조건을 갖추고 있지 않았다. 남은 방법은 정치적 배려에 의하여 한국을 한반도를 대표하는 정부로서 명기시키는 것이었다. 미국이 당초 한국을 대일평화조약 서명국으로서 받아들이려고 한 주된 이유 중 하나가 대 공산권을 겨냥한 그런 정치적 의도에서

---

136) 일본 정부의 공식적인 해석은 한국의 독립이라는 사실(=병합조약 무효시점)은 1948년 8월 15일이며, 그 독립에 대한 승인은 이미 말했듯이 평화조약 발효시라는 입장이다. 国会会議録, 第50回国会, 「衆議院日本国と大韓民国との間の条約および協定等に関する特別委員会会議録」第8号(1965.11.1), 5쪽.

비롯된 것이었음은 틀림이 없을 것이다.

그러나 일본의 면책과 국제사회로의 빠른 복귀를 우선시 하던 미국은 그로 인해 평화조약 작성을 둘러싸고 동서대립을 비롯한 갖은 신경전을 벌여야만 했다. 이로 인해 대일평화조약은 소위 사회주의권을 포함한 '전면 강화'에서 자유주의 진영만의 '부분 강화'로, 그 노선이 후퇴하는 양상을 띠고 있었다. 더구나 그런 가운데 극동 정세에 결정적인 영향을 줄 만한 중국의 대표성을 둘러싸고 중공을 배제하여 국민당 정권을 중국의 대표정부로 앉힐 것을 우선시해야 했던 미국이 그에 따라 소련을 비롯한 공산권은 물론 중립적인 인도, 심지어는 영국에게까지 그 비판을 받게 된 상황하에서 한층 더 분쟁을 야기할 한반도 대표 문제를 굳이 평화조약에서 뚜렷하게 규정해야 할 이유는 없었다. 게다가 그 시기는 바로 한국전쟁 중이었다. 한반도 통일 정세가 불투명한 가운데 한반도의 주권에 관한 장래의 변화에 유연하게 대처하기 위해서도 평화조약에서 한국의 대표권을 명기하려고 하는 것은 오히려 정치적으로 어리석은 판단이었음은 확실하다.

결국 구 식민지 국가들의 이익도 고려해야 할 평화조약의 성격상 한반도가 제4조를 비롯한 관련 4조항의 수혜국이 되면서도 한국의 대표권이 전혀 명시되지 않았다는 공백은 역시 평화조약을 미국이 주도했다는 데서 태어난 결과였다. 오히려 미국에게는 그 시정권을 애매하게 해 두는 것이 주어진 조건하에서 자국의 이익을 극대화시키는 데 최선이자 적극적 정책이었던 것이다.

이처럼 평화조약은 한일 간의 특수한 과거를 청산하는 데 절대적인 조건인 일본의 한반도 지배의 성격 규정, 양국 간 청구권 처리의 규정, 그리고 그런 처리에 필요한 한국 정부의 대표성과 그에 따른 시정권 문제 등에 관해서 아무런 구체적인 규정을 주지 못했다. 무엇보다 중요한 것은 이 공백은 철저한 정치논리로 인하여 짜인 것인 바 작성자인 미국의 소홀함으로 인하여 생긴 우연한 결과 같은 것이 아니었다고 풀이되는 점이다.

사실 평화조약 찬반의 무대로 된 평화회의 제2회 전체회의 석상에서 미국 대표 덜레스는 평화조약의 내용에 관하여 시사하는 바가 큰 다음과 같은 말을 남기고 있다.

"이들 제안(=자기들의 이익이 되도록 조약을 바꾸려고 하는 제안)을 같이 가져오면 누적될 결과로서 어떤 합의된 평화도 파괴되어 버릴 것은 명확합니다 [……] 이론상 보다 좋은 말은 찾을 수 있을 것이나 이것을 찾고 있으면 현재 우리의 손에 있는 것을 놓치고 맙니다."[137)

즉 이 평화조약은 역사의 흐름과 미국의 대외정책의 결절점으로서 생긴 고유의 역사 논리 구조를 가지고 있었다. 한국 관련 조항도 그랬다. 그런 까닭에 조약문으로서 보다 정확하고 상세한 말을 찾는 것은 오히려 관계국 간의 이해 대립 속에서 평화조약 자체의 성립을 위태롭게 하는 처사였다. 표면적으로는 애매하기만 보이는 이 공백은 오직 논리적인 추구를 통해서만이 그 의미가 나타나는 그런 역사논리를 내포하고 있었던 것이다.

이닝이 말하는 의미는 중대할 것이다. 그것은 반공을 국시로 한 대한민국이 같은 반공의 논리로 인하여 작성된 평화조약을 통해서 일본과의 과거청산을 가능하게 하는 토대가 마련될 것을 기대함은 근본적으로 어불성설이었다는 것을 뜻한다. 미국의 주도하에서 만들어진 평화조약의 반공 논리는 그 대일 포섭의 본성으로 인하여 일본의 책임 규정에 따른 한국과의 과거를 청산시키는 그런 가능성을 차단하지 않을 수가 없었던 것이다. 따라서 한일 간의 청산 문제에 있어서 평화조약의 한국 관련 조항의 내용을 문제로 삼아 그에 청산 소멸의 원인을 찾으려고 하는 시각들은 문제의 표면만을 본 지적이라고 해야 하겠다.

문제의 핵심은 반공의 논리로 인해 탄생한 대한민국이 당시 국제정치의 여러 조건하에서 반공의 논리를 가지고서는 일본과의 과거청산을 이룰 수 있는 아무런 논리적 기반을 갖추지 못했다는 역설에 있었던 것이다.

결국 한일회담은 세 번째 가능조건인 대일평화조약에서의 청산 규정에 관해서도 그 가능성을 원천적으로 결여시킨 채 진행되어야만 했던 그런 회담이었던 것이다.

---

137) 外交記録公開文書, op.cit., B'4.1.1.20, 77쪽.

중간 결론
가능조건 결여의 귀결

이상 한일회담이라는 특정한 틀 안에서 과거청산이 이루어지기 위하여 필요한 세 가지 가능조건에 관해 논해 왔다. 이상의 분석이 한일 간의 과거청산을 둘러싼 한일회담의 속성에 대해 가져다줄 논리적인 귀결은 무엇인가? 이하에서는 3부의 분석 시각을 부각시키기 위해서도 2부에서 진행한 각 조건들의 핵심적인 내용을 다시 정리하여 그것이 가리키는 과거청산에 대한 한일회담의 속성을 간결하게 밝히고자 한다.

우선 첫 번째 가능조건인 한국 정부의 과거청산에 관한 국민적 합의 도출 능력의 결여에 관하여 다음의 사항들을 논하였다. 즉 그 원인은 이승만, 장면, 박정희라는 각 개별적 정권의 속성이나 그 통치 내용 등의 우연한 사실들에 있는 것이 아니라 자력으로 독립을 쟁취하지 못한 것에서 연유한 국민통합 메커니즘의 구조적 기능부전에 있었다. 즉 대한민국의 건국 과정의 논리로 인하여 '반공이 친일의 눈가림'으로 또 '항일이 친북, 용공의 속임수'로 되어 버린 한국 사회는 신 국가 건설에 있어서 필요한 정권에 대한 국민통합의 기축을 상실하지 않을 수가 없었다. 이런 심각한 불신의 구조가 낳지 않을 수가 없는 거센 정치적 대립은 결국 독재적 권위주의 체제를 한국 사회에 심어주었다. 50년대 이후 한국 사회에서는 '친일의 눈가림'에 더해서 반공 논리가 '독재권력 유지의 구실'로 변해갔다. 그러나 한편 현실화된 국가안보 위협과 경제적 궁핍이라는 제약 조건은 항일 논리를 '친북, 용공의 속임수'로부터 '국가안보와 경제 건설의 걸림돌'로 확장시켜 나갔다. 한국 사회는 한층 더 국민통합의 메커니즘을 상실한 것이었다.

한국 정부는 이런 반공에도 항일에도 국민통합의 메커니즘을 찾지 못하는 구조

속에서 '국가수호 과제'라는 절실한 요구 아래 한일회담을 추진해야만 하는 입장에 놓이게 된 셈이었다. 그러나 건국 과정에 있어서 반공논리가 친일논리와 연결되며 더욱이 그것이 권위주의 통치로 이어간 한국 정치의 이력은 한일회담을 추진하는 주체로서의 한국 정부에 대해 그 국민적 신뢰를 떨어뜨리지 않을 수가 없었다. '국가 수호 과제'라는 주권국가로서의 가장 기초적인 선택이 친일 전력 숨기기나 독재정치 의 수호와 연결되어 버린 한국에서는 대일 과거청산 과제에 관해서 국민적 합의를 도출할 수 있는 능력을 한국 정부에 줄 가능성을 원천 봉쇄하지 않을 수가 없었던 것이다. 이 의미에서 한일회담에서 과거를 청산하는 데 필요한 첫 번째 가능조건은 성립될 여지가 없었다고 해야 하겠다.

가능조건의 두 번째는 일본 측 과거반성 의식의 문제였다. 이것은 한일회담이 진승 - 패진국이리는 비대킹퍼 여학 관게로서가 아니라 대등한 주권국가 가의 국교정 상화 교섭으로 진행되게 된 데서 태어나는 불가피한 조건이었다. 이에 관해서는 선행 연구들도 현실적으로 집권한 일본 보수층의 뉘우침 없는 자세나 그에 기초한 정책들 에 대해서 주목해 왔다. 한일회담의 성격, 추진내용, 그 결과 등이 일본 측 사고나 이해관계와 밀접하게 얽히게 된 이상 일차적으로는 일본 집권층의 사고가 문제시됨 은 어찌 보면 당연한 것이기도 했다.

이에 대해 이 책이 문제로 삼았던 것은 그런 한일회담에서의 과거청산 과제 소멸에 준 일본 보수층의 영향은 그런 무반성적 보수층의 집권이라는 우연성만의 문제가 아니라는 점이었다. 즉 전후 일본에서 식민지 지배를 반성하게 되는 논리에는 한일회 담 자체에 반대하는 논리를 동시에 내포하고 있었으므로 과거를 반성하는 세력들과 손을 잡고 한일회담을 추진할 수 있는 가능성은 원천적으로 차단되어 있었다. 따라서 한일회담에서는 일본 측의 과거반성 인식과 그에 기초한 대응 위에 그 교섭이 성사될 가능성은 애당초부터 구조적으로 봉쇄당하고 있었던 것이다. 이 의미에서 한일회담 에서의 과거청산에 필요한 두 번째 가능조건 역시 충족될 가능성은 전무했다고 말할 수 있다.

가능조건에 관한 마지막 세 번째 조건은 대일평화조약에서의 과거청산 규정의 문제였다. 한일회담의 법적 근거가 대일평화조약에 의하여 주어진 이상 동 조약 한국 관련 조항들의 내용이 한일회담의 귀추를 좌우하는 데 중요한 조건의 하나가 됨은 당연한 결과였다. 하지만 이 조건에 관해서도 본 연구는 동 조약 중의 한국 관련 조항의 문제점이 단지 결과로서 나타난 미흡함이라는 우연성에 있는 것이 아니라 미국의 극동 관여의 '과거', 2차 대전 처리의 성격, 전후의 극동정세 및 그에 따른 미국의 극동 정책의 변화, 그리고 그에 차지하는 일본과 한국의 지위 등이 복잡하게 얽힌 논리적 결과였다는 것을 밝혔다. 그 결과 나타난 것이 한일 간에서 청산 처리를 진행하는 데 어려움을 준 제2조(a), 제4조(a, b)의 '공백' 논리였다. 이 공백으로 인해 그 후 한일 간 교섭에 있어서 한국 측은 일본의 한반도 지배의 성격 규정과 그 책임 추궁, 그에 기초한 보상의 실현, 또 그것을 실행하는 한국 정부의 대표권 행사의 기반을 실질적으로 잃게 되었다. 다시 말하면 반공을 국시로 한 대한민국은 역설적으로 같은 반공의 논리로 인하여 생긴 대일평화조약에 대해 과거청산을 이루어내는 데 필요한 청산 규정을 기대하는 것은 근본적으로 불가능했다는 것이었다. 따라서 세 번째 가능조건 역시 성립되는 속성을 갖고 있지 않았다고 봐야 한다.

따라서 한일회담은 과거청산에 필요한 세 가지 가능조건들을 모두 다 충족하지 못하는 속성 아래 진행되어야만 했다. 이것이 가져다줄 논리적 결과는 무엇인가? 그 결과가 의미하는 바는 이미 [표 2]에서 정리했듯이 한일회담은 현실적으로 Ⅷ의 경우에 해당했다는 것이다. 따라서 [표 2]가 가리키듯 Ⅷ의 상황하에서 진행된 한일회담에서는 과거청산 문제에 관해 한국 정부가 취할 수 있는 두 가지 선택의 결과는 거의 비슷했다고 예상할 수 있다.

즉 경우 Ⅷ의 조건하에서 한국 정부가 국민감정 등을 의식해 과거청산 문제에 대해 원칙적인 대응을 취하는 것은 한일회담 자체의 성사 실패를 가져와 청산 과제 자체의 불성립을 자초할 것을 뜻했다. 역으로 그 이유가 무엇이든 간에 청산 문제에 대해 타협적으로 나설 경우 이번에는 한일회담 자체는 성사될 전망이 컸으나 청산 문제에 관한 내용면에서는 청산 과제가 실현될 가능성은 거의 전무했다.

따라서 이상의 분석 결과가 가리키는 것은 누가 집권하든 간에 과거청산 과제에 관하여 한국 정부에게 남겨진 선택은 과거청산을 실현시킬 것인가 아니면 포기할 것인가의 문제가 아니었다. 그것은 정확하게 말해서 과거청산에 원칙적인 태도를 취함으로써 회담 결렬로 인한 청산의 불성립을 택할 것인가(물론 이 경우 논리적으로는 장래 청산을 이룰 가능성은 남는다), 아니면 그 내용면에 있어서 지극히 미흡한 결과 밖에 도출하지 못하는 타협적인 전략을 통해서 회담 성사를 이루어냄으로써 사실상 과거청산의 기회를 영원히 소멸시킬 것인가의 선택이었다. 이런 조건 가운데 한일회담을 성사시켜야 할 힘이 강하게 작용할 경우는 그 내용과 상관없이 그 영향은 모두 다 영원한 과거청산의 소멸을 뜻하는 후자의 선택을 요구하지 않을 수가 없었다.

3부에서 상세히 고찰하겠지만, 한일회담은 14년에 걸친 기나긴 교섭 끝에 후자의 결과로 끝났다. 그리고 한일회담 성사에 강하게 작용한 현실적인 힘은 결국 선행연구들도 주목해 온 '국가수호 과제'였다.

그러나 한일회담에서의 과거청산 소멸을 단지 그런 '국가수호 과제'만으로 설명하려는 것은 치밀한 분석이 되지 못함은 물론이다. 그런 한일회담 성사의 외생적 요구인 가능조건들의 불성립이 한일회담의 구체적인 교섭내용이나 그 결과까지 하나하나 결정하는 것이 아니기 때문이다.

따라서 비록 과거청산의 논리적 가능성이 거의 희박했던 Ⅷ의 경우에 해당하는 한일회담에서도 왜 과거청산 과제가 소멸해나갔는가를 구체적으로 밝히기 위해서는 14년이라는 한일회담 자체의 교섭과정의 분석이 절대적으로 필요한 것은 의심의 여지가 없다.

이하 3부에서는 공개된 회담 공식문서를 중심으로 하여 2장에서 정리한 다섯 가지 내용조건들을 잣대로 한일회담에서의 과거청산 소멸 과정을 구체적으로 밝혀나가고자 한다.

3부

내용조건의 분석

6장
이승만 집권기의 교섭과정

한일 간의 과거청산에 대한 내용조건의 분석에 들어갈 이 3부에서는 한일회담에 관여한 역대정권, 즉 이승만, 장면, 박정희 정권하의 교섭내용을 시계열적으로 살펴나간다.

우선 이 장에서는 이승만 집권기의 회담교섭을 분석한다. 표면적으로 대일강경 노선으로서 알려진 이승만 집권기에는 한일회담의 실질적인 진전 및 타결이 이루어지지 않았으므로 특히 박정희 정권 이후의 교섭과정과 비교해서 이승만 집권기 교섭을 심층적으로 분석한 선행연구는 그리 많지 않은 상황이다.[1]

그러나 비록 이 시기의 회담성과가 60년대 이후의 본격적 교섭의 진전과 비교해서 떨어지는 점이 있다고 해도, 이것이 한일회담을 이해하는 데 이 시기의 중요성이 덜하다는 것을 뜻하지는 않는다. 사실 이하에서 고찰하듯이 그 후 장면, 박정희 시대로 이어갈 한일회담의 흐름에 있어서 그 회담의 의제 구성, 대일교섭 내용, 교섭 전략 등 이 회담의 뼈대는 틀림없이 이승만 집권기에 만들어진 것이라고 평가할 수 있다. 따라서 이 장에서는 이들 한일회담의 기초를 닦은 이승만 집권기의 교섭 내용을 상세히 살핌으로써 한일회담에서의 과거청산 소멸에 차지하는 이 시기의 위치를 논하고자 한다.

---

1) 이런 가운데 이승만 집권기의 한일회담을 다룬 연구로서는 박진희의 연구가 가장 돋보인다. 박진희, 『한일회담 제1공화국의 對日 정책과 한일회담 전개과정』(선인, 2008).

1. 한일회담 개시 전의 움직임

1) 한국 정부의 과거청산 구상

대일청산 작업의 맹아는 아직 대한민국 정부가 출범하기 전인 47년 무렵 시작되었다. 5장에서 언급한 바와 같이 47년은 미국의 대일정책의 틀이 대일강경정책으로부터 대일포섭정책으로 변화하기 시작한 시기였다. 그에 따라 미국의 대일강화로의 움직임이 구체화되기 시작한 무렵인 만큼 이 시기 한국 측이 신속한 대응의 필요성을 느꼈을 것임은 쉽게 상상할 수 있는 일이다. 우선 중요시해야 하는 것은 그런 신속한 대일청산 처리로의 대응은 당초 2차 대전에 관련된 대일배상문제로서 시작되었다는 점이다.

47년 8월 과도정부는 '대일배상문제 대책위원회'를 설치, 9월에는 조선은행이 중심으로 되고 9월 30일자로 『조선은행의 대일채권일람표(남조선)』를 작성했다.[2] 또 48년 1월 7일에는 『일본 정부에 대한 체신부의 청구』가 남한과도정부 체신부에 의하여 작성되며 체신부 고문에 부쳐졌다. 여기에는 체신부 관련 요구액이 전 31항에 걸쳐서 각 수치가 조사되며 그 총계는 22억 7354만 6158엔 62전(錢)으로 산출되는 등 조사의 진행을 엿볼 수 있는 내용이 담겨지고 있다.[3] 이것은 후에 정식으로 작성된 『대일배상요구조서』 2부 '확정채권' 중 '체신관계특별계정'의 기초 부분에 해당하는 부분으로 풀이된다.

이 문서 속에서 주목되는 것은 남북 분단이 기정사실화 되어가는 정세를 맞아 배상 청구에 관해 한반도 전체의 총합적 요구가 가능한지, 또 그것이 불가능할 경우는 2/3를 남한 측에 귀속시킬 것을 요구하는 등 분단에 따른 배상처리 문제가 부각되어 있었던 점이다. 실제 이에 관해 당시 과도정부는 남한이 전체 배상을 요구하지 못할 경우 2/3의 귀속 청구를 하는 것이 한국 관리의 약산(略算)임을 밝히고 있다.[4] 이것은 후술하듯이 한일회담이 본격적으로 시작되고 나서 남북한 대립의 격화에 따라 이북 지역

---

2) 太田修, op.cit., 40쪽.
3) 『제4차 한일회담(1958.4.15~60.4.19) 청구권관계자료, 1958』, 675~706쪽.
4) ibid., 678쪽.

[표 3] 『대일배상요구조서』에 의한 대일배상요구 항목

1부	현물반환요구의 부 - 지금(地金) 249,633,198.61g, 지은(地銀) 89,112,205.12g - 서적, 미술품, 골동품 - 선박 - 지도 - 기타
2부	확정채권의 부: 17,429,362,305엔 및 4,000,000(上海)불 - 일계 통화: 1,514,134,098엔 - 일계 유가증권: 7,435,103,942엔 - 불화(上海): 4,000,000불 - 보험금, 은급, 기타 미수금: 6,436,617,521엔 - 체신관계특별계정: 2,043,506,744엔
3부	중일전쟁 및 태평양전쟁에 기인한 인적, 물적 피해: 12,122,732,561엔 - 인적 피해: 565,125,241엔 - 물적 피해: 11,326,022,105엔 - 8·15 전후 일 관리 부정행위에 의한 손해: 231,585,215엔
4부	일 정부의 저가 수탈에 의한 손해 - 강제 공출에 의한 손해: 1,848,880,437엔
합계	31,400,975,303엔＋4,000,000 (上海)불

의 청구권을 일괄 남함에 귀속시키려고 했던 한국 정부의 자세를 고려할 때 아직 1/3
을 그 배상액으로서 이북 지역으로 이양할 것을 허용할 의사를 가지고 있었다는 점은
흥미로운 사실이라고 지적할 수 있다.[5]

　이들 대일배상을 위한 준비의 성과는 1949년 9월 4부로 나누어진 『대일배상요구
조서』로서 나타났다. 이 문서에 관해서는 이미 주된 선행연구들이 다루어왔으므로[6]
중복을 피하는 의미에서도 이하의 분석 전개에 필요한 최소한의 부분만 기술한다면
[표 3]과 같다.[7]

　[표 3]에 나타난 바와 같이 1949년 9월 1일 당시 『대일배상요구조서』가 요구한

---

5) 기타 주목할 만한 것은 배상요구의 날짜를 10월 31일까지로 할 것을 제안하고 있는 점이다. 다만 그
이유로서는 "종전 후 일인관리의 불법 취급한 수자를 포함할 뿐만 아니라 미인들이 그 상태를 알게 된
때"라고만 기술되고 있으므로 분명하지 않다. ibid., 677쪽.

6) 이원덕, op.cit., 25쪽; 高崎宗司, op.cit., 13~14쪽; 太田修, op.cit.51~56쪽; 吉澤文寿, op.cit., 31쪽.

7) 『제4차 한일회담(1958.4.15~60.4.19) 청구권관계자료, 1958』, 601~609쪽에서 인용. 다만 제1부
현물반환요구의 부 중 지금, 지은의 수치는 없으므로 선행연구에서 재인용했다. 또 동 자료는 공식문서에
서는 "체신관계 대일확정채권상황자료(遞信關係 對日確定債權償還資料)"로 수록되어 있다.

총액은 314억 97만 5303엔＋400만 (上海)불이었다. 이에 제1부인 지금(地金, 약 3억 817만 불), 지은(地銀, 약 223만 불) 부분을 가한 총액을 이후 한일회담에서의 한국 측 요구의 기준이 되던 1945년 8월 15일 당시의 환율, 1불＝15엔으로[8] 환산한다면 그 총액은 미불로 약 24억 780만 불가량이 된다.[9]

이 금액에 관해서 또 하나 짚어 넘어가야 하는 것은 동 금액과 상술한 군정령 33호에 의한 재한일본인 재산의 몰수와 1948년 9월의 한미협정에 의한 그들 재산의 대한민국으로의 이양 부분과의 관계다. 공식문서에서는 그 관계에 대한 한국 정부의 시각을 드러낸 자료는 발견하지 못한다. 그러나 전반기 한일회담을 주도한 김용식은 아직 한국의 대일평화조약 참가가 기대되던 1950년 1월 무렵 연합국에 의한 대일배상요구 포기의 보도에 초조한 주일대표부가 연합국최고사령관(Supreme Commander of Allied Powers: 이하 SCAP)에 시한을 보내고 그 속에서 한국의 대일배상 요구 권리와 이양된 재한일본인 재산 취득은 별개의 문제라고 주장했음을 회고하고 있다.[10] 따라서 이 김용식의 증언을 바탕으로 한다면 당초 한국 측은 재한일본인 재산의 취득 부분 이외에 따로 위의 『대일배상요구조서』에서 나온 24억 780만 불가량을 요구할 방침이었음을 짐작할 수 있다.

그런 금액 문제와 동시에 이후의 교섭과정을 분석하는 데 중요한 것은 이들 배상청구에 대한 한국 정부의 당시의 인식이다. 한국 정부는 동 『조서』 서문 "대일배상요구의 근거와 요강"에서 배상청구에 관해 이하와 같은 골자의 정당성 논리를 펴내고 있다.[11]

---

8) 이 사실은 1959년 1월 29일 작성된 훈령, "우리 입장"(our position) 속에서 계산 환율이 15대 1로 명시되어 있다. 『제4차 한일회담, 교섭 및 훈령 1958-60』, 137쪽. 다만 동 훈령에서는 그 벽두 손수로 "not adopted"라는 기입이 있으며(같은 문서, 132쪽) 이 "채용 안 된다"는 표기가 무엇을 의미하는 것인지는 불투명하다. 그러나 동 환율은 이승만 집권기 이후의 문서에도 나타나고 있으므로 동 환율이 한국 측 요우였음은 틀림없다.

9) 지금, 지은의 가격에 관해서는 佐々木隆爾, op.cit.(1994), 201쪽에 의거하여 지금 1g당 1.2345불 (1940년부터 1965년까지 안정), 지은 1g당 0.0251불(1940년 당시)을 사용했다. 또 상하이불은 그대로 미불로서 계산했다. 또 太田修, op.cit., 57쪽도 같은 가격을 이용해서 계산하고 있으나 저자의 계산 결과와 약간의 오차가 있다.

10) 김용식, 『새벽의 약속』(김영사, 1993), 83쪽.

11) 『제4차 한일회담(1958.4.15~60.4.19) 청구권관계자료, 1958』, 601~607쪽.

- 1910년부터 45년 8월 15일까지의 일본의 한국 지배는 한국 국민의 자유의사에 반한 일본 단독의 강제적 행위
- 한국 및 한국인은 일본에 대한 여하한 국가보다 최대의 희생을 당한 피해지
- 일본인 지배의 비인도성과 비합법성은 카이로선언이나 포츠담선언에 의하여 전 세계에 선포된 사실
- 한국의 대일배상청구의 당위성은 포츠담선언과 연합국의 일본 관리정책 및 폴리배상사절단 보고에 명시되듯이 명백함
- 다만 대일배상청구의 기본 정신은 일본을 징벌하기 위한 보복이 아니라 회복을 위한 공정한 권리의 이성적 요구에 있음

이상이 한국 정부가 대일배상요구에 대해 드러낸 기본인식이었다. 대일평화조약 전의 한국 정부의 움직임을 문제로 한 선행연구들 역시 이런 한국 측 인식에 주목하고 있다. 그리고 그런 선행연구들 속에는 동 인식이 일본에 대한 식민지 지배의 청산을 요구한 것이라는 해석을 펴는 것도 있다.[12] 그러나 과거청산의 소멸이라는 문제의식을 가진 본 연구가 오히려 주목해야 하는 것은 상술한 각 항목별 요구 중의 2부와 3부에 관한 설명이다.

한국 정부는 2부에 관해서 "전쟁의 승부와는 하등 관련이 없는 단순한 기성채권채무관계이며 따라서 배상 문제와는 본질적으로 아무 관련이 없는 것이고 우리가 절대로 관철해야 할 요구이며 권리"[13]임을 강조하고 있다. 역으로 말한다면 위 설명은 한국 정부가 배상을 '전쟁의 승부' 관련이라는 시각으로만 바라보고 있다는 점,[14] 그리고 표면상 '배상'을 강조하면서도 그런 배상과 상관없는 채권 - 채무관계 요구를 반드시 관철시켜야 할 최후의 방위선으로 간주하고 있었다는 점들을 가리키고 있다. 또 제3부에 관해서 한국 정부는 이하와 같이 기술하고 있다.

우리는 을사조약의 무효성을 국제법적으로 변명할 수도 있고 또는 '카이로', '포츠담'의

---

12) 太田修, op.cit., 59쪽.
13) 『제4차 한일회담(1958.4.15~60.4.19) 청구권관계자료, 1958』, 603~604쪽.
14) 이 점에 관해서는 이 『대일배상요구조서』에 관여한 유진오가 "우리가 생각하던 '배상'은 물론 국제법상의 '전쟁배상'이었다"고 증언하고 있다. 兪鎭午, op.cit.(1966.2), 93쪽.

양 선언의 진의를 천명하여 한국에 대한 일본의 과거 36년간의 지배를 비합법적 통치로 낙인하는 동시에 그간에 피해 입은 팽대하고도 무한한 손실에 대하여 배상을 요구할 수도 있다. 그러나 우리의 대일배상요구 기본정신에 비추어 차(此)는 자(玆)에 전혀 불문에 붙이는 바이다. 다만 중일전쟁 및 태평양전쟁 기간 중에 한하여 직접 전쟁으로 인하여 우리가 받은 인적·물적 피해만을 조사하여 자(玆)에 그 배상을 강력히 요구하는 바다.[15]

즉 한국 정부는 불법적인 식민지 지배전체에 대한 배상 수취의 가능성을 지적하면서도 자주적으로 그것을 포기하며 배상의 핵심이라고 생각되는 인적, 물적 피해에 관해서는 당초부터 그 배상요구의 범위를 중일전쟁 및 태평양전쟁 이후의 피해에만 한정하려 한 것이었다. 다시 말하면 1910년에 정식으로 시작된 한일 간의 특수한 관계 중 그 청구내상은 딩초부디 1937년 이후의 전쟁 관련 부분만이었던 것이다. 이 사실은 한국 정부가 교섭이 시작될 당초부터 일본의 식민지 지배에 대해서 포괄적으로 그 책임을 추궁할 자세를 가지고 있지 않았음을 뜻한다.[16]

그러면 한국 정부가 식민지 관계 전체에 대한 책임을 추궁하려 하지 않았던 것은 위의 3부에 대한 설명에 있듯이 불법적인 한국 지배에 대한 배상 수취를 자주적으로 포기한다는 '기본정신'으로 인한 것이었을까?

우선 이 문제를 생각하는 데 주목해야 할 것은 그런 '기본정신'에도 불구하고 3부 외에는 그 시기를 한정하지 않은 점이다. 즉 시기를 한정할 필요가 없는 부분에 관해서는 그 '기본정신'에도 불구하고, 청구 범위를 중일전쟁 이후로 한정할 생각은 없었던 것이다. 이것을 거꾸로 생각하면 3부에 관해서는 그 시기를 한정해야 할 다른 이유가 있었음을 짐작하게 한다.

이것을 생각하기 위해서는 2부의 설명에 있었듯이 한국 정부가 배상을 '전쟁의 승부'와 연결시켜 배상을 교전국가 간의 승패에 따른 것이라고 인식하고 있었던 점에

---

15) 『제4차 한일회담(1958.4.15~60.4.19) 청구권관계자료, 1958』, 604쪽.
16) 대일평화조약 전의 한국 정부의 배상요구 작성과정 등을 다룬 선행연구에서는 평화조약 전의 한국 정부의 대일 책임 추궁의 자세를 적극적인 것으로 보는 경향이 강하나 당초부터 소극적인 것으로 보는 시각으로서는 다음 논문이 있다. 佐々木隆爾, op.cit.(1993), 120~136쪽.

유의해야 한다. 다시 말해 배상을 '전쟁의 승부'와 관련된 것이라고 인식한다는 것은 전쟁 발발 이전에 시작된 식민지 관계는 일차적으로 배상요구의 대상이 될 수 있는 문제가 아니라고 인식하고 있었음을 가리킨다.

이상과 같이 한국 정부가 일찍이 한일 간의 특수한 관계에서 연유하는 보상 부분을 축소시켜 전쟁 발발에 따르는 부분에만 배상의 핵심을 둔 것은 결국 위에서 본 바와 같이 배상을 전쟁 관련의 처리로 인식한 결과임이 분명하다. 그리고 그것은 결국 이 배상 수취의 가능성이 미국의 대일배상정책의 움직임과 연동해서 전개될 수밖에 없는 제약 아래 있었기 때문임은 의심의 여지가 없다. 5장에서 상세히 논했다시피 한국이 배상을 수취할 가능성은 미국 주도하에 이루어진 대일평화조약의 논리로 인해 좌우되는 일이었다. 그 대일평화조약은 일본과 연합국 간의 2차 대전 처리를 기본적으로 다루는 것이어서 원래 그 이전의 문제를 다루어야 하는 성격의 조약이 아니었다. 더구나 과거 일본의 한국 지배를 승인한 역사를 가진 미국이 대일중시정책에 기초하여 주도한 평화조약에서 식민지 관계의 불법성을 굳이 규정해야 할 논리적 가능성은 없었다.

따라서 이들 조건하에서 대일보상문제에 관해 평화조약 서명국 참가에만 기대를 걸어야 했던 당시의 한국 정부가 대일전쟁의 주역으로서 전후 처리에 관해 큰 발언권을 가진 입장이 아닌 이상, 1910년 이후의 한일 간의 특수한 관계 전체를 전후 처리의 문제로서 다룰 것을 요구하는 것은 불가능했다. 실제 미국에게 서명국 참가를 끈질기게 요구하던 한국 정부 역시 일본의 한국 지배의 불법성을 평화조약에 규정할 것을 요구한 사실은 지금까지 확인되지 않고 있다. 또한 5장에서 언급했다시피 한국의 서명국 참가의 가능성은 일본에 대한 막대한 배상요구 포기와 연동되는 구조하에 묶여 있었다.

이들 상황을 종합적으로 생각하면, 한국 측이 당초부터 배상 요구를 식민지 관계에 기초한 것으로서 요구하지 않았던 것은 한국 정부가 말한 '기본정신'으로 인한 것이라기보다 동 문제를 다룰 한국 정부의 능력을 초월한 구조적 결과였다고 보는 것이 타당할 것이다.

바꿔 말한다면 가령 그 후의 교섭에 있어서 대일배상청구가 가능했다고 하더라도 일본과의 과거청산은 이미 이 시점에서 35년에 걸친 특수한 관계 중 해방 전 8년의 시기에 일어난 일들로만 한정될 수밖에 없었던 셈이다.

2) 주일대표부의 건의

한국 정부의 식민지 관계 청산을 둘러싼 자세의 소극성에 관해서는 한일회담 개시 전에 존재하던 주목할 만한 또 하나의 움직임을 통해서 확인 가능하다. 그 움직임이라고 함은 대일교섭의 창구이던 주일대표부가 연구한 병합조약의 하자론으로 인한 한일교섭의 구상과 그 본국 건의였다.

주일대표부는 1950년 10월 『대일강화조약에 관한 기본태도와 그 법적 근거』(이하 『주일대표부안』)를 자성, 본국에 상정하고 있다.[17] "주야겸행(晝夜兼行)으로 연구한 결정"으로서 작성되며 "대일배상문제에 관한 본국에 청훈을 대신하는 의미"[18]도 포함하는 이 작은 책자는 1차, 2차 대전에 관한 각 나라의 배상 처리의 선례 등을 조사함으로써 한국의 대일배상요구의 영역을 정하는 보고서라고 판단할 수 있다.[19] 그런 가운데 무엇보다 주목해야 할 것은 이 책자가 상기한 『대일배상요구조서』와 호응하여 그 배상 요구의 근거를 한일병합조약 자체의 법적무효론에 두었다는 점이었다. 즉 위 1949년 9월의 『조서』에서 본국이 대일배상요구를 1937년 이후의 시기로 한정하려 한 방침과 달리 한국 측 내부에서는 일부나마 배상의 논리를 식민지 관계의 불법성에 기초할 수 있도록 그 법적 검토의 노력이 계속되었다는 점이 무엇보다 눈길을 끈다.

"한일병합조약은 무효다"[20]라고 결론을 지은 동 문서는 그 법적 근거로서 강제로

---

17) 동 문서는 『한일회담 예비회담(1951.10.20~12.4) 자료집, 대일강화조약에 관한 기본태도와 그 법적 근거, 1950』으로 편집되어 있다. 다만 동 문서에는 1951년 1월 25일자로 부가된 동 문서에 관한 설명이 추가되고 있다. 12~14쪽.

18) ibid., 15쪽.

19) 다만 동 문서는 인쇄 상황이 극히 좋지 않음으로 인해 판독 불가능한 부분이 많아 이하 본론에서 필요에 따라 저자가 가필, 수정했다.

20) 『한일회담 예비회담(1951.10.20~12.4) 자료집, 대일강화조약에 관한 기본태도와 그 법적 근거, 1950』, 16쪽.

체결된 조약은 무효라는 보편적 기준[21]을 내세웠다. 다만 강제력만 가지고 조약의 하자로 간주할 경우 전쟁 처리에 관한 평화조약처럼 전승국에 의한 패전국에 대한 일종의 '강제성'까지 조약 하자의 원인이 되기 때문에 대일평화조약에 들어갈 한국의 독립조항 자체를 자칫하면 부정하는 셈이 될 수도 있었다.

따라서 주일대표부는 강제성의 적용범위에 논리적 차이를 매겨 당사국 전체에 대한 강제를 의미하는 평화조약 등과 조약 체결 당사자 자신에 대해 강제력이 행사된 조약의 차이에 조약 성립 여부의 이론적 근거를 두었다. 즉 조약이라 함은 당사자 간의 자유의사의 합치를 말하나 통설에서는 조약 당사자에 대한 강제·협박은 그 조약 자체를 무효로 하는 것이며 동 대표부는 그 하자의 근거로서 국제사법재판소 규정 제38조, 국제연맹규약 제10조 등을 들었다.[22] 이어 주일대표부는 이들 견해는 평화조약이 아니라 병합조약에서 명확히 설명할 수 있다고 주장하고 그 설명을 위하여 이하와 같은 논리를 꾸몄다.

가령 병합조약이 전쟁을 전제로 할 경우 평화조약과 달리 병합조약은 국가 소멸을 초래하는 무력 점령의 계속인 고로 이 강제는 평화조약처럼 전쟁의 종결 수단이나 배상, 장래의 침략에 대한 보상을 요구하는 강제가 아니며 따라서 그 조약에 가한 강제는 상대적이 아니라 절대적인 점이 형평법상 무효로 된다. 한편 가령 전쟁을 전제로 하지 않는 경우도 점진적으로 일 국가의 외교·사법 경찰권을 무력으로 박탈한 후에 국가 전체를 무력으로 점령하고 국가기관을 협박하여 체결한 것이므로 그런 강제성은 그 조약을 무효로 한다.

즉 "체결 당사자에 강제를 가하여 체결되었을 때는 물론 무효이나 전쟁과 같이 쌍방이 강제의 연장이 아닌, 즉 원인 없는 강제는 그것이 국가 전체에 가함으로써 체결되었을 때도 그 조약은 무효라 논정한다"[23]는 것이 주일대표부가 꾸민 이론적 핵심이었다.

---

21) 동 기준이 조문화된 것은 1969년의 "조약법에 관한 빈조약"에서의 일이나 은노(海野福寿)는 당시의 몇 가지 학실을 인용해서 1905년 을사보호조약 체결 당시 이미 동 기준은 국제법상 정착되어 있었다고 주장하고 있다. 海野福寿, op.cit., 234~235쪽.

22) 국제사법재판소 규정 제38조는 분쟁해결 원칙을 국제 관습, 법의 일반 원칙에 삼는 것을 규정한 조항이며 국제연맹규약 제10조는 가맹국의 영토 보전 및 정치적 독립을 정한 조항이다.

23) 『한일회담 예비회담(1951.10.20~12.4) 자료집, 대일강화조약에 관한 기본태도와 그 법적근거,

이어 주일대표부는 병합조약의 무효론을 위 논리를 적용하여 설명하고 있다. 우선 한국의 외교권과 행정권을 정지시킴으로써 사실상 국가 소멸을 뜻한 1905년 11월의 한일협약은 위와 같은 강제성 행사의 구체적 사례로 볼 수 있다. 그 증거기록으로서는 다름이 아닌 일본외교정보 제9권 제5호에 실린 "한일협약과 강제 문제"에서의 아리가(有賀長雄)의 기술이나 또 파리(巴里)법과대학 강사인 레이(Francis Rey)의 1906년의 논문 「한국의 국제법상의 지위」에 나오는 "한일협약은 정신상 육체상 강제를 한국 정부에 가하여 체결된 것"[24]이라는 등의 주장을 들었다.

특히 주일대표부는 1905년의 합일협약은 황제 및 각 대신을 직접 협박하여 기계적으로 서명하게 한 것이라는 사실을 일본 측 인사 아리가가 인정하고 있음을 강조하면서[25] 이 협약 강제성과 그 후 이 협약에 준거한 협약 및 1910년의 한일병합조약은 그 강제성으로 인해 "조약의 성격을 상실한 것 [……] 이것은 일본의 완전한 군사점령의 개시를 외형상 조약체결이란 형식을 취한 것에 불과하다"[26]는 해석을 폈다.

또한 이 강제에 의한 조약 무효의 해석은 1943년 10월 30일 미·영 정부가 1939년 3월 13일[27]의 독일에 의한 오스트리아 강제합병을 무효로 인정하고 있다는 사실, 또한 1943년 카이로선언이 일본국이 구축당할 지역을 "폭력으로 탈취한 지역"으로 규정한 사실 등으로 비추어 "병합조약의 무효론은 법리적 문제에서만 끝이 아니라 현실에 있어 그 무효의 실천이 금차 대전 후 오스트리아나 한국 등에서 실현되었다"[28]고 하여 한국의 독립이 병합조약 무효의 실천적인 결과라고 그 논점을 정리하고 있다.

1950』, 22쪽.

24) ibid., 23쪽.

25) 그러나 은노의 연구에 의하면 아리가는 일본에 의한 한국의 보호국화를 무효로 해석한 레이 설을 비판하여 그 유효성을 지지하는 입장에 있었다. 그는 강제에 관해서 "사정의 강제"와 "육체의 강제"로 나누어 전자의 존재만을 인정하여 후자의 강제성을 부정함으로써 을사보호조약의 유효성을 주장했다고 한다. 海野, op.cit., 237쪽. 따라서 주일대표부의 해석에는 수정 여지가 있을지도 모른다.

26) 『한일회담 예비회담(1951.10.20~12.4) 자료집, 대일강화조약에 관한 기본태도와 그 법적 근거, 1950』, 24쪽.

27) 원문에서는 날짜는 15일로 되어 있으나 독일에 의한 오스트리아 병합은 1938년 3월 13일의 일이므로 저자가 수정, 표기했다.

28) 『한일회담 예비회담(1951.10.20~12.4) 자료집, 대일강화조약에 관한 기본태도와 그 법적 근거, 1950』, 25쪽. 동 인용문에는 나머지 두 개국이 삽입되어 있으나 인쇄가 선명하지 않아 읽기가 불가능하여 인용에서 제외했다.

주일대표부는 이상의 논리구성의 결과로서 "한일병합조약으로서 발생한 그 후의 모든 사태는 1910년 8월 22일에 소급하여 무효"[29]라는 결론을 내렸다.[30] 이와 같이 동『주일대표부안』은 과거처리 문제를 그 일부에 불과한 전쟁 처리에 제한하려던 본국의 사고와 비교하여 그 인식에 관해 보다 근본적이었다고 평가할 수 있다. 사실 예컨대『주일대표부안』에서는 강제적 체결이라는 한일병합의 무효에 기초하여 한일병합을 정상화하려는 의도에서 발생한 모든 구속, 벌금, 체형 등에 대한 배상을 요구하는 등[31] 전쟁배상을 넘는 요구들이 포함되고 있었다.

바로 이들 시각은 90년대 후반 한국의 역사학계가 일본 측에 던진 조약형식하자론에 의거한 한일병합무효론[32]의 선구라 할 수 있으며 또 그런 국제법에 기초한 법적 무효론은 정치역학으로 인한 그 요구의 성사 여부를 떠나 과거청산의 움직임 속에서 당연히 거론되어야 마땅한 이론적 가치를 가지는 것이었다.

그러나 1950년 가을에 나타난 그런 성과가 그 후 구체적인 교섭과정에서 거론된 일은 없었다. 5장에서 고찰했듯이 평화조약이 구체화되어나가는 과정에서 한일병합에 관한 법적 하자로 인해 병합조약이 원천 무효임을 대일평화조약에 규정하도록 한국 정부가 요구한 사실은 없다.[33] 또 이하 고찰하듯이 한일회담 개시 후에도 이러한 주장이 그 논의 과정에서 공식적으로 제기된 일 역시 없다. 이 회담에서 한국 측이 줄곧 요구한 것은 단지 병합조약 등 구조약들이 원천 무효라고 해석할 수 있는 구절의

---

29) ibid.

30) 그러나 동 문서는 조선은행권, 세금, 공채 등 병합 이후 이루어진 국가·사회질서 확립을 위한 기성사실의 유효성까지 부정하거나 그들의 관한 원상복귀를 요구하려 하지는 않았다는 점에는 주의가 필요하다. 물론 그 이유는 이런 통상적인 사회생활에 필수적인 것까지 그 무효를 주장하여 그에 따른 원상복귀를 요구하더라도 그것은 지나치게 비현실적인 요구가 된다는 판단에 따른 것이었음은 확실하다. 사실 동 문서에서 주일대표부가 평화회의에서 한국의 입장을 반영시켜 조약사항으로서 규정할 것을 강조하고 있음을 미루어 볼 때 이런 지나친 비현실적 요구는 그 목적 달성에 오히려 나쁜 영향을 줄 수 있다는 등의 우려가 깔려 있었음을 짐작하게 한다.

31) 『한일회담 예비회담(1951.10.20~12.4) 자료집, 대일강화조약에 관한 기본태도와 그 법적 근거, 1950』, 28쪽.

32) 李泰鎭, 「韓国併合は成立していない 上, 下」, 『世界』 1998年 7月 号, 300~310쪽(上); 동 1998年 8月 号, 185~196쪽(下).

33) 평화조약에 대한 한국 정부의 참가요구 사항을 분석, 정리한 박진희의 연구에서도 병합조약의 원천 무효규정의 요구는 없었던 것으로 판단된다. 박진희, op.cit., 81~82쪽에는 표 형식으로 한국 측 요구사항이 정리되어 있다.

채용뿐이었다. 바꿔 말한다면 원천 무효를 뒷받침할 만한 구조약들의 성격 규정 문제나 그에 따른 청산 요구가 한국 측에 의하여 제기된 일은 한 번도 없었던 것이다.

한국 정부가 『주일대표부안』에 있던 법적 근거에 기초한 조약하자론에 관해 왜 그 후 토의조차 일절 피했는지 명확한 자료적 근거는 없다. 그러나 그 이유가 기본적으로 역시 대일평화조약의 역사 논리에 기인한 것이었음은 틀림없을 것이다. 강조했다시피 대일평화조약 작성이 미국의 주도로 이루어진 이상 아무리 새롭게 법적 논리를 대고 식민지 지배에 관한 불법성을 규정할 것을 요구해도 그것이 받아들여질 가능성은 국제정치의 역학상 원천적으로 없었다고 판단된다. 더 나아가 대일평화조약에서는 병합조약의 법적 근거를 사실상 긍정하는 의미를 지닌 규정이 들어갔다. 즉 평화조약 제2조(a)는 일본에 의한 한국의 독립승인만을 규정했다. 동 조항은 물론 병합조약의 유효를 명기한 것이 아니나 한국의 독립에 관해서 굳이 일본이 그것을 승인한다는 규정을 한 것은 시모노세키(下關)조약에 의하여 합법적으로 일본 영토로 되어 있던 대만 등의 독립에 관해 그 승인을 규정한 동 2조(b)항과 같이 간접적으로나마 병합조약의 합법성을 사실상 뜻한 것과 마찬가지였다.

한국 정부가 대일평화조약 작성 과정에서도 또 한일회담 개시 후에도 조약하자론에 기인한 동 법적 논리를 과거청산을 위한 근거로 내세우지 않았던 것은 결국 위 조건들과 일본 측의 과거 무반성적 태도로 인해 그 주장의 유효성이 떨어질 수밖에 없음을 인식한 결과였다고 말해도 과오는 없을 것이다.

이와 같이 결국 한국은 과거청산을 도모하는 데 있어서 평화조약 서명국 참여로 인한 전승 - 패전국 관계라는 도식에서도, 또 동 병합조약의 법적 하자라는 도식에서도 교섭을 진행할 것이 불가능한 조건하에서 한일회담을 맞게 된 셈이었다. 그 후 14년의 교섭 끝에 나타난 과거청산 없는 한일회담의 결과는 이미 출발부터 예정된 일이었다고 해야 하겠다.

2. 예비회담

1) 한일회담의 계기

　　1951년 10월 20일 SCAP의 중개로 시작된 한일 예비회담[34]은 특수한 과거의 청산이라는 이해와 달리 당초 재일한국인의 국적, 처우 문제 등의 토의를 위하여 시작된 것이었다. 실제 중개 역할을 맡은 SCAP의 시볼드(William J. Sebald) 외교국장은 20일 열린 제1차 본회의에서 행한 벽두 연설 속에서 양국 초대의 원래(original) 목적이 재일한국인의 국적과 법적 지위 문제의 해결에 있었음을 밝히고 있다.[35] 또한 일본 측을 대표해서 연설한 이구치(井口貞夫) 외무차관 역시 그 벽두 인사 속에서 평화조약에서 생긴 문제의 해결 기회라고 함은 재일한국인의 법적 지위 문제를 해결하기 위한 것이라는 생각을 천명하고 있다.[36] 주지하는 바와 같이 그 시기는 평화조약 발효를 6개월 후에 앞두고 그 발효 후 일본 국적의 상실이 예정되어 있었던 재일한국인의 법적 지위 규정과 그에 따른 처우를 결정하는 것이 일본 측에게 초급한 문제로 대두되었다.

　　한편 연합국의 지위 획득에 입각한 대일청산을 생각했던 한국 측은 결국 평화조약 서명국에서 정식으로 제외되면서 독자적인 입장에서 대일교섭을 생각해야 할 오리무중 속에 있었다. 한국 측이 재일한국인의 법적 지위 문제의 해결에 초조해 하던 일본 측 주도의 움직임에 호응한 것은 독자적으로 일본과의 과거처리를 진행할 전망이 어두운 상황하에서 그 의제 확대의 요구가 받아들여졌기 때문이었다. 한국 측은 10월 4일자로 SCAP 측에 서한을 보내고 재일한국인의 법적 지위 문제와 더불어 의제 확대를 요청하고 있었다.[37] 이에 관해 SCAP 측은 일본에 대해 재일한국인의 법적

---

34) 회담의 호칭에 관해서는 한일 간에서 다를 경우가 가끔 있다. 예컨대 일본 측은 이 예비회담을 제1차 회담이라고 부를 경우가 있다. 예컨대 外務省, 「日韓関係に横たわるもの」, 『世界週報』, 第34卷, 第32号(1953), 16쪽 등. 그러나 이 책에서는 이하 한국 측 호칭에 따라 회담 표기를 하도록 한다.

35) 『한일회담 예비회담(1951.10.20~12.4), 본회의회의록, 제1차~10차, 1951』, 136쪽. 동 자료는 인쇄 상태가 나쁘고 제목의 독해가 불가능한 탓에 시볼드의 연설이라는 제목 확인은 하지 못하나 내용상 그것은 확실하다.

36) ibid., 138쪽.

37) 이 서한 자체는 수록되지 않고 있으나 동 내용은 10월 13일자 SCAP 외교국의 주일대표부에 대한

지위에 한정한 의제범위를 확대할 것을 권장, 일본 측이 동 SCAP 중개안을 수락했음을 13일자로 한국 측에 전했다.[38] 이렇게 해서 14년에 걸친 기나긴 한일교섭이 시작된 것이었다.[39]

따라서 한일교섭의 시작은 과거청산을 요구하는 한국 측 주도하에서 이루어진 것이 아니다. 그런 탓인지 이 예비회담에 임할 한국 측 준비상황은 지극히 미흡했다. 대표단 일원으로서 회담에 참가한 유진오는 회담 출발 전에는 대표단 간의 협의는커녕 출발 전날 처음으로 대표단 간의 인사 교환만 했을 뿐 정부 훈령 한마디 없이 일본으로 향했다고 회고하고 있다.[40] 이런 상황 속에서 한국 측이 회담에 임한 이유는 그 유진오가 증언하듯이[41] 평화조약에 규정된 한일 간의 여러 현안들은 일본 측이 일방적으로 내주고 한국 측이 받는 것뿐이라는 판단, 그리고 그것을 받는 데는 일본이 정식으로 독립되기 전에 양국 간에서 여러 문제들을 해결하는 것이 유리하다는 판단이 작용했기 때문이었다. 한국 측은 곧 맞닥뜨릴 일본 측의 역청구권 주장을 예상하지 못했던 것이다.

2) 본회의 토의

이렇게 하여 시작된 한일회담은 한일 간의 특수한 과거를 청산하기 위한 회담이라는 합의 아래에서 개최된 것이 아니었다. 그런 계기로 시작된 한일회담에서 과거의 여러 문제들이 토의되게 된 것은 상술한 바와 같이 SCAP 측 중개로 인하여 한국 측의 의제 확대라는 요청을 일본이 받아들였기 때문이었다. 하지만 이것은 한일회담이 양국 간의 특수한 과거관계를 청산한다는 전제하에서 이 문제들을 토의한다는 점에서 합의가 이루어졌음을 뜻하는 것이 아니다. 10월 20일 열린 제1차 본회의의 양상을 전하는 신문 발표(press release)[42]는 "상호이익을 위한 몇 가지 문제의 해결"을 위하

담장에 나타나고 있다. ibid., 114쪽.

38) ibid.

39) 예비회담에 대한 한, 미, 일의 움직임에 관해서 기타 미국 측 문서를 쓰면서 고찰한 연구에 鄭城和, "第1次 韓日會談과 韓國, 日本, 美國의 外交政策에 관한 考察: 1951~1952", 『日本研究』, vol.1(1990a)이 있다. 특히, 90~94쪽.

40) 兪鎭午, "韓日會談이 열리기까지(下)", 『思想界』 1966년 3월호, 91쪽.

41) 兪鎭午, "韓日會談을 回顧하며", 『時事』 1961년 11월호, 6쪽.

여 회담이 진행되었다는 것만 밝혔을 뿐 그 문제들의 처리가 일본의 한국 지배라는 특수한 과거의 처리를 위한 것인가에 대해서는 아무런 언급도 하지 않았다.

한편 한일회담의 성격을 규정하는 데 무엇보다 주목되는 것이 한국 측 내용이었다. 동 회의를 중개한 시볼드 국장이 "과거 40년간에 걸친 조선에 있어서의 일본의 행동에 대해서 욕하고 이것을 기소라도 하듯"[43] 말했다고 평가한 한국 측 수석대표 양유찬 주미대사의 벽두 연설[44]은 위의 신문 발표가 전하는 바에 따르면 외교 및 통상 관계의 확립의 중요성과 공산침략 등을 위한 한일 간의 협력 촉진을 말했을 뿐, 과거에 관해서는 화해하는(bury the hatchet) 의사만을 전하고 있을 뿐이다. 또 동 연설의 일부를 소개하고 있는 김동조의 회고에서도[45] 동 연설은 일본이 저지른 여러 행동들에 대한 비난을 하면서도 이 회담의 목적이 그들 일본의 행동에 대한 책임 추궁과 그에 대한 청산을 위한 것이 아니라 양국의 화해에 있음을 밝히고 있다.

이 점에 관해서는 무엇보다 양유찬 대사 본인이 훗날 자신이 이끈 한일회담의 목적을 "남한이 이후 싸워야 할 보다 큰 적을 갖고 있으며 우리 자신과 일본과 전 태평양을 방위하기 위하여 우호관계 이상의 한일관계를 수립하기 위한 것"이었다고 증언하고 있다.[46] 즉 한일회담의 목적은 당초부터 특수한 과거의 청산을 위한 것이라기보다 반공을 위한 우호적인 한일관계 수립에 있었던 것이었다.

이 점은 실제 공식기록으로서 확인할 수 있는 제2차 본회의(10월 22일)의 양유찬 수석대표의 강화(講話)가 드러내고 있다. 개인적인 의견이라는 전제를 단 이 강화 속에서 양유찬 수석대표는 과거의 적대심을 버리고 자유세계 국가들에 대한 기여를 위하여 본 회담에 노력하는 것 등에 관하여 이야기했을 뿐이며 과거청산을 위한 노력

---

42) 『한일회담 예비회담(1951.10.20~12.4), 본회의회의록, 제1차~10차, 1951』, 137쪽.
43) W.J. シ―ボルト, op.cit., 249쪽. 이 양유찬의 연설원고는 이승만이 직접 쓴 것으로 보인다. 이것은 예비회담을 돌이켜보며 이승만 대통령이 직접 쓴 개회식 인사만 갖고 임한 회담이었다는 유진오의 증언에 나타나고 있다. 유진오, op.cit.(1966.3), 91쪽. 또 김동조의 회고에도 같은 증언이 있다. 김동조, 『회상 30년 한일회담』(中央日報社, 1986), 22쪽.
44) 시볼드, 이구치 대표의 연설 원고가 첨부되어 있는 것과 대조적으로 공식문서에는 동 연설원고는 "삭제"라는 주석과 함께 수록되지 않고 있다. 그러나 그 이유는 분명하지는 않다. 동 연설에 관해서는 박진희가 당시의 신문 기사를 통해서 일부 소개하고 있다. 박진희, op.cit., 109~110쪽.
45) 김동조, op.cit., 22쪽.
46) 梁裕燦, 好本康雄 訳, 「朝鮮人の抱負」, 『新生アジアとアメリカ外交』(一橋書房, 1956), 114쪽.

[표 4] 예비회담에서의 한일 양국의 의제 제안(1951년 11월 8일)

일본 측 제안[47]	한국 측 제안[48]
·외교재개 ·재일한국인의 국적 확정협의 개시 ·재산 및 청구의 해결을 위한 협의 ·어업협정 ·해저전선 양도 협정 ·통상항해조약 ·기타 문제	·재산청구권(1951년 11월 24일) ·어업(1952년 1월 5일) ·통상항해(1952년 1월 21일) ·ad hoc matter

한국 측 제안 중의 날짜는 각 의제 협의 개시일을 뜻한다.

을 다짐한 것이 아니었다.[49] 물론 이러한 발언의 배경에는 한국전쟁 중이라는 국가비상사태가 작용하고 있었다.

제2차 본회의(10월 22일)부터 제5차 회의(10월 30일)까지 재일한국인의 법적 지위와 선박, 그리고 의제 확대에 관한 토의만 거듭하여 별 진전을 보이지 않았던 예비회담은 제6차 회의를 맞이해서 진전의 기미를 보였다. 의제 확대 제안이 행해진 1951년 11월 8일의 제6차 회의에서 한일 양국이 서로 제기한 제안은 [표 4]와 같은 것이었다.

상기 양국 제안 속에서 주목해야 할 것은 회담 출발 당시부터 한국 측은 청산해야 할 특수한 과거를 규정할 기본관계 문제와 상관없이 개별 문제만을 해결하려고 했다는 점이다. 즉 한국 측은 청구권이나 어업, 통상항해 등 개별적 의제 확대만 요구하고 있을 뿐, 그 처리가 무엇을 위한 것인지에 대한 의제 제안은 당초부터 하지 않았던 것이다. 이후 한일회담에서의 한국 측 기본 전략으로 된 소위 '선 해결 후 국교' 방식은 이 단계에서 그 맹아가 이미 텄던 것이었다. 물론 이 해결방식의 의도에는 "받을 것을 먼저 받고 난 뒤에, 즉 대등하게 되었을 때에 비로소 국교가 정상화되지 않겠느냐, 양국 간의 부당하고 불행한 잔재를 그대로 둔 채 국교를 정상화한다고 해봤자 정상화된 뒤에도 항상 분규가 거듭될 것이 아니냐"[50]는 일견 정당한 문제의식이 깔려 있었음은 부정하는 바가 아니다. 그러나 국교정상화를 규정할 기본관계조약이 청산해야

---

47) 『한일회담 예비회담(1951.10.20~12.4), 본회의회의록, 제1차~10차, 1951』, 181쪽.
48) ibid., 188쪽.
49) ibid., 144쪽.
50) 兪鎭午, op.cit.(1961.11), 6쪽.

할 과거의 원천인 식민지 지배의 불법성 여부를 동시에 가리게 된 한일회담의 교섭방식에서 '선 해결' 방식은 그만큼 한일회담을 청산해야 할 특수한 과거에 관해 아무런 규정 없는 문제처리의 장으로 하는 위험성을 높이지 않을 수가 없었다.

오히려 교섭 개시 당초 그나마 앞으로 이 문제와 직결될 외교재개 문제를 제안한 것은 일본 측이었다. 물론 이 사실은 이후의 일본 측 행동을 봐도 일본이 청산을 위한 과거 규정을 요구한 것을 뜻하지 않는다. 그러나 이후 일본의 이 요구가 결국 기본관계의 토의의 계기가 된 것도 사실이었다. 이에 대해 한국 측은 동 위원회에서 청구권을 가장 앞에 가져온 것은 어업이나 통상은 선례가 있으나 청구권은 선례도 없고 기술적으로 시간이 걸리기 때문이라고만 설명하는 등 당초부터 청구권 중시의 자세만 보였다.[51]

제6차 회의에서는 또 하나 주목해야 할 일이 벌어졌다. 그것은 청구권을 둘러싸고 이후 계속되는 대립구도가 이 시점에서 뚜렷하게 나타났다는 것이다. 일본 측은 제5차 회의(10월 30일)에서 "재산 및 청구권 처리에 관한 협정의 기본요강"과 그에 대한 설명 요지를 제출했었다.[52] 이 일본 측 요강의 내용이야말로 이후 전반기 한일회담 최대의 걸림돌로 된 소위 일본의 한국에 대한 역청구권 주장이었다. 한국 측 기록[53]에 의하면 그 요지는 이하의 같은 것이었다.

- 평화조약 제4조(b)에 관해서 그 승인은 국제법상 적법으로 행해진 재산 처분으로 한정된다.
- 평화조약 제14조, 제16조에 의한 재산처분은 일본이 합의하였으므로 가능하나 제4조(b)에 관한 미군정에 의한 처분은 합의하지 않았다.
- 점령군으로서 미군이 가진 처분권을 교전국도 점령국도 아닌 한국으로 이양한 것은

---

51) 『한일회담 예비회담(1951.10.20~12.4), 본회의회의록, 제1차~10차, 1951』, 182쪽.
52) 이 사실은 제5차 회의 경과보고에는 없으며 제6차 회의 기록 중의 한국 측 임대표의 발언 속에서 언급되었다. "제6회 회담에서 임대표가 개진(開陳)한 의견요지", ibid., 189쪽. 하지만 일본 측 외무성의 자료에서는 같은 날 동 요강이 제출되었다는 기록은 없으며 그에 해당하는 것으로 보이는 청구권에 관한 요강 제출은 1952년 3월 6일로 되어 있다. 外務省, op.cit.(1953), 18쪽. 따라서 이 "기본요강"과의 관련, 날짜 차이 등 분명하지 않은 부분이 남는다.
53) "제6회 회담에서 임대표가 개진(開陳)한 의견요지", 『한일회담 예비회담(1951.10.20~12.4), 본회의회의록, 제1차~10차, 1951』, 189~194쪽 수록.

명확하게 국제법을 무시한 것.

- 한국전쟁에 의한 일본인 재산 손실에 관해서는 그 보상을 요구할 것.54)

예비회담에 임한 한국 측에게 이런 일본의 주장은 예상치 못한 일이었다.55) 이것은 예비회담을 한 달 앞두고 그 준비를 위하여 일본 현지조사에 나선 유진오의 51년 9월 10일자 보고에서 확인 가능하다. 동 보고서에서 유진오는 일본인의 불만에 대한 주의를 환기시키면서도 평화조약 4조(b)로 인해 재한일본인 재산은 몰수되어 일본의 대한청구권은 해결되었으므로 4조(a)로 인한 청구권 문제의 양국 협의는 한국의 대일청구권을 위한 것 만이라고 전하고 있다.56) 더군다나 한국 측에게 분노를 안긴 것은 한국전쟁으로 인해 손해를 본 재한일본인 재산의 보상까지 요구하는 듯 한 내용이 일본 측 요강에 포함되고 있었던 것이었다.

한국 측 임송본 대표는 이상의 일본 측 요강에 대해서 한국 부(富)의 대부분이 일본인 재산이라는 것을 생각하면 위와 같은 주장은 구 지배관계의 타성을 지양하지 않고 있다는 것, 미군에 의한 일본인 재산 몰수는 한국의 경제적 독립을 도모한 것이라는 것, 그리고 그 후는 오프더레코드(off the record)로 하면서도 혹시 이 요강이 가안이 아니라 일본의 최고 방침에 기초한 것이라면 이 문제에 관해서 이 이상 회담 속행의 여지도 필요도 없다는 것 등을 주장, 강력히 반박했다.57) 후술할 제4차 한일회담 재개까지의 이 역청구권을 둘러싼 대립구도는 이미 예비회담 당초부터 그 고개를 들고 있었던 것이었다.

---

54) 다만 이 부분에 관해서는 임 대표의 발언 요지에서도 "보상을 요구하는 듯한 문언이 있는데"라는 완곡한 표현으로 되어 있으므로(ibid., 191쪽) 일본 측이 참으로 그 보상을 요구한 것인지는 불투명하다. 사실 동 문제는 다음 제1차 한일회담에서도 나왔으나 거기에서는 일본 측은 전쟁 등 불가항력적 사유에 따른 손해보상을 요구할 생각이 없음을 주장하고 있다. 이에 관해서는 후술한다.

55) 오타(太田修)는 몇 가지 관계자의 문헌검증을 통해서 일본의 역청구권 주장을 한국 측이 예측하고 있었다고 추측하고 있다. 太田修, op.cit., 93쪽. 그러나 공식문서에서 그것을 뒷받침할 만한 근거는 발견하지 못 한다.

56) "주일대표부 유진오 법률고문의 일본출장 보고서", 98쪽, 『한일회담 예비회담(1951.10.20~12.4), 본회의회의록, 제1차~10차, 1951』, 84~110쪽에 수록. 또한 동 예비회담에 외무부 관료로서 관여한 김동조도 일본의 역청구권 주장을 "귀를 의심할 수밖에 없는 일본 측의 이러한 적반하장의 자세"라고 그 놀라움을 표현하고 있다. 김동조, op.cit., 45쪽.

57) "제6회 회담에서 임대표가 개진(開陳)한 의견요지", 『한일회담 예비회담(1951.10.20~12.4), 본회의 회의록, 제1차~10차, 1951』, 194쪽.

그러나 무엇보다 여기서 주의해야 할 것은 한일회담의 대립의 싹은 청산해야 할 특수한 과거의 책임 규정을 둘러싸고 생겼다기보다 당초부터 청구권의 소재를 둘러싸고 일어났다는 점이다. 또한 이 사실은 후술할 제3차 한일회담의 결렬이 구보타(久保田貫一郎) 수석대표에 의한 소위 '구보타 발언' 자체의 내용에 있었던 것이 아니라 결국 일본 측 역청구권의 요구에 있었음을 짐작하게 하는 중요한 근거를 제공하고 있다.

한편 예비회담에서는 특수한 과거의 규정에 관한 토의의 계기가 전혀 없었던 것이 아니다. 11월 22일 열린 제8차 본회의에서는 재일한국인의 국적 문제를 둘러싸고 일본 측은 1910년의 병합조약으로 인해 한국인이 '일본인이 되었다'는 인식에 기초하여 전후 재일한국인이 일본 국적을 상실하여 한국 국적을 취득할 날은 평화조약 발효 시가 된다고 주장했다.[58] 바로 이 발언 자체는 그 의도가 무엇이든 한국 지배의 합법적 성격을 전제로 한 것이었다.

하지만 이런 일본 측 발언에 대해서 한국 측은 해방 후 재일한국인에게는 선거권이 결여되고 있었다는 단편적 사실관계를 일부 들거나 주권국의 국민인 재일한국인은 비독립국가인 일본 국민이 되지 못한다는 등의 대응만을 했을 뿐,[59] 그를 뒷받침할만한 체계적이고 이론적 논리를 전개하지는 않았다. 더 나아가서는 이 토의를 계기로 문제 해결의 근본인 일본의 한국 지배라는 특수한 과거의 규정 문제에 관해 그 토의를 요구한 사실도 없다. 한일회담은 그 벽두인 예비회담의 단계로부터 이미 일본의 불법적 지배에 관한 규정을 하려고도 하지 않고 진행되는 그런 회담이 된 것이었다. 이런 흐름은 이후의 한일회담에서도 변화되지는 않았다. 물론 이런 속성에는 상술했듯이 평화조약의 내용과 일본 측의 과거인식이 강하게 작용했음은 말할 나위도 없을 것이다.

결국 이 예비회담은 이듬 해 2월 재개될 회담에서의 의제 확인 작업을 한[60] 제9차 회의(11월 28일)와 이어 한일회담의 문제는 공산 세력의 위협에 비교하면 작은 문제임이 강조된 제10차 회의(12월 4일)에서의 한국 측 발언 등을 끝으로[61] 아무런 실질

---

58) ibid., 214~215쪽.
59) ibid., 215~216쪽.
60) ibid., 230~238쪽.

[표 5] 제1차 한일회담에서의 의제 채택

2월 15일 일본 측 의제 제안	2월 16일 양국에서 합의된 의제
- 외교관계를 포함한 한일기본관계 수립 - 재일한국인의 국적 및 처우 결정 - 양국의 재산 및 청구권 해결 - 어업협정의 체결 - 해저전선 분할의 교섭결정 - 통상항해조약의 체결 - 선박에 관한 현안 문제 해결	- 외교관계를 포함한 한일 간 기본관계수립 - 양국의 재산 및 청구권 해결 - 어업협정 체결 - 해저전선 분할교섭 결정 - 통상항해조약 체결 - 기타

적 진전도 없이 끝나고 말았다. 이런 회담의 부진에는 평화조약 발효에 따른 완전독립 이후의 재교섭이 유리하다는 일본 측 판단이 강하게 작용한 것은 주지하는 바다.

3. 제1차 한일회담

1) 회담의 의제

제1차 한일회담은 1952년 2월 15일 제1차 본회의에서의 일본 측에 의한 7항목 의제채택 요청으로 시작되었다.[62] 그리고 이 의제들은 익일 16일 열린 제2차 본회의에서 6항목으로 할 것으로 양국 합의가 이루어졌다.[63] 그들을 정리하면 [표 5]와 같다.

2월 16일 합의된 의제에 관해서 우선 주목될 것은 한국 측이 동 의제의 토의 순서를 이하와 같이 정할 것을 요구했다는 점이다.[64]

① 양국 간의 재산 및 청구권 해결
② 어업협정 체결
③ 해저전선 분할교섭 결정
④ 통상항해 조약 체결
⑤ 외교관계를 포함한 한일 간 기본관계 수립

---

61) ibid., 243~244쪽.
62) 『제1차 한일회담(1952.2.15~4.21), 본회의회의록, 제1차~5차』, 1097쪽.
63) ibid., 1113쪽. 다만 공식문서에서는 이 페이지 표기는 누락되고 "570"라는 숫자가 표기되어 있으나 동 숫자는 앞뒤의 페이지와 맞지 않는 숫자이므로 저자의 판단으로 페이지를 "1113"으로 표기했다.
64) ibid., 1113-1~1113-2쪽.

즉 한국 측은 청구권 문제 토의를 최우선의 의제로 든 것에 반해 기본관계 토의를 가장 마지막 문제로 삼았다. 더구나 구체적인 위원회 설치에 관해서도 한국 측은 기본관계에 관한 분과위원회는 그 설치가 필요하지 않다고 주장했다.[65] 이미 예비회담에서 나타났던 소위 '선 해결 후 국교' 전략은 제1차 회담에 들어가서는 기본관계 토의를 뒷전에 미룬다는 요구로서 한층 더 구체화된 셈이었다.

물론 이 협상 전략이 한국 측의 기본관계 문제에 대한 단순한 무관심만을 뜻하는 것으로 이해하는 것은 충분하지 않다. 이미 확인한 『주일대표부안』의 내용이 가리키듯이 한국 측 내부에서는 한일 교섭을 진행하는 데 있어서 기본관계 문제에 해당하는 병합조약의 원천 무효 문제의 중요성이 인식되어 있었다. 따라서 소위 '선 해결 후 국교' 전략은 평화조약 참여에 따른 전승국 입장으로서도 또 강제 체결의 의한 병합조약의 원천 무효에 기초한 입장에서도 회담을 진행하지 못하는 제약하에서 국교정상화 이전에 관련 문제들의 해결을 요구함이 한일회담의 협상전략상 유리하다고 판단한 결과라고 풀이된다. 하지만 참된 동기가 어떻든 위와 같은 의제 토의의 순서 요구가 한국 정부로 하여금 당초부터 과거 규정이 없는 토의의 길을 열어 놓았던 것 만큼은 부정하지 못하는 일이었다.

한편 당초 일본 측은 한국 측과 정반대의 방침을 세웠다. '선 국교 후 해결'이라고 평가되는 일본 측 전략은 어업 문제를 제외하고는 다른 현안들 모두가 한국에 대해서 일방적으로 주어야 할 과제였다는 한일회담의 성격에 기인한 것이었다. 이에 따라 일본 측에는 어업분쟁이나 밀입국자 등의 송환에 유리한 환경을 마련할 국교정상화 이전에 다른 여러 현안들의 해결을 서둘러야 할 이유가 없었다. 동 방침에 따라 2월 16일 제2차 본회의에서는 일본 측은 일찌감치 국교정상화를 의미하는 우호조약 초안을 제출하고 있다. 전 9조로 구성된 이 "일본국과 대한민국과의 사이의 우호조약 초안"[66]은 그 제2조에서 외교관계의 설정을 규정하는 것과 더불어 전문(前文)에서는 해결해야 할 여러 문제들의 성격 규정에 관해서 "양국 간의 새로운 관계 발생에 연유

---

65) ibid., 1114쪽.
66) ibid., 1122~1126쪽 수록.

하는 각종의 현안"이라고 기술하고 있었다. 즉 일본 측은 동 문제들의 발생은 한일 간의 특수한 과거 관계로 인해 생긴 것이 아니라 한국의 독립에 따른 양국의 분리라는 새로운 관계에 따라 생긴 것에 불과함을 천명한 셈이었다.

또한 동 초안은 제6조에서 평화조약 4조(a)의 내용을 이용한 표현으로 상호 청구권 문제에 관해서 양국이 상호에 서로 가진 청구권을 "화협 및 정의와 형평의 원칙에 따라 가급적 빨리 해결하도록 한다"고 규정함으로써 예비회담에서 표명하던 재한일본인 재산의 청구를 계속 유지할 방침을 밝혔다.

2) 기본관계 문제의 토의

제3차 본회의(2월 20일)에서 위의 일본 측 초안은 기본관계위원회에서 토의할 것으로 합의됨에 따라[67] 기본관계위원회가 2월 22일에 처음으로 열렸다. 그 제1차 기본관계위원회 벽두 인사 속에서 한국 측 유진오 대표는 한국의 외교권이 박탈당한 1905년의 소위 제2차 한일협약의 강제성을 언급했으나 그 책임을 추궁하는 자세는 보이지 않았다. 동 인사에서는 오히려 이웃 주권국가로서 친선관계의 회복과 국제공산주의의 공격에 대해서 공통의 복지를 촉진하기 위한 기회를 얻었다고 말하여 회담에서 불쾌한 과거를 상기시킬 의도가 없음을 천명했다.[68] 즉 예비회담시와 같이 한국전쟁 중이라는 비상사태하에서 열린 동 회담의 목적은 양국의 반공안보 질서의 확보에 있는 것이며 이들 문제의 토의가 특수한 과거의 처리로서 진행되는 것이 아님을 천명한 셈이었다. 이에 대해서 일본 측 역시 이웃 나라인 한국이 겪고 있는 국제공산주의에 의한 곤경에 대해서 그 동정의 마음을 표명하였지만 특수한 과거의 책임에 대해서는 언급하지 않았다.[69]

일본 측 우호조약 초안의 토의는 2월 27일 제2차 기본관계위원회부터 시작되었다. 동 기본관계위원회에서는 명칭이 주된 토의의 의제가 되었다. 한국 측은 "평화에

---

67) ibid., 1140쪽.
68) 『제1차 한일회담(1952.2.15~4.21), 기본관계위원회 회의록, 제1차~8차, 1952.2.22~4.2』, 576~577쪽.
69) ibid., 578~579쪽.

관한 조약"으로 할 것을 주장한 데 대하여 일본 측은 초안대로 "우호(amity)"로 할 것을 요구했다.[70] 한국 측 주장인 '평화'라는 말이 가급적 한국이 일본국과의 교전국이었냐는 이미지를 제고하기 위한 것이었음은 널리 알려져 있으나 곧 정착되게 된 '기본'이라는 명칭은 당초 나와 있었던 '평화'와 '우호'라는 양국 안의 절충으로 등장한 것이었다.[71]

다음 제3차 회의(2월 29일)에서도 일본 측 초안 내용에 대한 토의가 계속되었으나 3월 5일 열린 제4차 기본관계위원회에서 처음으로 한국 측이 대안을 내놓았다. 서문과 본문 제10조로 구성된 이 초안에서는 처음으로 "대한민국과 일본국 간의 기본조약 초안(Draft Basic Treaty between the Republic of Korea and Japan)"[72]이라는 이름이 사용됨에 따라 '기본(basic)'이라는 명칭이 천명되었다. 이것이 이후 과거청산과 신관계 수립을 위한 동 문제가 '기본관계 문제'로 불리게 된 출발점으로 된 것이었다. 동 초안 속의 과거청산 문제에 관한 주목 점을 추려서 들면 이하와 같이 된다.

[서문]
제2항: 양국의 여러 현안들(the various pending problems)의 즉각적인 해결이 우호관계에 기여할 것을 명시.

[본문]
제1조: 한국은 일본이 주권국가 및 독립국가임을 인정한다.[73]
제3조: 대한민국과 일본국은 1910년 8월 22일 이전에 대한제국과 일본제국 간에서 체결된 모든 조약 및 협정이 무효(null and void)임을 확인한다.

우선 이 초안에 관해서 짚어볼 필요가 있는 것은 서문 제2항이다. 한국 측은 '현안

---

70) ibid., 581~582쪽.
71) 김용식의 회고에 의하면 '기본'이라는 말은 김용식 본인의 착상이었다고 한다. 김용식, op.cit., 120쪽.
72) 『제1차 한일회담(1952.2.15~4.21), 기본관계위원회 회의록, 제1차~8차, 1952.2.22~4.2』, 593~595쪽. 또한 596~601쪽에는 동 초안 제6조까지의 한국어 초안이 수록되어 있다.
73) 다만 ibid., 597에 수록되어 있는 동 한국어 초안에서는 "대한민국과 일본국은 상호 각기 독립주권국가임을 승인한다"라고 되어 있으며 동 593쪽의 영문 초안의 내용과 다르다.

(pending problems)'이라는 표현을 한 이유에 관해서 "새로운 관계에서 비롯되는 여러 문제들(problems)의 해결을 시작하는 이전에 모든 현안들을 해결하는 것이 이 회의의 주된 목적"이라는 설명을 하고 있다.[74] 물론 특수한 과거에 유래한 '현안들'과 통상적 관계가 된 후에도 발생하는 것이 예상될 여러 문제들(problems)을 구별하려고 한 것은 과거청산을 이룩하는 데 당연히 요구되는 자세였음은 틀림없다. 하지만 서문 제2항은 그런 과거의 현안들의 해결이 양국의 우호관계에 기여한다는 취지를 명기할 것을 요구했을 뿐이며 그 현안들이 발생한 특수한 과거 관계 자체의 성격 규정과 그 책임 추궁을 요구하지는 않았다.

이 책임 규정에 관해서는 바로 본문 제3조가 핵심적인 의미를 지녔다. 그러나 한국 측은 이 조항 삽입의 이유를 단지 구조약들이 무효임을 확인하기 위함이라고만 설명하고 있으며[75] 어떤 의미에서 무효인지에 대한 규정 요구 역시 당초부터 한국 측 초안에는 없었다. 즉 『수일대표부안』이 모색한 교섭방법은 애당초부터 소멸되어 있었던 것이었다. 물론 한국 측이 'null and void' 라는 표현을 사용한 동기에는 법률용어로서 그 효력이 원천 무효임을 뜻한다는 생각이 깔려 있었다.[76] 하지만 이 표현의 채용 요구는 『주일대표부안』에 있던 병합조약의 무효에 따른 배상 획득 등 구체적인 교섭 성과를 거두기 위한 것이 아니었다. 무엇보다 회담에 대한 한국 정부의 기본 전략인 '선 해결 후 국교' 원칙에서는 기본관계조약 교섭에 규정되는 구조약 무효확인이 다른 문제 해결 후에 규정되게 됨을 뜻하므로 만약에 그에 성공했다 해도 그것이 다른 현안들의 청산기준이 될 수 있을 리가 없었다.

그러면 한국 측 '구조약 무효확인 조항'의 삽입 요구에는 어떤 의미가 담겨 있었을까? 이에 관해서는 당시 외무부 정무국장으로 이 문제에 관여한 김동조가 이 요구는 이승만의 강력한 지시에 따른 것임을 밝히면서[77] 이하와 같이 증언하고 있다.

---

74) ibid., 590쪽.
75) ibid., 591쪽.
76) 예컨대 이 생각은 훗날 비준국회에서 이동원 장관이 발언한 "'null and void'라는 어구는 당초에 소급하여 무효임을 가장 강하게 표시하는 법률적 용어인 것입니다"는 말에 잘 나타났다. 국회회의록, 제6대국회, 제52회, "제7차 한일간조약과제협정비준동의안심사특별위원회회의록", 제7호(1965.8.8), 1쪽.
77) 그러나 김용식의 회고에서는 '구조약 무효확인 조항'의 삽입 요구는 주일대표부가 건의한 것이라고 한다. 김용식, op.cit., 120쪽.

우리가 한일 병합조약의 무효확인을 기본관계조약에 굳이 명문화하려는 것은 실리 때문이 아니라 그것이 바로 국민적 자존심을 응축하고 있기 때문이었다.[78]

또한 한일협정들의 체결 후 비준국회에서 정일권 당시 국무총리는 이하와 같은 답변을 하고 있다.

정신적으로도 이념적으로도 주권을 회복하여야 한다는 것이 민족 전체의 염원이요 정부의 소신이었던 것입니다 [……] 이 정신적 이념적인 주권 회복의 방법은 오직 침탈자인 일본으로 하여금 스스로 과거의 모든 피탈 수단에 사용하였던 조약을 무효화시키고 또 이것을 확인시키는 방법밖에는 없었던 것입니다.[79]

즉 위의 증언들뿐만 아니라 이후의 기본관계조약 교섭은 구조약의 무효확인 요구가 한일회담 내내 자존심의 문제에 불과했음을 나타내고 있다. 바꾸어 말한다면 그 요구는 구조약 무효에 따른 한일 간의 특수한 과거를 규정하여 그에 따라 과거의 여러 문제들을 해결하려고 하는 협상전략상의 기준 설정의 의미는 애당초부터 없었던 것이다.

그런 자존심의 내세우기는 본문 제1항의 한국에 의한 일본의 주권·독립국가 승인 조항에서도 엿볼 수 있다. 한국은 비록 평화조약 서명국이 되지 못 했으나 그 조항의 규정요구는 대일평화조약 제2조(a) 일본에 의한 한국독립 승인조항에 대항하는 의미를 지니고 있었음은 확실하다. 다만 이후의 교섭에서 동 조항을 한국 측이 계속 요구한 사실은 없다. 처음부터 반드시 관철해야 할 요구사항도 아니거니와 또 요구할 수 있는 사항도 아니었다.

상술한 한국 측 초안은 제5차 회의(3월 12일)에서 토의되었다. 일본 측은 조약 명칭에 관해서 실질적으로 한국 국민은 동 조약을 평화조약으로 간주하고 있다는 한국 측의 견해에 반대하여 우호조약으로 할 것을, 또한 서문 제2단락에 있었던 '현안

78) 김동조, op.cit., 41쪽.
79) 국회회의록, 제6대국회, 제52회, "제9차 한일간조약과제협정비준동의안심사특별위원회회의록", 제9호(1965.8.10), 4쪽.

[표 6] 제1차 한일회담에서의 '구조약 무효확인 조항'에 관한 양국 주장

일본 측 주장	한국 측 주장
a) 한일 간의 모든 조약 및 협정은 효력을 상실하고 있으므로 그런 조항을 삽입하는 의미가 없다.	a) 불쾌한 기억은 그런 조항의 삽입에 의하여 지울 수 있다.
b) 그런 조항으로 인하여 과거의 불쾌한 기억을 자극할 필요는 없다. 실제 문제로서 누구도 현재 그런 제조약이 유효하다고 생각하는 사람은 없다.	b) 한국 국민들의 해석에 의하면 모든 조약 및 협정은 당초부터 무효다.
c) 정확하게 무효(null and void)가 된 시기를 규정하지 않은 그런 조항은 다른 해석을 허용하고 상황을 복잡하게 한다.	c) 무효의 시기에 언급하지 않고 단지 'null and void'로만 확인한 것은 해석의 실행으로부터 일어날 복잡한 상황을 피하기 위한 것이다.

(pending)'을 삭제할 것 등을 요구했다.[80] 위에서 봤듯이 한국 측이 'pending'이라는 표현을 과거의 여러 문제들을 가리키는 데 쓰려고 했음을 생각하면 일본 측 의도는 불을 보듯이 뻔했다.

또한 이 토의 내용으로서 주목되는 것은 한국 측 초안 제3항 '구조약 무효확인 조항'을 둘러싸고 양국은 [표 6]과 같은 논점을 각각 들고 일본 측은 그 조항의 삭제(strike out)를 요구한 데 대해 한국 측은 그 규정의 계속 유지를 요구했다는 점이다.[81]

[표 6]에서 정리한 양국 주장들 속에서 무엇보다 무게를 두어야 하는 것은 'null and void' 표현에 관해서 한국 측이 무효시기를 명기하지 않는 이유를 그 해석의 실행에 따른 혼란을 피하기 위한 것이라고 설명하고 있는 점이다. 즉 한국 측은 동 조항의 삽입을 통해서 구조약이 당초부터 무효임을 일본 측에 확인시켜 그 합의로서 동 조약으로 인해 구조약들의 원천 무효를 확정지으려고 한 것이 아니었다. 오히려 무효시기의 명기를 피함으로써 한국 지배의 합법성을 주장할 여지를 일본 측에 줄 것을 묵인하는 자세를 취하고 있었던 셈이었다. 해석에 따른 혼란을 피하기 위하여 무효시기를 애매하게 남겨둔다는 것은 당연히 일본 측에 자기 측 주장을 펴는 틈을 주는 것과 진배없었기 때문이다.

다음 제6차 기본관계위원회(3월 22일)에서는 양국 공동초안 작성을 위한 참고초안(reference)으로서 "일본국과 대한민국과의 사이의 기본적 관계를 설정하는 조약"

---

80) 『제1차 한일회담(1952.2.15~4.21), 기본관계위원회 회의록, 제1차~8차, 1952.2.22~4.2』, 604쪽.
81) ibid., 605쪽.

이 일본 측에 의하여 제출되었다.[82] 이 참고 초안 속에서는 한국 측 초안 서문 제2단락에 있던 '현안(pending)'이 '갖은(various)'으로 바뀐 점, 또한 본문 제3조에 있던 구조약 무효확인에 관해서는 새롭게 서문 제3단락을 신설하여 "일본국과 구 대한제국 간에 체결된 모든 조약 및 협정이 일본국과 대한민국과의 관계에 있어서 효력을 유(有)하지 않음(do not regulate the relationship)을 확인하므로"[83]라는 구절을 삽입시킨 점 등에 주목해야 한다. 이들 표현 사용의 일본 측 의도가 '현안'을 피하여 그 특수성을 흐리게 하려고 한 데에 있었음은, 또 구조약이 한때 유효임을 뜻하는 여지를 남기려고 한 데에 있었음은 두말할 필요도 없을 것이다.

이에 대해서 유진오 대표는 '기본'은 '우호'보다 '기초적(fundamental)'이고 보다 넓은 의미를 지니므로 명칭은 기본관계조약으로 하는 것, '구조약 무효확인 조항'에 관한 서문 제3단락에 대해서 'null and void'가 일본안과 비교하여 "보다 분명하고 (clearer), 기본적이고(more fundamental), 간소하다(simpler)"는 등의 이유를 들어 한국 측 안의 채용을 촉구했으나[84] 이미 새로운 논점이 전개되는 일은 없었다. 3월 26일 열린 제7차 기본관계회의 역시 별다른 진전 없이 계속 같은 대립만을 거듭했다.[85]

기본관계회의는 4월 2일에도 일단 제8차 회의가 열렸으나 동 회의에서는 일본 측 참고 초안에 대한 본국 훈련을 기다리고 있다는 이유로 한국 측이 토론을 유보했다.[86] 결국 기본관계위원회는 동 회의로 끝났다. 하지만 그 이유는 기본관계위원회

---

82) ibid., 620~622쪽.
83) 위의 문안은 원문 일본어로 "일본국과 구대한제국과의 사이에 체결된 모든 조약 및 협정이 일본국과 대한민국과의 관계에 있어서 효력을 유하지 않음을 확인하므로"라고만 표기되어 있으므로 동 문안의 영어 전체 표기는 확인하지 못하였으나 본문에 삽입한 "do not regulate the relationship" 부분은 다음 7차 회의시 유진오의 발언에 의하여 확인 가능하다. 동 발언은 ibid., 614쪽.
84) ibid., 610~611쪽. 기타 제1조의 국제연합헌장에 따른 협력, 제3조 재일한국인의 국적 확인, 제4조 평화조약 제2조 표기 등도 거론되었다.
85) ibid., 613~615쪽. 다만 동 회의에서는 '구조약 무효확인 조항'의 문제에 관해서 일본 측은 "제 조약 및 협정은 현재 효력이 없음(the treaties and agreements are at present ineffective)"을 확인하는 것, 한편 한국 측 의도는 "제 조약 및 협정은 당초부터 무효였다(the treaties and agreements had been null and void from the beginning)"는 것을 확인하는 것에 있음을 각각 표명하여 한층 더 서로의 입장을 천명했다.
86) ibid., 619쪽.

에서의 대립 탓이 아니었다. 오히려 8차에 걸쳐서 진행된 기본관계위원회의 토의내용이 보고된 제5차 본회의(4월 4일)에서는 "일부분에 대하여 의견의 일치를 보지 않은 이외 전안문(全案文)에 대하여 의견의 일치를 보았다"[87]는 평가가 나올 만큼 당초 동 위원회의 토의는 진전을 봤다. 그럼에도 기본관계위원회가 제8차로 끝난 이유는 예비회담에 이어 일본이 역청구권을 계속 요구한 탓에 전체 회담 자체가 결렬(4월 21일)되고 말았기 때문이었다.[88]

다시 말하면 회담의 분규는 청구권을 포함한 현안들의 해결을 특수한 과거의 문제로서 처리하는 데 기초가 되는 기본관계 문제를 둘러싸고 일어난 것이 아니라 단지 그것 자체는 개별적 문제에 불과한 재산권 수수의 권리를 둘러싸고 일어난 것이었다. 그러면 그 대립의 내용은 어떤 것이었을까? 다음은 이 점을 고찰하고자 한다.

3) 청구권 문제의 토의

상술한 바와 같이 2월 16일 제2차 본회의에서 일본 측이 제출한 우호조약 초안에는 그 제6조로서 평화조약 4조(a)에 기초한 상호 청구권 문제 해결에 관한 규정이 들어가 있었다. 표면상 상호인 그 해결규정은 한반도에 있던 재산 중 압도적으로 많은 부분이 일본인 명의로 되어 있던 그 당시의 엄연한 현실적 조건하에서 그 상호성은 한국 측 대일청구의 수취를 불가능하게 하는 의미를 지닐 수밖에 없었다. 결국 그 후 생긴 한일 간의 격한 대립은 청구권 문제에 관한 일본의 대한청구권의 존재 여부를 둘러싸고 일어난 것이었다.

2월 20일 처음으로 열린 재산 및 청구권 문제 분과위원회에서 한국 측은 임송본 대표의 주목할 만한 발언과 함께 주지의 '대일8항목요구'를 담은 "한국의 대일청구 요강안(Principles of the Draft Agreement on the Disposition of Property Claims between the Republic of Korea and Japan)"을 정식으로 제출했다.[89] 임송본 대표의

---

87) 『제1차 한일회담(1952.2.15~4.21), 본회의회의록, 제1차~5차』, 1195쪽.
88) 외무부 정무국, 『第6次韓日會談關係資料韓日會談의 槪觀 및 諸問題』, 발행년 불명, 59~60쪽.
89) 동 자료에는 한국어, 영어 자료가 있으나 한국어판이 『제1차 한일회담(1952.2.15~4.21), 청구권 관계자료, 1952.』, 713~714쪽, 또한 영어판이 『제1차 한일회담(1952.2.15~4.21), 청구권분과위원회 회의록, 제1차~8차, 1952.2.20~4.1.』, 289~290쪽에 각각 수록되어 있다.

발언은 이하와 같은 것이었다.

> 대한민국은 36년간의 일본의 점령(occupation)에서 발생한 불쾌한 과거의 기억에 의하여 촉구되는 모든 청구권의 충족을 일본에 대해서 요구하는 의도는 없으며 단지 한국에 합법적으로 속하며 그리고 장래의 한국의 생존(existence)을 위해 충족되어야 할 재산에 대해서만 그 청구권을 요구하는 것이다.[90]

즉 위 임송본 대표의 벽두 발언 속에서 꼭 짚어 넘어가야 할 부분은 이하와 같은 점들이다.

- 한국 측은 이후의 기나긴 청구권 교섭의 출발점 시점에서 36년간의 특수한 과거 전체에 대한 청산요구를 포기하고 있었다는 점[91]
- 청구 범위를 한국에 합법적으로 귀속하는 재산에 한정하므로 실질적으로 일본의 불법 지배에 따른 청산 형식을 포기하고 있었다는 점
- 청산 요구의 목적을 앞으로의 국가재건에 필요한 재산의 확보에 둠으로써 사실상 특수한 과거의 청산 자체를 목적으로 할 것을 포기하고 있었다는 점

요컨대 한국 측은 기나긴 청구권 교섭의 벽두로부터 양국 간의 특수한 과거 자체에 대한 청산을 요구한 것이 아니었다. 그 대신 동 회의석상 한국 측이 요구한 것은 청구권 문제 해결을 위하여 한국이 일본인 재산을 취득한 것을 일본이 "현명하고 이성적으로(wisely and reasonably)" 인정하여 재한일본인 재산에 대한 청구권을 포기하는 것이었다.[92] 물론 이런 한국 정부의 소극적 자세에는 일본의 식민지 지배에 대한 책임 추궁을 할 수 있는 방법이 결여된 조건하에서 청구권 문제를 양국에서 상호 협의

---

90) 『제1차 한일회담(1952.2.15~4.21), 청구권분과위원회 회의록, 제1차~8차, 1952.2.20~4.1』, 288쪽.
91) 요시자와(吉澤文壽)는 당초의 배상요구에 비교해서 제1차 한일회담에서 요구된 '대일8항목요구'는 식민지청산이라는 목적이 한 층 더 명확해졌다는 해석을 펴고 있다(吉澤文壽, op.cit., 45쪽). 그러나 이 해석은 위 임송본 대표의 설명 취지와도 어긋나는 것이라 해야 하겠다. 이들 '대일8항목요구'는 앞서 말한 '식민지 시대에 일어난 문제들의 처리'를 요구하기는 했으나 그들은 그것만으로 결코 '식민지 지배 자체에 대한 청산'으로 되지 않는다는 것을 다시 한 번 강조해야 한다.
92) 『제1차 한일회담(1952.2.15~4.21), 청구권분과위원회 회의록, 1차~8차, 1952.2.20~4.1』, 288쪽.

[표 7] '대일8항목요구'

1	한국으로부터 가져간 고서적, 미술품, 골동품, 기타 국보, 지도원판, 및 지금(地金)과 지은(地銀)을 반환할 것
2	1945년 8월 9일 현재 일본 정부의 대 조선총독부 책무를 변제할 것
3	1945년 8월 9일 이후 한국으로부터 이체 또는 송금된 금원(金員)을 반환할 것
4	1945년 8월 9일 현재 한국에 본사(점) 또는 주된 사무소가 있는 법인의 재일재산을 반환할 것
5	한국법인 또는 한국 자연인의 일본국 또는 일본 국민에 대한 일본국채·공채, 일본은행권, 피징용 한인 미수금 기타 청구권을 변제할 것
6	한국법인 또는 한국 자연인 소유의 일본법인의 주식 또는 기타 증권을 법적으로 인정할 것
7	전기 제 재산 또는 청구권에서 생(生)한 제 과실을 반환할 것
8	전기 반환 및 결제는 협정 성립 후 즉시 개시하여 늦어도 6개월 이내에 종료할 것

할 것을 규정한 평화조약 4조(a)가 작용했다. 그 결과 청구권 교섭은 그 벽두로부터 35년간에 걸친 특수한 과거의 청산을 위한 교섭이라기보다 일본의 대한청구권 포기를 이끌어내기 위한 교섭으로서 본격화되지 않을 수가 없게 된 것이었다.

이상의 주장과 더불어 제1차 회의에서 한국 측은 주지의 '대일8항목요구'를 제출했다. 그 내용을 다시 표기하면 [표 7]과 같다.

상기 요강에 대한 각 청구 취지 및 그 근거 등에 대한 설명과 그에 대한 토의는 제2차 분과위원회(2월 23일) 이후 제4차 위원회(3월 6일)에 걸쳐서 진행되었다.

제2차 분과위원회에서는 주로 한국 측이 '대일8항목요구'의 취지와 그 법적 근거에 대한 개략적인 설명을 벌였다.[93] 제1항에 관해서 한국 측은 한국의 의사와 관계없이 가져간 것들임을 강조하여 그 반환을 요구했으나 흥미로운 것은 이 항목에 관해서 한국 측은 "평화조약 제4조에 의하여 요구하겠지만 법적으로보다는 정치적으로 해결되기를 바란다"[94]는 발언을 남기고 있는 점이다. 즉 한국 측은 법적 근거가 약하다는 부분에 관해서는 제5차 한일회담 이후의 교섭과 같이 실무적 절차에 기초한 해결방법 이외에 정치적 해결방법을 당초부터 도입할 생각을 가지고 있었던 것이다.

제2항은 총독부는 미군정으로 그리고 미군정은 대한민국에 그 모든 권한이 계승되었으므로 일본총독부의 대일본 정부 채권, 예를 들어 우체저금, 연금 등은 한국

---

93) 이하 제2차 회의의 토의 내용의 검토는 ibid., 293~306쪽에 의지했다.
94) ibid., 297쪽.

이 그 채권을 가지고 있다는 것이 그 청구 근거였다. 이어 제3항은 기본적으로 미군정령 33호에 의거한 것이었다. 이미 언급한 바와 같이 미군정령 33호는 한반도에 있던 일본인 재산의 몰수를 지령한 것이었으나 그 지령에도 불구하고 몰수재산 중 8월 9일 이후 은행을 통해서 한국으로부터 송금된 파악 가능한 부분만을 청구한 것이 그 제3항이었다. 특히 33호에 의한 일본인 사유재산 몰수의 일본 측 이의에 대해서 한국 측은 한국에서의 일본인 재산의 처분은 평화조약 14조에 의한 연합국 내 재산 및 16조에 의한 중립국 내 일본인 재산 처분과 같이 연합국의 세계적 전후 처리의 하나의 형식으로서 이루어졌음을 강조하면서 일본의 대한청구권은 이미 소멸되었음을 주장했다.

제4항의 청구 근거는 법인의 재외재산은 본사에 귀속되므로 그 권한은 한국의 회사에 귀속된다는 것이었다. 만약에 일본인의 투자가 있을 경우도 군정령 33호와 48년의 한미협정에 의하여 그 지분은 소멸되었으므로 모든 일본 내 재산은 한국에 귀속되었다는 것이 그 청구 논리였다. 제5항, 제6항도 위와 같이 군정령 33호와 한미협정을 기본적으로 그 청구의 근거로 삼은 것이었다. 그 중 제5항은 법인, 자연인의 대일 미결제 채권의 청구 부분이며 제6항은 일본 측이 일본법인에서 발행한 주식 중 한국인이 가진 것은 45년 8월 9일자로 무효화되었다는 주장에 대해서 군정령 33호와 한미협정을 근거로 그 반환 권리의 계속 보유를 확인시키기 위한 항목이었다. 기타 제7항은 전기 재산 및 청구권에서 생긴 이익 및 이자의 반환을 요구한 것이며 제8항은 평화조약 15조에 준하여 그 실시요강을 정한 것이었다.

동 제2차 위원회에서는 일본 측은 한국 측 구체적인 요구액을 물었다. 그에 대해서 한국 측은 그전에 일본 측 태도의 개진이 있어야 한다는 이유로 그 문의에 대한 대답을 거절했다.[95]

제3차, 제4차 분과위원회에서는 제3차 위원회에서 한국 측이 추가 제출하던 요강 세목에 관한 세부적인 확인과 그에 관한 질의응답이 계속 진행되었으나[96] 이 청구권

---

95) ibid., 307쪽.
96) 제3차 위원회는 ibid., 313~326쪽, 제4차 위원회는 ibid., 327~347쪽에 각각 수록.

문제가 본격적으로 대립구도에 빠진 것은 다음 제5차 분과위원회에서 일본 측이 청구권 문제에 관한 총괄적 반론을 벌인 후의 일이었다. 3월 6일 열린 제5차 청구권분과위원회에서 일본 측이 표명한 총괄적인 반론 요지는 이하와 같이 나열할 수 있다.[97]

- 한국 측은 그 반환의 근거인 군정령 33호 '취득법령(vesting decree)'을 '몰수'로 해석하고 있으나 일본이 평화조약 4조(b)로 인정한 것은 국제법상 인정되고 있는 처분만이다. 따라서 헤이그육전법규 부속서에 있는 사유재산몰수 금지 규정을 넘는 처분을 인정한 것이 아니다.
- 미군정은 점령군으로서 관리자 입장에서 적국사유재산을 처분할 수 있으나 그 대가 및 과실은 민법상의 신탁개념처럼 원(原)관리자에게 그 청구권이 있다. 대륙계 법이론에서는 소유권의 이전이라 함은 원 권리자에 아무런 청구권을 인정 안하는 최종적 이전이라고 생각되나 영미계의 '관습법(Common Law)'에서는 '취득(vest)', '소유(own)'는 '법적소유권(LegalOwnership)'은 상실되어도 '재산소유권(Equitable Ownership)'은 남는다.
- 헤이그육전법규 부속서에 있던 사유재산 존중의 원칙에 관해서는 제1차, 2차 대전을 통해서 점령국이 엄격한 준수를 안 함으로써 새로운 관례가 발생된 감도 없지는 않으나 피점령국의 사유재산을 점령국이 직접 및 포괄적으로 몰수했다는 실례를 들은 적은 없다.
- 평화조약 제14조, 제16조에 의하여 연합국, 중립국, 추축국 내 재산은 처분되었으나 이것은 평화조약에서 일본이 동의했기 때문에 가능한 것이며 만약 동의하지 않았다면 미국 국내법인 적산관리법에 의한 조치라 할지라도 국제법의 원칙에 대항할 수는 없다.
- 평화조약 4조(b)는 군정령의 효력을 인정한 것에 불과하며 몰수는 포함되지 않는다.
- 동 4조(a)의 특별협정의 주제는 4조(b)에 범위에 안 들어가는 것, 또한 들어가도 그 매각의 대가, 그리고 기타 청구권들이 대상이 되며 그 최종적 처리는 당사자 간의 협정 후에 행해지는 것이다.
- 사유재산권 존중은 세계인권 선언 17조 2항에도 있으며 국제적 관습이다.
- 요컨대 재한일본인 재산은 가령 33호로 그 권한(title)이 미국으로 이전되더라도 그 권한 또한 매각된 경우는 그 대가는 원 권리자에 그 청구권이 있다.
- 또 재한일본인 재산이 미군정으로부터 한국 정부에 이전되었다 하더라도 그것은 한국 정부가 당해 재산을 관리하는 입장에 놓인 것을 의미하는 뿐이며 교전국이나 점령국인

97) 요지는 ibid., 350~362쪽에 의지했다.

미국이 교전국도 점령국도 아닌 제3국인 한국에 이양했다고 한다면 그것은 국제법을 무시한 것이라 말하지 않을 수가 없다.

- 따라서 특별협정에 있어서 일본이 이것을 포기하지 않는 한 대한청구권은 당연히 존속한다.

이상의 요지 설명과 더불어 동 분과위원회에서는 일본 측이 "한일 양국 간에 결정되어야 할 재산 및 청구권의 처리에 관한 협정의 기본요강"을 제출,[98] 이하와 같이 그 요강을 설명하고 있다.[99]

- 한일 양국이 상호 청구권을 보유하고 있음을 확인. 그 권리에 손해가 있을 때의 원상복귀 또는 보상 조치를 규정. 한국동란 기타로 일본인 재산에 피해가 고려되므로 그 원상복귀, 손해배상 권리의 행사를 가능케 하는 조치. 단 그에 관한 상세는 별도 토의.
- SCAP 및 재한미군정의 지령(폐쇄기관령 등)에 의하여 실시된 재산 처리의 효력 인정 규정.
- 한국 독립에 따라서 계승된 재한일본 국유재산의 양도 규정.
- 위의 제1항~제3항까지를 전체로서 다루도록 하는 취지의 규정.

즉 일본 측은 동 위원회에서 위와 같은 견해를 피력함으로써 국유재산의 한국 측 몰수는 인정하면서도 사유재산의 소유권은 계속 보유하고 있음을 주장함으로써 한국이 일방적으로 채권을 요구할 것을 봉쇄하려고 했던 것이었다.

3월 10일 제6차분과위원회에서 한국 측은 두 명의 발언을 통해서 위의 일본 측 주장에 대해서 이하와 같은 총괄적 반론을 벌였다.[100]

- 이하의 일본 측 발언은 국제정의 및 한국의 민족정신을 무시한 극언.
  · 평화조약 4조(b)의 조건 부 승인을 시사한 문언
  · 군정령 33호의 조건 부 승인을 시사한 문언

---

98) 이 자료 자체는 『제2차 한일회담(1953.4.15~7.23), 청구권위원회회의록, 1차~3차, 1953.5.11~6.15』, 1121~1124쪽에 수록.
99) 『제1차 한일회담(1952.2.15~4.21), 청구권분과위원회 회의록, 1차~8차, 1952.2.20~4.1』, 359~361쪽.
100) 이하 요약은 ibid., 364~378쪽에 의지했다.

- ·평화조약 14조, 16조와 달리 군정처분에 관해서는 합의 안했다는 문언
- ·점령국인 미국이 교전국이 아닌 한국에 일본인 재산을 양도한 것은 국제법을 무시했
  다는 문언
- ·한국전쟁에 의한 일본인 재산손해의 책임 추궁과 보상요구를 한 문언[101]
- 평화조약 4조(b)에 관해서는 그 정치적 배경, 즉 한국의 정치경제적 독립을 고려한
  것이라는 기본정신을 인식해야 한다. 일본 측은 군정령 33호"……에 의하여 취득되며
  또 소유되었다(vested in and owned by……)"를 몰수가 아니라 적산관리령의 신탁적
  소유권의 취득이라고 주장하고 있으나 동 법령에는 일본 측 주장을 엿볼 수 있는 하등의
  문언도 없다.
- 평화조약 4조(b)에 의한 재한일본인 재산 처리는 14조, 16조와 같이 일본영토 외 재산의
  비일본화의 조치의 하나로서 취해진 것이며 그 처리방식에 있어서는 사유재산권은 무
  시 또는 경시되었다.
- 그럼에도 일본은 평화조약 14조, 16조에 의한 재외재산 처분은 인정했다고 하면서
  한국에 대해서만은 인정 안한다고 말하고 있다. 그러나 4조(b)에 의한 승인은 14조,
  16조에 의한 승인과 같으며 따라서 가령 사유재산 몰수가 위반이 되어도 일본은 무조건
  이에 합의한 것으로 된다.
- 헤이그육전법규 부속서나 세계인권선언에 의한 사유권의 존중을 주장하나 패전국의
  재외재산 처리는 사유권 존중보다 독립이라는 보다 강하고 높은 이상에서 행해졌다.
  실제 한국에 있는 재산 처리도 일본인 재산에 관해서만 행해진 것이며 일본 본토에 있는
  재산에 관해서는 사유재산이 존중되어 있다.
- 따라서 4조(a)에 의한 특별협정의 대상은 한국의 대일청구권만이다.
- 혹시 위의 일본 측 주장이 일본의 최고 방침에 의한 것이라면, 이 문제에 관한 한 이
  이상 한국은 이후 회담의 여지도, 그럴 필요도 없다고 단언한다.

제3차 한일회담을 결렬로 몰아간 주지의 구보타 발언과 그에 대한 한국 측 대응에
관해서는 이후에 상세히 분석할 것이나 그 의미를 이해하기 위해서도 여기서 일본의

---

101) 다만 52년 3월 24일 제1차 한일회담 제4차 본회의에서는 일본 측은 전쟁 등 불가항력적 사정에
따른 재산 피해에 대해서는 면책으로 생각하고 있으며 따라서 일본 측이 한국동란으로 인한 손해배상을
요구한 것으로 한국 측이 생각한 것은 오해라는 취지의 발언을 하고 있다. 『제1차 한일회담(1952.2.15
~4.21), 본회의회의록, 제1차~5차』, 1156쪽. 또 훗날 일본 외무성은 1953년의 회담 보고자료 속에서
한국전쟁에 의한 일본인 재산의 피해에 대한 배상요구의 사실을 부정하여 이런 한국 측 주장은 사실에
반하는 선전을 위한 것이라는 견해를 펴내고 있다. 外務省, op.cit.(1953), 19~20쪽.

역청구권 주장으로 인해 예비회담에 이어 제1차 한일회담 시점에서도 다시 회담 결렬의 의사가 한국 측에 의해 밝혀지고 있었음을 잊지 말아야 한다.

아무튼 청구권을 둘러싼 양국 간의 근본적이 대립은 24일 제4차 본회의에서도 또 28일의 제7차 청구권관계 분과위원회에서도 계속되었다. 주목되는 것은 그런 청구권 토의를 거치면서 일본의 한국 지배에 관한 과거인식 문제가 토론 과정에서 간혹 등장하곤 했다는 점이다. 예컨대 24일의 제4차 본회의에서는 한국 측은 이하와 같이 말하고 있다.

> 한국: 일본은 포츠담선언에서 인용된 카이로선언을 수락하였는데 이 선언에 의하면 일본은 한국을 약취하였고 기타 동양지역을 도취하였다고 한 것을 승인한 것인데 약취나 도취는 위법행위다. 고로 이 약취 또는 도취는 법률상 무효한 것이고 따라서 한국에 있어서의 모든 행위는 무효가 되니 한일병합조약도 무효라는 결론이 된다. 따라서 일본이 한국에서 취득한 모든 재산권은 무효다.[102]

또 28일의 제7차 청구권분과위원회에서도 같은 문맥의 발언이 이어졌다.

> 한국: 일본인의 미국에 있어서의 재산 축적과 한국에 있어서의 재산 취득은 다르다. 미국에 있어서는 노예상태가 없었음에 대하여 한국에 있어서는 그러한 상태가 있었음은 솔직히 이야기하여 식민지적 보호, 적어도 일본인이 특별한 보호하에 재산을 취득하였던 사실을 의미하는 것이다.[103]

> 한국: 일본이 수락한 카이로선언이 한국의 상태를 노예상태로 규정하였는데 이것은 일본이 재산 문제를 생각할 때 이것을 항상 염두해두기를 강조하고 싶다. 이것을 재산권 문제에 한해서 해석하면 재한일본인의 재산 취득 또는 권리 발생의 원인에 있어서 그 정당성이 없다는 것을 지적할 수 있다.[104]

---

102) 『제1차 한일회담(1952.2.15~4.21), 본회의회의록, 제1차~5차』, 1161쪽.
103) 『제1차 한일회담(1952.2.15~4.21), 청구권분과위원회 회의록, 제1차~8차, 1952.2.20~4.1』, 396쪽.
104) ibid., 406~407쪽.

이상과 같은 주장은 이미 청구권 문제가 사법적인 법률문제인 채권 - 채무관계가 아니라 일본의 식민지 지배라는 특수한 과거관계의 문제, 즉 바로 2장에서 말한 '식민지 지배 자체에 대한 청산'임을 주장한 것이라고 볼 수 있다. 그러나 중요한 것은 그들 본질적인 주장은 토론 과정에서 일본의 대한청구권 요구에 따른 대항논리로서 단편적으로 나온 것일 뿐 양국 간의 특수한 과거의 성격 규정에 따른 체계적인 처리를 요구하는 의도에서 나온 것이 아니었다는 점이다. 이에 관해서는 무엇보다 기본관계 문제의 분석과정에서 이미 고찰했다시피 한국 측이 1910년 이전 조약의 무효확인 조항을 요구하면서도 그것을 다른 문제 처리의 원칙으로 삼으려고 하지 않았던 태도가 입증하고 있다.

다시 말하면 한국 측의 위와 같은 특수한 과거인식에 관한 의견 표명은 역설적으로 일본의 대한청구권 요구의 주장이 나왔기 때문에 기나마 교섭 당시의 긴 해에 기론된 것이었다. 사실 1차 한일회담에서 일본 측이 역청구권을 정식 제기하기 전인 1952년 2월 20일 제1차 청구권분과위원회 벽두 인사에서 한국 측 임송본 대표는 "단지 한국에 합법적으로 속하며 그리고 장래의 한국의 생존(existence)을 위해 충족되어야 할 재산에 대해서만 그 청구권을 요구하는 것"임을 천명했었다.

물론 이런 합법적인 귀속 부분에만 청구 근거를 한정해야 할 한계는 한일회담의 법적 근거인 평화조약에서 생긴 것이었다. 일본의 한국 지배의 합법성을 사실상 인정한 제2조(a)와 청구권 문제의 핵심이던 제4조(b)가 일본인 재산 몰수에 관해서 아무런 근거 규정 없이 단지 그 승인만 요구한 이상 한국의 청구권의 획득은 일본의 불법적인 한국 지배라는 본질적 성격에 기초해서 이루어질 가능성은 거의 전무했다. 겨우 한국 측이 기대해 본 것은 청구권에 관해서 한국 측 해석을 받아들이는 일본의 '현명하고 이성적'인 호의뿐이었다.

하지만 본시 과거에 대한 아무런 뉘우침도 없던 일본 측이 냉철한 국익 계산도 없이 그런 한국 측 희망을 들어줄 리가 없었다. 일본 측은 이하와 같은 답을 던지고 한국 측 희망에 못을 박았다.

일본: 우리는 정치론보다도 법률론을 하려고 한다. 한국의 법적 지위에 관해서는 종래

연합국 측에서는 해방된 국가로 취급한 사실이 있었으나 평화조약에는 명기되지 않았다. 만일 평화조약 제4조에 관련시켜 해방국가로서 연합국과 동등하게 취급하게 되도록 규정되어 있다면 별문제이나 우리는 될 수 있는 한 평화조약에 규정된 문자 그대로 해석해야 된다.[105]

평화조약 4조(a)가 청구권에 관해서 상호 협의로 규정하며 또 동 (b)항이 아무런 근거 없이 재산 처분의 승인만 규정함으로 인해 그에 관해서 자신에 유리한 법해석이 가능해진 조건하에서 일본 측 입장에서 볼 때 쉽게 대한청구권을 포기하는 것은 도저히 '현명하고 이성적'일 수가 없었다. 더구나 그 시기는 일본 측 관심사항이던 금액에 관해서는 한국 측이 그 금액에 관한 일본 측 문의를 거절함에 따라 그 파악이 곤란한 상황이었다.

물론 일본은 실제 한국에 대해서 그 재산 청구가 가능하다고 생각한 것은 아니었다. 한국의 대일 감정에다가 가난함으로 허덕이는 와중에 전쟁까지 치렀던 당시 한국으로부터 재산청구권에 따른 막대한 돈을 실제 받을 수 있을 리가 없었음은 의심의 여지가 없는 현실이었다. 따라서 일본이 노린 것은 한국의 대일청구액을 상쇄 아니면 최소한 감액시킬 것이었다. 이것은 후일 국회에서의 일본 외무성 측 답변 자체가 이를 입증하고 있다.[106]

---

105) ibid., 397~398쪽.
106) 1965년 비준국회에서 외무성의 후지사키(藤崎萬里)조약국장은 평화조약 4조(b)에 관한 해석 문제로서 사유재산의 재산청구권을 보유하고 있음을 주장한 것에 관해 "한국 측과 교섭할 때 약간의 교섭기술상의 고려도 가해서 [······] 그런 태도를 취해야 하지 않을까"라고 답변함으로써 애매하게나마 그 주장이 교섭상의 전술이었음을 시사하면서 진정한 재산반환 요구가 아니었음을 내비치고 있다. 国会会議録, 第50回国会, 「衆議院 日本国と大韓民国との間の条約および協定等に関する特別委員会会議録」第6号(1965.10.29), 12쪽.
또 일본 측 동 역청구권의 요구의 배경에는 한반도로부터의 일본인 인양자(引揚者)들의 사유재산 반환요구의 움직임이 작용했다는 지적이 이원덕, op.cit., 56~57쪽; 太田修, op.cit., 66~68쪽 등으로 인해 전개되어 왔다. 그러나 최근 동 요구를 일본 정부가 한 이유는 일본인 인양자들의 사유재산 보상요구를 보호하기 위한 것이라기보다 그것을 한일교섭에 연결시킴으로써 그 보상의 지연 및 책임을 한국 측에 떠넘기려고 하는 정책적 측면이 강했다는 흥미로운 주장이 정병욱에 의하여 제기되었다. 정병욱, "조선총독부관료의 귀한 후 활동과 한일교섭", 광복60년 기념사업추진위원회 편저, 『광복60 새로운 시작 종합학술대회자료집 I』(2005), 221~222쪽.

다만 주목할 만한 사실은 이 일본 측 의도는 제1차 한일회담 시점에서 이미 비공식적으로나마 정식으로 한국 측에 통보되어 있었다는 점이다. 제1차 한일회담에서는 공식기록에 남아 있는 회담 이외에 약 10차례의 비공식 회담이 있었다는 기록이 있다. 그 비공식 회담에서는 일본 측은 자기들에게 청구권은 있으나 결국 청구는 하지 못할 것, 또 청구해도 반환되지 못할 것 등을 자인하고 있음을 내비치며 자신들의 의도가 결국 재일한국의 재산 및 청구권과의 상쇄 또는 감액이라는 일종의 "바 - 게인"에 있음을 한국 측에 헤아리게 하는 취지의 제안을 서면으로 수교하고 있었다.[107]

그렇다면 한일 양국은 상호에 얼마 정도의 청구권을 가지고 있었는가? 이 문제에 관한 구체적인 수치적 동향에 대해서는 한국 측 공식기록에서는 일절 확인할 수 없다. 한편 일본 측은 후술할 구보타 발언에 의한 제3차 한일회담 결렬 직후인 1953년 10월 22일 외무성이 기자회견을 통해서 일본이 한국에 대해서 가지고 있다고 생각되는 청구권인 사유재산이 종전 당시의 가격으로 120억 엔 내지 140억 엔, 또 한국 측이 일본에 대해서 가지고 있다고 주장하는 청구권 금액이 90억 엔에서 120억 엔 정도임을 밝히고 있다.[108] 다만 그 금액 제시가 정식으로 한국 측에 이루어졌는지 또 이루어졌다고 한다면 언제쯤 이루어졌는지 등은 한국 측 공식기록에서도 확인하지 못하여 불투명한 부분이 많다.[109]

---

107) 『제1차 한일회담(1952.2.15~4.21), 청구권분과위원회 회의록, 제1차~8차, 1952.2.20~4.1』, 275쪽. 다만 동 서면을 뜻한다고 생각되는 첨부 서류 제8호는 실제 공식문서에는 첨부되지 않고 있으므로 정식한 제안 내용 자체는 파악하지 못한다.

108) 「朝日新聞」 1953年 10月 22日 夕刊. 한편 이미 이원덕이 소개했듯이(이원덕. op.cit., 17쪽) 1945년 8월 시점에서 SCAP의 민간재산관리, 재외재산국(Civil Property Custodian, External Assets Division)이 펴낸 일본의 재외재산 조사에 의하면 일본이 남한지역에 갖고 있던 법인, 개인, 정부자산(육, 해군분을 제외) 규모는 22억7553만5422불 또한 이북에 있던 재산 규모는 29억 7095만 9614불, 합계 약 52억 4500만 불가량이었다. "Japanese External Assets", 大藏省財政室 編, op.cit., 431~434쪽. 따라서 위의 일본 측 사유재산청구권 요구를 최대 140억 엔이라고 한다면 1945년 8월 15일의 환율 1불=15엔으로 그것을 환산하면 약 9억 3000만 불로 되므로 총 재산 규모의 약 40% 정도를 일본이 사유재산 부분으로 생각하고 있었음을 알 수 있다. 한편 일본 측 외교문서를 조사한 야마모토(山本剛士)는 일본이 1945년 8월 15일 당시 한반도에 소유하던 재산 규모를 환율1불=15엔으로 계산해서 약 46억 8300만 불(일본 엔으로 702억 5600만 엔)가량임을 전하고 있다. 山本剛士, 「日韓国交正常化」, 『戦後日本外交史』(三省堂, 1983), 312쪽. 그러므로 위의 미국 측 조사와 일본 측 조사에는 약 5억 6000만 불 정도의 차이가 있다. 따라서 재산 규모 문제는 여전히 정확하지 않는 부분이 있다.

109) 다만 제1차 한일회담의 일본 측 수석대표를 맡은 마쓰모토(松本俊一)는 한일회담 타결을 보도한 1965년 6월 23일자의 「아사히신문」에 기고한 회상 속에서 동 회담에서 한국 측이 청구권으로서 막대한

아무튼 한일 양국 간의 청구권에 대한 견해 차이는 컸다. 그런 고로 분과위원회 수준에서 해결함이 어렵다고 본 양 측은 본회의에 부칠 보고 문안만 토의한 제8차 청구권분과위원회를 끝으로 이 위원회에서의 토의를 종료시켰다. 일본 측은 상임위원회를 별도로 설치하여 청구권 토의를 계속할 것을 주장했으나 한국 측은 재산청구권 문제에 대한 근본정신의 변경이 없는 한 그 의의가 없다고 하여 응하지 않았다.[110] 후술할 구보타 발언에 의한 한일회담 결렬의 불씨는 이 시점에서 확실히 튀었던 것이었다.

이상의 보고를 받은 본회의 역시 아무런 진전을 보이지 못했다. 4월 4일 열린 제5차 본회의에서는 양유찬 수석대표가 억압이나 뇌물, 협박, 기타 경찰국가(police state)의 상투적 방법으로 재산을 형성한 일본이 국제법을 주장하는 것은 "재미있다(interesting)"는 등의 야유를 퍼부으면서[111] 일본 측 태도 변화를 요구했다. 그러나 일본 측 역시 재한일본인 재산은 한국 등에 적용된 지역(municipal)법에 기초해서 합법적으로 취득한 것이므로 독립 등 영토 변경에 따라서 그런 합법적인 활동을 무효화시키는 것은 국제법이 금지하고 있다고[112] 응수하는 등 한발짝도 물러설 기미 없이

요구를 해 왔다고 증언하고 있으므로 비공식적으로라도 제1차 한일회담 당시에 이미 요구액수가 전해지고 있었을지도 모른다. 또 하나 여기서 주목하고 싶은 것은 일본은 한일회담 이전으로부터 한국에 대해서 재한일본인 재산의 구체적인 반환을 요구한 사실이 있었다는 점이다. 예컨대 1950년 1월 18일 「국도신문」은 일본의 대한요구의 내역과 금액을 이하와 같이 전하고 있다(『資料 大韓民國史 16』, 154~155쪽 수록).
　① 공장 및 산업기관[공칭자본금 총액의 90.73%(불입자본)]: 22억 772만 276원
　② 금융 및 은행[공칭자본금 총액의 88.8%(불입자본)]: 4억 4169만 1467원
　③ 상업기관 [공칭자본금 총액의 73.7%(불입자본)]: 6억 315만 7115원
　④ 어업·광업 및 기타 [공칭자본금 총액의 93.5%(불입자본)]: 5억 7917만 1031원
　⑤ 토지투자(1944현재)
　　ㄱ. 밭(31만 8997에이커): 726만 5773원
　　ㄴ. 논(74만 5790에이커): 4867만 4199원
　　ㄷ. 대지(1만 2899에이커): 53만 2722원
　　ㄹ. 임야(57만 8546에이커): 177만 8665원
　⑥ 가옥(약 20만 호): 40억 원
　⑦ 선박(추정가격): 10억 원
110) 『제1차 한일회담(1952.2.15~4.21), 청구권분과위원회 회의록, 제1차~8차, 1952.2.20~4.1』, 427~430쪽.
111) 『제1차 한일회담(1952.2.15~4.21), 본회의회의록, 제1차~5차』, 1212쪽.
112) ibid., 1222~1223쪽.

한국 측 야유에 맞섰다.

이렇게 하여 결국 제1차 한일회담은 19일 양유찬 수석의 미국 귀임(김용식 공사 수석대표 취임), 26일에는 한국 측 대표단 귀국으로 이어져 사실상 중단되게 되었다.

한편 일본과의 직접 타개의 가능성이 희박한 것을 깨달았던 한국 측은 3월 24일자로[113] 양유찬이 미국 측에게 서한으로 평화조약 제4조와 재한일본인 재산 처분에 관한 미 군정령에 대한 미국 측 공식 해석을 요청했다. 한국 측은 청구권 문제의 기원이던 군정령 33호나 평화조약의 실질적인 기안자인 미국의 호의에 기대를 걸었던 것이었다. 이에 대해서 미국 측은 당초 한국 측 해석 요청을 철회시키려고 했으나[114] 결국 평화조약 발효 익일인 4월 29일자로 주미대사 양유찬에게 앨리슨(John M. Allison) 국무차관보가 작성한 것으로 생각되는 답신을 보내 왔다. 하지만 한 장에 불과한 그 짧은 서한[115](이하 '52년 미각서')의 내용은 한국 측 기대에 부응하는 것이 아니었다. 그 서한은 재한일본인 재산에 관해서 일본의 대한청구권을 일체 인정하지는 않았으나 재한일본인 재산의 처분은 청구권에 관한 한일 간의 상호 조정에 있어서 "관련이 있다(is relevant)"는 것을 인정했다. 또한 그 답신이 한국 측에게 전달된 4월

---

113) 동 날짜는 이하 기술할 1952년 4월 29일자 미국의 답신에 기재되어 있는 것에 따랐다. 동 답신은 『제1차 한일회담(1952.2.15~4.21), 청구권분과위원회 회의록, 제1차~8차, 1952.2.20~4.1』, 452쪽에 수록. 다만 정성화의 미국 측 공식문서를 통한 연구에 의하면 평화조약 제4조에 관한 미국의 해석 요청은 3월 20일자로 주미한국대사관 관계자가 이미 행하고 있었다고 한다. 鄭城和, op.cit.(1990a), 109쪽.
114) 이종원은 미국 측 자료를 조사하여 당초 미국은 한국 측의 33호 등에 대한 해석 요청을 철회하도록 압력을 가하고 있었다고 한다. 그 이유는 혹시 일본 측이 같은 요청을 할 경우 한국에 본사가 있는 일본 내 지점 자산 등에 관해서는 한국 측 권리를 부정해야 한다는 등이 그 취지였다고 한다. 李鐘元,「韓日会談とアメリカ: '不介入政策'の成立を中心に」, 日本政治学会 編, 『国際政治』(1994a), 168~169쪽. 한편 정성화의 연구는 4월 4일자로 연합국총사령부 외교처가 국무성에게 일본이 평화조약 4조에 관해서 자국에 유리한 해석을 한 것은 한국 측의 대일청구권 요구를 철회시키기 위한 압력으로 이용하려고 한 것이므로 한국 측의 동 조항에 대한 미국의 해석요구에 대해 의견을 발표하지 않는 것을 건의하고 있는 사실을 밝혀내고 있다. 鄭城和, op.cit.(1990a), 109~110쪽. 따라서 위와 같이 미국이 한국의 동 해석 요청을 철회시키려고 한 이유에는 다른 설명들이 있으므로 아직 불투명한 부분이 있다. 그러나 아무튼 동 문제가 한일 간에서 상반된 이해관계에 있는 이상 동 철회가 없는 한 미국이 그에 의견을 표현하든 말든 그것이 결과적으로 한일 간의 이해관계에 휘말려들게 되기 때문에 그것을 피하기 위한 조치였다고 보아도 무방할 것이다.
115) 동 서한은 『제1차 한일회담(1952.2.15~4.21), 청구권분과위원회 회의록, 제1차~8차, 1952.2.20~4.1』, 452쪽, 또는 『제5차 한일회담 예비회담, 미·일 평화조약 제4조(청구권관계)의 해석에 관한 미국무성 각서 공개, 1961』, 18쪽에 수록.

29일은 28일의 대일평화조약 발효에 따라 일본이 정식으로 독립한 다음날이었다.

즉 일부러 일본이 외교 권한을 정식으로 회복한 다음날 이 해석을 전달한 미국 측 의도는 이 문제에 관해서 미국은 적극적으로 개입할 의사가 없음을 밝히는 것과 동시에 사실상 재한일본인 재산의 몰수·이양을 가지고 한국의 대일청구권의 상쇄 또는 감액을 노린 일본 측 손을 들어주는 것이었다. 한국 측은 같은 날짜로 일본의 회담에 대한 태도를 설명하여 그런 일본의 청구권에 대한 자세는 한국에서의 미국의 평화목적이나 재산 처분에 대한 미국의 권위에 대한 도전이라는 고발 문서를 보내고 있으나[116] 후술할 57년 12월 31일자의 미국의 각서에서도 다시 한 번 나타나듯이 위와 같은 미국 측 태도는 이후도 끝내 변함이 없었다.

4. 제2차 한일회담

1) 기본관계 문제의 주변화

1953년 4월 15일 약 1년 만에 한일회담은 제2차 한일회담으로서 재개되었다. 그 당시의 정세는 청구권을 둘러싸고 중단된 한일회담을 장기 중단 상태로 놓아둘 만큼의 여유를 양국에 허용하지 않았다. 무엇보다 한국은 여전히 한국전쟁 중이었다. 제2차 한일회담 제1차 본회의(4월 15일) 벽두에 한국 측 김용식 수석대표가 행한 연설은 그 간의 한국 측 사정을 대변하고 있다.

> 한국은 모든 인류의 이익을 위한 집자군, 공산침략의 집자군의 싸움을 꼬빡 3년 벌여왔다 [……] 현재 이웃으로서의(neighborly) 우호적인 관계는 바람직하다는 것뿐만 아니라 실제 필연적이다.[117]

이 어려운 사정을 뒷받침하듯이 한국 측은 제1차 회담이 결렬된 지 3개월 후인

---

116) 『제1차 한일회담(1952.2.15~4.21), 청구권분과위원회 회의록, 제1차~8차, 1952.2.20~4.1』, 453~456쪽에 수록. 따라서 동 문서가 미각서의 한국 측 통보 이전에 추가적으로 미국 측에 부쳐진 것인지 아니면 통보 이후 항의의 뜻으로 부쳐진 것인지는 확인하지 못한다.
117) 『제2차 한일회담(1953.4.15~7.23), 본회의회의록, 1953.4.15~30』, 853~854쪽.

52년 7월 초에는 이미 비공식으로 일본 측에 회담 재개를 제안하고 있었다. 그러나 청구권, 어업을 미루고 해결 가능한 문제를 우선 해결하자고 하는 일본 측과 여러 현안들의 일괄 토의를 주장하는 한국 측 대립은 크고 회담 재개는 결국 익년 53년 3월초 김용식 공사의 재차의 요청을 일본 측이 수용한 결과였다.[118]

일본 측이 그런 한국 측 요청을 받아들인 것 역시 나름대로 그 필요성이 있었다. 주지하는 바와 같이 52년 1월의 평화선 선포 이후 일본 어민의 나포 문제가 계속 확대 일로에 있었다. 더구나 제1차 회담 결렬 이후 한국 측은 그때까지만 해도 받아들여 온 밀항자, 재일한국인의 범죄자 등 강제송환 대상자의 수취를 거부하게 됨에 따라 "수용소의 수용능력의 한도에 도달하는 상황"[119]에 이르는 등 시급한 해결 과제를 안고 있었다. 미국 역시 한국전쟁 등의 긴급한 국제정세에 대응하기 위해서 한일관계의 수립을 원하고 있었다.[120] 이 희망이 1953년 1월 6일 미국의 중개에 의한 이승만 - 요시다(吉田茂) 회담으로 실현되었음은 한일회담사에 있어서 주지의 사실이다.

하지만 이들 양국 간의 회담 재개에 관한 속셈의 차이는 제2차 한일회담의 전망을 어둡게 하지 않을 수가 없었다. 일본 측 속셈은 제1차 본회의에서 일본 측이 표명한 희망사항에 노골적으로 나타나고 있다. 일본 측 희망사항은 이하와 같이 세 가지였다.[121]

-상호 간의 공관설치 문제
-일본 어선 나포 문제 해결
-한국인 송환자의 수용

당시 문제가 된 일본 어선 나포와 한국인 송환자 수용 이외에 일본 측이 희망사항으로 내놓은 첫 번째 사항은 한국 측이 이미 설치하고 있던 주일대표부에 상응하는 대우를 요구하는 것이었다.

---

118) 이상의 교섭재개의 경과에 관해서는 外務省, op.cit.(1953), 21~22쪽.
119) ibid., 22쪽.
120) 이 점에 관해서는 李鐘元, op.cit.(1994a), 171쪽.
121) 『제2차 한일회담(1953.4.15~7.23), 본회의회의록, 1953.4.15~30』, 860~862쪽.

한편 한국 측의 주된 목적이 청구권 문제에 있었음은 말할 나위도 없었다. 한국 측은 상기 일본 측 희망사항을 회담의제 해결 후에 다룰 것을 주장하는[122] 한편 제2차 본회의(4월 22일)에서는 한 달 후부터의 청구권 토의를 주장하는 일본 측에 대해서 일주일 후부터의 개시를 주장했다.[123] 일본은 이런 한국 측 요구를 비웃듯이 대장성(大蔵省)의 준비 부족이나 문제를 정치적으로 다룰 필요가 있으므로 선거 후의 신내각을 기다릴 필요가 있다 등의 이유를 대고[124] 청구권 토의에 들어갈 것을 조심스럽게 피했다. 일본 측은 그 의도를 "어업 문제는 동(動)적 성격을 가져 시급한 해결이 필요한 데 대하여 재산권 문제는 정(靜)적 성격을 띠므로 어업 문제만은 급속히 해결하고 싶다"[125]고 하여 청구권 문제와 어업 문제의 흥정을 완곡적으로 표현했다. 이후 한일회담 교섭의 주된 뼈대가 된 한국 측 청구권과 일본 측 어업 문제 해결 요구라는 흥정 구조는 이 시점에서 그 윤곽을 드러냈던 것이었다.

한편 그런 회담 교섭의 기축의 정착과 대조적으로 본시 과거청산의 핵심과제이던 기본관계 문제는 점점 주변으로 밀리게 되었다. 제2차 한일회담에서 기본관계위원회는 결국 두 차례밖에 열리지 않았다. 더구나 그 두 번의 기본관계위원회에 관해서는 다른 청구권, 어업, 재일한국인의 국적 및 처우, 선박 등의 문제들과 달리 회의록조차 작성되지 않았다.[126] 일본 측 자료에 의하면 제2차 한일회담에서 기본관계위원회가 경시된 것은 특히 짚어볼 것도 없으므로 다른 위원회의 진행상황을 보고 필요할 때 재개한다는 합의로 인해 휴회에 들어갔기 때문이었다.[127] 특수한 과거의 청산을 위해서는 반드시 필요한 구조약 무효확인 문제 등 과거 규정 문제는 "특별히 짚어볼 것"도 없는 문제로 일찌감치 전락되고 말았던 것이었다.

그나마 열린 두 차례의 회의에 관해서 그 회의 요지를 전하는 『한일회담약기(韓日會談略記)』에 의하면 5월 15일 제1차 기본관계위원회에서는 대표의 인사 교환만,

122) ibid., 860~861쪽.
123) ibid., 873~874쪽. 다만 한국 측은 청구권을 포함한 모든 의제의 토의라고 말하고 있다.
124) ibid., 872~873쪽.
125) ibid., 874쪽.
126) 공개된 회담의 공식문서에서는 제2차 한일회담에 관해서 청구권, 어업(어업 자료도 포함), 재일한국인의 국적 및 처우, 선박과 본회의 기록만이 있다.
127) 外務省, op.cit.(1953), 22쪽.

이어 25일 열린 제2차 기본관계위원회에서도 조약의 성격, 다른 분과위원회의 결론 삽입, 재일한국인의 국적 확인 문제 등 짧은 토의만 진행되었을 뿐 결국 제2차 한일회 담 기간 중 기본관계 문제에 배정된 시간은 한 시간도 채 안 되는 것이었다.[128] 동 위원회에서는 한일병합조약의 무효확인에 관해서 한국 측으로부터 그 요구에 변화 가 없음이 표명되었으나 그 내용에는 아무런 이론적 진전의 기미조차 없었다.[129]

2) 청구권 문제의 토의

한편 청구권에 관한 분과위원회는 1953년 5월 11일 개시되었다. 위원회 벽두 한국 측은 재산 및 청구권 문제에 관한 원칙, 법이론의 단계는 끝났다는 견해를 표명하는 한편 동시에 1952년 4월 29일자 청구권에 관한 미국의 각서를 제시하였다.[130] 그러나 원칙이나 법이론의 단계는 끝났다는 표명은 이후의 청구권 토의의 흐름을 들이거보 면 그를 위한 충분한 토의가 종료되었다기보다 사실상 제1차 회담에서 제시한 법이 론 이상의 논리적 전개는 어렵다는 인식을 솔직하게 드러낸 것이라고 해야 하겠다. 병합조약의 불법성 규정의 결여에다가 4조(a)에 의한 상호 협의 규정, 또 재한일본인 재산 처분의 승인을 규정한 4조(b)마저 그 몰수가 가능한 명확한 규정을 주지 않았던 제약하에서는 한국 측이 제1차 회담 이상의 법적 근거를 대는 것은 사실상 불가능했 다.

한편 제2차 회담에서는 일본 측도 기본적 이론의 전개를 반복하면 무한한 논쟁이 될 것을 지적하며 이론 전개는 잠시 보류하여 현실적 각도에서 문제를 취급할 것을 검토한다는 견해를 피력했다.[131] 일단 한국 측 기대에 부응하는 태도를 보인 것이었다.

다음 19일의 제2차 분과위원회에서는 일본 측은 미국의 각서는 당시 비망록 (aide-memoire)으로서 일본 측도 받았다는 사실을 밝히면서 일본 측으로서는 이 각

---

128) 외무부 정무국, 『韓日會談略記』(1960), 104~105쪽.
129) 다만 제2차 회담에서는 간도(間島)에 관한 언급이 있었다는 점이 주목할 만하다. 그러나 한국 측은 동 위원회에서는 간도에 관한 청일조약 무효선언 조항의 삽입 문제는 보류하겠다고만 하여 이후 동 문제 이 한일회담에서 정식으로 제기된 일은 없었다. ibid., 106~107쪽.
130) 『제2차 한일회담(1953.4.15~7.23), 청구권위원회 회의록, 제1차~3차, 1953.5.11~6.15』, 1134~1137쪽.
131) ibid., 1138쪽.

서에 의하여 법적 견해를 변화시킬 생각은 없으나 현실적 접근이라는 각도에서 실체를 발견하기 위한 실무 작업을 당분간 계속할 생각임을 제시했다.[132] 이런 청구권의 실체를 찾기 위한 실무 작업이라는 방침에 따라 동 위원회에서는 한국 측이 비공식적으로 제시하던 이하의 항목들에 대한 일본 측 조사 상황과 그 반환에 대한 의견 교환이 전개되었다.[133]

- 한국 국보, 역사적 기념물(미술공예품, 고서적 기타)
- 한국 지도 원판, 원도 및 해도
- 태평양전쟁 중 한국인 피징용 노무자에 대한 제 미불금 및 조위(弔慰) 대책
- 한국인(자연인, 법인) 소유 일본의 유가증권(공사채, 주식 등)

위에 이어 동 위원회에서는 한국 측으로부터 이하 다섯 가지 항목의 추가 제시와 의견 표명이 진행되며 이에 관해서도 비공식 실무자 간 회의에서 실체 파악에 노력한다는 합의가 이루어졌다.[134]

- 태평양전쟁 중 한국인 전쟁 부상자, 병자, 사망자에 대한 조위금 등 지불에 관한 건
- 한국 내에서 교환·회수한 일본은행권 대금청산에 관한 건
- 한국인 귀국자가 구 일본 관리에게 강제 기탁한 화폐 대금지불의 건
- 구 조선총독부 철도국 공제조합 재일재산 반환에 관한 건
- 구 조선장학회 유지재단 재일재산 반환에 관한 건

이런 실태파악 중심의 진행방식은 이어 열린 제3차 위원회(6월15일)에서 일본 측이 피징용자 관계의 수치에 관해서 극히 일부나마 [표 8]과 같은 잠정적인 조사결과를 한국 측에 통보하는 등 일정한 성과를 거두었다.[135]

이와 같이 제2차 한일회담은 제1차 한일회담시와 달리 법적 근거를 전면에 내세운

132) ibid., 1145쪽.
133) ibid., 1146~1148쪽.
134) ibid., 1148~1150쪽.
135) ibid., 1156쪽.

[표 8] 제2차 한일회담에서 일본 측이 제시한 피징용자 관련의 조사결과

육군관계	해군관계
해당자, 복원자 : 40,415명 (전사자 4,087명)	해당자: 49,252명
공탁금: 24,770,720엔	공탁금: 53,402,000엔
유골(보관분): 2672주	유골(보관분): 1448주

진행방식을 피함으로 인해 일부 실무적인 성과를 거둔 회담이었다. 하지만 이것은 결코 한일회담을 제2차 한일회담과 같이 사실 확인 중심의 실무회담 방식으로 이끌어 가면 문제가 해결된다는 것을 뜻하는 것이 아니었다. 말할 나위도 없으나 일본이 재한일본인 재산의 청구권을 포기하지 않는 한 결국 청구권 문제가 해결될 리가 없었음은 자명한 일이기 때문이다. 그리고 그 자명한 일이 벌어진 것이 다음 논할 제3차 한일회담에서의 결렬이었다.

즉 제2차 한일회담의 일정한 실무적 성과는 어디까지나 넘어야 할 핵심적 문제를 피한 겉치레에 불과했다. 그러나 청구권 문제 해결을 위해서는 반드시 넘어야 할 대립의 불씨를 피해서 거둔 그런 성과는 언젠가 그 대가를 치르기 마련이다. 결국 제2차 한일회담은 한국전쟁 휴전과 통일 문제를 다룰 제네바회의를 지켜보고 싶다는 일본 측 요청으로 7월 23일부터 휴회에 들어가며 짧은 기간으로 그대로 끝나게 되었다.[136] 그로 인해 그 대가가 표면에 드러날 틈은 없었다.

다음 제3차 한일회담시 터진 소위 '구보타 발언'으로 인한 회담 결렬과 그 후 4년 반에 걸친 장기 중단 상태야말로 바로 그런 표면적 협조의 대가였던 것이다.

5. 구보타 발언과 제3차 한일회담의 결렬

한국전쟁의 휴전협정이 7월 27일 체결됨에 따라 국방방위선으로 남아 있던 클라크라인(Clark Line)이 폐지되었다. 이로 인해 일본 어선의 관련 수역에서의 조업이 급증함에 따라 나포가 속출되었다. 실제 1953년은 나포선박 수 47척, 나포어민 585명

---

136) 외무부 정무국, op.cit.(발행년 불명), 67쪽.

으로 한일회담 기간 중 최대를 기록했다.[137] 이에 마지못해 일본 측은 하기 휴회로 되어 있던 회담 재개를 요청했다.[138] 이에 따라 중단된 지 약 3개월만인 53년 10월 6일 한일회담은 제3차로 탈바꿈하여 시작되었다. 하지만 이 회담이 소위 '구보타 발언'으로 인한 결렬로 2주 남짓한 짧은 기간으로 끝나고 만다.

따라서 회담의 진전이라는 각도에서 볼 때 동 회담은 아무런 분석 가치조차 없는 회담이라고 평가된다. 실제 선행연구에서도 이 회담에 관한 고찰은 교섭 진전에 관한 것이 아니라 바로 회담 결렬의 원인으로 된 구보타 발언에 집중되어 왔다. 또한 그것을 바라보는 시각 역시 한결 같이 그들 발언에 관한 일본 측 인식에 대한 비판의식이었다. 물론 본 연구 역시 그 발언에 나타난 일본 측 역사인식의 문제점에 관해서 새삼 이의를 제기하려는 의도는 없다.

하지만 이 발언으로 인한 회담 결렬이 시사하는 점은 오르지 일본 측 무반성적 역사인식에만 그치는 문제가 아니다. 일본 측 부당한 발언에 의한 반발로 중단되었다고 이해되어 온 견해들과 달리 과연 한국 측은 그 겉모습에 비친 발언 추궁의 자세대로 일본 측 과거인식을 진정 따진 것이었을까? 다시 말하면 구보타 발언에 의한 회담의 결렬은 과연 한국 측이 과거청산을 위하여 절대적으로 필요한 일본 측 과거인식을 바로잡기 위한 것이었을까?

이하 5절과 6절에서는 과거청산의 소멸논리를 보다 깊이 이해하기 위해서 구보타 발언을 계기로 한 한국 측 일련의 대응에 초점을 맞추어 위의 문제를 풀어나가야 한다.

1) 구보타 발언의 사실관계

10월 6일 막을 올린 제3차 한일회담 제1차 본회의는 바로 동 회담의 성격을 드러내고도 남는 것이었다. 그 벽두 한국 측 양유찬 수석대표[139]는 "개인자격으로서의 권고"

---

137) 小田滋 「日韓漁業協定の成立」, 『ジュリスト特集日韓条約』(1965), 17쪽; 김동조, op.cit., 87쪽.
138) 外務省, op.cit.(1953), 24쪽.
139) 제3차 한일회담의 한국 측 수석대표는 당초 양유찬이 맡았던 것 같다. 외무부 정무국, op.cit.(발행년 불명), 69쪽. 양유찬으로부터 김용식 주일공사로의 수석대표 교체 시기는 정확하지 않으나 제2차 본회의 이후 양유찬 주미대사의 출석 기록이 없으므로 양유찬 대사의 제3차 한일회담으로의 출석은 사실상 제1차

를 전제로 하면서 다음과 같은 취지의 발언을 하고 있다.[140]

- 한일 당국은 근접하고 있음을 인식해야 한다.
- 한국은 많은 손해에도 불구하고 자유진영의 방위선을 유지하기 위하여 공산 침략과 싸우고 있으며 만일 한국이 공산 침략의 수중에 들어가게 되면 일본도 위기에 빠지게 된다. 미국의 대한원조도 이 정신이다.
- 따라서 한일 양국은 친선관계를 유지해야 한다.
- 이를 위하여 회담을 성공시키려면 재한일본인 재산의 청구권을 포기해야 한다. 왜냐하면 재한일본인 재산은 전 재산의 85% 정도를 차지하고 있으며 일본이 그 요구에 고집할 경우 한국은 도저히 생활을 못하고 형식적인 독립만이 되기 때문이다.
- 일본이 재산 청구를 안 하면 회담은 성공하여 장래의 우호관계를 통한 공산주의에 대한 대비가 가능해지고 또 한국의 경제 부흥을 위하여 일본으로부터 물자 구입을 함으로써 일본의 경제적 이익에도 도움이 된다.

즉 양유찬의 벽두 인사는 제1, 2차 회담을 거친 시점에서 한일회담 성사의 관건이 무엇이고 또 그 성사가 무엇 때문에 필요한지를 설명할 필요조차 없을 만큼 여지없이 드러냈다.

한편 일본 측의 이 제3차 한일회담에 대한 주된 관심은 여전히 어업에만 있었다. 회담 재개를 요청하기 위하여 9월 24일자로 일본 측이 한국 측에 보낸 비망록 (aide-memoire)은 일본 측의 관심을 솔직하게 밝히고 있다.

소위 이 라인(李ライン) 시행을 위하여 한국 정부의 선박이 최근에 취한 강제조치로 인하여 일본의 관련 기관에는 심각한 타격이 일고 있으며 수십만의 일본 어민의 생활이 위험을 받고 있다. 현 상황의 응급한 해결이 극히 시급한 문제로 생각된다. 따라서 한일 간의 우호관계 유지와 아울러 현행 문제의 해결을 위하여서 일본 정부는 즉각적인 한일 회담의 재개를 제안한다.[141]

본회의 만이었다고 보여 진다. 이하 말할 양유찬의 인사는 벽두에 있었던 김용식 대표의 인사 후 진행된 것 같으나 김용식 대표의 인사는 그 기록이 없다.
140) 『제3차 한일회담, 본회의회의록 및 1~3차 한일회담 결렬경위, 1953.10~12』, 1251~1253쪽.
141) ibid., 1247쪽. 또한 일본 측 외무성의 자료도 역시 일본 측 중점이 어업에 있었음을 인정하고 있다. 外務省, op.cit.(1953), 24쪽.

이렇듯 피폐한 국가 재건을 위해서라도 하루라도 빠른 청구권의 해결을 이루고 싶었던 한국 측과 어업 문제 이외에 아무것도 얻을 것이 없던 일본 측 입장은 원래 평행선을 그을 수밖에 없는 구조하에 있었다.

일단 제1차 본회의에서는 지난 회담 때와 같이 기본관계와 어업, 재산청구권, 재일한국인의 국적 및 처우, 선박의 5개 분과위원회 설치가 합의되었다.[142] 하지만 2주만에 끝나 버린 짧은 회담이기도 했으나 제3차 한일회담에서는 기본관계위원회가 실질적인 움직임을 보인 일은 없었다고 판단된다.[143]

기본관계 문제의 토의는 공식기록도 작성되지 않은 제3차 한일회담에서의 토의를 끝으로 사실상 소멸되었다. 그 문제가 부활된 것은 후술할 청구권 문제의 틀이 결정된 제6차 한일회담 도중으로부터의 일이다.

그와 대조적으로 구보타 발언으로서 한일회담사에 그 이름을 남기게 된 격론이 벌어진 것은 역시 청구권분과위원회에서의 일이었다. 다시 말하면 제1차 한일회담 이래 역사인식을 둘러싸고 과거의 성격 규정에 관한 토의가 벌어진 것은 항상 재산청구권을 둘러싼 교섭과정에서의 일이었던 것이다.

10월 9일 열린 제1차 청구권분과위원회에서는 제2차 한일회담과 달리 한국 측으로부터 그 회의 벽두에 사실 확정의 근거가 될 반환 원칙의 토의를 촉구하는 요구가 나왔다. 법이론을 일단 보류함으로써 일정한 조사 실적을 거둔 제2차 한일회담시의 양호한 분위기와 달리 또 다시 근본 문제에 되돌아가게 된 것은 지난 회담 당시 한국 측이 요구하던 5항목의 추가 조사 요구에 대해서 그 후 일본 측으로부터 아무런 회답이 없었던 것이 작용한 것으로 추측된다.[144] 한편 일본 측이 이 5항목에 관한 답을 보류하기에 이른 것은 제2차 한일회담 당시 재한일본인 재산의 반대 조회에 대해

---

142) 『제3차 한일회담, 본회의회의록 및 1~3차 한일회담 결렬경위, 1953.10~12』, 1253~1254쪽.
143) 사실 제3차 한일회담 공식문서에도 기본관계위원회의 토의 기록은 없다. 다만 회담의 대략을 전하는 한국 측 자료에 의하면 기본관계위원회가 개최된 사실은 있는 것 같다. 외무부 정무국, op.cit., 1960, 171~174쪽. 그러나 동 위원회에서 토의된 것은 범죄인 송환 문제나 그 해당자의 취급방법 그리고 기본관계조약의 삽입조항의 최소화 여부 등이며 실질적인 새로운 진전은 없었다고 판단된다.
144) 한국 측은 위에 관한 불만을 표시한 후 따라서 반환원칙의 토의, 확립이 선결 문제가 되었다는 인식을 토로하고 있다. 『제3차 한일회담, 청구권위원회회의록, 제1~2차, 1953.10.9~15』, 1376쪽.

[표 9] 한국 측이 정리한 구보타 발언의 문제점

1	평화조약 체결 이전에 일본과 관계없이 영토처리(한국의 해빙과 독립시킨 것을 의미함)를 한 사실에 대하여 국제법 위반
2	연합국의 명령으로 말미암아 재한일본인 60만이 일본 본토로 반환된 사실에 대하여 국제법 위반
3	연합국의 명령으로 말미암아 재한일본인 재산이 몰수된 사실과 그렇게 처리하였다는 미국국무성의 견해에 대하여 국제법 위반
4	카이로선언에 있어서 '한국인의 노예상태'라고 선명된 것은 연합국의 흥분의 표현
5	36년간의 한국 통치는 한국 국민에게 은혜를 베풀었다는 극언

한국 측이 무시한 것이 크게 작용한 것으로 보인다.[145]

　이와 같이 그 시기가 언제가 되든 결국 청구권 수수의 확정에는 청구권 요구의 법적 근거의 토의를 피할 수가 없었다. 동 위원회에서는 한국 측 반환 원칙 확인의 요구에 대해서 일본 측은 종래의 청구권에 관한 이론적 견해를 포기할 의사가 없음을 표명했다. 또 일본 측은 지난 회담에서 나온 양유찬 대사의 상호 청구권 포기 발언이 자기 측 관심사임을 솔직하게 내비쳤다.[146] 동 위원회와 13일 열린 제2차 본회의에서는 이런 일본 측 사실상의 상쇄 요구에 대해서 한국 측은 일본이 재한일본인 재산에 고집한다면 권리소유자(rightful owner)에 대한 반환을 의미하는 보상(restitution) 이상의 요구를 하지 않을 수가 없음을 밝힘으로써[147] 실질적인 배상(reparation) 요구의 가능성을 시사하는 등 일본 측에 대한 압박 수위를 높였다.

　문제로 된 구보타 발언 자체는 이런 분위기 속에서 제2차 청구권회의(10월 15일)의 석상에서 나왔다. 이 회의에서는 우선 고서적에 관한 청구(restitution) 문제가 토의되고 그 후 전후 연합국에 의한 전후 처리 문제가 거론되었다. 기록에 의하면 소위 '구보타 발언'이라고 불리는 문제발언이 터진 것은 바로 이 연합국에 의한 전후 처리 문제의 법이론이 토론되는 과정에서의 일이었다. 한국 측이 정리한 이 발언의 내용은 [표 9]와 같다.[148]

---

145) 사실 일본외무성은 제2차 한일회담 당시 일본 측은 한국 측 조회에 대해서 회답을 했음에도 불구하고 재한일본인 재산에 관한 일본 측의 조회 요청에 대해서 한국 측이 무시했다는 불만을 기술하고 있다. 外務省, op.cit.(1953), 22쪽.

146)『제3차 한일회담, 청구권위원회회의록, 제1~2차, 1953.10.9~15』, 1378~1379쪽.

147)『제3차 한일회담, 본회의회의록 및 1~3차 한일회담 결렬경위, 1953.10~12』, 1272쪽.

148)『제3차 한일회담, 청구권위원회회의록, 제1~2차, 1953.10.9~15』, 1387~1388쪽.

하지만 이상과 같은 한국 측 요약과 달리 동 발언의 사실관계는 양국의 확인 가능한 자료에 있어서 일정한 차이가 있다. 따라서 동 발언에 관한 분석을 하기 위하여서도 우선 문헌 인에서 확인 가능한 사실관계로부터 가급적 정확하게 정리할 필요가 있다.

동 구보타 발언이 터지기 직전 한국 측은 다음과 같은 요지의 발언을 하고 있다.[149]

- 한국은 한국의 부의 80%를 차지하는 재한일본인 재산의 반환요구를 일본 측이 한다는 것은 전혀 예상하지 않았다.
- 그러므로 배상적인 것을 보류하고 같은 정치 · 경제기구로부터의 분리에 따른 법적 청산적 성질의 청구를 합리적 범위 내에서 하고 있다.
- 따라서 일본이 끝까지 상쇄를 주장한다면 새로운 고려, 즉 수원학살사건, 소위 치안유지법 위반에 따른 처형, 합병시의 살해 등의 배상적 요구를 해야 한다.

구보타 발언은 바로 위와 같은 한국 측 주장에 대한 응수로서 나왔던 것이었다.[150]

구보타[151]: 한국 측에서 대일청구권에 있어서 새로운 고려, 즉 배상을 요구한다면 일본은 그동안 한인에게 입힌 은혜, 즉 치산 · 치수 · 전기 · 철도 · 항만 시설에 대해서까지 그 반환을 청구할 것이다. ([표 9]의 5 발언)

이에 대해서 한국 측은 그런 이야기는 일본이 점령하지 않으면 한국인은 그동안 오직 자고만 있었다는 전제하에서만 성립되며 일본이 없어도 한국은 근대국가로서 진보했다는 취지의 반론을 한 데 대해 구보타 대표는 재반론을 했다.

구보타: 외교사적으로 볼 때 일본이 침출하지 않았더라면 러시아 또는 중국에게 점령되어 현재의 북한같이 더 비참하였을 것이다. ([표 9]의 5 발언과 일맥상통)

한국 측은 위의 발언에 대해서 발끈해서 일본 측이 거기까지 말한다면 이 회의는 위험하게 된다는 취지의 경고를 했는데 이에 대해 일단 일본 측은 한발 물러서는 기미

---

149) ibid., 1393~1394쪽에서 요약.
150) 본론 이하, ibid., 1394~1399쪽에서 요약.
151) 공식기록상에서는 발언자는 단지 "일본 측"으로만 기술되고 있으나 문맥을 맞추는 의미에서 '구보타'라고 표기했다.

를 보여 과거나 배상이 아니라 단지 법률적 토의만을 요구했다. 그러나 한국 측은 일본 측 인식을 계속 따졌다.

> 한국: 재한일본인의 축재가 정당하다고 생각하는가? 당시 자본 구성만 하더라도 95%가 일본인의 것으로 되었던 사실까지 평등한 기회에 의하여 획득한 것이라고 생각하는가?
>
> 구보타: 그것은 자본주의 시대에 있어서는 하는 수 없는 것이다.
>
> 한국: 그렇다면 연합국이 왜 그 카이로선언에 있어서 한국인의 노예상태라고 지적하였는가?
>
> 구보타: 그것은 연합국이 전시 중 흥분하여서 말한 것이며 연합국 자체의 인격을 손상하게 할 것이다. ([표 9]의 4 발언)

이어 미군정에 의한 일본인 재산 몰수에 관한 법적 토론이 이어졌다. 재산 몰수와 한국으로의 귀속에 대해서 한국 측은 그들 조치가 피억압민족의 노예상태로부터의 해방이라는 2차 대전 이후의 커다란 처리의 하나의 현상에 불과하며 만약에 일본 측에 불만이 있다면 미국에 대해서 해야 한다는 것, 또 평화조약 이전에 일본의 동의 없이 영토 처리를 한 것이나 재한일본인의 추방도 이런 해방이라는 정신 아래 이루어졌음을 주장한 후 이하와 같이 계속 추궁의 자세를 멈추지 않았다.

> 한국: 이러한 사실을 사유재산 몰수보다도 종래의 국제법에 비추어 보면 어떻게 설명할 것인가?
>
> 구보타: 그러한 연합국의 한 짓은 다 국제법 위반이라고 생각한다.
> ([표 9]의 1, 2, 3 발언, 다만 1, 2를 직접 부인한 것인지 애매함)

그 후 다른 나라의 예를 들어 재산 몰수에 관한 일부 토의가 계속되었으나 소위 '구보타 발언'으로 정리된 내용에 관하여 새로운 내용을 담은 발언이 전개된 기록은 찾지 못한다. 하지만 일본 측 기록문서에서는 해당 부분의 내용에 관해 한국 측 기록과 약간의 차이를 보인다. 「아사히신문」이 보도한 일본 측 동 재산청구권위원회 회담의사록에 의하면[152] 구보타 대표는 마지막 발언 부분에 관하여 사건으로서는 사유재산 몰수는 역시 위반이라고 생각한다고 말하고 있으나 1의 평화조약 이전의 독립 문제에 관해서는 "영토는 조약으로 결정되어 있으므로 문제가 없다", 2의 추방 문제에 관해서도 "점령군의 정책이었다"라고만 말하여 국제법 위반이라는 발언을 했다는 기록은 없다.

따라서 한국 측 문서에서 정리되어 있는 5가지 발언에 관해서 양측 회의록에서 확인 가능한 구보타 발언의 사실은 3, 4, 5에 관한 발언뿐이다. 기타 1, 2에 관해서 훗날 국회에서 구보타 대표 본인이 1에 관해서 단지 이례로만 말하여 또 2에 관해서는 점령군의 정책이므로 국제법 위반이라거나 위반이 아니라거나 말 안하겠다고 대답했다고 해명하고 있다.[153] 또 이 점은 이하에서 고찰할 한국 측 다른 기록에서도 일치하므로 1, 2 발언 자체가 구보타 대표 본인의 명확한 의사로서 나온 것인지는 입증되지 않는다.

구보타 발언의 의미를 분석하기 위하여 여기서 또 하나 짚고 넘어가야 할 것은 동 위원회에서는 위와 같은 심각한 감정적인 응수가 벌어지기는 했으나 협의 계속의 의사표명이 이루어졌다는 사실이다. 기록에 의하면 동 위원회의 마지막에서 한국 측은 "양국의 친선을 도모하기 위하여 조속히 회담을 타협시켜야 될 것이다"라는 발언을 하고 있다.[154] 이어 일본 측 역시 "예정하지 않은 것까지 언급하였으나 타의가 있는 것이 아니었으니 만일 일본 측의 불손한 태도나 인상을 준 것이었으면 용서하여 달라"[155]고 가벼운 사과까지 하면서 "한일관계를 조속히 해결하기 위한 노력"[156]을 약속하는 등 회담 속행의 의사를 표시하고 있었다. 그 하나의 증거로 동 위원회에서는 다음 개최 날짜로서 10월 22일이 분명히 정해져 있으며 적어도 청구권위원회의 실무 당사자 간에서는 다음 회의의 날짜 결정을 유보해야 할 만큼의 심각한 대립 상태가 아니었음을 알 수가 있다.[157]

---

152) 「朝日新聞」1953年 10月 22日.
153) 国会会議録, 第16回国会, 「参議院水産委員会」第10号(1953.10.27), 1~2쪽.
154) 『제3차 한일회담, 청구권위원회회의록, 제1~2차, 1953.10.9~15』, 1405쪽.
155) ibid., 1405~1406쪽.
156) ibid.
157) 이점에 관해서는 동 위원회에 참석한 일본 측 교섭당사자인 마에다(前田利一)도 같은 취지의 증언을 남기고 있다. 동 씨에 의하면 우연히 동 위원회에 합석한 한국 측 유력한 정치인도 대립을 수습하는 발언을

[표 10] 1953년 10월 20일 제3차 본회의에서의 구보타 대표의 답변

	한국 측 문제시한 논점	구보타 대표의 답변
1	평화조약 체결 전에 한국이 독립된 것은 국제법 위반이란 발언에 관해서	본인이 말한 의미는 한국독립에 관해서 최종적으로 종결을 짓는 것은 평화조약에 의하여 행하는 것이 통례이며 일본으로서는 전쟁의 최종적 종결은 대일평화조약으로서 될 것이다 [……] 일본에 관한 한 한국의 독립을 승인한 날짜는 대일평화조약 발효일인 것이다.
2	일본 패전과 동시에 재한일본인들을 전부 철수시킨 것이 국제법 위반이라는 발언에 관해서	본인은 이런 말을 한 것은 절대로 없다.
3	재한일본 국유 및 사유 재산에 대한 청구권에 관해서	사유재산에 관한 한 이것은 점령지역에 있어서 존중되어야 한다는 것이 국제법상 원칙이다 [……] 일본으로서는 의견을 철회시킬 수 없다. 따라서 만일 법령을 일본 측 해석대로 해석치 않고 한국 측의 해석대로 해석한다면 이 해석은 국제법 위반인 것이다.
4	포츠담선언에 인용된 카이로 선언의 '한민족이 노예상태'에 있다는 문구에 관하여	본인의 생각에 의하면 [……] 일본이 수락한 것은 그 법률적 효과를 수락한 것이다. 따라서 기타의 문구에 관한 해석에는 다른 해석이 생각할 수 있다.
5	일본의 과거의 한국통치가 한민족에 은혜를 주었다는 표현에 관해서	본인으로서는 이 문제는 건설적인 것이 아니므로 터치하고 싶지 않았었다. 일본은 패전하여서 갱생하였고 한국은 독립하였으므로 과거는 생각하지 않고 이 회담을 진행하는 것이 좋다고 생각한다. 귀국 측에서 본인의 발언이 파괴적이라고 말하나 본인으로서는 오히려 귀국 측이 회의와 직접관계 없는 이 이야기를 하고 본인의 발언에 과도하게 이의를 부쳐 의론(議論)을 복잡하게 한다고 생각한다. 본인의 발언에 대하여 귀 측이 석명(釋明)하라고 하나 석명할 문제가 아니다. 따라서 일본의 한국통치가 한민족에 은혜를 베풀었다는 문제에 관하여는 긍정도 부정도 할 수 없다.

그런 흐름을 뒤집은 것은 문제의 발언이 터진 지 닷새 후인 10월 20일에 열린 제3차 본회의에서 보인 한국 측 대응이었다. 회의 벽두에 한국 측이 추궁한 구보타 발언 관련의 내용과 구보타 수석대표 자신의 답변을 정리하면 [표 10]과 같다.[158]

이상과 같은 구보타 수석대표의 답변에 대해서 한일 양국 사이에서 거센 응수가 또 다시 벌어졌다.[159]

했으며 따라서 거센 응수였음에도 불구하고 이대로 회담은 계속될 것이라는 느낌을 가지고 그 자리에서는 한시름을 놓았다고 증언하고 있다. 그러나 그 익일 이후 갑자기 한국 측 통보로 인하여 각 위원회는 중단되게 되었다고 한다. 前田利一,「特別企画 日韓国交正常化20年間の歩み 前駐韓国大使 前田利一氏に聞く(上) 日韓国交正常化前の実情」,『経済と外交』no.758(1985a), 4쪽.
158)『제3차 한일회담, 본회의회의록 및 1~3차 한일회담 결렬경위, 1953.10~12』, 1280~1283쪽에서 요약.

김용식: 귀하는 상금 평화조약 발효 전에 독립한 것을 국제법 위반이라고 생각하는가?

구보타: 종래의 국제법의 관례로 보아 이례라고 말한 것이다. 따라서 적극적으로 국제법 위반인지 위반이 아닌지 하는 문제에 대한 답변은 보류하겠다.

[……]

김용식: 2차 대전 직후 재한일본인을 강제로 철거시킨 것은 국제법 위반이라고 생각하는가?

구보타: 그런 말을 한 적이 없다. 만일 귀측의 기록에 본인이 그렇게 말한 것으로 되어 있으면 취소하여 주길 바란다.

김용식: 아직도 귀하는 포츠담선언에 있는 '한민족의 노예상태'의 문구160)는 연합국이 흥분하고 있었으므로 인하여 사용한 문구라고 생각하는가?

구보타: 그렇다. 만일 연합국이 현재 같은 상태에서 포츠담선언문을 작성하였다면 그런 문구를 사용치 않았을 것이다.

김용식: 일본이 한국을 통치하여서 한국에 은혜를 베풀었다고 귀하는 아직 믿고 있는가?

구보타: 그 말은 귀국 측에서 일본의 한국통치의 '마이너스'된 면만을 말하였으므로 '플러스'된 점도 있다는 것을 말한 것이다. 따라서 이런 말은 한국 측이 먼저 발언하기 시작한 것으로 발생한 말이다. 그런 고로 본인의 발언을 후반만 들어서 이야기하면 안 된다.

김용식: 그러면 이 발언은 공적 발언이었는가.

구보타: 물론 개인으로 말한 것은 아니며 공적 자격으로 말한 것이다. 그러나 이런 발언을 하라는 정부의 훈령에 의하여 발언한 것은 아니다.

이상의 응수 후 김용식 수석대표는 이들 문제는 한일회담을 원만히 해결할 "근본적 정신이 될 문제"이며 따라서 이들 문제의 해결 없이 회담 진행은 불가능하다는 것을 표명했다.161) 이에 대해서 일본 측 시모다(下田武三) 조약국장은 2차 대전 후에는 많은 국제법상의 이례 사태가 벌어졌으므로 한국의 평화조약 전의 독립도 이들의 하나이므로 아무런 국제법 위반도 아니라는 취지의 발언을 하고162) 사태의 수습을

---

159) 이하 인용은 ibid., 1283~1288쪽에서 발췌.
160) '한국인의 노예상태'라는 표현은 카이로선언에서 쓰인 표현이며 포츠담선언에는 없으나 포츠담선언은 그 제8항에서 카이로선언의 조항의 이행을 규정하고 있으므로 김용식 대표의 말은 이것을 염두에 둔 것으로 보인다. 본론에서 그 다음에 나오는 장경근 대표의 발언도 같다고 판단된다.
161) ibid., 1288쪽.
162) ibid., 1288~1299쪽.

도모하려 한 기록이 있다. 그러나 구보타 대표는 이런 자국 측 대표의 의견에 대해서도 다음 회의에서 답변을 한다는 약속만 하는 데 그쳐 제3차 회의는 그대로 끝나고 말았다.

익일 21일 열린 제4차 본회의에서 구보타 수석대표는 위에서 약속한 평화조약 이전의 한국 독립 문제에 관해서 한국이 대일평화조약 전에 독립하였고 이 독립을 국제연합을 위시하여 다수 국가가 승인하였다는 사실을 자신들도 인정하고 있으므로 이 독립 승인이 시기상조라고도 보지 않으며 심지어 국제법 위반이라고도 생각하지 않는다. 다만 일본은 패전에 의하여 완전 독립국가가 아니므로 자진 승인은 하지 못했으며 단지 평화조약 발효시 정식으로 한국의 독립을 승인하였다는 취지의 설명을 하여 국제법 위반이라는 [표 9]의 첫 번째 발언을 보다 분명히 부정했다.[163]

그러나 한국 측은 회담을 계속하기 위하여 이런 구보타 대표의 타협적 자세에 초응하려는 기미를 보이지 않았다. 장경근 대표는 이하 두 가지 취지의 발언을 추가하여 공격의 수위를 한층 높였다.[164]

첫째 포츠담선언에 있던 '한국인의 노예상태'라는 표현에 관해서 그것을 받아들이지 않는 일본 측 태도는 포츠담선언에 구속당하지 않는 것이다. 따라서 한국을 해방시켜 일본인을 한국에서 추방하여 재한일본인 재산을 귀속시킨 일련의 조치가 '노예상태'에 유의해서 불법 상태를 정상 상태로 복귀시키는 것인데도 이것을 인정하지 않는 일본 측 태도는 이것들을 전면적으로 부인하는 것이라는 결론에 도달하지 않을 수가 없다.

둘째 일본 통치가 은혜를 주었다는 발언에 관해서 일본 측은 마이너스가 된 면만이 아니라 플러스가 된 면도 있다는 견해뿐만 아니라 한술 더 떠서 일본 지배가 없었으면 더 비참해졌을 것이라는 언급을 했다. 이것은 총독 정치가 은혜를 주었다는 것 외에는 해석되지 않으며 이런 일본의 이익을 위한 착취 정치를 한국인에게 이익을 주었다고 보는 관념은 과거의 총독 정치의 정당화이고 이것을 전제로 국교 조정을 하는 것은

---

163) ibid., 1292~94쪽.
164) ibid., 1304~1307쪽에서 요약.

[표 11] 1953년 10월 21일 제4차 본회의에서의 김용식 수석대표의 회담 계속 조건과 구보타 수석대표의 답변

김용식 수석대표의 회담 계속 조건	구보타 수석대표의 답변
문제발언의 5개항의 성명을 철회할 것	국제회의에서는 일국의 대표로서 견해를 발언함은 당연한 것이고 또 상호 차이가 있는 의견을 토로함은 응당 있을 수 있는 일이다. 그러나 본인의 경험으로 보아 일국의 대표가 발언한 것을 철회하였다는 예를 들은 일이 없다. 마치 본인이 폭언을 한 것 같이 본인의 전 발언 중 한 개 내지 두 개 항목만을 발표하여 외국에 선전하는 것은 타당치 않다고 생각한다. 따라서 본인은 이 문제시된 회의에 관한 회의록을 공표할 생각이다. 그리고 본인의 발언을 철회할 의사는 전혀 없다.
귀 측의 상기 성명이 과오였다고 언명할 것	본인의 발언이 과오였다고 생각하지 않는다. 그러나 귀측에서는 귀측의 요청을 우리 측이 수락 않는다면 이 회의를 더 진행할 수 없다고 하나 우리 측은 그렇게는 생각하지 않는다. 만일 그대로 귀측이 이 회의를 진행 못한다면 유감된 일이나 회의는 결렬될 것이며 할 수 없는 일이다.

모순이다.

장경근 대표의 발언에 이어 김용식 대표는 이하 두 가지를 회담 계속의 조건으로 삼았다.[165] 그에 대해 구보타 수석대표는 평화선의 일방적 선포와 그에 따른 일본 어선 나포에 대한 부당성을 지적한 후 이하와 같은 취지의 이유를 들고 한국 측 요구를 거절했다.[166] 김용식 대표가 내건 두 가지 조건과 구보타 수석대표의 답변을 정리하면 [표 11]과 같다.

김용식 대표는 위 구보타 수석대표의 답변을 듣고 "귀하는 우리 측의 요청을 거부하였으니 본인이 말한 바와 같이 이 회담에 더 계속하여 출석할 수가 없으며 이것은 전혀 귀측에 책임이 있는 것이다"[167]라고 말하여 회담 결렬을 선언한 것이었다.

2) 구보타 발언에 대한 한국 측 대응의 진정한 이유

이상이 주로 한국 측이 공개한 공식문서를 통해서 확인 가능한 소위 '구보타 발언'과 그에 대한 한국 측 대응에 관한 사실관계다. 다시 한 번 확인한다면 15일의 제2차 청구권위원회에서는 문제 없이 교섭 당사자 간에서는 협의 계속이 동의되어 있었다. 하지만 회담은 20일의 제3차 본회의에서의 한국 측 추궁에 의하여 그 양상을 달리했

---

165) 『제3차 한일회담, 본회의회의록 및 1~3차 한일회담 결렬경위, 1953.10~12』, 1300~1301쪽.
166) ibid., 1301~1303쪽.
167) ibid., 1303쪽.

던 것이었다.[168]

고찰한 바와 같이 파문을 일으킨 구보타 발언은 21일까지의 본회의 토의로 인해 사실상 청구권 포기 문제와 '노예 부정 발언', 그리고 '은혜 발언'에만, 즉 한국 측이 먼저 제기한 5가지 문제발언 중의 3, 4, 5의 내용에만 축소되어 있었다. 더구나 미군정에 의한 일본인 사유재산의 몰수는 국제법 위반이라는 논점은 제1차 한일회담 당시부터 거론되어 있었던 것이며[169] '노예 부정 발언', '은혜 발언'으로 상징되는 식민지 지배에 대한 과거인식들은 당시 일본 측 집권자들의 보수성이나 개시된 지 이미 2년에 이르는 한일회담의 경험을 생각할 때 충분히 예상되는 범위 내의 일이었다.

사실 카이로선언에 있는 '노예' 규정에 관해서는 청구권의 법적 토의가 진행된 제1차 한일회담 제7차 청구권분과위원회에서도 이미 일본 측에 의하여 부정되어 있었다.[170] 또한 김용식 수석 역시 제1차 한일회담 당시 어떤 비공식 만찬 자리에서 한국 측 구조약 원천 무효확인 요구에 대해서 당시 일본 측 마쓰모토(松本俊一) 수석 대표가 한일병합을 정당화하는 발언을 했음을 증언하고 있다.[171] 다시 말하면 구보타 발언은 그때까지의 일본 측 태도를 보면 예상치 못한 새로운 폭언이 아니었던 것이다. 그럼에도 한국 측은 회담을 결렬시키는 방향으로 사태를 몰아갔다고 판단된다. 따라서 이 한국 측 대응에는 단지 발언 자체에 대한 감정적인 측면을 넘어 정책적 판단이 깔려 있었음을 짐작할 수 있다.

안타깝게도 이 문제를 푸는 데 15일 제2차 청구권위원회 종료 후 20일의 제3차 본회의까지의 닷새 동안 한국 측 내부에서 어떤 정책적 토의가 이루어졌는지를 가리

---

168) 이러한 상황 변화로부터 추측해서 일본 측 외무성은 15일 청구권위원회 이후의 한국 측 태도 변화, 즉 사실상 한국 측이 회담을 결렬시킬 행동을 취하게 된 것은 동 청구권위원회에서 일본 측 양보의 가능성이 없다는 것을 판단한 결과임을 지적함으로써 회담 결렬을 지나치게 구보타 발언과 연결시키는 것은 진실이 아니라고 지적하고 있다. 外務省, op.cit.(1953), 26쪽.

169) 일본 측 제1차 한일회담 수석대표이었던 마쓰모토(松本俊一)는 이 사실로 인하여 소위 구보타 발언이 일어나는 단서는 자신이 만들었다고까지 주장하고 있다. 松本俊一, 『現代史を創る人々』, 中村隆英, 伊藤隆, 原朗 編(每日新聞社, 昭和47年(1972)), 178~179쪽.

170) 예컨대 한국 측의 '노예규정'과 재한일본인 재산 취득의 부당성 주장에 대해서 일본 측은 정당한 취득임을 강조하면서 '노예규정' 자체를 해석의 문제에 불과하다는 취지의 발언을 하고 있다. 『제1차 한일회담(1952.2.15~4.21), 청구권분과위원회 회의록, 제1차~8차, 1952.2.20~4.1』, 407쪽.

171) 김용식, op.cit., 115~116쪽.

키는 문헌적 자료는 발견할 수 없다. 겨우 이 닷새간의 움직임을 일부 전하고 있는 김동조의 회고 역시 당장 회담을 그만두어야 한다고 주장하는 홍진기 대표에 대해서 김용식 공사나 유태하 대표들이 본국 청훈의 필요성을 설득하고 있는 모습이나 그때 예정되던 20일의 변영태 외무부장관의 방일을 기다리려고 하는 대표단들의 움직임을 전하고 있을 뿐이다.[172] 그리고 동 김동조의 회고에 의하면 한국 측이 회담을 결렬로 몰아간 것은 결국 21일 하사된 이승만의 훈령에 따른 조치였다.[173]

하지만 본회의에서의 한국 측 태도 및 회담 결렬 후의 일련의 흐름을 생각할 때 한국 측이 회담을 결렬시킨 진정한 이유가 어디에 있었는지 충분히 추측 가능하다.

우선 일본 측은 결렬된 회담을 타개하기 위하여 동년 12월쯤에는 비밀리에 한국 측에 서한을 보내고 있다.[174] '비밀(CONFIDENTIAL)'이라고 찍힌 이 영문 문서는 문서 작성의 주체나 날짜가 빠져 있으나 그 내용상 구보타 발언으로 인하여 결렬된 회담 재개를 요청하는 일본 측 문서임이 분명하다.[175]

일본 측은 동 문서에서 극동과 세계평화의 안정을 위하여 한일 양국의 협력의 필요성을 지적한 후 한국 측이 제기한 구보타 발언에 관해서 그것은 비공식(informal) 및 우발적(extemporaneous) 발언을 둘러싸고 일어난 오해이며 기록은 동 발언이 한국 측이 제기한 의미와는 다른 것을 가리키고 있다는 것, 그리고 만약에 비공식 입장에서 어떤 의견 표명이 나와도 그것은 관련 문제에 관한 일본 정부의 견해가 아님을 분명히 하고 싶다고 지적하여 이하와 같이 각 항목에 관해서 해명하고 있다.

첫 번째 평화조약 이전의 한국 독립이 국제법 위반이라는 발언에 관해 일본 정부는 자세한 기록을 검증하면 일본 측 대표는 그런 발언을 하지 않고 있다고 주장하는 한편,

---

172) 김동조, op. cit., 59~61쪽.
173) ibid., 62쪽. 한편 당사자이던 김용식은 세간의 소문과 달리 회담 결렬 여부에 관해서 이승만 대통령에게 청훈을 행하지 않았다고 술회하고 있다. 김용식, op. cit., 201쪽.
174) 『제3차 한일회담, 본회의회의록 및 1~3차 한일회담 결렬경위, 1953.10~12』, 1313~1317쪽. 이 문서는 "53년 한일회담 재개를 위한 전제 사항"이라는 부분에 수록되어 있다.
175) 예컨대 동 문서의 최후에서는 "일본 측 대표단은 과거의 차이나 논쟁을 버려 새로운 마음으로 만나면 (meet afresh) 이 회담의 성공을 확신하고 있다"고 쓰고 있다. ibid., 1317쪽. 김용식의 회고에서는 일본 측은 회담 재개를 위한 메모를 미국 측에 전달하여 한국 측 의향을 떠봤다고 하니 그 시기를 감안할 때 동 문서가 김용식이 증언하는 메모일 가능성이 있다. 김용식, op. cit., 208쪽.

정식으로 일본 정부로서 평화조약 발효 이전에 한국을 독립국가로서 간주해 왔다고 지적함으로써 정부로서 국제법 위반이 아님을 사실상 승인하고 있다. 이 해명에 관해서는 앞서 확인했듯이 구보타 대표 본인 역시 제4차 본회의에서 국제법 위반이 아님을 천명했었다.

두 번째 재한일본인의 추방이 국제법 위반이라는 발언에 관해 일본 정부는 기록상 그런 발언은 사실관계로서 존재하지 않음을 지적하고 있다. 이에 관해서는 앞서 확인했다시피 한국 측 문서기록에서도 원래 동 내용으로서 해석된 발언이 나온 것은 연합국의 한국 해방에 관한 일련의 조치에 대한 답으로서의 일이며 일본인 추방 자체를 진정 문제삼기 위한 것이었는지 애당초부터 분명하지 않았다. 더구나 그후 '국제법 위반 발언' 자체의 존재를 부정하는 구보타 대표의 발언이 한일 양국의 기록에서 확인 가능한 것을 생각하면 와전되었을 가능성이 컸다.

세 번째 재한일본인 재산에 대한 미국의 처리 문제에 관해서 일본 정부는 양국에서 많은 논의가 이루어졌다는 것, 같은 문제를 여전히 거듭만 하고 있다는 것, 일본은 평화조약을 충실하게 앞으로도 준수해 나간다는 등의 완곡적인 언급만 하면서 미국에 의한 재한일본인 재산 몰수의 국제법 위반 여부에 대해서는 답변을 피하고 있다. 그것은 실질적으로 동 주장을 철회하지 않고 대한청구권을 계속 유지할 것을 시사했다고 봐도 무방한 내용이었다.

네 번째 노예상태는 흥분의 표현이라는 발언에 관해서 일본 정부는 평화조약과 같이 카이로선언에 관해서도 그 법적 구속력을 인정하여 모든 조항의 충실한 준수의 계속을 표명한다는 것만 지적하면서 확답을 피했다. 이 발언 역시 일본 정부는 사실상 부정하지 않았다고 볼 수 있다.

마지막으로 일본의 통치가 한국인에게 은혜를 가져다주었다는 발언에 관해서 일본 정부는 일본 국민이 한국 통치 중 건축, 철도, 기타 개선을 통해서 일본인뿐만 아니라 한국인에게도 이익을 주었다고 생각하고 있으나 동시에 이들 공헌이 어떤 의미에서든 한국의 국가독립의 손실이나 현실적인 곤경(hardships), 그리고 피해(sufferings) 등을 보상하는 것이 아님을 인식하고 있다고 기술하면서 은혜 발언에

[표 12] 1953년 12월 시점에서의 구보타 발언에 대한 일본 측 태도

	한국 측 추궁 논점	일본 측 태도 표명
1	평화조약 체결 이전에 일본과 관계없이 영토처리(한국의 해방과 독립시킨 것을 의미함)를 한 사실에 대하여 국제법 위반이라고 한 발언	명확한 부정
2	연합국의 명령으로 말미암아 재한일본인 60만이 일본 본토에 반환된 사실에 대하여 국제법 위반이라고 한 발언	발언의 사실관계 자체 부정
3	연합국의 명령으로 말미암아 재한일본인 재산이 몰수된 사실과 그렇게 처리하였다는 미국 국무성의 견해에 대하여 국제법 위반이라고 한 발언	유지 표명
4	카이로선언에 있어서 '한국인의 노예상태'라고 선명(宣明)된 것은 연합국의 흥분의 표현이라고 한 발언	애매한 태도로 인한 긍정
5	36년 간의 한국 통치는 한국 국민에게 은혜를 베풀었다는 발언	애매한 태도로 인한 긍정

관해서 애매한 태도를 유지했다. 따라서 이에 관해서도 부정하지 않았다고 볼 수 있을 것이다.

이상 제4차 본회의에서의 구보타 수석대표 본인의 해명과 위에서 말한 일본 정부의 입장표명을 종합하여 평가할 때 53년 12월 시점으로 한국 측이 요구한 다섯 가지 문제제기에 관한 일본 측 태도 표명은 [표 12]와 같이 요약된다.

즉 일본 측은 위원회에서와 같이 계속 3, 4, 5만은 유지하는 태도를 보였다. 여기서 주의해야 할 것은 얼핏 보기에는 3, 4, 5는 다른 문제로 보이나 '노예'나 '은혜' 표현에 관한 인식 문제는 바로 일본에 의한 한국 통치의 성격 문제와 직결되는 문제이므로 한국의 대일청구권 문제가 남아 있는 한 과거의 지배의 성격에 대해서 그 책임을 인정하는 듯한 태도는 취하지는 못했다는 점이다. 한 마디로 말하면 일본 측이 지키려고 한 것은 한국의 대일청구권 문제를 유리하게 하는 논리 봉쇄와 대한청구권의 유지였던 것이다.

일단 위 일본 측 해명문서에 대해서 병영태 외무부장관은 12월 30일자로 훈령을 보내고 있다.[176] 그 훈령 속에서는 우선 일본 정부는 회담 재개 이전에 철회스테이트먼트(statement)를 해야 한다는 전제를 둔 후 [표 13]과 같은 여섯 가지의 문제점을 제기하고 있다.[177]

---

176) 『제3차 한일회담, 본회의회의록 및 1~3차 한일회담 결렬경위, 1953.10~12』, 1311~1312쪽. 동 문서는 12월 24일자로 한국 측 김용식 수석대표가 이승만 대통령에게 보내던 위 일본 측 해명문서에 대한 청훈의 답신으로 보인다.

[표 13] 구보타 발언에 관한 일본 측 해명문서의 내용과 병영태 외무부장관의 지시

	일본 측 해명문서의 내용부분	병영태 외무부장관 지시
1	일본 측 대표에 의한 비공식적 및 즉흥적 발언을 둘러싸고 오해가 생긴 것은 유감이라는 부분	수락 불가능
2	소위 구보타 발언으로 간주된 5가지의 발언은 기록의 주의 깊은 검증을 하면 정확한 의미로서 그런 의미의 발언이 아니었으나 차제에 일본 정부의 견해를 명확하게 한다는 부분	이것은 외교적 부정이며 이런 회피적인 설명은 수락 불가능
3	한국의 독립 문제에 관해서 일본 정부가 포츠담선언 등을 받아들여 한국의 독립을 승인한 문장에 "문제의 법적 세부가 어떻든 간에"라는 어구를 단 부분	이 어구는 삭제를 요구해야 함
4	재한일본인의 추방을 국제법 위반이라고 했다는 것에 대해서 일본 측 기록은 그런 발언의 사실을 드러내지 않고 있다는 부분	우리의 마음에 안 듦
5	재한일본인 재산의 미국 처리 문제에 관해서 양국이 대립을 하고 있으나 일본은 과거와 같이 평화조약의 충실한 이행을 해 나간다고 쓴 부분	과거의 입장과 아무런 변화 없음. 일본 정부는 평화조약의 모든 조항을 실행하며 재한 전 일본인 재산에 대한 청구권을 재가동시키지 않는다고 고쳐야 함. 특히 과거에도 충실히 이행해왔다는 듯한 어구에는 반대
6	'은혜' 문제에 관해서는 일본 국민은 한국 통치 중 건축, 철도, 기타 개선을 통해서 일본인뿐만 아니라 한국인에게도 이익을 주었다고 생각하고 있으나 동시에 이들 공헌이 어떤 의미에서든 간에 한국의 국가독립의 손실이나 현실적인 곤경, 피해 등의 보상을 하는 것이 아님을 인식하고 있다고 쓴 부분	이것은 구보타 발언을 다른 말로 표현한 것

일견 이상의 한국 측 평가를 보면 회담 재개를 위하여 너무나 다양한 요구가 전제가 될 듯한 인상을 보이고 있으나 이들 요구는 결코 이후의 회담 재개 교섭이나 이하의 문헌적 자료를 보면 회담 재개를 위한 참된 조건이 아니었음을 알 수가 있다.

실제 대한민국 외무부와 '극비(strictly confidential)'라는 표기를 확인할 수 있는 영문의 내부문서에는 회담 재개를 위한 조건이 명시되어 있다.[178] 이 문서에는 우선 회담 재개의 기본 조건으로서 위 훈령과 같이 일본 정부가 회담 재개를 앞두고 회의의 개회 스테이트먼트의 일부 같은 형식으로서가 아니라 이하의 선에서 명확한 스테이트먼트를 낼 것을 요구하고 있다.

---

177) 다만 동 훈령에서는 동 여섯 가지 외에도 반대해야 할 점이 있으나 주일대표부가 용이하게 그들을 발견할 수 있을 것이라고 써서 그에 관해서는 "skip"한다는 기술이 있다.
178) 『제3차 한일회담, 본회의회의록 및 1~3차 한일회담 결렬경위, 1953.10~12』, 1309~1310쪽. 동 문서에는 날짜가 빠지고 있으나 "한일회담 재개 위한 전제 사항, 1953.12"라는 부분에 수록되어 있으므로 같은 시기에 작성된 내부 방침임은 틀림이 없다.

일본 정부는 이하를 함의했다고 해석되는 전 한일회담 수석대표 구보타 발언을 공식견해를 표현한 것이 아닌 것으로서 부정(repudiate)한다.
- 일본 통치하에 있던 한국인의 공경(plight) 상태를 말한 카이로선언의 일부가 전시의 흥분의 표현이다.
- 한국의 일본 통치가 한국인에게 유익했다(beneficent). 따라서 일본의 점령은 정당화된다.
- 평화조약 발효 전의 한국의 독립은 국제법 위반이다.
- 태평양전쟁 후 재한일본인의 송환은 국제법 위반이다.
- 일본은 한국에 있는 전(former) 소유물에 대한 완전한 청구권을 지금도 가지고 있다.

하지만 주목해야 할 것은 그 다음이다.

가령 일본 정부가 위에서 제안한 것 같은 공식 스테이트먼트를 할 것을 바람직하다고 생각하지 않는다면 적어도 이하의 점에 관한 타협을 약속한 서면을 한국 정부에 제출할 것과 동시에 미국에게도 동일한 것을 통지하는 것
- 일본은 보호조약이나 병합조약 같은 한일 간의 불공평한 모든 조약을 무효임을 인정한다.
- 일본은 한국에서 이전의 일본인 재산에 대해서 미군정부에 의하여 실시된 처분의 정당성을 인정하여 그들에 대한 청구를 다시 요구 안 한다.
- 일본은 한국의 어업 라인을 존중하여 그 침범을 행하지 않는다.
- 일본의 전 요시다 수상이 이 라인의 해결을 위하여서는 군사력(forces)이 사용될 것이라고 암시한 최근의 스테이트먼트를[179) 철회하여 앞으로도 비슷한 스테이트먼트는 삼간다.

즉 주일대표부에 보낸 훈령과 달리 한국 정부가 내부적으로 극비리에 작성하던 회담 재개를 위한 조건은 이상 네 가지였다. 그러나 그 네 가지 조건 중 평화선에 관한 3, 4번째 요구는 구보타 발언과 아무런 관계가 없는 것이며 따라서 회담 결렬 사유와 전혀 상관없는 요구였다. 사실 이후 이들 조건이 회담 재개의 조건이 된 일은 없다.

---

179) 동 발언은 1954년 1월 18일 가고시마(鹿児島)에서의 기자회견에서 나온 것이라는 기술이 있다. ibid., 1310쪽.

또한 1번째인 구조약 무효확인 문제 역시 제1차 한일회담 당초부터 있던 요구이며 더구나 이 요구는 다음 절에서 검토하듯이 회담 재개 합의에 있어서 회담 의제로만 채용된 것뿐이고 특히 구조약 원천 무효에 관한 일본 측 동의를 회담 재개의 전제조건으로 내세운 일도 없었다. 따라서 회담 재개를 위한 실질적인 요구 항목은 바로 일본의 대한청구권 포기에 관한 것뿐이었던 것이다.

다음 6절에서 검증하는 바와 같이 꼬박 4년에 걸친 중단 기간을 거쳐 회담 재개를 위한 합의에는 재한일본인 재산의 청구권 포기와 동시에 틀림없이 구보타 발언의 철회가 포함되어 있었다. 하지만 위에서 확인한 바와 같이 53년 12월 시점에서 이미 일본 정부는 구보타 발언은 비공식적인 것으로 지적, 사실상 일본 정부의 견해가 아님을 전달하고 있었다. 또 54년 5월에는 동년 4월 초 이구치 주미일본대사가 양유찬 주미한국대사에게 동 발언의 철회의사에 관한 각서를 수교한 사실이 신문에 의하여 보도되어 있으며[180] 또 5월 12일에는 오카자키(岡崎勝男) 외무대신 자신이 외국인 기자와의 회견 석상을 통해 직접 이 발언의 철회의사를 표명했다.[181] 즉 구보타 발언이 터진 지 약 6개월 후에는 이미 일본 정부에 의한 동 발언의 철회의사는 공공연한 사실로 되어 있었던 것이다.[182]

그럼에도 회담 재개가 합의된 것은 1957년 12월 31일의 일이었다. 이 사실은 구보타 발언의 내용 자체가 결코 회담의 진정한 결렬 이유가 아니었음을 측면에서 입증하고 있다고 볼 수 있다. 더구나 이하 분석하듯이 한국 정부 역시 중단기의 회담 재개 교섭에서 구보타 발언의 철회 요구를 일본 측 역사 인식과 연결시켜 그것을 바로잡으려고 한 사실은 없다. 예를 들면 구보타 발언 중 평화조약 이전의 한국 독립은 국제법 위반이라는 발언은 일본의 한국 통치가 합법적으로 이루어졌다는 전제하에서만 성

---

180) 「朝日新聞」 1954年 5月 17日.
181) 「朝日新聞」 1954年 5月 13日.
182) 일본의 전후 처리의 특집방송 제작을 위하여 미국의 주일 참사관을 취재한 일본방송협회(NHK)의 니이노베(新延明)는 동 참사관의 증언을 이용해서 구보타 발언 철회에 대한 미국의 끈질긴 압력을 부각시키고 있다. 그러나 구보타 발언의 철회의사는 그 발언이 터진 지 6개월가량의 사이에 이미 분명해지고 있었던 사실을 생각하면 일본 정부에 의한 동 발언 철회 자체는 미국의 압력과 상관없는 정도의 문제에 불과했다고 보는 것이 보다 타당해 보인다. 新延明, 「ドキュメント 条約締結にいたる過程」, 『季刊青丘』, 第16号(1993), 38쪽.

립되는 논리이며 또 한국인의 노예 상태를 부정하거나 일본의 통치가 한국인에게 은혜를 가져다주었다는 발언들 역시 바로 그 지배의 합법성이라는 형식 문제와 더불어 일본에 의한 한국 통치의 부당성을 규정하는 핵심적인 쟁점을 안고 있는 문제였다. 바로 김용식 수석대표의 말에 있었듯이 이들 문제는 한일 간의 문제를 원만히 해결하는 데 '근본적 정신이 될 문제'였던 것이다. 따라서 이 발언의 철회 요구는 당연한 귀결로서 일본의 한국 지배의 불법성과 부당성의 규정 요구와 마찬가지의 의미를 지녀야 마땅했다.

하지만 이하 논증하듯이 회담 재개를 위한 중단기 교섭의 내용은 과거를 청산하기 위한 그런 '근본적 정신이 될 문제'를 해결해서 회담을 재개하려고 한 것이 아니었다. 다음 절에서는 꼬박 4년에 걸친 회담 재개를 위한 중단기의 교섭이 어떻게 진행되었으며 또 어떤 내용을 가지고 있었는가를 자세하게 분석함으로써 결국 구보타 발언을 계기로 한 한국 측의 회담 결렬조치가 한국에 대한 일본의 역청구권 포기만을 목적으로 하고 있었음을 보다 분명히 밝히고자 한다.

6. 회담 재개를 위한 중단기 교섭

일본 측 1953년 12월의 서한이나 54년의 발언 철회의사 표명 등은 결국 수용되지 않았다. 그 후 한일회담은 오랜 단절상태에 들어갔으며 회담 재개 합의는 그 후 약 4년이라는 세월이 흐른 1957년 12월 31일의 일이었다. 사실상 일찍 구보타 발언의 철회의사가 전달되었음에도 회담 재개까지 상당한 시간이 소요된 이유는 무엇일까?

결렬된 회담을 재개시키기 위한 교섭은 회담 목적을 성사시키는 데 최소한의 조건 성립에 초점을 맞추기 마련이다. 따라서 그 교섭내용을 심도 있게 분석하면 저절로 한일회담의 목적이 여실히 드러난다는 점에서 이 시기의 연구는 한일회담의 속성을 부각시키는 데 아주 중요한 의미를 가지고 있다고 추리할 수 있다. 이 의미에서는 선행연구에서는 비교적 소홀히 다루어진 이 시기의 교섭과정은 각별한 의미를 띠고 있다. [183)]

1) 물밑 교섭의 개시

대한청구권의 포기 없는 1954년까지의 일본 측 대응은 한국 측이 수용하는 바가 아니었다. 이로 인해 양국 관계는 54년 11월 요시다 수상이 덜레스(John F. Dulles) 국무부장관에게 "시간이 이 문제(＝한일관계 개선)를 치유(cure)할 것이다"[184]라고 말한 냉각기간에 들어갔다. 회담 기록상 그런 상황을 타개하기 위한 물밑 교섭이 시작된 것은 56년 봄쯤으로부터의 일이다.[185] 물론 그 전에도 55년 1월 말부터 3월쯤 까지 김용식 공사와 다니(谷正之) 외무성고문 사이에서,[186] 또한 미국에서도 양유찬 주미대사와 이구치 주미일본 대사 간에[187] 양국 간의 접촉이 있었으나 그 후 이들이 본격적인 움직임으로 이어지지는 않았다. 55년은 아직 한국 측이 비공식적으로라도 일본의 역청구권 포기의 의사를 확인하지 못하는 단계에 있었다. 예컨대 한국 측은 55년 9월 15일자의 일본 측 외무성의 정기 기관지에 주목하여 거기에 쓰인 "상호 양보 정신으로 재산청구의 해결을 희망"이라는 외무성 측 견해 중 '상호 양보'의 부분에 밑줄을 그어 주목했다.[188]

한편 55년 후반은 일본의 대한청구권 주장에 미묘한 변화가 일어난 시기였다. 한국 측은 같은 시기 앨리슨 주일대사와의 면담을 통해서 일본 외무성은 회담 재개를 위한 포뮬러(formula)를 연구하고 있으며 시게미쓰(重光葵) 외무대신의 이야기로 서는 청구권을 포기할 경우 국내에서 해당 국민에게 보상 문제가 생길 것을 우려, 대장성(大藏省)과 협의 중이라는 정보를 얻고 있다.[189] 아무튼 56년 당초까지 한국

---

183) 이 중단기 교섭을 상세히 다룬 박진희의 연구 역시 주로 미국 측 자료에 의거해서 분석한 결과 중단기 교섭에 나타난 한국 정부의 내재적 사고에 관해서는 충분히 밝히지 못하고 있다. 박진희, op.cit, 제4장 참고.
184) "United Sates Summary Minutes of meeting"(1954.11.9), 細谷千博他 編, 『日米関係資料集』(東大出版会, 1999), 315쪽.
185) 『제4차 한일회담 예비교섭, 1956~58(V.1 경무대와 주일대표부 간의교환공문, 1956~57)』은 1956년부터의 기록으로 시작되고 있다. 또한 1957년 10월 4일자로 외무부가 미국에 대한 설명을 위해서 준비한 보고서 속에서도 56년 봄쯤 회담 교섭을 위한 한국 측 노력이 재개되었다고 기술하고 있다. 같은 문서, 1677쪽.
186) 김용식, op.cit., 216~219쪽.
187) 김동조, op.cit., 81쪽.
188) 『제4차 한일회담 예비교섭, 1956~58(V.1 경무대와 주일대표부 간의 교환공문, 1956~57)』, 1483쪽.
189) ibid., 1484쪽.

정부는 여전히 일본의 대한청구권 포기에 관한 명확하고 정식한 의사를 확인하지 못하고 있었음은 틀림없어 보인다.

청구권에 관한 일본 측 자세에 극적인 변화가 없는 당시의 상황 속에서 양자가 교섭의 자리에 앉게 된 것은 소위 억류자 문제로서 알려진 사실상의 "인질외교"[190]를 펼치기 위한 것이었음은 널리 알려져 있다. 이 문제는 한국 측이 그은 평화선 설정에 따라 나포된 일본 어민의 억류자와 그에 대한 사실상의 일본 측 보복 조치인 전전 거주자를 포함한 재일한국인의 강제퇴거 목적을 위한 억류자 간의 상호 석방에 관한 것이었다. 평화선에 의하여 안전조업이 불가능해진 일본 측에게는 최소한 나포어민의 석방, 귀환 문제는 국내 여론상 시급한 문제로 떠오르고 있었다.

1956년 4월 2일 주일대표부 김용식 공사와 시게미쓰 외무대신 사이에서 상호 억류자 문제에 관한 합의가 성립되었다. 그 내용은 일본 정부는 전전 입국자 가운덴 오무라(大村)수용소에 억류되어 있던 자를 석방할 것, 한국 정부는 평화선 침범자 속에서 형기를 마친 일본 어민을 석방하여 전후 일본에 불법적으로 입국한 자의 송환을 받아들일 것, 오무라수용소로부터 석방될 자의 일본 재류 여부는 본인의 의사에 맡길 것, 석방에 관한 절차 문제는 양국 간의 실무자 간(working level)에 결정할 것 등의 네 가지였다.[191]

하지만 이런 합의가 양국의 교섭 전망을 즉시 밝게 한 것이 아니었다. 일본 측은 전전 입국자도 강제퇴거 대상자에 포함할 것을 강하게 요구한 법무성의 반대를 이유로 위 4월 2일 합의를 4월 20일, 25일의 실무자(working) 회의에서 사실상 번복했다.[192] 이에 대해서 이승만은 즉각 형기를 마친 일본 어민도 석방하지 않는다는 강경적인 태도로 맞설 예정임을 5월 1일자로 김용식 공사에게 전하고 있다.[193]

190) 김동조, op.cit., 제7장.
191) 『제4차 한일회담 예비교섭, 1956~58(V.1 경무대와 주일대표부 간의교환 공문, 1956~57)』, 1518~1521쪽. 다만 이 합의 이전인 1955년 11월 주일대표부와 하나무라(花村四郎) 법무대신 사이에서 일단 위의 합의와 거의 일치하는 상호 석방합의가 이루어졌으나 동 합의는 그 당시 일본 외무성의 반대로 인하여 실현되지 않았다고 한국 측은 전하고 있다. 이 경위에 관해서는 『제4차 한일회담 예비교섭, 1956~58(V.3 1958.1~4)』, 2016~2018쪽 참조.
192) "TS-90443", 『제4차 한일회담 예비교섭, 1956~58(V.1 경무대와 주일대표부 간의 교환공문, 1956~57)』, 1514쪽.

한국 측의 반발을 강하게 한 또 하나의 이유는 일본 측 하토야마(鳩山一郎) 내각에 의한 대공산권 접근 정책이었다. 유엔 가맹을 통한 국제사회로의 완전 복귀를 지상명제로 하던 하토야마 수상의 정치적 염원은 이를 위하여 거부권을 갖는 소련과의 국교 정상화를 실현시키는 것이었다. 이를 위하여 소련뿐만 아니라 중공, 북한과의 접촉도 이 시기 늘어날 추세에 있었다. 이런 일본의 대소, 대중, 대북한 접근의 흐름에 대한 한국 측 경계심은 김용식 공사의 이승만 대통령에 대한 일련의 정치보고서(political report)에 나타나 있다.[194] 결국 이런 하토야마 수상의 염원은 10월 공동선언을 통한 국교회복이라는 열매를 맺었다.

이런 일본의 공산주의국가들에 대한 접근은 한국의 대일 불신을 한층 높였다. 조정환 외무부장관 대리가 7월 21일자로 덜레스 미 국무장관에 보낸 서한 속에서 한일관계 수립에는 일본이 확고한 반공국가가 된다는 조건이 필요하다는 것, 최근 일본의 소련, 중공, 북한으로의 접근은 공산주의와의 투쟁의 입장에 의문을 안게 한다는 것, 일본은 본질적으로 제국주의적이고 전체주의국가이며 따라서 일본이 다시 자유세계, 특히 아시아 국가들에 위협이 되지 않도록 더 늦기 전에 미국이 현재 일본의 위험한 경향을 체크할 것 등을 요구하고 있다.[195]

이와 같이 한국의 대일 불신은 표면상 너무나 커보였다. 그러나 오히려 주목해야 할 것은 이런 억류자 문제에 관한 의사 번복이나 대 공산권 접근이라는 움직임 자체는 결코 한일 간의 교섭을 단절시킨 핵심적인 요건이 아니었으며 어디까지나 교섭 재개의 여부는 청구권 포기에 있었다는 점이다. 그것은 1956년 8월 무렵부터의 움직임을 보면 알 수 있다.

8월 23일에 있던 김용식과 일본 외무성 나카가와(中川融) 아시아국장의 면담 자리에서 나카가와 국장은 실질적으로 한국 측에 대한청구권 포기의 의사를 내비쳤다. 비공식적으로나마 일본 측이 한국 측에 직접 청구권 포기의 의사를 전한 것은 기록상 이 면담 자리가 처음이다. 나카가와 국장은 동 석상 일본 측의 청구권 주장으로 인해

193) ibid., 1517쪽.
194) ibid., "political report no.19", 1534~1536쪽; "political report no.20", 1538~1540쪽에 수록.
195) ibid., 1544~1549쪽.

회담 재개를 위한 전제 조건이 충족되지 않고 있다는 김용식의 주장에 대해서 청구권을 밀고나갈 생각은 없으며 청구권 철회에 따른 국내 보상 문제를 우려하고 있을 뿐이라는 견해를 전했다.[196]

이런 조건 변화를 맞이해서 9월 24일 경무대에서 이승만은 직접 김용식에게 미국 측과 협력해서 일본 측에 상술한 재한일본인 재산청구권에 관한 미국의 해석을 받아들어 그것을 공표할 것을 일본에 요구할 것을 지시하여 일본이 그것을 수락하여 또 구보타 발언의 철회에 응하면 일본 정부와 비공식 회담을 시작할 의사를 드러냈다.[197] 이 지시에 따라 10월 초 김용식은 시게미쓰 외상과 만나 청구권 포기와 구보타 발언의 철회를 요구하여 시게미쓰 외상으로부터 일본 정부의 타협 의사를 이끌어냈다.[198]

이와 같이 결국 56년 중반 이후의 회담 재개를 향한 극적인 진전은 다른 문제가 아니라 비공식적으로나마 대한청구권 포기의 의사표명을 받아 일어난 일이었다고 판단된다. 이것은 아직 일본이 청구권 포기를 표명하지 않았던 시기, 예컨대 4월 초 억류자 문제에 관한 합의 등 회담 재개협의를 위한 좋은 환경이 성립되었음에도 불구하고 회담 재개를 위한 구체적인 지시 등은 전혀 떨어지지 않았던 것만 봐도 알 수 있다. 실제 이 시기에 이승만은 그런 회담 재개를 위한 지시를 내기는커녕 오히려 4월 19일자로 일본이 한국의 최소한의 요구를 받아들일 때까지는 "수상이건 외무대신이건 일본인은 한 명도 한국 땅을 밟는 것은 허용하지 않겠다"[199]고 지령하고 있다. 이에 따라 실제로 1956년 5월 24일자로 일본 정계의 친한파 대표의 한 사람인 이시이(石井光次郎)가 보내 온 방한 승인 요청을 이승만은 거절했다.[200] 이와 반대로 회담

---

196) ibid., 1550쪽.
197) ibid., 1561~1562쪽.
198) "TS-91010", ibid., 1564~1567쪽.
199) ibid., 1507쪽.
200) 이시이의 이승만에 대한 방한(訪韓) 희망의 서한은 『This is 讀賣』編集, 「李承晩の密書: 発掘 日韓交渉秘史」, 『This is 讀賣』(1991.1), 50~51쪽에 수록. 또 동 자료에는 이시이가 이승만에 부친 1957년 3월 11일자의 두 번째 방한 희망 서한과 그에 대한 이승만의 거절 서한(일본어역)이 각각 52~53쪽, 53~55쪽에 수록되어 있다. 57년 3월은 비공식적으로 일본이 한국 측에 내건 청구권의 포기 의사를 제시했던 시기임은 본론에서도 논했으나 그럼에도 이승만의 방한 거부는 위의 논리와 어긋나는 부분이 있다고 해석되는 가능성이 있다. 그러나 비록 일본이 대한청구권을 포기했다고 쳐도 후술할 '57년 미각서'에 의한 상호 청구권 상쇄 문제가 그대로 남았던 시기인 만큼 이승만으로서는 청구권 문제의 최종해결을 판단할 수 있는 시기가 아니었다. 동 자료에 수록된 이승만의 거절 서한에는 청구권 문제, 평화선, 일소국

재개를 위한 교섭의 급진전이 이루어진 후인 10월에는 바로 일본의 용공 자세를 상징한 일본과 소련 간의 수교가 이루어졌다. 그럼에도 이승만이 한일 간의 교섭 진전을 향한 움직임에 제동을 거는 자세를 보인 흔적은 없다.

이들 사실과 구보타 발언의 철회의사가 훨씬 이전에 전달되어 있었던 것을 다시 생각하면 회담 재개에 대한 장애물은 사실상 일본의 청구권 포기 이외에 없었음을 짐작하게 한다. 즉 이승만이 말한 '한국의 최소한의 요구'는 결국 일본의 대한청구권 포기를 뜻하고 있었던 것이다.

56년 말 일본 측 정계에서도 그런 이승만의 요구와 호흡을 맞추듯이 회담을 적극적으로 진전시키려는 새로운 움직임이 일어났다. 56년 12월 일소관계 정상화에 따른 정치적 혼란을 피하기 위하여 하토야마 내각은 퇴진, 그 뒤를 이어 이시바시(石橋湛山) 신 내각의 외무대신으로서 입각한 기시(岸信介)의 등장이 그것이었다.

2) 1957년 3월 18일 일본 측 합의문시 초안

57년 1월 10일 김용식 공사와 기시 신 외상과의 면담이 이루어졌다. 이 석상에서 김용식 공사는 구보타 발언 철회와 청구권 양보라는 이시바시 신 수상의 공식성명의 빠른 실행을 요구했다. 이에 대해 기시 외상은 과거의 입장과 관계없이 구보타 발언의 철회와 청구권 양보의 약속을 전달하였고, 억류자의 상호 석방이 실현되면 이후 재일한국인의 억류는 행하지 않겠다는 생각을 전하는 등 보다 적극적인 반응을 보였다. 동시에 기시는 억류자 문제 해결이 없이는 다른 문제의 해결이 어렵다는 이유를 대고 억류자 조기 석방을 요청하는 것도 잊지 않았다.[201]

이런 일본 측 타협적인 태도는 억류자 문제에 관해서 긍정적인 영향을 주었다. 이 달 중순 한일 간에서는 한국 정부는 억류 일본 어민의 석방 및 송환과 한인 밀입국자

교정상화, 일본공산당의 비합법화의 필요성 등이 방한 거절의 이유로 되어 있으나 58년부터의 한일회담 재개에 있어서 그 참된 조건으로서 평화선 인정, 일소국교 파기, 일본공산당의 비합법화 등이 포함되어 있지 않았던 것을 생각해서라도 이승만의 진정한 거절 이유가 청구권 문제에 있었음은 틀림없다.
201) 『제4차 한일회담 예비교섭, 1956~58(V.1 경무대와 주일대표부 간의교환공문, 1956~57)』, 1607~1609쪽. 다만 이승만 대통령에 대한 보고로서 부쳐진 동 자료에는 김용식 공사의 이름은 없으나 내용상 동 공사의 활동 보고로 추측되므로 기시의 요청은 김용식 공사와의 면담에서 이루어진 것은 틀림없다.

[표 14] 1957년 3월 18일 일본 측 합의문서 초안의 종류와 주된 내용

3월 18일 일본 측 합의문서 초안의 종류	문서의 주된 내용
한국에 억류된 일본인 어부 및 퇴거명령으로 인해 일본에 억류된 한국인 거주자에 대한 제 조치에 관한 일본국 정부와 대한민국 정부 간의 양해각서 (Memorandum of Understanding between the Government of Japan and the Government of the Republic of Korea Regarding Measures on Japanese Fishermen Detained in Korea and on Korean Residents in Japan Detained Under Deportation Order)	상호 억류자 석방에 관한 합의문서
부속 양해사항(Annexed Understanding)	협정 성립까지는 재일한국인 중 전전 거주자는 일본의 법률을 범한 경우도 강제퇴거를 위한 억류는 하지 않는다는 것을 약속한 문서
합의의사록(Agreed Minutes)	재개 한일회담에서의 토의의제를 정하는 문서 (이하 제4조가 초점) -제3조: 기본관계 문제를 의제로 정한 조항 -제4조: 일본의 재한일본인 재산청구권 포기 후의 한국 측 재산권 토의에 관한 조항
구상서(Note Verbale)[202]	구보타 발언과 재한일본인 재산청구권의 포기를 약속한 문서
구두각서(Oral Statement)	가급적 빠른 문화재 인도(hand over)를 약속한 문서

의 송환을 수용할 것, 또 일본 정부는 전전 거주 한국인 속에서 강제퇴거를 위하여 수용소에 억류된 자를 석방한다는 상호 석방에 관한 실질적인 합의 각서의 문안이 작성되었다.[203]

상호 석방에 관한 각서 작성의 움직임과 아울러 본시 회담 재개를 위한 조건이던 구보타 발언의 철회와 일본의 대한청구권 포기가 57년 1월 20일 비공식적이나마 문서에 의해 확약되었다. 일본 측은 한국 측에 구보타 발언은 일본 정부의 공식 견해를 표현한 것이 결코 아니라는 취지와 평화조약 4조에 관한 해석에 관하여 일본 정부는

---

202) 구상서로서는 기타 한국, 일본 두 정부의 회담 재개에 대한 동의를 표명한 다른 구상서가 각 한 장씩 합계 두 장이 수록되어 있으나 이하의 분석에는 특별한 의미가 없으므로 생략했다. 따라서 이하 나올 구상서는 모두 일본 측이 한국 측에 대해 구보타 발언의 철회와 재한일본인 재산에 대한 청구권을 포기할 것을 정식으로 밝힌 문서를 의미한다.

203) 동 문서는 일본어 문안과 영어 문안만 수록되어 있다. 일본어 문서는『제4차 한일회담 예비교섭, 1956~58(V. 2 1957)』, 1904~1906쪽, 영어 문서는 1908~1910쪽에 각각 수록.

미국의 각서에 의한 미국 측 해석에 따르겠다는 취지의 두 가지 초안(draft)을 한국 측에 교부, 김용식 공사는 이것을 가지고 구보타 발언 철회와 재한일본인 재산의 청구권 포기가 정식으로 확인되었음을 1957년 1월 20일자로 경무대에 보고하고 있다.[204]

이로 인해 한일회담을 결렬로 몰아간 직접적인 원인은 제거되며 한일회담 재개의 전망이 밝아질 줄 알았으나 실제 재개에는 그 후 1년 이상의 세월을 기다려야 했다. 그 이유 역시 청구권을 둘러싼 문제였다.

57년 2월 이시바시 수상의 신병에 따른 사임에 따라 외상 겸임으로 수상에 취임한 기시는 김용식 공사에게 다시 한일 간의 문제의 해결을 열망하고 있음을 전하여[205] 실제 이에 따라 일본 측은 3월 18일자로 회담 재개를 위한 양국 합의문서로서 [표 14]와 같은 초안을 제출했다.[206]

이후의 회담 재개를 위한 합의문서 작성 교섭은 이 초안의 구성을 토대로 진행되었으나 이하에서 상세히 분석한 것에서 알 수 있듯이 대립의 핵심은 결국 위의 합의의사록 제4조와 구상서 중 청구권 문제의 취급에 관한 부분이었다. 거꾸로 말한다면 이 사실은 구보타 발언의 철회가 약속되었음에도 일본의 한국 지배에 대한 과거 규정 문제가 그 후로도 회담 재개에 즈음하여 중요한 지위를 차지하는 일이 없었음을 뜻한다.

이에 관해서는 위 초안 속에 담긴 구조약 무효확인 문제에 관한 취급 문제를 생각하면 알기 쉽다. 동 일본 측 초안 중 합의의사록 제3조에는 주일대표부와 일본 외무성은 재개 회담의 토의 의제에 관해서 기본관계 문제를 포함하는 데 동의한다는 규정이 들어가고 있었다. 그 핵심은 1910년 이전의 구조약들이나 협정의 무효사실을 확인하는 문제였다.[207] 즉 한국에 앞서 제출한 초안 속에서 일본 측은 '구조약 무효확인 조항'을 의제로 삼을 것 자체를 먼저 정식으로 제안하고 있었던 셈이다.

---

204) 『제4차 한일회담 예비교섭, 1956~58(V.1 경무대와 주일대표부 간의 교환공문, 1956~57)』, 1613쪽. 다만 1월 24일자 김용식의 대통령 보고에 의하면 동 초고의 내용은 일본 측의 최종 양보선이며 더구나 그것은 억류자의 상호 석방이 이루어졌을 때 의미를 가진다는 조건부였다. 같은 문서, 1618쪽.
205) ibid., 1632쪽.
206) 『제4차 한일회담 예비교섭, 1956~58(V.2 1957)』, 1739~1748쪽.
207) ibid., 1743쪽. 기본관계 문제에는 또 하나 주권 존중에 관한 조항이 있으나 이후 특별히 문제가 되는 조항이 아니므로 이하 다루지 않는다.

이에 대해 한국 정부는 재개될 회담에서 구조약 무효확인 문제를 단지 의제로 삼으려는 일본 측의 위와 같은 제안에 대해서 아무런 이의도 제기하지 않았다. 그러나 원래 제3차 한일회담 결렬의 계기는 구보타 발언이었다. 그 구보타 발언은 일본의 식민지 지배를 정당화하려는 바로 과거 규정의 핵심을 찌르는 성격을 지닌 것이었다. 따라서 혹시 한국 정부가 진심으로 구보타 발언을 이유로 회담을 결렬시켰다면 회담 재개에 있어서는 일본 측 과거인식의 시정에 최우선의 무게를 두는 것이 이치에 맞다. 하지만 한국 정부는 이 재개 교섭에 있어서 '구조약 무효확인 조항'의 문제를 단지 의제로 삼으려는 일본 측 제안을 그대로 수용했을 뿐이었다. 이것은 과거 규정의 핵심이던 '구조약 무효확인 조항'의 문제에 관해서는 단지 구보타 발언이 터지는 이전으로 되돌아가는 것만을 의미했다. 다시 말하면 제3차 한일회담에서 구보타 발언을 추궁하던 김용식 수석대표가 한일 간의 문제를 해결하는 데 있어서 '근본적 정신이 될 문제'로 표현한 과거인식 문제는 4년 이상에 걸친 중단기 교섭에서 그것이 진정한 문제가 아니었음을 노골적으로 드러낸 셈이었다.

이와 같이 '구조약 무효확인 조항'의 의제 채택을 규정한 합의의사록 제3조가 한국 측의 즉각적인 수용에 따라 그 후 회담 재개의 합의문서 작성 교섭에서 그 도모에 오른 일이 사실상 사라진 데 비해 일본의 대한청구권 포기 후의 한국 측 대일청구권의 취급 문제를 규정한 합의의사록 제4조는 이하와 같이 규정되어 있었다.[208]

일본국 외무대신(Minister for Affairs of Japan):
1957년 3월 ()일자 한일 간 청구권 해결에 관한 대일평화조약 제4조의 해석에 관한 미국의 입장표명(이하 '57년 미각서')에 관해서 저는 대한민국 정부 또한 같은 견해를 가지고 있다고 양해한다(I understand that, with regard to the "Statement of U.S. Position on Interpretation of Article 4 of the Japanese Peace Treaty with Respect to the Korean-Japanese Claims Settlement" dated March th, 1957, the Korean Government is also the same opinion).

---

208) ibid., 1743~1744쪽.

주일 한국대표부 대사(Chief of Korean Mission in Japan):
네. 이 점에 관해 한국 측은 청구권 문제에 관해 이전의 회담에서 제출하고 있었던 같은 제안을 재개회담에서의 토의를 위해 제출할 것을 희망합니다(Yes. In this connection, the Korean side would like to submit for discussion at the resumed talks the same proposal that it had submitted at the previous talks with regard to the problem of claims).

일본 대표(Japanese Delegate):
만약에 한국 측이 그런 제안을 제출할 경우 우리로서 그것을 먼저 토의할 것에 이의는 없습니다. 그 제안에 관한 일본 측 견해는 전체회담에서 표명하고자 합니다(In Case the Korean side submits such proposal we would have no objection to discussing it in the first instance. The opinion of the Japanese side as regards the proposal will be expressed at the general talks)

또 구상서 중 이후의 교섭의 문제로 된 부분은 이하였다.[209]

[구보타 발언 철회에 관해서]
한일회담 청구권 분과위원회의 회의에서 1953년 10월 15일 일본 측 수석대표 구보타 간이치로 씨에 의해 행해지며 한국 측이 항의한 발언들은 **전혀 일본국 정부의 공식견해를 반영한 것이 아니다.** 따라서 위 발언은 철회된다(The remarks which were made at the meeting of the Claims Sub-committee of the Japan-Korea Talks on October 15, 1953, by Mr. Kanichiro Kubota, Chief Japanese Delegate, and against which the Korean Delegate protested, **no way reflect the official view of the Government of Japan.** Accordingly, the above remarks are withdrawn). (강조는 인용자)

[청구권 포기에 관해서]
일본국 정부는 1957년 3월 합중국 정부에 의해 한일 양국 정부에 송부된 '57년 미각서'에 의거해서 재산청구권 문제에 관해 대한민국 정부와 앞으로 교섭할 용의가 있다. 따라서 한일회담에서 1952년 3월 6일 일본 측에 의해 행해진 한국에 있는 일본인 재산들에 관한 청구권은 철회된다(The Government of Japan is prepared to negotiate hereafter

---

209) ibid., 1745쪽.

with the Government of the Republic of Korea as regards the issue of property claims on the basis of the "Statement of U.S. Position on Interpretation of Article 4 of the Japanese Peace Treaty with Respect to the Korean-Japanese Claims Settlement" which was forwarded to both governments by the Government of the United States on March, 1957. Accordingly the claims with regard to Japanese assets in Korea which were made by the Japanese side at the Japan-Korea talks on March 6, 1952, are withdrawn).

이하에서 검토해 나가겠지만, 이후의 합의문서 교섭은 결국 위의 합의의사록 제4조와 구상서 중의 청구권에 관련된 부분을 둘러싸고 주로 전개되었으나 그 원인을 제공한 것은 일본 측 초안에 명기된 '57년 미각서'의 존재였다.

3) '57년 미각서'

한일회담 재개 교섭의 초점으로 된 '57년 미각서'는 원래 1952년 4월 29일 미국무성이 펴낸 '52년 미각서'에 대한 보충설명으로서 나온 것이었다.[210]

제1차 한일회담의 검토시에 언급한 바와 같이 그 '52년 미각서'는 제1차 회담 당시 일본 측이 "재산청구권 처리에 관한 협정기본요강"에서 주장한 대한청구권에 대해서 한국 측이 평화조약 기초자인 미국에 그 해석을 요청한 결과 1952년 4월 29일자로 나온 것이었다. 그 답신에서 미 측은 양국의 청구권에 관해서 평화조약 제4조(b)로 일본은 한국에 대해서 청구권을 주장하지 못하나 4조(a)의 이행에 있어서 재한일본인 재산의 몰수라는 사실은 고려된다고 대답했었다.

그러나 동 '52년 미각서'가 나오게 된 이유가 분명한 데 대해 '57년 미각서'가 또다시 나오게 된 이유나 시기는 자료적으로도 분명하지 않다.[211] 표면적으로 확인되는

---

210) 그 경위에 관해서는 『제5차 한일회담 예비회담, 미·일평화조약 제4조(청구권관계)의 해석에 관한 미 국무성 각서 공개, 1961』, 13쪽.
211) ibid., 9~15쪽에는 "미 국무성 각서가 나오게 된 경위 및 내용"이라는 개략적 설명이 있으나 '57년 미각서'에 관해서는 본문에서 말한 보충설명 이상의 기술은 없다. 이 경위를 간단히 설명해 주는 김동조의 회고록에는 회담 재개 교섭과정에서 일본이 역청구권을 집요하게 주장하므로 다시 한국 측이 미국 측에 질문한 것에 대해서 미 측으로부터 나온 것이라고만 기술되어 있다. 김동조, op.cit., 105쪽. 그러나 동 설명에도 시기에 관한 정확한 기술은 없다.

57년 12월 31일이라는 날짜가 단지 회담 재개의 정식 합의 날짜에 맞추어진 것에 불과함은 그 존재가 위 3월 18일 일본 측 초안에 이미 나와 있는 것만으로도 알 수 있다.

그러나 동 문서가 더 일찍 나와 있었던 것은 거의 틀림없다. 그것은 자료적으로도 예컨대 중단기 교섭의 기록 중 이미 언급한 56년 9월 24일자 경무대에서의 이승만 대통령의 김용식에 대한 지령 속에 '57년 미각서'를 상기시키는 표현이 나와 있는 것으로 봐도 알 수 있다. 동 지령에는 "다울링(Walter C. Dowling) 주한 미 대사로부터 조정환 외무장관 대리에 수교된 그 문제(=일본의 재산권 청구)에 관한 미 해석을 포함한 각서(memorandum)"라는 기술이 나와 있다.[212] 따라서 동 각서는 본 연구가 확인한 한 적어도 56년 늦여름쯤에는 이미 나와 있었던 것은 확실하다.[213]

이 '57년 미각서'는 '52년 미각서'에 비교하여 훨씬 긴 문장으로 양측 청구권의 관계와 그에 대한 미국의 입장을 분명히 설명하고 있다. 그 취지는 이하와 같이 정리할 수 있다.[214]

- 미국은 여전히 52년 4월 29일 미 국무성각서의 의견과 똑같은 의견이다.
- 미군정 하에서 재한일본인 재산은 취득(vest)되고 한국에 이양(transfer)되었다. 그 이유는 한국의 독립에는 일본과의 관계를 단절시킬 필요가 있다고 판단했기 때문이다.
- 한국에 재산의 완전한 지배(control)권한을 부여하는 것이 취득법령(vesting decree)과 이양협정(transfer agreement)의 취지다.
- 법적으로는 권리의 취득(vest)과 보상 문제는 다를 수 있으나 일본의 보상 청구는 취득법령과 이양협정, 평화조약 4조(b)와 양립하지 않는다.
- 한국의 대일청구권에 관해서는 평화조약 작성자는 평화조약으로 해결을 도모할 만큼 충분한 사실이나 적용 가능한 법적 분석을 가지고 있다고 생각하지 않았다. 그러나 분명히 재한일본인 재산의 취득(vest)으로 한국의 청구권은 어느 정도(to some degree) 충족되었다.

---

212) 『제4차 한일회담 예비교섭, 1956~58(V.1 경무대와 주일대표부 간의교환공문, 1956~57)』, 1561쪽.
213) 또 하나 자료적 근거로서는 김용식의 회고가 있다. 동 회고에서는 정확한 날짜는 없으나 '57년 미각서'의 한국 정부 내부에서의 검토 작업이 간단하게 소개되어 있으며(기용식, op.cit., 245~246쪽) 그 시기는 앞뒤의 문맥상 1956년임은 확실하다. 따라서 선행연구 중 이 문서 작성 전달 시기에 관해서 요시자와는 늦어도 1957년 6월까지로(吉澤文壽, op.cit., 79쪽) 또 이원덕은 동 각서를 1957년 12월 7일자로 기술하고 있으나(이원덕, op.cit., 95쪽) 위 자료적 근거를 봐도 동 각서는 그것보다 훨씬 이전에 나와 있었다고 풀이된다.
214) 동 문서는 몇 군데에 수록되어 있으나 정식으로는 『제5차 한일회담 예비회담, 미·일평화조약 제4조(청구권 관계)의 해석에 관한 미 국무성 각서 공개, 1961』, 96~99쪽에 수록.

- 따라서 평화조약 작성자는 구 일본 영토 경우 이런 문제는 당사자 간의 조정에 맡기도록 했다. 평화조약 4조(a)의 특별조정(special arrangement)이라고 함은 재한일본인 재산이 취득되었다는 것이 고려된다는 것을 생각한 것이고 따라서 그 처분은 특별조정의 고려에 있어서 '관련이 있다(is relevant)'는 것이 '52년 미각서'의 설명이다.
- 이와 같이 한일 간의 "특별조정"은 한국의 대일청구권이 재한일본인 재산의 인도(take-over)로 어느 정도 소멸(extinguish) 또는 충족(satisfy)되었는지를 결정하는 과제를 동반한다.
- 하지만 미국이 그 특별조정에 있어서 양국이 재한일본인 재산의 처분을 어떻게 고려해야 할지에 관한 의견을 표현하는 것은 적절하다고 생각하지 않는다.
- 그런 특별조정은 충분한 사실과 적용 가능한 법적 이론의 검토 후 양자에서만 진행되는 일이다.

즉 미국은 일본의 대한청구권은 인정하지 않았으나 그 재산의 취득에 따라서 한국의 대일청구권은 분명히 어느 정도 소멸 또는 충족이 되었음을, 또 미국이 그 구체적인 관련성에 관해서 언급하는 것은 적절하지 않고 그 결정에 관해서는 사실과 법에 따라서 양자 간에서만 진행되어야 함을 문서로서 상세히 규정한 것이었다.

상술한 '57년 미각서'의 내용은 더 많은 돈을 받고자 했던 한국 측에 당연히 불리한 내용을 포함하고 있었다. 사실 57년 8월 김동조는 미측 다울링 대사와의 대화 속에서 '57년 미각서'의 내용이 일본 측 입장에 유리한 해석을 주는 패러그래프(paragraphs)를 포함하고 있으므로 이 부분은 수용하지 못한다는 것, 각서는 비공식으로 한국 측에 제출된 것이므로 그에 법적으로 따라야 할 의무가 있다고는 생각하지 않는다는 것 등을 전하며 미 측에 이 각서의 재고를 촉구하고 있다.[215] 또한 한국 측은 이하에서도 논하듯이 57년 12월 31일의 회담 재개에 관한 정식 합의시에 이 '57년 미각서'를 공표하지 않도록 조치했다.[216] 그만큼 한국 측에게는 이 '57년 미각서'가 교섭상 부담되는 존재였던 것이다.

---

215) 『제4차 한일회담 예비교섭, 1956~58(V. 2 1957)』, 1809~1812쪽.
216) 그러나 김용식은 당초 이승만이 '57년 미각서'를 검토했을 때 이 문서를 공개하도록 지시했다고 전하고 있다. 김용식, op.cit., 246쪽. 그러나 그 이유가 무엇이고, 그럼에도 왜 공개되지 않았고 또 마지막으로는 왜 비공개 조치를 취하게 되었는지 등 그 사유와 경과에 관해서는 일체 불투명하다.

4) 6월 5일 한국 측 8개목 훈령과 초안

한일회담 재개를 위한 합의문서 작성 교섭은 위와 같이 3월 18일자 일본 측 합의문서 초안으로 시작되었으나 기록상 본격적인 조문 작성에 관한 토의가 개시된 것은 6월에 들어간 이후의 일이다.

한국 정부는 6월 5일 공식회담이 재개되기 전에 전체로서 합의되어야 하는 항목에 관한 훈령 8개 항목[217]과 더불어 3월 18일 일본 측 합의문서 초안 구성에 대응하는 억류자 상호 석방 합의에 관한 각서(Memorandum), 재일한국인 중 전전 입국자에 대해서는 강제 퇴거를 목적으로 억류하지는 않을 것을 약속하는 부속 양해사항(Attached Understanding), 구보타 발언 철회와 청구권 포기에 관한 구상서(Note Verbale), 문화재 반환에 관한 고지서(Notification), 재개회담에서의 의제에 관한 합의의사록(Agreed Minutes) 등의 한국 측 초안 5개를 보내고 있다.[218]

한편 훈령 8개목 내용은 억류자 문제에 관한 표현, 청구권 문제, 구보타 발언 철회 표현, 평화선의 의제 채용, 구조약 무효 사실 확인 문제의 의제 채용, 문화재에 관한 일본 측 제안 수락, 공식회담 의제의 합의, 공식회담 재개 날짜 등이었다.

우선 동 한국 측 8항목 훈령 속에서 주목되는 것은 회담 결렬의 단서로 된 구보타 발언 철회에 관해서는 발언 철회에 있어서 "개인적 의견(personal opinion)"[219] 등의 어떤 부가적 단어도 쓰지 않도록 하는 것만을 지시했다는 점이다. 이 훈령이 일본 측 3월 8일 초안 속에 있던 구보타 발언은 "결코 일본국 정부의 공식견해를 반영한 것이 아니다"라고 하는 부분에 대응한 것임은 쉽게 예상할 수 있다.[220] 사실 구보타 발언 철회에 관한 한국 측 구상서 초안에서는 이 훈령의 내용에 따라 동 표현은 이하와 같이 간략한 표현으로 하는 것이 지시되어 있다.[221]

---

217) 『제4차 한일회담 예비교섭, 1956~58(V.2 1957)』, 1749~1750쪽. 동 훈령은 제목이 없으나 내용상 한국 정부의 훈령임은 틀림이 없다.
218) ibid., 1751~1757쪽. 이 문서에는 초안이라는 정식한 표현은 없으나 "KD"라는 글자가 손으로 기입이 되어 있다. 이 "KD"는 "Korean Draft"를 의미하는 것으로 해석된다.
219) ibid., 1749쪽.
220) 물론 3월 18일자 일본 측 초안에 있던 "일본 정부의 공식견해를 결코 나타내지 않고 있다"는 문장과 "개인적 의견"이라는 구절에는 표현상의 차이가 있다. 다만 왜 그런 차이가 생겼는지는 자료적으로는 입증하지 못한다.

일본 정부는 1953년 ( )월에 구보타 간이치로 대표에 의해 행해지며 한국 측 대표단이 항의한 발언을 철회한다(The Japanese Government retracts the statement made by the Delegate Kanichirou Kubota on, 1953, against which the Korean Delegation protested).

8항목 훈령 중 또 하나 주목해야 할 것은 청구권 포기에 관해서 일본 정부가 재산권의 상호 포기를 주장하지 않고 성실하게 한국의 대일청구권을 해결할 의사가 있음을 확약하는 조건으로 그 주제에 관한 미국의 각서를 수용한다고만 지시했었던 점이다. 다시 말하면 당초 한국 측은 동 훈령으로서 미국의 각서 수용에 즈음하여 이후의 회담 재개 교섭에서 문제가 될 일본의 청구권 포기가 한국의 대일청구권에 영향을 끼칠 것인가에 관한 직접적인 지시는 하지 않았던 것이다.[222] 따라서 그 후 실무자 간 교섭 마당에서는 일본의 대한청구권 포기 후의 취급 토의가 한국 정부의 이 5일자 훈령과 초안에 기초해서 이루어지게 되며 그로 인해 난항을 겪게 된 것이다.

5) 6월 16일 실무자 간 합의와 이승만 대통령의 수정 지시

6월 13일 낮부터 14일 심야에 걸쳐서 제4차 한일회담 재개 예비회담 제9차 회의가 진행되었다. 이 회의는 6월 16일의 양국 잠정합의를 결정한 실질적인 무대였다. 이 회의에서는 쌍방에 의하여 억류자 문제와 공식회담 재개에 관한 문서 최종안을 만드

---

221) 『제4차 한일회담 예비교섭, 1956~58(V. 2 1957)』, 1753쪽.
222) 6월 5일자의 훈령에 첨부되어 있다고 생각되는 한국 측 구상서 초안에는 일본의 청구권 포기에 관한 표현 "일본 정부는 '57년 미각서'에 기초해서 이것으로 1952년 3월 6일 일본 측 대표단에 의해 행해진 한국에 있는 재산에 대한 청구권을 철회한다(The Japanese Government, on the basis of the "Statement of U.S. Position on Interpretation of Article 4 of the Japanese Peace Treaty with Respect to the Korean-Japanese Claims Settlement" hereby withdraw the claims to property in Korea made by the Japanese Delegation at the Korea-Japan talks on March 6, 1952)"의 뒤에 "이것은(＝일본의 재한일본인 재산 포기) 완전히 다른 문제로 간주되어야 할 일본국 및 일본 국민에 대한 한국의 청구권과는 전혀 관계가 없다(This in no way relates to Korean claims against Japan and Japanese nationals which are to be considered as an entirely separate matter)"라는 추가적인 문장이 가해지고 있다(ibid). 그러나 동 문장은 김동조의 증언에도 있듯이(김동조, op.cit., 103쪽) 후술할 16일 실무자 간 합의문에 대해서 17일 이후 이승만이 가필 지시를 한 문장과 동일이기 때문에 5일자 초안에 본시 있었던 표현이 아니라 나중에 가필된 것으로 추측된다. 이 부분은 손으로 기입된 동그라미로 에워싸여 있으며 그 옆에 X가 부기되어 있으나 이것이 무엇을 의미하는지는 분명하지 않다.

는 것이 목적이라는 확인이 이루어짐에 따라[223] 토론 의제로서는 양국 억류자 취급에 관한 각서(Memorandum), 석방될 재일한국인의 처우에 관한 부속 양해사항(Annexed Understanding), 구보타 발언 철회와 청구권 포기에 관한 구상서(Note Verbale), 한일회담 재개를 위한 각서(Memorandum), 재개회담의 의제를 정한 합의의사록(Agreed Minutes), 문화재 반환에 관한 구두각서(Oral Statement), 회담 재개 합의를 발표하는 공동성명(Joint Communique) 등 회담 재개 합의문서 전반이 그 토의 대상으로 되었다.

이 회의에서는 우선 억류자에 관한 각서에 관해서 한국 정부가 수용하는 한인 밀입국자에 대해서 "2차 대전 후(after the end of world war II)"라는 표현을 삽입하는 것,[224] 부속 양해사항에서 석방 한인 중 일본에 재류하는 자에 대한 생활보호의 계속에 관해서 "그들의 생활보조를 위한 필요성(necessity for the help for their livelihood)"이라는 표현을 쓰는 것,[225] 합의의사록의 의제 문제 속에서 "어업 및 평화선"(Fisheries and Peace Line)을 "어업 및 '평화선'"으로 하는 것,[226] 문화재 반환에 관한 구두각서의 조문 중 관련 부분을 "가급적 빠른 시일에(at an early possible date)"라고 하는 것[227] 등이 각각 합의되었다. 또한 회담 재개 날짜에 관해서는 일단 이 시점에서 57년 9월 2일로 하기로 합의되었다.[228]

한편 구상서 중 구보타 발언 철회에 관해서 한국 측은 "일본국 정부는 1953년 10월 15일 일본 측 수석대표 구보타 간이치로 씨에 의해 행해진 발언을 철회한다(The Government of Japan withdraws the remarks made by Mr. Kanichirou Kubota, Chief of Japanese Delegate on October 15, 1953)"[229]는 등의 간략한 표현을 요구한

---

223) 『제4차 한일회담 예비교섭, 1956~58(V. 2 1957)』, 1693쪽.
224) ibid., 1694쪽. 다만 정식합의 문서에서는 "2차 대전의 종료 이전으로부터(since prior to the end of World War II)"로 되어 있다.
225) ibid., 1694~1695쪽. 다만 동 회의에서는 동 문제에 관해서 일본 측이 영원히 재일한국인의 생활보장을 할 여유는 없다고 해서 위 문장에 "당초의 기간(intial period)"을 유지함을 주장한데 대해 한국 측도 이 요구를 받아들였다고 되어 있어 동 표현은 최종합의 문서에서는 그대로 "당초의 기간 동안 그들의 생활보조를 위한 필요성(necessity for the help for their livelihood during the intial period)"으로 되었다.
226) ibid., 1697~1698쪽.
227) ibid., 1699쪽.
228) ibid., 1696쪽.

데 대해 일본 측은 원래 구보타 발언은 일본 정부의 공식 견해가 아니므로 체면상 최초 안의 표현이 필요하다고 반론했다. 이 최초 안이 무엇을 가리키는지 분명하지는 않다. 그러나 의미적으로는 그것이 3월 8일자 일본 측 안에 있던 "결코 일본국 정부의 공식견해를 반영한 것이 아니다"라는 표현에 해당하는 것임이 틀림없다. 이 문제에 관해서는 이후 대립이 계속되었다는 기록도 없이 결과적으로 정식합의 문서에는 위의 한국 측 요구가 그대로 수용되었다. 즉 일찌감치 구보타 발언 철회를 결정하던 일본 측에게는 동 표현에 관한 문제는 고집해야 할 아무런 가치 있는 대상이 아니었던 것이다.

또한 동 구상서 중의 청구권 포기에 관해서는 양측은 이하와 같은 조문으로 할 것으로 합의했다.[230]

일본국 정부는 '57년 미각서'에 기초해서 이것을 가지고 1952년 3월 6일 한일회담에서 일본 측 대표단에 의해 행해진 한국에 있는 재산에 대한 청구권을 철회한다(The Government of Japan hereby withdraws the claim to property in Korea made by the Japanese Delegation at the Korea-Japan talks on March 6, 1952, on the basis of the "Statement of U.S. Position on Interpretation of Article 4 of the Japanese Peace Treaty with Respect to the Korean-Japanese Claims Settlement", dated June, 1957).

한편 이후 교섭의 초점으로 된 합의의사록의 청구권 관련 표현에 관해서는 이 회의에서 먼저 한국 측은 일본이 한국의 청구권을 성실하게 (with sincerity) 토의 및 해결한다(discuss and settle)는 것과 소위 재산청구권의 상호포기(reciprocal renunciation)를 제안하지 않는다는 두 가지 전제 조건하에서 미국의 각서를 받아들일 생각을 표명했다.[231]

---

229) ibid., 1695쪽. 다만 당초 한국 측은 구보타 발언의 철회에 관한 표기로서는 "retracts the statement made by……"를 구상하고 있었던 것 같으나 위의 표현으로 바뀐 것은 일본 측 제안인 것 같다. 이 점에 관해서는 같은 문서, 1698쪽 참고.
230) ibid., 1698쪽. 다만 날짜에 관해서는 최종 합의문서에서는 동 미국의 각서의 날짜는 1957년 12월 31일로 표기되었다.
231) ibid., 1699쪽.

이어 일본 측은 한국의 대일청구권의 취급을 규정하는 합의의사록 제4조 부분에 관해서 이하 구체적인 문안을 제안했다.232)

일본국 외무대신(Minister for Foreign Affairs of Japan):
일본국 정부는 1957년 6월에 합중국 정부에 의해 양국 정부에 송부된 '57년 미각서'에 의거해서 청구권 문제에 관해 대한민국 정부와 **교섭할 용의가 있다**. 그러나 저는 합중국 정부의 각서는 일본과 한국의 청구권의 상호포기를 미리 결정하지 않고 있으며 일본 측은 재개될 전체회담에서 한국측 청구권을 성실하게 토의할 것으로 양해하고 있다 (The Government of Japan **is prepared to negotiate with** the Government of Republic of Korea as regards the issue of the claim on the basis of the "Statement of U.S. Position on Interpretation of Article 4 of the Japanese Peace Treaty with Respect to the Korean-Japanese Claims Settlement" which was forwarded to both governments by the US Government on June, 1957. I understand, however, the Statement of the US Government does not predetermine mutual waiver of the Japanese and Korean claims and that the Japanese side will discuss with sincerity the Korean claims at the overall talks to be reopened). (강조는 인용자)

주일 한국대표부 대사(Chief of Korean Mission in Japan):
대한민국 정부는 일본 정부의 위의 의사를 인정하여 합중국 정부의 상기 각서에 의거해서 전체회담에서 재산청구권 문제에 관해 일본국 정부와 교섭할 용의가 있나(The Government of the Republic of Korea acknowledges the above intention of the Japanese Government and is prepared to negotiate with Government of Japan as regards the issue of property claims on the basis of the said Statement of the Government of United States at the overall talks).

상기 일본 측 초안에 대해서 한국 측은 "교섭할 용의가 있다"라는 표현으로는 청구권 문제를 해결하는 데 부족하다고 반대하여 이하 제4조 초안을 대안으로서 제시했다.233)

---

232) ibid., 1699~1700쪽.
233) ibid., 1700쪽.

주일 한국대표부 대사(Chief of Korean Mission in Japan):
일본국 및 일본인에 대한 한국의 청구권에 관해 한국 측은 재개될 전체회담에서 토의 및 **해결**을 위하여 이전의 회담에서 제출하고 있었던 같은 제안을 제출할 것을 희망합니다 (In connection with the Korean claim **against Japan and Japanese nationals**, Korean side would like to submit for discussions and **settlement** at the overall talks to be resumed, the same proposal that it had submitted at the previous talks). (강조는 인용자)

일본국 외무대신(Minister for Foreign Affairs of Japan):
그럴 경우 일본 측은 상실하게 한국의 청구권을 토의 및 **해결한다**(In such case the Japanese side will discuss and **settle** such Korean claims with sincerity). (강조는 인용자)

일본국 외무대신(Minister for Foreign Affairs of Japan):
저는 '57년 미각서'에 관해 대한민국 정부 또한 같은 견해를 가지고 있다고 양해하고 있습니다. 더욱 저는 상기 미국의 각서가 재산청구권의 상호포기를 가리키고 있지 않다고 양해하고 있습니다(I understand that in regard to the "Statement of US Position…" the Government of the Republic of Korea is also of the same opinion. I further understand that the said US Statement does not signify reciprocal renunciation of the property claims).

주일 한국대표부 대사(Chief of Korean Mission in Japan):
네 그렇습니다(So I do).

일본 측은 제1항에 있는 일본에 대한 청구를 강조한 "일본국 및 일본인에 대한"이라는 어구나 청구권 문제 해결을 뜻하는 "해결" 등의 단어를 빼는 것을 요구했으나[234] 이에 대해서 한국 측은 "일본국 및 일본인에 대한"의 삭제 요구에는 응하는 기미를 보였으나 "해결"의 삭제에는 반대하는 등[235] 청구권 해결 문제에 세심한 태도를 보였다. 그 후 일본 측은 기시수장 방미(6월 16일) 전의 초안 합의 서명이 기대되고 있다는 말과 함께 최종 양보안으로서 동 제4조 중의 제2항에 관해서 이하와 같은 새로운 안을

---

234) ibid., 1700~1701쪽. 일본 측 기타 요구에는 제3항 "the Government of the Republic of Korea"를 "Korean side"로 하는 것, 또 제4항 "So I do"를 "It is also my understanding"으로 하는 것들도 있었다.
235) ibid., 1701쪽.

제시하고 있다.236)

그럴 경우 일본 측은 상실하게 한국의 청구권을 토의한다(In such case the Japanese side will discuss such Korean claims with sincerity).

그러나 한국 측은 일본 측이 제시한 동 신 안 역시 거부하여 '해결'을 명시하는 'settle', 'settlement' 등의 표현을 합의의사록의 어딘가에 삽입할 것을 요구했다.237) 이에 따라 또 다시 짧은 의견 교환이 이루어졌으나 결국 최종 타협안으로서 동 제2항에 관해서 이하와 같은 합의가 성립되었다.

일본국 외무대신(Minister for Foreign Affairs of Japan):
그럴 경우 일본 측은 그 **해결을 위하여** 한국의 청구권을 성실하게 **토의하는 것에 이의는 없다**(In such case the Japanese side **has no objection to discussing for settlement** such Korean claims with sincerity). (강조는 인용자)

이상 동 제2항의 합의에 따라 합의의사록 제4조에 관한 실무자 간 최종합의가 이루어졌다.238) 동 제4조의 시안적(tentatively) 최종합의문 영어 정문(正文)의 전문(全文)을 다시 정리하면 [표 15]와 같이 된다.239)

위의 초안들은 그 후 15일부터 16일에 걸친 제10차, 제11차 토의에서 표현, 타자, 문법적 수정 등 약간의 정정이 이루어지고 결국 16일 양국 사무진에서 모든 문서에 관한 합의가 이루어졌다.240)

이상과 같은 회담 재개를 위한 합의문 작성 교섭을 통해서 확인할 필요가 있는 것은 이 실무자 회의에서는 합의의사록 제4조에 관해서 여전히 '교섭할 용의가 있다', '해결'

---

236) ibid.
237) ibid., 1701~1702쪽.
238) ibid., 1702쪽.
239) ibid., 1718쪽.
240) ibid., 1788~1798쪽. 그 문서에는 16일 합의된 문서라는 표기가 없으나 57년 12월 31일 회담 재개에 관한 정식 합의문서와 같으므로 이 문서가 16일 실무자 간 합의문서라고 생각된다. 정식 합의문서는 『제5차 한일회담 예비회담, 미·일 평화조약 제4조(청구권 관계)의 해석에 관한 미 국무성 각서 공개, 1961』, 1208~1217쪽에 수록되어 있다.

[표 15] 합의의사록 제4조에 관한 실무자 간 시안(試案)적 최종합의 영어 정문(正文)

1항	- Chief of the Korean Mission in Japan: "In connection with the Korean claims, the Korean side would like to submit for discussions and settlement at the overall talks to be resumed, the same proposal that it had submitted at the previous talks."
2항	- Minister for Foreign Affairs of Japan: "In such case the Japanese side has no objection to discussing for settlement such Korean claims with sincerity."
3항	- Minister for Foreign Affairs of Japan: "I understand that in respect to the "Statement of U.S. Position on Interpretation of Article 4 of the Japanese Peace Treaty with Respect to the Korean-Japanese Claims Settlement" dated June, 1957, the Government of the Republic of Korea is also of the same opinion with the said Statement. I further understand that the said US Statement does not signify reciprocal renunciation of the property claims."
4항	- Chief of the Korean Mission in Japan: "It is also my understanding."

[표 16] 청구권 문제에 관한 6월 16일 실무자 간 영어 정문(正文) 합의문에 대한 이승만 대통령의 수정지시 내용

수정대상	양측 실무자 간 6·16 합의문 중의 수정대상	이승만의 수정지시
구상서 중 청구권 포기 관련 부분	"The Government of Japanese hereby withdraws the claim to property in Korea made by the Japanese Delegation at the Korea - Japan talks on March 6, 1952, on the basis of the "Statement of U.S. Position on Interpretation of Article 4 of the Japanese Peace Treaty with Respect to the Korean-Japanese Claims Settlement."	왼쪽 합의문 마지막 부분에 "이것은(=일본의 재한일본인 재산 포기) 완전히 다른 문제인 일본국 및 일본 국민에 대한 한국의 청구권과는 전혀 관계가 없다(This, in no way relates to Korean Claims against Japan and Japanese nationals which are entirely separate matter)"라는 문장을 추가하는 것[241]
합의의사록 제4조제3항	"I understand that in respect to the "Statement of U.S. position on Interpretation of Article 4 of the Japanese Peace Treaty with Respect to the Korean-Japanese Claims Settlement" dated June, 1957, the Government of the Republic of Korea is also of the same opinion with the said Statement. I further understand that the said US Statement does not signify reciprocal renunciation of the property claims."	왼쪽 합의문 마지막 부분에 "또 한국의 청구권에 전혀 영향을 주지 않는다(and does not affect Korean claims in any way)"라는 문장을 추가하는 것[242]

등 그 표현상의 작은 대립이 있었으나 이 시점에서는 적어도 '57년 미각서'에 관해서는 동 제3항으로서 그것이 청구권의 상호 포기를 가리키지 않는다는 표현만을 달고 있을 뿐, 일본의 청구권 포기가 한국의 대일청구권에 대해 아무런 영향도 끼치지 않는다는 등의 핵심적인 논점에 대한 교섭은 없었다는 사실이다. 이것은 물론 6월 5일자 훈령에 기초한 결과라고 생각된다. 즉 양국 교섭 당사자 간에는 '57년 미각서'의 수용은 상호

포기가 아닌 것만 의미하는 것뿐이며 일본에 의한 재산청구권 포기가 한국의 대일청구권의 요구와 아무런 관계도 없다는 취지의 합의는 포함되지 않고 있었던 것이었다.

그러나 이승만은 이 당사자 간 합의를 거절했다. 52년이건 57년이건 미국의 각서는 일본의 재한일본인 재산의 처분이 한국의 대일청구권 결정에 영향을 줄 것을 인정하고 있었기 때문에 상기의 합의만으로는 사실상 이후의 교섭에서 최소한 일본 측으로부터 감쇄 요구가 나올 것은 피할 수 없는 일이었다. 그 결과 기대되어 있던 16일 기시 수상의 방미 전의 정식 서명은 이루어지지 않았다. 이승만이 그 기대를 물리치기까지 해서 추가적으로 요구한 수정은 구상서 마지막 부분과 합의의사록 제4조 제3항의 마지막 부분에 대해서 당사자 간 합의 문서에 없었던 각각 [표 16]의 문장을 추가할 것이었다. 이상의 이승만의 지시를 포함한 수정 초안은 22일자의 훈령으로서 대표부에 부쳐졌다.[243] 하지만 이승만의 동 수정 요구는 결코 일본이 받아들일 수 있는 것이 아니었다. 재개 교섭은 또 다시 암초에 부딪치고 당초 9월 2일 예정된 회담 재개는 크게 늦어질 수밖에 없었다.

6) 한국 정부 수정안에 대한 일본 측 대응

한국에 중대한 의미를 가진 위와 같은 수정 요구는 물론 일본에 있어서도 타협하지 못하는 중요한 내용이었다. 아니 원래 일본이 대한청구권을 포기할 수 있었던 최소한의 조건은 위의 52년과 57년의 미국의 각서에 의하여 한국의 대일청구권을 사실상 적어도 감쇄시킬 수 있는 내용이 확보되어 있었기 때문이었다.[244] 사실 이 점은 이후

---

241) 『제4차 한일회담 예비교섭, 1956~58(V. 2 1957)』, 1770쪽. 동 문서는 외무부의 대통령 재가청훈 문서라는 형식으로 되어 있으나 김동조에 의하면 동 표현은 직접 이승만이 지시한 것으로 되어 있다. 김동조, op. cit., 103쪽. 또 하나 공개문서에서는 "16일자로 대통령에 제출된 문서라고 되어 있는 문서"가 수록되어 있으나(같은 문서, 1758쪽) 거기서는 위의 문장과 취지와 같으나 구상서 중 청구권 포기에 관해서는 "각서는 한국의 재산청구권에 전혀 영향을 주지 않는다(the Statement does not affect Korean property Claims in any way)"라는 표현으로 되어 있다. 이 표현의 작성 주체가 외무부인지 다른 주체인지는 분명하지 않다. 아마 한국 정부 내에서 여러 문안의 검토가 있었던 것으로 추측된다.
242) ibid., 1776쪽. 이 부분에 관해서는 "16일자로 대통령에 제출된 문서"(같은 문서, 1765쪽)와 같음.
243) 내용상 ibid., 1770~1779쪽에 수록된 자료가 이 수정안으로 추측되다.
244) 예컨대 비공식적으로 일본의 대한청구권 포기가 전해진 56년쯤 동 교섭과정에서 당시 한국 측 교섭 책임자이던 김용식은 일본 측 주 유엔 대사로부터 한국이 미국의 각서에 따르겠는가라는 질문을 받았음을 전하고 있다. 김용식, op. cit., 246쪽.

[표 17] 청구권 문제 이외의 한국 측 수정요구 사항

수정대상	한국 측 요구	일본 측 대응
한국에 억류된 일본인 어부 및 퇴거명령으로 인해 일본에 억류된 한국인 거주자에 대한 제 조치에 관한 일본국 정부와 대한민국 정부 간의 양해각서(Memorandum of Understanding between the Government of Japan and the Government of the Republic of Korea Regarding Measures on Japanese Fishermen Detained in Korea and on Korean Residents in Japan Detained Under Deportation Order)에 관해서	가) 제목 변경 "일본 내에 억류된 한국인 및 한국 내에 억류된 일본인 어부에 대한 제 조치에 관한 대한민국 정부 및 일본국 정부 간의 양해각서(Memorandum of Understanding between the Government of the Republic of Korea and the Government of Japan Regarding Measures on Koreans retained in Japan and Japanese Fishermen Detained in Korea)"	수락
	나) 각서의 제1단락 중에 있던 "퇴거명령으로 인해(under deportation orders)"를 삭제하는 것	합의의사록 제4조 일본 측 안 수락으로 수용 가능 의사 표명
부속 양해사항에 관해서	가) 한국 측이 수용할 퇴거송환자에 관해 앞으로 토의할 내용을 "기준(criteria)"으로 하고 있었던 것을 "조정(arrangements)"으로 하는 것	수락 어려움을 표명 (그러나 최종 합의문서에서는 한국 측 요구대로 채용되었음)
	나) 제일한국인의 억류 목적을 "퇴거 목적으로 위해(for the purpose of deportation)"로 한 부분을 삭제하는 것	합의의사록 제4조 일본 측 안 수락으로 수용가능 의사 표명
	다) 억류하는 재일한국인의 대상자를 명시한 "또 일본의 범죄 관련 법 및 규제를 어긴 자(and who violated criminal laws and regulations of Japan)"라는 표현을 삭제하여 억류를 삼가야 하는 이유로서 "그들을 외국인수용소에 유치하기 위해(to keep them in the Aliens Detention Camps)"라는 표현을 부가하는 것	합의의사록 제4조 일본 측 안 수락으로 수용 가능성을 표명
합의의사록에 관해서	가) 제1조에 있던 "퇴거명령으로 인해 일본에 억류된 한국인 거주자에 관한(on Korean residents in Japan detained under deportation orders)"이라는 표현을 단지 "일본에 억류된 한국인에 관한(on Korean detained in Japan)"으로 바꾸는 것	수락
	나) 제3조에 있던 "제1차, 제2차, 제3차 회담(at the first, second, and third conferences)"으로 되어 있던 표현을 "제1차, 제2차, 제3차 한일회담(at the first, second, and third Korean-Japan conferences)"으로 바꾸는 것	수락
구두각서에 관해서	가) 문화재 반환에 관해 "일본국과 대한민국 간의 전체회담의 의제와 달리(aside from the agenda of the overall talks between Japan and the Republic of Korea)"라는 표현을 삭제하는 것	거부 (그러나 최종합의 문서에서는 한국 측 요구대로 채용되었음)
	나) 16일의 잠정 합의문에 없었던 "또 다른 한국문화재의 이후의 이양을 위해 그 토의와 해결이 전체회담에서 진행된다(and for the later transfer of other Korean art objects discussion and settlement will be made at the overall talks)"라는 표현을 마지막 부분에 부가하는 것	거부 (그러나 최종합의 문서에서는 한국 측 요구대로 채용되었음)

의 수정안 교섭에 있어서 일본 측이 다른 수정에 대한 양보는 하여도 한국 정부가 6월 16일의 실무 담당자 간 합의 이후 부가하려고 한 대일청구권에 관한 추가 구절만큼은 절대로 받아들이지 않았던 것에서 뚜렷하게 나타났다.

한국 정부가 추가 수정을 요구한 이후 한동안 없었던 양국의 교섭은 7월 23일 유태하 참사관과 일본 측 이타가키(板垣修) 신 아시아국장, 미야케(三宅喜一郎) 참사관 간에 합의안에 대한 수정 문제를 둘러싸고 재개되었다. 이 자리에서 일본 측은 청구권에 관한 합의문 수정 요구에 응하는 것은 어렵다고 전달하였다.[245] 8월 10일에는 유 - 이타가키 회담에서 한국이 청구권에 관한 추가 수정안을 계속 유지하는 동안은 일본 측으로서 이 점에 관해서 어떤 대안도 고려하지 않겠다는 강경의견을 표시하기도 했다. 그러나 한편 만약에 한국 측이 청구권에 관한 원안(original draft)을 받아들인다면 일본 측은 억류자에 관한 각서와 기타 한국 측 수정안을 받아들인다는 의사를 표시했다.[246]

위에서 말한 기타 한국 측 수정안이라고 함은 6월 16일 잠정합의 문서에 관해서 22일자로 한국 정부가 지시한 수정 요구들이었다. 청구권 문제 이외에 한국 정부가 요구한 수정 내용과 그에 대한 일본 측 반응들을 정리하면 [표 17]과 같다.[247]

[표 17]에서 알 수 있는 바와 같이 일본 측은 청구권 이외의 다른 문제들에 관해서는 수락 또는 합의의사록 제4조 일본 측 안 수락을 조건으로 수용한다는 의사를 표명하거나 비록 그 회의에서는 거부의 자세를 보이면서도 결과적으로는 최종합의문서에서는 모두 한국 측 수정안을 받아들였다.

그와 대조적으로 구상서 중 청구권 문제에 관한 요구이던 "이것은(＝일본의 재한

---

245) 『제4차 한일회담 예비교섭, 1956~58(V. 2 1957)』, 1799쪽. 그 자리에서는 또 하나 송환 문제가 일본 측으로부터 거론되었으나 그것이 참된 문제가 아니었음은 곧 본문에서 말하듯이 한국이 청구권 조항을 일본 측 안대로 동의한다는 조건으로 한국 측 안에 동의한 사실을 봐도 명약관화이다.
246) "TS-900840", ibid., 1806~1807쪽. 그러나 대안을 내지 않겠다는 일본은 8월 20일 제16차 예비회의에서는 합의의사록 제4조의 전반부(제1항과 제2항)를 후반 부(제3항, 제4항) 다음에 두는 순서변경의 제안을 하고 있다. 같은 문서, 1721~1722쪽(이 안 자체는 1719쪽에 수록). 물론 이 '꼼수'는 한국 측에 의하여 거부당하여 아무런 의미를 발휘하지 못했다.
247) 이 정리는 10월 2일에 열린 제4차 예비교섭에서의 토의에 나타난 내용들을 통해서 추측했다. 동 토의기록은 ibid., 1824~1826쪽에 수록.

일본인 재산 포기) 완전히 다른 문제인 한국의 일본국 및 일본 국민에 대한 청구권과 전혀 관계가 없다"라는 표현의 추가는 끝까지 거절했다.[248] 또한 합의의사록 제4조 마지막 부분에 "또 한국의 청구권에 전혀 영향을 주지 않는다"를 부가해서 미국의 각서의 수용이 한국의 대일청구권에 대해 영향을 줄 것을 차단하려고 한 한국 측 수정 요구 역시 끝까지 받아들이지 않았다.[249]

이와 같이 일본은 다른 모든 문서에 관한 타협을 감수하면서도 이승만이 추가 지시한 청구권에 관한 부분 만큼은 타협을 거절했다. 무엇보다 그 이유는 청구권 금액에 관한 한국 측 요구가 불투명했기 때문이었다.

8월 20일 제16차 예비회의 석상 이타가키 국장은 한국이 대일청구권이 미국의 각서에 의하여 영향을 받지 않는다는 주장만 하여 금액을 밝히지 않는 것에 대해 우려를 표시하고 있다.[250] 또 9월 6일 제19차 예비회의에서도 이타가키 국장은 일본 측 관계 당국자가 우려하고 있는 것은 한국 측 수정안 자체가 아니라 한국이 청구할 금액임을 밝히고 있다.[251]

이런 일본 측의 금액에 관한 우려가 구체적인 수치 파악에 따른 것이었는지 일절 자료적으로는 분명하지 않다. 일단 1957년 9월 9일자로 유태하 공사가 이승만에게 보고한 문서에는 1953년의 회담 당시 한국 측이 제시한 청구요구 리스트에 기초해서 일본 측이 한국 측 청구액으로서 예상한 금액은 약 6억 불가량이었으나 그것이 최근에는 1억 불 정도임을 강조하는 일본 측 반응이 소개되어 있다.[252] 그러나 일본 측이

---

248) ibid., 1824쪽. 구상서에 관해서는 또 하나 한국 측으로 부터 '57년 미각서'의 기술 삭제라는 요구가 나왔으나 이에 대해 일본 측은 이하와 같은 조건부로 수락한 사실이 있다.
 -합의의사록 제4조에 관해서 일본안을 수락
 -공동성명에서는 '57년 미각서'의 표기를 남긴다.
즉 표면상의 한국 측 요구의 수락은 결코 일본 측이 동 각서의 내용을 버린다는 등의 근본적인 변경을 뜻한 것이 아니다. 무엇보다 공동성명에서 '57년 미각서'를 남기는 이상 구상서에서 그것을 빼도 별다른 영향이 없었을 것이며 따라서 결국 이 구상서에는 '57년 미각서'의 기술이 그대로 남게 되었다.
249) ibid., 1825쪽.
250) ibid., 1716쪽.
251) ibid., 1725쪽.
252) 『제4차 한일회담 예비교섭, 1956-58(V.1 경무대와 주일대표부 간의교환공문, 1956~57)』, 1656쪽. 물론 일찍 나온 이 6억 불이라는 수치가 후술할 1962년 11월의 김 - 오히라 합의의 액수인 6억 불과 일치함은 흥미로우나 양자의 연관성을 뒷받침할 만한 자료적 증거는 찾아볼 수 없다.

그런 견적에 쓸 만한 구체적인 요구리스트가 1953년 당시 실제 한국 측에 의해 제시되었다고 하는 증거는 찾을 수 없다. 또 왜 일본이 같은 요구리스트를 가지고 6억 불로부터 1억 불까지 그 평가액을 절하했는지도 일절 분명하지 않다.[253] 그러나 후술하듯이 1957년 초 한국 측이 준비하던 금액이 약 22억 4200만 불가량, 또 제4차 한일회담 개시 후인 59년 1월 29일자로 지시한 요구액이 약 19억 2922만 불가량이었음을 생각하면 그 진정한 청구 가능성의 문제를 떠나 이런 일본 측 예상은 크게 빗나가는 것이었다. 그만큼 당시 일본 측에게는 한국 측 요구액수가 예상조차 하기 어려운 불투명한 상황에 있었던 것만큼은 틀림없어 보인다.

이런 불투명한 조건하에서 요구액을 제시하지 않는 한국 측 전략은 일본 측 불안감을 부추기며 청구권 문제에 관한 합의문 수정에 대해 일본 측 타협을 이끌어낼 것을 어렵게 했다. 기록상 적어도 9월 6일의 제19차 회의까지는 한국 측우 자기 측 수정안의 수락을 계속 요구하고 있으나[254] 10월 2일자 본국에 대한 보고문서에서 주일대표부는 6월 22일자의 본국 수정안에 의한 교섭은 그 진전의 가능성이 없음을 보고하고 있다.[255] 이 보고를 받아 한국 정부는 6월 22일 수정안이 그대로 수락되도록 계속 노력할 것을 지시하면서도 교섭이 안 될 경우는 11월 25일 예정이던 기시 수상의 동남아 방문시, 또는 연말 제시를 조건으로 최종 수정안을 10월 29일자로 내렸다.[256]

이 최종 수정안은 합의의사록 제4조 제3항에 관해서 이하의 두 가지 중의 유리한 안을 택하라는 것이었다.[257]

① "또 한국의 청구권에 전혀 영향을 주지 않는다(and does not affect Korean claims

---

253) 기타 동 시기 다울링 대사가 수백만 불 정도의 청구권 취득과 거의 동액의 수백만 불의 장기 차관의 취득이 가능하다는 생각을 한국 측에 내비친 기록이 있다. 『제4차 한일회담 예비교섭, 1956~58(V.2 1957)』, 1812~1813쪽. 그러나 이 수치의 근거 등은 일절 분명하지 않다.

254) ibid., 1725쪽.

255) ibid., 1822~1823쪽.

256) ibid., 1827~34쪽.

257) ibid., 1831~1832쪽. 한편 이 무렵부터 기록상 구상서 중의 "이것은(=일본의 재한일본인 재산 포기) 완전히 다른 것으로 간주될 수 있는 일본국 및 일본 국민에 대한 한국의 청구권과는 전혀 관계가 없다"라는 한국 측 추가요구에 관한 교섭내용을 전하는 문서는 수록되지 않고 있다. 또 하나 동 훈령에서는 구상서, 공동성명에서 '57년 미각서'에 언급한다는 일본안은 수락으로 되어 있다.

in any way)"라는 부분을 "또 한국의 청구권에 **실질적으로** 영향을 주지 않는다(and does not **substantially** affect Korean claims)"로 바꿀 것. (강조는 인용자)

② "또 한국의 청구권에 전혀 영향을 주지 않는다(and does not affect Korean claims in any way)"를 삭제하여 동 4조 제4항에 "또한 저는 만약에 일본 측이 한국의 청구권을 성실하게 해결하지 않는다면 대한민국 정부는 상기 미국의 각서의 해석에 구속되지 않는다고 양해하고 있다(I further understand that if the Japanese side should fail to settle the Korean claims with sincerity, the Government of the Republic of Korea will not be bound by the interpretation of the said U.S. Memorandum)"[258]라는 표현을 보충할 것.

하지만 위의 수정안 역시 일본 측 거부에 부딪쳤다. 부득이 한국 정부는 회담 조기 재개를 이유로 위의 최종안에 대신하는 수정안을 또 다시 11월 11일자로 보냈다.[259] 그 내용은 합의의사록 제4조에 제3항에 관한 위의 ①, ②를 포기하여 이번에는 동 제4조 제2항을 다음과 같이 수정하는 것이었다.

그럴 경우(=한국이 청구권을 제안할 경우) 일본 측은 한국의 청구권의 해결을 위해 **최대한** 성실하게 토의하는 것에 이의는 없다(In such case, the Japanese side has no objection to discussing for settlement such Korean claims with **all its** sincerity). (강조는 인용자)

즉 새로운 훈령안은 제2항에 단지 "최대한(all its)"을 보충함으로써 일본의 "성실성(sincerity)" 부분만을 강조하는 수정에 머무르고 있었던 것이었다.

이런 소극적인 훈련에 놀랐던 주일대표는 11월 20일자로 정부에 대해서 건의를 했다.[260] 그 내용은 상기 정부 훈련안으로는 일본이 당초(originally) 제안한 것이나[261] 9월 20일자 소위 '미야케 시안(三宅試案)' 보다 한국 측에게 불리해진다는 것이 그 골자였다. 특히 일본 측 교섭 태도에 관해 원안대로 "이의는 없다(has no objection)"

---

258) 단 인쇄된 동 문장에는 "with sincerity" 부분에 "all its"가 보충되어 "with all its sincerity"로, "will not be bound by"의 부분에 "will be free from observing"이라는 수정이 각각 손수로 가필되고 있다. 그 변경의 의도는 이후의 청구권 교섭을 조금이나마 유리하게 하려고 한 데에 있었음은 알기 쉬우나 이 수정의 시기, 주체 등은 불투명하다.

259) 11월 11일자 "外政 第4010號", 『제4차 한일회담 예비교섭, 1956~58(V.2 1957)』, 1835~1838쪽.

260) ibid., 1851쪽.

261) 이것이 어느 문서를 의미하는 것인가는 불투명하다.

고만 요구할 경우 청구권 토의에 대해 일본 측은 적극성을 보이지 않을 것이며 또 동 4조 제3항에서 대한민국 정부 "또한 상기 각서와 같은 견해를 가지고 있다(is also of the same opinion with the said Statement)"라는 표현을 그대로 두면 한국 정부가 '57년 미각서'의 내용을 전체로서 수락한 것으로 되어 버린다는 것이 주일대표부가 문제시한 점들이었다.

한편 주일대표부가 언급한 합의의사록 제4조에 관한 9월 20일자 '미야케 시안'이라고 불리는 초안의 내용은 이하와 같았다.[262]

일본국 외무대신(Minister for Foreign Affairs of Japan):
재산청구권의 문제에 관해 저는 상기 문제의 해결에 열쇠를 주려고 한 '57년 미각서'는 재산청구권의 상호포기를 가리키지 않고 있으며 또 한국의 청구권에 관해 이전의 한일 전체회담에서 한국 측이 제출했던 같은 제안이 그 토의 및 해결을 위해 새개될 전체회담에서 제출될 것을 배제하지 않고 있다고 양해하고 있습니다. 만약에 그 제안이 상기 전체회담에서 한국 측으로 인해 제출될 경우는 **일본 측은 한국의 청구권 해결을 위해 성실하게 토의하겠습니다**. 저는 대한민국 정부도 **그 문맥 속에서** 미국의 각서와 같은 견해를 가지고 있다고 양해하고 있습니다(With regard to the problems of property claims, I understand that the "Statement of US position on Interpretation of Article 4 of the Japanese Peace Treaty with Respect to the Korean-Japanese Claims Settlement" dated, 1957, which purports to give a clue to settlement of the said problems, does not signify the reciprocal renunciation of property claims and does not preclude the same Korean proposal on Korean claims as put forward to the previous Korea - Japan overall talks from being submitted by the Korean side for discussion and settlement at the overall talks to be resumed. In case such proposal is submitted by the Korean side at the said over all talks, **the Japanese side will discuss for settlement Korean claims with sincerity**. I understand that the Government of the Republic of Korea is of the same opinion with the U.S. Statement **in that context**). (강조는 인용자)

주일 한국대표부 대사(Chief of Korean Mission in Japan):
그것은 또한 저의 이해이기도 합니다(It is also my understanding).

---

262) 『제4차 한일회담 예비교섭, 1956~58(V.2 1957)』, 1855~1856쪽. 이 문장의 일본어역은 『This is 讀賣』編集, op.cit., 59쪽에 수록.

[표 18] 합의의사록 제4조 영어 정문(正文)에 관한 주요 안의 초점 비교　(강조는 인용자)

	6·16 실무자 간 시안적 합의	11·11 한국 측 수정안	미야케 시안
제2항	"In such case, the Japanese side **has no objection to discussing for settlement** such Korean claims with sincerity."	"In such case, the Japanese side has no objection to discussing for settlement such Korean claims with **all its** sincerity."	"In case such proposal is submitted by the Korean side at the said overall talks, the Japanese side **will discuss for settlement** Korean claims with sincerity.
제3항 (일부)	"the Government of the Republic of Korea is also of the same opinion with the said Statement."	"the Government of the Republic of Korea is also of the same opinion with the said Statement." (왼쪽 6·16 실무자 간 시안적 합의와 같음)	the Government of the Republic of Korea is of the same opinion with the U.S. Statement **in that context**."

즉 미야케 시안에서는 한국이 청구권 토의를 제안을 할 경우 "일본 측은 한국의 청구권 해결을 위해 성실하게 토의하겠습니다"라고 되어 있었다. 이것이 주일대표부가 우려한 11월 11일 정부 훈령보다 "이의가 없다(no objection)"는 표기가 없는 점으로 일본 측에 보다 적극적인 자세를 요구할 수 있는 표현임은 틀림이 없었다. 또한 위 미야케 시안에서는 "그 문맥 속에서"라는 표현을 씀으로써 한국 정부가 미국의 각서에 관해서 같은 견해를 가지는 범위를 한정하는 가능성을 제공하고 있었다. 즉 "그 문맥 속에서"라는 말을 가함으로써 동 미야케 시안은 한국 측이 미국의 각서에 관해서 같은 견해를 가지는 범위를 동 문서 전반부에 쓰이던 '57년 미각서'가 상호 청구권을 포기하는 것을 의미하지 않는다거나 재개 전체회담에서 한국 측이 같은 청구권의 제안을 할 것을 제외하지 않는다 등의 해석에 한정할 것을 가능하게 하는 내용으로 되어 있었다.

이상 합의의사록 제4조에 관한 주된 흐름을 정리하면 [표 18]과 같다.

주일대표부는 위 건의와 동시에 일본이 한국 측 수정안을 끝까지 거부할 경우는 대체 안으로서 "그것은(=미국의 각서) 한국의 청구권을 실질적으로 훼손하지 않는다(it does not substantially impair Korean claims)"를 부가할 것을 주장하는 생각임을 전하고 있으나 이것이 "한국의 청구권에 전혀 영향을 주지 않는다(does not affect Korean claims in any way)"로 되어 있던 당초의 수정안에 대해서 "실질적으로(substantially)"를 가함으로써 "전혀 [······] 않는다(not [······] in any way)"는 표현보다 그 정도를 줄임으로써 일본 측과의 타협을 도모하려고 한 것이었음은 물론이다.

7) 12월 31일 최종 합의

하지만 결국 주일대표부의 공작은 주효하지 않았다. 어쩔 수 없이 한국 정부는 12월 12일자로 다음과 같이 "미국의 각서는 일본에 대한 한국의 청구권에 실질적으로는 영향(훼손)하지 않는다(U.S. Memorandum does not affect(or impair) substantially the Korean claims against Japan)"는 약속을 담은 비밀각서를 일본 수상 또는 외상으로부터 받을 것을 조건으로 상기 11월 11일자 훈령의 선으로 서명해도 된다는 최종 결정을 내렸다.[263] 그러나 이런 한국 정부의 마지막 공작이던 그 비밀각서의 수취가 이루어짐으로써 서명된 가능성은 거의 없어 보인다. 그것은 단지 문서에 의한 증거의 존재 여부뿐만 아니라 그 후의 기시 수상 특사를 둘러싼 양국 간의 갈등이 동 비밀각서의 확보에 한국 측이 실패했음을 가리키고 있기 때문이다. 그 경위는 다음과 같았다.

주일대표부에 의하면 12월 12일자의 비밀각서 확보라는 한국 측 요구에 대한 타협안으로서 일본 측이 본의 아니게(with reluctance) 생각한 것이 수상의 친서 전달이라는 방법이었다.[264] 하지만 1958년 1월 8일자 기시 수상의 친서[265]를 보면 그것은 12월 12일자로 한국 정부가 요구한 구체적인 약속과 현격한 차이가 있는 일반적인 성의만을 강조한 것에 불과했다.

그럼에도 김유택 주일대표부대사는 기시 특사인 야쓰기(矢次一夫) 방한 후의 기시 수상 본인의 방한 가능성의 보도, 일본 측의 야쓰기 방한 희망, 그리고 친서의 공식성 확보에는 복사가 아니라 원본 수용이 필요하다는 등의 이유를 지적하여 58년 1월 9일자로 그 수락을 권유하는 보고를 이승만에게 보내고 있다.[266]

하지만 한국 정부는 12월 31일 회담 재개에 관한 정식 합의시까지 기대하던 일본 측 밀약을 받지 못했던 것, 그리고 그에 대신하는 타협안인 기시 친서의 내용에 틀림없

---

263) "外政 第4355號", 『제4차 한일회담 예비교섭, 1956~58(V.2 1957)』, 1872~1873쪽에 수록.
264) 『제4차 한일회담 예비교섭, 1956~58(V.3 1958.1~4)』, 2098~2100쪽.
265) ibid., 1948쪽.
266) ibid., 1954~1955쪽.

이 불만족스러웠던 것이다. 한국 정부는 1월 17일자로 일본 측은 단지 구보타 발언과 재한일본인 재산의 청구권을 포기한 것뿐이며 현안 해결을 위해서는 공식 회담에서 한층 더 성의를 보여야 한다는 등을 지적하면서 그때까지 특사 수용은 적절하지 않다고 지적하여[267] 끝내 회담 재개 전의 특사 파견을 거부했다.[268]

주지하는 바와 같이 결국 야쓰기 방한의 실현은 본 회담 재개 후인 5월 19일의 일이었다. 따라서 야쓰기 방한이 비밀각서 등의 수교에 의해서 그 후의 한일회담의 내용에 중대한 영향을 주었다는 등의 사실은 없다고 평가된다.[269] 한국 정부는 청구권 교섭을 위한 마지막 희망이던 일본 측 비밀각서의 확보마저 실패한 채 회담 재개의 결정을 내려야만 했던 것이었다.

이상의 기나긴 교섭결과 1957년 12월 29일 김유택 주일대사와 후지야마(藤山愛一郎) 외무대신 간에서 이하와 같은 합의가 성립되었다.[270]

① 일본 측은 재산청구권 관련을 빼고 억류자 문제 해결과 한일 간의 전체회담 재개에

___

267) ibid., 2078~2079쪽.
268) 그러나 야쓰기 본인은 자신의 방한(訪韓)은 연말의 회담 재개 합의 시 결정되어 있었다거나(矢次一夫, op.cit., 184쪽) 또한 당초 방한은 1월 예정이며 그를 위하여 새해 초에 이승만으로부터 야쓰기 방한 초대의 편지가 기시에게 왔었다고 회상하고 있다(岸信介 他, op.cit., 221쪽). 그러나 이런 야쓰기의 증언을 뒷받침하는 증거는 한국 측 문서에서는 일체 확인할 수 없다. 또한 김동조에 의하면 야쓰기 방한에 관한 기시 친서는 새해에 들어가서 재개 교섭이 또다시 암초에 부딪치던 3월 26일자의 것이며 그 답신으로서 야쓰기 방한의 초대를 담은 이승만 친서가 발신된 것은 3월 29일자의 일이었다고 하니(김동조, op.cit., 117쪽) 위의 야쓰기 증언은 이것과도 어긋난다.
269) 이 점은 재개회담 이전에 관해서도 맞는 이야기라 생각된다. 통상 이 단절기 교섭의 연구에서는 야쓰기에 의한 유태하 등과의 막후 교섭이 지나치게 강조되는 경향이 있다. 예컨대 伊藤隆, 「矢次工作」が 拓いた国交交渉」, 『This is 讀賣』編集, op.cit., 41~49쪽. 물론 도가와(戸川猪佐武)에 의하면 야쓰기는 유태하와 56년 가을부터 57년 막판까지의 약 1년간에 400번 이상 회담을 가졌다고 하니(戸川猪佐武, 「日本のコリアン・ロビイ」, 『中央公論』1959年 6月号, 236쪽) 이 지적의 진위 여부를 떠나 양자 사이에 활발한 접촉이 있었던 것은 틀림없을 것이다. 또한 야마모토(山本剛士)가 지적하듯이 외교교섭에서는 '비공식 접촉자'의 역할이 클 때가 있는 것도 부정하는 바가 아니다. 山本剛士, 「日韓関係と矢次一夫」, 日本国際政治学会 編, 『国際政治』(1983), 114~129쪽. 하지만 재개한 한일회담의 내용을 극적으로 변화시켰는가 하는 잣대로 막후교섭을 볼 때 본 연구에서는 야쓰기에 의한 이면 교섭에 의하여 양국의 교섭내용에 극적인 변화가 일어났다고 판단할 수 있는 증거는 없다고 해야 하겠다. 무엇보다 문제의 핵심이던 청구권 교섭에 있어서 일본은 대한청구권을 포기하나 재한일본인 재산의 한국 측 취득이 한국의 대일청구권에 영향을 준다는 교섭 결과는 사실상 미국이 주도한 내용에 불과하며 이것이 야쓰기라는 특수한 인물을 통한 막후교섭이 있었기에 가능해졌다는 판단을 하는 것은 지극히 어렵다고 본다.
270) 『제4차 한일회담 예비교섭, 1956~58(V.2 1957)』, 1730쪽. 또 1880쪽에도 같은 문서가 수록되어 있다.

관해서 1957년 6월 14일 준비된 초안 문서에 대한 한국 측 수정안을 모두 수락한다. ② 한국 측은 청구권 문제에 관련한 구상서, 합의의사록 초안 제4조(Article 4 of the draft Agreed Minutes), 공동성명 초안(draft Joint Communique)을 받아들인다.

이 합의의 의미는 명확하다. 즉 그것은 청구권에 관해서는 6월 16일자 실무자 간 합의대로 한국 측이 수락하는 것을 약속하는 대신 기타에 관해서는 한국 측 수정요구를 일본 측이 받아들인다는 것이었다. 다시 말하면 교섭의 핵심이던 일본의 재한일본인 재산에 관한 청구권 포기가 한국의 대일청구권에 영향을 준다는 해석을 한국 측이 실질적으로 받아들인 셈이었다.

기타 동 회담에서는 부속 양해사항, 문화재에 관한 구두각서, 합의의사록을 비밀로 할 것, 이어서 30일의 실무자 간 회의에서는 한국 측 요청에 의하여[271] 미국의 각서의 공표를 '당분간(for the time being)' 삼가, 훗날 이 취급에 관해서 논의할 것이 약속되었다.[272]

이렇게 하여 1957년 12월 31일 합의문서에 정식 서명이 이루어지고 중단된 한일회담 재개가 결정되었다. 당초 재개 날짜는 1958년 3월 15일이었다. 하지만 회담 재개를 위한 실무자회의(working committee)는 또 다시 미국의 각서의 공개, 문화재 반환, 억류자 교환 방법, 재일한국인 약 100명의 북송, 그리고 기시 수상의 특사 파견 등의 여러 문제들에 관해서 상호 대립하고 결국 회담 재개가 이루어진 것은 당초 예정보다 한 달 후인 4월 15일의 일이었다.

이상 회담 재개를 위한 교섭은 회담 목적을 달성하기 위한 최소한의 요건을 충족할

---

271) 당시 한국 측 수석대표이던 김유택은 12월 31일 처음으로 미국의 각서를 비밀로 하라는 지시를 본국으로부터 받아 그날 동 문서를 비밀문서로 할 것을 일본 측에게 요청하는 전화를 했다고 회고하고 있다. 그러나 그 회고의 내용 및 날짜는 공식기록의 그들과 일치하지 않는다. 동 회고는 한국일보사, 『財界回顧 10 歷代金融機關長篇 II』(한국일보사출판국, 1981), 163쪽.
272) 『제4차 한일회담 예비교섭, 1956~58(V.2 1957)』, 1734~1736쪽. 하지만 1958년 1월 17일자로 조정환 외무부 장관은 주일대표부에 대해서 동 '당분간' 비 공표라는 합의에 대해서 실망을 내타내고 있다. 『제4차 한일회담 예비교섭, 1956~58(V.3 1958.1~4)』, 2077쪽. 왜냐하면 당초 한국 정부는 57년 12월 31일자 "ST-9012104" 문서로 미국의 각서 공표를 '당분간'이 아니라 '항구적 비밀(lasting secret)'로 부치도록 일본 측과 합의할 것을 지시하고 있었다. 한국이 그것을 항구적 비밀로 하고 싶은 이유가 그 공표에 의하여 대일청구권 교섭에 나쁜 영향이 생길 것을 우려한 곳에 있었음은 말할 나위도 없다.

것을 요구하는 것이므로 회담 자체의 속성을 여실히 드러낼 것이라는 문제의식 아래 그 교섭과정을 상세히 분석해 왔다.

그런 분석을 통해서 확인할 수 있었던 것은 회담 재개를 위한 본격적인 교섭은 일본의 청구권 포기의 표명으로부터 시작되었다는 것, 재개 교섭의 중심은 늘 청구권의 취급에 있었다는 것, 그리고 57년 9월 일단 예정된 회담 재개가 미루어지게 된 대립 역시 일본의 대한청구권 포기에 따른 한국의 대일청구권의 영향 여부를 둘러싼 갈등이었다는 것들이다. 이에 비해서 회담 결렬의 직접적인 원인이던 구보타 발언 등은 사실상 아무런 걸림돌이 아니었다. 그간 수많은 비판에 휩싸인 구보타 발언의 철회요구에 관해서 재개 교섭에서 문제로 된 것은 단지 일본 정부의 공식 견해가 아니라는 추가단서에 대한 것 뿐이었으며 또 그 한국 측 요구는 곧 일본에 의하여 수용되었다. 한국 측은 그 발언 철회가 원래 가져다줄 역사 인식의 의의에 관해서 그것이 뜻하는 바를 천명하는 등 그 이상의 뚜렷한 움직임을 보이는 일은 없었던 것이다.

사실 이하에서 보듯이 그 발언을 철회한 일본 측 태도가 재개된 제4차 한일회담에서 과거 규정 문제에 관해서 변화를 보였다는 흔적은 없다. 또 과거 규정의 핵심이던 제1차 회담 이후의 요구인 '구조약 무효확인 조항'의 문제 역시 재개될 회담에서 단지 의제로서 다룬다는 것만 약속되었을 뿐, 구조약의 원천 무효확인이 회담 재개의 전제 조건으로서 요구된 일도 없었다. 심지어는 이하 확인하는 바와 같이 제4차 한일회담 이후는 결국 후술할 김 - 오히라 합의에 의한 청구권 해결의 틀이 결정되기까지 기본 관계위원회가 개최되는 일조차 전혀 없었다.

결국 이들 제3차 한일회담 이후의 한국 정부의 움직임이 가리키는 것은 한국 정부가 회담을 결렬시킨 동기가 구보타 발언에 상징되는 일본의 과거인식을 바로잡아 재개회담에서 명확한 과거의 규정에 따른 청산을 도모하려고 한 데에 있는 것이 아니라 일본의 대한청구권 포기에 있었다는 것이다.[273] 물론 이런 한국 측 대응에는 재한

---

273) 1956년에 주일대사에 취임하여 한일회담 재개 교섭에 활약한 김유택은 제3차 한일회담 당시 이승만은 "아직 일본과 국교를 맺을 단계가 아니라"는 생각으로 "구실만 있다면 책임을 일본에 돌리고 회담을 결렬시키는 편이 차라리 낫다는 생각"이었다고 회고하고 있다. 한국일보사, op.cit., 152쪽. 바로 이 회고에 있는 '아직 국교를 맺을 단계가 아니라'는 부분이 일본의 대한청구권 포기가 이루어지기 전이라는 단계, 또 '구실만 있다면 책임을 일본에 돌리고 회담을 결렬시키는 편이 차라리 낫다는 생각'은 바로 구보타

재산의 80, 90%에 이른다고 하는 재한일본인 재산에 관한 청구가 철회되지 않는 조건 하에서는 회담 계속에 아무런 의의도 없다는 현실적인 사정이 작용했다. 그 어려운 사정은 "한국은 도저히 생활할 수 없으며 독립은 형식에 불과한 것"이 된다는 양유찬 의 말이[274] 상징하고도 남는 것이었다.

이렇게 볼 때 대일강경교섭으로 알려진 이승만 집권기의 회담 교섭은 결코 이승만 의 개인적 반일(反日) 성향으로 인해 진행된 것이 아니다. 오히려 오타 등이 지적하듯 이[275] 그것은 "방일(防日)"교섭이었다고 보는 것이 보다 적절하다. 평화선에 상징되 는 대일강경전략은 일본의 역청구권이라는 강력한 협상 카드를 봉쇄하는 데 한국 측 이 꺼낼 수 있는 거의 유일한 대응책이었다. 결국 이 한일회담 재개 교섭까지 한국 측 대응은 일본의 역청구권 포기 성사에만 집중해야 하는 조건이 낳은 귀결이었다고 해야 하겠다.

하지만 일본의 역청구권을 차단해야만 했던 이런 교섭과정은 과연 무엇을 위한 청구 권인지가 동시에 잊혀져가는 과정이었던 것도 부정하지 못하는 일이었다. 즉 재차 인용 한 과거청산을 위한 '근본적 정신이 될 문제'는 한국 측의 지상명제이던 역청구권 차단이 라는 현실적 제약 조건 앞에서는 무릎을 꿇을 수밖에 없는 그런 과제였던 것이다.

한일회담 전체를 그 교섭의 흐름에 따라 돌이켜 볼 때 정권 교체에 따른 구분과 달리 기본적으로 일본의 대한청구권 포기가 정식으로 결정되게 된 이 회담 재개 교섭 까지가 한일회담 전반기라고 볼 수 있으며 재개된 제4차 한일회담 이후의 교섭은 후반기 교섭으로 간주할 수 있다. 전반기가 일본의 역청구권 주장에 의한 한국의 대일 청구권 상쇄 또는 감쇄 요구를 막기 위한 '방일'교섭이었다면 후반기 교섭은 보다 많은 보상을 받기위한 접일(接日)교섭이었다고 형용할 수 있다. 다음 과제는 바로 이 접일 교섭의 과정을 살펴보는 것이다.

발언을 구실로 제3차 한일회담을 결렬시킨 태도와 일치한다고 해야 하겠다.
274) 제3차 한일회담 제1차 본회의에서의 발언. 『제3차 한일회담, 본회의회의록 및 1~3차 한일회담 결렬 경위, 1953.10~12』, 1253쪽.
275) 太田修, op.cit., 제2장.

7. 제4차 한일회담

1) 회담 전의 청구권 방침

결렬된 지 약 4년 반 만에 재개된 제4차 한일회담은 일본의 대한청구권 포기 후 처음으로 개최된 회담인 만큼 많은 진전이 기대되는 회담이었다. 일본 측의 역청구권 이 취하된 상황하에서 한국 측 관심이 청구권 문제에 쏠렸음은 언급할 필요조차 없는 이야기였다. 예컨대 한국 외무부는 58년 1월 9일자로 재개회담에 관해서 각 재외공관 장에 보낸 서한에서 "전면 회담을 앞두고 우리 정부는 대일재산청구권 문제에 있어서 우리 측의 요구 관철에 관하여 지대한 관심을 가지고 있는 바"라고 그 관심의 소재를 전하고 있다.[276]

하지만 재개회담은 일본의 대한청구권 포기가 한국의 대일청구권에 미치는 영향 을 차단하지 못한 조건하에서 출발하게 된 회담인 만큼 동시에 불안한 측면이 남았었 다. 외무부는 12월 31일 일본 측과 회담 재개에 합의되자 동일 주미대사 양유찬에게 재개회담에서는 일본 측이 한국에 대한 지불을 줄이려고 할 것에 대한 우려를 나타내 며 미 측 관계자와 접촉하여 이 문제에 관한 한국 측 입장을 지지해 줄 것을 호소하도록 발 빠른 지시를 보내고 있다.[277]

그러면 제4차 한일회담 재개에 앞서 한국 측의 지대한 관심사이던 청구권에 관한 생각은 어떤 것이었을까? 아직 일본의 대한청구권 포기의 의사전달이 되지 않았던 56년 3월 28일과 5월 8일 이승만은 일본의 대필리핀 배상액 8억 불의 10배, 즉 80억 불을 요구함이 좋다는 등의 지령을 보낸 기록이 있으나[278] 이것은 이승만 자신이 개인적 제안에 불과하다고 하는 데서 보이듯이[279] 일본의 대한청구권에 대처하기 위한 엄포에 불과했다.

하지만 비공식적으로나마 사실상 일본의 대한청구권의 포기가 전달된 56년 후반

---

276) 『제4차 한일회담 예비교섭, 1956~58 (V.3 1958.1~4)』, 1964~1965쪽.

277) 『제4차 한일회담 예비교섭, 1956~58 (V.2 1957)』, 1890~1891쪽.

278) 3월의 지시는 『제4차 한일회담 예비교섭, 1956~58(V.1 경무대와 주일대표부 간의 교환공문, 1956~57)』, 1488쪽, 또 5월의 지지는 같은 문서, 1524쪽에 수록.

279) ibid., 1524쪽.

[표 19] 1957년 초 한국의 대일청구권 요구 리스트

제1항	한국에서 가져간 이하 물건들 -고서적 및 문서: 7834점 -미술품, 정밀 품(curious), 기타 국보, 지도 원판 -지금: 249,633,198.61g -지은: 89,076,205.12g
제2항	1945년 8월 9일 현재 조선총독부에 대한 일본 정부의 채무: 5,634,722,252.54엔(추계)
제3항	1945년 8월 9일 이후 한국으로부터 이체 또는 송금된 금원: 5,719,421,602.85엔(추계)
제4항	1945년 8월 9일 현재 한국에 본점을 둔 법인의 재일본 재산: 2,983,165,878.63엔(추계)[280]
제5항	한국인 또는 한국법인이 소유하는 일본의 기관 발행의 국·공채·일본 은행권, 피징용 한국인 노동자에 대한 일본 정부의 채무(군속으로서의 피해에 대한 보상을 포함), 기타 한국인 또는 한국법인의 대일본 정부 또는 일본인에 대한 청구권: 14,618,820,025.23엔 이상(추계)[281]
제6항	한국인 또는 한국법인의 일본 법인이 발행한 주식 또는 유가증권 소유의 법적권리를 인정할 것: 25,757,730.19엔 이상(추계)
제7항	1945년 8월 9일 현재 한국치적선 중 이후 일본영해에 위치한 선박 및 1945년 8월 9일 현재 한국영해에 위치한 선박 중 이후 일본영해에서 발견된 선박: 177척
제8항	위 재산 및 청구권 부분에서 생긴 것 및 앞으로 생길 모든 이자 분

기에 들어서면서는 청구 액수에 관한 구체적인 움직임이 시작되었다. 9월 24일 경무대에서 이승만이 김용식에 대해서 직접 지시한 훈령에서는 제1차 한일회담 당시 요구한 8항목 요구 중 아마 제1항목을 뜻한다고 풀이되는 지금(地金), 문화재, 기타를 포함한 전체 청구권 금액이 합계 4억 불임이 밝혀지고 있다.[282]

이듬 해 1957년 초에는 한국 정부는 재개회담에 임할 청구권 방침으로서 [표 19]의 요구 리스트를 작성하였다.[283]

---

280) 이 수치는 손수로 후에 기입된 것이다. 수정 전에 인쇄된 수치는 4,783,165,878.63엔이었다.
281) 이 수치 역시 손수로 후에 기입된 것이며 수정 전에 인쇄된 수치는 22,726,046,404.98엔이었다.
282) 『제4차 한일회담 예비교섭, 1956~58(V.1 경무대와 주일대표부 간의 교환공문, 1956~57)』, 1562쪽. 이 문서에서는 약간의 문장 수정이 이루어지고 그로 인해 이 책의 토대가 된 저자의 박사논문에서는 동 4억 불은 제1항목에만 해당하는 금액이라는 해석을 폈으나 이 수치는 교섭의 흐름을 볼 때 제1항목도 포함한 전체 액수였을 가능성이 보다 커 보인다. 이 해석 변경에 따라 이하 본론에서는 관련 수치 계산에 관해서 박사논문에서의 계산을 약간 수정했다. 또한 이 문서에서는 위의 청구액 지불 등의 조건이 성립되면 배상계획을 일본 측에 지시한다고 쓰이고 있다. "reparations"로 되어 있는 동 표현은 통상 '배상'이라고 번역되며 민사상의 채권 - 채무관계에 속하는 '대일8항목요구'와는 다른 것이 될 가능성도 있으나 문서 중 사실상 '배상(reparations)'과 '청구권(claims)'이나 '보상(restitutions)'을 구별하지 않고 있는 경우도 많으므로 동 'reparations' 표기의 사용이 8항목 이외의 특별한 추가 요구를 의미하는 것으로 생각되지는 않는다.
283) ibid., 1627~28쪽. 다만 이 자료에는 날짜가 빠져 있으므로 동 자료의 수록 부분에서 그 시기를 판단한다면 1957년 2월 중순으로부터 3월 초 사이에 작성되었다고 추측된다. 또 이 자료에서는

상기 '대일8항목요구'는 제1차 한일회담 당시 한국 측이 제시한 8항목 요구 중에는 없었던 제7항목 선박 반환 조항을 추가한 것, 그리고 제1차 회담 당시의 요구항목 중 제7항목을 제8항목으로 옮기며 당시 요구에 명시되어 있던 제8항목의 지불개시 시기에 관한 내용을 삭제하는 등 약간의 차이가 있다. 하지만 선박 문제는 이미 회담 의제로 되어 있었다는 점, 그리고 삭제된 지불 개시 시기의 문제는 아직 이 시기 중요한 위치를 차지하는 문제가 아님을 고려하면 기본적으로 제1차 한일회담 당시의 '대일8항목요구'와 동일한 것이라 평가해도 무방하다.

이상의 요구항목 중 제2항으로부터 제6항까지를 합한 합계는 289억 8188만 7489.44엔, 환율 15엔 대 1불로 계산해서 약 19억 3200만 불이었다. 이 수치는 아직 한국의 평화조약 서명국 참가를 기대해서 작성된 『대일배상요구조서』 중 제2부 확정채권의 부와 제3부 중일전쟁 및 태평양전쟁에 기인한 인적, 물적 피해 그리고 제4부인 일정부의 저가 수탈에 의한 손해 분을 합한 총액 314억 97만 5303엔, 미불로 약 21억 불과는 그 액수에 있어서 큰 차이는 없다고 판단되는 2억 불 가량의 감소를 의미하나 그 이유는 알 수 없다. 또한 제1항목 중 지금, 지은의 반환요구의 중량은 『대일배상요구조서』 그대로 유지되어 있다. 따라서 앞서 계산했다시피 이들 금액이 각각 지금 약 3억 817만 불, 지은 223만 불, 합계 약 3억 1000만 불임을 감안하면 57년 초 일본의 대한청구권 포기가 확정됨에 따라 한국의 대일청구권의 해결 기대가 고조되던 동 무렵 한국 정부가 내부적으로 산출한 청구권 금액은 『대일배상요구조서』 시대의 총액이던 약 24억 780만 불가량과 큰 차이가 없는 합계 약 22억 4200만 불(19억 3200만 불＋3억 1000만 불)가량이었음을 알 수가 있다.

회담 개시 전 청구권을 둘러싼 움직임으로서 또 하나 주목해야 할 것은 1958년 2월 15일자로 작성된 "재산청구권 문제에 관한 임송본(任松本) 대표의 의견서"[284] 속에 들어갔던 요구항목에 관해서다. 이 의견서 속에는 2번째 항목으로서 "이후 대일 회담시 제기될 재산 및 청구에 관련되는 제목 및 조항을 열거한다"는 조항이 있으나

"restitution"이라는 말을 쓰고 있으나 그 내용을 볼 때 '청구권(claims)'과의 차이는 없어 보인다.
284) 『제4차 한일회담, 청구권 관계자료, 1958』, 717~753쪽.

이 항목 속에는 다른 7항목과 함께 "태평양전쟁 중의 위안부 보관금 관계"라는 기재가 있다.[285] 저자가 확인한 가운데 한일회담 관련 기록 중 위안부 관련의 청구 문제가 거론된 것은 이것이 유일하다.

이 보관금의 내용, 그 기탁경위 또한 금액 등은 일체 분명하지 않으나 상식적으로 봐 아마 그 여성들이 일본 측 기관에 대해서 기탁한 부분에 관한 청구항목이라고 추측된다. 혹시 그렇다면 그 기탁금전은 '위안부'로서의 특수한 피해와 상관없이 단순한 채권 문제로서도 일본 측에 추가 요구할 것이 타당할 청구항목이었다. 그럼에도 제4차 한일회담 이후 청구권 문제에 관해서 이 문제조차 거론된 일은 없었다. 그 이유에 관해서는 기록상 분명하지 않다. 하나의 추측으로서는 전체 요구 액수에서 차지하는 그 비중이 지극히 적었으므로 재개회담에서 새롭게 그 요구를 낼 경우에 생길 시간적 지연을 고려한 것인지도 모른다. 실제 제4차 한일회담에서는 양국 합의에 따라 이전에 제출된 '대일8항목요구'가 그대로 재론될 예정이었으므로 새로운 추가요구는 그 만큼 새로운 교섭에 쫓길 가능성을 높였다.

하지만 저자가 확인한 부분에서도 '위안부'의 존재는 46년 5월 12일 「서울신문」에서 "일제에 의하여 중국에 끌려간 조선 여성들 중국 동포에 의하여 구제"라는 제목으로 이미 국내에 보도되어 있었다.[286] 그 기사는 일제의 가장 큰 죄인 여자 정신대 또는 위안부가 약 700명 2월 말까지 보호라는 내용이었으나 그런 피해 여성들의 존재는 한국 국내에서도 '대일8항목요구'가 제출된 제1차 한일회담보다 훨씬 이전에 확실히 사회적인 공유인식으로 되어 있었던 것이다. 그럼에도 이 문제는 위의 제4차 한일회담 청구권 관련 의견서에 단지 요구항목의 하나로서 열거되었을 뿐이며 제1차 한일회담 이후 그 책임 추궁과 그에 따른 보상요구가 한국 측에 의해 이루어지는 일은 없었다.

정신대 여성들의 인권유린 문제는 그 피해의 상징성이라는 측면을 생각해서라도 식민지 지배의 합법성 여부와 분리하여 논할 수 있는 문제였다. 그들은 단순히 일본에

---

285) ibid., 727쪽.
286) 『資料 大韓民國史 2』, 592쪽.

대한 피해자가 아니었다. 무엇보다 마땅히 그 보호를 받아야 할 자국 정부와 아직 개인의 인권보호 의식이 약했던 한국 사회로부터도 동시에 버림을 받은 이중의 피해자였던 것이다.

2) 교섭과정

초미의 과제이던 일본의 대한청구권 포기를 맞이해서 58년 4월 15일 제1차 본회의부터 시작된 제4차 한일회담은 당초의 한국 측 기대와 달리 결국 일본 측 국내 사정과 전략에 부딪치고 아무런 실질적 진전이 없이 끝나고 만 회담이었다.

회담 벽두 한국 측 임병직 수석은 개회인사로서 "우리는 오직 하나의 목표와 목적을 가지고 있을 뿐이며 그것은 이와 같은 원칙(=정의, 평등, 성의의 원칙) 위에서 강력하고도 통합된 자유세계를 건설하자는 것입니다"[287]라고만 하여 재개된 제4차 한일회담의 목적을 아직 한국전쟁의 와중에 있던 제3차까지의 한일회담의 연장선상에 두었다. 이에 대해 일본 측 사와다(澤田廉三) 수석 역시 "인류 역사상 현재 이상으로 세계평화와 안정을 보장할 필요성이 절실히 느껴졌던 때는 없었던 것입니다"[288]라고 하여 한국 측 제4차 한일회담의 성격 규정에 적극 부응했다. 한국 측 최대의 관심사이던 일본 측 대한청구권 포기가 일단 약속된 제4차 한일회담에서는 자칫하면 회담 진전을 어둡게 하는 과거 추궁 자세는 현실화된 청구권 획득이라는 가능성 앞에 그 자취를 감추게 된 것이었다.

4월 22일 제2차 본회의에서 한국 측은 제3차 한일회담까지의 위원회 구성을 약간 수정하여 보다 빠른 처리를 도모하기 위하여 청구권위원회를 [표 20]과 같이 세 가지로 나누어 개최할 것을 요구하는 등 적극적 자세를 보였으나[289] 일본 측은 그에 대해 서조차 제3차(4월 23일), 제4차(4월 25일), 제5차(4월 30일) 각 본회의 내내 답을 보류하는 등 당초부터 소극적인 태도를 보였다. 일본 측이 겨우 [표 20]의 답을 낸 것은

---

287) 林炳稷, 『林炳稷 回顧錄』(女苑社, 1964), 511쪽. 한편 동 수석대표에 의한 제4차 한일회담의 개회인사는 공식문서에서는 확인하지 못한다.
288) ibid., 512쪽.
289) 『제4차 한일회담, 본회의회의록, 제1~15차, 1958.4.15~60.4.15』, 1608쪽.

[표 20] 제4차 한일회담에서의 양국의 위원회 구성에 관한 제안

한국 측 제안	일본 측 제안
-기본관계위원회 -대일청구권위원회 ·선박반환에 관한 소위원회 ·한국문화재 반환에 관한 소위원회 ·기타 청구권소위원회 -재일한국인 거주자의 법적 지위에 관한 위원회 -어업 문제 및 평화선에 관한 위원회	-기본관계위원회 -한국청구권위원회 ·일반청구권소위원회 ·선박반환에 관한 소위원회 -어업 문제 및 「평화선」에 관한 위원회 -재일한국인 거주자의 법적 지위에 관한 위원회

5월 6일 제6차 본회의에서의 일이었다.[290]

결국 한국 측이 위 일본 측 안에 동의함에 따라 위원회 구성은 결정되었다.[291] 따라서 회담 재개를 위한 양국 합의와 위 위원회 구성의 합의라는 두 번에 걸친 합의에 따라 일단 기본관계 토의는 예정되었다. 하지만 결과적으로는 제4차 한일회담에서 기본관계가 토의된 일은 한 번도 없었다. 그 이유는 제4차 한일회담의 한국 측 수석대표이자 기본관계위원회 한국 측 위원장도 맡은 김유택의 말을 빌리면 "여타 위원회가 답보 상태에 있었기 때문"이었으며[292] 일본 측 사와다 수석에 의하면 "다른 위원회의 과제로 되어 있는 현안들이 모두 타결에 이를 때 처음으로 기본관계 문제에 착수한다는 양해가 있었기 때문이었다".[293]

즉 양국 수석대표의 증언에 있듯이 중단기의 교섭을 거쳐 청구권 교섭의 본격화가 일단 가능해진 제4차 한일회담에서는 '구조약 무효확인 조항'의 문제 등 과거청산을 위해서 가장 기초적이었던 기본관계 문제는 다른 문제들의 진전에 따라 미루어지는 존재에 불과했다는 것이었다.

한편 한국 측 최대의 관심사이던 한국청구권위원회는 5월 20일 개최되었다. 다만

---

290) ibid., 1641쪽.

291) 제외된 문화재 토의에 관해서는 주일대표부는 본국에 대해서 일반청구권소위원회에서 진행될 것이라는 보고를 전하고 있다. "MT-055", ibid., 1635쪽. 그러나 문화재소위원회는 1958년 6월 4일부터 설치, 활동하게 되었다. 이 사실은 "Review of Negotiations for eight month at the 4th Korea - Japan Talks", ibid., 1689쪽에서 확인 가능하다.

292) 한국일보사, op.cit., 173쪽.

293) 澤田廉三, 「日韓国交早期樹立を望む」, 『親和』, 第94号(1961.8), 2쪽. 동 회고에는 제5차 한일회담의 경험에 기초한 것이라는 기술이 있으나(1쪽) 동시에 사와다는 자신이 수석대표를 맡기 전부터 양국 간에서 같은 양해가 성립되어 있었다고 증언하고 있으므로(2쪽) 제4차 회담에서 기본관계위원회가 열리지 않았던 이유는 똑같은 것이라고 판단해서 무방하다.

이 한국청구권위원회 역시 부진한 모습을 면치 못했다. 5월에 세 번 열린 동 위원회에 관해서는 문화재 문제 토의의 취급 여부를 논의한 기록 밖에 없다.[294] 더구나 동의된 일반청구권소위원회의 개최 자체는 후술할 회담 중단의 영향도 있었던 탓에 12월까지 지연되었다.[295]

이 시기 회의 진전이 극심한 정체에 빠진 이유는 주로 일본 측 사정에 있었다. 그 이유의 하나는 평화선 철폐를 둘러싼 어업 문제 해결의 전망이 여전히 서지 않았던 것이었다. 이 사실은 예컨대 제8차 본회의(5월 12일)에서 사와다 수석대표가 "어업 및 '평화선' 위원회"의 조기 개시라는 합의가 있으면 청구권 토의를 위한 위원회 개시에는 반대하지 않는다는 취지의 발언을 한 데서[296] 확인 가능하다. 다시 말하면 일본 측은 대한청구권 포기를 표명한 이상 일방적으로 한국에 줄 것을 의미하는 청구권 토의와 평화선 철폐를 당연히 연결시키려는 자세를 노골화시킴으로써 한국 측을 압박하려고 했던 것이었다.

두 번째 이유는 일본 국내에서는 이 무렵 한일회담 재개를 위한 비밀협정의 존재를 둘러싼 갈등 때문에 일본 정부가 어려운 입지에 몰려 있었던 것이었다. 사실 이 문제는 국회에서도 도마에 오르고 사회당 이마즈미(今澄勇) 의원은 미국의 각서 비공개, 일본의 청구권 포기 및 문화재 반환의 세 가지 비밀협정의 존재 여부에 관해서 일본 정부를 추궁하고 있다.[297]

이상의 이유와 함께 제4차 한일회담의 부진을 초래한 가장 핵심적인 이유가 소위 북송사업에 있었음은 이미 널리 알려져 있는 바다. 58년 7월 오무라수용소에 있던 북한 귀국 희망자 석방을 계기로 표면화된 대립으로 인하여 회담은 7월 하순 이후 일시적으로 중단되며 회담 재개는 10월에 접어든 후의 일이었다. 그럼에도 이 단계에서 한국 정부는 결코 회담 진전을 포기하지 않았다. 오히려 회담 진전에 기대하는 한국 정부의

---

294) 그 위원회는 제1차가 5월 20일, 제2차가 5월 27일, 제3차가 5월 29일에 각각 열렸다. 이들 회의 기록은 『제4차 한일회담, 청구권위원회회의록, 제1차~3차, 1958.5.20~12.17』, 548·570쪽에 수록.
295) 동 위원회 개최는 12월 1일에 제1차, 10일에 제2차, 그리고 17일에 제3차 위원회가 열렸다. 동 위원회 관련 문서는 ibid., 571~590쪽.
296) 『제4차 한일회담, 본회의회의록, 제1~15차, 1958.4.15~60.4.15』, 1661~1662쪽.
297) 国会会議録, 第29回国会, 「衆議院予算委員会」第3号(1958.6.24), 3쪽.

초조함은 7월 1일자의 회담 경과를 요약한 내부문서에서 한국 측 대표단이 재차 멋대로 장기간의 회의 연기를 제안한 것에 대한 불만으로서 잘 나타나고 있다.[298]

또 10월 13일 주일대표부에 보낸 훈령에서는 정부는 모든 회의를 신속하게 진행시켜 보다 빠른 시일 내에 모든 문제에 관해서 일본 측과 최종해결(showdown)을 행할 의사가 있음을 제시하고 있다.[299] 원래 일본의 북한과의 접촉이라는 조건하에서는 쉽게 회담을 중단시키기 마련이던 한국 정부가 이 단계에 이르러서는 회담의 진전을 지시한 것은 일본의 대한청구권 포기가 있었기 때문임은 의심할 여지가 없었다.

회담 속행의 의사에 따라 청구권에 관한 토의는 일반청구권소위원회로서 58년 12월 1일부터 다시 개시되었다. 한국 정부는 동 위원회에 관해서 동 10일 열릴 제2차 소위원회에서는 제1차 한일회담 당시 제출하던 '대일8항목요구' 중 이하 제1항목부터 6항목까지의 해당 부분을 제안할 것을 훈령한 문서를 12월 초 보내고 있다.[300]

- 한국으로부터 가져간 지금, 지은
- 1945년 8월 9일 현재 일본 정부의 대 조선총독부 채무
- 1945년 8월 9일 이후 한국으로부터 이체 또는 송금된 금전
- 1945년 8월 9일 현재 한국에 본사(점)를 가진 법인의 재일재산
- 한국 자연인 또는 한국법인이 가진 일본 당국이 발행한 일본국채·공채, 일본은행권, 기타 통화, 피징용 한국인에 대한 일본의 보상의무, 또 일본국, 일본인에 대한 한국인 및 한국법인의 기타 청구권
- 한국법인 또는 한국 자연인 소유의 일본의 법인에 의하여 발행된 주식 또는 기타 증권에 대한 합법성

하지만 위 6항목의 내용과 달리 동 훈령은 금액에 관해서는 훗날 보낸다는 지시와 더불어 동 위원회에서는 각 항목별에 관한 총액 및 수량에 관해서도 제시하지 않도록 지시했다.[301] 결국 제4차 한일회담에서의 청구권 토의는 다음 12월 17일 제3차 소위

298) "Review of Negotiations for Ten Weeks at 4th Korea - Japan Conference(April15~July 1, 1958)", 『제4차 한일회담, 교섭 및 훈령, 1958~60』, 1308쪽.
299) ibid., 1323쪽.
300) 『제4차 한일회담, 청구권위원회회의록, 제1차~3차, 1958.5.20~12.17』, 577쪽.
301) ibid. 다만 이 훈령은 소항목(sub-item)의 금액 및 수량에 관해서는 제시할 것을 허용하고 있다.

원회를 끝으로 이상의 진전이 없었음으로 제4차 한일회담까지의 이승만 집권기 교섭에서는 일본 측에 대해 구체적인 요구 금액이 정식으로 제시된 일은 없었다고 판단된다.[302]

그러나 1959년 1월 29일자로 작성된 훈령에서는 일본에 대한 요구 총액이 19억 2922만 불임이 지시되어 있다.[303] 시기적으로 볼 때 이 수치는 위에서 말한 58년 12월의 훈령에서 제시되었던 훗날 보낼 요구 수치에 해당하는 것으로 보여진다. 따라서 57년 초 작성되던 요구액 약 22억 4200만 불에 비교하면 한국 정부는 제4차 한일회담 개시 후인 59년 1월경 다시 약 3억 1300만 불가량의 요구액을 감소시킨 것으로 추측되나 그 이유 역시 정확히는 알 수가 없다.[304]

그러나 동 수치는 이승만 시대의 최종 요구액이 아니었던 가능성을 짐작하게 하는 기록이 있다. 동 훈령에서는 이 요구액은 "Alternative A"로 되어 있으며 "Alternative C"가 최종 타협선임이 따로 명시되어 있다. 즉 이 시점에서는 한국 정부의 진정한 타협액이 다른 것이었던 가능성이 매우 큰 것이다. 그러나 안타깝게도 그 수치를 밝히고 있다고 추측되는 자료 "AnnexⅢ"은 첨부되지 않고 있어 이 시기의 한국 정부의 최종 액수가 얼마였는지 공식문서를 통한 최종 확인은 어렵다. 다만 당시 교섭에 직접 관여한 유태하는 4억 불,[305] 또 김유택은 3억 불 이상[306]이라는 증언을 남기고 있다.

---

302) 다만 제4차 한일회담 전반기의 한국 측 수석대표 임병직은 분과위원회에서의 대립점의 하나가 한국 측이 3억 불 이상으로 추산하는 청구 액수에 대해서 일본 측이 4000만 불 내외로 추산·평가한 점이었다고 회고하고 있다. 林炳稷, op.cit., 515쪽. 그러나 이 증언에 있는 동 수치는 회담 공식문서에서는 확인되지 않는 사실이다.

303) 『제4차 한일회담, 교섭 및 훈령 1958~60』 1409쪽. 다만 동 훈령문서는 그 벽두 손으로 쓴 "not adopted"라는 기입이 있으므로(1404쪽) 동 훈령이 정식적인 것은 아니었을 가능성이 있다. 또한 제4차 한일회담 당시 외무부차관으로서 본부에서 훈령을 내리는 입장에 있던 김동조는 여러 액수에 관해서 소문이 많았던 이승만 집권기에는 청구 액수 제시에 관해서는 한 번도 진지한 검토를 해본 적이 없다고 증언하고 있다. 김동조, op.cit., 97~98쪽. 공식기록에서 확인되는 이들 자세한 수치의 존재와 동 증언의 모순의 사유에 관해서는 알아낼 수 없다.

304) 다만 수치에 약간의 차이가 있으나 만약에 동 57년 초의 약 19억 3200만 불이 그대로 19억 2922만 불에 해당한다면 동 3억 1300만 불의 감소는 단지 제1항목의 지금, 지은의 액수를 뺀 요구금액이었던 가능성도 있다.

305) 당시 이승만의 심복으로 주일대표부에서 활동하던 유태하 공사의 증언에서는 1959년 3월 한일회담의 침된 타결을 결심한 이승만은 현금으로 4억 불 받을 것을 지시했다고 한다. 柳泰夏, "李라인과 對日會談"(1970), 權五琦 편 『現代史주역들이 말하는 정치증언』(동아일보사, 1986), 347; 363쪽. 유태하는 이승만이 회담 타결의 결심을 한 날짜를 정확하게 3월 26일의 이승만의 생신이라고 증언하고 있으나

또 4억 불은 과거 1956년 9월 24일 이승만의 김용식에 대한 구두 지시에도 나와 있었던 수치였다. 물론 이들 금액과 "Annex III"에 담긴 최종 타결액과의 일치 여부는 불투명 하나 이 시점에서 이미 "Alternative A"로서 제시된 19억 2922만 불로부터 상당한 감액 이 이루어지고 있었음은 틀림없어 보인다.

10월 1일에 겨우 재개된 제4차 한일회담을 또 다시 정체에 빠뜨린 것은 어업 문제 였다. 일본 측은 10, 11월 각각 "일한어업협정요강", "일한잠정어업협정 초안개요"를 두 번에 걸쳐 제출하고 있다.[307] 회담 재개시의 청구권 토의의 약속은 일본 측에게는 그 토의의 진전과 평화선의 문제해결을 연결시키는 하나의 미끼라는 의미를 지녔다. 따라서 그 문제에 관한 한국 측 거절의사는 반드시 청구권 문제 토의의 정체로 이어질 수밖에 없었다.

더구나 일본 측은 제4차 한일회담 재개에 즈음하여 58년 4월 16일 이루어진 106점이 문화재 인도 이외의 추가 인도나 선박 반환 문제에도 소극적인 태도를 보이며 한국 측을 자극했다. 12월의 유태하의 대통령 보고에서는 사와다 수석대표에게 최종적인 결단, 즉 사실상의 회담 결렬의 의사를 표시했음을 전하고 있다.[308] 흥미롭게도 일본 측은 한국 측 반발을 맞아 평화선 침범자는 일본 측 법으로 처벌된다는 조건을 받아들인다면 평화선을 인정한다는 양보 조건을 내걸었으나[309] 한국 측은 비밀문서에 의한 무조건적 평화선 인정을 요구하는[310] 강경 태도로 맞선 결과 타협안은 성립되지 않았다.

이런 대립 양상에 겹친 것이 소위 북송의 본격화였다. 1959년 1월 22일 일본 적십 자사는 북송 추진을 결정, 2월 13일에는 북송사업 실행이 일본 측 각의(閣議)에서 정식 결정되자 한일회담은 또 다시 중단상태에 빠졌다.[311] 하지만 6월 10일 일본과

그 이유로서는 단지 그 날 본인을 직접 불러서 그 이야기를 했다는 것에 불과하므로 이승만이 최종 타결 의사를 그 이전에 갖고 있었음은 틀림없다. 동 증언은 같은 책, 348쪽.
306) 한국일보사, op.cit., 170쪽.
307) 외무부 정무국, op.cit.(1960), 247~249쪽. 동 자료에는 날짜의 기술이 없으나 1958년12월 13일자의 재외공관들을 위한 회담 설명문서 "Highlights of Proceedings of the 4th Korea - Japan Talks"에서는 일본 측 요강 제출이 10, 11월이었음을 전하고 있다. 『제4차 한일회담, 교섭 및 훈령, 1958~60』, 1362~1363쪽.
308) 『제4차 한일회담, 교섭 및 훈령, 1958~60』, 1357쪽.
309) ibid.
310) ibid.
311) 외무부 정무국, op.cit.(1960), 222쪽. 동 문서에서는 일본 측 북송사업에 관한 각의 결정은 2월

북한 적십자사 간에 북송에 관한 제네바합의가 성립, 8월 13일에는 인도 캘카타에서 정식 조인이 거행될 전망이 되자 이에 초조한 한국 측은 회담의 무조건 재개를 일본 측에 요청, 8월 12일부터 회담은 일단 재개되었다.

하지만 재개회담은 한국 측에게는 북송사업을 무색하게 하는 무대, 한편 일본 측에게는 북송사업을 가급적 원활하게 하기 위한 장에 불과했다. 재개회담에서는 북송사업에 대항하는 의미에서 재일한국인의 한국으로의 귀환 문제에 관한 협정교섭이 진행되었을 뿐,[312] 한일 간의 현안들이 본격적으로 토의되지는 않았다. 12일 재개된 제11차 본회의부터 9월 8일 제14차 본회의까지 논의된 것은 한일 양국 간의 억류자 송환 문제나 각 위원회의 일정 등에 관한 것뿐이었다.[313] 그 이후는 연내 본회의가 열리는 일도 없었으며 법적 지위에 관한 토의만 겨우 계속되었다.

결국 12월 14일 재일한국인의 북송사업은 실시되었다. 제4차 한일회담은 이와 같이 재일한국인의 북송사업을 둘러싼 갈등 탓에 내용상 보잘것없는 중단과 재개를 거듭한 채 마지막으로 재개된 1960년 4월 15일 제15차 본회의를 끝으로 그 이상 진행될 일은 없었다. 바로 4·19혁명으로 인해 제4차 한일회담 자체가 역사 속으로 사라졌기 때문이었다.

8. 이승만 집권기의 한일회담 교섭의 의미

이상 이승만 집권기의 한일회담의 교섭과정을 자세히 분석해 왔다. 결국 이승만 집권기의 대일교섭의 구조는 평화조약에 의하여 주어진 한일회담의 성격, 일본 측의 과거인식, 해방 후 정국을 반공을 국시로 격상시킴으로써 이겨낸 이승만 정권의 역사적 성격, 그리고 한국전쟁 이후 본격화된 반공안보의 확보라는 당시의 구조적 요구가 서로 얽혀서 형성된 것이었다.

51년 10월 SCAP 중개를 계기로 "남한이 이후 싸워야 할 보다 큰 적을 갖고 있으며

14일로 되어 있으나 2월13일이 정확하다.
312) ibid., 222~223쪽.
313) 『제4차 한일회담, 본회의회의록, 제1~15차, 1958.4.15~60.4.15』, 1696~1708쪽.

우리 자신과 일본과 전 태평양을 방위하기 위하여 우호관계 이상의 한일관계를 수립하기 위한 것"이라는 이미 인용한 양유찬의 말로 시작된 한일회담은 그 회담 목적에 있어서 예비회담 이후 제4차까지 아무런 변함이 없었다. 그간 반공을 위한 양국의 협력의 필요성은 수많이 합의되었으나 그와 대조적으로 회담을 한일 간의 특수한 과거를 청산하기 위한 것으로서 진행하는 데 합의한 사실은 한 번도 없었다.

한국 정부는 과거에 연유하는 여러 문제들의 해결을 요구하기는 했으나 그것은 단지 문제의 '처리'만을 요구한 것이지 특수한 과거의 규정에 따라 '청산'할 것을 요구한 사실은 없었다. 그것은 무엇보다 기본관계 문제 중 구조약 무효확인 요구가 특수한 과거에 대한 일본의 책임 규정 문제로서 제안된 것도 아니거니와 그 무효 문제가 논리적으로 요구하는 일본의 불법 지배에 대한 책임 추궁과 연결시키려는 자세도 없었던 데에 상징적으로 나타났다. 더 나아가 그런 자세는 제3차 한일회담 결렬의 계기가 된 구보타 발언에 대한 한국 정부의 대응에서도 볼 수 있었다. 한국 정부가 그 발언을 계기로 회담을 결렬시킨 것은 일본 측 과거인식을 바로잡아 그에 기초한 교섭을 진행시키기 위해서가 아니라 일본의 대한청구권을 포기시키기 위한 것이었음은 바로 중간기 교섭의 분석이 밝힌 바다. 이승만 시대의 교섭은 말하자면 2장에서 정의한 바와 같이 '식민지 시대에 일어난 문제들의 처리'를 요구하기는 했으나 결코 '식민지 지배 자체에 대한 청산'을 요구한 것이 아니었던 것이다.

물론 이런 교섭내용은 한국 정부의 인식부족 탓이라기보다 구조적 한계가 강하게 작용한 결과라고 보는 것이 타당할 것이다. 확인했듯이 평화조약 서명국 참가가 기대되던 시기 주일대표부는 한일병합조약 원천 무효를 전제로 한 교섭을 청훈했다. 그런 한국 측 기대와 달리 미국의 반공을 위한 대일부흥전략은 결국 동 조약 제2조(a) 일본에 의한 한국 독립의 승인 규정으로 귀결되었다. 그리고 이 조항은 사실상 법률적으로 병합조약 무효에 기초해서 과거청산을 진행시킬 것을 불가능하게 했다. 또한 당시 일본의 정치구조 속에서 한국의 지상명제이던 '국가수호 과제'를 위하여 한일회담에 나설 일본 측 정치 세력은 과거 대동아공영의 꿈을 꾸었다가 패전하자마자 반공친미 노선으로 변신한 보수 세력 밖에 없었다. 그들에게는 한국 지배에 대한 반성의 눈길은 애당초 없었다. 즉 양국을 엮는 반공이라는 자장(磁場) 위에 열린 한일회담에서는 한국 측이 원하는 내용으로 해결될 길은 원천적으로 막혀 있었던 것이었다.

그 상징이야말로 바로 일본의 한국에 대한 역청구권의 주장이었다. 이후 제4차 한일회담 재개까지의 기나긴 교섭은 원리적으로 과거청산을 위한 것이 될 수 없는 일본의 역청구권 포기를 위한 교섭으로 바뀌어갔다. 이에 한국 측이 대응할 수 있는 방법은 평화선 선포와 어선 나포라는 강경노선밖에 없었다. 이것은 김동조 본인이 진술했듯이[314] 65년 한일회담 타결 당시 주일대표부 대사로서 국민으로부터 격한 비판을 받은 당사자가 '반일의 상징'이 되던 평화선 선포의 주무자였다는 역설에 잘 나타나고 있다. 이 의미에서는 널리 주장되어 온 견해와 달리 이승만의 대일강경노선 은 정상화 실패의 원인이라기보다 결과였다. 그 노선은 정확하게 말한다면 반일이라 기보다 일본 측이 요구하는 내용으로 회담이 타결될 것을 막아야만 했다는 점에서 앞서 인용한 '방일'노선이었던 것이다.

이런 이승만의 '방일'노선은 약 7년 만에 일본의 대한청구권 포기라는 성과를 거두 고 적어도 상호 포기라는 당초의 일본 측 목표를 막는 방파제 역할을 해냈다. 대한청 구권 포기를 표명한 일본 정부는 그때까지 그 권리의 존재를 주장하던 역청구권이 대일평화조약 제4조(b)에 의하여 이미 소멸되어 있었다는 견해를 서슴없이 펴냈 다.[315] 하지만 이런 성과는 한편으로는 바닥까지 떨어진 국가경제라는 막대한 대가 를 한국 측에 요구하지 않을 수가 없었다.

이승만 집권기의 교섭은 일본의 역청구권 포기가 약속되고 시작된 제4차 한일회 담을 포함해서 결과적으로는 실질적 진전이 없는 회담이었음은 틀림이 없다. 하지만 기본관계, 청구권, 문화재, 선박, 재일한국인의 법적 지위, 어업 문제라는 의제구성의 설정, 또한 한국의 '대일8항목요구'에 상징되는 청구내용 등 과거청산의 구조를 결정 했다는 의미에서는 한일회담 통사의 구조를 만든 결정적인 무대였다. 무엇보다 이승 만 집권기의 교섭에 있어서 이미 청구권 문제는 한일 간의 '구조약 무효확인 조항'의

---

314) 김동조, op.cit., 7쪽.
315) 고사카(小坂) 외상의 발언, 国会会議録, 第38回国会, 「衆議院本会議」第8号(1961.2.21), 2쪽.

문제와 절단되어 진행되었다는 점에서 한일회담이 특수한 과거의 청산 문제를 해결하는 장으로 기능할 여지를 상실했다고 결론을 내릴 수 있다.

이하 살펴볼 장면, 박정희 집권기의 교섭내용은 모두 다 이승만 집권기 확립된 협상구조 내에 머무르고 있다고 해서 틀림이 없다. 그들이 해야 했던 일은 오직 일본의 역청구권 요구를 막기 위해 이승만이 취해야 했던 '방일'노선을 반전시켜 바닥까지 떨어진 국가경제의 재건을 도모하는 것이었다. 그리고 그를 위하여 한국 정부에게 남겨진 유일한 선택은 필요한 금액과 특수한 과거의 청산에 필요한 명분을 교환시키는 것뿐이었다. 이 의미에서는 일본의 대한청구권 포기로 실질적으로 시작된 청구권 교섭은 그 대가로서 다음으로는 한국의 대일청구권을 소멸시켜 나가는 과정이 될 수밖에 없었다는 역설을 낳은 것이었다.

7장
장면 집권기의 교섭과정

　집권기가 워낙 짧았던 장면 집권기의 한일회담은 그에 따라 많은 교섭이 이루어진 회담이 아니었다. 따라서 선행연구에서도 이 시기에 초점을 맞춘 본격적인 연구는 많지 않은 상황이다.[1] 하지만 이 시기의 교섭은 제5차 한일회담 회의록 등 일부나마 공식문서가 유통되고 있어 이승만 집권기와 비교해서 구체적인 연구가 진행되어 왔다고 평가된다. 특히 이 성과는 주로 청구권에 관한 연구로서 나타났으나 그것을 통해서 제5차 회담에 있어서 한국 정부의 대일청구권 요구의 인식, 법적 근거 등이 어느 정도 밝혀져 왔다.

　하지만 기존의 선행연구는 정부방침, 훈령 등의 문서가 미공개였으며 또 이승만 집권기의 공식문서 역시 열람하지 못하는 조건하에서 진행된 바람에 일부 밝혀진 제5차 회담에서의 청구권 교섭 등 과거청산 노력이 이승만 집권기와 어떤 관계에 있었는지, 바꾸어 말한다면 과거청산이라는 민족적 과제에 대한 장면 정권의 특징이 무엇이었는지 등에 대한 연구는 충분히 이루어지지 않은 상황이다. 따라서 한일회담에서의 과거청산 소멸에 차지하는 제5차 회담에 대한 평가 작업은 아직 미흡한 단계에 머무르고 있다고 볼 수 있다.

　이 장에서는 상술한 문제의식을 기초로 타결로 달리기 시작한 장면 정권하의 교섭인 제5차 한일회담을 분석한다. 특히 장면 정권이 역사 속에서 직면하게 된 시대적 속성에 주목하여 이승만으로부터 박정희 집권기의 교섭으로 이어간 한일회담 속에

---

1) 한일회담 통사(通史)의 연구를 빼면 제5차 회담자체를 주제로 한 연구에는 한상일, "第5次 韓日會談 小考", 『社會科學研究』, 제8집(1995), 217~233쪽, 정대성, "제2공화국 정부·국회의 일본관과 對日論調: 한일관계, 한일통상, 한일회담, '在日僑胞'를 둘러싼 담론", 『韓國史學報』, 제8호(2000), 217~262쪽 등이 있다.

서 장면 집권기의 교섭이 가진 연속과 단절을 부각시킴으로써 과거청산에 대한 제5차 회담의 의미를 밝히고자 한다.

1. 제5차 한일회담의 역사적 성격

1) 장면 정권의 속성과 제5차 회담

제5차 한일회담은 무엇보다 이승만 정권의 붕괴라는 극적인 변화를 맞아 처음으로 열리게 되었다는 의미에서 결정적인 특징을 안게 된 회담이었다. 이승만 시대의 교섭은 앞서 논한 바와 같이 '방일'을 도모해야만 했던 한계를 지닌 회담이었다. 그런 이승만의 붕괴는 저절로 일본 측에 주도권을 주는 유리한 환경을 제공했다. 사실 일본 외무성은 "동 회담의 타결을 막아온 장애의 하나로서 이 정권 고유의 반일적 성격을 들지 않을 수가 없으며 [……] 우리나라가 다음으로 올 한국의 신 정권에 큰 기대와 관심을 기울인 것은 당연지사"[2]라고 노골적으로 토로, 마치 이승만 정권의 붕괴를 기다렸다는 듯 적극적인 대한(對韓) 접근의 자세를 보이기 시작했다. 후술할 9월의 고사카(小坂善太郎) 외상의 방한 실현은 그 대표적인 예의 하나이나 보다 흥미로운 것은 그 방한에 관하여 이케다(池田隼人) 수상 자신이 친선사절단으로 방한할 것을 정식으로 제청했다는 점이다.[3] 따라서 한국에 새롭게 들어선 정권은 그런 일본 측의 공세와 역사로부터 주어진 정권의 속성, 그리고 그 과제라는 여러 요인들 속에서 생긴 모순으로 인하여 흔들리지 않을 수 없는 숙명을 짊어지게 되었다.

4·19혁명을 계기로 탄생한 장면 정권하의 한일교섭은 바로 일본에 대한 접근의 필요성과 그에 대한 반발의 미묘한 균형 잡기를 시도한 시기라고 평가할 수 있다. 바로 그것은 그가 가진 정권으로서의 속성의 이승만 통치와의 근접과 단절에서 나온 것이었다. 다시 말하면 그가 맡은 제5차 한일회담은 이승만의 '방일'노선이 사라진 후 일본의 경제적 힘으로 인한 인력과 국민의 반일정서라는 대일 원심력 사이에서

---

2) 外務省,『わが外交の近況』, 第5号(1961.8), 63쪽.
3) 정일형, "왜 朴政權의 韓日會談을 反對했나",『新東亞』1984년 10월호, 275쪽.

미묘한 거리감각을 유지하려다가 결국 박정희라는 힘에 의한 대일 접근을 유도한 바로 과도기적 회담이었다. 제5차 회담이 이런 과도기적 성격을 벗어나지 못했던 것은 장면 정권이 역사적으로 짊어지게 된 정치적 속성으로부터 논리적으로 귀결된 결과라고 생각할 수 있다.

원래 장면은 이승만 밑에서 그 지위를 굳힌 사람이다. 그는 이승만에 의하여 상술한 유엔결의 195(Ⅲ)호를 가져왔을 때 한국 측 유엔 수석대표, 그 후 초대 주미대사, 그리고 51년에는 이승만 집권하의 2대 국무총리로 임명된 인물이었다. 즉 그의 정치적 속성은 그 근본에 있어서 이승만과 대립하는 것이 아니었다. 또 가톨릭 신도로서의 개인적 배경은 본시 공산주의와 대립하지 않을 수 없는 사상적 기반을 그에게 심어주었다.[4]

그 후 이승만 자유당의 독재성에 맞서기 위하여 그가 몸을 담은 민주당의 속성 역시 이승만과 근본적으로 대립하는 것이 아니었음은 두말할 필요도 없는 사실이다. 55년 결성된 민주당은 본시 이승만과 같이 반공을 국시로 남한 단독정부 수립에 큰 몫을 한 한국민주당에 속했다가 그 후 이승만과의 권력 다툼에 진 세력들과 원내 자유당에 몸을 담다가 원외 자유당과의 세력 다툼에 밀린 세력들이 결집한 당이었다.[5]

그런 정치적 배경을 가지고 집권한 장면 민주당 정권이 역사 앞에 짊어지게 된 정치적 속성은 일단 다음과 같이 세 가지로 정리할 수 있을 것이다. 하나는 남한 정치의 반공성이라는 국시를 그대로 이어받은 정권이라는 의미에서의 '반공보수성', 두 번째는 이승만 독재체제의 붕괴가 국민의 힘에 의해 이루어지고 그에 따라 정권이 출범함으로 인해 국민의 목소리를 필요 이상 들어야만 했다는 숙명을 가진 '대국민 취약성',[6] 그리고 세 번째는 이승만 독재체제의 부(負)의 유산인 경제적 파탄을 고스

---

4) 장면의 개인적 배경에 관해서는 우석기념회, 『한 알의 밀이 죽지 않고는: 張勉博士回顧錄-』(가톨릭출판사, 1999)을 참고.
5) 민주당의 구성에 관해서는 예컨대 한승주, 『제2공화국과 한국의 민주주의』(종로서적, 1983), 3장.
6) 이에 관해서 장면은 자신의 회고록 속에서 "민주당이 4월 혁명의 선도적 역할로 그 길을 닦은 것은 엄연한 사실이지만 직접 혁명의 주체가 되어 정권을 쟁취하거나 이양을 받은 것과는 구분된다. 이것이 국민에게 강력한 시책을 강구하지 못한 이유의 하나가 되기도 한다"고 고백하고 있다. 우석기념회,

란히 이어받게 된 바람에 경제 건설을 최우선으로 시켜야만 했다는 의미에서의 '경제 제일주의'[7]라는 세 가지 정치적 속성이 그것들이다.

따라서 장면 정권은 반공보수성과 경제제일주의라는 두 가지 측면에서 일본과의 접근을 절실하게 요구하지 않을 수 없었다는 측면과, 그러면서도 장면 정권이 짊어진 '대국민 취약성' 탓에 국민의 대일감정에 대해서 지나치게 민감해질 수밖에 없었다는 측면으로부터 나타나는 '이일(離日)' 요구의 힘겨루기 사이에 생긴 모순에 직면하지 않을 수가 없었다.

이하에서는 장면 집권기의 제5차 한일회담이 바로 과도기적 성격을 가지게 된 것은 결국 위에서 말한 세 가지 성격에서 연유하는 조건들에 대처하려 한 결과임을 밝히고자 한다.

2) 제5차 한일회담의 연속과 단절

● 제5차 한일회담의 연속성

4·19 후 제2공화국하에서의 제5차 한일회담은 장면 정권이 정식으로 출범하기 전인 허정 과도정부 시기부터 실질적으로 나타나기 시작했다고 볼 수 있다. 허정은 4월 27일 대통령대행으로 취임하기가 무섭게 한일관계의 새 국면을 고려 중임을 밝혔는가 하면[8] 5월 3일에는 한일관계의 정상화가 가장 중요한 외교 문제임을 강조, 일본인 기자들의 입국 허가를 표명했다.[9] 물론 당시 진행 중이던 북송사업에 민감한 국내 여론을 의식해서 5월 5일에는 북송사업 중지가 회담 재개의 조건인 양 견제했으나[10] 이로 인해 과도정부와의 회담 재개가 어려워졌다는 일본 측 소식이 전해지자[11] 그는 스스로 그 견제를 풀어야만 했다. 11일 그는 북송사업 중지 요구는 동 사업 중지가 회담 재개의 전제 조건이라는 뜻이 아니라 회담 성공을 이끌어가는 선행요건이라

---

op.cit., 87쪽.
7) 장면의 60년 10월 1일 "제2공화국 경축사" 연설 참고, 우석기념회, op.cit., 197쪽.
8) 「동아일보」 1960년 4월 28일.
9) 「조선일보」 1960년 5월 3일 석간.
10) 「조선일보」 1960년 5월 5일 석간.
11) 「朝日新聞」 1960年 5月 9日.

는 의미라고 해명하고 한 발 물러섰다.[12) 사실상 북송사업을 묵인하는 자세를 보인 셈이었다.

과도정부의 이런 대일 자세는 벼락까지 몰린 경제위기의 타개에 그 목적이 있었음은 두말할 나위도 없었다. 허정은 조각 다음 날인 4월 29일 이승만 정권하에서는 불허로 되어 있던 미국의 ICA(국제협력국) 자금으로 인한 대일 수산자재의 구입을 허가,[13) 5월 13일에는 긴급물자의 대일 구매를 발표했다.[14) 일본과의 경제적 관계 없이는 경제재건은 물론 위급한 경제상황에서 벗어날 수도 없음을 내외에 시인한 것과 마찬가지였다.

그 무렵 일본에서도 주일대표부는 맥아더(Douglas MacArthurⅡ) 주일미대사와 접촉, 그에게 국민감정상 북송 반대의 입장에 대한 이해를 촉구하면서도 한국 쌀 3만 톤의 대일 수출에 대한 협력을 요청하는 등[15) 사실상 대일교섭의 무게를 정치에서 경제로 선회시켰다. 이런 한국 측의 자세 변화에 대해서 일본 측 이세키(伊関佑二郎) 아시아국장은 6월 9일 한국 측의 북송 중지 요청에 대신하는 것으로서 경제 문제 등에 대한 보답을 약속,[16) 북송사업 때문에 중단을 거듭한 이승만하에서의 '정치적 회담'과는 사뭇 다른 모습을 보이기 시작했다. 이 실리 추구 노선은 21일 쌀 3만 톤의 대일 수출 합의라는 성과를 거두었다.[17)

이들 일련의 움직임은 아직 장면 정권 출범 전이라는 측면에서 특히 주목할 만하다. 즉 한국 측 경제 문제 중심의 관심은 단지 장면 정권의 개별적 속성뿐만이 아니라 이승만 집권기가 남긴 당시의 구조적 유산이었다. 단지 이승만의 권위가 겨우 억누른 생활고의 목소리는 이제 누가 수반이 되건 막을 수 없는 시대적 요구였던 것이다. 따라서 장면 집권 이후 그 모습을 드러낸 소위 경제협력에 의한 청구권 문제의 해결방식은 아직 이 단계에서는 이하 보듯이 그 내용을 달리 하기는 했으나 당시의 한국

---

12) 「조선일보」 1960년 5월 11일 석간.
13) 「동아일보」 1960년 4월 29일 석간.
14) 「조선일보」 1960년 5월 13일.
15) 『제5차 한일회담 예비회담, 본회의회의록 및 사전교섭, 비공식회담 보고, 1960. 10~61. 5』, 1961~1962쪽.
16) ibid., 1963쪽.
17) 「조선일보」 1960년 6월 22일.

사회가 안고 있던 역사적 문맥이 낳은 결과라고 보는 것이 옳을 것이다.

이런 경제 중심의 한국 측 움직임은 우연하게도 일본 측 신 정권의 성격과 맞물리게 되었다. 동년 7월에 탄생한 소위 '소득배증계획'으로서 알려진 이케다 내각의 노선은 주지하는 봐와 같이 '안보소동' 때문에 지나치게 정치화된 당시 일본 사회의 봉합을 위한 경제성장 중심 노선이었다. 또 그 당시 일본 경제는 한국전쟁에 따른 특수효과도 있어 50년대 꾸준한 금외화 준비를 쌓아가며 1952년 시점에서 9억 7900만 불이었던 금외화 준비고는 1960년에 이르러서는 18억 2400만 불까지, 약 두 배가량 늘어나는 등 대외 지불 능력에 있어서도 놀라운 신장세를 보이고 있었다.[18]

이런 일본 측 자신감은 당시 이케다 내각의 관방장관이던 오히라(大平正芳) 장관에 의하여 한국 측에도 전해지고 있다. 그는 61년 3월 일본 경제의 현황을 "청구권이든 경제협력이든 일본 경제는 제품을 외부로 내보내지 않고는 견뎌낼 수 없는 단계에 이르렀으므로 어째든 상당한 금액의 대외원조를 한국 및 기타 동남아 국가들에게 행하지 않으면 안 될 처지에 있다"[19]고 장담하고 있다.

하지만 이런 양국의 경제 중심노선의 일차적인 의미가 단지 국민생활 제고뿐만 아니라 무엇보다 양국의 반공안보에 있었음을 잊지 말아야 한다. 장면 집권 이후 첫 번째 정치적 접촉이자 5차 한일회담 개최가 합의된 고사카 외무대신 방한시의 9월 6일자 양국 외상 회담에서 교환된 의견들은 과거청산 문제에 관한 것이 아니었다. 그 자리에서 정일형 장관이 표명한 것은 장래를 위한 불미스러웠던 과거의 망각과 한국의 반공투쟁이 일본의 이익이 된다는 전통적 '부산적기론'이었으며 또한 고사카 외무대신이 말한 것 역시 "방위동맹 체결 이외의 모든 부분에서의 협력"만이며 과거의 책임에 관해서는 한 마디의 언급조차 없었다.[20]

이런 한국의 반공안보＝일본의 국익이라는 명제는 장면 집권기에도 양국의 균열을 봉합하는 논리로 활용되었다. 예컨대 제5차 한일회담 개시 후 일본의 거세진 평화

---

18) 日本銀行統計局,『日本経済を中心とする国際比較統計』(1964), 101쪽.

19) "JW-0339",『제5차 한일회담 예비회담, 본회의회록 및 사전교섭, 비공식회담 보고, 1960.10~61.5』, 2164쪽.

20) 양국 외상 간 회담의 회의록은 "MT-0978",『고사카(小坂) 일본 외상 방한, 1960.9.6~7』, 50~57쪽.

선 해결 요구에 대해서 한국 측이 그 양보를 요구하는 논리로서 내세운 것은 한국이 반공 최전선에서 싸우고 있는 것은 일본을 위한 것이기도 하며 따라서 일본은 아시아에서의 빈공자유리는 큰 안목을 생각해야 한다는 반공안보론이었다.[21] 또 청구권과 평화선의 일괄해결을 주장하는 미국 측에 대한 반론으로서 내세운 것 역시 평화선은 단지 어업 문제뿐만 아니라 한국의 정치적 안정과 경제적 번영을 위한 것이며 또 그것이 일본의 생전을 위한 기본 조건이라는 동 안보론이었다.[22]

일본 측의 봉합 논리 역시 마찬가지였다. 예컨대 일본정계 속에서 한국과의 수교에 가장 적극적이며 친한파라고 불리기도 했던 기시(岸信介) 전 수상은 61년 초 후술할 한국에서의 민의원 결의에 따라 한일회담의 전망에 일본 국내가 냉담한 반응을 보인 무렵 한국이 공산주의와 싸우고 있는 것은 결과적으로 일본을 위하여 싸워주는 것이며 한국에 적색정권이 생길 것을 상상한다면 어떤 일이 있더라도 정상적 국교를 맺고 한국을 도와야 한다고 말을 남겼다.[23]

이와 같이 이승만 붕괴 이후의 제5차 한일회담에서도 양국을 엮는 논리는 극동의 반공안보체제 확보를 위한 한국의 '국가수호 과제'에 대처하는 것이었다. 무엇보다 이 논리에 이승만 집권기의 회담과 제5차 회담의 연속성을 볼 수 있다.

양국을 잇는 기본논리의 동일성에 더해서 제5차 회담의 진행방식 역시 이승만 집권기의 교섭과 근본적으로 차이를 보이는 일은 없었다. 고사카 외상 방한시에 재개를 합의한 제5차 한일회담은 1960년 10월 25일 예비회담이라는 명칭으로 시작되었다. 그러나 예비회담으로 그 명칭을 약간 바꾼 이유는 이 외상회담에서 일본 측으로부터 11월 예정인 총선거 관계상 본격적인 교섭은 어려운 점이 있다는 의견이 나왔기 때문이었다.[24] 결국 장면 집권기의 교섭은 이 예비회담의 단계로 끝났으나 이 예비회담이라는 명칭의 사용은 이전의 교섭내용이나 방식들을 근본적으로 바꾸어야 한다는 등

---

21) "TM-12105", 『제5차 한일회담 예비회담, 본회의회의록 및 사전교섭, 비공식회담 보고, 1960.10~61.5』, 2093~2094쪽.
22) "JW-0338", ibid., 2160~2163쪽.
23) "TM-0285", ibid., 2153쪽.
24) "MT-0978", 『고사카(小坂) 일본 외상 방한, 1960.9.6~7』, 54쪽. 또한 이 사실은 회담을 앞둔 10월 22일자 한국 측 대표단의 간담회에서도 확인된 바가 있다. 『제5차 한일회담 예비회담, 본회의회의록 및 사전 교섭, 비공식회담 보고, 1960.10~61.5』, 2032쪽.

의 인식 변화에 따른 것이 아니라 단지 일본 측 선거 사정을 고려한 결과에 불과했다.

이에 관해서 10월 초 외무부는 이번 재개 회담은 제4차의 계속이 아니라는 훈령을 주일대표부에 보내고 있으나[25] 그에 따른 회담 진행방식, 구성 등의 기본적인 틀의 변화를 지령한 흔적은 전혀 없다. 무엇보다 재개회담을 위한 10월 22일 한국 측 교섭 대표단 간의 간담회에서는 이번 재개회담이 사실상 제4차 한일회담의 연속이라는 점에 대해 일본 측과 합의되어 있다는 견해가 대표자 간에 교환되고 있다.[26] 즉 제4차에서 제5차로의 변경은 일본 측 이세키 국장이 말하듯이 "기분을 일신한다"[27]는 정서적 의미밖에 없었던 것이다. 다시 말하면 교섭의 틀에 관련되는 한일회담의 구성이나 진행방식 자체에 대한 한국 측 방침은 국내에서의 '시민혁명'이라는 극적인 정권 교체에도 불구하고 아무런 변화를 보이지 않았던 것이다.

물론 이런 한국 측 대응의 배경에는 그런 교섭의 틀 변경의 실현 가능성 여부이 더불어 조속한 타결을 위해서도 한일회담 타결의 불가피한 지연을 초래할 방침 변경에 대한 우려가 있었을 것이다. 실제 한국 측이 이전의 회담과 비교해서 강조하기 시작한 것은 보다 효율적인 진행방식의 강구였다. 한국 측은 위에서 언급한 간담회에서 재개될 한일회담에서는 양보의 도출을 위해서도 비공식 회담을 많이 가질 생각을 나타내고 있다.[28] 이것이 조속한 문제 해결을 위한 하나의 방법이었음은 확실하나 이 방침으로 인해 실제 제5차 한일회담에서는 이승만 집권기의 교섭과 비교해 수석 대표 간에 가진 비공식 회담이 중요한 토론마당으로 기능했다.

그러나 제5차 한일회담이 기본적으로 제4차 회담의 연장선상에 있었던 만큼 10월 26일 양국 수석대표 간 비공식회의에서는 각 위원회 구성과 명칭에 관해서는 제4차 회담 그대로 사용하기로 합의가 성립되었다.[29] 이에 따라 11월 2일 열린 제2차 본회의 에서는 제4차 한일회담시와 같이 이하의 위원회들 개최로 합의가 이루어졌다.[30]

---

25) "MT-1033", 『제5차 한일회담 예비회담, 본회의의록 및 사전교섭, 비공식회담 보고, 1960.10~61.5』, 1989쪽.

26) "한일회담 한국대표단 간담회 토의내용", ibid., 2032쪽.

27) "TM-1045", ibid., 2001쪽.

28) "한일회담 한국대표단 간담회 토의내용", ibid., 2031쪽.

29) 『第五次 韓日會談 豫備會談 會議錄(本會議, 首席代表間 非公式會議, 在日韓人法的地位委員會, 漁業 및 平和線委員會)』, 48쪽.

-기본관계위원회
-한국청구권위원회
  ·일반청구권소위원회
  ·선박소위원회
  ·문화재소위원회
-어업 및 평화선위원회
-재일한국인의 법적지위위원회

전번 회담의 연장이라는 이 회담의 성격은 기본관계위원회의 취급에 관해서 고스란히 나타났다. 일단 위와 같은 양국 합의에 따라 기본관계위원회는 설치되었으나 이것은 어디까지나 형식적인 것에 불과했다. 일본 측은 회담 재개 이전인 10월 중순쯤 한국 측에 기본관계위원회를 다른 위원회보다 늦춘다는 방침을 알렸으며[31] 한국 측 유진오 수석대표 역시 회담 재개 후 가진 2차 본회의에서 아직 기본관계위원회를 열 필요가 없다는 이유로 대표단을 구성하지 않고 있음을 일본 측에 통보하고 있다.[32] 심지어는 회담을 위한 한국 정부의 기본방침에는 기본관계에 관한 항목조차 존재하지 않았다.[33] 일본뿐만 아니라 한국 측 역시 제5차 한일회담에 이르러서는 그 당초부터 과거를 청산하기 위해서 꼭 요구되는 기본관계 문제를 그 토의과제로부터 배제하고 있었던 것이다.[34]

이렇게 하여 기본관계위원회의 활동은 한일회담에 있어서 완전히 그 자취를 감추게 되었다. 이승만 집권하의 제1차 한일회담시 그나마 활발하게 진행되었던 이 위원

---

30) ibid., 14~15쪽. 이미 언급했다시피 제4차 한일회담 당시 당초는 문화재소위원회는 일반청구권위원회에서 다룬다는 양해로 인해 설치되지 않았으나 그 후 결국 설치되었으므로 결과적으로 제4차 회담시와 같다고 생각해서 무방하다.

31) "TM-10109", 『제5차 한일회담 예비회담, 본회의회의록 및 사전교섭, 비공식회담 보고, 1960.10~61.5』, 2012쪽.

32) 『第五次 韓日會談 豫備會談 會議錄(本會議, 首席代表間 非公式會議, 在日韓人法的地位委員會, 漁業 및 平和線委員會)』, 16쪽.

33) "한일회담에 대한 정부의 기본방침", 『제5차 한일회담 예비회담, 본회의회의록 및 사전교섭, 비공식회담 보고, 1960.10~61.5』, 2027~2029쪽.

34) 김동조 역시 제5차 한일회담에서 기본관계위원회는 다른 위원회의 진전을 보면서 재개한다는 입장으로 인해 한 번도 열리지 않았다고 증언하고 있다. 김동조, op.cit., 207쪽.

회는 청구권 문제의 갈등 고조에 따라 사실상 제2차를 거쳐 제3차 회담에서도 계속 주변화 되어 가다가 한국의 일방적인 청구권 교섭이 가능해진 제4차 한일회담 이후는 그 토의가 진행되는 일이 전혀 없어진 것이었다. 그 위원회가 부활한 것은 다음 장에서 다루듯이 결국 청구권 문제 해결의 틀이 마련된 제6차 한일회담 도중으로부터의 일이다.

이와 같이 과거청산 문제에 관한 핵심이던 기본관계 문제에 대한 인식이라는 측면에서 제5차 한일회담은 이승만 집권기의 회담과 확실히 직선적인 연장선상의 관계에 있었다. 그러나 제5차 회담 이후 한국 정부는 이승만 집권기의 원칙이었던 소위 '선 해결 후 국교'라는 방침을 약간 수정하여 해결 가능한 문제부터 해결시킨다는 움직임을 보이기 시작했다. 10월 7일에는 김용식 외무부차관이 각 문제의 일괄타결을 목표로 하지 않고 해결할 수 있는 문제부터 해결하는 것도 하나의 방법이라고 표명했다.[35] 또한 12월 15일 수석대표 간 비공식회의에서도 유진오 수석대표는 '선 해결 후 국교정상화' 방침에 매달리지 않고 유연하게(flexible) 대처할 것을 일본 측에 전하고 있다.[36]

그러나 이런 방침 변화가 과거청산의 실현을 위한 대처를 위한 것이 아니라 대일청구권의 교섭을 벌이기 위한 사전 준비 작업에 불과한 것은 쉽게 상상이 가능하다. 즉 제1차 한일회담 전후로부터 한국 측이 유지해 온 각 현안들의 일괄타결 방침은 일본의 대한청구권 포기에 따라 그 후 교섭의 축이 청구권과 평화선의 흥정으로 옮기게 된 이상 청구권 문제의 해결이 실질적으로 동시에 평화선에서의 한국 측 양보를 뜻하지 않을 수가 없었다. 따라서 한국 측이 보이기 시작한 그런 일괄타결 방침의 수정은 결국 평화선과 청구권 문제를 떼고 평화선 이전에 먼저 청구권을 해결시켜야만 하는 어려운 사정을 반영시킨 것에 불과했던 것이다.[37]

---

35) "TM-1044", 『제5차 한일회담 예비회담, 본회의회의록 및 사전교섭, 비공식회담 보고, 1960.10~61.5』, 1991쪽.
36) 『第五次 韓日會談 豫備會談 會議錄(本會議, 首席代表間 非公式會議, 在日韓人法的地位委員會, 漁業 및 平和線委員會)』, 75쪽.
37) 유진오 수석대표는 12월 15일의 대표자 간 비공식회의 석상에서 평화선은 국민감정상 시간이 걸리기 때문에 청구권 문제를 먼저 해결할 것을 일본 측에 주장하고 있다. ibid., 76쪽.

물론 일본 측이 그런 한국 측 사정을 쉽게 받아들일 리가 없었다. 11월 21일의 수석 간 비공식 회의에서 평화선에 관해 일본 측 사와다 수석대표는 적어도 청구권과 평화선의 동시 해결을 강조하고 있으며[38] 또한 12월 15일 수석 간 비공식 회의에서는 청구권과 평화선을 국교정상화 후로 미룰 것을 제안하는 등[39] 청구권과 평화선의 연결 방침에 관해서는 양보하려 하지 않았다. 또 새해에 들어 2월 7일 비공식회의에서도 유진오 수석이 청구권에 관하여 먼저 합의하여도 그 실시는 평화선의 해결 후가 된다는 현실적인 타협 태도를 보였으나, 이에 대해서도 사와다 수석은 "평화선 문제에 관하여 도대체 토의를 거부하고 있으니 어떻게 청구권 문제를 토의하겠다는 것인가"[40]라고 압박 수위를 높이는 등 한국 측이 노린 청구권과 평화선의 절단 전략이 파고들 틈은 없었다. 제5차 한일회담 역시 이승만 정권하의 교섭에서 생긴 청구권과 평화선이라는 흥정구조로부터 자유롭지 못한 탓에 평화선 문제에 민감했던 국민감정에 대일교섭은 크게 영향을 받지 않을 수가 없게 되었다.

그렇다면 일괄타결 방침으로부터 해결 가능한 문제부터 해결시킨다는 방침 변화 이외에 제5차 한일회담 당시 한국 정부가 청구권 문제에 관해서 공식적으로 세운 방침은 어떤 것이었을까? 제5차 회담 당시 먼저 작성된 방침은 이하와 같은 것이었다.[41]

① 청구권과 경제협조는 별도
② 청구권 문제는 사법상의 변제원칙에 기하되 정치적 해결을 고려
③ 일반청구액은 최고 ( )억 불 최저 ( )억 불

위 세 가지 방침과 함께 이 시점에서 또 하나 주의해 둘 필요가 있는 방침은 평화선 문제에 관해서 어업자원 보호 및 국방을 목적으로 평화선은 유지한다고 하면서도

---

38) ibid., 69~70쪽.
39) ibid., 76쪽.
40) ibid., 109쪽.
41) "한일회담에 대한 정부의 기본방침", 『제5차 한일회담 예비회담, 본회의회의록 및 사전교섭, 비공식 회담 보고, 1960.10~61.5.』, 2029쪽에서 정리했음. 동 자료에는 날짜 표기가 없으나 회담을 위한 사전 협의가 열린 10월 22일의 대표단 간담회 회의록의 직전에 수록되어 있는 것을 보면 한일회담 재개 전에 작성된 문서라고 보인다.

"만한(滿限)에 도달하지 못한 어업자원에 관하여는 어업협정 체결로서 해결"[42]한다는 방침을 천명하고 있는 점이다. 이는 일부나마 평화선 내부에서의 일본 측 조업을 사실상 인정한다는 의미에서 후술하듯이 박정희 집권기의 방침과 같은 것이었다. 따라서 이 방침 변화는 박정희 정권하에서 처음으로 일어난 양보라기보다 이미 제5차 회담 당시 굳혀지고 있었던 방침 변화였다. 물론 이 변화가 일어난 원인이 결국 한일회담의 교섭 구도로서 청구권 문제와 평화선 문제가 얽힌 구조에 있었음은 불을 보듯이 뻔한 일이었다. 다시 말하면 평화선에 관한 방침 변경은 누가 집권하든 한일회담에서 청구권 문제를 실제 풀어 나가야 할 때 치러야 할 불가피한 대가였던 것이다.

한편 상기 청구권에 관한 방침들은 이승만 정권하의 방침과 미묘한 관계에 있음을 알 수 있다. 여태까지 제5차 이후의 한일회담의 내용은 경제협력 방식의 등장 등으로 인하여 이승만 정권의 강경 자세와 대조를 이룬 것으로 평가되어 왔다. 하지만 첫 번째 방침에 있듯이 경제 협조는 어디까지나 청구권과 구분할 것을 요구하고 있으며 청구권 문제 자체의 경제협력 방식에 의한 대체를 승인한 것이 아니었다. 돌이켜보면 이승만 정권하의 교섭 대부분은 아직 청구권을 둘러싼 양국의 날카로운 대결로 인하여 청구권 문제의 해결의 귀추 자체가 짙은 안개 속에 있었던 시기인 만큼 이승만 정권이 아니더라도 경제 협력이라는 새로운 변수가 등장하는 상황하에 있지 않았음을 생각하면 양자의 차이는 거의 없었다고 보는 것이 보다 정확해 보인다.

또 두 번째에 있는 정치적 해결에 관해서도 일견 크게 차이가 있어 보이나 청구권 문제의 해결에 있어서 정치적 해결을 촉구하는 방침은 이미 지적한 바와 같이 제1차 한일회담 교섭시부터 나와 있었던 것이었다. 사실 법적 및 실무적 절차에 따라 해결하기 어려운 제1항목 지금, 지은 등의 지불에 관해 한국 측은 이미 이승만 집권기의 제1차 한일회담에서 정치적 해결을 촉구하고 있었다. 그 의미에서 이승만 집권기의 교섭 태도와의 차이를 지나치게 강조함은 옳지 않아 보인다.

세 번째 요구액에 관해서는 동 문서에서는 공백으로 되어 있다. 그 이유가 제5차 회담이 개시되기 1주일 전인 시점에서는 아직 정식 요구액이 결정되지 않고 있었음

---

42) ibid., 2028쪽.

[표 21] 제5차 한일회담시의 "한국의 대일청구권 내역"(1961년 초)

		요구액	반환요구 근거	증거 자료
1 지금(地金), 지은(地銀)		지금: 　약 2억 5000만g 　(25만kg) 지은: 　약 9000만g 　(9만kg)	약	충분 (단 지금, 지은은 일 당국에서 약 5억 6000만 엔의 대금을 국체 등으로 지불하고 반출한 것이므로 우리 측에서 전기 대금을 환불하고 반환받아야 할 것임)
2 조선총독부의 대일채권의 반환요구 총액: 약 56억 8000만 엔	1) 체신부관계 채권	약 21억 엔	강	대부분 완전
	2) 1945.8.9 이후 일본이 한국내 각 은행에서 인출한 금원	약 26억 7000만 엔	약	미약
	3) 일본국고금 계정 채권	약 9억 엔	강	충분
	4) 조선총독부의 재일 재산	약 1000만 엔	검토 요	충분
3 1945.8.9 이후 일본으로 불법 이체 또는 송금된 금원의 반환요구 총액: 약 8억 9000만 엔	1) 조선은행 본점으로부터 재일지점에 송금된 금원	약 2억 3000만 엔	강	충분
	2) 재한일본계 은행지점으로부터 재일본점에 송금된 금원	약 6억 6000만 엔	강	충분
4 한국 내에 본사를 가지고 있는 법인의 재일재산의 반환요구 총액: 약 66억 7000만 엔	1) 특수금융기관의 재일재산	약 64억 7000만 엔	약	충분
	2) 기타 법인의 재일재산	약 2억 엔 (추산) (전부 미조사 상태)	약	미조사 상태
5 각종 유가증권, 피징용 한인 미수금, 한국인의 대일본 정부 및 개인에 대한 채권 등의 반환요구 총액: 약 232억 6000만 엔	1) 일본유가증권(국채, 지방채, 정부 보증사채, 정부기관 사채, 일반사채, 일반주식)	약 74억 5000만 엔	증권 내용에 따라 상이	대부분 완전
	2) 일본계 통화	약 16억 엔	강	충분
	3) 피징용 한인 미수금	약 2억 4000만 엔 (추산)	확실 (일본 측도 동조)	불확실
	4) 전쟁으로 인한 인적 피해보상	약 132억 엔 (재검토 필요)	강	약
	5) 한국인의 대일본 정부 청구 (은급)	약 3억 엔 (이남 분만)	검토 요	충분
	6) 한국인의 대일본법인 청구 (보험액)	약 4억 7000만 엔 (추산)	강	조사 요
6 한국인 소유 일본법인의 주식 또는 기타 증권 총액		약 2000만 엔		

을 의미하는 것인지, 그에 대한 확실한 판단은 어렵다. 다만 그 후 약 3개월 후인 61년 1월 13일 한국 측은 청구권에 관해서 주목할 만한 요구 및 인식 등을 드러내고 있다. 우선 한국 측이 61년 초 시점에서 작성한 "한국의 대일청구권 내역"의 각 항목별 수치 와 그 청구 가능성 등에 관한 평가를 정리하면 [표 21]과 같이 표시할 수 있다.[43]

장면 정부는 이상의 총액을 약 366억 엔으로 하여 15엔 대 1불의 환율로[44] 계산해서 약 24억 불로 산출하고 있다.[45] 물론 이승만 시대보다 오히려 늘어난 이 금액 자체가 단순히 제5차 회담시의 정식 요구액이었음을 뜻하는 것이 아니다. 한국 정부는 [표 21]에 표시되어 있듯이 법적 근거, 증빙서류 등의 문제점을 들고 청구액의 전부를 변제받을 것을 기대함은 곤란하다고 지적하여 요구 액수는 대 필리핀 배상액 총 8억 불(순 배상액 5억 5000만 불, 경제협조 2억 5000만 불)보다 적은 것이 되지 않아야 한다는 것, 그리고 일본 측의 6억 불 경제원조의 제의를 받아들일 경우에도 2억 불 또는 3억 불은 최소한 순청구권으로서 받도록 할 것을 권장하고 있다.[46]

---

43) 『제5차 한일회담 예비회담, 일반청구권소위원회 회의록, 1~13차, 1960~61』, 854~861쪽.
44) 환율에 관해서는 제5차 한일회담 수석대표 간 비공식회의 12월 15일 토의에서 한국 측 유진오 수석대표가 미국이 진주한 직후인 7 대 1을 요구한 기록이 있다. 『第五次 韓日會談 豫備會談 會議錄(本會議, 首席代表間 非公式會議, 在日韓人法的地位委員會, 漁業 및 平和線委員會)』, 79쪽. 그러나 정부문서가 15 대 1로 산출하고 있는 것을 보면 제5차 회담 당시도 이승만 집권기와 같이 정식 계산 환율은 15 대 1이었다고 판단된다.
45) "한국청구권위원회 한국 측의 기본정책(시안)", 『제5차 한일회담 예비회담, 일반청구권소위원회 회의록, 1~13차, 1960~61』, 841쪽. 다만 표의 수치를 정확하게 계산하면 제1항 지금, 지은 분을 빼고 365억 2000만 엔이다. 동 문서에서는 지금, 지은의 취급에 관해서는 언급이 되지 않고 있으나 요구 근거가 약으로 되어 있는 것, 그리고 위의 자료의 수치가 약 366억 엔으로 되어 있는 것으로 보아 지금, 지은은 요구액에 포함되지 않았던 것으로 보인다. 김동조는 제5차 한일회담 당시의 청구권 액수가 대강 계산해서 27억 6000만 불이었다는 증언을 하고 있으나 이것이 위 24억 불에 앞서 소개한 지금, 지은의 액수인 3억 1000만 불을 합한 금액과 흡사한 것임을 생각하면 위 24억 불에는 지금, 지은은 포함되지 않았다는 추측이 맞는 것이라고 생각된다. 김동조의 증언은 김동조, op.cit., 208쪽. 다만 거기서 소개되고 있는 지금 6754만 1771g, 지은 2억 4963만 3199g이라는 수치는 공식문서에서는 전혀 확인되지 않는 엉뚱한 증언이라고 해야 하겠다. 또한 오타(太田修)는 다른 한국 측 문서를 이용해서 제5차 한일회담 당시의 한국 측 내부 산출 액수가 약 233억 엔, 지금, 지은을 포함한 총 액수가 약 18억 6722만 불이었음을 소개하고 있다. 太田修, op.cit., 160~162쪽. 그러나 동 수치와 본론의 수치의 관계에 관해서는 불투명하다.
46) "한국청구권위원회 한국 측의 기본정책(시안)", 『제5차 한일회담 예비회담, 일반청구권소위원회 회의록, 1~13차, 1960~61』, 841~842쪽. 또 이 8억 불에 관해서는 제2공화국 시절 외무부 차관을 맡은 정일형도 64년 국회 본회의에서 민주당 정권의 청구액수가 비록 사안이나 8억 불이었음을 증언하고 있으므로 공식문서의 내용과 일치한다. 국회회의록, 제6대국회, 제41회, "제8차 국회본회의" 제8호 (1964.4.1), 15쪽. 또 정일형의 회고에는 이 8억 불 수치와 함께 8억 5000불이라는 지적도 있으나 이것은

이와 같이 61년 1월 중순 한일회담사에 있어서 처음으로 구체적인 대일 최저요구 액수가 그 모습을 드러냈다. 주지하는 바와 같이 한일회담의 타결시의 최종 타결 금액은 8억 불 이상(무상 3억, 유상 2억, 민간차관 3억)이었다. 안타깝게도 이 결과와 위 장면 정권하에서 꾸며진 수치가 우연히 일치한 것인지 어떤지는 분명하지 않다. 그러나 한국 측이 제5차 회담 당시 꾸민 최저액수가 최소한 결과로서 한일회담을 통해서 확보된 것만큼은 확실하다. 또 후술하듯이 5·16쿠데타 후 제6차 한일회담 재개를 앞두고 방일한 김유택 경제기획원 원장이 한일회담에서 처음으로 공식적으로 일본 측에 제기한 금액이 바로 8억 불이었다. 아마 시기적으로 봐 이 수치는 장면 집권하에서 이미 확립되어 있던 위의 인식을 그대로 반영시킨 것이라고 풀이된다.

무엇보다 주목되는 것은 위 한국 측 공식문서에서 확인 가능하듯이 이 시기 이미 일본 측은 경제원조로서 6억 불이라는 구체적인 금액을 제기했다는 점이다. 그러나 왜 일본 측 제안이 6억 불이었는지는 분명하지 않다. 한국 측은 그 당시 '점령지역구제기금(Garioa)' 및 '점령지역부흥기금(Eroa)'을 통한 미국의 대일원조 약 20억 불 중 6억 불의 반환액수에 그 6억 불 원조의 근거를 찾고 있으나[47] 그 추측은 결과적으로는 옳지 않아 보인다. 실제 일본의 Garioa, Eroa 채무 문제는 약 18억 불 중 무사원조를 뺀 5억 불이 문제시 되었으며 또 62년 체결된 채무반환 협정시의 금액은 약 4억 9000만 불이므로 한국 측 계산은 정확하지 않다. 다만 이 시점에서 이미 한국 측에 원조 금액으로서 전해졌던 6억 불이 결과적으로는 후술할 김 - 오히라 합의시의 금액과 일치하는 것을 생각하면 박정희 정권하의 교섭에서 결정된 금액이 실은 한국 측 주도하에서 이루어진 것이 아니었음을 가리키는 데 중요한 하나의 증거가 될 것임은 틀림없다.

또 동 6억 불 원조의 제기가 언제쯤 이루어졌는지도 정확히 알 수 없다. 그러나 그 제기가 훨씬 이전에 이루어졌을 가능성은 희박해 보인다. 예컨대 일본 국내에서는 60년 11월 말경 경제원조로서 7억 불 제안이라는 추측성 기사가 나왔다.[48] 이에 대해

문맥상 어떤 명확한 정책적 의도의 변경에 따른 정식 안의 변경이라고 생각되지는 않는다. 정일형, op.cit., 283쪽. 이 8억 불에 관해서는 김동조 역시 제5차 회담시의 한국 측 "마지노선"이 8억 불이었다는 증언을 남기고 있는 것을 보면 동 8억 불에 관한 신빙성은 상당히 높은 것으로 판단된다. 김동조, op.cit., 208쪽.
47) "한국청구권위원회 한국 측의 기본정책(시안)", 『제5차 한일회담 예비회담, 일반청구권소위원회 회의록, 제1차~13차, 1960~61』, 839쪽.

유진오 수석대표는 60년 12월 15일의 비공식회의에서 7억 불 또는 6억 불 등의 보도의 출처를 일본 측에 묻고 있으며 동시에 청구권, 원조, 차관 등의 형식과 상관없는 일본 측의 지불금액에 관한 답변을 촉구하고 있다.[49] 이 사실은 한국 측이 적어도 12월 중순까지는 일본 측의 6억 불 제안을 정확하게 받고 있지 않았음을 시사하는 대목이다. 따라서 6억 불의 경제원조 제안은 바로 그 후 61년 1월 13일까지의 약 한 달 사이에 이루어진 가능성이 커 보인다.

그러나 동 1월 13일자의 자료에 있던 경제원조 6억 불가량과 순청구권 2억 불가량, 합계 8억 불 구상이 결국 그 후 한국 측 제5차 한일회담의 정식 방침이 된 가능성은 없어 보인다. 사실 제5차 한일회담의 막판 교섭인 1961년 5월 6일로부터의 일본 측 국회의원단의 방한에 동행한 이세키 아시아국장은 한국 측 정부관계자로부터 한국 측 요구가 청구권으로서 5억 불가량이 될 것이라는 이야기를 들었다는 발언을 하고 있다.[50] 또 이 금액은 그 당시 일본 측 국회의원을 맞이한 김용주의 증언과도 일치한다.[51] 따라서 제5차 한일회담 당시의 한국 측 최종 구상액은 최소한 청구권으로서 5억 불, 그리고 필리핀에 대한 배상액수보다 많아야 한다는 '정치적 금액'인 8억 불을 이루기 위해서는 남은 부분 3억 불가량을 경제협력으로 받을 것이었다고 추측된다.

그러나 공식이든 비공식이든 제5차 한일회담에서 한국 측이 위와 같은 금액을 일본 측에 정식으로 제시했다는 사실은 없었다고 판단된다.[52] 예컨대 1월 13일자의

---

48) 「讀賣新聞」 1960年 11月 26日.

49) 『第五次 韓日會談 豫備會談 會議錄(本會議, 首席代表間 非公式會議, 在日韓人法的地位委員會, 漁業 및 平和線委員會)』, 77쪽.

50) 이는 후술할 김유택 방한 시의 요구액 8억 불에 놀랐던 이세키 국장이 1961년 9월 4일 주일대표부 측과의 협의에서 한 발언이다. "JW-0967」, 『제6차 한일회담 예비교섭, 1961, 전2권(V.2 9~10월)』, 118쪽.

51) 동 증언에 의하면 5월의 일본 국회의원단의 방한시 양국 국회의원 사이에서는 한국 측 최저 희망액수는 6억 불 이상이나 결국 무상3억 불, 유상 2억 불 정도로 쌍방이 서로 노력할 것으로 합의가 이루어지고 장면총리에 보고했더니 총리자신도 그 선으로 추진하자는 의견을 표했다고 한다. 金龍周, 『風雪時代八十年 나의 回顧錄』(新紀元社, 1984, 非賣品), 296~297쪽. 동 합의가 후술할 무상 3억 불, 정부차관 2억 불, 민간 차관 1억 불 이상이라는 김 - 오히라 합의의 기초로 된 것인지는 분명하지 않다. 다만 동 김용주의 회고에서는 제5차 회담시의 이 합의사실은 박정희 정권에 들어가고 나서 주일대표부 수석을 맡은 배의환에 알렸다고 한다. 金龍周, op.cit., 312쪽. 또 제5차 한일회담 차석대표를 맡은 엄요섭은 김용주의 말로서 동 회담시 청구권에 관해서는 3억 불이라는 이야기가 일부 있었다고 증언하고 있다. 嚴堯燮, "韓日會談에 관한 歷史的 再照明", 『日本研究』, vol.1(1990), 71쪽. 다만 이 청구권에 관한 3억 불은 다른 것이 아니라 위 무상 3억 불, 우상 2억 불 중의 무상부분을 가리킨 것이라고 추측해도 틀림이 없을 것이다.

한국 측 청구권위원회 대표자 간 협의에서는 금액에 관한 한국 측 전략으로서 각 항목별로 일본 측이 지불함에 동의한 것에 대해서만 금액을 제시한다는 등의 방법이 거론되고 있는 것을 보면[53] 61년 초 시점에서 아직 한국 측 역시 정식 금액을 일본 측에 제시하지는 않았음을 알 수 있다.

또 상술한 5월 6일로부터의 일본 측 국회의원단의 방한시 나온 5억 불이라는 수치 역시 양국 정부 간에 정식으로 제안된 것은 아니었다. 이것은 5억 불이라는 증언을 남기고 있는 김용주 자신이 국회의원단이 공식으로 금액을 논의하는 입장이 아니므로 하나의 방편으로 일본 측과 사견을 주고받았다는 증언을 하고 있는 것을[54] 봐도 알 만하다. 실제 공식 토의를 한 실무자 간에서는 금액에 관한 질문에 대해서는 서로 그 대답을 피하는 모습을 공식기록은 전하고 있다.[55] 또 한국 측 청구금액이 5억 불가량이라고 들었다는 이세키 국장의 발언이 나온 같은 자리에서 주일공사는 당시 정부로부터는 청구권은 10억 불가량이 된다는 이야기를 들었다 등의 연막을 치고 있다.[56] 비록 비공식적인 것이라고 쳐도 만약에 동 5억 불이 정부 간에 정식 요구 액수로서 제시된 것이었더라면 이런 태도는 취하지 못할 것임을 고려하면 결국 제2공화국 시절 정식한 금액 제시가 이루어진 일은 없었다고 보는 것이 정확할 것이다.

따라서 정식 요구 액수의 제시는 결국 5·16쿠데타 후 박정희 집권기의 교섭하에서 처음으로 이루어졌다고 판단해도 무방하다. 구체적으로 타협으로 움직이기 시작했다고 평가되어 온 제5차 한일회담 역시 금액 제시에 관해 이승만 집권기의 청구권 교섭의 틀로부터 큰 진전을 보이지 못했던 것이다.

---

52) 이 점에 관해서는 김동조도 제5차 한일회담에서 금액 제시는 없었다는 증언을 하고 있다. 김동조, op.cit., 208쪽. 다만 동 증언에 있듯이 지금, 지은의 반환 요구의 중량에 관해서는 반출된 연도별 수치와 함께 자세한 자료 제시가 후술할 일반청구권소위원회 제6차 회의(1961.3.15)에서 이루어졌다.
53) 『제5차 한일회담 예비회담, 일반청구권소위원회 회의록, 1~13차, 1960~61』, 821쪽.
54) 金龍周, op.cit., 296~297쪽.
55) "주영대제 1041호", 『제6차 한일회담 예비교섭, 1961, 전2권(V.2 9~10월)』, 153쪽. 1961년 9월 8일자로 되어 있는 이 자료는 5월의 일본 국회의원단 방한시에 이루어진 이세키 국장과 한국 측 사무차관 간의 회담 내용을 훗날 외무부장관에 보고한 문서로 보인다. 또한 김용식도 이 일본 국회의원단의 방한시 지불형식에 관한 일본 측 제안은 있었으나 금액에 관한 토의는 없었다고 회고하고 있다. 김용식, op.cit., 344쪽.
56) "JW-0967", 『제6차 한일회담 예비교섭, 1961, 전2권(V.2 9~10월)』, 118쪽.

● 제5차 한일회담의 단절성

제5차 한일회담이 이승만 집권기의 교섭과 그 질적 차이를 보인 것은 청구권 문제 해결에 대한 구체적인 방식이 구체화되기 시작했다는 것이다. 그러나 그 구체적인 움직임은 한국 측이 주도했다기보다 확실히 일본 측 주도권하에서 이루어졌다. 그 주도권의 구체적인 형태야말로 경제협력 방식의 등장이었다. 하지만 장면 집권기의 경제협력 방식은 청구권 문제의 해결 방식으로서 정식으로 동의된 것이 아니라 그를 위한 정지작업의 단계에 머물렀음은 틀림없어 보인다.

그런 일본 측 주도의 움직임은 1960년 8월 장면 정권이 성립되자마자 9월 한일회담 재개를 위해 상술한 고사카 외상의 방한 실현을 제기한 것이 일본 측이었다는 사실에 우선 엿볼 수 있다.[57] 또 회담 진행방식을 정하는 중요한 교섭 무대이던 수석대표 간 비공식회의에서도 청구권 방식에 의한 해결의 포기를 촉구하는 정지작업이 시작되었다. 11월 21일의 비공식회의에서 사와다 수석대표는 재한일본인 재산 포기와 한국의 대일청구권과의 관련을 시사한 미국의 각서를 들고 이런 사실을 고려해서 수치로 따져 계산한다면 한이 없다는 인식을 드러내고 있다.[58] 12월 15일의 동 비공식회의에서는 사와다 수석대표는 환율이나 환산 문제도 있어 청구권 문제를 항목별로 계산하기 어렵다는 이유를 대고 문제를 전체로서 해결해야 한다는 취지의 발언을 하고 있다.[59] 또 12월 22일의 비공식회의에서는 '대일8항목요구' 중 국민이 납득하는 것은 사무적으로 절충하나 불가능한 것은 정치적 해결에 부치는 수밖에 없다는 인식을 드러냈다.[60]

이들 발언이 의미하는 요지를 최대공약수적으로 정리하면 법이나 증빙 서류에 기초하여 합리적 계산을 통해서 청구권을 집계, 지불하는 방식은 기술적으로 어려우며 따라서 사실상 그 해결에는 정치적 판단에 따를 수밖에 없다는 것이었음은 틀림없다.

---

57) 『고사카(小坂) 일본 외상 방한, 1960.9.6~7』, 10쪽.
58) 『第五次 韓日會談 豫備會談 會議錄(本會議, 首席代表間 非公式會議, 在日韓人法的地位委員會, 漁業 및 平和線委員會)』, 70쪽.
59) ibid., 80~81쪽.
60) ibid., 85쪽.

한편 한국 측도 이런 일본의 정치적 해결이라는 제안 자체에는 동의하고 있으며 더 나아가서는 촉구하기도 했다. 예컨대 상술한 11월 21일 비공식회의에서는 유진오 수석대표는 청구권 문제 해결에는 기술적, 사무적 해결이 어려우며 결국 일본 정부의 정치적 결정이 필요함을 지적한 후 그러한 정치적 결정을 지어주기를 바라는 취지의 발언을 하고 있다.[61]

물론 이 사실은 한국 측이 이 시점에서 청구권 문제를 경제협력 방식에 의해 해결한다는 것에 동의한다는 의미는 아니다. 사실 61년 1월 13일의 한국 측 청구권위원회 관계자회의에서는 예상되는 본격적인 청구권위원회의 진행을 앞두고 "청구권변제 문제와 경제원조 문제는 별도로 취급하도록 해야 할 것이다"[62]라는 인식이 피력되어 있다. 따라서 표면적으로 일치하는 정치적 해결이라는 사고에는 한일 양국에서 그 방향성에 관해 정반대의 의미가 담겨 있었다고 보인다. 즉 한국 측이 요구한 정치적 해결이라 함은 사실상 증명도 산출도 어려운 문제에 관해서 한국 측 요구대로 청구권으로서 지불할 것을 결단해주는 것이야말로 정치적 해결이었음에 대해 일본 측이 촉구한 정치적 해결이라고 함은 법률과 증빙절차를 거쳐 지불 가능한 청구권 부분도 포함해서 모두를 그런 절차를 필요로 하지 않는 경제협력 방식에 의해 일괄 처리할 것을 뜻했다.

따라서 일본 측은 이 시기 경제협력을 적극적으로 내세우면서 한국 측 입지를 점점 좁혀나가는 전략을 취했다. 12월 22일 비공식회의에서는 내년도 회계에서의 경제협력 실시의 가능성을 내비치고 있으며[63] 새해에 가진 첫 번째 비공식회의인 1월 26일 회의에서도 한국 측의 경제재건에 적극 부응하는 의미에서도 경제협력에 관한 계획을 내줄 것을 요청하고 있다.[64] 무엇보다 상술한 바와 같이 60년 말부터 61년 초 사이에는 이미 일본 측은 6억 불 경제원조라는 구체적인 제의를 한국 측에 전달하고 있었다.

---

61) ibid., 69쪽.
62) 『제5차 한일회담 예비회담, 일반청구권소위원회 회의록, 1~13차, 1960~61』, 832쪽.
63) 『第五次 韓日會談 豫備會談 會議錄(本會議, 首席代表間 非公式會議, 在日韓人法的地位委員會, 漁業 및 平和線委員會)』, 86쪽.
64) ibid., 93쪽.

그러나 엄격하게 판단한다면 적어도 1961년 초까지는 그 경제협력으로서의 6억 불 제공 방안은 청구권 해결의 대체 방법으로서 정식 제기된 것으로는 보이지 않는다. 그 근거는 61년 1월 13일자 문서에서 한국 측이 일본 측 의도를 "한국에 대한 채무변제에 있어서는 일본 측은 가능하다면 청구권에 대한 변제라는 명목이 아니라 '경제원조' 형식으로서 해결하고자 노력하는 **듯하다**"(강조는 인용자)고[65] 인식하고 있는 데서 엿볼 수 있다. 즉 한국 측이 아직 일본 측 의도를 추측하고 있는 것을 보면 6억 불 제안이 청구권 문제에 대한 정식한 대체 안으로서 제기된 가능성은 낮아 보인다.

그러나 물론 이런 경제협력 제안이 청구권 방식에 대한 대체 방법을 암시하는 것은 뻔한 일이었으므로 한국 측 경계심을 불러일으키지 않을 수가 없었다. 유진오 수석대표는 사와다 수석대표와의 비공식회의에서 누차 경제협력에 의한 청구권의 대체에 대해 못을 박았다.[66] 이런 움직임에 대한 한국 내에서의 반발은 1월 23일 예정되던 단(団伊能)을 단장으로 하는 일본의 경제사절단 22명의 방한 중지로 이어가고 또한 국회에서도 민의원이 2월 3일 본회의에서 평화선 사수, 일본의 강점으로 인한 피해보상 등 과거청산 실현 후의 정식한 국교정상화, 한국의 산업이 침식당하지 않는 범위 내에서의 제한적 경제원조의 실시 등 주지의 대일교섭 4원칙을 의결,[67] 장면 정권의 대일교섭에 제동을 걸었다.

하지만 이런 일본 측의 공세에 대해서 한국 측이 극히 수세에 몰리는 것은 불가피한 일이었다. 무엇보다 한국 측 역시 위급한 경제 사정을 생각하면 그 문제의 무게는 형식보다 금액으로 옮겨야만 하는 형편이었다. 예컨대 유진오 수석대표는 1961년 1월 13일 한국 측 청구권위원회 관계자 회의에서 내부적으로 일본 측 경제원조 등의 제의에 대해서 "결국 문제는 얼마나 일본으로부터 받느냐, 즉 변제액수가 중요할 것이다"라고 한국 측 어려운 사정을 솔직하게 토로하고 있다.[68]

---

65)『제5차 한일회담 예비회담, 일반청구권소위원회 회의록, 1~13차, 1960~61』, 838쪽.
66) 1960년 12월 22일회의 및 1961년 1월 26일 회의,『第五次 韓日會談 豫備會談 會議錄(本會議, 首席代表間 非公式會議, 在日韓人法的地位委員會, 漁業 및 平和線委員會)』, 각각 86쪽; 94쪽.
67) 국회회의록, 제5대국회, 제38회, "제18차 민의원 본회의", 제18호(1961.2.3), 2쪽. 다만 동 의결의 나머지 하나는 제한된 대일외교를 잠정적으로나마 전면적인 것으로 진전시킬 것을 요구한 적극적인 것이었음을 지적해 두어야 한다.
68)『제5차 한일회담 예비회담, 일반청구권소위원회 회의록, 1~13차, 1960~61』, 831쪽. 또 그 발언에

위의 대일교섭 4원칙 등 한국 측의 경제협력 방식에 대한 표면적인 경계심이 높아지고 있던 이 시기 경제협력에 의한 문제 해결 방식의 제기는 완곡적으로나마 정치권을 통해서 전해지고 있다. 그것은 일본 정계 속에서 가장 한일국교정상화에 의욕적이던 기시 전 수상의 입에서 나왔다. 기시는 2월 10일 청구권이라는 명목으로 청구권 문제를 해결하는 것이 어려운 이유로서 북한과의 관련, 법적 근거가 불투명한 이상 그 지불에 대해서는 일본 여론의 반발이 예상되는 점, 청구권 명목으로는 한국 측 희망에 부응함이 어렵다는 이유 등을 들고 실질적으로 경제협력 방식에 의한 해결에 운을 뗐다.[69] 같은 시기 미국 측도 청구권의 해결은 불가능하다고 생각하는 것, 청구권이라는 방식이면 금액이 얼마 안 될 것이라는 등의 견해를 전하고 일본 측 의견에 동조할 것을 권고하고 있다.[70]

61년 5월 일본의 주요 신문들은 잇따라 무상원조 등에 의한 청구권 해결방식이 정식 제안되었다고 보도하고 있다.[71] 사실 이 시기 일본 측에게는 경제원조로 인한 문제 해결노선은 당연한 기정노선이었다. 예컨대 사실상의 경제 사찰을 의미한 61년 5월의 일본국회의원단 방한을 앞두고 개최된 회의 자리에서 한국 측이 국교정상화 후의 경제협력 실시라는 원칙적 입장에서 경제계획에 관한 사업내용, 자금액 등의 정보를 일본 측에 통보하지 않으려는 저항 자세를 취하자 사와다 수석은 "답답하다"고 신경질을 내보이기도 했다.[72]

따라서 동 5월의 일본국회의원들의 한국 친선방문시 "경제협력 문제에 관해서는 우리는 비교적 수동적이며 그리 적극적인 태도를 취하지 않았다"[73]는 국회의원들의 태도는 이미 한국 국민을 의식한 겉치레에 불과했다. 실제 그 친선방문에 동행한 이세키 국장은 이케다 수상으로부터 한국 정부에 대해 그 견해를 타진해 오라는 명령을

대해서 다른 참석자로부터 아무런 이의 등이 나오지 않았던 것도 잊지 말아야 할 것이다.

69) "TM-0285", 『제5차 한일회담 예비회담, 본회의회의록 및 사전교섭, 비공식회담 보고, 1960.10-61.5.』, 2153~2154쪽.

70) "TM-0250", ibid., 2152쪽.

71) 「朝日新聞」 1961年 5月 13日 夕刊; 「每日新聞」 1961年 5月 14日; 「讀賣新聞」 1961年 5月 15日.

72) 『第五次 韓日會談 豫備會談 會議錄(本會議, 首席代表間 非公式會議, 在日韓人法的地位委員會, 漁業 및 平和線委員會)』, 143쪽.

73) 自由民主党, op.cit.(1961), 25쪽.

받았다고 하면서 "실험적 토의(Exploratory Talking)"라는 형식으로나마 재산권 문제 해결을 무상원조로 해결할 것을 희망한다는 의사를 전달하고 있다.[74] 비록 비공식이기도 하나 경제협력에 의한 해결이라는 일본 정부로서의 의사가 정식으로 전달된 것은 공식문서 속에서 확인 가능한 한 이것이 처음이다. 또한 이 사실은 당시 외무부 차관으로서 위 이세키 안을 직접 받은 김용식의 증언과 일치한다. 김용식은 방한 중이던 이세키 국장이 5월 9일 자신을 방문, 동 회담에서 무상, 정부 간 차관, 그리고 수출입은행을 통한 민간차관이라는 세 가지 형식을 통한 지불에 의하여 청구권 문제를 해결할 것을 제안했다고 증언하고 있다.[75] 후술하듯이 이 형식은 바로 제6차 한일회담시의 청구권 문제의 해결방식과 일치하므로, 해결방식에 관해서도 결국 이 시점에서 나온 일본 측 방침이 그대로 반영된 셈이었다.

이와 같이 장면으로부터 박정희에게 그 정권이 바뀌어 나갈 61년 중반에는 경제협력에 의한 청구권 문제 해결이라는 대체 방법이 그 윤곽을 분명히 드러냈다. 이승만 정권 붕괴에 따른 '방일' 노선의 쇠퇴는 이미 한국 측에게는 그 경제 건설이라는 지상명제를 위해 일본 측 주도하에서 굳혀진 경제협력 방식으로 인한 해결이라는 물결을 막을 만한 아무런 방법도 없었던 것이었다.

이상 장면 집권기의 제5차 한일회담은 '국가수호 과제'에 대한 대처의 필요성이라는 큰 목적과 그 의제, 위원회 구성 등의 회담 진행방식에 관한 뼈대, 그리고 기본관계 문제의 취급으로 상징되는 과거청산 문제에 대한 대응 등에 관해서 이승만 집권기의 교섭과 확실히 직선적인 연속성을 지닌 회담이었다. 한편 그나마 과거처리의 상징적인 의미를 가진 청구권 명목에 관해서는 이승만 통치기의 부(負)의 유산인 경제적 파탄이라는 조건을 이어받은 정권으로서 '경제제일주의'에 매진해야만 했다는 성격상 경제협력 방식에 의한 문제 해결이라는 거센 물결에 휩싸이게 되었다는 점에서 단절성을 보이기 시작했다.

하지만 무엇보다 주의해야 할 것은 제5차 한일회담이 띠는 이런 연속성도 단절성

---

74) "주영대제 1041호", 『제6차 한일회담 예비교섭, 1961, 전2권(V. 2 9~10월)』, 151~153쪽.
75) 김용식, op.cit., 343쪽.

도 한일회담에서의 중요한 과제라고 생각되어 온 양국 간의 특수한 과거의 청산이라는 과제를 이룩하는 것에 대해서는 모두 역효과만을 가져다 준 것에 불과했다는 점이다. 즉 이승만 시대에서 물려받은 청구권 방식은 그 '선 해결 후 국교' 전략에 따라 이미 '식민지 시대에 일어난 문제들의 처리' 방식이 될 수밖에 없으며 '식민지 지배 자체에 대한 청산'을 이룰 수 있는 방식이 아니었다. 더구나 그런 이승만 시대와의 단절성을 띤 경제협력 방식은 그나마 돌려받을 돈을 자신의 채권의 환불로서가 아니라 일본의 '은혜'로 인한 것으로 탈바꿈시킴으로써 한층 더 과거의 청산을 무색하게 하는 의미를 지닐 수밖에 없었다.

이러한 의미에서 제5차 회담은 확실히 과거청산 소멸의 과정 위에 위치했으며 그 발걸음을 한층 더 촉진시킨 회담이었던 것이다.

2. 청구권위원회 토의

1) 과거 규정 없는 토의의 한계

제5차 한일회담은 일본 측도 처음으로 회담 타결을 향해서 움직이기 시작한 회담인 만큼 청구권에 관한 구체적인 토의가 일정 정도 진행되었다. 물론 이것은 청구권 형식에 의한 해결을 위한 일본 측 노력을 의미한 것이 아니다. 오히려 그들 노력은 청구권 토의를 통해서 그 방식에 의한 해결이 어려움을 한국 측에 주지시켜 경제협력 방식에 의한 해결을 기정사실화 시키려고 하는 정지작업으로 보는 것이 옳다. 그러나 이하 살피겠지만 그런 토의과정을 통해서 부각된 것은 특수한 과거의 청산으로서 청구권 문제를 해결하기 위해서는 결국 특수한 과거의 규정이 절대적으로 필요했다는 어찌 보면 자연스러운 귀결이었다. 이하에서는 이 점을 살펴야 한다.

제5차 한일회담에서 설치된 일반청구권소위원회는 60년 11월 10일 한국 측 '대일 8항목요구'의 재 제출부터 시작되었으나 실질적인 8항목 토의에 들어간 것은 그 후 약 4개월 후인 61년 3월 15일 열린 제6차 소위원회부터의 일이었다. 그 지연 이유는 57년 제4차 한일회담 재개 합의시 중요한 역할을 맡은 미국의 각서 공개를 노린 일본 측 속셈에 있었던 것으로 보인다.

이미 언급했다시피 57년 12월 31일의 회담 재개 합의시 한국 측 요청에 의하여 '57년 미각서'는 '당분간(for the time being)' 발표하지 않는 것으로 양국 사이에서 합의되어 있었다. 그리고 그 각서의 내용은 사실상 양국 간의 청구권 감쇄를 의미하는 것이므로 한국 측에 불리한 내용이었다. 따라서 일본 측이 제5차 회담에서의 청구권 토의 재개시에 동 문서를 공개하여 자기들에 유리한 조건을 마련하고 싶었던 것은 쉽게 예상할 수 있다. 실제 이 각서는 일찌감치 일본 측에 의하여 누설되었으며[76] 그 각서의 존재는 공공연한 비밀로 되어 있었다. 61년 2월에는 청구권 토의가 진행 중인 국회에서 그 본회의 석상 야당에 의하여 이 각서 발표를 주저하는 이유를 따지는 대정부 추궁이 이루어지고 있다.[77]

이런 환경 속에서 일본 측은 61년 2월 초 한국 측에게 동 각서의 공개를 요구, 경우에 따라서는 단독으로 공표하겠다는 가능성을 내비치며[78] 한국 측을 압박했다. 이에 대해 한국 측은 청구권 토의가 어느 정도 진전되기까지는 공표를 보류하는 것이 유리하다고 생각하였으나[79] 일본 측은 바로 그 진전 이전에 공개하는 것이 유리하다고 보았기에 이미 그 공개는 막을 수 없는 기정노선이었다. 결국 각서 공개는 2월 8일의 한국 정부의 승인하에서[80] 61년 3월 9일 실행되었다.

청구권 토의는 동 각서가 공공연한 비밀에서 주지의 사실로 바뀐 가운데 3월 15일의 제6차 회의부터 시작되었다. 따라서 한국 측에게는 동 각서 공개에 따른 회의의 성격 변화, 즉 동 회의가 한국 측 청구권을 일방적으로 토의하는 장으로부터 그것을 감쇄시킬 장으로 변해가는 흐름을 막을 필요가 생겼다. 일본 측 역시 대한청구권의 포기 수락이 어디까지나 '57년 미각서'의 수용에 따른 청구권 감쇄의 가능성 유지를

---

76) 1958년 2월 『세카이시료(世界資料)』는 '57년 미각서'의 정확한 일본어 역을 실었으나 이에 대해서 한국 측은 일본 정부가 누설시킨 것으로 추측하여 조사를 지시하고 있다. 『제5차 한일회담 예비회담, 미・일 평화조약 제4조(청구권 관계)의 해석에 관한 미국무성 각서 공개, 1961』, 1233쪽.

77) 国会会議録, 第38回国会, 「衆議院本会議」 第8号(1961.2.21), 1쪽.

78) "TM-0241", 『제5차 한일회담 예비회담, 미・일 평화조약 제4조(청구권관계)의 해석에 관한 미국무성 각서 공개, 1961』, 1193~1194쪽.

79) ibid.

80) "MT-0268", ibid., 1231쪽.

전제로 한 것이었기 때문에 이 문제만큼은 양보하지 못하는 일이었다. 이하 살펴볼 제6차부터 제13차 회의까지의 양국 간의 청구권에 관한 포괄적인 견해 대립은 이런 조건하에서 일어난 불가피한 귀결이었다.

바꾸어서 말한다면 이하 결코 풀지 못하는 끝없는 응수는 직접적으로는 제4차 한일회담 재개 합의문서에서 일본의 대한청구권 포기가 한국의 대일청구권에 영향을 주지 않는다는 양해를 받아내지 못했던 데서 연유하는 예정된 대립이었다. 하지만 보다 근본적으로 이러한 갈등은 한국의 대일 요구가 어디까지나 민사적 청구권일 뿐 일본의 불법적인 식민지 지배에 대한 과거청산으로서 이루어진다는 합의를 얻어 내지 못하는 조건하에서 진행되어야만 했던 한일회담의 구조적 성격에서 나타난 필연적 결과였다고 볼 수 있다.

61년 3월 15일 열린 일반청구권소위원회 제6차 회의 벽두 한국 측은 공개된 미국의 각서가 재한일본인 재산의 처분에 따라 한국 측 대일청구권에 영향을 줄 것이라는 신문 등의 보도를 부정하는 작업에 신경을 썼다. 그를 위하여 한국 측이 세운 것이 당초 대일청구는 일본의 오랜 지배에 따른 한국인의 심한 피해와 고통에 대한 대가를 요구하는 막대한 것이었으나 일본의 재한자산 청구권 포기를 고려하여 당초의 대일 청구의 대부분을 포기한 것이며, 따라서 1952년 제출한 '대일8항목요구'는 미국의 각서의 수용에 따라 영향을 받는 것이 아니라는 논리였다.[81] 이를 계기로 결국 5차 회담 내내 청구권 문제에 관해서는 청구 근거에 관한 전체적 성격에 대한 양국의 응수가 이어지게 되었다.

일본 측은 다음 제7차 회의(3월 22일)에서 다음과 같은 반론을 시도하고 있다. 미국의 각서는 평화조약 4조(a)에 의한 상호청구권에 관한 특별협정 체결시 동 4조(b)에 의한 재한일본인 재산 처분의 승인이 양국 청구권 사이에 관련이 있다는 것을 인정하고 있다. 또한 평화조약 작성자는 청구권 문제 해결을 당사자 간에 맡기고 있으며 그에 따라 열리는 한일회담에서의 청구권 협의는 한국의 재한일본인 재산의 취득에 따라 한국의 대일청구권이 어느 정도 소멸 또는 충족되었는지를 결정하는 장이어

81) 『第五次韓日會談 豫備會談 會議錄(一般請求權委員會, 船舶委員會, 文化財委員會)』, 52~53쪽.

야 한다. 또 한국의 '대일8항목요구'는 평화조약이 발효되기 이전인 1952년 2월 21일 제시되었으며 최초의 '52년 미각서'는 평화조약이 발효된 다음날인 4월 29일에 통고된 것을 보면 한국의 '대일8항목요구'는 일본의 재한자산 포기에 의하여 영향을 받게 됨은 당연하다. 이것이 동 위원회에서 일본 측이 제시한 견해들이었다.[82]

위의 주장에 대해서 한국 측은 제8차 회의(3월 29일)에서 다음과 같은 취지의 반론을 벌였다.[83] 52년 4월 28일 발효된 평화조약은 일본의 대한청구권이 없다는 것을 확인한 것에 불과하며 다시 말하면 일본의 대한청구권은 당초부터 없다는 것을 의미한 것이다. 미국의 각서 역시 같은 해석을 취하고 있다. 또 평화조약은 1951년 9월 8일에 서명되어 있으며 한국의 '대일8항목요구'와 시기적으로 모순된 것이 아니다. 그리고 한국의 '대일8항목요구'는 이상의 사항들을 고려하여 배상(reparation)이 아니라 보상(restitution)의 성격을 가지는 것을 요구하는 것에 불과하다

제9차 회의(4월 6일)에서 일본 측은 위와 같은 한국 측 견해에 대해서 한국의 대일청구가 'restitution'이며 'reparation'이 아닌 것은 한국이 대일교전국도 평화조약 서명국도 아니고 따라서 제14조 수혜국도 아닌 이상 당연한 것이므로 재한일본인의 재산 포기를 가지고 배상으로부터 '대일8항목요구'에 줄였다는 논리는 원래 성립되지 않는다고 반론했다.[84]

그 후 일본 측은 동 회의에서 청구권에 관한 전체적 견해에 관한 토의의 범위를 넓혔다. 그 대상은 한국 측 청구근거의 핵심이던 군정령 33호였다. 일본 측 해석에 의하면[85] 군정령 33호가 말하는 8월 9일이라는 날짜는 군정령 대상의 자산이 동일 날짜 이후 일본 국민이 소유하는 재산이 된다는 것, 다시 말하면 자산의 '일본성'을 결정하는 기준에 불과하며 소속 변경 자체와는 아무 상관도 없다. 따라서 8월 9일부터 9월 25일까지 사이에 남한지역 이외에 옮겨진 재산은 소속 변경 대상이 되지 않는다. 또한 9월 25일에 미군정에 소속 변경된 것은 12월 6일 현재 군정령이 적용되는 지배지

82) ibid., 87~91쪽.
83) ibid., 115~117쪽.
84) ibid., 135~137쪽.
85) ibid., 138~141쪽.

역에 위치한 것에 한정되므로 9월 25일 그 지역에 있어도 12월 6일 현재 그 지역에 존재하지 않는 재산은 소속변경 명령의 효과가 미치지 않는다. 그리고 12월 6일 동 군정령이 공포된 날에 위의 대상 재산이 미군정에 소속 변경된 것이며 한국의 소유권이 효력을 가지게 됨은 48년의 한미협정에 의한 것인 만큼 12월 6일 미군정에 소속 변경된 자산이 곧 한국으로 귀속되는 것은 아니다. 따라서 한국 측이 현재 그 점유하에 있지 않은 것에 대해서 청구할 경우는 33호에 의하여 미군정에 그리고 한미협정에 의하여 한국 측으로 이전되었음을 입증해야 한다. 이상이 일본 측이 새롭게 펼치게 된 해석들이었다.

다음 제10차 회의에서(4월 13일) 한국 측은 이상의 일본 측 해석에 대하여 군정령 33호가 말하는 8월 9일은 그날로 모든 일본인 재산이 미군정으로 귀속된 날이며, 또 그 후 48년의 한미협정으로 인해 그들의 자산은 한국으로 귀속되었다는 입장을 강화하기 위해 다음과 같은 보충논리를 새롭게 꾸며 반론했다. 즉 포고령 1호로 인해 총독부 당국 및 모든 공공단체에 그 재산과 기록의 원상보존을 명령, 동 3호로 인해 재한일본인 재산의 해외 이동이 금지, 그리고 군정령 2호로 8월 9일 현재의 모든 재산을 동결할 것 등을 명령한 후 선포된 군정령 33호는 이들 일련의 일본인 재산 처리의 흐름위에 미군정에 대한 귀속을 명령하기 위해 나온 것이다. 따라서 8월 9일은 그날로 전재산이 미군정에 귀속된 날이며 그 후 48년 한미협정에 의하여 동 귀속 재산 중 이미미군정이 처분한 것을 제외하고는 한국으로 모두 귀속되었다. 이것이 한국 측이 새롭게 꾸민 보충 논리였다. 또한 한국 측은 법문의 의미가 명확할 때는 해석의 필요가 없는 것이 일반원칙이며 8월 9일은 일본이 말하는 군정령이 대상으로 하는 '일본성'을 결정하는 날에 그친다는 등의 해석은 법령의 명문에 위반하는 것이라고 주장했다.[86]

이어 제11차 회의(4월 21일)에서 일본 측은 법령의 명문에 위반한다는 한국 측 주장에 대해서 원문("property owned or controlled, directly or indirectly, in whole or part, on or since 9 August 1945 by the government of Japan, or agency thereof, by any of its nationals, corporations, societies, associations……")을 보면 8월 9일은

---

86) ibid., 152~156쪽.

일본 정부, 국민, 기업, 조직 등이 소유 또는 관리하는 재산인가 아닌가를 인정하기 위한 날짜로만 사용되었다. 또 한국 측에서 주장하는 포고령 1호, 동 3호, 군정령 2호 등은 일본의 재산 소속 변경이 법령 33호로 처음 행해진 것으로서 그 이전의 여러 포고 및 법령들은 당해 재산의 권리, 권원(權原)의 이전에 관한 어떠한 법률적 효과도 발하지 않는다. 따라서 일본에 대해서 정당한 소유권을 취득하였다고 그 인도를 청구할 수 있는 것은 동 33호와 한미협정에 의하여 이전된 것이라는 것을 재산 목록 기타의 증거서류로 증명할 수 있는 것 만이라는 반론을 펼쳤다.[87]

다음 제12차 회의(4월 28일)에는 한국 측으로부터 이하와 같은 반론이 또 다시 나왔다.[88] 일본 측의 33호에 대한 조문 해석은 자의적 해석에 대한 고집이며 법문의 의미가 명백할 때는 해석의 필요 없이 오직 통상적인 의미로만 이해해야 한다. 그리고 군정령 33호에 선행한 여러 포고령 및 규정령들이 33호와 무관하다는 일본 측 주장은 재산의 현상보존, 대외 이동 금지, 귀속 조치 등의 일련의 조치가 군정령 33호에 대한 소위 준비 입법으로서 관련된다는 명백한 사실을 무시한 것이다. 또 입증 책임에 대해서도 한미협정은 한국 정부에 대한 이양 대상을 이미 군정이 처분한 것을 제외하고 33호로 귀속된 모든 일본 재산으로 할 것을 명문화하고 있는 만큼 거기서 제외된 재산이 있다면 그에 대한 검증책임은 일본 측에 있다.

마지막 13차 회의(5월 10일)에서도 일본 측은 33호로 일본 재산의 변경이 이루어진 이상 관련 법령의 준비입법으로서의 관련은 인정하지 못 한다는 등의 반론을 재차 시도하고 있으나[89] 이미 새로운 논점은 없다.

위에서 살펴본 바와 같이 한국의 대일청구 근거에 대한 총론적인 법적 해석에 관해서 양국은 평행선을 그었다. 한국의 '대일8항목요구'에 대해서 일본 측은 재한일본인 재산의 포기를 감안해서 그 요구에서 얼마나 상쇄되는가가 이 협의의 의미라고 주장했다. 한국 측은 이에 맞서 '대일8항목요구'가 일본의 재산 포기를 감안해서 제출된 것이므로 상쇄 근거는 없음을 주장했다. 일본 측은 평화조약 발효일 이전에 그 요구가

87) ibid., 175~178쪽.
88) ibid., 201~204쪽.
89) ibid., 231~236쪽.

나왔다는 것을 가지고 한국 측 '대일8항목요구'가 일본의 재산 포기를 고려한 것으로 인정되지 않는다고 주장했으나 이에 대해 한국 측은 평화조약은 원래 일본의 대한청구권이 없음을 확인한 것이며 또 8항목 요구는 서명일 이후에 제출했다고 해서 그 요구의 정당성을 주장했다.

또한 한국 측 대일청구권 요구의 가장 기초적 근거인 군정령 33호에 관해서도 양국은 날카로운 대립을 보였다. 일본 측은 8월 9일은 귀속재산의 대상, 즉 '일본성'을 결정하는 날이며 9월 25일자의 소속 변경 대상 역시 법령 포고일인 12월 6일에 남한 지역에 소재하는 재산으로 한정된다는 해석을 폈다. 한국 측은 물론 이들 해석이 자의적임을 강조하면서 다른 법령들의 예를 들면서 8월 9일자로 모든 일본인 재산이 미군정으로 귀속, 그 후 48년의 한미협정에 따라 미국 측 처분 재산을 제외한 모두가 한국으로 이양되었다고 주장했다. 하지만 그 주장 역시 33호과 다른 법령들의 무관을 주장하는 일본 측 해석에 의하여 먹히지는 않았다. 더구나 청구권 소유에 관한 입증책임에 관해서도 자기 측에 유리한 해석을 짬으로써 서로가 서로에게 그 책임을 떠넘겼다.

결국 이들 청구권에 관한 총론적 토의가 가리키는 것은 한일회담을 둘러싼 여러 조건하에서는 한일 양국 모두가 청구권에 관해서 자기에게 유리한 법적근거나 그 해석을 짤 수 있었다는 것이었다. 이런 조건하에서는 청구권 문제 해결에 있어서 어떤 해석에 기초해서 문제 해결을 도모할까 하는 근본 문제는 그 해석에서 나오는 추론의 문제가 아니라 어떤 해석을 채용하는가 하는 결단의 문제였다. 그리고 그 결단이 한일 간의 특수한 과거에 관한 분명한 과거 규정과 그 인정 여부에 달려 있었음은 쉽게 가늠할 수 있다.

다시 말하면 일본에 의한 한국 지배의 합법성 여부나 그 지배의 내용에 대한 정당성 여부 등에 관한 명확한 규정이 있어야 어떤 추론을 짜는 것이 옳은가를 결정할 수 있었던 것이다. 형식적으로나마 한일병합의 불법성이나 부당성의 입장에 서는 한국 측에게 대일8항목에 대한 요구 권리는 최소한 확보해야 마땅한 추론이었으며, 한편 그 지배의 합법성과 정당성에 입각한 일본 측 입장에서는 정당하게 모은 사유재산의 포기는 한국의 대일청구권에 영향을 주는 것이 당연한 논리였다.

즉 양국 간에 존재한 메울 수 없는 틈은 청구권에 관한 개별적 법적 근거나 해석에 있는 것이 아니라 그들 근거나 해석을 규정하는 전체적 역사인식에 있었던 것이다.

또한 이 문제는 각 세목에 관한 토의과정에서도 한층 더 분명히 나타났다. 제5차 한일회담에서는 한국 측이 제1차 한일회담에서 제출하던 8항목 요구에 따라 각 세목별 토의가 일단 진행되었다. 제5차 회담에서는 5·16쿠데타로 인해 회담 자체가 중단되는 바람에 결국 제5항 도중까지의 토의로 끝나고 말았으나 그런 가운데서 제1항 지금(地金), 지은(地銀)에 관한 반환토의는 위의 문제를 상징했다.

지금, 지은 반환에 관한 토의가 시작된 것은 제3차 회의(1960년 12월 10일)시였으나 본격적인 토의가 진행된 것은 그 후 제6차 회의(1961년 3월 15일)에서의 일이었다.[90] 제6차 회의 석상, 일본 측은 조선은행을 통한 지금, 지은 반출에 대해서는 대가를 치르고 가져간 것임을 주장하여 그 법적 근거를 부정했다. 한국 측이 내세운 근거는 통화발행제도에 관한 것이었다. 즉 당시의 통화제도는 통화관리제도가 아니었기에 통화의 발행에는 지금, 지은의 준비가 필요했음에도 불구하고 그 지금, 지은을 일본 측이 가져간 것은 부당하다는 것이 한국 측이 의거한 반환요구에 관한 기초적인 논리였다.

이에 맞서 일본 측이 내세운 반론은 그 당시의 지역법인 조선은행법이었다. 그 제22조 제1항은 조선은행권 발행은 지금, 지은과 더불어 일본 엔화로 인한 준비를 인정하고 있었으므로 통화발행고와 지금, 지은의 준비량은 같이 되지 않아도 된다는 것이 일본 측 논리였다. 즉 일본 엔화를 그 대가로 지불하여 조선은행 준비의 지금, 지은을 반출한 것은 통화준비에 관한 법을 어긴 것이 아니라는 것이 일본 측 근거였던 것이다.

한국은 이에 대해서 지금, 지은의 반출을 위하여 일본 측이 치른 일본 엔화는 그 후 가치가 떨어져서 종잇조각이 되었으므로 손해를 봤다는 취지의 반론을 시도했으나 이에 대한 일본 측 반론 역시 지역법에 의한 것이었다. 즉 일본은 조선은행법 제17조 제2항이 지금, 지은의 매매를 규정하고 있으며 따라서 지금, 지은은 단지 준비를 위한 것만이 아니라 매매 대상의 상품이기도 했다는 것, 따라서 당시 합법적으로 치른

---

90) 이하 제6차 회의의 토의 내용은 ibid., 50~66쪽에서 저자가 정리, 요약했다.

후에 일본 엔화 가치가 무가치로 되었다 하더라도 그 가치 하락에 따른 손해 부분을 반환해야 할 의무는 없다, 이것이 일본 측 견해였다. 물론 그와 같은 일본 측 주장은 통상 경제활동 속에서도 가격변동성을 가지는 상품 등의 경우 늘 발생할 수 있는 것이며 일종의 타당성을 지니고 있었다. 문제는 이런 매매가 통상적인 경제활동인가 하는 문제였다. 한국 측은 이하와 같은 견해를 펼쳤다.[91]

> 한국: 한국인이 갖고 있는 이 일본은행권이 어떻게 한국인이 소유하고 있는지는 알고 있을 것이다.
> 일본: 지금은(地金銀)의 반환에 관해서는 아직 그 법적 근거를 모르겠다.
> 한국: 조선은행이 사들인 금, 은은 은행권 발행 외에는 없었다. 이 지금은을 일본이 갖고 있다. 우리는 생각하기를 그러한 금이라는 것이 보통 상품과는 다른 기능을 갖고 있으므로 전부 일본으로 갖고 갔다는 것은 식민지 정책의 표본이라고 생각한다 [……] 우리는 청구에 있어서 역사적 사실을 고려하지 않을 수 없다.
> 일본: 지금 이야기로서 잘 알겠으며 금은 이 특별한 것으로 생각해야 한다는 것으로 본다 [……] 한국 측이 한 이야기로서는 식민지정책이라고 하였지만 일본 본토에서도 금에 대하여 똑같이 그렇게 하였다면 이것은 식민지 정책이 아니라고 본다.

한국 측이 주장한 것은 비록 '합법적인 매매'라 하더라도 본시 통화발행 준비로서만 사들인 금, 은을 일본이 사들일 수 있었다는 것 자체가 한일 간의 특수한 관계, 즉 식민지 통치라는 권력구조하였기 때문에 가능했다는 논리였다. 바로 매매 자체의 불법성이라기보다 그 법률 자체를 규정한 특수한 관계를 문제로 삼은 것이었다. 역으로 일본 측이 그 반환 근거를 부정한 이유는 바로 조선은행법에 따라 합법적인 경제거래로서 사들인 것이었다는 논리였다. 더구나 일본 본토에서의 규정과 같이 한다면 그것은 식민지에 대한 부당한 차별적 정책도 아니었다는 것이 일본 측 입장이었다.

다시 말하면 한국 측 입장에서는 일본은행권을 통화준비로서 가능하게 규정한 조선은행법 자체가 식민지 관계를 상징하는 것이었으나 한국병합 자체를 합법으로 생각하는 일본 측 입장에서는 지역법에 맞는 거래 행위는 당연히 합법적인 행동이며

---

91) ibid., 62~63쪽에서 발췌, 인용했음.

따라서 그에 따라 발생한 여러 결과들에 대한 어떤 반환 의무도 생길 리가 없었다.

이와 같이 금, 은을 둘러싼 개별적 항목의 반환 토의에 나타난 시각 차이 역시 특수한 과거의 전체적인 성격 규정 없이는 결국 해결할 수 있는 문제가 아님을 가리키는 중요한 하나의 예라고 볼 수 있다. 당시 한반도에 적용된 지역법에 의한 합법적인 거래에 대해서 그 반환의 법적 의무가 없다고 하는 일본 측과 그런 지역법 자체를 일본의 식민지 지배의 불법, 부당한 상징으로 보는 한국 측 사이에는 개별적인 법적 논쟁으로는 해결하지 못하는 과거인식에 관한 근본적인 차이가 존재하고 있었던 것이다.

이와 같이 청구권 전체를 둘러싼 총론적 대립과 더불어 구체적인 청구 항목을 둘러싼 견해 대립에도 일본의 한국 지배에 대한 불법성 여부를 가리지 않은 채 진행해야만 했던 한일회담의 한계가 명확하게 드러난 것이었다.

2) 개인청구권 및 남북 문제

한편 제5차 한일회담 청구권 토의에서는 과거청산을 생각할 때 기타 몇 가지 주목할 만한 토의가 교환되었다. 그 하나가 개인청구권 문제에 관한 토의였다. 한국이 일본 측에 요구한 항목 속에는 틀림이 없이 개인 청구의 성격을 띠는 것이 많았다. 예컨대 제2항 총독부에 대한 일본 정부의 채무 속에는 한국 내에서 진행된 우체국 예금, 간이보험, 연금, 또 해외에서 한국 내에 송금된 이체금, 그리고 제5항에 포함된 전쟁에 징용된 자의 미수금, 부상자, 사망자 등에 대한 보상 등이 그 대표적 항목들이었다.

한국의 '대일8항목요구'의 많은 부분에 대해서 회의적이었던 일본 측도 이들 개인적 청구에 관해서는 결코 부정적인 입장만을 취한 것이 아니었다. 위 제2항의 우체국 예금 대해서는 일본 측은 제8차 회의(3월 29일)에서 총독부 채무라기보다 개인적 청구라고 생각된다고 언급하면서[92] 그 지불에 관해서는 부정적인 발언을 하지 않았다. 또한 피징용자에 대한 보상 문제가 토의된 제13차 위원회(5월 10일)에서는 일본

---

92) ibid., 102쪽.

측은 "일본 측으로서는 책임을 느끼며 피해를 받은 사람에 대하여 하등의 조치도 못하여 미안하게 생각하며……"라고 말하여[93] 사죄의 자세를 보인 기록조차 있다.

실제 [표 21]에서 정리한 바와 같이 한국 측은 청구권 반환에 관한 전망으로서 제2항 1인 체신관계 채권을 "요구근거: 강"으로 하고 있으며 또 제5항 3의 피징용 한인 미수금은 "요구근거: 확실", 4의 피해보상에 관해서도 "요구근거: 강"으로 정리되어 있다.

따라서 이들 개인청구권과 관련된 문제에 관해서는 원래 그 수취 가능성이 문제가 되는 것이 아니라 실질적으로 개인이 받아야 할 청구권을 어떻게 받아 내는가의 문제였다. 또 그것은 동시에 과거청산에 대한 한국 정부의 자세를 그대로 나타내는 하나의 잣대이기도 했다. 그러나 한국 측은 동 제13차 위원회 석상에서 이에 관해 "우리는 나라로서 청구한다. 개인에 대하여는 국내에서 조치하겠다"고만 말했다.[94] 이에 대해서 일본 측은 보상조치에 관해서 예컨대 일본의 원호법(援護法)을 원용하여 개인 단위로 지불하면 확실하다는 입장을 취했다.[95]

또 일본 측은 그에 앞선 제12차 회의(4월 28일)에서는 다른 나라와의 전후 처리의 사례를 들고 한국과의 사이에서도 이런 개인적 청구의 성질을 가지고 있는 것들에 대해서는 그 해결을 국교정상화 후로 미루고 개인에 의한 청구를 가능하게 할 방법, 즉 사권(私權)의 행사가 가능해질 방법의 탐구 가능성까지 언급했다.[96] 그럼에도 같은 석상의 한국 측은 국교정상화에 앞서 국가에 의한 해결만을 주장했다.[97]

물론 회의에서 나온 이런 실무 당국자의 발언이 곧 일본 정부의 방침임을 의미하는 것이 아닌 점에는 주의가 필요하다.[98] 이런 사권에 대한 존중을 말한 일본 측 발언에 거의 신빙성이 없었음은 예를 들어 1961년 3월 2일의 일반청구권소위원회 비공식 회의에서 일본 측이 보인 태도가 말하고 있다. 그 자리에서 일본 측은 8항목 청구의

---

93) ibid., 225쪽.
94) ibid., 222쪽.
95) ibid., 225쪽.
96) ibid., 192~193쪽.
97) ibid., 92쪽.
98) 오타도 이 점에 관해서는 같은 견해를 지적하고 있다. 太田修, op.cit., 170쪽.

세목 토의는 채권 - 채무관계가 될 것은 피하지 못하며 따라서 그 토의의 계속은 현명하지 않다고 말하면서 사실상 자세한(details) 토의를 피하는 의미에서 정치적 해결을 의미하는 고위층(high Level) 토의를 제의하고 있다.[99] 이미 경제협력 방식에 의한 해결을 확실히 염두에 두었던 일본 측이 채권 - 채무관계 토의를 피하고 고위층에 의한 정치적 해결을 제안한 의도에는 그들 개인청구권도 없애 버리려는 의미가 담겨져 있었음은 틀림없을 것이다. 또 무엇보다 그 의도는 후술하듯이 금액에 관한 타협이 성립되고 그 문제의 마무리가 현실적인 과제로 된 박정희 집권기의 청구권 교섭에서는 협정 후 개인 청구의 길을 봉쇄할 주장을 적극적으로 펼치고 있는 데서 노골적으로 드러난다.

더구나 일본이 표면적으로나마 개인청구권을 인정한 것은 오히려 자기들의 법적 입장을 유리한 방향으로 이끌어가려는 의미가 있었을 것이다. 당시 '일본인'으로서 저축, 구입한 유가증권들이나 여러 형태로 전쟁에 종사한 사람들에 대한 국가보상은 일본 국민 각 개인에 대한 전후 처리와 같은 성격의 문제이며 따라서 그에 따른 한국인에 대한 처리는 오히려 한국병합의 합법성을 주장하는 입장과 합치하는 의미를 지니고 있었다. 무엇보다 이 논리는 "다른 국민을 강제적으로 동원함으로써 입힌 피징용자의 정신적, 육체적 고통에 대한 보상"[100]을 요구한 한국 측 요구에 대해서 앞서 언급했듯이 일본의 국내법에 불과한 원호법을 원용하여 처리할 것만을 제기한 일본 측 태도에서 볼 수 있다. 즉 일본이 표명한 책임이라는 말은 어디까지나 다른 피해국 국민에 대한 것이 아니라 많은 일본인들도 겪은 개인 희생에 대한 것에 불과했던 것이다.

하지만 일본 측 의도가 무엇이든 회의석상에서 일본 측으로부터 개인청구권 행사의 길을 열어놓는 방법에 관한 언설이 나오면서도 회담에서 충분히 토의도 조사도 이루어지지 않고 있는 수많은 개인청구권의 존재를 감안하여, 앞으로 가능하게 될지도 모르는 그 권리 행사의 길을 애당초부터 전혀 열어 놓으려는 교섭을 하지 않았던 장면 정부의 개인청구권 보호에 대한 정책 책임 역시 지적하지 않을 수가 없다.

---

99)『第五次韓日會談 豫備會談 會議錄(一般請求權委員會, 船舶委員會, 文化財委員會)』, 241~242쪽.
100) ibid., 221쪽.

청구권 토의에 관해 또 하나 짚어 넘어가야 할 논점은 남북 분단에 따른 처리 문제였다. 제12차 회의에서는 '대일8항목요구' 중 제5항인 한국법인 및 자연인의 범위에 관한 질의응답이 진행되었다. 그 과정에서 일본 측은 '한국인' 속에는 현재 북한 측에 소재하는 자, 일본에서 북측으로 건너간 자 등의 존재를 지적하여 이 문제의 어려움을 내비쳤으나 한국 측은 그들의 소재를 막론하고 이론상 청구 범위에는 모두 포함할 것을 주장했다.[101] 사실상 북측 개인의 청구권까지 한국 정부가 일괄 취득할 것을 주장한 셈이었다.

남북한의 심각한 대립과 정당정부를 둘러싼 경쟁을 벌이던 당시의 조건하에서 국가 소유나 조직 소유의 청구권까지 북측에 인정할 교섭을 벌이는 것은 너무나 비현실적일 수도 있다. 하지만 거꾸로 그런 격한 남북 대립으로 인하여 북측 개인에 대해서 사실상 아무런 조사나 보상의 실시 자체가 전망되지 않는 조건 속에서 한국 정부가 일괄적으로 받음으로써 장래에 있어서의 북측 개인의 청구권까지 봉쇄하려 한 것은 적어도 양 민족 간의 과거청산이라는 과제에 역행하는 측면이 있는 것도 부정할 수 없는 일이었다. 비록 북측 개인청구권의 보호 문제를 북한 당국과의 교섭에서 진행할 것을 인정하지는 못하더라도 이 문제를 장래의 통일정권 수립 후의 협의에 맡길 것을 주장하는 등의 선택은 분명 가능했다. 한반도에서의 유일한 합법정부라는 자부심은 북측 거주민의 개인권리 보호에 대한 책임의식까지 연결되지는 않았던 것이다. 그리고 이 문제는 청구권 문제의 해결 전망이 열린 박정희 정권하의 교섭에서 보다 노골적으로 나타나게 되었으나 그에 관해서는 후술한다.

이상 제5차 한일회담은 장면 정권이 한국의 현대사에서 짊어지게 된 그 정치적 속성을 반영시킨 것이었다. 해방 후의 반공노선 확립에 따른 남한 지배층의 반공보수성은 이승만과의 정치권력을 둘러싼 개별적 대립 이외에 아무런 균열을 한국 정치에 주지 않았다. 장면 정권은 바로 이 기반 위에 들어선 정권이었다. 따라서 장면 집권기 양국을 엮는 기본논리 역시 반공안보 확보에 있었음은 바로 해방 후의 한국 정치가

---

101) ibid., 185쪽.

가져다준 논리적 귀결이었다.

또 하나 장면 정권이 지게 된 시대적 과제는 이승만의 '방일'노선으로 인해 피폐한 국내 경제 상황이 요구한 '경제제일주의'였다. 그런 까닭에 제5차 한일회담시의 한국 측 관심은 계속 청구권에 있었다. 이 인식은 예를 들어, 다가올 회담 재개에 대한 전략 회의의 성격을 지닌 1960년 10월 22일의 대표단 간담회에서 "한국은 오로지 청구권 문제 해결을 꾀하고 있다는 인상을 일본 측에 주지 않도록 유의해야 할 것이다"[102]라고 말한 외무부 사무차관의 발언이 역설적으로 입증하고 있다. 그 과정에서는 과거청산을 위해서는 논리적으로 기초가 될 과거 규정 작업은 이승만 시대와 같이 사라지게 되었다. 기본관계위원회가 개최되지 않았던 것이 그 상징이었다. 장면 정권 역시 과거청산을 위한 가능조건이 결여된 한일회담의 속성을 과거청산을 위하여 반전시킬만한 아무런 정치적 역량도 그 속성도 갖고 있지 않았던 것이었다.

그런 반공보수성과 경제제일주의가 낳은 일본과의 시급한 관계개선 요구는 결국 일본 측 주도의 경제협력에 의한 문제해결 방식을 유인하지 않을 수가 없었다. 그러나 그런 경제협력으로의 움직임은 단지 일본만 적극적인 것이 아니었다. 이 사정은 경제협력을 통하여 한국에 경제적 교두보를 확보하려던 일본 측이 오히려 밀려오는 한국인 개인의 무질서한 경제협력 요청에 당황, "비공식이라도 좋으니 정식 채널"을 통해 이야기를 가져오도록 요청해야 했던 희극이 증명하고 있다.[103]

장면 정권은 5·16쿠데타로 인해 갑자기 무너진 바람에 경제협력에 의한 청구권 문제 해결이라는 '바꿔치기'를 수락한 사실은 없으나[104] 시대의 요구는 일본의 경제협력 방식을 끝까지 거부할 여유를 주지 않았을 것이다.[105]

---

102) 『제5차 한일회담 예비회담, 본회의회의록 및 사전교섭, 비공식회담 보고, 1960.10~61.5』, 2030쪽.
103) "JW-0537", ibid., 2185쪽.
104) 한상일은 그 당시의 교섭 당사자인 김용식의 회고록 등에 의거하여 제5차 회담에서 경제협력 명목에 의한 지불방식으로 합의했다는 결론을 내리고 있다. 한상일, op.cit., 230쪽. 그러나 필자의 연구에서는 거기까지 단정 지을 만한 근거는 없다고 본다. 다만 혹시 5·16에 의하여 정권이 무너지지 않았더라면 그 명목을 받아들였음은 거의 확실하다고 생각한다.
105) 장면 정권하에서 외무부장관으로서 한일회담을 진두지휘한 정일형은 민주당 정부가 나머지 1년만 더 존속했더라면 한일국교정상화는 한국 측에게 보다 유리하게 수립되었을 것이라고 주장하고 있다. 정일형, op.cit., 287쪽. 또 정대성은 관련자의 증언을 토대로 5·16쿠데타가 일어나지 않았더라면 보다 나은 양상으로 문제가 해결되었을 것이라는 전망을 냈다. 정대성, op.cit., 247~248쪽. 이들의 '유리'하고

한편 장면 정권이 지게 된 그의 '대국민 취약성'은 경제협력 방식에 의한 문제해결을 이룩하는 역량을 그에 주지 않았다. 5·16쿠데타가 발생하지 않고 장면 정권이 계속되었다면 한일회담의 결과가 어떻게 되었을지는 물론 가설의 문제에 불과하다. 하지만 계엄령의 힘을 가지고 겨우 수습한 6·3사태가 상징하듯이 한일회담 반대의 거센 물결은 그런 '대국민 취약성' 위에 들어선 장면 정권으로 하여금 이 교섭을 성사시킬 힘을 그에게 주지 않았다고 보는 것이 보다 설득력을 갖는 추리일 것이다. 위에서 언급한 민의원 결의나 당시 남한 사회에서 급속하게 소용돌이치기 시작한 남북통일에 대한 정서적인 움직임 대한 방임은 장면 정권이 이승만이나 박정희와 달리 민의를 '짓밟는 힘'을 가지고 있지 않았음을 가리키는 대목이었다.

역으로 말하면 이것이야말로 박정희의 힘이 들어설 틈이었다. 즉 박정희의 군사적 힘은 바로 반공안보와 경제발전의 필요성이라는 측면에서 일본에 다가가야만 하는 인력과 그를 위해서는 사실상 과거를 망각한 채 대일수교를 이루어야 한다는 정서적 반발에서 나타나는 대일 원심력 사이에 생긴 갈등을 해소시켜야만 했던 시대적 요구가 낳은 것이었다. 박정희에게 남겨진 길은 바로 "한국의 생전의 적인 국민의 반일감정"106)을 힘으로 억누르고 그 시대적 흐름을 과거에 대한 정서보다 미래의 생존을 위해 필요한 인력 쪽에 맞추는 것이었다. 하지만 그런 미래를 향한 현실노선 추구는 동시에 과거청산이 완전히 소멸되어 가는 과정이 될 수밖에 없었다.

이와 같이 제5차 한일회담은 이미 과거관계의 청산 소멸을 향해 걸었던 이전의 한일회담의 흐름을 반전시킬 아무런 역할도 하지 못한 채 과거청산의 소멸을 완성시킨 박정희 정권하의 교섭의 기초를 마련했다는 의미에서 바로 이승만으로부터 박정희 집권기의 회담으로 이어가는 "중간사적인 의미"107)를 지닌 회담이었다.

'나은 양상'이 무엇을 뜻하는지는 정확하지 않으나 본론에서 분석한 교섭과정은 그런 당사자의 증언과 달리 경제협력 방식으로의 흐름을 막을 수 있는 가능성이 지극히 희박했음을 드러냈다고 해야 하겠다.
106) 박정희의 의형인 육인수의 증언에 의하면 박정희는 한국의 생전에 위협을 주는 두 가지 적으로서 북한과 더불어 국민의 반일감정을 들었다고 한다. 椎名悅三郎追悼錄刊行会, 『記錄 椎名悅三郎(下卷)』 (1982), 22쪽.
107) 이것은 제5차 회담의 차석대표를 맡은 엄요섭의 말이다. 嚴堯燮, op.cit., 71쪽.

8장
박정희 집권기의 교섭과정

    결과적으로 한일회담은 5·16쿠데타에 의하여 집권한 박정희 정권의 손으로 이루어졌다. 그런 만큼 박정희 정권하에서 진행된 제6차, 제7차 한일회담은 회담 타결과 직결된 회담이라는 의미에서 특별한 지위를 갖고 있었다는 것, 회담 진행에 대해서 여러 정치적 소문이 많았다는 것, 일부나마 회의록 등 공식문서가 열람 가능했다는 것, 또 교섭 당사자의 회고록 등 비교적 풍부한 자료가 있었다는 것 등으로 인히어 선행연구에서도 나름대로 깊은 연구가 진행되어 왔다. 그들 선행연구는 주로 박정희 정권의 친일적 전력이나, 군사정권으로서의 성격, 정권으로서의 정당성 확보를 위한 경제 건설 자금의 필요성, 그리고 미국의 회담 타결을 위한 압력 강화, 일본 측 자본수출과 시장 확보의 필요성 등에 주목하면서 바로 박정희 집권기의 교섭과정을 그려왔다. 이들 연구는 말하자면 한일회담의 진행을 에워싼 '주변 조건들'을 고찰함으로써 회담 타결의 이유를 밝히려고 하는 연구들이라고 평가된다.

    하지만 이들 선행연구는 공개된 문서 범위에 한계가 있었던 것도 작용해서 이 시기의 교섭과정 분석에 있어서 한국 정부의 정식한 방침에 기초한 교섭과정을 분석하지 못하고 있다. 그런 고로 선행연구에서는 회담결과에 대한 한국 정부의 사고방식, 교섭목표 및 방침, 그 변화 과정 등을 통한 상세한 교섭과정의 분석이 결여됨에 따라 회담 타결 과정에 대한 박정희 정권의 주체적 관여에 대한 평가가 미흡한 수준에 머물러야 했다. 그 결과 특히 한국 사회 내부에서는 한일회담의 결과에 관해 비판적인 입장에 서는 논자들로부터는 그 비판의 화살을 박정희나 그 측근들의 개별적인 속성으로 돌리는 등의 정서적 반발감이 심한가 하면, 역으로 주로 경제발전이라는 결과만 보고 박정희 정권을 옹호하려고 하는 논자로부터는 그 내용의 시시비비를 따지지 않는 칭찬의 소리가 나온다. 이들 입장은 얼핏 보기에는 정반대의 입장으로 보이나 모두 다 박정희 정권하의 한일회담의 과정에 대한 상세한 분석의 결여가 낳은, 말하자면 '결과만 보기'로 인한 같은 한계의 산물이라고 볼 수 있다.[1]

본 장은 선행연구에서 미흡한 상태로 남은 박정희 정권하의 한일회담에 대한 교섭 과정을 상세히 고찰함으로써 최종적으로 과거청산이 소멸된 그 과정의 내용과 논리를 심도 있게 밝히고자 한다.

1. 청구권 교섭

1) 제6차 한일회담을 위한 예비 작업

● 기본관계위원회의 소멸

"반공을 국시의 제1의로 삼고 [······] 국가 자립경제 재건에 총력을 경주"[2]할 것을 주된 혁명공약으로 내세워 집권한 박정희 정권의 속성은 어찌 보면 한일회담의 결말을 예고한 것이었다. 말할 나위도 없이 당시의 조건하에서 그 두 가지 목표를 달성하는 가장 기초적인 요건은 결국 일본과의 정상화를 도모하여 그 경제적 연계를 굳건히 함으로써 남한의 반공체제를 확보하는 것 이외에 없었다. 정권의 생명을 건 혁명공약이 바로 그런 '국가수호 과제'에 있는 한 박정희 정권이 밀고나간 제6차 한일회담이 무엇보다 청구권 교섭을 하루라도 빨리 마무리하고 경제재건을 실현시키기 위한 무대로 됨은 논리적 귀결이었다. 한마디로 말하면 제6차 한일회담은 오직 일본의 자금을 신속히 확보하기 위한 교섭이었다고 결론적으로 말할 수 있다.[3]

---

1) 박정희 정권의 한일회담 교섭에 관한 찬반 논고로서 예를 들어 한일회담 30주년을 맞이해서 특집으로 발간된 유병용 편,『근현대사강좌』 통권 제6호(한울, 1995.2)에 실린 한승조의 "긍정적 평가"(174~186쪽)와 정해구의 "부정적 평가"(187~196쪽)가 아직 한일회담 문서 비공개 시대의 이런 한계를 여실히 드러낸 하나의 사례라고 볼 수 있다.
2) 박정희,『國家와 革命과 나』(지구촌, 1997), 86쪽.
3) 예컨대 차는 1992년 5월 이동원에 대한 직접 인터뷰를 통해서 박정희가 외무부장관에 지명한 이동원에 대해서 한일수교 정책의 목적은 일본으로부터 과거에 대한 사죄를 이끌어내는 데에 있는 것이 아니라 국가경제를 성장시키는 데 있다는 지시를 했음을 밝히고 있다. V.D.チャ, 船橋洋一監 訳, 倉田秀也 訳,『米日韓 反目を越えた提携』(有斐閣, 2003(1999)), 26쪽 및 각주 51을 참고.

그 상징이 제6차 한일회담에 있어서의 기본관계 문제의 완전한 소멸이었다. 쿠데타 후 본격적인 한일교섭에 대응하기 위한 첫 번째 방침으로 7월 8일 제1급 비밀로서 작성된 "한일회담에서의 한일 간 제반 현안 문제에 대한 정부방침"에는 재일한국인의 법적 지위, 어업 및 평화선, 일반청구권, 선박, 문화재에 관한 상세한 내용이 밝혀져 있으나 기본관계에 대한 구체적인 방침은 전혀 세워지지 않았다.[4] 또 10월의 제6차 한일회담 개최를 앞두고 9월 11일자로 만들어진 "한일 각 현안 문제 해결을 위한 우리의 최종 양보선"에서는 기본관계 문제는 청구권, 어업, 재일한국인, 문화재, 선박의 현안들을 해결한 후 양국 간의 불미스러운 관계의 청산을 규정한다고 되어 있을 뿐[5] 기본관계 문제는 단지 각 현안의 해결만 규정하는 '백지'가 되었다. '구조약 무효확인 조항'으로 상징되듯이 양국 간의 특수한 과거를 청산하는 데 필요한 과거 규정 문제는 박정희 집권기에서는 애당초부터 그 내용을 일절 가지지 않는 존재로 되어 있었던 것이었다.

그런 과거 규정 문제의 소멸이라는 흐름과는 대조적으로 이 시기 처음으로 기본관계 문제에 관해서 "한국 정부가 한반도 내에서 유일한 합법정부라는 전제 위에 건전하고 선린적 관계를 설정"[6]한다는 소위 '유일합법성 조항' 문제가 거론되기 시작했다. 동 문제는 한국의 대표성을 일본 측에 인정시켜 앞으로 일본과 북한의 접근을 차단하는 의미를 지니고 있었다는 점에서 기본적으로는 장래의 문제였다. 즉 박정희 정권하에서는 기본관계 문제는 '구조약 무효확인 조항'으로 상징되는 과거 규정 문제로부터 장래의 관계를 규정하는 문제로 그 방향성을 크게 선회하기 시작했던 것이었다.

이런 흐름을 타서 제5차 회담 당시 명색으로나마 남아 있던 기본관계위원회는 다른 위원회가 제5차 한일회담의 구성대로 이어받도록 지시된 것과 대조적으로 제6차 회담에서는 기어이 그 설치 자체가 중단되었다. 그것은 회담 진전에 따라 양측 합의에 기초해서 따로 설치하도록 9월 18일자로 한국 정부가 훈령을 내렸기 때문이었다.[7]

4) 『제6차 한일회담 예비교섭, 1961, 전2권(V.1 7~8월)』, 19~79쪽.
5) 『제6차 한일회담 예비교섭, 1961, 전2권(V.2 9~10월)』, 171~172쪽.
6) ibid., 172쪽. 기타 동 문서에서는 조약 형식의 요구가 또 하나의 지령이었다.

이후 기본관계 문제가 정부문서의 표면에 나오게 되는 일은 없었다. 겨우 그 문제가 또 다시 거론된 것은 후술할 1962년 11월 김종필 중앙정보부장과 오히라(大平正芳) 외상 간에 작성된 소위 김 - 오히라 메모에 의하여 청구권 문제 해결의 틀이 마련된 후인 62년 12월의 본회의에서의 일이었다. 다시 말하면 청구권의 해결의 틀이 마련되며 현실적으로 회담을 타결시킬 필요성이 생겼을 때에야 기본관계 문제가 대두된 것이었다. 이 점에서 박정희 집권기의 교섭 역시 이승만이나 장면 집권기의 교섭에서 정착된 과거청산 소멸 과정을 맨 처음부터 밀고 나가려는 그런 회담이었던 것이다.

● 회담 개시 전의 청구권 방침

기본관계 문제의 소멸과 대조적으로 청구권 해결을 최우선의 과제로만 해야 했던 군사정부의 한일회담에 대한 움직임은 빨랐다. 쿠데타 발생 후 1주도 채 되지 않은 22일에 김홍일 신 외무부 장관은 외교정책을 발표, 그 속에서 단시일 내로 회담을 재개하겠다는 의사를 발표했다.[8] 7월 5일에는 훗날 외무부장관에 취임할 최덕신 대사를 단장으로 한 공식 친선사절단을 해방 후 처음으로 방일시키는가 하면[9] 15일에는 이동환 신임 주일대사를 임명, 회담 재개에 관해서 일본 정부와 협의할 뜻을 밝히게 했다.[10] 한국 정부가 얼마나 회담 재개를 서두르고 있었던가는 제5차 회담시와 마찬가지로 일본 측에 "결코 우리 측이 회담 재개를 서두르고 있다는 인상을 주지 않도록 특히 유의할 것"[11]이라는 7월 31일의 훈령에 역설적으로 잘 나타나고 있다. 이런 초조함은 일본이 같은 7월 31일 북송사업 협정을 또 다시 1년 연장하는 데 북한과 합의하는[12] 가운데서도 회담 추진을 그 후 멈추지 않았다는 데서도 확인할 수 있다.

또한 군사정부는 60년 여름 시점에서 일찌감치 한일관계의 정상화라는 국민적

---

7) "외정아 274", ibid., 204쪽.
8) 「동아일보」 1961년 5월 22일 석간.
9) 외무부 정무국, op.cit., 발행년 불명, 7~8쪽.
10) "외정아 제152", 『제6차 한일회담 예비교섭, 1961, 전2권(V.1 7~8월)』, 111쪽. 동 자료에는 '111'이라는 페이지 표기는 없으나 저자가 앞뒤의 페이지를 참조해서 표기했다.
11) "WJ-07277", ibid., 80쪽. 동 훈령은 당초 7월 26일의 "외정아 115호"에 있었던 9월 중순의 회담 재개를 희망한다는 훈령이 한국 측 초조함을 나타낼 것을 우려, 그에 대한 정정 사항으로서 나왔다.
12) ibid., 111쪽.

과제를 국회비준을 받지 않아도 되는 민정 이행 전에 끝낼 것으로 생각하고 있었다.[13] 즉 경제5개년계획에 대한 외자 도입의 액수에 관한 현실적 요구만 충족된다면 그 수립 당초부터 군사정부는 이 문제의 해결을 국민적 합의와 상관없이 강행시킬 생각을 굳히고 있었던 것이었다.

하지만 이 무렵 일본 측이 바라보는 한국의 정국은 아직 본격적인 회담 재개를 확신할 만한 상태가 아니었다. 그 이유는 물론 민주 정부를 무너뜨린 군사정권에 대한 회의와 장도영 의장 실각에서 상징되는 군사정부 내부에서의 안정성 결여 탓에 있었음은 한국 정부도 인식하는 바였다.[14] 일본 측은 한국의 정국을 알아보기 위해서 8월 7일부터 마에다(前田利一) 북동아시아과장을 방한시켰다. 그 목적은 마에다 과장의 증언에 의하면 "이후 오래갈 관계의 기본을 정할 일한국교정상화의 이야기를 진행시키는 데 우선 도대체 한국이 어떤 방향을 향하는가, 금후 군사정권은 어떻게 나라는 경영해나가려고 하는가"[15]를 살펴보기 위한 것이었다. 마에다 과장은 귀국 후 박정희 정권의 한일관계 정상화에 대한 열의를 진정한 것이라고 평가, 일본도 이 열의에 응하는 것이 좋다는 보고서를 제출했다.[16]

한국 측이 한일회담 재개에 그런 열의를 제시해야 했던 이유는 이승만 시대로부터 그 기본에 있어서는 아무런 변화도 없었다. 회담 재개일이 아직 유동적이던 9월 중순 박정희 자신이 직접 관여한 한일회담 재개에 관한 토의에서는 한일회담 조기 재개의 필요성을 회담 지연은 한국 측에 불리하게 될 것, 일본 측 적극적인 태도, 미국을 비롯한 자유주의국가들의 희망 등과 더불어 이하와 같이 정리하고 있다.[17]

---

13) 이런 사고는 한일회담의 타결에는 국회가 가동하지 못하는 군사정권하가 오히려 유리하다는 인식 표명으로 나타났다. 예컨대 1961년 7월 29일자 "박 외무부차관과 버-거 미 대사와의 회담록", 『한일회담에 대한 미국의 입장, 1961~64』, 20~21쪽, 또 8월 10일자 "주미대제94-887호", 『제6차 한일회담 예비교섭, 1961, 전2권(V.1 7~8월)』, 118쪽.

14) "WJ-07277" 또는 "외정아 제152", 『제6차 한일회담 예비교섭, 1961, 전2권(V.1 7~8월)』, 각각, 81쪽, 111쪽.

15) 前田利一, op.cit.(1985a), 6쪽.

16) 前田利一, 「険しかった韓国の対日観: 日韓国交回復前後」, 『現代コリア』, 第251号(1985b), 20쪽.

17) "외정(아) 제274호", 『제6차 한일회담 예비교섭, 1961, 전2권(V.2 9~10월)』, 193쪽. 단 동 문서는 16일 기안으로 되어 있으나 박정희의 직접 관여의 사실은 비고(備考)로서 재개 문제에 관해서는 15일 박정희 주최하에서 논의되었다는 표기가 있음. 같은 문서 192쪽.

- 최근 북한괴뢰정권과 소련 및 중공 간의 군사동맹 체결로 인하여 아국으로서는 더욱 반공체제의 강화가 필요한 바, 한일 양국 간의 전반적인 제휴는 한국의 반공 입장 안정에 도움이 될 것이다.
- 한일관계 정상화는 현안 문제 중 특히 재산청구권의 해결을 선제로 하는 바, 이 경우 상당액의 변제금의 반환이 예측되는데 동 금액은 한국의 국가 경제 재건에 도움이 될 것이다.
- 국교정상화 후에는 경제협조 문제도 추진될 것이므로 국가경제 재건에 필요한 외자도입의 길을 열어줄 수 있을 것이다.

수많은 정부문서 가운데서도 이 문서만큼 한일회담에 대한 한국 정부의 자세를 여실히 보인 문서는 없다고 평가된다. 바로 이 문서가 든 이유들은 박정희 의장이 한일회담에 거는 열의가 반공안보를 위한 일본 자금에 의한 경제재건에 있었음을 솔직하게 보여준 것이었다. 그러면 회담 재개 이전의 청구권에 관한 박정희 정권의 보다 구체적인 방침은 어떤 것이었을까?

군사정부 수립 후 처음으로 청구권에 관해서 구체적인 방침이 기안된 것은 7월 8일이었다.[18] 그 내용은 첫 번째는 청구권과 경제협력은 별도로 하는 것, 두 번째는 청구권 문제는 사법상의 변제원칙에 기초하나 정치적 해결도 고려하는 것, 그리고 일반청구액은 최고 19억 최저 5억이었다.[19] 앞의 두 가지 원칙은 장면 정권하의 방침과 같은 것이었다. 무엇보다 주목되는 것은 문서상 처음으로 일반청구액에 관해서 최저 타협선이 명시된 것이었다.

7월 12일 군사정부는 위 8일자의 청구액에 관한 내역과 이후의 교섭 방침을 [표 22]와 같이 세 가지로 나누어 각 안에 따른 요구항목 및 금액을 제시했다.[20]

[표 22]를 보면 알 수 있는 바와 같이, 일단 이 단계에서 군사정부는 약 19억 3000만 불, 12억 1000만 불이라는 교섭단계를 정하고 있으나 박정희 정권이 들어선 지 2개월 도 채 안 되는 사이에 사실상 정치적 고려로 인한 해결방식으로 5억 불이 그 최저액수

---

18) "한일회담에 대한 정부의 기본방침", 『제6차 한일회담 예비교섭, 1961, 전2권(V.1 7~8월)』, 15~18쪽.
19) ibid., 18쪽.
20) ibid., 52~61쪽.

[표 22] 군사정부에 의한 청구권 방침과 그 세목(1961년 7월 12일)

제1안	우리의 대일청구권은 군정법령 제2호, 제33호, 한미 간 재산 및 재정에 관한 최초 협정, 대일평화조약 제4조b항 등의 근거하에 청구할 것이다. 따라서 배상적 성격의 것은 포함되어 있지 않고 주로 사법상의 채무변제적인 성격을 가진 청구권으로 되어 있다.
제2안	미 국무성은 1957년 12월 31일 한국의 대일청구가 일본의 재한재산의 귀속으로 말미암아 어느 정도 소멸되어 있는가를 양국의 특별협의에서 토의해야 할 것이라는 각서를 내놓고 동 각서는 양 측에 의하여 수락되었는바, 이 점을 고려하여 제2안에서는 법률적인 근거 및 숫자상의 증빙자료가 미약한 것은 청구안 중에서 삭제하기로 하다.
제3안	최종적인 단계에 있어서는 객관적인 타당성 있는 청구권을 총합하고 정치적인 고려를 가미하여 일정한 절대청구액수를 획정하여 끝까지 고수한다.

세목			제1안	제2안	제3안
제1항 **지금과 지은**	(가) 지금		2억 5000만 瓦	양보	포기
	(나) 지은		9000만 瓦	-	포기
		ㄱ) 조선 지출분	7000만 瓦	양보	-
		ㄴ) 북지(北支) 준비은행 담보분	2000만 瓦	2000만瓦	-
	소계	지금	2억 5000만 瓦	-	-
		지은	9000만 瓦	2000만瓦	0
제2항 **조선총독부의** **대일채권**	(가) 체신부관계 채권		20억 8000만 엔	18억 4000만 엔	7억 엔
		ㄱ) 과초(過超)금	15억 엔	15억 엔	
		ㄴ) 국체 및 저축 채권	1억 4000만 엔	6000만 엔	
		ㄷ) 생명보험 및 우편 연금	3억 1000만 엔	1억 6000만 엔	
		ㄹ) 해외위체(為替), 저금, 채무	7000만 엔	7000만 엔	
		ㅁ) 포고령3호에 의한 수취계정	5000만 엔	5000만 엔	
		ㅂ) 저축이자	1000만 엔	포기	
	(나) 1945.8.9 이후 일본인 인출금원		26억 7000만 엔	포기	포기
	(다) 일본국고 계정상 채권		9억 엔	포기	포기
	(라) 조선총독부의 재일재산		1000만 엔	포기	포기
	계		56억 6000만 엔	18억 4000만 엔	7억 엔
제3항 **1945.8.9 이후** **이체 송금된 금원**	(가) 조선 지출 금원		2억 3000만 엔	양보	양보
	(나) 재한 일계은행 송금 금원		6억 6000만 엔	6억 6000만 엔	3억 엔
	계		8억 9000만 엔	6억 6000만 엔	3억 엔
제4항 **한국 내 본사 법인의** **재일재산**	(가) 폐쇄기관의 재일 재산		64억 7000만 엔	30억 엔	양보
	(나) [ ]법인의 재일 재산		2억 엔		
	계		66억 7000만 엔	30억 엔	0
제5항 **기타 각종 청구권**	(가) 각종 유가증권		72억 엔	70억 엔	50억 엔 및 1억 불
	(나) 일본계 통화		15억 엔	15억 엔	
	(다) 피징용 한인 미수금		2억 3000만 엔	1억 5000만 엔	
	(라) 전쟁으로 인한 피해보상		4억 불	2억 5000만 불	
		ㄱ) 피징용자	3억 불	-	
		ㄴ) 군인 및 군속	1억 불	-	
	(마)은급청구		3억 엔	3억 엔	
	(바)한국인의 대일본 법인청구		4억 7000만 엔	포기	
	(사) [ ]법인에 대한 청구		2000만 엔	2000만 엔	
	계		97억 2000만 엔 및 4억 불	89억 7000만 엔 및 2억 5000만 불	
총계			229억 4000만 엔	144억 7000만 엔	60억 엔
			4억 불	2억 5000만 불	1억 불
			지금 2억 5000만 瓦	-	-
			지은 9000만 瓦	지은 2000만 瓦	-
15:1환산			19억 3000만 불	12억 1000만 불	5억 불

위 표 중 제4항 (나)와 제5항 (사) 부분에 단 [ ]는 인쇄 불선명으로 인하여 알아볼 수 없는 부분이다.

로 정해졌던 것이었다.

다만 주목되는 것은 이러한 액수는 군사정부가 새롭게 작성한 것으로 보기 어렵다는 점이다. 이미 언급한 바와 같이 제4차 한일회담 전인 57년 초 당시 이승만 정권은 약 19억 3200만 불이라는 수치를 산출하고 있었으며 또한 5억 불은 장면 집권기의 1961년 5월에 방한한 일본 외무성 이세키 국장이 비록 정식으로 제안된 것은 아니었지만 한국 측으로부터 그 수치를 들었음을 증언하고 있는 점 등으로 미루어 이러한 요구 액수는 군사정권 이전에 이미 작성되어 있었던 것이 그대로 채용되었을 가능성이 크다.

이런 한국 정부의 방침 속에서 무엇보다 주목해야 하는 것은 사실상의 최종 타협선이던 최저액수 5억 불의 의미다. 위 제3안의 표기가 여실히 나타내듯이 그 수치는 각 항목마다 정확한 세목별 계산 위에 산출된 것이라기보다 오히려 각 항목을 한데 묶어서 산출하고 있다는 점으로 바로 정치적 동기에 기초해서 산출된 성격이 강하다. 바꾸어서 말한다면 이것은 청구권 세목 토의가 장면 정권하에서 처음으로 진행되고 나서 아직 '대일8항목요구' 중 제5항목에 관한 취지 설명조차 정확하게 끝나지 않는 단계에서 군사정부는 이미 법적 근거와 증빙작업을 통한 민사적 청구권으로서의 해결을 실질적으로 포기하고 있었음을 의미한다.

따라서 이 사실은 청구권 문제의 정치적 해결방식의 불가피성을 "법이론과 사실론을 되풀이 하여도 시일만 소요될 뿐 아무런 해결을 얻을 수 없다"[21]고 말한 한국 정부의 설명을 의심하게 한다. 군사정부는 '법이론과 사실론을 되풀이'하기 전부터 이미 정치적 해결을 도모하려고 했던 것이다. 물론 그 이유가 어려운 경제 상황을 타개하기 위해서는 하루라도 빠른 일본 자금의 확보가 절대요건인 이상 시일만 소요될 것이 예상되는 근거와 증빙에 기초한 교섭을 피해야만 했다는 점에 있었음은 틀림없다. 이하에서 논할 정치적 해결을 위한 한국 정부의 일련의 움직임은 바로 이 사정을 뒷받침하는 것이라고 볼 수 있다.

군사정부가 지정한 최저액수 5억 불이라는 수치에 관해서 또 하나 짚어 넘어가야

---

21) 대한민국 정부, op.cit.(1965a), 47쪽.

하는 점은 동 5억 불의 구성항목인 제2항, 제4항, 제5항 중의 각 세목들의 많은 부분이 개인청구권에 해당하는 부분이었다는 점이다. 즉 군사정부는 이 시점에서 최저 양보선으로서 받아야 할 5억 불 산출 근거의 대부분을 개인청구권의 부분으로 인식하고 있었다. 그럼에도 후술하듯이 제6차 회담에서도 개인청구권의 문제는 어떤 정책적 판단 아래 완전히 묵살되어 나갔던 것이었다.

한편 사실상 청구권과의 흥정 대상이었던 평화선 문제에 관해서도 주목해야 할 교섭안이 성립되어 있었다. 한국 정부는 이미 제5차 회담 당시 협정에 의해 평화선 내에서 일부 일본 어선의 조업을 인정하는 방침을 세우고 있었음은 확인했으나 박정희 정권은 이 방침을 한층 더 현실적인 것으로 만들고 있었다.[22]

제1안: 평화선은 국방상 및 어업상의 목적으로 유지하여 평화선 내에서 만한(滿限)에 도달 안하고 있는 어종에 관해서는 일본의 어로를 인정한다. 다만 만한에 도달하면 자원보존은 한국 정부가 조치한다.

제2안: 평화선은 제1안과 같이 유지하여 어업협정을 평화선 내외의 수역에서 체결함. 다만 대상 수역은 이하로 함.
가) 한국 연안으로부터 40리 이외의 수역
나) 한국 연안으로부터 20리 이외의 수역

제3안: 평화선은 국방상 및 어업상의 목적으로 유지하고 어업협정을 한국 연안으로부터 12리 외에서 하고 영해의 폭의 측정은 직선기선방식에 의함.

최종 합의가 제3안으로 해결된 것을 감안할 때 어업 문제에 관해서도 박정희 정권이 들어서자마자 처음으로 작성된 훈령에서 제시된 최저 합의선이 타결안으로 된 셈이었다.

8월 15일 박정희 의장의 민정이양 계획 발표와 16일 한국에서 귀국한 위의 마에다 보고 등을 기다리고 8월 24일 이동환 공사와 이세키 국장 사이에서 9월 20일 쯤 제6차 한일회담 개최로 합의가 이루어졌다.[23] 한국 정부는 회담 재개의 전망이 서자 회담의

22) 『제6차 한일회담 예비교섭, 1961, 전2권(V.1 7~8월)』, 34~36쪽.

"속전속결"[24]을 기하여 통상적인 외교채널이 아닌 정치적 정지작업에 들어갔다.

● 김유택 경제기획원장 방일과 정치적 해결노선

8월 30일부터의 김유택 경제기획원장의 방일은 바로 그런 정치적 정지작업의 첫 시도였다. 그 방일목적은 회담 재개를 앞두고 미리 일본 측 고위층과 접촉함으로써 재개될 회담에서 합의에 도달할 수 있는 기준을 사전에 교섭해 놓는 데에 있었다.[25]

그 기준의 핵심인 청구권 8억 불에 이르는 대일청구액이 제시된 것은 9월 1일의 고사카(小坂善太郎) 외무대신과의 회담 석상이었다. 그 자리에서 한국 측은 일본이 청구권에서 양보를 한다면 평화선에 관해서는 협정에 의해 평화선 내에서 조업을 인정한다는 조건[26]과 더불어 그 청구액을 지시했다.[27] 적어도 기록상 공식적인 전달로서 청구 액수가 일본 측에게 전해진 것은 이 자리가 처음이었다.

그러나 위에서 확인한 7월 12일자의 세 가지 안중에도 없었던 8억 불이 왜 정식 요구액으로 나왔는지, 공식기록상에서도 여전히 불투명하다. 다만 앞서 언급한 바와 같이 한국 정부 내에서는 이미 제5차 회담 당시 필리핀에 대한 지불액수인 8억 불 이상 이어야 한다는 방침이 나와 있었다는 점, 또한 상기 세 가지 안의 기초로 된 7월 8일자의 방침에서는 청구권과 경제원조는 별도로 하는 것이 명시되어 있었다는 점, 그리고 9월 1일의 김 - 고사카 회담에서는 고사카 외상의 질문에 대한 대답으로서 김 원장이 8억 불에는 무상원조도 포함되어 있음을 전하고 있는 점 등을 고려할 때 동 8억 불은 청구권 5억 불과 무상원조 3억 불로 구성된 금액이었을 가능성이 가장 커 보인다. 그리고 이 구상은 상술했다시피 바로 장면 집권기의 한국 측 구상과 똑같은 것이었다. 이

---

23) 外務省, 『わが外交の近況』, 第6号(1962.6), 74쪽.

24) 김동조, op.cit., 216쪽.

25) "WJ-08241", 『제6차 한일회담 예비교섭, 1961, 전2권(V.2 9~10월)』, 5쪽.

26) 다만 동 조건에 관해서는 고사카 외상과의 회담 전날인 8월 31일 일본 측 정계 속에서 한일국교정상화에 적극적인 인물들로 구성된 '일한문제간담회' 회원들과의 회담 속에서 이미 김유택은 청구권에서의 양보 촉구 대신에 평화선에 관해서는 협정에 의한 해결을 내비침으로써 사실상 평화선 내 조업을 허용하는 의사를 일본 측에 전하고 있었다. "JW-08461", ibid., 65~66쪽.

27) "JW-0910", ibid., 84~85쪽. 다만 8억 불의 수치는 동 문서에는 안 나오며 외상회담에 동석한 이세키 국장과의 면담을 보고한 다른 문서에서 확인 가능하다. "JW-0967", ibid., 117쪽.

[표 23] 김유택 경제기획원장 방일 후의 한국 측 청구권 문제에 관한 최종 양보선(1961년 9월 11일)

지불 형식	일본의 청구권 개념을 벗어난 경제협력 방식에 의한 문제 해결태도와 타협하기 위하여 순번제액을 보강하기 위하여 "끈(string)"이 전혀 붙지 않는 무상원조 지불을 고려함. 더 나아가 순번제액과 무상원조 지불액에 대한 개별적 액수표시를 안하는 단일 액수로 한다.
명목	청구권을 경제협력의 이름으로 해결하지는 못하며 청구권 테두리 안에서 최대한 신축성을 가지고 타협을 도모한다.
액수	일본의 지불능력, 재한일본인 재산의 귀속, 양국 간의 이후의 차관, 경제협력을 고려하여 최소한도까지 줄여 3억 5000만 불 이상이면 해결하기로 결심한다.

의미에서 최종 타협액인 무상 3억＋유상 2억＋민간차관 3억 이상＝8억 불 이상 중 적어도 그 총액에 관해서는 박정희 정권의 공헌은 전무하다고 말해도 무방하다.

한편 김 - 고사카 회담에서 일본 측은 청구권으로서 생각하는 액수는 지극히 소액이며 한국 측에서 요구한 액수는 도저히 불가능하다고 표명, 냉담한 태도를 보였다. 일본 측의 지불액수가 전해진 것은 7일의 김 - 고사카 회담에서의 일이었다. 그 내용은 순청구권 변제로서 5000만 불, 그 이외에는 한국 측의 5개년계획의 내용을 보고 무상원조 형식으로 지불한다는 것이있다.[28] 하지만 그 수지보다 수복해야 하는 것은 비록 미묘한 표현이기도 하나 고사카 외상이 청구권과 무상원조의 총액을 합의해 놓고 각기의 비율을 별도로 결정할 것을 언급하고 있는 점이다. 즉 일본 측은 실질적으로 단일 액수에 의한 문제 해결을 그 자리에서 내비친 것이었다. 청구권 명목 단독으로서의 지급 가능성은 점점 그 여지가 좁혀지기 시작한 셈이었다.

이와 같이 청구권 액수에 관한 양국의 입장 차이는 크고 당초 기대되던 합의기준 설정이라는 김유택 방일 목적은 실현되지 않았다. 이로 인해 9월 20일쯤으로[29] 예정되었던 회담 재개는 한 달 쯤 후로 미루어지게 되었다. 하지만 놀랍게도 한국 정부는 방일 목적에 실패한 김유택 원장의 귀국 이틀 후인 9월 11일에는 새로운 최종 양보선을 제시하고 있다.[30] 그 속에서 청구권에 관한 취지를 정리하면 [표 23]과 같다.

이러한 방침은 청구권교섭의 고비가 된 후술할 김 - 오히라 회담시의 한국 측 방침

---

28) "JW-0986", 『제6차 한일회담 예비교섭, 1961, 전2권(V. 2 9~10월)』, 130쪽.
29) 김동조, op.cit., 219쪽.
30) "한일 각 현안 문제 해결을 위한 우리의 최종양보선", 『제6차 한일회담 예비교섭, 1961, 전2권(V. 2 9~10월)』, 157~174쪽.

과 거의 일치함을 알 수 있다. 이 의미에서는 김 - 오히라 합의의 토대는 김유택 방일 실패 후의 61년 9월 중순 무렵에는 확실히 한국 정부 내부에서 그 모습을 드러내고 있었던 것이었다.

김유택의 방일 실패에도 불구하고 군사정부가 지향한 문제의 정치적 해결노선에는 변함이 없었다. 이미 언급한 박정희 의장이 직접 주최한 9월 15일의 토의마당에서는 회담 재개 방법으로서 실무회의를 거친 후의 본회담 개최 방법과 본회담에 직접 들어가는 두 가지 방법이 고려되었다. 하지만 전자는 실무자 회의에서 또 다시 법이론 등에 휩싸일 가능성이 있어 앞으로 정치적 교섭을 할 때 불리해질 우려가 있다는 이유로 후자가 선택되었다. 또 개최 시기는 10월 중순으로 결정되었다.[31] 이 일정은 회담을 통한 정지작업의 기간을 한 달로 보고 정치적 결정을 내리는 데 좋은 기회라고 생각되는 11월 중순 이후의 박정희 의장 방미, 미일경제위원회 개최, 이케다(池田隼人) 수상 동남아 방문 등의 시기에 해결시키기 위한 조정 조치였다. 즉 제6차 한일회담은 당초 정치적 해결을 위한 약 한 달간의 정지작업 기간으로서 인식되어 있었던 것이다.

따라서 박정희 정권하의 한일교섭에서 이미 각 위원회 토의는 정치적 해결을 도모하기 위한 일종의 '의식'에 불과했다. 위의 방침에 따라 9월 18일 제6차 한일회담에서는 제5차 회담의 위원회 구성과 의제를 그대로 채용하도록 훈령이 떨어졌다.[32] 정치적 노선에 의한 해결에서는 이미 위원회 구성 등 실무적인 조정은 아무런 가치도 없는 존재에 불과했다. 25일에는 동 훈령대로 일본과의 합의가 이루어지고 제6차 한일회담은 제5차 회담의 구조대로 10월 10일 그 개최가 결정되었다.[33]

동 목적에 따라 박정희 정권에게 중요한 것은 그런 의제, 위원회 구성 등의 실무적 토의의 내용이 아니었다. 회담 개시 전에 한국 측이 애를 쓴 것은 11월 쯤 정치적 결단이 가능해지도록 한일회담을 이끌어나갈 수 있는 인물을 양국 수석대표에 취임시킬 일이었다. 김동조의 회고 등으로 인해 널리 알려져 있는 바와 같이 한국 측은 이를 위하여 허정 전 과도정부수반을 한국 측 수석대표로서 낼 것을 일본 측에 발설, 그

---

31) ibid., 194~196쪽.
32) "외정(아) 제274호", ibid., 204쪽.
33) "JW-09251", ibid., 215~216쪽.

대신 기시(岸信介) 전 수상 또는 이시이(石井光次郎) 일한문제간담회(日韓問題懇談會) 회장을 일본 측 수석대표로 기용하도록 막후교섭을 벌였다.[34] 일본 측은 당초 정치계, 외교관, 재계 등 여러 가능성을 내비치고 있었으나[35] 회담 개시가 다가 온 10월 3일에는 정계에서 수석대표를 뽑을 방향에 기울어지고 있음을, 또 이를 위하여 기시 전 수상을 유력한 후보자로서 생각하고 있음을 한국 측에 전하기도 했다.[36] 그럼에도 결국 스기(杉道助) 오사카상공회의소 회장(大阪商工会議所 会頭)이 수석대표에 취임했다. 이케다 수상이 자기의 정치적 결단에 영향을 줄만한 정치적 라이벌인 기시 전 수상이나 이시이 회장을 기용할 가능성은 정치적으로 생각해서 원래 크지는 않았다. 군사정부의 집권 당초의 대일교섭은 대일 인식에 있어서 그 미숙한 "순진무구"[37]로 인해 김유택 방일, 수석대표 인사 교섭 등 계속 일본에 의하여 농락당하여 실패를 거듭했다. 물론 이런 태도는 한국 측의 심기를 건드리기는 했으나 박정희 정권에게 남은 카드는 재개 한일회담을 불과 10일 연기시킬 뿐, 그것도 결국 회담 재개를 자진해서 요청해야 하는 형편이었다.[38] 경제 건설이라는 지상명제는 대일교섭에 있어서 한국에 남겨진 교섭능력을 제약하지 않을 수가 없었던 것이었다.

2) 제6차 한일회담 개시와 정치회담 방식의 대두

● 일반청구권소위원회 토의

제6차 한일회담은 이렇게 하여 10월 20일 본회담을 효시로 시작되었다. 회담을 앞두고 신임 수석대표에 취임한 배의환 한국은행총재는 18일 일본 하네다공항 도착 성명으로서 양국 간의 상호 이익과 극동 그리고 자유세계의 평화와 안전에 직접 작용

---

34) 김동조, op.cit., 220쪽. 다만 공식문서에서는 직접 기시 또는 이시이를 지명해서 요청한 사실은 확인하지 못하며 단지 "정치력이 있는 거물급인사" 기용을 요청한 것만 확인 가능하다. "JW-09225", ibid., 209쪽. 또한 기시의 수석대표 취임 이야기에 관해서는 사와다 대표의 역량부족으로 인한 경질과 기시 후임의 가능성이라는 소문으로서 제5차 회담시부터 한국 측에 포착되어 있었다. "한일회담 한국청구권위원회 일반청구권소위원회 관계자회의",『제5차 한일회담 예비회담 일반청구권소위원회 회의록 1~13차, 1960~61』, 70~71쪽.

35) "JW-09314",『제6차 한일회담 예비교섭, 1961, 전2권(V.2 9~10월)』, 221쪽.

36) "JW-1019", ibid., 224쪽.

37) 김동조, op.cit., 212쪽.

38) 外務省, op.cit.(1962), 75쪽.

하는 양국 간의 정상적인 관계의 확립이 박정희 정권의 정책임을 분명히 했다.[39)]
20일 제1회 본회의 벽두의 대표인사 속에서도 배의환 수석은 점증하는 공산주의의
위협을 강조, 양국 간의 긴밀한 유대와 그에 필요한 신뢰관계를 위하여 '언짢은 과거'
에 발생한 여러 문제들의 해결을 호소했으나 그 문제들이 발생한 '언짢은 과거'의 명확
한 성격 규정과 그에 따른 문제처리의 필요성에 관해서는 아무런 언급도 하지 않았
다.[40)]

    그에 이어 행해진 일본 측 대표 인사 속에서 스기 신임 수석대표 역시 양국 국민의
관계를 우의로 맺어진 벗 관계로 한다는 새로운 역사를 만드는 것이 제6차 회담의
최대의 목적임을 밝혔으나 원래 양국 국민을 벗 관계로 하지 못했던 특수한 과거에
관해서는 한마디조차 말하지 않았다.[41)] 제6차 한일회담 역시 과거청산에 필요한 기
초적 합의 없이 출발한 것이었다.

    제6차 한일회담 청구권소위원회는 10월 26일부터 시작되었다. 일반청구권은 제
5차 한일회담시 제5항 도중까지 토의되었으나 동 위원회에서는 한국 측 요구로 인하
여 다시 대일청구권 8항목에 관해서 그 제1항목부터 토의하기로 합의되었다.[42)] 따라
서 11월 2일 열린 제2차 회의에서는 동 합의에 따라 한국 측 '대일8항목요구' 중 제1항
지금, 지은에 관한 토의가 진행되었다. 하지만 그에 관해서 한국 측이 전개한 논리는
기본적으로 제5차 한일회담 당시의 논리와 같은 것이었다. 한국 측은 지불수단인
지금, 지은을 반출한 것은 일본에 대한 예속을 강요하기 위한 것이며 법률을 제정하여
매매형식을 차려도 목적 자체가 합법을 가장하기 위한 것이었다는 주장을 폈다.[43)]
그러나 사실상 제5차 회담시의 주장과 변함이 없는 그런 설명은 "같은 말을 되풀이
한다는 것은 유쾌한 것이 아니며 또 시간의 낭비"[44)]라는 일본 측의 냉담한 대응을
유발했을 뿐이었다.

39) "JW-10229", 『제6차 한일회담, 본회의회의록 및 총합보고, 1961~62.2.』, 16~17쪽.
40) ibid., 30~32쪽.
41) ibid., 33~35쪽(일본어 원문), 38~39쪽(한글 번역문)에 수록.
42) 『第六次韓日會談(平和線, 一般請求權, 船舶) 委員會 會議錄(12.22.現在)』, 105쪽.
43) ibid., 109~111쪽.
44) ibid., 115쪽.

16일 제3차 회의에서도 이 문제는 계속 토의되었다. 한국 측이 지금, 지은의 반환 근거로 내세운 것은 가격의 불균등과 매매해야 했던 당시의 부자유스러운 분위기였 다.[45] 일본 측은 또 다시 지역법인 조선은행법 22조를 들어 발권 준비는 지금, 지은 이외 일본은행권도 통용했다는 것, 지금, 지은의 매매는 은행업무의 하나로서 한 것 임을 주장하여 그 합법성을 주장했다.[46] 또한 불균등한 가격이라는 한국 주장에 대해 서도 가령 세계시장 가격보다 싸게 사들였다고 해도 당시 다른 상품도 가격통제가 이루어지고 있었으므로 일본은행권의 매매가치는 유지되고 있었으며 따라서 불균 등은 없었다는 것, 더구나 가격통제는 대만이나 일본 본토에서도 실시되었으므로 당시 한국에만 싸게 통제한 일은 없다고 반론했다.[47] 이상의 일본 측 설명을 쉽게 표현한다면 당시 한일 양국에서는 동일 경제단위로서 거래가 이루어지고 있었으며 따라서 불균등을 발생시키는 차별정책은 없었다는 것이었다. 제5차 한일회담 당시 의 청구권 토의를 살펴봤을 때에 검토했듯이 한일병합과 그 지배의 성격 규정 없는 개별 안건의 토의가 얼마나 허무한 것인지 다시 여실히 나타났던 셈이었다.

11월 22일의 제4차 회의에서는 '대일8항목요구' 중 제2항목이 토의되었다. 동 회 의에서는 그 항목 중 체신부 관련만 토의되었다. 이 가운데 주목해야 할 것은 첫 항목 인 우편저금, 이체(移替)저금, 우편이체 약 14억 엔 중의 한국인 지분 부분에 관한 한국 측 주장이다. 이 청구에 관해서 한국 측은 그 산출 비율의 기준으로서 인구비율 을 쓸 것을 제안했으나 이것은 어디까지나 일본인과 한국인의 인구비율만을 의미했 다.[48] 즉 그 지분 보유자의 북한 거주의 가능성이라는 현실을 감안할 때 그 산출에 있어서 또 하나 고려해야 할 남북한의 인구 비율은 애당초부터 아무런 고려대상도 아니었던 것이다. 오히려 한국 측은 남북한의 문제에 관해서 신중함을 보이는 일본 측 주장에 대해서 "남, 북한 문제를 구별한다면 이 회의는 이 이상 더 진해할 수 없다"[49] 고 일축했다. 제6차 한일회담 역시 민족적 청산이라는 시각을 애당초부터 결여시킨

45) ibid., 126쪽.
46) ibid., 128쪽.
47) ibid., 129쪽.
48) ibid., 144쪽.
49) ibid., 149쪽.

채 진행된 회담이었던 것이었다.

　11월 30일 제5차 회의부터 12월 7일 제6차 회의에 걸쳐서는 제6차 한일회담의 성격을 생각하게 하는 토의가 제기되었다. 그 회의에서는 제4항 한국에 본사 또는 주된 사무소를 둔 한국법인의 재일재산의 청구에 관한 토의가 진행되었으나 이 문제에 관해서 한국 측이 내세운 청구 근거는 그 재산이 바로 동 한국법인의 재산이라는 것이었다.[50] 이에 대해 일본 측은 제8차 회의(12월 21일)에서 한국 측이 내세운 그런 근거를 전면으로 반박했다. 일본 측은 대상법인이 당시 한반도에 있어도 "지역적으로 볼 때는 구 일본 영토이며 또 그 준거법규는 한국법이 아니고 일본법이었기 때문에 한국법인이라는 데는 동조하기 곤란하다"[51]고 주장, 한국법인이라는 근거 자체를 부정했다.

　말할 나위도 없으나 위의 일본 측 주장은 병합조약의 합법성에 기초한 한일 간의 합법적 일체화를 뜻한 것이었다. 하지만 한국 측은 과거청산에 관해서 또 다시 근본적 문제인식을 노출시킨 일본 측 주장에 대해 "지역적으로 볼 때에는 구 일본 통치하의 지역이었더라도 법역이 별개였고 또 준거법도 한국에만 실시하기 위한 법률이었으므로 한국법인"[52]이라고만 말했다. 즉 일본이 한국 통치에 적용시킨 지역법의 합법성을 수락하는 듯한 발언을 한 것이었다. 더구나 한국 측은 위의 일본 측 주장으로 인한 논란을 피하듯이 "이런 것을 오늘 이 자리에서 되풀이 하고 싶지 않으나"[53]라고 말하여 오히려 화제를 돌리려고 했다. 이듬해 5개년계획의 개시가 예정되어 있던 제6차 한일회담은 일본 측에서 나온 그런 근본적인 역사인식을 새삼 따져야 할 이유도, 따질 수 있는 여유도 없었던 그런 회담이었던 것이다.

　이어 제7차 회의(12월15일)에서는 제5항의 토의가 시작되었다. 제5항은 ① 일본 유가증권, ② 일본계 통화, ③ 피징용자 미수금, ④ 전쟁으로 인한 피징용자의 피해에 대한 보상, ⑤ 한국인의 대일본 정부 청구(은급 등), ⑥ 한국인의 대일본인, 일본법인

---

50) ibid., 168쪽.
51) ibid., 240쪽.
52) ibid.
53) ibid., 240~241쪽.

청구의 여섯 가지였다. 우선 ① ② ③에 관해서는 사실관계나 자료, 요구액수의 근거 등이 토의되었다.[54] 주목되는 것은 ④의 보상 문제였다. 한국 측은 노무자 66만 7684 명, 군인·군속 36만 5000명, 계 103만 2684명 중 노무자 1만 9603명, 군인·군속 8만 3000명, 계 10만 2603명이 사망, 부상했다는 구체적인 수치를 내고 이에 대한 보상으로서 생존자 1인당 200불, 사망자 1650불, 부상자 2000불 등을 요구했다.[55] 그러나 그 산출 근거로서 한국 측이 의거한 것은 일본인에 대한 보상 기준이었다.[56] 바꾸어서 말한다면 이 기준의 요구는 앞서 지적한 제5차 한일회담에서의 청구권 토의시 나왔던 "다른 국민을 강제적으로 동원함으로써 입힌 피징용자의 정신적, 육체적 교통에 대한 보상"이라는 인식이 제6차 한일회담에 들어가서는 이미 그 자취를 감춘 것을 뜻했다.

또 12월 21일 열린 제8차 회의에서는 개인청구권 문제에 관해서 주목할 만한 견해가 나왔다. 동 석상 한국 측은 제5차 회담 당시의 '대일8항목요구' 중 제6항이던 "한국 법인 또는 한국자연인 소유의 일본법인의 주식 또는 기타 증권을 법적으로 인정할 것을 청구함"을 "한국인(자연인, 법인을 포함함) 또는 일본 정부에 대한 권리행사에 관한 원칙"으로 변경할 것을 요구했다. 한국 측은 그 변경의 의도를 한국인의 일본인 (자연인, 법인) 또는 일본 정부에 대한 권리로서 제1항부터 5항까지에 포함되지 않는 청구권에 관해서는 회담 후에도 개별적으로 그 권리를 행사할 수 있도록 하기 위한 것이라고 설명했다. 그리고 그 변경이 필요한 이유는 "회담 도중에 여러 가지 종류의 청구를 주장해 오는 것이 있는 데 이것을 검토할 시간도 없거니와 과연 그 주장이 근거가 있는 것인지 없는 것인지도 알 수 없기 때문에 이것은 별개 취급으로" 할 필요가 있다는 것이었다.[57]

하지만 이에 대해서 일본 측은 제5차 회담시와 달리 자연인, 법인의 청구권은 한일

---

54) ibid., 205~219쪽.
55) ibid., 220~221쪽.
56) ibid., 221쪽. 다만 이 산출 기준은 사망자와 부상자에 관한 것이었다. 생존자에 대한 근거에 관하여 한국 측은 이 회의에서 육체적·정신적 피해와 고통을 고려한다고만 말하고 있다. 이에 관해서는 같은 문서, 222쪽.
57) ibid., 252~253쪽.

회담에서 모두 다 해결되는 것을 희망한다고 말하여 장래에 있어서의 개인청구권 행사의 길을 차단하려고 했다.[58]

위와 같이 개인청구 권의 행사권리를 둘러싸고 일견 양국은 제5차 한일회담시와 정반대의 자세를 취했다. 그러나 주의해야 할 것은 실무자 회의에서 나온 위 제안이 개인청구권에 대한 한국 정부의 진정한 보호 자세를 뜻하는 것으로 보기는 어렵다는 점이다. 실제 저자가 조사한 한 정부 방침으로서 이 제안을 지시한 훈령 등은 발견할 수 없었다.[59] 오히려 이하에서 언급하듯이 그 후의 대인청구권에 관한 객관적 자료들은 한국 정부 역시 회담 후의 개인청구권 행사의 길을 적극적으로 봉쇄하려고 하고 있었음을 가리키고 있다. 또 회담 개시 전의 9월 중순의 방침에서 확인했듯이 정치적 해결이 기정노선으로 되던 제6차 한일회담에서는 실무적 토의는 약 한 달가량의 정지작업 기간으로 인식되어 있었다. 따라서 시간적 지연을 무릅쓰더라도 이 개인청구권 행사의 권리를 얻어낼 것을 진정한 방침으로 한국 측이 삼았다고 판단하는 것은 졸속이라고 해야 할 것이다.

따라서 자료에 기초한 직접적인 근거는 없으나 한국 측이 개인청구권 행사의 길을 남기려고 한 의도는 그 토의를 위해 시간이 걸릴 것이 예상될 문제를 뒤에 미룸으로써 오히려 청구권 문제의 해결을 앞당기기 위한 전술이었을 가능성이 가장 커 보인다. 이것은 한국 측이 그 의도 변경의 필요성을 설명한 발언 중 나온 "시간이 없거니와" 운운의 발언에서도 엿볼 수 있으며 또 결국 그 후 개인청구권 행사의 길을 막으려고 한 일본 측 견해에 적극 협조한 사실이 드러내는 대목이기도 하다. 또한 후술하듯이 개인청구권 행사의 권리 확보 문제는 북한 주민의 개인청구권 행사의 문제가 걸릴 수 있었다.

이들을 생각할 때 실무자로부터 잠시 나온 개인청구권 행사권리의 유지 요구가 박정희 정권의 진정한 정책을 나타내는 것으로 보는 것은 옳지 않아 보인다. 이 토의

---

58) ibid., 256~257쪽.
59) 오타(太田修)는 제6차 한일회담에 있어서의 이런 개인청구권에 관한 한국 측 방침 변경의 배경에는 동 시기 제기된 각종 피해자들에 의한 보상요구의 움직임이 작용했을 것이라는 추측을 하고 있다. 太田修, op.cit., 192쪽. 그러나 공식문서에서 이 견해는 충분히 입증되는 일이라고 평가하지 못한다.

에서 확실히 나타난 것은 일본 측이 한국인 개인의 청구권 행사의 길을 진심으로 열어 놓을 생각은 없었다는 것뿐이다.

또한 제8차 회의에서는 해방 직후인 15엔 대 1불의 환율계산이 요구되었다.[60] 환율 문제는 그 후 경제협력 방식의 채용에 따라 문제가 될 일은 없어졌으나 이로 인해 동 환율수준이 한일회담 내내 한국 측의 요구였음을 알 수 있다.

그 후 회의 진행에 관한 약간의 의견교환만이 진행된 제9차 회의(1962년 2월 1일)에 이어 2월 8일 열린 제10차 회의에서 일본 측은 제5항에 관한 의견 표명을 행했다. 그 속에서는 ① 유가증권에 관해서는 한국인 개인소유분만 지불할 것, ② 통화에 관해서 일본은행원 입회하에서 소각된 부분 중 유통분만 지불할 것, ③ 피징용자 미수금은 금액을 밝혀서 지불할 것, ④ 피징용자의 정신적 고통에 대한 보상은 당시 일본인으로서 징용된 것이므로 그 후 일본인에 대해 지불하지 않은 것을 지불하는 것은 불가능하다는 것, ⑤의 은급에 관해 국고 지불분은 인원수에 맞추어 지불할 것, ⑥에 해당하는 기탁분에 관해서 세관보유분은 지불할 것 등의 생각이 밝혀졌다.[61]

일본 측은 기타 제1항부터 제4항 그리고 제6, 제7, 제8항에 관해서도 훗날 의견 표명을 한다고 진술했으나[62] 다음 제11차 회의(3월 6일)에서는 청구권의 남한 한정 문제, 미국의 각서에 의한 일본인 재산 몰수 관련 문제, 환율 등에 대한 간단한 의견 교환만이 이루어졌을 뿐, 결국 일본 측에서 위의 약속을 이행하는 일은 없었다. 이 시기에는 후술할 3월 12일로부터의 제1차 정치회담이 다가오고 있었다. 정치적 해결이 기정노선이던 제6차 한일회담에서 그 이상 청구권 문제에 대한 일본 측의 실무적인 견해를 들어야 할 필요는 없었다. 이로 인해 결국 청구권 문제 해결을 위한 실무자 간 토의는 11차 회의를 끝으로 실질적으로 다 끝났던 것이었다.[63]

이하 논할 김 - 오히라 회담에 의한 청구권 문제 해결의 틀이 마련된 이후 63년

---

60) 『第六次韓日會談(平和線, 一般請求權, 船舶) 委員會 會議錄(12.22. 現在)』, 259~260쪽.
61) 『第六次 韓日會談 會議錄(II)』, 170~177쪽. 단 위의 견해피력은 일본 측 최종안이 아님을 전제로 행해졌다.
62) ibid., 177쪽.
63) 기타 62년 2월 13일부터 62년 2월 27일까지 피징용자 관계 전문가 회의가 네 차례 열린 기록이 있으나 동 회의는 사실관계 대조를 위한 것이며 청구권 해결을 위한 기본적 인식 토의가 아니었다. 동 회의록은 ibid., 192~244쪽에 수록.

2월 13일부터 63년 4월 9일까지 일반청구권소위원회는 "제6차 한일회담 예비절충 청구권관계회의"라는 이름으로 또 다시 제9차에 걸쳐서 열렸으나 이 회의는 이미 청구권 문제 해결을 위한 토의가 아니라 결정된 자금 도입에 관한 실무회의에 불과했다.[64]

따라서 청구권 토의는 제6차 회담이 시작된 지 불과 6개월도 채 안 되는 기간으로 더구나 일본 측의 이 문제에 관한 전반적인 의견 표명조차 끝나지 않는 상황에서 종료 된 셈이었다.

돌이켜보면 14년에 걸친 한일회담 가운데 청구권위원회에서 그 명목대로 법에 기초한 청구권 토의가 실무자 간에 이루어졌다고 볼 수 있는 기간은 공식기록에서 확인되는 한 제1차 한일회담시 8항목에 관한 간단한 설명이 진행된 1952년 2월 20일 부터 4월 1일까지의 약 한 달 반의 기간(제1차 회의부터 제8차 회의), 그 후 제5차 한일회담에 들어가서 한국 측의 '대일8항목요구' 중 제5항까지의 설명이 진행된 1961 년 3월 15일로부터 1961년 5월 10일까지 약 두 달 간(제6차 회의부터 제13차까지), 그리고 제6차 회담에 들어가자마자 진행된 위의 1961년 10월 26일부터 1962년 3월 6일까지 약 4개월 반의 기간(제1차 회의부터 제11차까지)만이라고 평가된다.[65]

35년간의 식민지 통치의 핵심이던 청구권 문제를 청산하는데 얼마동안의 토의기 간이 요구될지는 물론 본 연구에서도 도저히 가늠할 수는 있는 문제가 아니다. 하지만 역사인식에 관한 양국의 큰 입장 차이, 또 시간의 경과와 한국전쟁 등으로 인한 증빙서 류 확보의 어려움 등은 원래 그만큼 충분한 토의시간을 요구하게 마련이다. 실제 예컨 대 제6차 회담시 어업 문제에 관여한 원용석 농림부장관은 정치적 해결이 불가피해 진 것을 강조하는 데 있어서 이승만 집권기 9년, 그리고 장면 집권기 1년이라는 한일

---

64) 동 회의록은 『第六次韓日會談 會議錄(IV) 第二次 政治會談 豫備折衝(1962.12~1963.5)』, 423~490 쪽.
65) 기타 제2차 한일회담 당시 제3차에 걸친 청구권 토의는 적어도 기록상은 청구권의 실체 파악에 관한 실무적인 토의에 불과하고 제3차 회담시는 언급했다시피 구보타 발언으로 인해 실질 토의는 시작조차 하지 못했다. 또 제4차 한일회담시의 청구권 토의 역시 일본 측 태도나 기타 대립 안건 탓으로 본격적인 토의에 못 들어갔다고 평가해야 하는 내용이었다. 또 이미 언급한 제6차 회담시의 피징용자 관계 등 관련 소위원회는 사실관계 대조를 위한 것이지 청구권 전체에 대한 청산요구를 위한 회의가 아니었음은 말할 나위도 없다.

회담의 긴 세월을 강조하고 있다.[66] 그러나 그런 표면적인 시간 경과와 달리 본 연구에서 살펴본 청구권 토의에 관한 세부적인 흐름은 위의 한국 정부 측 견해를 의심하게 하는 데 충분한 근거일 것이다. 오히려 정확하게 표현한다면 정치적 해결의 불가피성은 제5차 한일회담 이후 한국 측 대표를 맡은 문철승이 증언하듯이[67] 액수 산출에 있어서 기술적으로 쌓아가는 방식을 취할 때에 예상될 앞으로의 어려움을 피하기 위한 정치적 재량에서 나온 것이라고 말함이 옳을 것이다. 즉 그것은 이미 충분한 토의가 이루어진 결과로서 택해진 것이 아니라 앞으로의 충분한 토의를 피하기 위한 전략이었던 것이다.

경제 건설을 위한 자금 확보라는 현실적 과제는 청구권 문제 해결에 있어서 과거의 토의의 내용적 미흡함을 따지는 것보다 해결할 앞으로의 시간적 속도를 우선시해야만 하는 태도를 한국 정부에 요구하지 않을 수가 없었던 것이다.

● 정치회담 개최를 위한 움직임

이상 살펴 온 바와 같이 제6차 한일회담에서의 실무자 토의는 극히 미흡한 상태로 끝났다. 이와 같은 어중간한 실무자 토의의 배경에는 군사정부 수립 후의 기정노선이던 정치적 해결방식이 작용한 것은 두말할 나위도 없다. 사실 제6차 한일회담 개시를 3일 앞둔 17일자로 내려진 한국 정부의 훈령 속에서는 청구권 문제에 관해서 청구권 토의에 따른 증거대조 등의 사무는 신속한 진행을 위하여 가급적 피한다는 것, 법적 이론에 관한 최종결론 또는 증거대조에 관한 결정적 언질들은 주지 않도록 하는 것 등의 지시가 내려져 있었다.[68] 다시 말하면 정치적 해결에 불리하게 될지도 모르는 실무적 절차는 가급적 간편하게 할 것이 회담 전부터 지시되고 있었던 것이었다.

이 점에 관해 17일 방침 속에서 또 하나 주목해야 하는 것은 한국 정부는 다음과 같이 일단 청구권의 각 항목별 액수와 기타 방침을 세웠음에도 이 안을 박정희 의장 자신도 참석한 10월 17일 협의에서 일단 보류, 삭제했다는 사실이다. 우선 삭제된

---

66) 元容奭, 『韓日會談十四年』(三和出版社, 1965), 243쪽.
67) 이 증언은 니이노베(新延明)의 취재에 의한 것이다. 新延明, op.cit., 41쪽.
68) "외정(아) 제118호", 『제6차 한일회담, 본회의회의록 및 종합보고, 1961~62.2』, 111쪽.

[표 24] 삭제된 제6차 한일회담에 임할 한국 측 청구권 내용과 그 방침(1961년 10월 17일)

항목	청구내용		지출금액 및 적요
제1항	지금 및 지은		정치적 고려로 보류
제2항	체신부 관계		18억 800만 엔
제3항	재산반출	ㄱ. 조선은행	45억 6500만 엔
		ㄴ. 개인송금	정치적 고려로 보류
제4항	재일본 지점 재산	ㄱ. -	일본 측에 자료 제출을 종용
		ㄴ. SCAPIN1965에 기한 것	
제5항	ㄱ.	이체(移替)일본국채(등록), 한국 내 유가 증권 (현물 및 등록) 일본 지점 소유분(등록 국채)	47억 2100만 엔 26억 1100만 엔 14억 400만 엔
		소계	87억 3600만 엔
	ㄴ. 일본은행권		15억 2500만 엔
	ㄷ. 징용자 미수금		2억 3700만 엔

	ㄹ.	징용자 보상금(한국 내에서 동원된 자 제외)
		  생존자(93만명×200불)
		  사망, 부상, 행방불명(10만×2000불)
			1억 8600만 불
			2억 500만 불

		소계	3억 9100만 불
	ㅁ. 연금 기타		8억 8200만 엔
	조정을 요하는 액수		45억 6500만 엔
	총계		132억 4600만 엔69) + 3억 9100만 불
제6항	한국법인 또는 한국자연인 소유의 일본법인의 주(株) 또는 기타 증권을 법적으로 인정할 것을 청구함		-
제7항	전기 제 재산 또는 청구권에서 생한 제 과실의 반환을 청구함		정치적 고려로 보류
제8항	전기 반환 및 결제는 협정 성립 후 즉시 개시하여 늦어도 6개월 이내에 종료할 것		별도 협의함

공식 문서에 수록되고 있는 동 표는 지극히 애매하게 표기되고 있는 부분이 있어 수치 계산 등으로 추론하여 위와 같이 배열했다. 또 액수 표기에 관해서 원문에서는 미불 부분을 제외하고 그 단위는 '원' 표기로 되어 있으나 다른 표와의 통일을 기하여 '엔'으로 표기했다. 동 표에서는 직접 환산은 이루어지지 않고 있으나 적용 환율은 15 : 1임이 명시되고 있다.

청구권 액수와 방침을 확인한다면 [표 24]와 같이 정리된다.70)

---

69) 다만 이 수치 계산은 제3항의 조선은행 반출분 45억 6500만 엔을 제외해서 계산해도 맞지 않는다. 동 계산은 단순히 합해서 18억 800만 엔+ 47억 2100만 엔+26억 1100만 엔+14억 400만에+15억 2500만에+2억 3700만 엔+8억 8200만에=131억 8800만 엔으로 된다. 제3항의 조선은행 반출 분을 제외한 이유는 그것을 포함하면 너무나 큰 오차가 생기는 것, 또 조정을 요하는 액수 부분의 값이 그와 완전히 일치하기 때문이다.

70) 『제6차 한일회담, 본회의회의록 및 종합보고, 1961~62.2』, 120~121쪽에서 인용자가 정리했다.

한국 정부가 청구액수에 관해 작성한 이 안을 왜 삭제하기로 했는지 그 이유는 이 문서에서는 확인되지 않는다. 다만 당초부터 법적 근거나 증빙 서류에 의하여 청구권을 요구하는 교섭방식을 사실상 포기하던 제6차 한일회담에 임할 방침이라는 점을 생각할 때 그 이유는 충분히 추측 가능하다. 즉, 각 항목별의 액수와 청구내용 등을 제출할 경우 자칫하면 그것은 토의 과정을 길어지게 하고 또한 복잡한 법적 토의와 증빙서류의 필요성을 높일 위험이 컸다. 한국 정부가 그것을 우려하여, 위 안을 삭제한 것은 사무적 토의를 가급적 피하도록 지시한 17일의 훈령이 가리키고 있다고 말해도 무방할 것이다. 즉 위에서 고찰한 제6차 한일회담에서의 표면적인 청구권 토의와 달리 한국 정부는 제6차 회담에 들어가기 전부터 세목이나 청구방식 등에 관한 토의를 사실상 포기하려고 했던 셈이었다.

또 [표 24]에 표시되어 있는 약 132억 4600만 엔은 15대 1로 계산하면 약 8억 8000만 불이며 기타 약 3억 9100만 불 분을 합하면 약 12~13억 불로 된다. 이 요구 수치는 61년 7월 12일자의 제2안인 144억 7000만 엔, 미불로 12억 1000만 불에 근사하다. 따라서 이것은 한국 정부가 제6차 회담 당초의 협상 라인을 그 7월 12일자의 제2안의 선으로부터 시작하려고 하는 방침이었음을 뜻한다. 다만 언급했다시피 8월의 김유택 방일시 제기된 공식 요구 금액은 8억 불이었다. 자료적으로 이 약 4억 불가량의 증액 이유는 분명하지 않으나 상식적으로 보아 첫 번째 정치협상에 실패한 한국 정부로서는 한 푼이라도 많은 액수를 타내기 위해서도 사실상의 최저 타협 요구액수인 5억 불부터 교섭을 시작할 수는 없었을 것이다. 당초 예정되던 제2안인 12억 불로부터의 교섭전략은 제6차 한일회담에서의 현실적인 요구액이라기보다 그 후의 대폭 감액에 대비한 전략상의 의미를 지니고 있었을 것이다.

아무튼 위 항목별 청구 액수의 제시 방식은 신속한 정치적 해결을 우선시하는 방침 아래 채용되지 않았다. 물론 확인한 바와 같이 정치적 해결 자체는 이승만 시대에도 이미 지금, 지은 등의 문제에 관해서, 또한 장면 집권기에도 법적이나 서류면에서 해결함이 어려운 항목에 관해서 고려되고 있었다. 따라서 박정희 정권이 노린 정치적 해결이라 함은 전 정권들이 생각한 방식을 결국 모든 항목에 적용시킴으로써 일괄

타결을 도모하는 것을 의미했다. 물론 이것은 사실상 민사적 청구권으로서의 해결을 포기하는 것과 마찬가지였다.

이런 흐름에 가속도를 붙이기 위한 큰 정치적 작업이 바로 11월 11일부터의 박정희 의장의 일본 방문이었다. 한국 측은 박정희 의장 방일의 추진 목적을 회담의 기본 방향을 결정할 것이라고 정하고 있으나[71] 이 배경에는 현재 대표단으로서는 정치회담의 진행은 무리하다는 판단이 작용했다.[72] 한국 측으로서는 최고지도자 간의 회담을 통해서 일거에 정치적 해결의 흐름을 확고히 할 필요를 느낀 것이었다. 그러나 박정희 의장의 방일 목적은 한국 측 의도대로 이루어지지 않았다. 12일의 박정희 - 이케다 양 정상 간 '일본어 회담'[73]에서는 이케다 수상으로부터 청구권 명목으로서는 과대한 금액을 지불하기 어렵다는 것, 따라서 그 이외에는 다른 명목, 즉 경제협조로서 지불한다는 방침이 표명되었다.[74] 즉 정상회담에서도 이미 실무자 간에 전해지고 있었던 이상의 새로운 자세를 일본 측으로부터 이끌어내지 못했던 것이다. 이에 대해 박정희 의장이 할 수 있었던 것은 동 회담에 대해서 이케다 수상이 99.9% 합의했다고 발표하자고 촉구한 데 대해 대체로 합의했다고 발표할 것을 제안함으로써 불만을 표시하는 것 정도였다.[75]

정상회담 이후 일본 측은 회담 성과로서 청구권은 법적근거가 명확한 개인청구권만이 대상이 될 것이며 따라서 정치적으로 결정되어서는 안 된다는 것, 청구권을 엄격하게 한정시키는 대신 한국 측 5개년계획에 맞는 경제협력을 실시하는 등에 대한 합의가 이루어졌다는 등의 해석을 공표함으로써[76] 청구권과 경제협력의 실질적인 일체화 노선을 굳혀 나가려고 했다. 이에 대해서 한국 측 외무부는 정상회담에서 청구권을 개인청구권에 한정한다는 점에 관한 합의사실은 없다는 것, 경제협력과 청구권은 별문제라는 것 등을 표면적으로 발표하여 일본 측 보도가 왜곡보도임을 강조하고

---

71) 10월 23일자 "행정연구서", 『박정희 국가재건회의 의장 일본방문, 1961.11.11~12』, 99쪽.
72) ibid., 101쪽.
73) 신문발표에서는 통역 합석으로 하도록 지시되어 있었으나 사실 통역은 합석하지 않았다는 것이 회담 기록에서 확인 가능하다. ibid., 227쪽 또는 230쪽 참고.
74) ibid., 228~229쪽.
75) ibid., 229쪽.
76) 「朝日新聞」1961年 11月 13日.

있다.[77] 그러나 그런 표면적인 부정과 대조적으로 막후에서는 11월 28일 배의환 수석 대표가 일본 측 정치권 인사들에게 Garioa, Eroa 문제의 해결의 예를 들면서 한일 간에서도 청구권 해결은 법적으로 할 필요가 없음을 분명히 전하고 있다.[78] 또 한국 정부 역시 12월 6일자로 청구권과 무상원조를 관련시켜 해결할 것이 정부 방침임을 주일대표부에게 전하고 일본 측에 이 의향을 타진해도 가함을 지시하고 있었다.[79]

이런 한국 측 타협노선을 맞아 한일 양국은 연내에 실무 협의를 종료시켜 새해에는 정치회담을 통해서 해결할 것으로 의견을 모았다. 그에 따라 한국 측은 정치회담을 위한 기시 전 수상 또는 이시이 회장의 방한을 타진했다.[80] 정치회담을 위한 기시 방한의 이야기는 적어도 한국 측 기록에서는 11월의 박 - 이케다 회담에서 이케다 수상이 제안한 것이었다.[81] 12월 18일 한국 정부는 정식으로 새해 초 기시 방한의 실현 여부를 이케다 수상에 직접 문의할 것을 지시하면서 방한시에는 합의 가능한 구체안을 가져올 것을 요구했다.[82]

이 지시에 따라 배의환 수석대표는 20일 이케다 수상과 직접 면담, 기시 방한의 가능성을 문의, 비록 그 자리에서는 이케다 수상은 국회의 일정, 기시의 의사 등을 들어 소극적인 반응을 보였으나[83] 그 후 외무성으로부터의 정보로 미루어 일본 측이 기시 방한을 결정했다고 본국에 보고하고 있다.[84] 하지만 곧 후술하듯이 한국 측 기대와 달리 정치회담을 위한 기시 전 수상의 방한은 끝내 실현되지 않았다. 또 다시 군사정부는 일본 측에게 속은 셈이었다.

기시 방한의 전망이 전해진 한국 측에서는 정치회담에 대한 중요성은 한층 더해졌다. 한국 정부는 연말 잠시 귀국하던 배의환 수석에게 62년 1월 11자로 귀임 후 곧 일본 측 고위층과 접촉하여 정치회담을 실현시킬 것을 지시하고 있으며[85] 그와 반대

77) 「동아일보」 1961년 12월 7일 석간.
78) "JW-1210", 『제6차 한일회담, 본회의회의록 및 종합보고, 1961~62.2』, 132쪽.
79) "외정(아)제461호", ibid., 138쪽.
80) "JW-1284", ibid., 140쪽.
81) 『박정희 국가재건의 의장 일본방문, 1961.11.11~12』, 231쪽.
82) "외정(아) 제483호", 『제6차 한일회담, 본회의회의록 및 종합보고, 1961~62.2』, 156쪽.
83) "회담 제54호", ibid., 161쪽. 단 이 문서에는 "제6호"의 표기도 있으므로 문서 번호는 불투명하다.
84) ibid., 163쪽.
85) "외정(아) 21호", 『제6차 한일회담, 제1차 정치회담, 도쿄, 1962.3.12~17 전 2권(V.1 예비교섭 1962.

로 15일 실무토의에 관해서는 정치회담이 있을 때까지 자기 측으로부터 적극적으로 제기하지 않도록 지시했다.[86)]

1월 11일의 본국 지시를 빌어 배의환 대표는 13일 스기 수석대표들과 면담하여 그 자리에서 3월 10일 이내에 서울에서 정치회담을 개최할 것이 가능하다는 것과 또 정치회담의 내용으로서 지불 총액을 결정할 것 등의 답을 일본 측으로부터 얻어냈다.[87)] 다만 이것은 어디까지나 청구권 문제의 해결을 위한 지불 총액의 문제이지 청구권으로서 지불할 것을 의미하는 것이 아니었다. 사실 이 회담에 합석한 이세키 국장은 청구권으로서는 소액이 되므로 명칭을 지양할 것을 타진하고 있다.[88)]

1월 18일 박정희 의장은 그대로 정치회담 개최를 승인했다. 그 주된 합의 내용은 정치 절충은 정치회담 개시 후 한 달쯤으로 해결하도록 할 것, 이어 5월 중에는 조인할 것을 목표로 노력할 것 등이었다.[89)] 이어 1월 26일 양국 사이에서 정치회담 개최에 관한 합의가 공식 서명형식으로 이루어졌다.[90)] 박정희 정권이 그토록 고대하던 정치회담 개최가 드디어 결정된 것이었다. 물론 한국 측에서는 정치회담을 통한 청구권 문제 해결의 기대가 고조되었다. 한국 정부는 2월 초 동남아 방문길에서 일본에 들를 예정이던 군사정부의 2인자 김종필 중앙정보부장에게 이 단계에서 교섭을 할 경우 3월 예정된 본격적인 정치회담을 지연시킬 가능성이 있다는 이유로 구체적인 교섭을 하지 않도록 지시하는 등 예민한 태도까지 보일 정도였다.[91)] 한국 측에게는 그만큼 3월 개최의 정치회담이 중대한 고비로 인식되었던 것이었다.

하지만 이런 한국 측 기대는 곧 일본 측 속임수로 식어버리게 되었다. 당초 정치회

1~3)』, 55쪽.

86) "외정(아)제 호"(번호공백은 원문대로), 『제6차 한일회담, 본회의회의록 및 종합보고, 1961~62.2』, 178쪽.

87) "JW-02220", 『제6차 한일회담, 제1차 정치회담, 도쿄, 1962.3.12~17 전 2권(V.1 예비교섭 1962.1~3)』, 66~67쪽.

88) ibid., 67쪽.

89) 박정희 의장의 양해 확인서는 이도성 편저, 『실록 박정희와 한일회담: 5·16에서 저인까지』(한송, 1995), 48~49쪽.

90) "JW-01338", 『제6차 한일회담, 제1차 정치회담, 도쿄, 1962.3.12~17 전 2권(V.1 예비교섭 1962.1~3)』, 113쪽. 다만 동 문서에는 손수로 인한 1월 25일이라는 표기가 있으나 이 날짜 차이가 단순한 표기의 잘못으로 인한 것인지는 알 길 없다.

91) "김 중앙정부부장의 방일시 일본고위층과 행할 교섭원칙", ibid., 165쪽.

담은 서울에서 사실상 기시 전 수상 등 거물급 인사 기용으로 개최할 것이 약속되어 있었다.[92] 그러나 일본 측은 정치회담 대표로 고사카 외상을 지명, 더구나 서울 개최 이면 외상의 방한 기한이 짧아짐에 따라 청구액수의 제시는 어려우며 단지 청구권 숫자에 관한 사고방식만 다루어질 것이라는 소극적인 태도를 보이기 시작했다.[93] 대표인사 및 장소 두 가지 측면에서 한국 측과의 약속을 사실상 어긴 셈이었다. 그럼에도 한국 측은 일본 측 청구액수의 구체적 제시를 우선시시키는 입장에서 3월 3일자로 도쿄 개최를 수락했다.[94]

일본 측이 왜 기시 전 수상 등 거물급 인사 파견이나 서울 개최를 피하려고 했는지 그 명확한 자료적 근거는 확인되지 않는다. 하지만 이하 논하듯이 정치회담의 내용과 그 결과를 보면 일본 측은 당초부터 이 회담에서 문제를 타결시킬 생각이 전혀 없었던 것만큼은 확실하다. 일본 측은 정치회담이라는 무대에서 다시 한 번 청구권 명목으로서의 지불이면 한국 측 기대와 현격한 차이가 생기지 않을 수가 없음을 확인시킨 후에 적당한 시기를 기다리고 액수 증액을 내세우면서 경제협력 방식에 의한 일괄 타결을 도모할 전략이었다고 추측된다. 다시 말하면 이 전략을 위해서는 일단 결렬이 뻔한 3월의 정치회담에 일부러 기시 전 수상과 같은 거물 인사를 기용해서 서울까지 보낼 필요도, 그 가능성도 없었던 것이었다. 기시 전 수상 본인 역시 정치적 리스크를 계산해서 실패가 약속되어 있던 그런 무모한 협상에 나서야 할 이유가 없었다.

이런 흐름을 뒷받침 하듯이 제1차 정치회담이 시작되기도 전부터 이미 일본 측 주요 신문들은 청구권 문제에 관한 양측의 금액 차이로 인해 제1차 정치회담에서의 해결이 어렵다는 전망을 잇따라 실었다.[95]

---

92) 예컨대 주일대표부가 1월 24일 기시 전 수상과 직접 면담하여 본인의 방한 의사를 확인한 회담기록에서는 일본 측 외무성의 안으로서 정치회담 일본 측 수석대표 후보로서 거론된 제1안은 기시 전 수상, 제2안은 이시이 일한문제간담회 회장, 제3안은 오노(大野伴睦) 의원이었다."JW-01323", ibid., 109쪽.
93) "JW-03034", ibid., 198~199쪽.
94) "WJ-0334", ibid., 204쪽.
95) 「讀賣新聞」1962年 3月 7日;「每日新聞」1962年 3月 8日;「朝日新聞」, 1962年 3月 11日.

[표 25] 제1차 정치회담에 임할 한국 측 청구권 안(1962년 3월 5일)

	청구내용		우리 측 태도 (제시액)	일본 측 태도	해결방식	제1안	제2안	제3안
1	지금		249톤	청구근거 없음	무상원조	5억 엔	2.5억 엔	1.5억 엔
	지은		67톤					
2	체신부 관계	우체국 예금	12억 엔	3.7억 엔	청구권	10억 엔	7.5억 엔	7.5억 -4억(청구권) -3.5억(무상)
		간이보험 및 연금	1.3억 엔	1억 엔				
		해외이체 및 저금	0.7억 엔	태도불명				
		동결 수취금	0.4억 엔	태도불명				
3	이체 국채		제5항 국채와 합변 토의	왼측과 같음	-	왼측과 같음	왼측과 같음	왼측과 같음
4	(재일지점 재산) -폐쇄기관 관계 -SCAPIN1965 관계		전 재산청구 (자료제시 요구)	한국인 지분만 인정?	청구권	한국인 지분만 청구 (0.4억 엔)	제1안과 같음 (0.4억 엔)	제1안과 같음 (0.4억 엔)
5	1.각종 유가증권		87억 엔	개인소유분은 현물 제시 조건으로 인정	청구권	6억 엔	6억 엔	6억 엔 -2억(청구권) -4억(무상)
	2.일본은행권		15.2억 엔	비입회 소각분, 군표, 중앙 준비은행권 등은 지불 어려움	청구권	15억 엔	15억 엔	15억 엔
	3.피징용자 미수금		2.3억 엔	근거 있는 액수만 지불	청구권 무상원조	2억 엔	2억 엔	1억 불
	4.피징용자 보상금		3.6억 불	-미수금과 같이 취급 -생존자분만 불인정 -미수 관계 자료와 대사	청구권 무상원조	1.8억 불	1억 불	
	5.은급		3억 엔	-미수금은 인정 -국적상실시 문제	청구권 무상원조	3억 엔	3억 엔	
	6.귀환자 기탁금		1.1억 엔	조련(朝連)관계분 불인정	청구권	0.58억 엔	0.58억 엔	0.58억 엔
	7.생명보험		4.5억 엔	제6항과 포괄 토의	청구권 무상원조	2억 엔	2억 엔	제6항과 포괄
6	한국인의 대일본 정부 또는 개인에 대한 청구		1.제5항까지 포함되지 않은 청구권은 인정	1. 구체적인 태도 회피	-	주장 관철	제1안과 같음	제1안과 같음
			2.시효의 중단 (회담타결까지)	2. 소송의 복잡화 고려				
7	이자 청구		회담체결까지 분	구체적인 태도 표시는 없으나 부정적	-	양보	제1안과 같음	제1안과 같음
8	변제 기간		양측 간 특별협의	왼측과 같음	-	변제3방식 고려하에 협의	제1안과 같음	제1안과 같음
기타	한일 간 청산 계정 문제		-	청산 요구	-	재산청구권 해결시 면제	제1안과 같음	제1안과 같음

3) 제1차 정치회담

● 한국 정부의 방침

제1차 정치회담은 3월 12일부터 17일까지 최덕신 - 고사카 양 외상 간에 다섯 번에 걸쳐서 진행되었다. 정치회담을 통한 시급한 청구권 해결을 갈망하던 한국 측이 회담에 임할 방침은 어떤 것이었을까? 3월 5일자로 한국 정부가 작성한 "한일 간 정치회담에 관한 아국 측의 기본방침"에서 내린 청구권에 관한 제시 예정액은 청구권 및 무상원조를 포함해서 5억 불이었으며 그 속에서 청구권과 무상원조의 비율을 50 대 50으로 하는 것이었다.[96] 그 5억 불 산출에 관한 자세한 검토내용을 간추려 정리하면 [표 25]와 같았다.[97]

한국 측이 제1차 정치회담에서 요구하려고 한 5억 불은 이상의 3가지 안 중 제1안이었다. 제1안에 기초한 제5항까지의 계산 내역은 다음과 같다.[98]

청구권:
  · 엔 표시 분: 10억(제2항) + 6억(제5항 1) + 15억(제5항 2) + 2억(제5항 3)
    + 3억(제5항 5) + 5800만(제5항 6) + 2억(제5항 7)
    = 38억 5800만 엔 ≒ 2억 5700만 불(15엔 대 1불로 계산)
  · 기타(미불 표시 분): 1억 8000만 불(제5항 4)
무상원조: 5억 엔(제1항) ≒ 3300만 불(15엔 대 1불로 계산)
합계: 4억 7000만 불과, 기타 약 4600만 불의 청산계정

위의 청산계정(Open Account: 이하 OA)이라 함은 대일무역 중 미청산 분을 의미하는 부분, 즉 쉽게 말해서 한국 측 대일무역 적자를 뜻하는 것이며 그 값은 보다 정확

---

96) "한일 간 정치회담에 관한 아국 측의 기본방침", 『제6차 한일회담, 제1차 정치회담, 도쿄, 1962.3.12~17 전 2권(V.2 최덕신 - 고사카(小坂)외상회담, 1962.3.12~17)』, 40쪽.
97) ibid., 25~26쪽, 다만 거의 같은 표가 18~19쪽에도 수록되어 있음. [표 25] 중 지은 67톤이라는 수치에는 의문이 생긴다. 논했다시피 지은의 요구 중량은 『대일배상요구조서』에서 작성된 후 이승만, 장면 정권을 거쳐 박정희 정권하의 61년 7월 12일자 세목([표 22])까지 일관되게 약 90톤이었다. 그럼에도 이 시점에서 왜 제시 중량이 67톤이 되었는지 자료적으로 분명하지 않다.
98) ibid., 55~56쪽의 표에서 저자가 정리했다.

하게는 4573만 불가량이었다. 따라서 동 요구 예정 액수 5억 불은 4억 7000만 불 이외에 대일 무역적자 탕감분을 포함한 총액 약 5억 1600만 불에 해당하는 수치였다. 또한 이 5억 불은 61년 7월 12자로 작성된 청구 액수 중 사실상의 최종 양보선이던 제3안으로서 이미 정해지고 있었던 액수임을 생각할 때 한국 측은 이 제1차 정치회담에서 액수에 관해서 최종안을 내놓을 예정이었음을 알 수가 있다.

얼핏 보기에는 각 항목에 기초해서 합리적인 근거에 따라 산출된 것으로 보이는 이 5억 불은 실은 어떤 정치적인 목적을 위하여 꾸며진 것이었다. 바로 그 정치적 목적이야말로 경제개발 5개년계획에 필요한 외자 소요액이었다. 한국 정부는 대일 청구액을 고려하는 데 있어서는 5개년 계획에서 소요되는 외화 사정을 고려해야 한다고 하면서 수입에 필요한 총 소요외자 액수 24억 1600만 불 중 4억 7000만 불을 아직 충족 전망이 없는 결손액으로 간주하고 있었다.[99] 한국 정부는 바로 이 4억 7000만 불이야말로 "5개년 계획을 수행상 절대적으로 확보하여야 할 액수"[100]로 지적, 대일교섭상 "우리 측 청구액수의 최저 라인 설정에 있어서 중요한 '바로미터'"[101]로 규정했다. 5억 불은 위 4억 7000만 불과 OA 탕감분도 포함하여 내려진 정치적 금액이었던 것이다. 그간 대일요구 액수와 경제계획과의 관계는 추측상 '주지의 사실'로 되어 왔으나 한국 측 내부문서 역시 이것을 정확하게 뒷받침하고 있었던 것이었다.

따라서 이 5억 불은 각 항목별로 근거에 기초해서 산출되었다기보다 먼저 5억 불이라는 목표수치가 있으며 그것을 타내기 위하여 각 항목별로 수치를 할당했다고 생각하는 것이 보다 적절해 보인다. 이 값은 그러한 의미에서도 바로 '정치적 액수'였던 것이다.

기타 제1차 정치회담에 임하는 한국 정부의 3월 5일자 방침에서 주목할 만한 것은 다음과 같은 것이었다.[102] 우선 청구권 문제의 해결방식으로서 한국 정부는 일본

---

99) "외자 수요액 획득예상표(1)", ibid., 52쪽.
100) ibid., 47쪽.
101) ibid.
102) 그러나 동 훈령에서는 청구권 문제에 관해서는 별첨2 "정치적 교섭에 있어서 재산청구권 문제에 관하여 우리 측이 취할 방안"(ibid., 46~51쪽)에 제시된 제1안만을 기준으로 교섭할 것이 지시되어 있으나 (같은 문서, 40쪽) 실제 문서에서는 '제1안'이라는 표기나 다른 대체 안이 명시되어 있지 않아 본론의 내용이 한국 정부가 지시한 제1안인지는 최종 확인을 할 수 없었다.

측이 청구권, 무상원조, 장기저리 차관의 세 가지 방식을 주장하고 있는 것에 관해 암묵적으로 그를 인정하는 자세를 보이면서 청구근거 및 증빙서류가 있는 것(체신부 관계 채권, 일본은행권)은 순변제로서 그리고 근거는 강하나 자료가 미흡한 것(피징용자 미수금, 보상금 등)은 무상원조로서, 그리고 양 측 대립이 큰 것은 차관으로 해결하도록 지시했다.[103]

또한 요구액에 관해서도 한국 정부는 교섭방법으로서 우선 8억 불부터 6억 불까지 금액을 내리고 최저 5억 불의 확보를 목표로 하는 것, 다만 만약에 일본 측이 끝내 4억 불 이상은 양보하지 않으려고 하며 그에 따라 회담 결렬의 기미가 보일 때는 최종적으로 4억 불로 타결하되 그 때는 최저 2억 6000만 불[104] 이상을 순변제 및 무상원조로 받도록 지령했다.[105]

이상의 내용과 함께 한국 정부는 제1차 정치회담 종료 후 10일~2주 정도로 서울에서 제2차 정치회담을 열어 청구권 문제를 매듭짓고 그 후 한 달가량의 사무적 교섭을 진행한 후 5월 중순쯤 가서명, 7~9월 사이에 일본 측 국회비준의 순서로 회담을 끝내는 계획이었다.[106] 즉 군사정부는 민정 이양 전이라는 조건을 살려 자국 내 국회 비준이라는 절차를 밟지 않은 채 회담 종결을 생각하고 있었던 것이었다.

결과적으로 너무나 안이했던 한국 측의 이런 제1차 정치회담에 대한 전망의 근거가 어디에 있었는지 정확하게 파악할 수 없다. 그러나 한국 측 내부에서는 올 제1차 정치회담에서는 타협 가능한 최저 액수 이상이 일본 측으로부터 제시될 것을 예상했던 흔적이 있다. 예컨대 2월 26일 국가재건회의는 내각 수반에게 일본이 올 정치회담에서 8억, 6억, 5억, 4억 불 각각 제시할 경우의 수락 여부와 수락할 때의 조건 등을 연구하여 보고할 것을 지시하고 있다.[107] 하지만 동 정치회담에서 보인 일본 측 대응

---

103) ibid., 48쪽.
104) 이 안에는 이 2억 6000만 불의 내역에 관한 기술은 없으나 ibid., 27쪽에 수록된 자료에서는 제4안으로서 아마 이 2억 6000만 불로 생각되는 분류가 있으며 그에 의하면 2억 6000만 불 중 1억 불이 청구권, 1억 6000만 불이 무상원조라는 구성이었다.
105) ibid., 48~49쪽.
106) ibid., 68쪽.
107) "외국 제110호", ibid., 37~38쪽. 다만 동 문서는 26일자로 되어 있으나 연구보고 기한도 26일로 되어 있으므로 날짜에 관해서 불투명한 점이 있다.

은 그런 한국 측 기대와 사뭇 다른 것이었다.

● 최덕신 - 고사카 양 외상 간 정치회담

3월 12일 최덕신 - 고사카 양 외상 간에서 제1차 정치회담 제1차 회의가 열렸다. 동 석상 일본 측이 보인 태도는 한국 측에 실망을 안겨주는 것이었다. 고사카 외상은 벽두 인사부터 평화선 문제의 중요성, 주한 일본대표부 설치, 독도 문제의 국제사법 재판소 제소 등을 거론하여 청구권 문제에만 관심을 가지던 한국 측을 견제했다.[108] 더군다나 그 후 초점이던 청구권 문제에 관해서 고사카 외상이 낭독한 설명은 실무자 간에서 표명되어 있던 일본 측 견해와 아무런 변함이 없는 내용이었다. 그 주된 내용 을 정리하면 이하와 같았다.[109]

1. 평화조약 4조에 기초해서 진행되는 한일회담에서는 시정당국과의 교섭으로서 남한 정부와 교섭대상으로 되는 것은 남한지역의 청구권에만 한정된다.
2. 4조(b)에 의한 일본인 재산 처분의 승인은 남한 재산에만 적용되는 것이며 따라서 북한 지역에 대한 아무런 효과도 없다. 또 33호는 몰수조례이므로 한국에 본사 등을 가진 회사의 재일본 재산 등에도 그 효력은 못 미친다.
3. '57년 미각서'에 의하여 대일청구 액수가 어느 정도 상쇄될지는 한국이 일방적으로 결정할 문제가 아니라 양국 간에서 결정되어야 한다.
4. 한국의 대일청구권은 법이론과 사실관계가 명백히 입증되어야 하고 또 그 입증책임 은 한국 측에 있다.
5. 한국의 대일청구권은 모두 일본 엔화 표시의 성격의 것이며 미불에 의한 지불 계약은 없는 것뿐이다. 따라서 그 금액 표시는 금전채권의 원칙으로 인하여 계약시의 금액이 그대로 오늘도 적용되는 것이므로 따라서 15 대 1 등의 미불 환산은 수락 불가능하다.
6. 한국의 대일청구권 중 사실, 법률적 근거가 입증된 것은 지불하나 그 지불에 있어서는 미국의 각서의 해석에 따라 그 상쇄가 고려되어야 한다.
7. 요컨대 한국의 대일청구권은 법적 근거가 있는 것은 적고 또 미국의 각서의 내용을 고려한다면 지불 가능한 액수는 더 적어짐을 밝혀두고 싶다.

---

108) 고사카 외상의 인사 내용은 ibid., 127~128쪽.
109) 고사카 외상의 청구권 문제에 관한 발언의 일본어 전문(全文)은 ibid., 131~138쪽에 수록.

고사카 외상에 의한 이상과 같은 의견표명은 정치회담의 성격에 기대를 걸었던 한국 측 희망을 저버리는 것이었다. 최덕신 장관은 "귀하의 설명을 들으니 마치 실무 회담의 인상과 같은 감이 난다. 외상회담은 실무자 간에 해결하기 어려운 문제를 정치적인 고려하에 해결하자는 데 그 목적이 있는 것이다"[110]고 말하여 한국 측의 실망을 솔직하게 토로했다.

한국 측은 익일 13일 김윤근 대표의 이름으로 전날 고사카 외상의 청구권에 관한 의견 표명에 대한 법적인 반론을 준비하고 있으나[111] 이미 정치적 해결에 기대를 걸 수밖에 없었던 한국 측에는 그런 법적 반론은 사실 아무런 가치도 없는 시도였다.

일본 측이 정치회담이라는 성격을 사실상 무시하고 원칙적인 태도로 되돌아간 이유는 무엇일까? 한국 정부는 13일 주일대표부를 통해서 전후 일본의 우익 흑막의 거물이던 고다마(児玉誉士夫)로부터 그에 관한 정보를 수집하고 있다. 고다마는 일본 측의 그런 태도는 하고 싶지 않았던 정치회담을 한국 측과의 약속 때문에 한 것이며 따라서 형식적인 정치회담으로 생각했기 때문이라고 말했다.[112] 그러면 왜 하고 싶지 않았는가? 적어도 청구권에 관해서 그 이유는 제1차 정치회담에서 청구권 문제를 해결하는 데 있어서는 한국 측 요구가 너무나 크다는 판단이 깔려 있었음을 짐작할 수 있다.

이미 위에서 봤다시피 1961년 8월의 김유택 방일시 한국 측은 8억 불을 요구했다. 하지만 성과를 거두지 못하자 제6차 회담 당초 청구 액수를 약 12억 불로 설정했다. 기록상 이 수치가 일본 측에 언제 전해졌는지 확인하지 못한다. 다만 62년 1월 16일의 기자회견 석상에서 고사카 외상이 "한국 측이 십수억 불을 요구하고 있는 현상에 있어서 정치절충으로 들어갈 수는 없다"[113]고 말한 것이나 또 1월 20일 라이샤워(Edwin O. Reischauer) 주일미대사의 "한국이 일본에 대한 청구액이 12억이나 되니"[114] 등의

---

110) ibid., 124쪽.
111) ibid., 143~146쪽.
112) "JW-03232", ibid., 147쪽.
113) "JW-01189", 『제6차 한일회담, 제1차 정치회담, 도쿄, 1962.3.12~17 전 2권(V.1 예비교섭 1962. 1~3)』, 78쪽.
114) "한일대(정) 제31호", ibid., 100쪽.

발언을 볼 때 한국 측 위 훈령이 일본 측에 전해지고 있었던 가능성은 확실해 보인다.

물론 이 단계에서 12억 불이 한국 측의 진정한 요구액이 아니라 협상 카드를 위한 것이었음은 일본 측도 아는 바였을 것이다. 하지만 그 수치를 그대로 협상 카드로 허용하면서 정치회담을 시작하는 것은 일본 측으로서 유리한 교섭이 되지 못한다는 판단을 한 것임은 틀림없다. 더구나 일본 측에서는 62년은 7월에 참의원선거, 자민당 총재선거 등의 중요한 정치 일정이 기다리고 있었다. 쉽게 하면 일본 측에게는 청구권 액수 교섭에 있어서 제1차 정치회담을 정치적으로 공식 흥정에 들어가 정식 타결로 이끌어가기위한 교섭으로 하기에는 국가, 정당, 정권의 어느 차원의 이익을 생각해 서라도 아직 이른 단계에 있었던 것이다.[115]

제1차 최덕신 - 고사카 정치회담에 이어 14일 열린 제2차 최덕신 - 고사카 회담에서 도 아무런 의미 있는 토의는 진행되지 않았다. 그러나 양 외상 회담 후 실무자 간에서 가져진 협의에서는 일본 측으로부터 새로운 제안이 터져 나왔다. 그것은 비공식을 전제로 한 것이었으나 청구권 문제의 해결에 관해서는 무상원조로서의 지불은 청구 권과 같은 오해를 일으키므로 청구권과 유상원조의 두 가지 명목으로 해결하고 싶다 는 타결에 대해서 보다 부정적인 제안이었다.[116] 정치회담 이전에 최저 4억 불 이상의 제시를 기대하고 또 전날인 13일, 위에서 고찰한 고다마와의 면담에서 일본 측의 청구 권은 1억 무상 2억 정도가 제시될 것이라는 정보를 얻었던[117] 한국 측으로서는 이런 태도는 금액뿐만 아니라 지불명목으로서도 사실상 정치회담을 결렬로 몰아가는 자 세로 비쳤다. 교섭에 임한 한국 측 대표단은 이런 일본 측 태도를 접해 지불금액 자체 도 적어질 것이 예상되므로 예정된 금액을 그대로 제시함은 교섭상 불리하다는 의견 을 전하고 그 실시 여부와 다른 금액 제시 전략에 관한 청훈을 14일 본국으로 보냈

---

115) 사실 라이샤워 주일미대사는 최덕신과의 회담에 임했던 고사카 외상과의 대화 속에서 청구액수의 차이 등으로 인해 일본 측이 한국과의 국교정상화에 서두를 기미가 없는 인상을 받았음을 1962년 4월 18일자의 일기에 기록하고 있다. O.E.ライシャワ-& H.ライシャワ-, 『ライシャワ-大使日錄』, 入江 昭監修,(講談社学術文庫, 2003), 75~76쪽.

116) "JW-03262",『제6차 한일회담, 제1차 정치회담, 도쿄, 1962.3.12~17 전 2권(V.2 최덕신 - 고사카(小 坂)외상회담, 1962.3.12~17)』, 166쪽.

117) "JW-03232", ibid., 148쪽.

다.[118] 후술할 한국 측 제시액인 7억 불은 위에서 언급한 정치회담에 임할 3월 5일자의 방침에 없었던 수치인만큼 아마 이 청훈에 따라 당초 제시 예정이던 5억 불을 급히 늘린 것으로 풀이된다.[119]

15일 제3차 최덕신 - 고사카 외상회담에서는 전날 실무자 간에 비공식적으로 전해진 청구권과 차관 방식에 의한 해결 방식의 문제가 도마에 올랐다. 일본 측은 청구권 명목에서는 국민과 국회를 납득시켜야 할 수치가 되므로 액수가 적어져야 함을 거듭 말하며 5개년계획을 위한 자금수요는 차관으로 보답한다고 말했다.[120] 즉 유상원조에 무게를 실은 셈이었다. 이에 대해서 한국 측은 "소위 무상원조라는 의미의 '카테고리'를 일본이 주장할 경우에는 이를 접수할 용의를 가지는 것"[121]을 표명, 무상원조 방식의 수락을 공식적으로 표명했다. 사실상 청구권 명목만의 단독사용 포기의 의사를 밝힌 것이었다. 물론 이것은 청구권 명목 자체의 포기를 뜻한 것이 아니라 부족한 부분을 무상에 의해서 보충할 것을 수락함을 의미한 것이었다. 그러나 정치회담에서의 이 표명이 결과로서 나타난 무상·유상 방식에 의한 해결의 기반을 마련한 것임은 틀림이 없다.

다음 16일 열린 제4차 회담에서는 재일한국인의 지위에 관한 토의만 교환되며 한국 측이 기대하던 청구권 액수 제시가 이루어진 것은 마지막 17일 제5차 최덕신 - 고사카 회담에서의 일이었다. 당초 양국의 차이를 이유로 금액 제시를 꺼리던 일본 측은 한국 측의 거센 요구에 밀려 청구권 7000만 불,[122] 차관 2억 불을 제시했다. 한국 측이 제시한 금액은 위에서 말했다시피 7억 불이었다.[123] 일본 측 제시액에 대한 한국

---

118) "JW-03264", ibid., 167쪽. 이에 관해서 동 문서에서는 "본인이 가지고 온 액수부터 7까지의 선에서 일본 측 태도에 따라 지시하는 것이 좋을 것으로 생각되므로……"라고 기술되어 있으나 그 '7까지'의 내용은 문서상 알 수 없다.

119) 제시액수를 갑자기 늘렸다는 사실은 다음 자료에서 확인 가능하다. "제1차 한일정치회담의 분석과 금후의 한일 문제에 관한 건의", 『제6차 한일회담, 제1차 정치회담이후의 교섭, 1962.3~7』, 192쪽.

120) "외상회담 제4호", 『제6차 한일회담, 제1차 정치회담, 도쿄, 1962.3.12~17 전 2권(V.2 최덕신 - 고사카(小坂)외상회담, 1962.3.12~17)』, 178쪽.

121) ibid., 180쪽.

122) 이원덕은 일본 대장성 이재국(大蔵省 理財局)의 1차 자료를 조사하여 62년 1월 이케다 수상의 지시에 의한 일본 측 청구권 산출액의 시산이 대장성 1600억 불, 외무성 7000만 불이었다고 밝히고 있으므로(이원덕, op.cit., 215쪽) 후자의 수치가 제기되었다고 보아 틀림이 없을 것이다.

123) 다만 공식 회의록에서는 금액은 양 수석대표 간에 비밀리에 제시, 각 외상에 보고로 되어 있으므로

측 실망은 컸다. 공식기록은 이 분위기를 "고사카 외상 무언(無言)으로 퇴장, 최 장관 도 격분하여 퇴장"[124]으로 전하고 있다.

이와 같이 5개년계획을 위한 자금 도입을 위하여 정치회담을 통한 조기 해결에 기대를 부풀렸던 한국 측 희망은 일본 측 냉철한 계산에 부딪치고 완전히 꺾인 것이다. 한국 측은 이런 정치회담 실패의 원인을 실무회담에서의 큰 대립을 시발점으로 하여 정치회담을 성공적으로 진행시킬 만한 기초를 마련함이 없이 협상에 임한 것에서 찾았다. 이에 따라 다음 정치회담 전에는 성공을 위한 기초를 굳힐 필요성을 강조하여 당초 예정한 4월 중의 제2차 정치회담 개최에 서두르는 것에 대한 의문을 표시, 우선 회담 성공의 기초 마련을 다짐했다.[125] 이로 인해 제2차 정치회담은 크게 미루어지고 결국 그것이 실현된 것이 동년 10월과 11월 두 번에 걸쳐서 개최된 김종필 - 오히라 회담이었다.[126]

4) 제2차 정치회담을 위한 움직임

● 제1차 정치회담 이후의 교섭

제1차 정치회담은 당초의 기대와 달리 실패로 돌아갔으나 한국 측에게 마냥 기다릴 여유는 없었다. 1962년은 이미 제1차 5개년계획이 시작되는 해이며 따라서 그에 필요한 액수확보는 지상명제였다. 그로 인해 제1차 정치회담 결렬된 지 1주 후인 3월 24일에는 한국 측은 "앞으로의 한일회담에 임할 기본방침"을 작성, 그 후의 대응을 정하고 있다.[127] 동 방침에서는 표면적으로는 다시 초조함을 내비치지 않은 고자세를 취할 것을 내세우면서도 준비공작으로서 일본 측 제시액인 7000만 불의 근거를

직접적인 액수 기록은 나오지 않다. 그러나 일본 측 청구권 7000만 불, 차관 2억 불은 예컨대 "JW-03332", 『제6차 한일회담, 제1차 정치회담, 도쿄, 1962.3.12~17 전 2권(V.2 최덕신 - 고사카(小坂)외상회담, 1962.3.12~17)』, 211쪽에서, 또 한국 측 7억 불은 "JW-03505", 『제6차 한일회담, 제1차 정치회담이후의 교섭, 1962.3~7』, 29쪽 등에서 확인 가능하다.

124) "외상회담 제6호", 『제6차 한일회담, 제1차 정치회담, 도쿄, 1962.3.12~17 전 2권(V.2 최덕신 - 고사카(小坂)외상회담, 1962.3.12~17)』, 208쪽.

125) "외상회담 제7호 한일외상회담 총합보고", ibid., 256~262쪽에서 요약.

126) 다만 본문에서도 후술하나 당초 김 - 오히라 회담은 제2차 정치회담으로서가 아니라 그를 위한 준비작업으로서 실현된 것이었음에 주의가 필요하다.

127) 『제6차 한일회담, 제1차 정치회담이후의 교섭, 1962.3~7』, 14~23쪽(46~55쪽에도 재수록).

[표 26] 주일대표부가 조사한 일본 측 청구권 제시 액수 7000만 불의 내역

			전체 숫자	남한 비례	추정 액
(1)	제1항	지금, 은	0	-	0
	제2항	체신부관계	3억 5000만 엔	70%	2억4000만 엔
	제3항	이관국채	0	-	0
	제4항	재일지점재산	9억 4000만 엔	70%	6억 5300만 엔
	제5항	유가증권	4억 엔	미불 이자 가산 5%15년	7억 엔
		일본은행권 등	15억 1700만 엔	-	15억 1700만 엔
		징용자 미수금	1억 엔	70%	7000만 엔
		은급	4억 600만 엔	70%	2억 8000만 엔
		기탁금	5800만 엔	(70%)128)	4000만 엔
		합계	37억 7100만 엔	-	35억 엔
(2) 군인, 군속 및 징용자 은급, 산출 기초 추정 시산			1. 사상자 수: 2만~2만 5000명 2. 1년 견적액: 4만~4만 5000엔 3. 평균기간: 20~25년=217억 엔129)		
(3) 총 합계액			(1) 35억 엔+(2) 217억 엔=252억 엔 360:1=7000만 불		

찾는 것과 동시에 이면 교섭에서 차기 정치회담에서의 액수 타결을 위하여 명목에 관하여서는 중대한 양보를 할 것을 인정하는 내용을 포함하고 있었다.

그 양보라 함은 제1차 정치회담에서 일본 측 제시한 청구권과 유상명목에 대해서 한국 측으로서는 일차적으로는 무상명목을 다시 한 번 교섭에서 부활시킬 것을 목표로 하면서도 일본 측이 계속 무상명목의 사용은 어렵다고 주장할 경우는 청구권과 무상을 합쳐 다른 명분이 서는 이름을 붙여 총 액수를 늘리는 것이었다. 다시 말하면 한국 측은 제1차 정치회담의 실패를 맞이해서 시급한 청구권 교섭의 타결을 위하여 그나마 과거청산의 잔재이던 청구권의 사용을 사실상 포기할 것을 내부적으로 결심한 것이었다. 그와 반대로 한국 측에게 절대적으로 양보하지 못한 것은 경제 건설을 위한 총액이었다. 이 자세는 예컨대 4월 4일 라이샤워와의 면담 자리에서 배의환 수석 대표가 한 말인 "아국은 명목 여하를 불구하고 그 총액에만 관심이 있으나"라는 솔직한 발언130)이 상징하고도 남은 것이었다.

한편 상술한 방침에 따라 4월 6일자로 주일대표부가 작성한 일본 측 제시 액수

---

128) 이 수치는 자료에는 없으나 저자가 보충했다.
129) 이 수치는 자료에 따랐으나 그 산출 방법은 분명하지 않다.
130) "JW-0456", 『제6차 한일회담, 제1차 정치회담이후의 교섭, 1962.3~7』, 64쪽.

7000만 불의 산출 근거는 [표 26]과 같다.[131]

　이상의 산출은 어디까지나 주일대표부가 추정한 것이므로 그 정확성 여부는 최종적으로 확인된 것이 아니다. 일단 그것을 전제로 [표 26]을 살펴 본다면 주목되는 것은 일본 측은 남북한의 비율을 7 : 3으로 산출하려 했다는 점과 한일 간의 미불 환산 액수의 큰 차이는 일본 엔화에 의한 금액 차이라기보다 환율 문제가 더 컸다는 점이다. 즉 위의 한국 측 추정에 나타나듯이 일본 측 7000만 불 제시 액수의 기초로 된 일본 엔화 인정 액수 252억 엔은 한일회담에서 한국 측이 요구한 환율 15 대 1로 계산하면 약 16억 8000만 불가량이 되며 당초의 배상 액수 약 24억 불에는 못 미치는 액수이기는 하나 제5차 회담 이후의 한국 측 요구액수를 훨씬 웃도는 수치였다.

　따라서 일본 측 산출 근거에 관한 주일대표부의 추정 자체가 정확하다고 친다면 한일 간의 액수 대립은 선행연구들이 주목해온 산출의 근거나 증빙서류의 문제에만 있는 것이 아니라 오히려 일본 엔화의 가치변동에 따른 미불 환산 문제에 있었다고 볼 수 있다. 사실 이 무렵 양국 간의 이면 교섭에서는 원래 일본 엔화 표기로 되어 있던 청구권 처리에 관해서 화폐가치의 변동을 고려한 선례가 없음을 주장하는 일본 측과 그에 반대하는 한국 측 사이에서 대립이 생겼다.[132] 한국 측은 일본과 프랑스 사이에서 타협된 불화(仏貨)공채의 반환 문제에 관한 자료를 수집하는 등 이 선례 문제를 극복하려고 한 흔적이 있다.[133] 하지만 이후 이 환율 문제가 본격적인 대립점으로 부각될 일은 없었다. 그 이유는 분명하다. 청구권 교섭이 한국 측이 근거 있는 채권에 기초한 변제 문제로부터 경제계획을 위한 총 액수에만 그 초점을 맞춤에 따라 사실상 화폐가치의 변동에 따른 과거 채권의 현재 가치로의 환산 문제는 토의할 필요가 없어졌기 때문이었다. 바로 이런 토의의 결여 역시 청구권 교섭이 이미 경제협력을 위한 교섭으로 그 성격을 바꾼 것임을 여실히 보여준 대목이었다.

　경제 건설에 필요한 자금 확보라는 불가피한 제약 조건하에서 총 액수에만 관심을

---

131) "회담 제6-108호", ibid., 94~95쪽.
132) "회담 제6-()", ibid., 59쪽. 문서 번호 중 '()'는 판독불가능을 뜻한다.
133) 예컨대 "회담제6-107", "회담제6-109"에서는 신문기사나 도쿄도의 공보 등을 수집, 주목하고 있다. ibid., 각각 67~75쪽; 96~101쪽에 수록.

집중시켜야 했던 한국 측은 이 시기 몇 가지 경로를 통해서 일본의 최종적인 총 제공 액수에 관한 정보를 수집하고 있다. 4월 11일 주일 미 대사관을 통해서는 이케다 수상 측근으로부터의 정보로서 청구권 1억 불(최대 2억 불), 차관은 2억 불,[134] 21일에는 고다마를 통해서 오히라 관방장관의 이야기로서 청구권 및 무상으로서 1억 불, 차관 3억 불(최대 4억 불까지),[135] 5월 18일에는 오히라 장관의 대학동창으로부터의 정보로서 일본 측 최종안은 총액 5억 불,[136] 또 6월 5일에는 재일교포이던 당시 롯데껌 회장 신격호를 통해서 이세키 아시아국장의 이야기로서 청구권 및 무상으로 2억 불, 차관으로서 2억 불(최대 3억 불)[137] 등의 정보를 파악하고 있었다. 즉 이 시기 한국 측은 여러 소식통을 통해서 일본 측의 청구권 문제에 대한 최종 총 액수가 최대 5억 불가량임을 정확하게 파악하고 있었던 것이다. 일본 측 역시 금액 제시 자체는 거부하면서두 금액 자체는 이미 정해졌음을 한국 측에게 직접 내비쳤다.[138] 동년 8월 15일에는 방한 중이던 나카야스(中保興作) 일한문제연구회 이사장이 일본 측으로서 총액 5~6억 불 제공의 가능성을 시사,[139] 5억 불 이상의 수치는 한국 국내에서도 기정사실화되어 갔다.

한편 일본 측의 이 시기의 교섭 태도는 무엇보다 한일교섭이 7월의 참의원 선거 및 자민당 총재 선거에 대해 끼칠 악영향을 우려, 회담을 지연시키는 것이었다.[140] 물론 그런 지연 전략은 5개년계획에 즈음하여 타결을 서둘러야 했던 한국 측을 압박하는 의미도 있었다. 사실 7월 18일 오히라 신 외무대신은 외상 취임 인터뷰에서 한일 국교정상화는 한국 측에게는 사활적 문제이며 한국의 강경태도는 언젠가 수정되게 될 것이라고 발언,[141] 한국이 일본 측 방침에 다가오기까지 급히 움직일 필요가 없음

---

134) "JW-04150", ibid., 111쪽.
135) "JW-04302", ibid., 142쪽.
136) "JW-05266", ibid., 233쪽.
137) "JW-0668", ibid., 259쪽.
138) "한일대(정) 제191호", ibid., 284쪽.
139) 「동아일보」 1962년 8월 15일.
140) 미국 측도 이 무렵 한국 측 적극적인 자세에 비교한 일본 측 소극적인 자세를 인식, 그 영향력 행사의 한계를 인정하면서도 미국은 한국보다 일본에 대해서 회담 촉진을 위한 영향력을 행사할 필요성을 지적하고 있다. "Rusk's Memorandum for Kennedy"(1962.5.17). 細谷千博他 編, op.cit., 546쪽.
141) 「毎日新聞」 1962年 8月 6日.

을 밝혔다.

따라서 이 시기 일본 측은 교섭을 실무 당국자에 한정, 대기전략을 취하면서 한국 측 요구액수를 줄이는 것과, 청구권 명목을 없애는 데 주력했다. 3월 29일 이세키 국장은 장면 집권기인 61년 5월의 방한시 5억 불 요구의 이야기를 들었다는 사실을 다시 들고 제1차 정치회담에서의 한국 측 7억 불 요구의 이유를 따지고 있으며[142] 또 4월 10일에는 기자회견을 통해서 정치회담이 지연된 이유를 한국 측의 당치도 않은 액수 요구에 있음을 강조, 액수를 줄이지 않는 한 타결은 어렵다고 말했다.[143] 주일대표부는 같은 4월 10일 시점에서 이미 일본 측 국회심의 및 7월 선거 또 양국의 청구권에 관한 차이 등을 이유로 7월까지의 제2차 정치회담의 가능성은 희박했음을 전해야 했다.[144] 4월 30일에는 이세키 국장은 한국 측에게 회담의 본격적인 추진은 7월 선거 후가 될 것임을 통고했다.[145]

한편 청구권 명목에 관해서는 5월 14일 이세키 국장은 한국 측에게 청구권 명목의 사용은 국민의 이해를 구하기가 어려우며 또 무상명목의 사용 역시 청구권 명목이 있는 한 그 일환으로 지불한다는 인상을 준다는 이유로 청구권 명목 자체의 삭제를 요구했다.[146] 또 7월 2일에는 이세키 국장은 한국 측에 대해서 청구권＋무상 방식에서는 이미 교섭 여지가 없음을 선언, 무상원조＋차관 방식에 의한 해결을 기정노선으로 하고자 했다.[147] 제1차 정치회담에서 청구권과 유상에 의한 해결을 주장하던 일본 측의 태도가 왜 무상＋차관 형식으로 바뀌었는지에 관해서는 자료적으로 분명하지 않다. 그러나 다음 예비절충 교섭에서 논하듯이 이미 책정된 액수를 가지고 청구권 포기의 대가로서 증액했듯이 군 일본 측의 태도를 생각할 때 일본 측의 참된 의도가 제1차 정치회담시 제시한 청구권＋차관 형식에 의한 해결에 있었던 것이 아니라 맨 처음부터 무상＋차관 방식이라는 보다 경제원조에 가까운 해결을 실현시키는 데

---

142) "JW-03505", 『제6차 한일회담, 제1차 정치회담이후의 교섭, 1962.3~7』, 29쪽.
143) "JW-04116", ibid., 102쪽.
144) "JW-04117", ibid., 103~104쪽.
145) "JW-05012", ibid., 220쪽.
146) "JW-05211", ibid., 228~229쪽.
147) "JW-0717", ibid., 322쪽.

있었음은 분명하다고 해야 하겠다.

이런 주장에 대해서 한국 측은 표면적으로는 일본 측 요구를 받아들이지 않았다. 위에서 말한 7월 2일의 교섭 자리에서도 한국 측은 청구권 명목에 관해서는 일본 측과 절충한다고 해도 청구권＋무상 형식으로 해결할 것이 양보의 한계인 양 주장하고 있다.[148] 하지만 3월 24일자의 "기본방침" 속에서 이미 청구권과 무상을 합쳐 다른 이름을 사용할 것을 내부적으로 수락하고 있었다는 점, 또한 4월 25일 한국 정부 내부에서 토의된 회의에서는 빠른 자금 도입을 위하여 재산청구권 방식에 의한 자금 수취 자체의 포기조차 한 때 고려되었던 점[149]을 감안하면 한국 측 역시 이미 청구권 명목에 의한 문제 처리가 극히 어렵다고 인식하고 있었음은 확실하다.

7월 참의원선거 및 자민당 총재 선거가 끝나고 나서 제2차 정치회담을 위한 예비 작업에 관한 구상이 구체화되었다. 또 이런 미묘한 시기 미국은 국무성이 훈령으로서 한국 정부에 대해 청구권 명목을 고집하지 말고 일본의 경제원조를 받아들일 것을 요구, 만약에 그 요구를 수락하지 않을 경우 한국에 대한 경제원조를 재고한다는 압력을 가했다.[150]

7월 24일 한국 정부는 "한일회담에 관한 앞으로의 교섭방식"을 작성,[151] 주일대표부에 지시했다. 동 지시에서는 한국 정부는 일본 측이 구상한 도쿄와 서울에서의 이중 교섭에 대해서 도쿄에서만의 단독 교섭을 지시했다. 결과적으로 이후의 교섭과정은 한국 측 지시가 실현된 것으로 생각되나 여기서 주목되는 것은 후술할 김 - 오히라 회담의 성격이 이 구상 속에 나타나고 있었다는 점이다. 즉 한국 정부는 동 지지 속에 8월 말 이전에 실무자 간에서 각 현안에 관한 합의점과 대립점을 정리, 그 후 8월 말 또는 9월 초에 실무자가 아닌 상당한 고위층 사이에서 비공식 및 자유로운 분위기

---

148) ibid.

149) "한일 문제 간담회 제1차 회의 회의경과 요약", ibid., 159~161쪽. 다만 동 회의에서는 결국 이 문제에 관해 일본 측이 타협할 가능성이 있다는 것, 또 동 양보는 한국 측의 해결에 대한 긴급성이라는 인상을 줌으로써 결과적으로 일본 측이 타협 액수를 줄이는 가능성이 있다는 것 등의 이유를 들어 청구권 방식 포기의 입장은 채용되지 않았다.

150) 新延明, op.cit., 42~43쪽. 다만 동 취재에 의하면 미국은 동시에 일본 정부를 압박하기 위해 한국 시장을 유럽이 노리고 있다는 것을 일본 측에 전하는 훈령을 내리고 있었다고 한다.

151) "외정무 837", 『제6차 한일회담, 제1차 정치회담 이후의 교섭, 1962.3~7』, 397~401쪽.

속에서 예비회담을 한국 또는 일본에서 진행시켜 이들 교섭을 토대로 타협의 가망이 있을 경우 제2차 정치회담을 진행시키도록 지시하고 있었다. 이들 구상은 시기적으로는 오차가 생겼으나 당초 한국 측이 구상한 제2단계가 김 - 오히라 회담이라는 형식으로 실현되었음은 확실하다.

후술하듯이 결과적으로 김 - 오히라 회담은 주지의 큰 진전을 이루어 제2차 정치회담은 열리지 않았다. 그에 따라 동 김 - 오히라 회담은 사실상 제2차 정치회담으로 되었다.[152] 그러나 본시 제2단계이던 '비공식 및 자유로운' 회담에서 한일교섭의 핵심이던 청구권 문제의 틀이 마련되며 그에 따라 동 회담이 저절로 제2차 정치회담 노릇을 하게 된 것이 동 회담에 대한 불필요한 내외의 의심을 불러일으킨 하나의 요인이 된 점에 대해서는 주의가 필요할 것이다.

- ● 제2차 정치회담을 위한 예비절충

7월 24일의 한국 측 구상에 있었던 첫 단계인 실무자 간 교섭이 1962년 8월 21일부터 제2차 정치회담을 위한 예비절충 총합회의라는 이름으로 시작되었다. 이 회의에서의 절충이야말로 김 - 오히라 합의를 이끌어내는 토대를 마련한 마지막 무대였다.

1차 회의 벽두에 일본 측 스기 수석대표가 문서낭독 형식으로 일본 측 견해를 밝혔다. 그 낭독 속에서 스기 대표는 양국 간의 금액 차이를 메우기 위해서는 청구권 개념을 떠나 한국의 독립을 축하하여 민생 안정과 경제 발전에 대한 기여를 하기 위하여 무상, 유상에 의한 경제원조 방식으로 문제를 해결할 것, 그리고 이를 위해서는 한국 측이 청구권을 포기한다거나 주장하지 않는다는 등의 입장에 설 필요가 있음을 강조했다.[153] 즉 이 회의에서는 그 벽두로부터 청구권 문제에 관한 일본 측 진정한 의도라고 풀이되는 무상＋차관 형식에 의한 해결방식이 그 모습을 드러냈던 것이었다.

한국 측은 이에 대해서 본시 금액 차이를 무상으로 메우는 것은 일본 측 주장이었으며 그 주장에 대한 타협 의도로 청구권과 무상원조라는 두 가지 명목의 사용에 동의

---

152) 훗날 1963년 7월 김용식 - 오히라 외상 간에서 이루어진 회담을 '제2차 정치회담'으로 부르기는 하나 이 회담은 위에서 지시되어 있었던 청구권 문제 해결을 위한 제2차 정치회담과는 다른 것이다.
153) 『第六次韓日會談 會議錄(Ⅲ) 第二次 政治會談 豫備折衝(1962.8.22~1962.12.25)』, 31쪽.

했음에도 또 다시 청구권 명목을 삭제하는 것은 불가능하다고 주장했으나[154] 경제계획을 위한 자금 수요라는 요구가 있는 한국 측의 취약한 입장은 어쩔 수 없었다. 일본 측은 이 약점을 틈타 청구권 명목을 사용할 경우 금액이 적어짐을 재차 강조하여 무상원조만의 사용은 액수를 늘리기 위한 조치임을 주장,[155] 한국 측을 압박했다. 궁지에 몰린 한국 측은 무상명목만을 사용할 경우 얼마 나오는가를 질문하여[156] 금액과 명목의 흥정 자세를 감추지 않았다.

또한 동 회의에서는 청구권 문제 해결에는 남북한의 계산 문제가 나올 수밖에 없다는 일본 측 주장이 나왔다.[157] 이에 대해서 한국 측은 이 기회에 한국 전체의 청구권을 해결하면 나중에 문제가 없어지고 오히려 일본 측에게도 이익이 된다는 발언을 했다.[158] 남북한의 대립 상황이라는 극한 사태는 원래 같은 식민지 지배의 피해자인 이북 겨레들의 권리를 봉쇄하기 위하여 일본의 이익을 강조해야 하는 상황을 몰고 온 것이었다.

24일 열린 제2차 회의에서는 양측으로부터 금액에 관한 새로운 안이 나왔다. 일본 측은 무상원조 명목만으로 1억 5000만 불을 제안하여[159] 제1차 정치회담 때 제시한 청구권 명목의 7000만 불보다 8000만 불 늘렸다. 그러나 주의해야 할 것은 이 1억 5000만 불이라는 수치는 이 단계에서 새롭게 작성된 액수가 아니라 늦어도 제5차 한일회담 당시에는 이미 일본 측 내부에서 책정되어 있던 수치라는 점이다.[160] 따라

---

154) ibid., 10~11쪽.
155) ibid., 14쪽.
156) ibid., 17쪽.
157) ibid., 12쪽.
158) ibid.
159) ibid., 42쪽. 다만 이 교섭의 책임자이던 스기 수석대표를 추도한 회고록 杉道助追悼錄刊行委員会 『杉道助追悼錄(上)』(1966, 非売品), 206쪽에서는 동 예비회의 제1차 회의에서 일본 측은 무상명목 하나만으로 3억 불을 제시했다고 기술하고 있으나 이 사실은 회의록 속에서는 확인하지 못한다. 그러나 본문에서 후술하듯이 정치회담을 위한 동 예비회의에서 일본 측 역시 청구권 부분을 3억 불로 타결시키는 생각을 가지고 있었다고 판단되므로 이 무상 3억 불 제시는 비록 기록이 남는 석상이 아니더라도 이 시기 한국 측에 전해졌을 가능성은 커 보인다.
160) 제4차, 제5차 한일회담의 일본 측 수석대표를 맡은 사와다는 1962년 3월 26일의 좌담회에서 본인이 수석대표이던 시기 청구권 7500만 불, 무상 7500만 불, 합계 1억 5000만 불을 계정하고 있었다고 증언하고 있다. 『제6차 한일회담, 제1차 정치회담이후의 교섭, 1962.3~7』, 35쪽.

서 일본 측은 이전부터 책정하던 액수를 가지고 마치 청구권 명목의 포기와 무상 명목 사용의 대가로서 8000만 불을 늘릴 듯한 전략을 취한 것이었다. 이에 대해서 한국 측은 청구권 3억 및 무상원조 3억을 요구하여[161] 제1차 정치회담시 최덕신 외상이 제시한 7억 불보다 1억 불을 줄였다.

다음 제3차 회의(8월 29일)에서는 또 다시 새로운 제안이 나왔다. 한국 측은 청구권의 테두리 안에서 순변제와 무상원조를 하나로 묶어 총액으로서 해결할 수 있다는 타협안을 내놓았다.[162] 위에서 언급한 3월 24일자 "기본방침"에서 한국 측이 내부적으로 정하고 있었던 타협안을 정식으로 일본 측에 제시한 셈이었다. 그러나 일본 측은 수치를 하나로 할 경우 그 수치의 명칭이 문제가 될 것을 지적하여[163] 청구권이라는 표현 자체의 사용을 원천 봉쇄하려고 했다. 한국 측은 한국 국민이 가지고 있는 명확한 청구권 의식을 들어 반론했으나[164] 일본 측 이세키 아시아국장은 이에 대해서 은급 정도가 청구권으로서 계산할 수 있는 범위임을 강조, 청구권으로서 돈을 받는 것이 당연하다고 생각하는 한국 국민의 의식을 바꿀 것을 요구하는 고압적인 발언을 쏟아 부었다.[165] 한국 측이 이에 반론한 흔적은 없다. 한일회담 당초 배상의 자격을 노리던 한국 측은 제6차 한일회담의 청구권 교섭에 이르러서는 필요액수의 확보를 위해서 청구권 자격까지 상실해야 할 처지에 몰린 것이었다. 이 청구권과 무상을 한데 묶어 처리할 한국 정부의 방침은 31일 공식적으로 국내에서도 보도,[166] 청구권 단독 명목에 의한 해결의 포기는 이 시점에서 국내적으로도 공식화되었다.

제4차 회의(9월 3일)에서는 바로 외자 필요 액수가 도마에 올랐다.[167] 일본 측은

---

161) 『第六次韓日會談 會議錄(Ⅲ) 第二次 政治會談 豫備折衝(1962.8.22~1962.12.25)』, 46쪽.

162) ibid., 61쪽.

163) ibid., 61~62쪽.

164) ibid., 70~71쪽.

165) ibid., 71쪽.

166) 「동아일보」 1962년 8월 31일.

167) 동 회의에서는 훗날 김종필의 발언으로서 이야기 거리가 되어 온 소위 '독도 폭파' 발언이 나왔으나 그 발언의 주인공은 일본 측 이세키 아시아 국장이었다. 『第六次韓日會談 會議錄(Ⅲ) 第二次 政治會談 豫備折衝(1962.8.22~1962.12.25)』, 103쪽. 다만 김종필 부장도 62년 11월 13일의 기자회견에서는 논담으로 '독도 폭파 발언'을 본인이 한 적이 있다고 인정하고 있으므로 그런 발언을 한 것은 사실인 것으로 보인다. 「JW-11183」, 『김종필 특사 일본방문, 1962.10~11』, 216쪽.

경제5개년계획에 있어서 일본에 최대한 기대하는 경제적 기여의 정도에 관해 문의했다.[168] 이에 대해 한국 측은 총 소요액수 약 24억 불 중 17억 불인 내자 부분을 뺀 약 7억 불이 외자 소요액임을 전했다.[169] 위에서 봤다시피 제1차 정치회담을 앞둔 62년 3월 무렵, 한국 측이 예상하던 4억 7000만 불이라는 수치와 달리 이 자리에서 왜 7억 불이라는 수치가 나오게 되었는지 자료적으로는 확실하지 않다.[170] 그러나 내부적으로 4억 7000만 불이라는 절대 확보 액수에 대해서 5억 불 이상을 최저요구액으로 하던 한국 측이 일본 측에게 7억 불이 외자 소요액임을 표명한 후의 교섭에서는 이하에서 검토하듯이 김 - 오히라 회담시 6억 불 이상, 그리고 그 후 65년의 막판 교섭에서는 결국 8억 불 이상으로 된 것을 보면 대일 요구액수가 외자 소요액과 밀접한 관계에 있었음을 짐작하게 한다. 이와 같이 제6차 회담은 대일청구권 문제가 과거청산을 위한 것이 아니라 경제계획 수행을 위한 자금도입 교섭이었음을 여지없이 부인 셈이었다.

경제계획의 개략적인 의견교환만 이루어진 제5차 회의(9월 6일)에 이어 제6차 회의(9월 13일)부터 제7차 회의(9월 20일)에 걸쳐서는 정치회담에 올리기 위한 청구권 금액에 관한 흥정이 재론되었다. 제6차 회의에서 한국 측은 일본 측이 1억 5000만 불에서 2억 불로 올리면 자기 측은 무상 단독명목으로 6억에서 5억으로 내릴 것이 현재의 훈령임을 밝혔다.[171] 이에 대해 일본 측은 오히려 한국 측이 먼저 5억 불을 정치회담에서의 출발점으로 삼을 것과[172] 일본 측 한도액이 1억 7000만 불임을 천명했다.[173] 그러나

---

168) 『第六次韓日會談 會議錄(III) 第二次 政治會談 豫備折衝(1962.8.22~1962.12.25)』, 87쪽.
169) ibid.
170) 일단 확인할 수 있는 것은 앞서 말한 62년 3월 무렵의 4억 7000만 불은 총 소요외자 액수를 24억 1600만 불로 하여 그 중 4억 7000만 불을 아직 충족전망이 없는 결손액으로 하고 있었던 데 대해 위의 토의에서 나온 7억 불에 대해서는 외자+내자를 포함한 총 액수를 약 24억 불가량으로 하여 내자를 빼고 외자로 충당해야 하는 소요액이라고 발언하고 있는 점에서 전제조건이 다르다는 것이다. 다만 5개년계획이 발표된 시점에서 이미 외화 소요액이 7억 불임이 밝혀지고 있는 점(「동아일보」 1962년 1월 14일), 또 5개년계획 중의 외자에 의한 투자재 총 소요액이 6억 8360만 불이었다는 것들을 생각하면 당초부터 7억 불가량의 외자가 필요했던 것은 거의 확실해 보인다. 투자재 총 소요액에 관해서는 金達鉉 편, 『5個年 經濟計劃의 解說: 內容·解說·논평』(進明文化社, 1962), 121쪽을 참고. 그러나 소요외자의 설명에 왜 그런 차이가 생겼는지는 자료적으로 밝혀내지는 못한다.
171) 『第六次韓日會談 會議錄(III) 第二次 政治會談 豫備折衝(1962.8.22~1962.12.25)』, 129쪽. 회의 록에서는 무상 단독이라는 것은 확인하지 못하나 배의환 수석의 회고에 의하면 이 5억 불은 청구권 명목을 뺀 무상명목 단독의 수치였다고 증언하고 있다. 裵義煥, 『보릿고개는 넘었지만: 배의한회고록』(코리아헤럴드·내외경제신문, 1991), 195쪽.

동 석상 실무자 간에서 표면적으로 나타난 이들 수치는 양국의 진정한 속셈을 드러낸 것이 아니었다고 판단된다. 배의환 수석이 박정희 의장에게 부친 9월 14일자의 보고서 속에서는 정치회담에 올릴 예비회담에서의 양국 합의 액수로서 日本 측이 2억 5000만 불을 제시할 경우 한국은 4억 불, 일본 측 2억 불을 제시할 경우 한국 측은 4억 5000만 불로 할 것으로 노력 중임을 밝히고 있으며, 일본 측 역시 한국 측에 비공식적으로 일본 측 2억 불에 대해서 한국 측이 4억 불로 하는 것을 제안했었다.174)

얼핏 보기에는 아직 대립점이 남아 있어 보이는 이런 수치상의 차이는 사실상 무상 명목 액수를 3억 불로 해결하자는 양국 간의 암묵적인 합의로 이루어진 것이라고 풀이된다. 즉 후술할 김 - 오히라 회담시 그 처리가 논의된 한국의 대일 무역 지불채무 OA 약 5000만 불의 존재를 감안, 그 채무를 일본의 무상지불로 탕감할 생각이던 한국 측에게는 일본 측이 정치회담에 올릴 액수를 2억 5000만 불로 한다면 OA분 5000만 불을 빼고 일본 측 2억 한국 측 4억, 혹시 일본 측이 정치회담에 올릴 수치를 2억으로 한다면 한국 측은 4억 5000만 불을 요구해 놓고 그 요구액으로부터 OA 5000만 불을 빼고 4억 불 제시하면 결과적으로 한국 측 4억 불, 일본 측 2억 불 제시와 같은 이야기였다. 또한 확인한 바와 같이 일본 측 역시 비공식적으로 한국 측에 일본 2억 불, 한국 4억 불을 제안하고 있었던 점을 고려하면 사실상 이 무렵 양국 모두 다가올 정치회담에서는 최종적으로 각각 1억 불을 양보하는 형식으로175) 무상 3억 불로 해결하자는 암묵의 양해가 성립되었음을 뜻한다.

사실 배의환 수석은 정부훈령이 5억 불임을 내비친 제6차 예비회의 전에 서울에서 박정희 의장의 승인을 얻어 청구권 명목액수는 최종적으로 3억 불로 해결할 복안을 갖고 있다고 증언하였다.176) 또한 이 무렵 청구권 문제의 3억 불 해결은 미국 측도

172) 『第六次韓日會談 會議錄(III) 第二次 政治會談 豫備折衝(1962.8.22~1962.12.25)』, 129쪽.
173) ibid., 133쪽.
174) 이도성, op.cit., 445~446쪽. 예비절충에서의 한국 측 최종 액수가 4억 불이었다는 사실은 9월 17일 자 배의환의 외무부장관에 대한 건의서에서도 확인 가능하다. 같은 책, 112쪽.
175) 배의환은 그 회고에서 한국 측은 정치회담에서 5억 불에서 2억 불 양보할 생각이었다고 기술하고 있다. 裵義煥, op.cit., 196쪽. 그러나 위 배의환의 9월 14일자 박정희 의장에 대한 보고서의 수치를 따지면 각각 1억 불의 양보로 된다.
176) ibid., 거기에서는 "청구권 액수"라고 표기하고 있으나 교섭의 흐름을 생각하면 동 3억 불 역시 무상명

이미 파악하고 있는 내용이었다.[177]

그러나 이 무렵 굳혀지고 있었던 것은 무상 3억 불만이 아니었다고 보인다. 9월 17일자로 배의환 수석이 외무부 장관에게 부친 건의서에서는 여러 접촉들의 결과 일본 측의 최종 지불할 합계 액수의 한도가 무상+차관으로 5억 불 정도임을 전하고 있다.[178] 이 보고내용과 함께 무상을 3억 불로 하는 대신 경제협력(유상차관)으로 2~3억 불을 획득할 구상이었다는 배의환 수석의 증언,[179] 그리고 김 - 오히라 회담시의 한국 측 획득 총 액수 목표가 6억 불임을 감할 때 최종 타결안으로서는 논리적으로 무상 3억 불과 정부차관 2억 불, 그리고 남은 부족분 1억 불은 민간부분의 차관으로 메우는 방법 밖에 없었다. 후술할 무상 3억 불, 정부차관 2억 불, 민간차관 1억 불 이상이라는 김 - 오히라 합의의 윤곽은 어렴풋이나마 이 시기 확실히 확립되어 있었다고 볼 수 있다.

이상과 같은 양국의 속셈에 따라 최종액수의 윤곽이 정해져 가는 가운데 예비절충 제7차 회의에서는 한국 측이 한국 측 5억 불, 일본 측 2억 불을 주장한 데 대해 일본 측은 일본 측 1억 7000만 불, 한국 측 5억 불을 요구하는 등의 소모적인 줄다리기가 계속되었다. 이런 흥정 과정에서는 한국 측은 일본이 1억 7000만 불이라면 자기 측은 5억 5000만 불로 한다고 주장하는가 하면 일본 측은 한국이 5억 5000만 불이라면 일본은 1억 5500만 불로 한다고 응수하는 등[180] 액수에 관한 말장난까지 난무했다. 청구권 교섭 막판, 액수만 초점이 된 교섭 당사자들에게는 본시 이 교섭이 무엇을 위한 것이었는지는 관심의 대상이 아니었다. 실제 이 무렵의 교섭에서는 양국 간의 특수한 과거에 관한 토의가 당사자들의 입에 오르는 일조차 완전히 사라지고 있다.

다음 제8차 회의(9월 26일)에서는 일본 측으로부터 이 자리에서 이 이상의 진전을 이룩함이 어렵다는 인식과 더불어 10월 중순 예정이던 김종필 중앙정보부장의 방일

목으로 받을 것을 생각하고 있었음은 틀림없을 것이다.

177) 「東京新聞」 1962年 10月 1日.

178) 이도성, op.cit., 111쪽. 다만 그 액수의 내역은 무상 2억 5000만, 유상 2억 5000만 불로 보고하고 있다.

179) 裵義煥, op.cit., 196쪽.

180) 『第六次韓日會談 會議錄(Ⅲ) 第二次 政治會談 豫備折衝(1962.8.22~1962.12.25)』, 155쪽.

시 이케다 수상과의 회담에서 실질적인 결정을 할 것이 좋다는 제안이 나왔다.[181] 막후에서 이미 금액과 그 지불구성이 정해져 가고 있던 과정에서 필요한 것은 실무토의가 아니라 바로 정치적 결단이었다. 결국 그 결단이 이케다 수상과의 회담에서가 아니라 바로 김 - 오히라 회담에서 내려졌음은 주지의 사실이다.

그러나 그런 중요한 결단을 내린 김 - 오히라 회담이 당초에는 이미 언급한 7월 24일자 한국 측 방침에서 지시되었던 제2단계인 상당한 고위층에 의한 비공식회담의 성격을 가지는 것에 불과했음은 틀림없어 보인다. 이것은 예비절충의 교섭내용을 봐도 확인 가능하다. 예컨대 위의 제8차 회의에서 이세키 국장은 김종필 방일시의 토의 이후 정치회담은 의례적인 것으로 하면 된다는 인식을 드러내고 있다.[182] 또 김종필 부장의 방일을 열흘 후에 앞둔 10월 10일 열린 제10차 회의에서는 김 - 오히라 회담 후의 정치회담 개최시기를 물은 한국 측에 대해 일본 측은 김 - 오히라 회담에서 합의가 이루어져도 그 내용은 표면화시키지 말고 예비절충 또는 10월 하순쯤 가능한 정치회담에서 결정할 형식을 취할 것을 요구하고 있다.[183] 즉 당초 한일 두 나라는 비록 그것이 형식적인 것이라고 해도 최종 타결을 짓기 위한 공식적인 제2차 정치회담을 김 - 오히라 회담과 별도로 개최할 의도를 가지고 있었던 것이다. 역으로 말하면 이런 사실들은 당초 김 - 오히라 회담은 그런 중요한 문제를 최종 타결시킬 만한 공식적인 성격을 부여된 회담이 아니었음을 시사한다.

그럼에도 결국 김 - 오히라 회담이 제2차 정치회담으로 된 것은 청구권에 관한 실질적인 진전이 있었기 때문이었다. 사실 김 - 오히라 회담 후인 63년 1월 23일 제23차 예비절충 회의에서 한국 측은 예비절충 기간 중 김 - 오히라 회담이 개최되며 동 자리에서 청구권 문제의 타결을 봤기 때문에 실질적으로 동 회담이 제2차 정치회담으로 되었다는 인식을 드러내고 있다.[184]

이와 같이 한일 간의 특수한 과거를 청산하는 여러 문제 속에서도 가장 핵심이자

---

181) ibid., 172쪽.
182) ibid.
183) ibid., 185쪽.
184) 『第六次韓日會談 會議錄(IV) 第二次 政治會談 豫備折衝(1962.12~1963.5)』, 61쪽.

그 상징이기도 하던 청구권 문제는 적어도 결과적으로는 절차상 당초 공식적인 회담도 아닌 장에서 그 타결을 본 것이었다.

5) 김 - 오히라 회담

● 회담 전의 한국 정부의 방침

청구권 문제 해결의 틀을 마련한 김 - 오히라 회담은 단지 14년에 걸친 한일회담의 최대의 과제이던 청구권 교섭에 그 타결의 길을 열었다는 것 외에 무엇보다 쿠데타의 주역이던 김종필 중앙정보부장이 그 결과를 가져왔다는 의미에서 많은 논란의 대상으로 되어 왔다. 그러나 당시 타결에 시급했던 군사정부는 그런 정치적 의미에는 구애받지 않고 오히려 그런 군사정부 내부에서의 위상에 문제 타결의 길을 찾았다.

실제 한국 외무부는 10월 15일자로 김종필 중앙정보부장의 방일 전망에 대해서 김종필 부장이 한국 정부 내에서 차지하는 위치나 시기적으로 혁명정부로서의 최후의 기회가 될 가능성을 들어 이번 방문을 일반적인 친선방문이 아니라 문제 해결을 위한 구체적인 방안을 내놓아 문제타결의 토대를 마련하는 회담으로 할 것을 박 의장에게 건의하고 있다.[185] 최덕신 외무부장관의 이름으로 발신된 동 건의문은 사실상 외무부장관 자신이 자기 소관업무인 외무에 관해서 김종필 부장의 교섭이 외상 교섭보다 높은 위치를 차지하는 것을 시인하고 있었던 셈이었다. 또한 군사정부는 이 방문을 혁명정부로서의 최후의 기회라고 자리매김시켜 민의의 반영이 어려운 쿠데타 정권이라는 형식하에서 일본과의 과거처리를 강행하는 목적을 이 회담에 부여한 것이었다.

김종필 부장의 방일 전에 한국 정부가 목표로 하던 청구권 타결 최종 액수는 총액 6억 불이었으며 그 획득 구성에 있어서는 순변제＋무상 부분으로서 3억 5000만 불을 획득하는 것이었다.[186] 이 3억 5000만 불은 9월 12일자로 친서 형식으로 미국 측에게

---

185) 『김종필 특사 일본방문, 1962.10~11』, 43~45쪽.
186) "각 현안 문제 해결에 대한 우리의 입장", ibid., 58~59쪽. 동 자료는 17일자의 김종필 부장에 대한 정식 훈령에서 참고자료로 첨부되었다. 또 김동조는 회담에 임할 김종필 부장과 박정희 의장 간의 직접 토의를 소개하면서 김종필 부장 방일 전의 요구액이 무상 3억, 유상 3억 민간 차관 3억 불이었다고 소개하고 있으나 이 사실은 공식기록에서는 확인하지 못한다. 김동조, op.cit., 231쪽. 다만 가령 이런 사실이

[표 27] 한국 측의 청구권 액수 3.5억 불 획득을 위한 교섭전략　　　　　　(단위는 미 억 불)

일본 측 제시액	한국 측 제시액(순변제＋무상)
1.5	6.0 (3＋3)
2.0	5.0 (2.2＋2.8)
2.5	4.5 (1.8＋2.7)
3.0	4.0 (1.4＋2.6)

도 전해지고 있었다.[187] 한국 측이 총액에 관해서 제1차 정치회담시의 목표치인 5억 불(청구권＋무상원조)을 이 단계에서 6억 불로 늘린 이유는 자료적으로는 분명하지 않다. 그러나 소요외자액수 7억 불의 사정 등이 가리키듯이 일본으로부터 받을 금액의 증액이 절실했던 것은 쉽게 상상할 수 있다.

한편 한국 측은 이 무렵 일본 측 순변제＋무상부분의 최종 타결 액수가 2억 5000만 불과 청산 계정 약 4500만 불의 포기를 포함한 3억 불 미달의 선으로 될 것을 예상하고 있었다.[188] 따라서 남은 청구권 협상의 중심은 한국 측 3억 5000만 불과 일본 측 약 3억 불의 공방이었다. 그 목표인 3억 5000만 불 도달까지 한국 측이 세운 청구권 액수의 조정 전략은 [표 27]이었다.[189]

[표 27]이 가리키고 있듯이 한국 측의 최종 3억 5000만 불 확보의 협상전략은 이미 확인한 바와 같이 제2차 정치회담을 위한 예비절충 총합회의 제2차 회의에서 실무자

있어도 이 금액이 최종안이 아니었음은 위 공식문서의 수치와 김 - 오히라 회담에서의 타결액 6억 불이 입증하고 있다.

187) 『김종필 특사 일본방문, 1962.10~11』, 25~27쪽에 수록된 박정희 의장의 친서에는 이 수치의 직접적인 제시는 없으나 앞의 각주의 "각 현안 문제 해결에 대한 우리의 입장"에서는 수치통보가 케네디(John F. Kennedy) 대통령에게 이루어졌다는 기술이 있다(같은 문서, 59쪽). 한편 다른 공식문서인 『한일회담에 대한 미국의 입장, 1961~64』에서는 위 박정희 의장의 친서라고 생각되는 국문의 자료가 36~38쪽에 수록되어 있으나 그 뒤에 수록된 영어 문서 39~45쪽 중 41쪽에 "청구권 지불 액수에 관해서 한국 측은 최저 3억 5000만 불 이상이 되면 그것을 수락함을 결정하고 있다"는 설명이 기술되고 있으므로 동 문서가 박 의장의 친서에 포함되고 있었을 가능성이 있다. 동 문서에는 날짜나 그 문서의 성격에 관한 기술이 없는데다가 인쇄가 선명하지 않아 제목 등의 확인이 어려우나 그 내용상 한국 측이 미국 측에 한일회담의 각 현안들에 관한 자기 측 입장을 설명한 문서임은 확실하다.

188) 『김종필 특사 일본방문, 1962.10~11』, 46쪽.

189) ibid., 60쪽. 다만 동 수치 전략은 8월 28일자로 주일대표부에 전달되어 있는 것을 보면 김 부장에 대한 새로운 협상전략이 아니었던 점에 주의가 필요하다.

[표 28] 제1차 김 - 오히라 회담 전에 내려진 박정희 의장의 훈령내용

총액	6억 불 이하는 수락 불가능
지불형식	차관조건이 유리하면(무이자 또는 최저이자) 다시 양보하여 차관을 청구권 해결에 포함함. 이 경우 순변제＋무상 액수가 차관보다 많아야 함
명목	국민에게 청구권에 대한 변제 또는 보상으로서 지불된 것이라는 점을 납득시킬 수 있는 표현이 되도록 할 것
기타	타결 원칙의 양해가 성립되면 이것을 공식화시키는 절차는 예비교섭 또는 정치 회담에서 행함 (일 측 정치회담 대표는 이케다 자신 또는 이케다가 지명하는 고위정치인도 무방하다고 암시할 것)

간에서 정식으로 제기되던 금액인 일본 측 1억 5000만 불과 한국 측 6억 불을 출발점으로 하여 [표 27]에 따라 상호 양보를 거듭하는 것이었다.

그리고 그 결과 마지막 단계, 즉 일본 측 3억 불, 한국 측 4억 불이 되면 정치회담에 그 안을 올리고 최종적으로 순변제＋무상부분으로서 3억 5000만 불을, 또 남은 2억 5000만 불을 차관으로 취득하는 것이 한국 정부의 목표였다. 따라서 김종필 부장의 방일시 최저목표는 실무자 간에 각각 1억 5000만 불과 6억 불에 머무르던 액수 대립을 정치회담에 올릴 수 있는 일본 측 3억 불과 한국 측 4억 불의 선까지 그 대립의 폭을 좁히는 것이었다고 판단된다. 이후 정치회담이 필요 없게 된 이유는 이하에서 논하듯이 제2차 김 - 오히라 회담에서 비록 그 구성은 무상 3억 5000만 차관 2억 5000만 불이 아니었으나 무상 3억, 유상 2억, 민간차관 1억이라는 합계 6억 불 확보에 관한 최종합의가 이루어졌기 때문이었다.

이상의 상황 인식과 청구권 전략을 토대로 방일할 김종필 부장에게 직접 박정희 의장이 내린 17일 훈령은 [표 28]과 같았다.[190]

상기 훈령은 김종필 부장 방일 이전에 한국 정부가 세우던 청구권 해결 방침과 큰 차이는 없으나 차관을 청구권 부분의 해결 속에 넣은 것과 그 금액 구성에 관해서 순변제 및 무상을 3억 5000만 불로 명시하지 않았던 것 등이 주목할 만하다.

---

190) ibid., 32~34쪽.

● 제1차 김 - 오히라 회담

10월 20일 제1차 김 - 오히라 회담이 개최되었다. 이 회담은 양자 둘만의 단독회담의 스타일을 취하고 기록은 회담 후 본인으로부터 청취하는 형식을 취했다. 그 바람에 후술하듯이 그 해석에 관해서 큰 차이를 남기는 결과가 되었다. 한국 측 기록에 의하면 회담의 내용은 이하와 같다.[191]

회담에서의 핵심은 물론 액수 문제였다. 벽두 오히라 외상은 이케다 수상이 2억 5000만 불 이상은 어렵다는 말로 김종필 부장을 견제하면서도 동 부장의 액수 문의에 대해 연간 2500만 불을 12년간에 지불할 합계 3억 불을 제안했다. 그 이유는 동남아에 대한 배상 지불 중 가장 많은 필리핀에 대해서 연간 2500만 불을 지불하고 있다는 것이었다.[192] 이에 대해서 김종필 부장은 지불기간을 12년의 반 이하로 할 것을 희망하는 것, 3억 불은 도저히 수락하지 못하는 수준임을 밝혔다.[193] 그러나 오히라 외상은 1억 5000만 불을 3억 불로 끌어 올리는 데 많은 어려움이 있었으므로 6억 불은 있을 수 없는 이야기라고 연막을 치면서 3억 불에 대해서도 금액을 늘리기 위해서 무상공여나 독립축의금이라는 명목을 생각했다고[194] 오히려 청구권 명목의 소멸에 대해 생색을 내기도 했다. 적어도 이 기록에 의하면 일본 측은 김종필 부장의 정식 요구 이전에 이미 한국 측 총 요구액수가 6억 불임을 파악하고 있었던 것이 된다.[195]

이어 이야기는 잠시 OA 문제로 옮겼다. 이에 관해서 오히라 외상은 청구권 문제와 따로 처리할 것을 주장한 데 대해 김종필 부장은 일괄 해결의 방침을 전했으나[196] 그 이상 깊은 토의는 없었다.

그 후 또 다시 이야기는 핵심인 금액으로 되돌아왔다. 김종필 부장은 청구권 부분

---

191) 오타는 미국 측 공문서에 실린 김종필 부장의 러스크 장관에 대한 설명을 쓰면서 동 제1차 회담의 내용을 소개하고 있다. 太田修, op.cit., 208쪽. 동 기술은 비교적 짧은 것이나 그 내용에 있어서는 위 공식문서 기록과 차이가 없다고 평가된다.
192)『김종필 특사 일본방문, 1962.10~11』, 92~93쪽.
193) ibid., 93쪽.
194) ibid., 94쪽.
195) 사실 김종필 부장은 박 의장에게 일본 측 태도를 봐 한국 측 최종안을 알고 있다고 판단된다고 적고 있다. ibid., 93쪽.
196) ibid. 94쪽.

이외 남은 3억 불을 메우는 방법을 물었는데 이에 대해 오히라 외상은 민간차관에 의한 방법을 들었으나 김종필 부장은 청구권 내로서 해석 가능한 정부 간 차관, 즉 해외경제협력기금(이하 '기금')에 의한 증액을 요구하며 그것을 포함해서 한국 측은 최종 6억 불을 확보해야 할 것을 천명했다.[197] 즉 한국 측은 최종안을 제1차 김 - 오히라 회담에서 일본 측에 밝힌 것이었다.

오히라 외상은 '기금'으로부터의 출자는 4000만 불 정도만 가능하다고 못을 박으면서도 김종필 부장이 정부차관을 포함해서 6억 불을 확보해야 한다고 말한 데 대해 "문제의 핵심에 도달되었다"고 발언했다.[198] 기록에 의하면 오히라 외상은 그 문제를 조금 더 구체적으로 이야기하자고 제안하고 있으나 이 요청에 대해서 김종필 부장은 정부차관에 관한 토의는 수석대표에게 맡길 것을 주장해서[199] 동 회담에서는 그 이상의 심층적인 토의를 행하려 하지 않았다. 왜 6억 불 확보라는 핵심과제에 관해서 김종필 부장이 그 자리에서 그 이상의 토의를 피했는지 그 이유는 확실하지 않다.

다만 정부차관을 포함해서 6억 불이라는 김종필 부장의 요구에 대해 오히라 외상이 보다 구체적인 토의를 요구한 반응을 고려할 때 비록 제1차 김 - 오히라 회담에서는 그 구성 비율에 관해서 불투명한 부분이 남았으나 총액 6억 불에 관해서는 거의 양자 간에 암묵의 양해가 성립되어 있었다고 판단해도 무방해 보인다.

일단 큰 틀이 마련되듯 보이던 제1차 회담의 내용은 하지만 양국 간에서 큰 해석 차이를 낳았다. 25일 제2차 정치회담 예비절충 제12차 회의에서는 61년 11월의 박 - 이케다 정상회담시의 해석 차이의 경험에 비추어 이번 김 - 오히라 회담의 내용에 관한 대조작업이 벌어졌다. 그 결과는 청구권 전반에 걸쳐서 너무나 큰 해석 차이가 존재하고 있었음이 드러났다. 그 요점은 [표 29]와 같은 것이었다.[200]

대조작업은 11월 1일에도 다시 양국 실무자 간에서 이루어졌으나 이미 새로운 진전의 사실은 없다.[201] 제2차 김 - 오히라 회담에서 소문 많았던 소위 김 - 오히라

---

197) ibid., 95쪽.
198) ibid.
199) ibid.
200) "한일대(정) 제458호", ibid., 105~108쪽.
201) "한일대(정) 제473호", ibid., 111~114쪽.

[표 29] 제1차 김 - 오히라 회담의 내용에 대한 양국 대조작업 결과

	일본 측 주장	한국 측 주장
명목	오히라 외상이 독립축의금, 구 종주국에 의한 신생 독립국가의 경제자립을 위한 원조라고 발언한 데 대해 김 부장은 훗날 협의라고 하면서도 반대는 없다고 발언했다.	오히라 외상이 금액을 늘리기 위하여 명목으로서 무상, 독립축하금 등을 꺼낸 기록은 있으나 김 부장이 이에 반대가 없다고 말했다는 기록은 없다.
청구권 금액	미국으로부터 3억 불이라는 이야기를 들었으나 한국 측의 의견을 듣고 싶다. 일본 측으로서 액수는 정하지 않고 있으나 가급적 한국 측 요구에 응하고 싶다고 오히라 외상이 발언했다.	오히라는 3억 불을 고려하고 있으나 김 부장은 6억 불을 유지해야 한다고 말했다.
차관	차관을 더해서 전체 액수를 늘릴 경우는 무상은 줄어들게 되나 좋은가라고 오히라 외상이 발언했으나 김 부장은 무상이 줄어드는 것은 안 된다고 말했다.	김 부장이 정부 간 차관, 즉 '기금'에 의한 차관에 대해서 물었더니 오히라 외상은 4000만 불 정도밖에 없다고 말했다.
OA처리	김 부장은 1월4일부터 상환한다는 이야기를 들었으나 정부의 공식 견해가 아니라고 말했다.	오히라 외상은 청구권과 별도 취급을 주장했으나 김 부장은 일괄 해결을 주장했다.
지불기간	오히라 외상은 필리핀의 기준에 따르겠다고 말했다.	오히라 외상은 연간 2500만 불 12년 지불이라고 말했으나 김 부장은 12년의 반 이하의 기간을 주장했다.

메모가 남겨지게 된 이유는 제1차 회담에서의 위와 같은 해석 차이의 경험이 낳은 결과에 불과하며 특별한 정치적 의도로 인한 것이 아니었다. 실제 11월 9일 제14차 예비절충 회의에서는 다음 김 - 오히라 회담시의 합의사항에 관해서는 양자 간에서 간단한 메모를 남길 것이 토의되었다.[202] 김 - 오히라 메모는 실은 실무자 간에 합의된 산물에 불과했던 것이다.

• 제2차 김 - 오히라 회담

청구권 문제 해결의 틀을 최종 결정한 제2차 김 - 오히라 회담은 11월 12일 열렸다. 이듬해 민정이양이 기정사실로 돼 있던 군사정부에게는 민정이양 전의 타결 가능성을 건 마지막 승부였다. 배의환 수석은 동 회담을 3일 앞둔 예비절충 제14차 회의 석상 민정이양 후는 국회가 생김에 따라 국내가 시끄러워질 것을 지적, 타결을 위해서는 지금이 가장 좋은 시기라고 일본 측에 호소하고 있다.[203] 물론 이 발언은 제2차

---

202)『第六次韓日會談 會議錄(III) 第二次 政治會談 豫備折衝(1962.8.22~1962.12.25)』, 231~232쪽.
203) ibid., 236쪽.

[표 30] 제2차 김 - 오히라 회담을 위한 11월 8일 훈령과 박정희 의장에 의한 수정지시 내용

	수정 전 훈령	박 의장 지시에 의한 수정내용
명목	"독립축하금", "경제협력"은 수락 불가. 국민이 청구권에 대한 변제 내지 보상으로 지불되었다고 납득할 수 있는 표현이어야 한다.	-
액수	- 전 번과 같이 총액 6억 불 또한 그 구성에 있어서 순변제＋무상이 차관보다 많아야 한다. - 제2안: 3내지 3억 5000만 불(순변제＋무상)＋3내지 2억 5000만 불(차관)＝6억 불	(제2안을 이하로 변경) 3 내지 3억 5000만 불(순변제＋무상) ＋2억 5000만 내지 3억 불(차관)＝6억 불[204] (다만 무상이 3억 5000만 불 이하가 될 경우 이하 조건을 제시) -OA를 일본은 포기할 것 -지불기간은 최단, 이자·거치 상환기간은 가장 유리한 것 -지불기간이 길어질 경우 적어도 무상의 반액은 현금(미불)으로 지불할 것
지불 기한	- 6년 이내 - 제2안: 6년 내지 10년	-
청산 계정	청구권에 포함함이 양측 금액 조정에 용이함을 강조	-
차관	-일 측이 금액을 늘리기 위한 조치이며 따라서 특별한 조건으로 한다고 하므로 국교정상화 이후라는 종래의 방침을 바꾸어서 수락함을 일 측에 알렸다. -우리는 상업 베이스가 아니라 청구권을 해결하기 위한 하나의 보충적 방법으로서 정부 간 차관을 고려한 것이므로 금액, 조건 등 특혜적인 것으로 해야 함. (무이자 내지 3.5% 이하, 거치 5년 이상, 상환 20년 이상, 지불 5년 내지 10년)	-

김 - 오히라 회담에서의 타결을 위하여 지불 액수에 관해서 일본 측 양보를 촉구하기 위한 것이었다.

기록에 의하면 동 제2차 김 - 오히라 회담에서는 3시간 반 중 2시간 반이 청구권 문제에 할애되었다. 그 회담의 결과는 이미 널리 알려진 사실이나 이 제2차 회담에 관한 한국 측 움직임에 관해서는 충분히 연구되지 않은 부분이 있다. 이하에서는 특히 그 문제에 무게를 두고 논하고자 한다.

주일대표부는 11월 4일의 "제2차 김 - 오히라 회담을 위한 보고 및 건의"에서 예정된 제2차 회담에 한일회담 조기 타결 여부가 달려 있다는 인식 아래 다음과 같은 방침

---

204) 『김종필 특사 일본방문, 1962.10~11』, p.151에는 또 하나 수정고의 훈령이 수록되어 있으나 거기에서는 액수에 관해서 2 내지 2억 5000(순변제＋무상)＋2억 5000 내지 3억(차관)＝6억으로 보이는 표기가 있다. 그러나 이것은 OA를 고려해도 수치가 맞지 않는 것이므로 단순한 표기 실수일 가능성도 포함해서 그 의미는 알 수가 없다.

변경을 본국에 건의하고 있다. 그에 의하면 제1차 회담시의 최종 목표이던 3억 5000만 불＋2억 5000만 불＝6억 불을 그대로 받을 수 있는 가능성은 일본 측 관계자 및 미국 측 인사로부터의 정보에 의하면 극히 낮다고 판단된다는 것, 따라서 액수에 관해서는 3억 불(순변제＋무상)＋2억 불(차관)＝5억 불을 최저 요구선으로 할 것들이 주된 건의 내용이었다. 205)

그 건의에 대해 한국 정부는 당초 8일 훈령으로서 청구권 문제에 관한 지시를 내렸으나206) 일단 내린 동 훈령 중 액수 부분에 관하여 박 의장의 지시에 따라 제2안의 액수 구성을 변경하는 수정을 가했다. 그 당초 안과 수정 내용을 정리하면 [표 30]과 같았다. 207)

박정희 의장이 수정을 지시한 청구권 액수는 단순 계산으로서는 3억 불＋2억 5000만 불＝5억 5000만 불 내지 3억 5000만 불＋3억 불＝6억 5000만 불이 되므로 6억 불과 수치가 일치하지 않아 보이나 동 계산식은 OA 약 5000만 불의 취급을 생각한 것으로 해석된다. 즉 혹시 3억 불＋2억 5000만 불＝5억 5000만 불로 될 경우 일본이 OA 5000만 불 채권을 포기하면 결국 6억 불로 되며 또한 3억 5000만 불＋3억 불＝6억 5000만 불로 되어도 한국 정부가 따로 OA분 5000만 불을 지불할 경우 결국 6억 불이 된다.

따라서 제2차 김 - 오히라 회담을 앞두고 새롭게 내린 한국 정부의 훈령은 제1차 회담시와 비교해서 일본이 OA 5000만 불을 포기하는 확약 조건으로 무상을 3억 불로 내리는 것, 또는 OA 5000만 불을 포기하지 않는다면 무상 부분을 3억 5000만 불 수준으로 유지하면서 유상의 금액을 5000만 불 늘림으로써 결국 한국 측이 이용 가능한 총 액수를 6억 불 선에 유지하는 것이었다.

동 훈령을 목표로 제2차 김 - 오히라 회담이 열렸다. 다만 제2차 김 - 오히라 회담의 핵심이던 청구권 금액 및 조건에 관해서는 비록 회담 후의 본인들로부터의 청취형식에 의한 것이라도 그 공식기록은 일체 존재하지 않는다. 이것은 동 문제에 관해서는 직접 김종필 부장이 박정희 의장에 전하는 방침으로 되어 있었기 때문이었다. 208)

---

205) "한일대(정), 제 475호", ibid., 142~146쪽.
206) "대일절충에 관한 훈령", ibid., 155~160쪽에 수록된 자료가 수정 전 훈령으로 간주된다.
207) "외정무 2294호", ibid., 148~154쪽.

따라서 이하 결과에 이른 토의 과정을 공식문서를 통해서 정식으로 추적하는 것은 원리적으로 불가능하다.

그러나 교섭 당사자이던 김종필 부장은 1988년 8월 18일자 일본 「아사히신문」과의 인터뷰 속에서 금액 토의 경과에 관해서 대답하고 있다. 그에 의하면 당초 오히라 외상의 8000만 제안에 대해서 본인은 무상공여 3억, 유상원조 2억, 민간경제협력 1억+α를 요구,[209] 이에 대해서 오히라 외상이 무상 1억, 유상 2억 또는 3억을 제안한 것을 본인이 또 다시 거부한 결과 김 - 오히라 합의가 이루어졌다고 대답하고 있다. 또 동 액수교섭에 관해서 그 구성에 관하여 보다 구체적으로 증언하고 있는 김동조의 회고에서는 김종필 부장이 무상 3억, 대외협력기금(ODA) 3억, 민간경제협력 1억+α를 요구한 데 대해 오히라 외상은 무상 1억, 유상 2억, 민간차관은 케이스 바이 케이스를 주장, 결국 김 부장이 유상분을 2억으로 타협, 오히라 외상은 분할 지불을 조건으로 무상을 3억으로 할 것으로 최종 합의가 이루어졌다고 증언하고 있다.[210] 그러나 이상의 내용들은 위 박정희 의장의 직전 훈령인 3억 내지 3억 5000만 불(순변제＋무상)＋2억 5000만 내지 3억 불(차관)＝6억 불과 완전히 일치하는 것이 아니므로 충분히 입증된 내용으로 보기는 어렵다.

한편 명목 문제에 관해서는 오히라 외상이 증언을 남기고 있다. 오히라 외상은 동 회담 자리에서 식민지 지배에 대해서 여러 모로 들먹여도 양국의 장래의 이익이 되지 않으므로 과거를 묻지 말고 장래의 전망에 서서 우호관계를 생각한다는 것이라면 일본으로서 축하를 드리는 생각이 있다는 등의 발언을 했음을 회상하고 있다.[211] 즉 청구권을 포기하여 경제협력에 의한 자금 공여임을 분명히 할 것을 요구한 셈이었

---

208) "한일대 정제, 제495호", ibid., 162쪽.

209) 한편 1992년 1월 21일자 「讀賣新聞」 夕刊은 그 특집 기사 "日韓交涉秘話 中" 속에서 당초 김종필 부장은 8억 불을 요구했다고 전하고 있다.

210) 김동조의 김 - 오히라 회담에 관한 회고 내용도 본문에서의 김종필 부장의 증언과 거의 일치하나 오히라가 무상 1억 유상 2억 또는 3억을 제안했다는 부분에 관해서는 무상 1억, 유상 2억, 민간차관은 케이스 바이 케이스로 말했다는 차이점이 있다. 김동조, op.cit., 234~235쪽. 또 본론 중 김동조의 회고에 나온 '대외협력기금'이라는 조직은 따로 없으므로 '해외경제협력기금'의 자금에 의한 정부개발원조(ODA)의 의미라고 해석된다.

211) 石野久男, 大平正芳他, 「'座談会' 新段階の日韓関係と各党」, 『国際問題』 no.2(1965.5), 8~9쪽.

[표 31] 김 - 오히라 메모의 내용

무상	Korea 측은 3억 5000만(OA포함) Japan 측은 2억 5000만(OA 볼 포함) 이를 양자로 3억 불(OA포함)을 10년 기간, 단 단축조건으로 (6~10년까지는 가능) 양 정상에 건의한다.
유상 (해외경제협력기금)	Korea 측은 2억 5000만(이자는 3%이하, 7년 거치, 20~30년) Japan 측은 1억(이자는 3.5%, 5년 거치, 20년) 이를 양자로 2억 불, 10년 거치, 이자는 3.5%, 단 단축가능조건(6~10년), 거치 7년, 20년으로 양 최고 정상에 건의한다.
수출입은행	Korea 측은 따로 취급 희망 Japan 측은 1억 불 이상, project에 의하여 신장가능 이를 양자로 합의하여 국교정상화 이전이라 하더라도 곧 협력하도록 건의할 것을 양자 정상에 건의한다.
기타	1962.11.24~11.30 간에 양 측의 의견을 교환한다.

다. 이에 대한 김종필 부장의 대응에 대해서는 아무런 자료적 뒷받침도 없다. 그러나 이하 김 - 오히라 메모의 내용이 일절 청산 명목에 관한 언급을 하지 않고 있는 점을 고려할 때 동 회담에서 양국 간의 과거청산을 위해 빼놓을 수 없는 명목 문제가 중요한 논쟁거리로 된 가능성은 낮아 보인다.

이상의 결과 작성된 김 - 오히라 메모의 내용은 주지하는 바와 같이 [표 31]과 같은 것이었다. 212)

이상이 여러 소문이 많았던 김 - 오히라 회담을 둘러싼 일련의 교섭내용이었다. 정부훈령과 그 결과를 볼 때 김종필 중앙정보부장이 행한 주된 역할은 정부훈련대로 총액 6억 불과 무상 지불 부분으로서 3억 불의 선을 확보했다는 점, 그러나 한편 그 구성에 관해서는 정부차관이 2억 불로 줄어 그 대신 민간차관 1억 불을 그 구멍을 메우는 방식으로 확보했다는 것으로 정리할 수 있다.

따라서 그는 기본적으로 정부 훈령대로 움직였다고 평가해서 무방하다. 바꾸어서 말한다면 여러 소문들과 달리 그는 결코 대한민국의 국익을 손상시켜서까지 일본의 국익을 위한 친일 행적을 한 '제2의 이완용'이 아니었으며, 또한 당시의 조건하에서 아마 누구도 해내지 못하는 양국 간의 특수한 과거의 청산을 한국 국민의 희망대로

---

212) 『김종필 특사 일본방문, 1962.10~11』, 172~173쪽.

성사시킨 영웅도 아니었다. 그 의미에서 김종필 부장이 한 역할 역시 이미 거의 결정지어진 청구권 교섭의 틀 안에 머물렀음이 분명하다.

그러나 한국 정부는 청구권 문제 타결의 이 상징적인 외교 무대에 굳이 외무부 장관도 아닌 인물을 보냈다. 그 이유는 당초 이 회담이 정식회담의 성격을 부여받은 것이 아닌 데에 있었을 가능성이 가장 크다. 하지만 비록 비공식적인 회담이라도 외상이 나온 일본 측과 달리 외교담당도 아닌 쿠데타 세력의 주역을 이 중요한 교섭마당에 보내고 그 후 형식적으로라도 정식한 정치회담을 열지 않은 채 이 문제를 결정지은 것은 제5차 회담의 차석대표이던 엄요섭이 지적하듯이[213] 한국 정부의 외교교섭상의 경험 부족을 드러내는 대목이었다. 그 결과 이런 한국 정부의 미숙함이 김 - 오히라 합의에 관한 필요 이상의 소모적인 의혹을 내외에 일으키며 그것이 한일회담에 대한 불신을 한층 더 쌓게 한 요인이 되었음은 부정하지 못하는 일이었다.

이렇게 하여 김 - 오히라 회담은 경제 건설에 절실했던 자금 확보를 위한 '금전외교'에 매듭지어 그 후의 경제 건설의 발판을 마련했다. 하지만 동시에 그 과정은 한일회담에서 청산해야 했던 특수한 과거를 영원히 소멸시키는 장이기도 했다. 강조한 바와 같이 김 - 오히라 메모에는 청산해야 할 특수한 과거에 대한 언급 하나 없다. 아니 그 평가를 떠나 과거에 대한 언급을 하지 않고 문제 타결의 길을 여는 것이야말로 당시의 여러 조건들이 김 - 오히라 회담에 요구한 정치적 기능이었던 것이다.

6) 김 - 오히라 합의 이후의 청구권 교섭

● 명목 문제

이상 제2차 김 - 오히라 회담은 지불 액수나 무상 · 유상 · 민간차관 등의 구성 문제 그리고 기초적인 제공조건들을 결정하는 등 청구권 문제 해결의 어려운 고비를 넘는 계기가 되었다. 한편 한일 간의 특수한 과거의 청산이라는 각도에서 청구권 교섭을 평가할 때 동 회담은 그 후의 교섭에 있어서 실질적으로 과거청산을 이룰 가능성을 거의 100% 봉쇄한 무대였다고 평가하지 않을 수가 없었다. 무엇보다 그 이유는 동

---

213) 嚴堯燮, op.cit., 84쪽.

[표 32] 김 - 오히라 회담시 상호에 제기한 청구권에 관한 청산 규정 내용

	오히라 외상의 문서에 의한 제안	김종필 부장의 구두 제안
제1항 제공명목	일본국은 일한국교정상화를 축하하여 양국 간의 우호친선을 기념하여 한국에 있어서의 민생 안정과 경제발전에 기여하기 위하여.	한일 간의 청구권 문제를 해결하여 한일 간의 경제협력을 촉진하기 위하여 일본 정부는 한국 정부에 ( )불을 지불하고 또 ( )불의 차관을 제공한다는 방법으로 해결하는 동시에 이로써 양국 간의 청구권 문제가 해결된 것으로 간주하자.
제2항 청구권 해결규정	양 체약국은 평화조약 제4조에 기초한 한국 또는 한국 국민의 일본국 또는 일본 국민에 대한 모든 청구권이 완전히 및 최종적으로 해결되었음을 확인한다.	

회담이 액수나 도입조건을 우선시해야 할 대가로서 자금제공에 관한 전체 명목의 문제나 그 제공에 따른 청구권 문제 해결규정 등 청산에 직접적인 영향을 줄 문제들을 미진한 상태로 남겨 두어야 하는 데 있었다. 다시 말하면 무엇을 위한 지불인가라는 근본 문제를 그대로 남겨둔 채 금액과 무상·정부차관·민간차관이라는 구성, 그리고 그 도입조건에만 먼저 합의한 이 약속은 과거청산을 위한 가능조건을 결여한 한일회담에서는 과거의 청산이라는 의미에 대해서는 그 후 부정적으로 작용하지 않을 수가 없었다.

일단 이 김 - 오히라 회담에서 오히라 외상은 문서로 청구권에 관한 청산 규정에 관한 제안을 하고 있다.214) 그에 대해 김종필 부장은 오히라 안에 반대를 표명, 대체안을 구두로 내놓았다.215) 양자가 제안한 것은 [표 32]와 같은 내용이었다.

즉 일본 측 안에서는 자금 제공에 관한 명목에 관해서는 '청구권'이라는 표현은 일체 그 자취를 감추었다. 그럼에도 제2항으로서 양국 간의 청구권 문제는 완전히 및 최종적으로 해결되었다는 취지의 규정이 들어가고 있었다. 한편 김종필 부장의 구두 제안은 일종의 절충안이었다. 즉 '청구권 문제를 해결'이라는 표현과 '경제협력'이라는 표현을 동시에 쓴 이 구두 제안은 한국 국민이 청구권의 대가로서 자금을 받는다고 생각할 수 있는 표현을 지시한 본국 정부의 훈령과 그 의미를 없애버리고 싶었던 일본 측 입장을 양립시키기 위한 고육지책이었다고 볼 수 있다.

---

214) 『김종필 특사 일본방문, 1962.10~11』, 175쪽.
215) "한일대 정제, 제 495호", ibid., 163쪽.

김 - 오히라 회담에서 숙제로 남은 동 명목 문제는 11월 22일 제16차 예비절충 회의부터는 실무자 간에 본격적으로 토의가 재개되었다. 그 자리에서 한국 측은 청구권 개념 없는 명목은 수락 곤란함을 거듭 강조했다.[216] 한편 일본 측은 청구권과 경제 협력의 두 가지 명칭을 쓸 경우는 비율 문제가 생기는데다가 그 청구권 명목 부분에 관한 근거 문제, 또한 북한의 청구권 문제가 나오므로 국내적으로 어렵다고 주장,[217] 서로 대립했다. 그 토의과정에서는 일본 측은 [표 32]에 표기된 제2항인 청구권 해결 규정 조항에서 청구권이라는 표현을 넣었다고 주장했다.[218] 바꾸어 말한다면 동 제1항에서 청구권과 상관없는 명목으로 지불한다고 하면서도 제2항에서는 그로 인해 청구권이 해결되었다고 하는 논리적인 모순을 서슴없이 펴낸 것이었다.

하지만 문제는 일본 측 뿐만이 아니었다. 한국 측 대표는 명목 문제에 관해서 다음과 같이 간과하지 못한 인식을 드러내고 있다

한국 측의 제안은 청구권 금액을 받자는 것이 아니라 청구권 문제를 해결하기 위하여 차관 및 무상 금액을 받는다는 것이며 이것으로 청구권 문제가 해결된다는 것이다.[219]

즉 표면상 청구권이라는 표현의 사용을 요구하던 한국 측 역시 김 - 오히라 회담 이후 일본으로부터 받게 될 돈은 청구권에 따라 받는 것이 아니라 단지 청구권 문제를 해결하기 위하여 자금을 받는 것임을 일본 측에 시인하고 있었다. 심지어 그 토의 과정에서 배 수석대표는 일본 국내에서 청구권 액수 부분에 관해 질문을 받을 경우 "일본 측 형편에 따라 1000만 불 또는 2000만 불이 청구권에 해당되는 것이라고 하면 될 것"[220]이라는 말까지 했다. 이미 6억 불 획득의 토대 마련에 성공한 한국 측에서는 그 가운데 청구권 금액이 얼마를 차지하는가는 관심사가 아니었던 것이다.

이어 1962년 11월 28일의 예비절충 17차 회의에서 한국 측은 본국 훈령으로서

216) 『第六次韓日會談 會議錄(III) 第二次 政治會談 豫備折衝(1962.8.22~1962.12.25)』, 266쪽.
217) ibid., 268쪽.
218) ibid., 269쪽.
219) ibid., 272쪽.
220) ibid., 271쪽.

명목 문제에 관한 오히라 안의 수락거절을 일본 측에 전달, 동 김종필 안이 한국 측 최종안임을 강조했다. 그러나 그 자리에서 동시에 김 부장 안은 일본이 청구권으로서 얼마를 낸다고 규정하는 것을 요구하는 것도 아니고 또한 청구권 자체를 해결하자는 것도 아니라고 설명하며 제16차 회의에서의 발언의 취지와 같이 단지 '청구권 문제의 해결을 위하여'라는 규정만을 요구하는 것이라고 주장하고 있다.[221] 즉 오히라 안의 거절은 그 표면상의 청구권이라는 표현에 대한 고집과 달리 한국인이 가지는 청구권을 행사해서 돈을 받는다는 본연의 취지와 아무런 관계도 없는 것이었다. 그리고 이 견해가 경제협력의 실시로 인해 원래 별개 문제인 청구권 문제를 해결시키려고 한 일본 측 주장과 사실상 똑같은 모순을 내포한 것이었음은 쉽게 알아챌 수 있다.

이 명목 문제는 12월 26일 예비절충 제21차 회의에서 일본 측이 자금 제공에 관한 세목으로서 무상을 무상경제협력으로, 정부차관을 유상경제협력으로 하는 등 경제 원조의 의미를 한층 더 부각시키려는 움직임을 보인 데 대해[222] 한국 측이 63년 1월 23일 제23차 예비절충에서 그를 거부하는 등[223]의 작은 대립을 보였으나 이후 동 명목 문제에 관해서 주목할 만한 교섭이 이루어진 기록은 없다. 일본 측이 보인 청구권위원회의 명칭을 경제협력위원회로 바꾸는 시도[224] 역시 이미 이 문제가 특수한 과거의 청산이라는 본연의 문제로부터 김 - 오히라 합의에 따른 자금 제공의 실시 문제로 옮겨간 것을 상징하는 것뿐이었다. 후술하나 63년 이후의 청구권 교섭은 완전히 경제협력의 이야기로 바뀌어갔다.

결국 전체 명목은 정식한 협정 전문(前文)에서 "청구권에 관한 문제를 해결할 것을 희망하고, 양국 간의 경제협력을 증진할 것을 희망하여"로, 또한 각 세목에 관한 명목은 무상제공에 관해서 그대로 "무상"으로, 정부 간 유상 제공에 관해서 "정부 장기 저리의 차관"으로 되었다.

즉 이 협정은 "청구권에 관한 문제를 해결할 것을 희망하고"라고 규정했으나 제공

---

221) ibid., 289쪽.
222) "한일대 (정) 제586호", 『第六次韓日會談 會議錄(IV) 第二次 政治會談 豫備折衝(1962.12~1963.5)』, 41쪽.
223) "한일대 (정) 제34호", ibid., 67쪽.
224) "한일대 (정) 제81호", ibid., 106쪽.

될 자금이 한국의 대일청구권에 기초해서 그 환불을 받는 것임을 명시하는 일은 없었다. 물론 청구권의 문제가 도대체 무엇을 위한 것인가에 관한 규정도 없었다.

다시 말하면 과거청산을 상징한 청구권 문제는 일본에서 받을 돈이 그런 청구권에 기초된 것임을 밝히는 구절 하나 없이, 또한 그런 청구권 문제 자체의 해결이 무엇을 위한 것인가에 관한 규정 하나 없이 그 근본 문제를 빠뜨린 채 '해결'된 것이었다. 평화조약 4조(a)의 규정에 의하여 그나마 '식민지 시대에 일어난 문제들의 처리'로서 시작된 청구권 교섭은 결국 마지막에는 그 의미조차 상실한 채 막을 내린 것이었다. 물론 이상의 결과는 청구권 문제가 '해결'된 것이 아니라 '소멸'된 것임을 뜻하지 않을 수가 없었다.

● 해결규정 문제

한편 해결규정 문제에 관해서도 김 - 오히라 회담 이후 62년 11월 22일 제16차 회의부터 그 토의가 시작되었다. 동 회의 석상에서 놀랍게도 해결규정 문제에 관하여 배의환 수석은 위의 오히라 안 제2항의 해결규정에 대해서 "한일 양국은 양국 간의 청구권 문제가 완전히 그리고 최종적으로 해결되었음을 확인한다"고 해야 한다고 주장했다.[225] 이것은 "한국 또는 한국 국민의 일본국 또는 일본 국민에 대한 모든 청구권이 완전히 및 최종적으로 해결되었음을 확인한다"고 규정함으로써 그 해결된 청구권이 '한국 또는 한국인'의 것임을 부각시킨 오히라 안과 비교하면 그 범위를 애매하게 한 점에 특징이 있었다. 그러나 위의 배 수석의 요구는 동 협정으로 인해 청구권 문제가 '완전히 및 최종적으로' 소멸하게 된다는 점으로서는 일본과 아무런 의견 차이가 없었다.

다시 말하면 제6차 한일회담 개시 당초 실무자 토의 과정에서 한국 측으로부터 잠깐 제기된 개인청구권 행사 권리의 유지라는 요구는 김 - 오히라 합의에 따라 자금 도입 문제가 현실적 과제로 된 후에는 아무렇지도 않게 기각된 것이었다.

그러면 한국 측은 왜 자국민의 개인청구권 행사의 길을 굳이 막으려고 한 것인가?

---

225) 『第六次韓日會談 會議錄(III) 第二次 政治會談 豫備折衝(1962.8.22~1962.12.25)』, 277쪽.

통상 위 물음에 대해서는 경제 건설을 위해 국가가 일괄 자금 확보를 할 필요가 있었다는 데 그 이유를 찾는 경우가 많았다. 하지만 해결될 청구권 범위를 오히려 일본안보다 애매하게 함으로써 그 범위를 넓히는 요구를 한 배수석의 요구가 나타내듯이 한국 측 공식문서는 그 이유가 경제 건설을 위한 것 이상의 의미를 지니고 있었음을 가리키고 있다.

물론 확인한 바와 같이 개인청구권 행사권리의 차단은 제5차 한일회담 당시부터 나와 있었던 것이다. 그러나 장면 정권하의 문서는 이 문제에 관한 정부의 생각을 남기지 않고 있다. 당시의 기록에는 예컨대 61년 1월 13일 한국 측 청구권관계자협의에서 유창순 대표가 일본은 직접 지불함으로써 한국 국민에게 일본의 생색을 크게 내보이려 하는 것으로 보인다는 등의 발언을 한 기록이 보이나[226] 이것을 개인청구권의 길을 막아야 할 진정한 이유였다고 보기는 어렵다.

그러나 박정희 정권하의 제6차 회담에 있어서는 그 이유는 분명히 알 수 있다. 62년 12월 5일자로 외무부 내부에서 작성된 "한일회담 재산청구권 문제 해결의 명목과 형식에 관한 검토"[227]라는 문서는 청구권 문제 해결에 있어서 확보해야 할 절대요건으로서 "국민에게 납득시킬 수 있는 표현"이라는 명목 문제에 관한 조건과 함께 이하와 같은 조건을 들었다.[228]

금번의 청구권 문제 해결이 양국 간의 청구권을 완전히 그리고 최종적으로 해결하는 것이어야 한다. 즉 금반의 청구권 문제 해결이 남한 지역과 일본 간에 뿐만 아니라 이북까지 포함한 전 한국과 일본 간에 완전히 그리고 최종적으로 해결하는 것이어야 한다.

즉 동 훈령이 가리키는 바와 같이 자국 국민의 청구권 행사의 가능성을 차단하기까지 해서 '완전히 그리고 최종적'으로 청구권 문제를 해결시켜야 하는 참된 뜻은 이북 지역의 청구권 문제를 봉쇄하는 것에 있었다. 그리고 그 이북 지역의 청구권까지 해결

---

226) 『제5차 한일회담 예비회담, 일반청구권소위원회 회의록, 1~13차, 1960~61』, 817~818쪽.
227) 『제6차 한일회담, 제2차 정치회담 예비절충, 청구권관계회의, 1963』, 191~211쪽.
228) ibid., 204쪽.

해야 할 이유에는 다음 두 가지 측면이 있었다. 하나는 통일 후 일본이 이북 지역의 일본인 재산청구권을 요구할 것을 차단하는 것이며 또 하나는 통일 이전에 북한과 일본이 청구권 교섭을 할 것을 막는 것이었다.

하지만 외무부는 위 목표를 세우면서도 그 달성에 관해서 그다지 자신을 가지지 못했다. 북한이 '괴뢰'이나마 10년 이상 하나의 정권으로서 존재하고 있다는 현실 하에서 이 목적을 달성하기 위한 완전무결한 방법은 없다고 자인하고 있었기 때문이다.[229] 그 결과 외무부가 생각한 것이 "정치적인 해석과 설명을 가함으로써 실질적으로(법이론적이 아니라) 남북한을 합한 전(全) 한국과 일본 간의 청구권 문제를 완전히 그리고 최종적으로 해결하는 방식을 강구"[230]하는 것이었다.

문제는 이 '전 한국'을 어떻게 자아내는가 하는 것이었다. 그를 위한 방법은 동 해결규정시 평화조약 4조(a, b)에 기초한 청구권 문제의 해결임을 명시하는 것이었다. 외무부는 그 이유로서 한국의 청구권뿐만 아니라 일본의 대한청구권 문제가 해결이 되었음을 분명히 할 수 있다는 것, 청구권 소멸의 범위규정을 따로 한반도 전역에 하려고 할 때 일본과의 사이에서 불가피하게 생길 어려움을 피할 수 있다는 것, 한국에 의한 한반도 통일 후 일본이 청구권 문제를 재가동시킬 것을 막을 수 있다는 것, 설사 재가동시키려고 할 경우라도 한국이 이북에 관한 대일청구권을 요구할 수 있는 소지를 마련할 수 있다는 것 등을 들었다.[231]

위 외무부의 생각은 다음과 같은 것으로 추측된다. 4조(a)는 시정권에 관해서 한국의 한반도 대표권을 명시하지 않고 있으나 역으로 남한 지역에 한정된다는 규정도 없으므로 '전 한국'에 대한 시정권을 한국 정부가 가지고 있다는 '정치적 해석'이 가능하다는 것, 따라서 한국과의 청구권 해결로 이북 지역의 청구권 문제가 해결되었다고 정치적으로 주장하는 것이 가능하다는 것, 또한 혹시 장래 일본이 이북 지역의 청구권 문제가 미해결임을 주장하여 그에 관한 권리 주장과 해결을 촉구할 경우 4조(b)의 언급으로 인하여 일본인 재산의 몰수는 남한 지역에만 한정되었음을 부각시킴으로

229) ibid., 205~206쪽.
230) ibid., 206쪽.
231) ibid., 206~208쪽.

써 이북 지역의 청구권을 내세워 일본 측 요구를 상쇄시키는 데 유리하다는 등의 판단이 깔려 있었던 것으로 풀이된다.

하지만 물론 상기 해석은 어디까지나 한국 측의 자의적 해석이라는 한계로부터 벗어나지 못하는 것이었다. 사실 외무부는 이상의 대응을 취하더라도 통일 이전에 북한이 일본에 대해서 청구권을 요구할 가능성이나 거꾸로 일본이 북한에 청구권 문제를 제기할 가능성이 남았음을 지적하여 비록 그들 가능성은 낮지만 이들 위험을 막기 위해서는 청구권 문제 해결시 따로 비밀협정을 맺는 필요성을 제기했다.[232] 그 요구 내용은 한국이 남북 통일 후 북한에 관한 청구권을 재차 제기하지 않는 대신 일본은 통일 전 또는 후에 북한 지역에 있던 구 일본인 재산을 요구하지 않는 것과 통일 이전에 북한이 청구권 교섭을 제기하여도 이에 응하지 않는다는 것이었다.

한국 정부는 이상과 같은 방식에 의한 해결을 도모할 경우 부수적 문제로서 개인청구권에 대한 보상 문제가 생길 것을 지적, 동시에 민주주의 국가에서는 개인재산권을 부정하지 못하는 것을 자인하면서 소멸될 개인청구권에 대한 보상 의무를 고려할 필요성을 인식하고 있었다.[233] 하지만 결과적으로 협정은 그런 개인청구권 문제의 취급을 결정하는 일도 없이 체결되었다.

즉 이상의 사실들이 가리키는 것은 여태까지의 생각과 달리 개인청구권의 소멸은 경제 건설을 위한 희생이라기보다 오히려 이북 지역의 청구권 문제를 봉쇄하기 위한 부수적 산물이었다는 사실이다. 다시 말하면 오늘날에 이르러서도 큰 문제로 남았던 한일협정에 의한 각종 개인청구권의 소멸은 본시 같이 일본에 대해서 그 과거청산을 도모해야 했던 동족과의 대립 탓으로 생긴 것이었다. 민족 간의 대립이라는 구조는 한반도에서의 '유일한 합법정부'가 이북 지역의 청구권을 없애버리기 위하여 최소한 보호해야 했던 자국민의 권리마저 묵살해야 하는 상황을 만들어낸 것이었다.

현재 외무부가 구상한 위와 같은 비밀협정의 존재는 알려지지 않고 있다. 64년 3월 12일자의 일반청구권 문제에 대한 훈령이 위에서 본 62년 12월 5일자의 내부문서

---

232) ibid., 208~209쪽.
233) ibid., 209~211쪽.

가 요구하던 비공개협정과 거의 일치하는 것을 실현시키기는 어렵다는 인식을 다시 드러내고 있다는 것, 그와 더불어 청구권 해결 문제에 관해서 이북 지역의 청구권까지 포함하는가의 여부에 대해서는 명문으로 규정하지 말고 양국 정부가 각기 적절한 설명을 할 것 등을 지령하고 있다는 것,[234] 더 나아가 90년대 이후 시작된 북한과 일본의 국교정상화 교섭에서 청구권 문제가 거론되고 있는 사실들을 보면 아마 비밀협정은 없었다고 보아도 무방하다. 따라서 한국 정부는 한국 국민들의 개인청구권의 길을 막는 결과만 자초하여 북일 교섭의 차단에는 실패했던 셈이었다. 오늘날 그나마 이북 지역의 개인청구권 교섭의 여지가 남게 된 것은 원래 '유일한 합법정부'로서 그것을 보호해야 할 대한민국의 정책 결과로서가 아니라 오히려 남북한의 분리 처리를 주장해 온 일본 측 방침 앞에 그 정책이 실패했기 때문이었던 것이다.

개인청구권 문제는 그 후 1964년에 들어가서 다시 한 번 한국 정부 내부에서 검토된 기록이 있다. 하지만 그 검토에서 한국 정부는 민간인에 대신해서 재산청구권을 행사, 대행해 왔다고 자각하면서도 그 보상조치에 관해서는 청구권 금액이 재산청구권 명목으로서가 아니라 정치적인 타결로 결정된 것이기 때문에 보상 대상의 재산 종류, 보상액수, 보상방법 등의 문제들의 존재로 인해 그 실현이 어려움을 내비치기만 했다.[235] 즉 한국 정부는 겉으로는 청구권 명목에 고집하면서도 차단한 그 개인청구권에 대한 보상의 실시의 어려움을 인식하는 데 있어서는 내부적으로 확보할 자금이 청구권으로서 받을 것이 아님을 시인하고 있었던 것이다.

해결규정 문제에 관해서는 정식 조인 막판까지 평화조약 제4(a)만을 규정할 것을 요구한 일본 측과 4조(a, b) 양쪽을 넣을 것을 요구한 한국 측 사이에서의 대립이 계속된 흔적이 있다.[236] 그러나 이것은 일본인 재산몰수를 강조하고 싶은 한국 측과 그것

234) "외아북 722-167", 『속개 제6차 한일회담, 청구권위원회회의록 및 경제협력 문제, 1964』, 9쪽. 다만 위 62년 12월 5일자 시점에서의 비밀협정과 64년 비공개 협정의 구상에는 그 내용상 하나 차이가 있었다. 그것은 동 협정에 의하여 "이북 지역의 청구권 문제는 미해결로서 남는다는 것을 한일 간에 하나의 잠재적인 권리를 가지고 있다는 것을 일본으로 하여금 인정시키는 방법"을 고려한 점이다. 그러나 이 방법 역시 일본 측이 응할지 의문이라는 등의 기술이 있는 것을 보면 부정된 것으로 판단된다.

235) "재이재 1221.13-189: 조선은행을 비롯한 민간인 보유 대일재산에 대한 보상조치에 관하여", ibid., 138~139쪽.

236) 1965년 6월 19일 오전 7시 당시의 청구권 관계 협정문서의 작성 상황을 전하는 "JAW-06450"은

을 피하고 싶은 일본 측 대립에 불과하며 이북 지역이나 한국 국민의 개인청구권 확보의 문제를 살리기 위한 것이 아니었다.

결국 동 해결규정 문제는 청구권 협정 제2조 제1항으로서 "……청구권에 관한 문제가 1945년 9월 8일에 샌프란시스코시에서 서명된 일본국과의 평화조약 제4조(a)에 규정된 것을 포함하여 완전히 그리고 최종적으로 해결된 것이 된다는 것을 확인한다"고 규정되었다. 이로 인해 개인청구권의 문제도 포함해서 모든 청구권 문제가 '완전히 및 최종적으로 해결'된 것으로 되었다. 그러나 그 정책적 의도는 같은 겨레와의 대립 탓으로 이북 지역의 청구권을 소멸시키기 위하여 남한 거주민의 개인청구권을 없애버리는 것이었다. 더구나 한국 정부가 받은 돈은 내부적으로 인정했듯이 청구권에 기초한 것도 아니거니와 더 나아가서는 청구권 명목으로서 받은 것도 아니었다.

이와 같이 청구권 문제는 결코 '해결'된 것이 아니었다. 그것은 동족과의 대립이 요구한 '소멸'에 불과했던 것이다.

● 도입조건 문제

제2차 김 - 오히라 회담 이후의 청구권 교섭은 동 합의에 따른 자금제공에 관한 실질적인 도입조건의 문제로 그 무게가 옮아갔다. 여기서 마지막으로 주목해야 하는 것은 이런 자금 제공의 현실적인 조건 투쟁의 과정은 또 하나 이 교섭이 경제협력 교섭이었음을 여실히 증명하는 중요한 근거가 된다는 점이다.

제2차 김 - 오히라 회담의 결과는 62년 11월 28일 이케다 - 오히라 회담에서 보고되었으나 이케다 수상은 즉각적인 재가를 보류했다. 29일자 서한으로 오히라 외상이 김종필 부장에게 전한 재가 지연 이유는 OA의 취급 문제와 경제협력에 관한 재정조치, 그 제공의 제3국과의 관련성 등의 문제였다.[237] 그러나 결국 이케다 수상은 12월 17일 심야 김 - 오히라 합의의 틀에 실질적인 승인을 주었다.[238]

동 협정 문서에 관해서 청구권 해결규정에 해당하는 제2조만 남아 있음을 지적하고 있다. 『제7차 한일회담, 청구권관계회의 보고 및 훈령, 1965 전 2권(V.2 1965.4.3 가서명 이후의 청구권 및 경제협력위원회, 1965.4~6)』, 407쪽.
237) 『김종필 특사 일본방문, 1962.10~11』, 240~243쪽.
238) 「朝日新聞」 1962年 12月 18日 夕刊.

하지만 실질적으로 재가가 내려진 김 - 오히라 합의는 위에서 기술했다시피 무상, 정부차관, 민간차관 등의 금액, 제공기간, 금리 등 기초적인 조건만을 정한 것에 불과했으며 그 실시에 관해서는 많은 미흡함을 남겼다. 그런 고로 63년 이후의 청구권 교섭은 김 - 오히라 합의에서 정확하게 규정되지 않았던 각종 도입조건들을 둘러싸고 진행되었다.

그들 실시세목에 관한 도입조건 중 주된 교섭대상은 OA의 상환기간을 확정하는 문제, '기금' 제공분의 거치기간 7년을 상환기간 20년에 포함할 것인가의 문제, 민간차관의 출처인 수출입은행 제공분의 차관 조건, 그리고 선박 반환을 일반청구권 지불액에 포함시키는가 등의 문제였다. 그러나 비교적 쉬워 보이던 기술적 문제에 관해서도 평화선과의 관련 문제와 63년의 한국 내 민정이양 문제 등으로 인하여 발 빠른 움직임을 보이지 못했다.

한국 측은 1963년 7월 5일에 이르러 평화선에 대신하는 전과수역을 40마일로 하는 양보안을 제출했으나[239] 이것은 청구권 6억 불과는 별도로 어업협력 자금을 타내기 위한 협상 전략이었다. 7월 26일 방일 중의 김용식 외무부장관은 오히라 외상과의 회담 석상 일본이 어업협력에 성의를 보여주면 40마일 전관수역 안에 신축성을 보이겠다고 말하여 12마일을 주장해 온 일본 측 안의 수락 가능성을 내비쳤다.[240] 30일 열린 제2차 김용식 - 오히라 회담에서는 오히라 외상이 청구권 6억과 따로 상당한 액수의 어업협력을 할 것을 약속하여[241] 63년 여름 이후 교섭구도는 한국 측 전관수역 40마일과 일본 측 12마일 그리고 한국 측 어업협력 1억 7800만 불 요구와 일본 측 3000만 불 제공의 홍정 교섭에 집약되었다.[242] 회담 타결을 위한 마지막 과제이던 어업교섭은 한국 측 전관수역 양보와 일본 측 어업협력기금 증가로 인하여 타협의 기미가 보이기 시작했던 것이었다.

---

239) "JW-07261", 『제6차 한일회담, 제2차 정치회담(김용식 - 오히라 외상회담), 도쿄, 1963.7.25~31』, 17~18쪽.

240) "JW-07453", ibid., 54~55쪽.

241) "한일외상회담(제2차 회의)", ibid., 67쪽.

242) 이런 홍정교섭의 내용은 63년 8월 이후 실무자 간에 의한 본회의 토의 제47차(8월 8일) 이후에 구체적으로 나타났다. 동 토의과정은 『제6차 한일회담, 제2차 정치회담, 본회의, 1~65차, 1962.8.21~64.2.6, 전 5권, vol.5, 47~65차, 1963.8.8~64.2.6』에 수록되어 있다.

그러나 64년 초 한국 국내에서는 평화선에 관한 그런 타협적 내용이 전해지기 시작했다. 1월 8일 「동아일보」는 어업 문제에 관해서 "어업협상에 신축성, 명목상 국방선으로 남길 듯"이라고 보도, 평화선의 실질적인 소멸을 예고했다.[243] 1월 10일 박정희 대통령의 연두교서[244]에서도 '어족자원보호, 어민의 권익 보호, 어업 근대화'라는 약속은 있었으나 '평화선 엄수'라는 말은 빠졌다. 익일 11일 「동아일보」는 "전관수역 12해리, 어업협력금 1억 불"이라는 구체적인 타결 내용까지 전했다.[245] 그러나 이런 어업 문제로의 타협적인 모습은 64년 1월 22일 부산에서의 어민들에 의한 평화선 사수의 구체적인 행동을 유발,[246] 이윽고 이들 한일회담 반대의 움직임은 김 - 오히라 메모의 존재 여부에 관한 논란과 맞물려 학생들을 중심으로 한 광범위한 한일회담 반대운동으로 비화되었다. 그들 거센 비판의 물결은 4월부터 사실상 회담 자체를 중단 상태로 몰아가는 결과를 초래했다.[247] 이 사태를 맞아 주일대표부는 국내 정세와 일본 측 태도를 이유로 국민의 눈길이 닿기 어려운 양국 수석 간 비공식회의에서 토의를 계속할 것을 본국에 청훈해야 했다.[248]

그런 국민들의 거센 비판 속에서도 수석대표 간 비공식 회의가 진행되어야 하는 이유는 경제협력 문제에 있었다. 한국에 대한 어선 수출(제6차, 5월 21일), 일본의 대한 수입규제 완화(제7차, 5월 28일), 한국의 유휴 중소기업 지원(제8차 6월 11일), 무역 균형을 위한 한국의 수산물 등의 구입확대, PVC·시멘트 공장 건설(제9차 6월 24일), 원자재 도입(제10차 7월 9일), 한국산 해태수입(제11차 7월 16일) 등 11월 5일의 제21차 회의까지 진행된 수석대표 간 비공식 회의[249]에서 논의된 것은 평화선 침범 문제를 빼면 위와 같은 의제를 비롯한 경제협력 관계 확대 문제뿐이었다.

6·3사태를 계엄령의 힘으로 수습시킨 한국 측의 질서회복과 1964년 11월 한일회

---

243) 「동아일보」 1964년 1월 8일.
244) 「동아일보」 1964년 1월 10일.
245) 「동아일보」 1964년 1월 11일.
246) 「동아일보」 1964년 1월 22일.
247) 『제7차 한일회담 [개최]경위, 1964~64』, 5쪽.
248) "JAW-03509", 『속개 제6차 한일회담, 본회의 수석대표 간 비공식회의(본회의 상임위원회 회합), 1~21차, 1964.3.26~11.5』, 13쪽.
249) 이상의 비공식 수석대표 간 회의록 모두 ibid.에 수록.

담에 적극적이던 사토(佐藤栄作) 신 내각의 수립에 따라 중단되었던 한일회담은 12월 제7차 한일회담으로서 재개되었다. 청구권 문제에 큰 움직임이 있었던 것은 이듬해 65년 3월 26일의 밤부터 27일의 새벽에 걸쳐서 진행된 이동원 외무부장관과 시이나(椎名悦三郎) 외무대신 간의 비공식회담에서였다. 그 자리에서는 OA를 10년 균등으로 무상 3억 불에서 감액·상쇄시킬 것, 정부 간 차관 거치·상환기간을 거쳐 7년을 포함한 20년 상환으로 할 것, 상업 차관은 3억 이상으로 표기할 것 등에 합의가 이루어졌다.[250] 또한 다음 31일에는 김동조 주일대사와 우시바(牛場信彦) 심의관 사이에서 민간차관 3억 불 이상에 어업협력 9000만 불, 선박협력 3000만 불을 포함하는 등의 추가 합의가 이루어지며 "한일 간의 청구권 문제 해결 및 경제협력에 관한 합의사항"이 성립되었다.[251] 이 성과를 토대로 청구권 문제는 4월 3일 양국 사이에서 청구권에 관한 협정으로서 그 가서명이 이루어지게 되었다

하지만 이후도 협정의 조문화 과정에서 한국 정부는 조금이나마 청구권 문제에 관해 유리한 입장을 구축하는 데 노력했다.[252] 그들 속에는 무상으로 도입될 3억 불 중 원자재 분을 절반 이상 확보하는 문제, 계약지 및 계약 당사자 문제, 계약에 관한 일본 정부 승인의 필요성, 연차계획의 단독 작성 여부, 분쟁시의 중재기관, 합동위원회의 기능, 결제은행으로서 재일한국계 은행의 이용 허가, 심지어는 은행수수료 부담까지 포함되어 있었다. 즉 한국 정부는 자금의 효율성이나 도입에 관한 한국 정부의 독자성 확보를 위해 나름대로 끝까지 심혈을 기울였던 것이다.

이에 따라 한국 정부는 동 협정이 동남아 국가들과의 배상협정보다 한국 측에 유리하다고 자기 평가하고 있다.[253] 예컨대 무상 3억 중 1억 5000만이 원자재 도입으로서 들어오게 된 결과 이 부분의 무역대금을 절약함으로써 다른 국가로부터의 구입이 가능해진다는 것, 도입 연도 계획을 한국 측이 독자적으로 작성할 수 있게 된 것, 구매

250) "JAW-03614", 『제7차 한일회담, 청구권관계회의 보고 및 훈령, 1965 전 2권(V.1 1965.3.18~4.3까지의 교섭)』, 35~36쪽.
251) "JAW-03711", ibid., 46~47쪽.
252) 예컨대 6월 7일의 토의 현재 양국 사이에는 아직 49항목의 세부조건에 관한 교섭이 남아 있었다. "JAW-06138", 『제7차 한일회담, 청구권관계회의 보고 및 훈령, 1965 전 2권(V.2 1965.4.3 가서명 이후의 청구권 및 경제협력위원회, 1965.4~6)』, 293쪽.
253) 『제7차 한일회담, 청구권 및 경제협력에 관한 협정내용 설명 및 자료, 1965』, 7쪽.

방식으로서 조달청 활용의 권리를 확보한 것, 구매에 관한 입찰 등을 한국에서 실시하는 것, 합동위원회의 기능 축소로 인해 일본의 간섭 배제가 가능해진 것 등이 그런 성과들이었다.

하지만 오히려 지적해야 하는 것은 그런 노력들은 거꾸로 이 문제 해결이 한국 측 청구권에 기초한 것이 아님을 여실히 보여주는 대목이었다는 점이다. 원래 청구권 문제는 자신들의 재산권에 기초한 채권을 환불받는 정당한 권리에 기초한 것이었다. 따라서 자신의 돈을 환불받는 데 위와 같은 갖은 노력들은 원래 할 필요가 없는 것들이었다.

물론 2차 대전 이후의 전후 처리는 그 자금 제공에 관해서 이전의 현금배상의 방식과 현격히 달라졌음은 주지의 사실이다. 대일평화조약 제14조는 연합국에 대한 배상조차 일본의 역무로 할 것을 규정함에 머물렀다. 그 후 요구수위를 높인 동남아 각국들에 대한 일본의 배상 역시 역무 이외에는 일본의 생산물이 포함된 것뿐이었다. 한국 정부 역시 청구권 문제의 해결에 있어서 이런 일본의 대동남아 국가들에 대한 배상협정의 내용으로부터 벗어나지 못함을 지적하면서 대일청구권의 해결방식을 옹호했다.[254]

하지만 역으로 한국이 요구한 것은 그런 정치적 판단으로 결정되는 전시 배상이 아니라 사법상의 재산 권리에 기초한 단순한 청구권이 그 대부분이었다. 실제 평화조약 제4조(a)는 제14조와 달리 그 청산에 관해서 역무나 실물 등의 지불 방식을 정하지 않고 있다. 특히 예컨대 저축, 연금, 유가증권, 보험 등 개인청구권의 성격이 강한 것은 그대로 현금으로 돌려받아야 마땅한 것들이었다. 그럼에도 한국 정부는 이런 개인청구권의 부분들을 포함해서 청구권 해결을 현금으로 할 것을 일본 측에 정식으로 요구한 사실은 단 한 번도 없었다고 판단된다.[255]

---

254) ibid., 9쪽.

255) 그러나 한국 측 내부에서는 현금 수취의 방침을 고려한 사실은 있다. 저자의 연구에서 자료적으로 확인 가능한 첫 번째 현금 수취의 방침은 앞서 본론에서도 소개한 최덕신 - 고사카 두 외상 간에 진행된 제1차 정치회담을 앞두고 한국 정부가 작성한 "한일 간 정치회담에 관한 아국 측의 기본방침"에서 명시되었다. 동 방침에서는 순변제 부분에 관해서는 미불로 인한 수취가 최상임을 밝히면서도 그것을 기대하기는 거의 불가능하므로 '엔화'(원문에서는 '원화'로 되어 있음)로 인한 수취라도 좋다는 인식이 드러나 있다. 『제6차 한일회담, 제1차 정치회담, 도쿄, 1962.3.12~17 전 2권(V.2 최덕신 - 고사카(小坂)외상회담, 1962.3.12~17)』, 49쪽. 또 두 번째 방침은 62년 11월의 제2차 김 - 오히라 회담에 임할 김 부장에게 제시된 박 의장의 수정 훈령 속에서 순변제 및 무상 부분에 관해서 지불 기간이 길어질 경우 적어도 그 절반을 현금(미불)으로 지불할 것을 요구하려 한 훈령이다(이 책 [표 30]에 표시했음). 그러나 이들 현금으

물론 이런 선택은 단순히 한국 정부의 인식 부족을 뜻하는 것이 아니다. 평화조약 4조(a)는 거꾸로 일본의 현금에 의한 청산을 의무화한 것이 아니었다. 이로 인해 한국 정부는 정치적으로는 물론 법적으로도 일본에 대해서 일방적으로 액수나 지불형식을 결정할 수 있는 입장에 서지 못했다. 이런 조건하에서 한국 정부가 청구권으로서 현금 상환을 요구해 봐도 그 증명작업 등의 어려움과 시급한 경제 건설의 필요성이라는 요구 앞에 그 성사의 가능성은 거의 전무했다고 봐야 할 것이다.

그러나 그런 현금 반환 요구의 어려움을 고려해도 김 - 오히라 합의 이후의 동 교섭은 모두 원래 청구권 반환 교섭과 상관없는 이자, 상황기간, 일본 정부의 승인 여부 등을 비롯한 각종 자금도입 조건들을 둘러싼 것들이었다. 한국 정부가 자신들의 청구권을 돌려받는 내용과 원래 상관없는 자금 제공의 조건들을 위해 조금이나마 유리해지도록 노력해야만 했다는 교섭과정 자체는 역설적으로 그 도입자금이 경제협력에 의한 것임을 입증하고도 남는 것이었다.

이와 같이 청구권 문제는 식민지 관계의 청산이라는 의미에서는 물론 자신의 채권을 환불받았다는 의미에서도 '해결'된 것이 아니었다. 그것이 단지 '소멸'된 것에 불과했음은 김 - 오히라 합의 이후의 교섭과정 전체가 여실히 가리키고 있었던 것이다.

이렇게 하여 14년에 걸쳐서 진행된 청구권 교섭은 끝났다. 당초 대일평화조약 서명국 참가에 따른 전시 배상형식으로 그 해결을 바라보던 한국 측은 연합국 자격 획득 실패에 따라 그 전략상의 좌절을 맞이하게 되었다. 물론 손해배상은 불법행위에 따른 피해보상의 의미를 포함한 넓은 개념이어서 단순히 전승 - 패전이라는 교전관계에서만 규정되는 것이 아니었다.

그러나 평화조약 제2조(a)에 의하여 병합조약 합법성의 해석을 강화한 규정이 들어감에 따라 한국 측은 『주일대표부안』에 있던 한일병합조약 당초부터 무효와 그가 뜻하는 불법 지배에 따른 청산 처리를 요구할 전략이 어려워졌다.

그 결과 나온 것이 평화조약 제4조(a)에 따른 소위 '대일8항목요구'였다. 한국 정부

로 인한 수취 방침이 실제 일본 측에게 정식 요구로서 제기된 사실은 확인되지 않는다.

는 동 8항목 요구를 "영토분리 분할에서 오는 재정상 및 민사상의 청구권 해결 문제"256)라고 설명했다. 또 일본의 역청구권 주장이 나옴에 따라 동 8항목 요구는 재한일본인 재산의 취득이라는 사실을 고려해서 산출한 것이리고 주장, 실질적으로 한일양국이 가진 상호 청구권의 관련성과 그 감쇄를 인정했다. 그러나 주의해야 할 것은 이 인정은 한국 측이 일본으로부터 받는 돈이 단지 양국이 상호 간에 가지고 있던 채권 - 채무 액수의 많고 적음에서 나오는 차액의 문제이지, 청구권 문제가 양국 간의 특수한 지배 - 피지배관계에서 연유하는 책임 문제가 아니라고 인정한 것이나 마찬가지였다는 점이다. 유진오가 강조한 보상적 청구 개념인 전쟁징용에 따른 피해보상 등도257) 이 문제가 일본 정부와 일본 국민 사이에도 적용되는 문제인 이상 양국 간의 특수한 과거를 청산하는 의미를 지닐 수는 없었다.

한국 측의 양국 청구권의 상호 관련성의 인정이라는 자세에 관해서는 또 하나 중요한 혼란이 있었다. 배상 방식을 포기해서 청구권으로서 문제를 해결한다는 한국 측 인정은 거꾸로 한국의 대일청구권과 재한일본인 재산의 취득이 원래 아무 관계도 없는 문제가 됨을 뜻해야 했다. 왜냐하면 한국의 대일전승국으로서의 지위 상실은 동시에 적산으로서의 일본인 재산의 취득권리 상실을 뜻하는 것이므로 미국 경유로 받은 구일본인 재산은 일본으로부터의 취득이 아니라 적산으로서 미국이 몰수, 소유한 것을 대한경제원조로서 미국으로부터 받았다는 결론을 귀결시켜야 했다. 다시 말하면 한국은 미국에서 받은 원조를 가지고 일본에 대한 청구액수를 감쇄시킨다는 논리적 혼란을 일으킨 것이었다.

물론 여기에는 52년, 57년 두 번에 걸쳐서 나온 미 각서가 직접적인 영향을 준 것은 의심의 여지도 없다. 그러나 이러한 혼란은 보다 근본적인 차원에 깃들고 있었음을 잊지 말아야 한다. 만약에 한국이 구일본인 재산을 미국의 원조로서 받았다고 주장한다면 그것은 5장에서 논했듯이 실질적으로 한반도가 미국의 적국으로서의 점령지, 바꾸어 말한다면 한반도가 합법적인 절차를 거친 일본 영토임을 뜻하는 결과를 자초

---

256) 대한민국 정부, op.cit.(1965a), 41쪽.
257) 兪鎭午 및 劉彰順, "對談·交涉十年 會談六回의 內幕",『思想界』緊急增刊号(1964.4), 34쪽. 유진오는 청구권을 전시배상, 채권적, 보상적, 반환적의 네 가지로 나누고 있다.

할 위험성이 컸다. 따라서 한국 측은 배상에 비교해서 과거청산의 의미가 약한 청구권 명목을 인정하는 한편, 그에 따라 원래 강쇄 대상이 아닌 재한일본인 재산의 취득을 가지고 이번에는 병합조약의 합법성을 부정해야 하는 입장에서 대일청구권의 감쇄 논리를 인정해야만 했던 것이었다.

그런 '식민지 지배 자체에 대한 청산'을 이룩하는 데 근본적으로 문제를 안고 있었던 청구권 교섭은 결국 김 - 오히라 합의로 인해 무상, 정부차관, 민간차관이라는 과거청산의 의미를 한층 더 상실시킨 결과로 끝났다. 물론 이 결과에 대해 일부 한국 정부 관계자는 그것이 청구권의 행사임을 역설하고 있다. 예컨대 앞서 소개한 제6차 회담 당시의 농림부 장관이던 원용석은 무상 3억 불, 정부 간 재정차관 2억 불 부분을 한국의 재산청구권의 성격을 띠는 부분이라고 설명하고 있다.[258] 그러나 그는 그것이 한국 측이 일본에 대해서 정당하게 가지는 재산청구권이라면 그 지불의 지연에 따라 오히려 일본으로부터 받아야 할 이자를 적어도 2억 불 부분에 관해서 왜 한국 측이 붙여 갚아야 하는지에 대한 설명은 하지 않았다. 또 비록 무상이라도 그것이 진정한 대일청구권이라면 왜 하필 '무상'이라는 이름을 달 필요가 있는지에 관한 설명도 없었다. 아니 설명을 할 수 있을 리가 없었다. 사실 무상, 유상의 제공은 미국도 행하고 있었으며[259] 더 나아가 한국 정부 자신이 수취할 자금이 청구권 행사의 결과가 아님을 적어도 내부적으로는 인정하고 있는 정도였기 때문이다.

이와 같이 청구권 교섭은 결코 특수한 과거를 청산하는 무대가 될 만한 구조적 기반을 갖추지 않고 있었으며 또 실제 진행된 교섭내용 역시 그랬다고 판단할 수 있다. 이것은 동 교섭과정에서 보인 한국 측 대응과 논리의 혼란이 상징하고 있다. 동 교섭의 내용은 북한과의 대립을 배경으로 한국의 '국가수호 과제'를 위하여 과거청산 문제를 희생시켜야만 했던 한일회담의 역사적인 성격을 가리키고도 남은 것이라고 할 수 있을 것이다.

일본 측 역시 이런 한국 측 약점을 이용, 또 하나의 '실리' 외교를 벌였다. 물론 그

---

258) 元容奭, op.cit., 246쪽.
259) 이 지적은 제5차 회담시 청구권 교섭의 대표를 맡은 劉彰順, "請求權問題: 우리의 財産請求權과 '金·大平'메모", 『思想界』 1964년 4월호, 101쪽을 참고.

'실리'라 함은 무거운 책무를 짊어지게 될지도 모르는 양국 간의 특수한 과거의 부각을 일체 은폐시키는 것이었다. 액수와의 흥정으로 자리 잡은 무상, 유상 명목은 바로 이 '실리' 외교의 하나의 결정(結晶)이었다. 이들 명목은 경제 건설을 위하여 한국이 일본으로부터 받을 돈이 정당한 권리에 기초한 것이라는 그나마 마지막으로 남았던 최소한의 자존심조차 꺾고 과거의 종주국의 '은혜'로 인한 것임을 부각시켰다. 그러나 그런 '은혜'에 의거한 자금 제공으로 합의된 동 협정은 역설적으로 청구권 문제가 '완전히 및 최종적으로 해결'되었다는 구절만 남김으로써 앞으로 동 문제를 거론할 기회를 원천 봉쇄한 것이었다.

양국 간의 특수한 과거를 청산한다는 청구권 문제는 이렇게 하여 완전히 소멸된 것이다.

2. 기본관계 교섭

이상 한일회담에서의 과거청산 실천의 핵심과제이던 청구권 문제의 교섭과정을 상세히 분석했다. 이어 이 절에서는 청구권 문제 해결의 기미가 보인 62년 이후의 기본관계 문제의 교섭과정을 자세히 분석한다. 그로 인해 기본관계를 둘러싼 교섭내용 역시 한일회담이 과거청산이 아니라 오히려 그것을 소멸시키는 과정이었음을 입증하고자 한다.

1) 기본관계 교섭의 재개

● 1962년 12월 21일자 한국 측 기본관계 문제에 관한 입장

박정희 정권하에서 시작된 제6차 한일회담은 청구권 문제에 그 무게를 두어감에 따라 과거청산의 기반을 마련해야 했던 기본관계 문제는 이미 언급했다시피 1961년 9월 18일 훈령을 마지막으로 그 자취를 감추었다. 따라서 다른 문제들의 해결 후에 다룰 것으로 생각했던 기본관계 문제가 관심 대상이 되기 시작한 것은 바로 청구권 문제의 해결의 틀이 마련된 1962년 11월의 김 - 오히라 합의 이후의 일이었다.

예컨대 아직 김 - 오히라 회담에 대한 전망이 불투명하던 1962년 9월 6일의 제5차 절충회의에서는 한국 측이 기본관계조약 토의에 관해서 문의한 기록이 있다. 동 위원회에서 일본 측 이세키 국장은 기본관계 토의는 쉬우므로 1주 정도의 토의로 충분하다고 말했으나 한국 측이 이에 대해 이의를 표명한 흔적은 없다.[260] '구조약 무효확인 조항'의 문제가 포함된 결과 한일회담을 진정 과거청산을 위한 교섭으로 생각한다면 결코 풀기 쉽지 않은 기본관계 문제는 적어도 청구권 문제의 틀이 결정되기까지는 한국 측 역시 1주 정도의 토의기간으로 충분한 과제에 불과했던 것이다.

청구권 해결의 테두리를 마련한 11월 12일의 제2차 김 - 오히라 회담에서는 기본관계 문제에 대하여 일단 그 형식 등에 관한 의견 교환이 이루어졌다. 이 석상에서 형식 문제에 관해서 김종필 부장은 제1차 한일회담 이후의 방침이던 조약 형식을 거듭 주장했으나 오히라 외상은 조약 형식에는 영토조항이라는 어려운 점이 있다고 말했다.[261] 오히라 외상이 두려워한 것은 조약 형식 자체라기보다 바로 동 조약의 적용범위를 정할 영토조항의 존재였다고 생각된다. 즉 국회비준을 요구하는 조약형식으로 할 경우 동 조약의 적용범위를 정할 영토조항의 존재는 남북 분단이라는 특수 조건하에서 정치적인 의미를 지닐 수밖에 없으므로 그것은 국회에서 큰 비판의 대상이 되지 않을 수가 없었다. 그런 일본 측 입장에서 볼 때 김종필 부장이 제안한 "현재 행정적 지배하에 있는 지역 및 앞으로 행정적 지배하에 들어올 지역으로 하는 등의 표현"[262] 은 그 우려를 해소하기는커녕 오히려 증폭시키는 것이었다.

여기서 주의해야 할 것은 과거청산의 핵심으로 인식되던 청구권 문제가 해결된 회담 석상, 기본관계 문제에 관해서 교환된 이야기는 불과 형식 문제와 동 조약의 적용범위를 규정하는 문제만이었다는 점이다. 다시 말하면 청산해야 할 양국 간의 특수한 과거의 규정이나 그를 상징하는 '구조약 무효확인 조항'에 관한 이야기는 일절 언급조차 되지 않았던 것이다.

---

260) "한일대(정) 제359호", 『第六次韓日會談 會議錄(III) 第二次 政治會談 豫備折衝 1962.8.22~196 2.12.25)』, 113쪽.
261) "한일대정제 495호", 『김종필 특사 일본방문, 1962.10~11』, 165쪽.
262) ibid.

[표 33] 1962년 12월 21일자 한국 측 기본관계조약에 관한 입장

형식	조약
영토조항	영토조항에 관해서 양국 입장의 조정을 위하여 "현재 행정적 지배하에 있는 지역 및 앞으로 행정적 지배에 들어올 지역"으로 하는 방법이 있다.
구조약 무효 문제	1910년 이전의 구 한국 정부와 일본제국 정부 간의 모든 조약·협정의 무효선언이 포함되어야 한다.
기타	대일평화조약 제4조(c)항에 따라서 해저전선의 귀속을 규정해야 한다.
	청구권, 어업, 법적 지위에 관한 해결원칙은 규정해야 한다.

그러나 제2차 김 - 오히라 회담에서 일단 청구권 문제의 고비를 넘었으므로 기본관계 문제에 대한 새로운 움직임이 시작되었다. 회담 나흘 후인 11월 16일 제15차 절충회의에서는 일본 측 우시로쿠(後宮虎郎) 신임 아시아국장(10월 30일자로 이세키 국장과 교체)은 기본관계 문제는 최종단계에 이르고 나서 토의하면 된다는 의견을 계속 표명한 데 대해 한국 측도 일단 이에 동의를 하면서도[263] 약 한 달 후인 12월 21일 시급한 타결을 위해 기본관계조약 교섭에 관한 원칙을 제시했다. 그것은 사실상 제3차 회의에서 동 문제에 관한 간단한 토의가 이루어진 지 9년만의 부활이었다. 한국 측이 동 12월 21일 제6차 한일회담 제2차 정치회담 예비절충 전체회의 제20차 회의에서 일본 측에 수교한 입장을 정리하면 [표 33]의 네 항목 다섯 가지 내용으로 된다.[264]

상기 한국 측 원칙 속에서 무엇보다 주목할 부분은 2번 째 영토조항이었다. 이 영토조항의 내용은 제2차 김 - 오히라 회담에서 김 부장으로부터 나온 것이었으나 원래 기본관계 문제에 관해서 제3차 한일회담까지의 선행교섭에서는 없었던 조항이었다. 또한 사실상 기본관계 문제가 사라진 이후의 교섭 속에서도 동 조항의 규정을 요구한 흔적은 없다.

그러면 왜 이 시기 과거의 교섭에는 없었던 영토조항의 규정 요구가 한국 측으로부터 나온 것이었을까? 안타깝게도 그를 뒷받침 할 만한 자료적 증거는 없다. 하지만 바로 이 시기가 청구권 해결의 틀이 결정된 시기임에 주목하기만 하면 어렵지 않게

---

263) 『第六次韓日會談 會議錄(Ⅲ) 第二次 政治會談 豫備折衝(1962.8.22~1962.12.25)』, 255~257쪽.
264) 『한일 간의 기본관계에 관한 조약등], 1964~65, 전5권(V.1 교섭 및 서명)』, 6쪽에 수록된 "1962.12.21(제20차 예비교섭) 아 측이 제시한 기본관계에 관한 입장"에서 저자가 정리했다.

이 의문은 풀 수 있다. 즉 앞서 청구권 해결 규정의 문제를 검토했을 때 밝힌 바와 같이 한국 정부는 이북 지역의 청구권 문제를 봉쇄하기 위하여 남한 거주민의 개인청구권까지 희생시키려고 했다. 영토조항의 목적이 국교정상화에 따른 관련 협정들의 효력을 한국과의 단독 조약을 통해서 모두 한국 정부에 귀속시키는 데 있었던 만큼 이 조항의 규정은 바로 이후의 북한과 일본의 교섭을 차단하는 데 핵심적인 의미를 갖게 되는 조항임은 분명했다.

비록 아직 영토조항이라는 명칭이 아니었으나 교섭결과를 한국 정부에게만 귀속시키려고 한 동 조항의 사고가 정식으로 표명된 것은 기록상 구보타 발언이 터져 나올 이틀 전인 제3차 한일회담 제2차 본회의(1953년 10월 13일)에서 북한 지역 일본인 재산의 귀속 문제가 토론되었을 때였다. 동 회의에서는 한국 측은 유엔 결의를 들어 한국만이 한반도에서의 유일한 합법정부이므로 북한 지역에 있는 일본인 재산도 한국의 것임을 주장했다.[265] 즉 남북 분단하에서 조약의 효력을 문제로 삼아야 할 경우 영토조항은 피할 수 없는 과제였던 것이다. 따라서 그 후 오랜 기간 표면화되지 않았던 이 문제가 이 시기 표면에 떠오르게 된 것은 바로 청구권의 해결의 틀이 결정되면서 그 현실적 이행 문제가 드디어 도마에 오르지 않을 수가 없게 된 결과임이 틀림없다. 이 영토조항의 규정 문제는 이후의 교섭에서는 결국 한국 정부의 '유일합법성 조항'의 문제로 그 표현을 바꾸고 '구조약 무효확인 조항' 문제를 능가하는 기본관계 교섭의 핵심을 이루게 되었으나 그에 관해서는 후술한다.

한편 "최종단계에 들어가고 나서 기본관계를 토의"함을 예정했던 일본 측에게는 이런 한국 측 기본관계에 관한 입장 표명은 예상 밖의 일이었다. 26일의 제21차 동 회의에서 일본 측은 기본관계 문제는 관련 현안들의 해결 후 토의하기로 양국이 합의되고 있었음을 지적하면서 한국 측 '돌출' 행동에 대해 약간의 불만을 표시하면서 위의 한국 측 견해에 대해서는 불원 일본 측도 견해를 제시함을 약속했다.[266] 그러나 결국

---

265) "한일회담 제2차 본회의 경과보고", 『제3차 한일회담, 본회의회의록 및 1~3차 한일회담 결렬경위 1953.10~12』, 1267쪽.
266) "한일대(정) 제586호", 『第六次韓日會談 會議錄(IV) 第二次 政治會談 豫備折衝(1962.12~1963.5)』, 40쪽.

그 약속은 이행되지 않았다. 이런 양국의 움직임의 차이에는 최대의 관심사이던 청구권의 틀이 결정된 한국 측과 어업 문제가 여전히 풀리지 않았던 일본 측 간의 조기 타결에 대한 기대감의 격차가 있었다. 필요한 청구권 액수 확보가 가능해진 한국 측에게는 조기 타결을 삼가야 할 이유가 없었다. 갑작스러운 기본관계의 원칙 제시는 그런 한국 측 조기 타결의 희망을 상징한 것이라고 볼 수 있다.

예컨대 이런 한국 측 회담진전으로의 열의는 63년에 들어서는 한 때 조약 형식의 포기가 검토되기도 했다는 점에서도 볼 수 있다. 한국 측은 연말 타결을 위하여 "일본 측이 호응할 만한 안 제시"[267]의 필요에 따라 기본관계에 관해서 한국 측이 요구하는 내용이 규정된다는 조건부로 일본 측 요구이던 공동선언 형식을 수락할 것을 검토했었다. [268]

하지만 그런 조기 타결의 열망과 달리 63년은 이미 언급했다시피 한국의 민정이양 문제에 따른 정치적 혼란의 양상이 짙어짐에 따라 회담 자체의 진전이 어려워졌다. 그로 인해 기본관계 역시 정체의 늪에서 벗어나지 못했다. 결국 기본관계 토의 재개가 양국에서 합의된 것은 민정이양 완료 후인 1964년 4월 4일 정일권 - 오히라 양국 외상 회담에서였다. [269] 이윽고 6·3사태로 상징되는 한일회담 반대운동이 그 정점을 향하던 이 시기 기본관계 토의에 한국 측이 동의한 이유는 기본관계 문제가 을사조약 등의 무효 문제를 포함하고 있으므로 국민감정상 오히려 바람직하다고 판단했기 때문이었다. [270]

4월 4일의 외상 간 합의에 따라 4월 23일과 5월 8일 기본관계위원회는 일단 두 차례 개최되었다. 그러나 동 위원회는 그에 앞선 본국 훈령에서 준비작업 중임을 이유로 당분간 62년 12월 21일 제시안에 따라 교섭할 것이 지시되었으므로[271] 애당초부

---

267) "한일 간의 각 현안 문제에 관한 아측 최종 입장 결정", 『속개 제6차 한일회담, 현안 문제에 관한 한국 측 최종입장, 1963.4~1964.3』, 14쪽.
268) ibid., 32쪽. 다만 외무부 통상국장은 4월 22일자로 정무국장에게 대한민국이 유일합법정부임을 분명히 하기 위해서라도 조약형식으로 할 것을 주장하고 있다(같은 문서, 72쪽). 이 주장에도 조약 형식이라는 무게의 중심이 과거청산을 위한 것이 아니라 유일한 합법정부의 인정에 있었음을 확인할 수 있다.
269) "외아북 518", 『속개 제6차 한일회담, 기본관계위원회, 1964』, 5쪽.
270) "JAW-04077", 『속개 제6차 한일회담, 본회의 수석대표 간 비공식회의(본회의 상임위원회회합) 1~21차, 1964.3.26~11.5』, 23쪽.
271) "WJA-04129", ibid, 30쪽.

터 토의 진전이 기대되는 장이 아니었다. 약 10년 만에 열린 4월 23일 속개 제6차 한일회담 기본관계위원회 제1차 회의에서는 한국 측은 자신들의 입장이 제1차 한일회담 시 제시한 기본관계조약 안과 제3차 한일회담까지 제시한 입장들, 그리고 57년 12월 31일의 합의의사록의 관련 규정과 같음을 표명, 이에 대해 일본 측은 공동선언 형식의 채용을 표명하는 등 종래의 입장을 거듭한 것뿐이었다.[272]

이어 5월 8일 열린 제2차 회의에서도 한국 측은 기본관계조약은 다른 문제의 총 정리라는 의미를 지니고 있다는 것, 병합조약도 조약 형식을 취했다는 것 등을 들고 동 문제는 조약 형식으로 처리할 것을 거듭 주장한 데 대해 일본 측은 공동선언 형식도 가볍다고 생각하지 않는다는 등의 의견만 표명,[273] 토의는 계속 같은 궤도를 맴돌았다.

● 1964년 5월 25일자 한국 측 "기본적 지침"

5월 25일 준비작업 중이던 한국 정부의 기본관계조약에 관한 방침인 "기본적 지침"과 그에 따른 "대한민국과 일본국 간의 기본조약(시안)"이 작성되었다.[274] 이 상세한 지침은 이후 제7차 한일회담에서의 기본관계조약 교섭의 한국 측 목표와 요구 사항을 분명히 했다는 의미에서 아주 중요한 지침이라고 평가된다.

[표 34]의 지침을 보면 막판에 이른 한국 정부의 과거청산에 관한 사고방식이 분명히 나타나고 있다. 기본관계조약에 대한 목적은 양국의 불행한 과거를 청산하는 것으로 되어 있으나 그 구체적인 방법은 각 현안들의 해결 및 원칙을 규정하여 본문에 각 협정 체결 규정을 넣는 것이었다. 쉽게 말하면 다른 각 현안들의 교섭에서 이루어낸 협정 등의 원칙을 기본관계조약에 넣음으로써 그것으로 과거가 청산되었음을 규정할 것, 바로 그것이 한국 측 기본관계조약의 목적이었던 것이다.

그러나 주의해야 할 것은 그런 각 문제 해결의 원칙 규정이라는 지시는 결코 양국 간의 특수한 과거를 청산하기 위한 것으로 생각되지 않는다는 점이다. 예컨대 한국

---

272) "주일정 722-163", 『속개 제6차 한일회담, 기본관계위원회, 1964』, 18~22쪽.
273) "주일정 722~185", ibid., 29~33쪽.
274) "와아북 556", 『한일 간의 기본관계에 관한 조약 [등], 1964~65, 전5권(V.1 교섭 및 서명)』, 12~17쪽. 단 5월 25일이라는 날짜는 "시안"(같은 문서, 18~24쪽)에 찍히고 있으며 "기본적 지침"에는 날짜표기는 없다. 따라서 5월 25일자는 어디까지나 저자의 추측이다.

[표 34] 1964년 5월 25일자 한국 측 기본관계조약의 지침

목적	- 한일 간의 불행한 과거관계 청산 - 현안 문제에 관한 해결 원칙 규정 - 호혜평등에 입각한 장래 관계 설정
형식	조약(단 일 측이 공동선언에 고집할 경우 먼저 내용부터 토의)
전문	- 국교수립 이후의 양국관계를 규율하는 기본적인 지침 규정 - 위와 관련하여 특히 '유엔헌장의 제 원칙'을 규정하는 필요는 없으나 일 측이 주장하는 경우 포괄적 규정만 하여 몇 조 등의 구체적 규정은 안 함

본문	제1조: 항구적 선린관계 등 (실질적인 평화조약의 성격을 부여)
	제2조: 구조약 모두 무효
	     -무효 시점을 '당초부터(ab initio)'로 하도록 최대한 노력하되 부득이한 경
	      우 이 규정 삽입을 철회하도록 함
	제3조: 외교·영사관계 수립
	제4조: 시급한 통상항해 조약 체결 규정
	제5조: 무역협정 체결(무역 균형 강조)
	제6조: 민간 항공수송 협정 체결
	제7조: 재일한국인의 법적 지위 협정체결
	제8조: 대일청구권 해결의 대강을 규정하여 특별 협정 체결
	제9조: 어업규제, 자원보존 등 협정 체결
	제10조: 해저전선 분할 규정
	제11조: 조약 해석 및 적용 규정
	제12조: 비준 조항

샌프란시스코 평화조약 수익 조항	제2조에 관해서 명시 안 함
영토조항	굳이 규정의 필요 없으므로 언급 안 함

정부는 동 "기본적 지침"에 따라 작성한 "기본조약(시안)" 제8조로서 청구권해결의 규정안을 작성하고 있다. 그러나 동 조항에서는 평화조약 제4조(a)에 규정된 청구권 문제의 해결과 양국 간의 경제협력의 증진, 또 무상·정부차관·민간차관의 제공 조건들 그리고 이에 따라 최종적으로 청구권 문제가 해결되었음을 인정한다는 취지만 규정하고 있다.[275] 다시 말하면 한국 정부가 내부적으로 작성한 조약 시안에서도 동 청구권 문제의 해결이 양국 간의 특수한 과거를 청산하기 위한 것이라는 규정을 한 것도, 더 나아가서는 왜 위의 내용의 해결로 특수한 과거가 청산되었다고 판단할 수 있는지를 명시한 규정도 없었던 것이다.

즉 최종단계에 이르러서도 한국 정부에게 기본관계 문제는 '식민지 시대에 일어난 문제들의 처리'가 이루어졌음을 명시하는 과제에 불과하며 결코 '식민지 지배 자체에

---

275) ibid., 21~22쪽.

대한 청산'을 위하여 일본의 한국 지배에 대한 성격을 규정함으로써 청산 원칙을 세우려는 그런 문제가 아니었던 것이다. 그러나 이하 살펴보겠지만 이후의 기본관계조약 교섭은 그런 한국 측의 최소한의 청산 규정의 의도조차 소멸시켜나가는 과정이 되었다.

기타 동 "지침" 속에서 과거청산에 관하여 주목해야 할 부분은 본문에 관해서 제2조 '구조약 무효확인 조항'에서는 '당초부터'의 표현은 불가결한 조건이 아니었다는 것, 제7조부터 제9조까지 현안 해결규정을 명시하고 있었다는 것, 또 평화조약 한국 수익조항에 관해서 일본에 의한 한국 독립을 승인한 평화조약 2조는 명시하지 않는 입장이었다는 것, 그리고 조약의 적용범위를 규정하는 영토조항에 관해서는 62년 12월 제출의 원칙과 반대로 오히려 그것을 규정하지 않는 것만 지시하여 이 시점에서는 영토조항에 대신하는 한국의 '유일합법성 조항'의 삽입 요구는 그 모습을 드러내지 않았다는 점들이다.

하지만 64년 5월에 내려진 동 구체적 방침들은 이미 언급한 바와 같이 한국 내의 거센 반대 운동에 부딪혀 곧 조약 교섭의 진전과 연결되지 않았다. 결국 기본관계에 관한 토의가 진전된 것은 한일회담이 제7차로 탈바꿈한 후의 일이었다.

2) 제7차 한일회담에서의 기본관계 교섭

● 제7차 한일회담 개시

한국 정부는 8월의 베트남전쟁의 전선 확대, 10월 중국의 핵실험 성공 등 급한 내외 정세의 변화도 있어 막판 한일교섭을 서둘러야 했다. 일본 측 역시 7월에는 이후 한일교섭의 주역으로 된 시이나가 외무대신에 취임하고 또 11월 9일에는 사토 신 내각이 탄생하면서 새로운 체제를 갖추게 되었다. 그는 13일에는 김동조 신임 주일대사와 면담, "한일 문제의 해결에는 굳은 결심을 가지고 임할 작정"이라고 표명,[276] 한국 측의 조기 타결에 대한 의향에 적극 호응했다.

이런 사토 신 정권의 자세를 맞아 25일 김동조 - 시이나 회담에서 제7차 한일회담을 12월 3일 개시하는 데 최종합의가 이루어졌다.[277] 다만 동 한일회담이 제7차로 된

---

276) "JAW-11271", 『제7차 한일회담. 본회의 및 수석대표회담, 1964~65』, 79쪽.

것은 "그간의 중단기간이 길었다는 점과 기분을 일신할 필요가 있다는 점을 고려하여 제7차 회담으로 명칭을 바꾸기로"[278] 한 것뿐, 제6차 회담까지의 틀이 변경되는 등 한일회담의 성격변화가 필요하게 된 것은 아니었다.

그런 고로 바로 14년에 걸친 기나긴 교섭의 마무리를 지은 이 회담이 과거청산에 관해 새로운 모습을 보이는 일은 없었다. 회담 벽두인 12월 3일 열린 제1차 본회의에서 김동조 수석대표는 그 개회 인사 속에서 "양국 간의 불행한 과거를 청산", "과거의 불행한 역사에 기인하는 감정을 불식" 등 과거에 대한 약간의 언급을 했으나[279] 그 불행한 과거의 성격 및 그 책임의 소재 등을 거론하여 청산해야 할 과거 규정을 도모하려는 일은 끝내 없었다. 일본 측 우시바 수석대표대리(스기 수석대표는 건강 문제 때문에 결석) 역시 그 벽두 인사 속에서 일본 측으로서의 최대의 관심사인 어업 문제의 해결을 호소할 뿐[280] 마지막까지 한일회담을 과거청산을 위한 자리로 인식하는 자세를 보이지는 않았다. 돌이켜보면 제1차 회담 이래 마지막까지 한일회담은 양국 간에 특수한 과거를 청산하기 위한 장으로서 합의된 후 진행된 일은 결국 단 한 번도 없었다. 한일회담은 한국 국민의 인식과 달리 출발부터 끝까지 과거청산 문제와 다른 성격을 지닌 것이었다.

기본관계위원회는 동 본회의에서의 의제에 관한 합의에 따라 12월 8일부터 개최하기로 되었다.[281]

• 1964년 12월 10일 한일 양측 요강안과 그 토의

제6차 회담 개시 때와 달리 제7차 한일회담은 그 시작부터 타결의 전망이 서 있었던 만큼 회담 전부터 기본관계에 관한 방침이 결정되어 있었다. 제7차 한일회담 개최에 앞서 11월 30일 한국 정부는 기본관계 토의를 위한 자세한 훈령을 내리고 있다.

---

277) "JAW-11532", ibid., 130쪽.
278) 『제7차 한일회담 [개최경위, 1964~65』, 5쪽.
279) 김동조 수석대표의 벽두 인사 원고는 『제7차 한일회담. 본회의 및 수석대표회담, 1964~65』, 159~161쪽.
280) 우시바 수석대표대리의 벽두 인사 원고는 ibid., 163~165쪽.
281) "주일정 722-504", ibid., 157~158쪽.

[표 35] 제7차 한일회담에 임할 한국 측 기본관계조약에 관한 방침(1964년 11월 30일)

일반 방침	1) 조약문에 한일 간의 불행한 과거관계를 청산하며 현안의 해결원칙을 규정 2) 대한민국 정부만이 한반도에 있어서 유일한 합법정부임은 어떠한 경우에도 유지. 따라서 '2개의 한국'또는 '이북에 별도의 권위'가 있다는 개념이 절대로 포함되지 않도록 함 3) 형식은 조약 4) 각 현안해결에 관해서는 원칙만 규정하여 구체적 내용은 각 협정에 규정하도록 함
세부 방침	1) 전문에 과거에 불행하였던 양국 간 관계를 청산함으로써 양국 간의 새로운 관계를 개설한다는 취지를 규정 2) 본문에 이하 규정 가. 영속적인 선린관계와 협력관계를 규정하되 실질적인 평화조약의 성격을 부여 나. 구조약 무효의 규정에 관해서 시점을 '당초부터(ab initio)'로 하도록 최대한 노력 (가타는 위 5월 25일 방침과 동일함)

그 내용은 일반적인 방침과 세부적인 방침으로 나눠졌으나 주목할 부분을 간추려서 들면 [표 35]와 같다.[282] 이 11일 30일 방침에서 처음으로 한국 정부의 유일합법성 규정이 크게 다루어졌음을 알 수 있다. 앞서 5월 25일 지침까지는 영토조항으로 되어 있던 규정이 왜 약 6개월 후 유일합법성이라는 표현으로 바뀐 것인지 그 구체적인 과정은 자료적으로 뒷받침할 수 없다. 하지만 그 표현 변경의 의도는 짐작 가능하다. 영토조항의 경우 일본 측과의 교섭상 오히려 한국의 관할권이 남한 지역에 한정됨을 직접적으로 표시할 것을 요구할 위험성이 큰 것에 대해 한국 정부의 유일합법성 표현은 한국 정부의 법적인 성격만을 부각시키는 것이어서 일본 측이 수락할 가능성이 보다 컸다. 더구나 유일합법성의 규정은 관할권의 영역에 관해서는 직접 언급하는 것이 아니므로 그 유일한 합법성의 해석으로서 필요에 따라 이북 지역까지 한국의 관할권이 미친다고 정치적으로 설명할 수 있다는 것, 또 그에 따라 불법집단인 북한과의 교섭 가능성을 차단시킬 수 있는 정치적 근거를 마련할 수 있다는 장점들을 갖고 있었다. 즉 5월 시점에서 영토조항의 규정을 회피할 것을 결정한 한국 정부는 북일 간의 교섭을 차단하는 다른 대체 방법으로서 유일합법성 규정을 들고 나온 것이라고 풀이된다.

12월 10일 제2차 기본관계위원회에서는 위의 정부 방침에 따른 한국 측 요강안과

---

282) "외아북 722-679", 『제7차 한일회담 기본관계위원회 회의록 및 훈령, 1964.12~65.2』, 7~9쪽.
283) ibid., 31쪽(32~34쪽에는 영문 요강안 수록). 또 동 요강안 이전에 12월 7일자로 "기본관계 문제에 관한 한국 측 입장요강"이라는 문서가 작성되었으며 이것을 8일 이후 일본 측에 제시할 생각이라고 보고되

[표 36] 제2차 기본관계위원회에서 제시된 한일 양국의 조약초안(1964년 12월 10일)

	한국 측 안 [기본관계에 관한 한국 측 입장 요강안, 1964.12.10][283]	일본 측 안 [일한기본관계에 관한 합의 요강안, 39.12.10][284]
형식, 명칭	조약: "대한민국과 일본국 간의 기본조약"	공동선언 명칭 사용
전문	특히 아래 사항을 규정한다. ① 양국 간의 과거의 청산과 상호주권 존중에 기초한 새로운 관계 수립 ② 지속적인 선린우호 ③ 양국의 공동복지 향상 ④ 아세아와 세계의 평화 및 안전유지 ⑤ 대한민국이 한국에 있어서의 유일한 합법정부임을 확인	① 전권단(全權团) 교섭 사실 ② 전권단 명 ③ 외교관계 설립 합의 ④ 위 교섭 결과 이하 합의가 성립되었다고 매듭지음
본문	특히 아래 사항 규정 ① 구조약 · 협정 무효 사실의 확인 ② 외교 · 영사관계 수립 ③ 무역 해운, 통상관계 협정 체결 ④ 민간 항공 협정 체결 ⑤ 청구권, 재일한국인의 법적 지위, 어업의 별도 협정 원칙	① 대일평화조약 제2조(a)의 규정 및 유엔결의 195(III)호의 취지 확인 ② 외교관계 설립에 앞서 제 현안이 해결 또는 처리되었음을 확인 ③ 본 선언 및 위 협정의 적용에 있어서 대한민국 정부의 유효한 지배 및 관할권은 현실적으로 한반도의 북쪽 부분에 못 미치고 있음을 고려됨 ④ 외교 · 영사관계 수립 ⑤ 상호관계에 있어서 유엔헌장 원칙 준수 ⑥ 통상항해 관계 ⑦ 분쟁처리: 국제사법재판소(ICJ)로의 부탁 ⑧ 비준조항
최종조항	① 비준절차 ② 용어	-

그에 대응하는 일본 측 안이 상호 제시되었다. 각 안의 주된 내용들을 정리하면 [표 36]과 같다.

상호 교환된 요강 안 중 한국 측 안에는 11월 30일 방침에 따라 전문(前文) ⑤로서 한국의 '유일합법성 조항'이 새롭게 들어갔다. 한편 일본 측 안 속에서 우선 짚어 넘어가야 할 것은 본문 2조에 제 현안들의 해결 · 처리를 삽입할 것을 일본 측 역시 규정하고 있었다는 점이다. 바로 이 사실은 제 현안의 해결규정 자체는 결코 특수한 과거의 청산과 아무런 상관이 없음을 보여주는 대목이다. 바꾸어 말하면 일본이 꺼렸던 것은

어 있다. "주일정 722-505", 같은 문서, 10~11쪽. 그 내용은 동 요강안과 큰 차이가 없으나 어떤 사연으로 동 요강으로 바뀌었는지는 알 수 없다.

284) ibid., 35~36쪽. 날짜 표기 중의 '39'는 그 당시의 원호이던 쇼와(昭和) 39년을 의미하며 그는 서력으로는 1964년에 해당한다.

[표 37] 기본관계조약 양국 초안에 대해 상호에 제기한 이의점(1965년 1월 22일까지)

	한국 측이 표명한 이의 점	일본 측이 표명한 이의 점
형식	공동선언	-
전문	-	①의 과거청산의 규정 ⑤의 아무런 인용 없는 한국 정부 유일합법성의 단독규정
본문	① 대일평화조약 제2조(a) 및 유엔결의 195(Ⅲ)호의 취지 확인 ③의 조약 적용범위를 남한으로 한정한다는 관할권	①의 구조약 무효확인 ⑤의 현안 처리 3가지 한정 문제

각 현안 해결 자체의 규정이 아니라 일본의 책임으로 인하여 생긴 특수한 과거의 청산으로서 그 처리가 행해졌다는 것을 명시하는 것뿐이었다. 기타 일본 측 안에는 한국 측이 수락하기 어려운 대일평화조약 제2조(a)의 규정 및 유엔결의 195(Ⅲ)호의 취지 확인과 영토조항의 규정이 각각 본문 ①, ③으로서 들어가고 있었다.

위의 양국 요강안을 토대로 기본관계위원회에서는 제2차 회의(64년 12월 10일)부터 제6차 회의(65년 1월 22일)까지 상호에 대한 질의응답이 교환되었다.[285] 그런 토의과정에서 양측이 서로 상대 측 요강 안에 대해서 난색을 표시한 논점을 요약하면 [표 37]과 같이 정리할 수 있다.

일본 측이 한국 측 요강 안 전문 ①을 문제로 삼은 것은 위에서 말했다시피 각 문제의 해결과 특수한 과거가 연결되는 것을 꺼렸다는 것, 그와 같은 문맥이나 한국 측 본문 제1조 '구조약 무효확인 조항'에 난색을 표시한 것은 한국 측이 "동 조약이 위법적인 방법으로 맺어진 것이기 때문에 '무효'라고 주장한다면 체결된 사실 자체가 문제"[286]가 될 수 있기 때문이었다. 이런 구조약 무효확인 문제에 관한 핵심적 논점에 대해서 한국 측은 구조약들은 "불법적으로 맺어진 것이며 따라서 당초부터(ab initio) 무효라고 하는 것이 한국 측 입장"[287]이라고 주장하면서도 표현(Wording)의 조정을 통한 일본 측과의 타협자세를 보였다.

---

285) 각 회의의 토의기록은 『제7차 한일회담 기본관계위원회 회의록 및 훈령, 1964.12~65.2』, 20~30쪽(제2차), 39~48쪽(제3차), 49~59쪽(제4차), 64~68쪽(제5차), 75~76쪽(제6차)에 각각 수록. 다만 제6차는 요지만 수록되어 있다.
286) "주일정 722-518", ibid., 43쪽.
287) "주일정 722-5326", ibid., 52쪽.

또한 일본 측이 한국 측 전문 ⑤에 그 이의를 제기한 것은 북한의 현실적 존재를 감안할 때 북한과의 문제 처리가 필요하다는 판단이나 일본 국내에서의 한일회담 반대 세력들의 존재 등을 우려한 결과였다. 기타 본문 ⑤의 현안 한정 문제가 일본 측 눈에 거슬린 이유는 독도를 현안 속에 넣고 싶다는 방침 때문이었다. 일본 측이 요강안 본문 ⑦에 분쟁처리 규정을 넣을 것을 요구하여 그 속에 국제사법재판소 (International court of Justice: 이하 ICJ) 제소를 규정하려고 한 것도 이것과 일맥상통한 것이었다.

한편 한국 측이 일본 측 요강에 대해서 문제로 삼은 것은 일본 측 본문 ①과 본문 ③ 그리고 공동선언 형식에 대해서였다. 본문 ①에 관해서 평화조약 2조(a)는 일본에 의한 한국의 독립 승인을 규정한 것이므로 그 규정 삽입은 "일본에게서 처음 승인 받는 것 같은 인상"[288]을 주는 의미를 지니고 있었으며 또 유엔결의 195(III)호는 이미 검토했듯이 한국 정부의 남한 지역 대표성만을 사실상 뜻하는 것이므로 한국 측으로서는 그대로 수락하기 어려운 요구였다. 그와 마찬가지로 본문 ③은 보다 직접적인 관할권 제한을 명시하자는 것이므로 이 일본 측 요구는 한국 측에게는 "헌법에도 저촉"[289]하는 문제였다.

따라서 이들 한국 정부의 관할권 제한과 연결되는 구절의 규정 요구는 향후 기본관계 문제에 관해서 "관할권 문제는 이 때문에 국교정상화가 안 되는 일이 있다 하더라도 수락할 수 없다"[290]는 핵심 문제로 부상했다. 이런 한국 측 자세는 이 시기 대미교섭에서도 여실히 나타났다. 1964년 12월 21일 김동조 주일대사는 라이샤워 주일대사와 면담, 익년 1월에 예정되던 사토 - 존슨(Lyndon B. Johnson) 회담에서는 일본이 북한과의 접촉을 일체 삼가는 것과 더불어 기본관계조약 기타의 교섭에서 한국의 관할권이 남한에만 한정된다는 등의 요구를 하지 않도록 존슨 대통령이 직접 압력을 가할 것을 요청하고 있다.[291] 즉 한일회담 막판 교섭에 있어서는 한국의 최대의 관심사는

---

288) ibid., 55쪽.
289) "주일정 722-516", ibid., 24쪽.
290) "주일정 722-526", ibid., 57쪽.
291) "JAW-12385", 『한일회담에 대한 미국의 입장, 1961~64』, 90쪽.

[표 38] 한일 양국 간의 기본관계 문제에 관한 7가지 대립점(1965년 1월 22일 시점)

1	대일평화조약 제2조의 규정 및 유엔결의 195(Ⅲ)호의 취지 확인
2	과거청산에 관한 표현
3	구조약 무효확인
4	한국 정부 유일합법성 규정
5	한국 정부의 관할권 문제
6	합의문서의 형식 및 명칭
7	분쟁처리

'구조약 무효확인 조항'의 문제가 아니라 어디까지나 한국 정부의 대표성 문제였던 것이다.

또한 한국 측은 일본 측 본문 ③에 관한 토론 과정에서는 이북 지역과의 각 문제 처리에 관해 "한국과의 현안 타결로서 이북 문제도 모두 해결되는 것"[292]이라는 입장을 취했다. 청구권 문제에 관해서는 이미 고찰했으나 한국 정부는 단지 청구권 문제뿐만 아니라 다른 모든 문제들에 관해 북일 간의 교섭 여지를 차단할 것을 기본관계조약에서 완성시키려고 도모한 것이었다.

기본관계위원회 제6차 회의(65년 1월 22일)까지의 토의를 거쳐 양국 간에서 풀리지 않는 대립점으로서 남은 것은 [표 38]의 일곱 가지의 문제들이었다.[293]

● 다카스기 발언 숨기기

기본관계조약에 관한 실무자 교섭이 진행되던 65년 1월 무렵 과거청산 문제를 생각할 때 또 하나 빼놓을 수 없는 사태가 벌어졌다. 소위 '다카스기 발언'으로서 한일

---

292) "주일정 722-516", 『제7차 한일회담 기본관계위원회 회의록 및 훈령, 1964.12~65.2』, 25쪽.
293) 제4차 기본관계위원회에 제출된 "기본관계에 관한 한일양측 요강 안 제목분류 리스트", ibid., 62~63쪽. 그에 의하면 이 시점에서의 대립점에 2의 문제는 없으나 이후의 교섭과정에서는 과거청산 문제와 관련하여 확실히 중요한 대립점으로서 나왔으므로 여기에 올렸다. 또 동 리스트에서는 1과 4는 합쳐져서 기술되고 있으나 이후의 교섭에서는 전문과 본문에서 따로 다루어졌기 때문에 여기서는 구별했다. 그에 따라 각 항목의 순서를 저자의 판단에 따라 바꾸었다. 또한 분쟁처리에 관해서는 독도 문제가 관련되어 있음을 잊지 말아야 할 것이다. 양국에서는 기본관계조약 교섭에 있어서 독도 문제가 계속 대립되어 왔으나 제4차 회의에서 일본 측은 사실상 한일회담에서의 독도 문제 토의의 계속을 포기했다. 하지만 이것은 물론 일본 측의 독도 포기를 의미한 것이 아니다. 바로 ICJ 제소라는 형식에 의한 분쟁처리 규정 요구는 이 독도 문제 처리를 위한 것이었다.

회담사에 그 이름을 남긴 이 사태는 막판 한일회담의 성격을 나타내는 흥미로운 화제거리를 제공한 것이어서 이미 선행연구들도 그 발언에 관해서는 다루어 왔다. 그러나 그들 연구는 주로 신문과 김동조 주일대사 등의 회고록에 의거해서 그 발언의 문제점을 논한 연구여서 한국 정부의 대응에 관해서는 미흡한 부분을 남기고 있다. 따라서 여기서는 새롭게 밝힐 수 있는 사실들을 이용해서 동 발언을 둘러싼 한국 정부의 대응이 과거청산 문제에 대해서 가진 의미를 다시 고찰하고자 한다.

동 발언의 주인공 다카스기(高杉晋一) 미쓰비시전기상담역(三菱電機相談役)은 당초 6차 회담에 이어 제7차 한일회담 일본 측 수석대표를 그대로 맡은 스기 수석대표가 갑작스럽게 별세함에 따라 65년 1월 7일 수석대표로 취임했다. 취임 그날 외무성 기자클럽에서 회견에 임한 그는 "일본은 조선을 지배하려고 했다고 하나 우리나라는 좋은 것을 하려고 했다. 산에는 나무 하나 없다고 하나 이것은 조선이 일본으로부터 떨어졌기 때문이다. 20년 더 일본과 사귀고 있었더라면 이렇게 되지는 않았을 것이다 [……] 일본은 조선에 공장이나 가옥, 산림 등을 모두 두고 떠났다. 창시개명도 좋았다. 조선인을 동화시켜 일본인과 같이 다루기 위하여 취해진 조치이며 착취나 압박이라는 것이 아니다"[294]는 등 과거의 식민지 통치를 전체로서 미화하는 발언을 했다. 이 발언 자체는 파문을 두려워한 일본 측 외무성 관료의 요청에 의하여 오프더레코드로 부쳐졌으나[295] 일본 공산당의 기관지인 「아카하타(赤旗)」만이 1월 10일자로 이 발언 사실을 "'일본의 식민지 지배는 좋은 것을 했다' 다카스기 씨 중대 발언"[296]으로서 보도했다. 16일에는 북한 「노동신문」이 동 발언을 "조선 인민에 대한 용서할 수 없는 폭언"이라고 전하고[297] 또 18일에는 「아사히신문」이 작게나마 「노동신문」의 비난내용을 보도했다.[298] 주일대표부는 같은 18일 이런 보도의 사실들을 외무부에 보고하고 있다.[299]

---

294) 「赤旗」 1965年 1月 21日 기사에서 발췌.
295) 김동조, op.cit., 271쪽 일본 측 국회심의에서의 야당 측 추궁에 의하면 동 오프더레코드 요청을 한 인물은 구로다(黒田瑞夫) 북동아 과장이었다고 한다. 国会会議録, 第48回国会, 「衆議院予算委員会」, 第8号(1965.2.8), 20쪽.
296) 「赤旗」 1965年 1月 10日.
297) 「赤旗」 1965年 1月 19日 기사에서 재인용.
298) 「朝日新聞」 1965年 1月 18日.

이 발언 숨기기의 주역으로 된 김동조 수석대표가 이 발언 소식을 알게 된 것은 본국으로부터 귀임한 16일 「동아일보」의 특파원을 통해서라고 회상하고 있다.300) "교섭의 사령탑으로서 냉철해야 한다고 생각"301)한 김동조 수석은 일본 측 우시바 차석대표와의 조정으로 외무성이 작성한 부인 해명 문서를 본인으로 하여금 읽게 하여 매듭지으려고 했다고 증언하고 있다.302) 김동조 수석은 위에서 언급한 18일 보고에서 본국에 대해서 이 발언을 부인하기 위하여 18일 "북괴의 한일회담 방해하기 위한 하나의 날조모략"이라고 발표하는 것으로 다카스기 수석 본인과 협의가 되었음을 보고하고 있다.303) 실제 같은 날 다카스기 수석대표는 한국 특파원과의 회견에서 이 발언이 회담의 성공을 저지하기 위하여 공산 세력에 의하여 조작, 보도된 것 같다고 강조했다.304)

하지만 19일 「동아일보」는 1면 머리기사 "다카스기 수석대표 중대 실언"으로 크게 보도, 18일의 다카스기 수석 본인에 의한 부정회견을 작게 소개하면서도 사실상 이 발언을 진실로서 한국 국내에 전했다.305) 마지못해 20일 외무부는 이 보도와 관련하여 그 발언의 사실 관계 여부를 조사할 것을 지지했음을 발표하고 있다.306) 동 발표 자체는 거짓이 아니었다. 사실 외무부는 동 20일 주일대표부에 대해서 수석대표 간 회의를 소집하여 동 발언의 사실관계 여부의 확인과 그 발언이 사실이거나 또한 그런 생각을 가지고 있는 것이 사실이라면 회담을 계속하는 의미가 없다는 입장을 전하는 것, 그리고 일본 측이 그것이 사실무근이라고 한다면 한국 측 입장과 일본 측 부정내용을 보도할 것을 요구하도록 지령했다.307)

이 지령에 따라 20일 열린 제7차 한일회담 제1차 수석대표회의 석상에서 김동조

299) "JAW-01179", 『제7차 한일회담, 본회의 및 수석대표회담, 1964~65』, 395쪽.
300) 김동조, op.cit., 269~270쪽.
301) ibid., 270쪽.
302) ibid., 271쪽.
303) "JAW-01179", 『제7차 한일회담, 본회의 및 수석대표회담, 1964~65』, 395쪽.
304) "JAW-01195", ibid., 397쪽.
305) 「동아일보」 1965년 1월 19일.
306) "외무부 발표문", 『제7차 한일회담, 본회의 및 수석대표회담, 1964~65』, 422쪽; 「동아일보」 1965년 1월 20일.
307) "WJA-01178", 『제7차 한일회담, 본회의 및 수석대표회담, 1964~65』, 412쪽.

수석대표는 동 발언의 사실 여부를 따지며 또 다카스기 대표는 그 발언의 사실관계를 부정했다.[308] 하지만 이 회의에서 벌어진 일은 바로 김동조 수석대표 자신이 고백했듯이 사전에 연출된 위장극이었다. 김동조 수석대표는 이런 일련의 다카스기 발언의 진화작업을 자신이 독단으로 꾸민 것임을 강조하고 있다.[309] 그러나 이 증언은 꼭 진실만은 아니다.

사실 주일대표부는 20일의 본국 지령을 받아 같은 날 저녁 4시에 동 수석대표 간 회의를 개최할 것으로 합의가 이루어졌다는 보고 속에서 이미 다카스기 수석이 동 발언을 부정하기로 되어 있으며 동 회의 후 일본 측 외문성이 다카스기 대표의 설명 내용을 문서로 각 언론기관에 배포하기로 되어 있음을 보고하고 있다.[310] 즉 본국 지령을 받아 동 발언의 진위 여부를 따지기 위한 회의 전에 이미 동 발언이 부정될 결과가 외무부에 보고되어 있었던 것이었다.

물론 이 사실 자체는 한국 정부가 다카스기 발언이 사실임을 언제 파악했는지를 정확하게 가리키는 것이 아니다. 위에서 말한 18일의 김동조의 보고는 같은 날 다카스기 대표 본인에 의한 특파원회견이 단지 이 발언을 부정하기 위한 것이라고만 전하고 있으며, 그 발언 자체의 사실 여부를 문제로 삼지 않고 있다. 그 이후의 자료에서도 주일대표부가 본국에 대해서 직접 동 발언이 사실임을 전하고 있는 보고 등은 발견할 수 없다. 그러나 원래 그 진위 여부를 가려야 할 회의가 개최되기 전에 이미 그 발언 자체가 부정될 것이 준비되어 있음을 보고 받은 외무부가 그 모순을 따지는 행동을 취하려 한 흔적 역시 없다. 즉 외무부 역시 그 발언이 진실임을 언제 파악했는가와 상관없이 그 발언을 추궁할 생각도 처음부터 없었던 것이 확실하다.

사실 적어도 외무부는 주일대표부 경로와 달리 22일자로 내무부의 조사 결과로서 다카스기 발언이 사실임을 보고 받고 있었다.[311] 내무부는 동 보고서에서 동 발언을 구보타 망언을 능가하는 모욕적인 발언으로 규정, 엄중 항의 등의 적절한 대책을 요망

---

308) "JAW-01232", ibid., 420쪽.
309) 김동조, op.cit., 273쪽.
310) "JAW-01217", 『제7차 한일회담, 본회의 및 수석대표회담, 1964~65』, 413쪽.
311) "내치정 2068, 51-973: 한일회담 일 측 대표 高杉실언에 대한 통보", ibid., 424~425쪽.

했다. 다음 23일에는 이인 전 법무부장관이 이 발언을 사실이라고 판단, 정부에 대해서 "확고한 태도를 지켜라"라고 신문 투고를 통해서 촉구하는 등[312] 한국 국내에서도 이 발언에 대한 추궁의 목소리가 커져 갔다. 또 일본에서도 22일 일본저널리스트회의가 "진실을 보도하는 것을 임무로 하는 저널리스트"로서의 입장에서 독자적인 조사를 벌인 결과 이 발언의 내용은 사실이라는 결론을 내리는 성명을 냈다.[313]

그럼에도 외무부는 25일자로 상기 내무부의 통보에 대하여 20일 수석대표 간 회의의 내용만을 보고하여 그 발언의 사실 관계를 간접적으로 부정하는 태도에 동참했다.[314] 즉 외무부는 문제의 확대를 막는 공작을 정부 내에서 벌인 것이었다. 또한 그 후 2월 5일에는 주일대표부에 대해서 국내에 여파를 일으킬 수 있는 다카스기 발언이 일본 국회에서 취급되는지 그 여부 조사만 명하여[315] 이 발언에 대한 책임 추궁의 자세를 보이는 일은 끝내 없었다. 다시 말하면 가령 이 발언숨기기의 발안자가 본인이 증언하듯이 김동조 수석대표 개인이었다고 해도 분명한 것은 외무부 역시 그 자세를 묵인하고 또 동침까지 했다는 것이다.

이렇게 하여 구보타 발언과 달리 다카스기 발언은 회담에 큰 영향을 주지 않은 채 역사 속에 묻혀졌다. 식민지 지배의 좋은 부분의 존재를 지적한 구보타 발언보다 어찌 보면 직접적으로 그 지배 전체를 미화한 것으로 생각되며, 따라서 김동조 수석 자신이 "메가톤급"[316]으로 평가한 이 발언이 한국 정부에 의하여 몰래 묻힌 것이었다. 그 이유가 막판 교섭을 맞이하면서 하루라도 빠른 정상화의 요구가 컸기 때문임은 두말할 필요도 없을 것이다.

다시 말하면 과거 대한청구권 포기를 얻어내기 위하여 구보타 발언을 정치적으로 크게 부각시킨 한국 정부로서는 청구권 문제가 거의 해결되었던 막판에 이르러 시급한 타결을 위하여 다카스기 발언을 크게 다루어야 할 이유는 어디에도 없었으며 묵살하는 것만이 최선의 선택이었던 것이다. 그를 위해서는 "목적을 위해서는 수단을 가

---

312) 「동아일보」 1965년 1월 23일자 기고문.
313) 「赤旗」 1965年 1月 23日.
314) "외아북 722-1215", 『제7차 한일회담, 본회의 및 수석대표회담, 1964~65』, 429~430쪽.
315) "WJA-02078", ibid., 432쪽.
316) 김동조, op.cit., 270쪽.

리지 않는다는 좌익이라고 할까 공산주의의 방법"317)에 그 책임을 뒤집어 씌울 수 있는 인물과 손을 잡아야만 했다. 바로 이 의미에서는 다카스기 발언을 둘러싼 일련의 조치는 과거청산보다 '국가수호 과제'를 우선 시켜야만 했던 한일회담의 본질을 여지없이 보인 중요한 하나의 사례라고 평가할 수 있다.

그를 위해서 한국 정부는 본시 과거를 청산하기 위해서는 그 '과거를 말해서' 타결시켜야 할 한일회담을 "한일회담에서는 과거의 일은 일체 말하지 않도록 하고 있습니다. 그것은 너무 위험하다는 것을 알고 있기 때문입니다"318)라고 하는 인물과 함께 실제 과거를 말할 일이 없이 막판 타결로 서둘렀던 것이었다.

- ● 1965년 1월 25일 신 훈령 및 최종안과 1월 26일 일본 측 초안

다카스기 발언의 진화작업이 진행 중이던 65년 1월 25일 기본관계위원회 제6차 회의까지의 토의 내용을 토대로 기본관계 문제에 관해서 새로운 훈령과 정부 최종안 및 그에 관한 설명이 만들어졌다.319) 그들을 정리하면 [표 39]와 같다.

한편 1월 26일 열린 제7차 기본관계위원회에서는 일본 측은 [표 40]에 표시한 바와 같은 요지의 안을 제시했다.320)

한국 정부는 [표 39]에 제시한 최종안을 당장 제시할 것이 아니라 동 훈령에 따라 주일대표부가 작성한 중간 교섭안을 제시할 것을 지시하고 있으므로321) 제7차 기본관계위원회에서 한국 측이 실제로 제시한 구체적인 안은 정부 최종안과는 다른 것이었을 가능성이 크다. 그러나 공식기록에서 그 안은 수록되지 않고 있다. 따라서 다른 공식문서 등을 통해서 한국 측이 동 위원회에서 제안한 것으로 생각되는 초안 중 확인 가능하고 또 이후의 고찰에 중요한 부분을 추려 표시하면 [표 41]과 같이 된다.322)

---

317) 高杉晋一,「日韓交渉妥結の経過を顧みて」,『民族と政治』1965年 6月号, 36쪽.
318) 高杉晋一,「国交の正常化こそ急務」,『エコノミスト』1965年 2月 9日号, 49쪽.
319) 새로운 훈령은 "외아북 722-768",『제7차 한일회담 기본관계위원회 회의록 및 훈령, 1964.12~65.2』, 89~92쪽, 또한 정부최종안과 그에 관한 설명은 "외아북 722"로서 각각 79~82쪽, 83~87쪽에 수록.
320) "주일정 722-35", ibid., 125~131쪽.
321) "외아북 722", ibid., 88쪽.
322) 각 항목에 관한 근거는 다음과 같다. 전문(前文) 제1항은 ibid., 122쪽에서 문안이 직접 확인 가능함. 다음 '유일합법성 조항'은 이하 확인할 2월 1일의 한국 측 수정안이 26일의 수식 어구를 붙이지 않는

[표 39] 한국 측 기본관계 문제에 관한 훈령, 최종안 및 그에 대한 설명(1965년 1월 25일)

	훈령	최종안	최종안에 대한 설명
형식 및 명칭	1. - 형식: 조약 - 명칭: "대한민국과 일본국 간의 기본 조약" 단 "대한민국과 일본국 간의 기본관계 조약"도 가능	명칭: "대한민국과 일본국 간의 기본관계조약(Basic Treaty between the Republic of Korea and Japan)" 단 "대한민국과 일본국간의 기본관계에 관한 조약(Treaty on the Basic Relations between the Republic of Korea and Japan)"으로도 가능	생략(주목점 없음)
전문	2 포함하는 내용 　가. 이하 포함 시키도록 하되 어구는 일본과 조정 　　(1) 상호주권 존중과 새로운 관계 수립 　　(2) 항구적 평화와 선린 우호 　　(3) 공동복지 향상 　　(4) 아시아와 세계의 평화유지에 기여 　　(5) 전권단에 의한 합의 확인 　나. 이하 본문 사항도 일 측과의 교섭으로 인하여 전문 삽입도 가능 　　(3.가, 9.나 및 다, 11등)	제1항 "양국 국민 간의 역사적 배경을 고려하여(Considering the historical background of relationship between their peoples)"	이것은 '과거의 청산'이라는 것을 **되도록 간접적으로 표현한 최종적인 것이다.** 따라서 교섭과정에 있어서는 가능한 한 직접적인 표현을 제시하도록 한다.(강조는 인용자)
		제2항 공동복지, 아시아와 세계의 평화유지, 유엔헌장 원칙준수	생략(주목점 없음)
		제3항 "그들 현안의 공평하고 평등한 해결이 양국 국민의 장래관계의 건전한 기반의 확립에 대해 크게 기여한다고 믿어(Believing that a fair and equitable settlement of their outstanding problems will greatly contribute towards the establishment of a sound foundation of their future relations)"	현안 문제의 해결이 장래관계 수립에 기여한다는 뜻의 규정인 바 세 1항의 규정과 함께 **과거의 청산을 간접적으로 표현하는 수단이 되는 것이다.** (강조는 인용자)
		(제4항)[323] "1948.12.12의 유엔총회에서의 결의 195(Ⅲ)호가 인정하듯이 대한민국 정부가 한반도에서의 유일한 합법정부임을 확인하여(Confirming that the Government of the Republic of Korea is the only lawful government in Korea as recognized under Resolution 195(Ⅲ) of December 12, 1948 of the United Nations General Assembly)"	본문 제2조에 관한 설명 참조
본문	3. '과거의 청산과 1910.8.22 이전의 조약 또는 협정의 무효확인' 　가. 과거관계의 청산에 관하여 본문 또는 전문에서 간단히 언급하도록 한다. 　나. 구조약 무효에 관해서 '당초부터'라는 어구는 반드시 규정되지 않아도 가하나 내용으로서 이를 견지하고 무효라는 확	제1조: 항구적 평화와 우호관계(실질적 평화 조약의 성격을 부여하기 위한 조항)	평화조약적 성격을 부여한다는 의미에서 삽입
		(제2조): "1948.12.12의 유엔총회에서의 결의 195(Ⅲ)호가 인정하듯이 대한민국 정부가 한반도에서의 유일한 합법정	아 측으로서는 유엔결의 195(Ⅲ)호나 기타를 인용함이 없이 대한민국 정부가 유일한 합법정부라는 사실을 확인하는 규정을 두는 것이 최선

것을 희망하던 한국 측 안에 대해 일본 측이 "'유일한 합법정부(only lawful government)' 만으로는 절대 안 된다"(ibid., 114쪽)고 거절한 것에 대한 한국 측 수정안이라는 것. 또 '구조약 무효확인 조항'은 동 위원회에서의 조문 설명 중 "당초부터(ab initio) 무효라는 입장에서 'are null and void'라 하였다"(ibid., 98쪽)는 발언에 기초했음.

인 조항(예컨대 "…are null and void")을 두도록 한다. 4.외교 및 영사관계 5.통상항해 6.민간항공수송 7.제 현안 별도 협정원칙 8.해저전선 분할 9.한국 정부가 유일한 합법정부라는 사실의 확인과 대일평화조약 제2조(a) 및 유엔결의 195(Ⅲ)호의 취지 확인에 관해서 이하 단계에 따라 교섭한다. 　가. 유일한 합법정부 취지 확인조항을 삽입한다. 단 유엔결의 195(Ⅲ)호와 평화조약 제2조(a)는 언급하지 않는다. 　나. 유엔결의 195(Ⅲ)호만 언급하되 그 결의의안의 전 내용을 인용하지 않는 표현(예: 유엔결의 195(Ⅲ)호에서 대한민국 정부가 유일한 합법정부임을 선언하고 있음에 비추어… 등) 　다. 평화조약 제2조(a)를 부득이 인용해야 할 경우에는 동 규정만을 특별히 인용하는 것처럼 인상을 주지 않는 표현(예: 한국에 관련된 평화조약 각 조항을 유념하고…)을 사용 10. 한국 정부의 관할권 문제: 대한민국의 관할권에 제한이 있다는 인상을 주는 규정은 절대로 수락하지 않도록 한다. 11. 유엔헌장 원칙 준수 12. 분쟁처리 조항에 관해서 이하에 따라 교섭 　가. 기본조약에는 분쟁처리 조항을 두지 않는다. 　나. 제 현안 타결에 관한 협정에서 규정되는 분쟁 처리 방식에 따르도록 한다. 13. 비준조항	부임이 확인된다(It is confirmed that the Government of the Republic of Korea is the only lawful government in Korea as recognized under Resolution195(Ⅲ) of December12, 1948 of the United Nations General Assembly)" 제3조: "1910년 8월 22일 이전에 대한제국과 대일본제국 간에서 체결된 모든 조약 및 협정은 무효임이 확인된다(It is recognized that all treaties or agreements concluded between the Empire of Korea and the Empire of Japan on or before August 22,1910 are null and void)" 제4조: 외교·영사관계 제5조: 무역, 항해, 기타 통상 관계조약 등의 체결 제6조: 민간 항공수송 협정 체결 제7조: 재일한국인의 법적 지위에 관한 규정 제8조: 일반청구권 문제에 관한 규정 제9조: 어업 및 평화선 문제에 관한 규정 제10조: 선박청구권에 관한 규정 제11조: 문화재 청구권에 관한 규정 제12조: 해저전선 분할	의 방안이 될 것이나 일 측의 강력한 반대가 예상되고 또한 일 측으로서는 유엔결의 195(Ⅲ)호를 한국 정부의 관할권에 제약이 있다는 인상을 주는 표현으로서 인용하려는 의도를 가지고 있다고 생각되므로 아 측은 최종입장으로서 유엔결의 195(Ⅲ)호를 인용하되 전 내용을 인용하지 않고 한국 정부가 유일한 합법정부라는 것을 확인하는 방법으로서 (안)과 같은 표현을 본문에 삽입코자 하는 것이며 교섭에 따라 전문에 포함시킬 수도 있을 것이다. (전문에 삽입할 경우의 문장은 전문 제4항을 참고) 아 측은 최종입장으로서"당초부터"라는 표현은 두지 않는다 하더라도 무효조항은 반드시 두되 무효는 "…are null and void"라고 표현하도록 한다는 것이다. 생략(주목점 없음)
	제13조: "이 조약의 해석 및 적용에서 생길 어떤 분쟁도 교섭 또는 다른 평화적 수단으로 인해 해결되어야 한다(Any dispute that may arise out of the interpretation or application of the present treaty shall be settled by negotiation or by other peaceful means)"	아 측으로서는 기본조약 내에 분쟁처리 조항을 두지 않는 것을 최선의 방안으로 하고 있으나 일 측이 동 조항의 삽입을 강력히 주장할 경우에는 (안)과 같이 분쟁은 "교섭이나 기타 평화적인 수단"에 의하여 해결한다는 정도의 표현은 수락한다는 것이다.

위 표 중 원문에서는 "평화조약 제2조(a)"에서 'a'가 빠져 있으나 인용자가 보충했다.

---

323) 전문(前文) 제4항과 본문 제2조는 대체관계에 있기 때문에 괄호를 붙였다. 상세한 것은 본문 제2조의 설명에 나와 있다.

486 식민지 관계 청산은 왜 이루어질 수 없었는가

[표 40] 제7차 기본관계위원회에서 제출된 1월 26일 일본 측 안

전문	제3항	일본국이 1951년9월8일 샌프란시스코 시에서 서명된 일본국과의 평화조약 제2조(a)에 의하여 조선의 독립을 승인한 것을 고려하여……
	제4항	국제연합총회가 1948년12월12일에 조선의 독립 문제에 관하여 결의 195(Ⅲ)호를 채택한 것을 상기하여……
본문	제1조	양국의 외교관계 개설을 앞두고 해결 또는 처리됨이 바람직하다고 인정된 제 현안이 오늘 서명된 다음에 드는 관계 제 협정에 의하여 해결 또는 처리되었음을 확인한다.
	제2조	외교·영사 관계
	제3조	유엔헌장 원칙 준수
	제4조	무역, 해운, 통상 협정 체결
	제5조	민간항공 수송 협정 체결
	제6조	분쟁은 우선 교섭에 의하여 해결하는 것으로 하고 교섭 개시 시점으로부터 6개월 기간 내에 해결로 이르지 않을 때는 어느 한쪽 체약국의 요청에 의하여 ICJ에 결정을 위하여 부탁되는 것으로 함

[표 41] 제7차 기본관계위원회에서 제출된 1월 26일 한국 측 안 중의 요점

전문 제1항	"양국 국민의 과거관계의 청산의 필요성을 고려하여(Considering the need of liquidating their past relations)"
'유일합법성 조항' (본문 제2조)	"대한민국 정부가 한반도에서의 유일한 합법정부임이 확인된다(It is confirmed that the Government of the Republic of Korea is the only lawful government in Korea)"
'구조약 무효확인 조항' (본문 제3조)	그대로 정부 최종안인 "……무효임(……are null and void)"이 제시된 가능성이 높음

동 회의에서는 양국 측이 제출한 안에 따라 의견 표명이 교환되었으며 그런 토론 가운데 몇 가지에 관해서 일본 측이 한국 측 입장에 접근했다. 그 접근으로서 주일대표부가 한국 측 입장을 고려했다고 평가한 부분은 이하였다.[324]

① 조약 형식을 수락함을 표명한 것
② 관할권 규정은 삭제한 것
③ 구조약 무효 문제는 전문에서 규정함을 고려할 수 있다고 표명한 것
④ 평화조약 제2조와 유엔결의 195(Ⅲ)호를 본문으로부터 전문에 옮긴 것
⑤ 전문에 한국 측이 요강 안으로 제시한 항목을 채택한 것[325]

---

324) "주일정 722-20", 『제7차 한일회담 기본관계위원회 회의록 및 훈령, 1964.12~65.2』, 103쪽.
325) 이 점에 관해서는 동 보고에서는 구체적인 내용은 표기되지 않고 있으나 한국 요강안 전문 전반부에 있었던 공동복지, 국제평화 및 안전유지 등의 표현이 들어간 것을 의미한다고 판단된다. 이것은 제7차 회의에서의 일본 측 "전반에는 한국 측의 주장을 그대로 도입하였고……"라는 발언에서 확인 가능하다. "주일정 722-22", ibid, 96쪽.

[표 42] 기본관계조약 공동초안을 위한 주일대표부의 청훈과 한국 정부의 훈령

	주일대표부의 본국 청훈(1월 27일)	본국의 주일대표부 훈령(날짜 불명)
가	구조약 무효규정(우리 측 안 제3조)을 두는 것을 전제로 과거청산을 의미하는 어구를 전문에 두지 않아도 될까?	국민감정을 고려해서 '과거의 청산'을 의미하는 것으로서 국민에 설명할 수 있는 최소한도의 규정을 두도록 교섭할 것
나	우리 측 초안 제7조부터 제11조의 현안 해결원칙을 포함한다는 것에 동의 못하면 일 측 제1조도 포함해서 최종적으로 빼도 될까?	과거의 청산을 의미하므로 존속시킨다. 단 일본 측의 수락이 어려울 경우 타 협정으로 제 현안이 해결되었다는 사실 확인만이라도 두도록 함
다	분쟁처리에 합의를 못할 경우 최종단계에서 각 현안의 분쟁은 각 위원회에서 처리한다는 조건으로 기본조약에 포함시키지 않아도 될까?	중일평화조약 제12조에 따른 것이므로 우리 측 안 13조를 관철
라	기타 기본적 문제에 관한 표현에 대해 대표단에 재량권을 주는 것	승인

거꾸로 일본 측이 수락 거부를 표명한 것은 본문 제2조 '유일합법성 조항'의 표현을 그대로 받아들이는 것이었다.[326] 결국 동 1월 26일의 제7차 회의에서 제6차 회의(65년 1월 22일)까지 남았던 문제 7가지 중 5번째 한국 정부의 관할권 문제와 6번째 합의 문서 형식 및 명칭은 실질적으로 해결되었다.

이상의 일본 측 접근을 염두에 두면서 주일대표부와 본국 사이에서는 공동초안 작성을 위해 [표 42]와 같은 청훈[327]과 훈령[328]이 오갔다.

1월 29일 열린 제8차 기본관계위원회에서는 다음과 같은 토의가 진행되었다.[329] 한국 측은 전문에 "양국 국민의 과거관계의 청산(liquidation of their past relations)"의 의미가 나타나면 표현에 관해서는 탄력적으로 대응한다는 것, 평화조약 2조 및 일본에 의한 한국독립 승인을 표현하는 것은 곤란하다는 것, 본문 2조에 "유일한 합법 정부(only lawful government)"를 삽입하는 것, '구조약 무효확인 조항'은 반드시 두고 "……무효임(……are null and void)"이라는 표현을 쓴다는 것들을 요구했다. 이에 대해서 동 회의 석상 일본 측은 한국 측 안 유일합법성에 관해서 아무런 수식어 없는 "유일한 합법정부"라는 표현에 대해서는 난색을 표시했으나 전문에 있던 일본에

---

326) ibid.
327) "주일정 722-20", ibid., 104~105쪽.
328) "WJA-02023", ibid., 107~108쪽. 동 문서에는 2월 2일이라는 날짜가 있으나 이것이 훈령을 내린 날짜인지는 확인하지 못한다.
329) "주일정 722-27", ibid., 109~120쪽.

[표 43] 1965년 1월 26일자 초안에 대한 2월 1일자 한국 측 수정 사항

	수정 전(1월 26일)	수정 후(2월 1일)
전문 제1항	"양국 국민의 과거관계의 청산의 필요성을 고려하여(Considering the need of liquidating their past relations)"	"양국 국민 간의 역사적 배경을 고려하여(Considering the historical background of relationship between their peoples)" (=25일자 한국 정부의 최종안과 똑같음)
본문 제2조	"대한민국 정부가 한반도에서의 유일한 합법정 부임이 확인된다(It is confirmed that the Government of the Republic of Korea is the only lawful government in Korea)"[330]	"유엔총회 결의가 선언했듯이(as declared by the United Nations General Assembly Resolution)"를 왼쪽 제2조 마지막에 부가함

의한 한국독립 승인 표현은 평화조약 일반에 대한 언급을 하는 대신 이에 대한 직접적인 표현은 쓰지 않는다는 견해를 표했다. 한국 측도 이에 대해서 고려의 의사를 전달, 긍정적 반응을 보임으로써 전문에서의 평화조약 삽입 문제는 사실상 타결되었다.

이 성과를 맞이함에 따라 2월 1일에는 1월 26일자 제7차 회의에 제출했었던 안에 대한 "주석(annotations)"을 한국 측이 재차 일본 측에 제출했으나 그 가운데 주목할 만한 수정은 [표 43]에 표시한 것들이다.[331]

이 안 전문 제1항은 최종적으로 채용된 표현이다. 즉 한국 측이 요구해 온 "과거관계의 청산의 필요성을 고려해서……"라는 과거청산 규정은 삭제되고 그 대신에 "양국 국민 간의 관계의 역사적 배경을 고려하여……"라는 그 의미가 한층 더 불투명한 구절이 들어가게 되었다. 사실 일본 외무성 측은 동 조항을 "양 국민 간의 십수세기 이상에도 걸친 관계"라고 설명,[332] 식민지 지배기에 한정되지 않는 오랜 기간의 상호관계라는 해석을 폈다. 무엇보다 잊지 말아야 하는 것은 그런 "양국 국민간의 관계의 역사적 배경"은 청산해야 할 과거의 원점인 한일병합조약에도 고려되고 있었다는 점이다. 사실 병합조약 전문(前文)에는 "양국 간의 특수하고 친밀한 관계를 고(顧)하

---

330) 공식기록에서는 이 문장 표기는 없으나 일본이 아무런 수식어 없는 유일합법성 규정은 수락하지 못함을 표명한 데 대한 한국 측 수정인 만큼 1월 26일 제7차 회의에서 한국 측이 제출하던 이 안은 이 표현이었다고 판단해서 무방할 것이다.

331) "주일정 722-32", 『제7차 한일회담 기본관계위원회 회의록 및 훈령, 1964.12~65.2』, 121~123쪽. 기타 분쟁처리에 관해서는 다음과 같았다. "이 조약의 해석에서 생길 어떤 분쟁도 교섭 또는 다른 평화적 수단으로 인해 해결되어야 한다(Any dispute that may arise out of the interpretation of the present treaty shall be settled by negotiation or by other peaceful means)."

332) 福田博, op.cit., 11쪽.

[표 44] 1965년 1월 26일자 초안에 대한 2월 5일자 일본 측 수정 사항

		1월26일 일본 측 제출 안	2월5일 일본 측 수정 부분
전문	제3항	"일본국이 1951년9월 8일 샌프란시스코 시에서 서명된 일본국과의 평화조약 제2조(a)에 의하여 조선의 독립을 승인한 것을 고려하여…"	"평화조약2조(a) 및 국제연합총회에서 채택된 결의 195(Ⅲ)호를 상기하여…"
	제4항	"국제연합총회가 1948년12월 12일에 조선의 독립 문제에 관하여 결의 195(Ⅲ)호를 채택한 것을 상기하여…"	
본문	제5조 구조약 무효확인	(구체안은 제시하지 않았으나 전문에서 규정함을 고려할 수 있다고 표명)	"일본국과 대한민국 간에서 효력이 있지 않음이 확인된다."

여"라는 구절이 있다. 한국 정부는 과거청산의 규정이라는 당초의 목표를 포기하는 대신 병합조약이라는 바로 청산해야 할 과거의 원점으로 되돌아가는 구절을 허용한 것이었다.

이와는 대조적으로 한국 측은 남한 정부의 관할권 문제를 의미하는 동 본문 2조에 관해서는 신중한 방안을 준비했다. 즉 [표 43]에서 표시했듯이 본문 제2조에 대한 구절 추가는 한국의 유일합법성에 관해서 아무런 수식어 없는 수락을 거부한 일본 측 태도와의 타협을 도모한 것은 틀림없으나 그 이상의 의미를 동시에 노린 것이었다. 즉 동 수정은 유엔결의라는 표현을 명시하고 싶었던 일본 측 안을 받아들일 형태를 취하면서도 1월 25일자로 내려졌던 정부 최종안 중의 '195(Ⅲ)호'의 명시는 여전히 피함으로써 한국 정부의 관할권이 남측에만 제한된다는 의미를 없애는 한편 마치 유엔결의가 한국의 유일합법성을 선언한 듯 꾸민 것이 한국 측 안의 의도였다고 풀이된다.

● 2월 5일 일본 측 수정 초안

2월 3일 현안이 되던 시이나 외무대신의 방한이 17일부터로 이루어짐으로 사실상 합의됨에 따라[333] 기본관계 교섭은 한층 더 박차가 가해졌다. 2월 5일 제9차 기본관계

---

333) "JAW-02061", 『시이나 에쓰사부로(椎名悦三郎) 일본 외상 방한, 1965. 2. 17~20』, 43쪽. 동 자료 1에 쓰인 "제1안"이라 함은 2월 17일부터 20일까지의 방한 기간을 의미한다.

[표 45] 제10차 기본관계위원회에서 (2월 8일) 제출된 일본 측 2월 5일자 수정 초안 중 주목 부분의 영어표기

전문	제3항	"1951년 9월 8일 샌프란시스코 시에서 서명된 대일평화조약 2조(a)의 조항 및 1948년 12월 12일 유엔총회에 의해 채택된 결의 195(Ⅲ)호를 상기하여(Recalling the provisions of article 2(a) of the Treaty of Peace with Japan signed at the city of San Francisco on September 8, 1951 and the Resolution195(Ⅲ) adopted by the United Nations General Assembly on December 12, 1948)"
본문	제5조	"일본국과 대한민국 간에서 [······] 효력을 갖고 있지 않음이 확인된다(It is confirmed that [······] have no effect as between Japan and the Republic of Korea)"
	제6조	"이 [······] 해석 및 적용에서 생길 어떤 분쟁도 우선 교섭으로 인해 해결해야 하고 또 만약에 교섭 개시 후 6개월의 기간 내에 해결에 이르지 못할 경우는 어느 일방의 국가의 요청으로 ICJ에 대해 결정을 위해 위탁하도록 한다(Any dispute arising out of the interpretation or application of this [······] shall be settled in the first instance by negotiation, and if no settlement is reached within a period of six months from the commencement of negotiations, the dispute shall, at the request of either country, be referred for decision to the ICJ)"

위원회에서는 일본 측이 다시 초안을 제출했다.[334] 그 속에서 이루어진 주목할 만한 수정은 [표 44]와 같이 정리된다.[335]

즉 상기 일본 측 수정의 요점은 제8차 기본관계위원회에서 약속한 대로 1월 26일 안의 전문 제3항과 제4항에서 "조선의 독립"에 관한 표현을 각각 삭제하여 단지 "평화조약2조(a) 및 국제연합총회에서 채택된 결의 195(Ⅲ)호를 상기하여······"로 합친 점, 그리고 본문 제5조로서 '구조약 무효확인 조항'을 새롭게 설정하여 그 조문으로서 구조약은 "일본국과 대한민국 간에서 효력이 있지 않음을 확인된다"고 규정한 것들이었다.

한국 측은 동 제9차 회의에서 일본 측 2월 5일 초안에 대해 전문에서 과거청산 규정이 없는 탓에 특수한 관계가 계속되어 버린다는 것,[336] "조선의 독립 승인"은 삭제되었으나 평화조약에 대한 언급이 남았다는 것, '유일합법성 조항'은 본문에 삽입해야 한다는 등의 지적과 하게 제5조 '구조약 무효확인 조항'에 관한 "효력을 갖고 있지 않음"에 해당하는 영어 표현을 물었다.[337]

---

334) "주일정 722-35", 『제7차 한일회담 기본관계위원회 회의록 및 훈령, 1964. 12~65. 2』, 132~137쪽.
335) 기타 주목되는 것은 제7조 비준사항 속에서 각 협정들의 비준의 필요성을 규정한 조문에 주석을 달아 이들 협정 속에는 '독도'에 관한 협정도 포함함으로 했던 점이다.
336) 일본 측 2월 5일 안에서는 과거 관련 표현으로서는 "양국의 역사적, 문화적, 지리적 관계를 감안하여······"로만 되어 있었다.
337) "주일정 722-42", 『제7차 한일회담 기본관계위원회 회의록 및 훈령, 1964. 12~65. 2』, 143~146쪽.

[표 46] 1965년 2월 8일 한국 측 제2차 초안과 그 중의 주목점

		2월8일 한국 측 수정안	주목 점
전문	제1항	"양국 국민 간의 역사적 배경을 고려하여(Considering the historical background of relationship between their peoples)"	2월 1일에 이미 제출하던 1월 25일자 한국 정부 최종안을 다시 제시
	제3항	"그들 현안의 공정하고 평등한 해결이 양국 국민의 장래관계의 건전한 기초의 확립에 대해 크게 기여한다고 믿어(Believing that a just and equitable settlement of their outstanding problems will greatly contribute towards the establishment of a sound basis of their future relations)"	1월 25일자 한국 정부 최종안으로부터 "fair"가 "just"로, "foundation"이 "basis"로 수정되었음
	제4항	"1951년 9월 8일 샌프란시스코 시에서 서명된 대일평화조약 관련 조항을 상기하면서(Recalling the relevant provisions of the Treaty of Peace with Japan signed at the city of San Francisco on September 8, 1951)"	"평화조약 관련 조항"이라는 표현을 삽입
본문	제2조	"……유엔총회의 결의 195(III)호에서 선언되었듯이 한반도에서 유일한 합법정부(……the only lawful government in Korea as declared in the Resolution 195(III) of the United Nations General Assembly)"	"유엔결의 195(III)호"를 삽입
	제3조	"……무효이다(……are null and void)"	변경 없음
	제7조	"이 조약의 해석 및 적용에서 생길 어떤 분쟁도 교섭 또는 다른 평화적 수단으로 인해 해결되어야 한다(Any dispute that may arise out of the interpretation or application of the present treaty shall be settled by negotiation or by other peaceful means)"	1월 25일자 한국 정부 최종안을 제시

이어 2월 8일 제10차 위원회에서는 위 2월 5일자 일본 측 수정안의 영어 번역문이 제출되었다.[338] 한국 측 질문이던 본문 제5조의 "효력을 갖고 있지 않음"의 영어 표현은 "have no effect"였다. 그와 함께 주목될 부분의 영어 표기는 [표 45]와 같았다.

● 2월 8일 한국 측 제2차 초안

동 2월 8일 제10차 위원회에서는 한국 측도 제2차 초안을 제출했다.[339] 한국 측 제2차 초안의 주된 내용과 그 변화를 정리하면 [표 46]과 같이 표시된다.

즉 한국 측이 수정한 것은 전문 제1항 '과거청산' 언급 부분에 관해 2월 1일 일단 일본 측에 '주석'으로서 제시하던 1월 25일자 한국 정부의 최종안을 정식으로 일본 측에 제시한 것, 평화조약에 대한 언급을 원했던 일본 측 입장을 배려하고 그것을

---

338) "주일정 722-38", ibid., 159~163쪽.
339) ibid., 155~158쪽.

전문 제4항에 삽입함으로써 "중립적인(neutral)" 표현340)으로 한 것, 다시 말하면 일본에 대한 타협과 일본에 의한 한국 독립 승인을 명기한 평화조약 제2조를 노골화시키지 않는 중립적인 표현으로 한 것, 본문 제2조 '유일합법성 조항'에 관해서 "결의 195(III)호에서 선언되었듯이"라고 표기하여 일본 측 유엔 결의에 대한 언급 요구에 호응하듯이 하면서 마치 동 결의가 대한민국 정부의 한반도에서의 유일한 합법성을 선언했듯이 부각시키려 한 것, 그리고 마지막으로 본문 제7조 분쟁처리에 관해서 1월 25일자 정부 최종안을 정식으로 일본 측에 제시, 동 조항을 추상적으로 표현함으로써 ICJ 제소 문제를 구체화시키지 않으려고341) 한 것들이었다.

동 위원회에서는 일본 측은 한국 측 수정안에 남았던 '유일합법성 조항'에 관한 '유일한 합법정부(only lawful government)'라는 표현과 '구조약 무효확인 조항'의 문제들을 거듭 지적했으나 특히 동 위원회에서는 '구조약 무효확인 조항'이 문제에 관해서 한국 측으로부터 주목할 만한 발언이 터져 나왔다. 그것은 일본 측이 '무효(null and void)' 표현에 관해서 "현재 효력이 없다는 것이며 불법으로 체결된 것은 아니라"는 종래의 입장을 거듭한 데 대해서 한국 측은 'null and void'라는 표현이라도 일본 측 해석이 가능하다는 인식을 드러낸 것이었다.342)

물론 이 타협적 발언 자체는 한국 측이 즉시 구조약의 유효성을 인정했다는 것을 뜻하지 않는다. "시점에 별 관계가 없는 방식"343)이라는 한국 측 발언이 상징하듯이 그 발언을 통해서 한국 측이 노린 것은 'null and void'라는 표현을 사용함으로써 양국이 각기 자국민에 설명하기 쉬운 해석 가능성을 남겨두려고 한 것이었다. 그러나 이 입장은 이미 제1차 한일회담 당시 있던 '구조약 무효확인 조항'을 두지 않고 "한국 측은 처음부터 무효라 설명하고 일본 측은 현재 무효라 설명할 수 있도록"344)하려고 하던 일본 측 입장과 아무런 질적 차이가 없는 요구였음은 부정하지 못한다.

즉 한국 측은 후술할 주지의 '이미(already)' 삽입 문제와 상관없이 'null and void'

---

340) "주일정 722-43", ibid., 166쪽.
341) ibid., 170쪽.
342) ibid., 173쪽.
343) ibid., 174쪽.
344) ibid.

[표 47] 1965년 2월 10일 일본 측 제3차 초안과 그 중의 주목점

		2월 10일 일본 측 제3차 초안	주목점
전문	제1항	"Considering the historical background of relationship between their peoples"	2월 8일 한국 제2차 초안 채용
	제3항	한국 측 "Believing that a just and equitable settlement of their outstanding problems will greatly contribute towards the establishment of a sound basis of their future relations" 안을 삭제	2월8일 한국 측 제2차 초안까지 있던 왼쪽 안을 전면 삭제
	제4항	"1951년 9월 8일 샌프란시스코 시에서 서명된 대일평화조약 2조(a)의 관련 조항 및 1948년 12월12일 유엔총회에 의해 채택된 결의 195(Ⅲ)호를 상기하여(Recalling the relevant provisions of article 2(a) of the Treaty of Peace with Japan signed at the city of San Francisco on September 8, 1951 and the Resolution195(Ⅲ) adopted by the United Nations General Assembly on December 12, 1948)"	2월8일 한국 측 제2차 초안에서 규정된 'relevant'는 그대로 남겼으나 2월8일 제출한 일 측 영어표기 안 그대로 평화조약 제2조와 유엔결의 195(Ⅲ)호에 언급
본문	제5조	"대한민국 정부가 유엔총회의 결의 195(Ⅲ)에서 선언되었듯이 한반도에서 하나의 합법정부임이 확인된다(It is confirmed that the Government of the Republic of Korea is a lawful government in Korea as declared in the Resolution195(Ⅲ) of the United Nations General Assembly)"	일본 측 '유일합법성 조항' 규정을 처음으로 설정. 다만 합법정부에 관해 하나에 불과함을 강조
	제6조	"……현재 무효가 되어 있음을 확인한다(It is confirmed that [……] have no effect become null and void)"	'null and void'는 삽입되었으나 "무효로 되어 있다"고 규정함으로써 2월8일 안과 같이 과거 유효였음을 부각
	제7조	"이 [……] 해석 및 적용에서 생길 어떤 분쟁도 우선 교섭으로 인해 해결해야 하고 또 만약에 교섭 개시 후 6개월의 기간 내에 해결에 이르지 못할 경우는 어느 일방의 체약당사자의 요청으로 ICJ에 대해 결정을 위해 위탁하도록 한다(Any dispute arising out of the interpretation or application of this [……] shall be settled in the first instance by negotiation, and if no settlement is reached within a period of six months from the commencement of negotiations , the dispute shall, at the request of either high contracting party, be referred for decision to ICJ)"	2월 8일자 일본 측 영어 안 중의 'country'를 'high contracting party'로 수정했으나 ICJ 제소 규정은 그대로 유지

라는 표현만을 가지고 일본 측에게 한일병합의 합법성, 즉 식민지 지배의 법적 근거를 주는 여지를 이미 인정하고 있었던 셈이었다.

● 2월 10일 일본 측 제3차 초안

2월 10일 제11차 위원회에서 일본 측은 한국 측 2월 8일자 제2차 초안을 감안하여 또 다시 새로운 초안을 냈다.[345] 그 속에서 주목할 만한 수정은 [표 47]과 같다.

동 위원회에서 일본 측이 강조한 논점은 다음과 같았다. 본문 제5조 '유일합법성

---

345) "주일정 722-45", ibid. , 198~204쪽.

[표 48] 기본관계조약에 관한 1965년 2월 11일자 주일대표부의 청훈과 12일자 한국 정부의 훈령

		2월11일 주일대표부 청훈	2월12일 한국 정부 훈령
전문	제3항	"Believing······"이하의 구절에 관해 그 속에 있는 '현안'(outstanding problems)에 무엇을 포함하는가에 관해서 일 측이 독도 문제와 관련시키려고 하기 때문에 이 부분의 삭제를 함이 좋은가?	제3항 "Believing······" 이하의 구절은 일 측이 독도 문제와 관련시키려고 할 경우 본문의 현안 해결규정과 같이 삭제 가능
	제4항	-	이하의 순서로 교섭할 것 1) 다음 대안을 제시: "대일평화조약이 1951년 9월 8일 샌프란시스코 시에서 서명되었다는 것 및 1948년 12월 12일 유엔총회에 의해 결의 195(III)호가 채택되었다는 것을 상기하여(Recalling that Treaty of Peace with Japan was signed at the city of San Francisco on September 8, 1951 and the Resolution195(III) was adopted by the United Nations General Assembly on December 12, 1948)" 2) 일 측이 위 대안을 수락 안할 경우는 2.8 수정안과 같이 평화조약만을 언급하여 유엔결의관계는 따로 취급할 것
본문	구조약 무효확인 조항	다른 문제와의 교환으로 일본 측 '무효가 되었다(have become null and void)' 안을 수락해도 좋은가?	'무효이다(are null and void)'를 최대한 관철하도록 노력할 것
	유일합법성 조항	'only lawful' 운운을 본문에 규정하느니 보다 전문에 독립된 패러그래프로 "유엔총회의 결의 195(III)호를 유의하여(Bearing in mind the Resolution195(III) of the United Nations General Assembly)"로 규정하는 것이 유리하다는 의견의 수락 여부	2월 8일의 제2차 초안에 있던 "······에서 선언되었듯이 [······] 유일한 합법정부"(the only lawful government [······] as declared in ······)를 고수
	분쟁처리 규정	일본 측 요구인 어업 또는 청구권 등에 관해서는 "해결의 의무(국제사법재판소 제소까지는 포함하지 않음)"의 명기를 약속해도 될까?	이전의 입장 고수

조항'에 관해서 유엔결의나 다른 나라와의 조약에도 '유일한 합법정부'라는 표현은 없으므로 '한반도에서의 하나의 합법정부'로 했다는 것, 제6조 '구조약 무효확인 조항'에 관해서는 평화조약 후의 무효라는 입장에서 볼 때 원천 무효를 의미하는 'are null and void'는 어떤 경우도 수락 불가능하다는 것, 또한 분쟁에 관해서 ICJ 제소를 명기해야 한다는 것들이었다. 다만 '유일합법성 조항'에 관해서는 "결의 195(III)호에서 하나의 합법정부로서 선언되었던 한반도에서의 유일한 정부(is the only government in Korea having been declared as a lawful government in the Resolution195(III))"이라

는 표현은 가능하다고 말하여 다소 양보의 자세를 내비쳤다.[346]

상술한 일본 측안을 받아 주일대표부는 2월 11일 본국에 다음과 같은 내용을 중심으로 한 청훈을 보냈으나[347] 이에 대해 한국 정부는 2월 12일자로 훈령을 내렸다.[348] 그들 주된 내용을 정리하면 [표 48]과 같이 된다.

위의 2월 12일자 정부훈령 속에서 무엇보다 주목될 부분은 전문 제3항 "Believing ……" 이하의 구절 삭제를 허용함에 따라 1월 25일 한국 측 훈령에 있던 "과거의 청산을 간접적으로 표현하는 수단" 자체가 다 사라지게 되었다는 점이다. 이로써 먼저 합의되어 있던 "양국 국민 간의 역사적 배경을 고려하면서(Considering the historical background of relationship between their peoples)"라는 표현과 함께 전문에서 식민지 관계의 청산을 뜻하는 표현은 모두 다 사라진 것이었다. 또한 동 훈령은 64년 5월 25일자의 원칙이던 기본관계조약에서 각 현안들의 해결원칙을 규정함으로써 그것을 가지고 양국 간의 특수한 과거가 청산되었음을 밝히려고 한 한국 정부의 방침을 포기한 것을 의미했다. 이로 인해 기본관계조약은 조문 면에서도 과거청산과는 아무런 상관없는 조약으로 변해 버린 것이었다.

● 2월 12일 합의와 남은 쟁점

2월 12일 개최된 제12차 기본관계위원회에서는 계속 종래의 응수가 거듭되었으나 같은 날 진행된 제5차 수석대표 간 회담에서는 몇 가지 주목할 만한 움직임이 있었다.[349] 그런 가운데 우선 명칭에 관해서는 "대한민국과 일본국 간의 기본관계에 관한 조약(Treaty on basic relations between the Republic of Korea and Japan)"으로 할 것으로, 또 전문의 제3항에 관해서는 "Believing ……" 이하의 구절을 삭제할 것으로 각각 정식 합의되었다. 그 후 동 석상 본문 '유일합법성 조항'에 관해서 일본 측으로부터 이하와 같은 새로운 대안이 제시되었다.

---

346) "주일정 722-52", ibid., 178~187쪽.
347) "JAW-02236", ibid., 191~194쪽.
348) "WJA-02170", ibid., 195~197쪽.
349) 이하 동 회담의 토의 내용은 "JAW-02283", 『제7차 한일회담. 본회의 및 수석대표회담, 1964~65』, 270~272쪽.

결의 195(Ⅲ)호의 의미 내에서 유일한 합법정부……(is the only lawful government in Korea within the meaning(or sense) of the Resolution 195(Ⅲ)……)

결의 195(Ⅲ)호에서 선언되었던 그러한 유일한 합법정부……(is (the) such only lawful government in Korea as declared in the Resolution 195(Ⅲ)……)

이상의 두 가지 안들은 모두 다 한국 정부의 유엔결의 범위 내에서의 합법성을 의미하는 것이므로 한국 측의 합의를 얻기까지에는 이르지 않았으나 일본 측 안에 남아 있었던 '하나의 합법정부(a lawful government)'라는 표현은 최소한 '유일한 합법정부(the only lawful government)'라는 표현으로 할 것으로 합의가 성립되었다. 또한 '구조약 무효확인 조항'의 문제에 관해서도 현재형인 'are'를 주장하는 한국 측과 완료형이 'have become'를 주장하는 일본 측 대립은 남았으나 'null and void' 표현의 사용에는 합의가 이루어졌다.

15일 제13차 기본관계위원회에서 일본 측은 코앞에 다가온 17일로부터의 시이나 방한을 앞두고 외상 방한 중의 가서명이 안 될 경우 백지에 되돌아간다는 엄포와 동시에 이것이 '유일합법성 조항'에 관한 일본 측 최종안임을 강조하면서 이하와 같은 수정안을 또 다시 제시했다.

명시되어 있는 바와 같은 **그러한** 유일한 합법정부……(the only **such** lawful Government in Korea as is specified(described or declared) ……)350) (강조는 인용자)

한편 동 위원회에서 한국 측은 전문에서의 평화조약 및 유엔결의의 취급에 관해서 이하 세 가지 방안을 내놓았다.351)

---

350) 다만 동 문안은 동 회의록에는 실리지 않고 있으므로 회의 기록 중의 발언을 통해서 추측했다. "주일정 722-57", 『제7차 한일회담 기본관계위원회 회의록 및 훈령, 1964.12~65.2』, 221~222쪽. 또한 2월 16일에는 일본 측은 "……유엔총회 결의의 의미에서의 유일한 합법정부(the only lawful Government in Korea in the sense of the Resolution of the United Nations General Assembly)"라는 안도 작성한 것 같으나 이 문안 역시 한국의 유일합법성이 유엔결의에서 규정된 범위 내에 있음을 표시하는 취지에 변화는 없다. 동 문안은 257쪽에 수록.

① 대일평화조약이 1951년 9월 8일 샌프란시스코 시에서 서명되었다는 것 및 1948년 12월12일 유엔총회에 의해 결의 195(III)호가 채택되었다는 것을 상기하여(Recalling that the Treaty of Peace with Japan was signed at the city of San Francisco on September 8, 1951 and that the Resolution195(III) was adopted by the United Nations General Assembly on December 12, 1948)

② ……에서 서명된 대일평화조약 관련 조항을 상기하여, ……에 의해 채택된 결의 195(III)호를 유의하여(Recalling the relevant provisions of the Treaty of Peace with Japan signed at……, Bearing in mind the Resolution195(III) adopted by……)

③ 2월 8일자 한국 측 제2안인 "1951년 9월 8일 샌프란시스코 시에서 서명된 대일평화조약의 관련조항을 상기하여(Recalling the relevant provisions of the Treaty of Peace with Japan signed at the city of San Francisco on September 8, 1951)"와 같이 평화조약의 관련조항만 규정한다.

일본 측은 평화조약의 서명과 유엔결의 195(III)호의 의결사실만 의미하는 제1안에는 난색을 표시했으나 제2안에는 흥미를 나타내며 한국 측 최종안의 제출을 요구했다.[352] 기타 동 위원회에서는 기본관계조약의 조항 배열에도 실질적으로 합의가 이루어졌다.[353] 그 결과 15일자로 양국 공동 초안이 작성되었다.[354] 이 공동 초안으로부터는 분쟁처리 규정은 삭제되었다.

결국 시이나 외상 방한시까지 기본관계 문제에 관해서 미합의의 문제로 남은 과제는 [표 49]의 세 조항들이었다.[355]

---

351) "주일정 722-57", ibid., 224쪽.

352) "주일정 722-57", ibid., 224쪽.

353) ibid., 225~226쪽. 최종안과 달리 당초 한국 측은 제1조에 "구조약 무효확인 조항", 제2조에 "유일합법성 조항", 제3조에 외교, 영사관계 수립 조항을 두려고 했으나 일본 측 반대로 인하여 절충안으로서 현행 배열로 된 것이었다. 동 회의에서 당초 한국 측이 제안한 조항 배열은 이도성이 수집한 2월 15일자 "주일정 722-48"로 본국에 건의되어 있으므로 본국의 승인을 얻은 것으로 풀이된다. 이도성, op.cit., 297쪽.

354) "주일정 722-54", 『제7차 한일회담 기본관계위원회 회의록 및 훈령, 1964.12~65.2』, 230~235쪽.

355) "JAW-02355", ibid., 242~244쪽. 다만 전문(前文) 제4항에 관해서는 2월 15일자 양국 공동초안에서는 양국 대립점이 없이 한 가지로 이하와 같이 작성되어 있다. "1951년 9월 8일 샌프란시스코시에서 서명된 대일평화조약의 관련조항, 1948년 12월 12일 유엔총회에 의해 채택된 결의 195(III)호를 상기하여(Recalling the relevant provisions of the Treaty of Peace with Japan signed at the city of San Francisco on September 8, 1951 the Resolution195(III) adopted by the United Nations General Assembly on December 12, 1948)". 그러나 동 보고에 의하면 16일 양국 실무자 간에서 15일 합의된 조약안의 확인

[표 49] 시이나 외상 방한 시까지의 영어정문(正文)에 관한 양국 미합의 점의 쟁점

		일본 측 주장	한국 측 주장
전문	제4항	"Recalling the relevant provisions of article 2(a) of the Treaty of Peace with Japan signed at the city of San Francisco on September 8, 1951 and the Resolution 195(Ⅲ) adopted by the United Nations General Assembly on December 12, 1948"	이하 3 가지 중의 하나 선택 1) "Recalling that the Treaty of Peace with Japan was signed at the city of San Francisco on September 8, 1951 and that the Resolution 195(Ⅲ) was adopted by the United Nations General Assembly on December 12, 1948" 2)"Recalling the relevant provisions of the Treaty of Peace with Japan signed at ……, Bearing in mind the resolution195 (Ⅲ) adopted by ……" 3) "Recalling the relevant provisions of the Treaty of Peace with Japan signed at the city of San Francisco on September 8, 1951"과 같이 평화조약 관련조항만 규정
본문	제2조	"……have become null and void"	"……are null and void"
	제3조	"……the only such lawful government in Korea as is specified……"	"……the only lawful government in Korea as declared in ……"

3) 시이나 외상의 방한과 기본관계 문제의 해결

• '구조약 무효확인 조항' 및 '유일합법성 조항'의 형성과 그 흥정

결국 위의 미합의의 쟁점은 2월 17일부터 예정되어 있던 시이나 외상 방한시의 해결과제로 맡겨지게 되었다. 하지만 18, 19일 두 차례에 걸쳐 진행된 공식 외상회담에서는 이 쟁점에 관한 외상 간 직접 교섭은 없었다. 우선 18일 제1차 외상회담에서는 남은 기본관계 문제에 관해서 실무자 협의에 맡기는 데 합의가 이루어졌으며 이에 따라 외상회담은 중단,[356] 동일 외무부에서 기본관계 문제 실무자 토의가 이루어졌

작업을 한 결과 동 조항에 관해서는 15일자 한국 측이 제기한 3가지 제안이 아직 현안(pending)으로 남았다는 것이 밝혀졌다는 것이다. 또한 위에서 언급한 이도성 수집의 2월 15일자 "주일정 722-48"에서는 주일대표부는 본문 제3조에 관해서 일본 측 제안이 "……결의의 의미 (내)에서 유일한 합법정부…… (……the only lawful government in Korea within(또는 in) the meaning(또는 sense)of the Resolution ……)" 또는 "……결의에서 선언되었던 그러한 유일한 합법정부……(……(the) such only lawful government in Korea as declared in the Resolution……)"라는 표현임을 보고하고 있으므로 그 내용에 차이가 있다. 이도성, op.cit., 296쪽. 그러나 왜 이런 차이가 생겼는지 정확한 확인은 하지 못한다. 다만 동 "주일정 722-48"에서 보고된 내용은 15일의 회의 전의 것일 가능성이 가장 커 보인다. 그 근거는 동 문서에서는 조문 내용에 대한 양국 대립 점을 7개로 보고하고 있는 점, 그리고 조항의 배열에 관한 주일대표부의 건의 내용이 15일 회의에서 그에 관한 최종 합의에 이르기 전에 한국 측으로부터 제안된 것과 똑같은 점들이다.
356) "한일 외상회담 제1차 회의 내용요약", 『시이나에쓰사부로(椎名悦三郎) 일본 외상 방한, 1965.2.

[표 50] 2월18일 실무자 간 토의에서 일본 측이 제시한 '구조약 무효확인 조항'에 관한 세 가지 제안

가	"……현재 무효로 확인된다(……are confirmed (as) null and void now)"
나	"……실효되었으며 현재 무효이다(……have been invalidated and are null and void)"
다	"……이미 무효이다(……are already null and void)"

다. 토의 벽두에 한국 측은 '유일합법성 조항'에 관해서 한국 측 입장이 충분히 반영된다는 조건부로 전문 제4항 "Recalling" 이하의 구절에 관한 일본 안의 수락 가능성을 내비치고[357] 사실상 이 문제는 해결되었다. 이로 인해 평화조약 제2조(a)의 명시에 따라 일본에 의한 한국독립 승인, 바꾸어서 말하면 병합조약의 법적 유효성을 간접적으로나마 한일 간의 조약에서도 인정하는 길이 열린 것이었다.

한편 '구조약 무효확인 조항'에 관해서는 한국 측은 종래의 입장을 아직 주장했으나 일본 측은 [표 50]에 표시한 세 가지 순서로 대안을 제시했다.[358]

즉 '구조약 무효확인 조항'의 초점이 되어 온 '이미(already)'의 삽입은 김동조의 증언[359]과 달리 공식기록상 일본 측 제안이었다. 결국 실무자 협의에서는 다)의 제안을 상신(上申)할 것으로 합의되었다. 그리고 주지하는 바와 같이 동 표현은 그대로 정식 조약에 규정된 것이었다. 따라서 기본관계조약 중 과거청산 문제에 관한 최대의 초점이던 '구조약 무효확인 조항'은 이동원 - 시이나 양 외상 간에 그 정치적 주도에 따라 새롭게 만들어진 것이 아니라 실무자 간에 합의된 것을 그 후 양 외상이 그대로 수락한 것으로 보인다.[360]

또 '유일합법성 조항'에 관해서는 상호에 [표 51]과 같은 대안을 제시하며[361] 추후 결정하기로 하여 이 단계에 이르러서도 여전히 실무자 간에서는 의견 차이를 좁히지

17~20』, 352~353쪽.
357) "기본관계 문제 실무자 회의 토의 요약", 『제7차 한일회담 기본관계위원회 회의록 및 훈령, 1964.12~65.2』, 294쪽.
358) ibid., 295쪽.
359) 김동조는 '이미(already)'의 부가가 한국 측 제안이었다고 증언하고 있다. 김동조, op.cit., 279쪽.
360) 따라서 이동원의 회고록에 있는 사이나 외상에 의한 정치적 결단을 지나치게 찬양하는 것은 옳지 않은 것으로 보인다. 특이 이 막판 교섭의 과정은 李東元, op.cit., 90~100쪽을 참고.
361) "기본관계 문제 실무자 회의 토의 요약", 『제7차 한일회담 기본관계위원회 회의록 및 훈령, 1964.12~65.2』, 295쪽.

[표 51] 2월18일 실무자 간 토의에서 제안된 한국 정부의 '유일합법성 조항'의 표현에 관한 양국 대안

한국 측 주장	일본 측 주장
가 "……에 의해 확인된 바와 같이……" (……as recognized by……) 나 "……에 의해 명기된 바와 같이……" (……as stipulated by……) 362)	가 "……에서 의미된 바와 같이……" (……as meant in……) 나 "……에 의해 정의된 바와 같이……" (……as defined by……) 다 "……에 의해 명시된 바와 같이……" (……as specified by……)

못했다.

19일 주일대표부는 일본에 잔류한 외무성 우시바 심의관과의 면담결과로서 일본 정부가 새로운 훈령을 방한 중인 일본 대표단에 지시했음을 전하고 있다.363) 그 보고 내용은 '구조약 무효확인 조항'에 관해서 한국 측은 "……이것으로 인해 무효이다 (……are hereby null and void)"를 제안했으며364) 일본 측으로서는 "이미 무효이다 (……are already null and void)"가 좋으나 한국 측 입장을 생각해서 그대로 한국 측 안으로 낙찰지우라는 것, 또 '유일합법성 조항'에 관해서는 일본 정부는 "……에서의 선언의 의미에서……(……in the sense of the declaration in……)"의 표현으로 타결 시키라는 것이었다. 다만 주일대표부는 이상의 보고와 동시에 그런 일본 측의 표면적 말과 달리 인상으로서는 일본 측이 최종단계에서 "……에 명시된 바와 같이…… (……as specified in……)"라는 표현을 수락할 것으로 보인다는 보고를 아울러 보내고 있다. 그리고 결국 이 보고에서 전해진 표현이 정식문서에 채용된 것이었다.

결국 기본관계 문제는 주된 대립점에 관해서 [표 52]에 표시한 내용으로 합의가 이루어지며 시이나 방한 기간 중인 2월 20일 가서명에 이르게 되었다. 그러나 여기서 잊으면 안 되는 것은 당초 다른 각 문제들을 먼저 해결하여 그 해결규정을 기본관계조

---

362) 다만 2월 15일의 외무부 문서 "시이나 방한시에 있을 회담의 의제 및 아 측 입장"에서는 동 조항 표현에 관해서는 "as recognized by"(원문에는 'by'가 없으므로 저자가 보충했음), 또는 "……as referred to……"의 두 가지를 자기 측 입장으로 하고 있으나 그 후 왜 두 번째 표현인 "……as referred to……"가 "……as stipulated by……"로 변했는지는 불투명하다. 『시이나 에쓰사부로(椎名悦三郎) 일본 외상 방한, 1965. 2. 17~20』, 158쪽.

363) "JAW-02415", 『제7차 한일회담 기본관계위원회 회의록 및 훈령, 1964. 12~65. 2』, 264쪽.

364) 그러나 이 제안 내용 자체는 다른 공식문서, 회고록 등에서 확인되지 않는 것이다.

[표 52] 기본관계조약 최종합의문 중 초점이 된 부분의 영어정문(正文)과 그 결정 경위

		최종 조문 내용	결정 경위
전문	제1항: 과거 청산 규정	"Considering the historical background of relationship between their peoples…"	2월 8일 한국 측 제2차 초안 채용
	제4항: 평화 조약 및 유엔결의 언급에 관해서	"Recalling the relevant provisions of article 2(a) of the Treaty of Peace with Japan signed at the city of San Francisco on September 8, 1951 and the Resolution195(III) adopted by the United Nations General Assembly on December 12, 1948 "	2월 10일 일본 측 제3차 초안 채용
본문	제2조	"It is confirmed that all treaties or agreements concluded between the Empire of Korea and the Empire of Japan on or before August 22, 1910, are already null and void"	2월 18일 기본관계 문제 실무자 토의에서 합의, 상신(上申)된 것
	제3조	"It is confirmed that the Government of the Republic of Korea is the only lawful government in Korea as is specified in the Resolution 195(III) of the United Nations General Assembly"	양 외상 간에서 막판에 본문 제2조와 흥정해서 결정

약에 규정함으로써 그나마 과거를 청산하려 한 한국 정부의 구상은 그 가성명으로 인해 어느덧 정반대의 결과를 낳았다는 점이다. 그러나 물론 그것은 원래 과거청산을 위해 필요했던 기본관계조약의 선행성립을 뜻하는 것이 아니었다. 바로 그 구상의 좌절이라는 역설로 인해 선행, 실현된 기본관계조약은 '식민지 지배 자체에 대한 청산'을 가능하게 하는 요건들을 모두 다 상실하고 있었기 때문이었다.

과거청산 문제를 생각하는 데 마지막으로 주목해야 할 것은 막판까지 남았던 본문 제2조 '구조약 무효확인 조항'과 제3조 '유일합법성 조항'의 조문 결정 과정의 경위에 관해서다. 사실 이 문제는 한일회담의 본질을 고스란히 보이는 또 하나의 중요한 실험 무대였다. 그 이유는 동 제2조와 제3조가 막판에 이르러 일본 측으로부터 흥정 교섭의 재료로 이용되었다고 보이기 때문이다.

안타깝게도 이에 관한 공식기록은 없다. 교섭의 주역이던 이동원 장관과 시이나 외상은 서로 일치해서 그 합의가 밤늦게 청운각(淸雲閣)이라는 요정(料亭)에서 이루어졌다는 증언을 남기고 있는 것을 보면[365] 애당초부터 그에 관한 공식기록은 없다고 봐도 무방하다.

그러나 김동조는 19일 열린 제2차 외상회담에서 시이나 외상이 "막바지에 가서야

---

365) 李東元, op.cit, 90~97쪽; 椎名悦三郎追悼録刊行会, op.cit, 61~62쪽.

관할권 조항의 삽입은 철회하겠으니 이제는 한국 측이 양보할 차례"366)라고 말했다고 회고하였다. 하지만 확인했다시피 관할권 조항 자체는 65년 1월 26일의 제7차 기본관계위원회에서 일본 측이 이미 삭제하기로 합의하였으므로 막판에 와서 흥정을 위해 다시 철회할 수 있는 문제가 아니었다. 따라서 여기서 나온 관할권 문제는 본문 제3조 '유일합법성 조항'을 뜻한 것으로 추측되며 또한 결과적으로도 그 해석으로 사태의 설명이 가능하다.

표면상 '유일합법성 조항'에 관한 대립은 [표 51]에서 정리한 바와 같이 한국 측 "……에 의해 확인된 바와 같이……(…… as recognized by……)", "……에 의해 명기된 바와 같이……(……as stipulated by……)" 등의 주장과 일본 측 "……에서 의미된 바와 같이……(……as meant in……)", "……에 의해 정의된 바와 같이……(……as defined by……)", "……에 의해 명시된 바와 같이……(……as specified by……)" 등의 대립이 있는 것처럼 보이나 본시 이 조항을 둘러싼 대립은 유엔결의 195(III)호의 내용에 규정된 범위 내에서의 합법성을 주장하는 일본 측과 그 해석을 봉쇄하고 싶었던 한국 측 입장 사이에 생긴 것인 만큼 위의 몇 가지 동사의 선택 문제에 근본적인 대립이 있었다고 보기는 어렵다.

그러므로 막판에 외상 간 교섭에서 무엇이 진정한 대립으로 남았는지를 파악하기 위해서는 역으로 최종 문안에 나타난 변화에 주목해서 생각하는 것이 유익하다. 시이나 방한 전의 15일까지 남았던 대립점([표 49]), 또 18일의 실무자 회의에서 일본 측이 제안한 구조약 무효조항의 세 가지 안([표 50]), 그리고 최종합의 조문([표 52]) 등을 감안할 때 최종안에 나타난 변화는 결국 제2조에 관해서는 '이미(already)'가 삽입된 반면 제3조에 관해서는 일본 측 요구이던 '유일한 그러한(the only such lawful)'에서 '그러한(such)'이 삭제된 것임을 확인할 수 있다. 이 수정의 양국 득실을 먼저 정리하면 [표 53]과 같이 정리할 수 있을 것이다.

즉 'already'는 말할 나위도 없이 병합조약 등 구조약들의 원천 무효의 해석을 사실상 어렵게 하는 효과를 가지므로 그 삽입은 일본 측 이득을 위해 한국 측이 양보한

---

366) 김동조, op. cit., 279쪽.

[표 53] 최종 조문의 변화에 따른 한일 양국의 득실

	한국 측	일본 측
제2조: 'already'의 삽입	양보	이득
제3조: 'such'의 삭제	이득	양보

것으로 생각된다. 거꾸로 'such'의 삭제는 그것이 한국의 유일합법성을 유엔결의의 범위 내에 한정하는 의미를 강화하는 표현인 이상 그 삭제는 한국 측 이득을 위해 일본 측이 양보한 것으로 생각해서 틀림없다.

그러므로 막판 외상 간 교섭까지 남았던 진정한 대립은 제2조의 'already'의 삽입 문제와 제3조 'such'의 삭제 문제였다고 생각된다. 따라서 시이나 외상이 "이제는 한국 측이 양보할 차례"라고 한 의미는 'such'를 삭제하는 대신에 한국 측에 'already' 삽입의 수락을 요구한 것이었다고 풀이된다.[367] 그리고 최종 조문은 이 요구대로 되었다.[368] 다시 말하면 양 외상이 마지막 밤늦게 청운각에서 이루어냈다고 하는 합의 내용은 한국 정부의 유일합법성의 의미를 보다 강화하기 위한 'such'의 삭제와 구조약들의 합법성 해석을 보다 유리하게 하는 'already' 삽입의 교환이었던 것이다.

한국 측에게는 이 막판 흥정은 사전에 상정하던 범위 내의 선택이었을 가능성이 크다. 사실 이동원 외무부장관은 시이나 외상과의 제2차 교섭이 있었던 2월 19일 저녁 5시쯤 진해에 내려가기 전의 박정희 대통령에게 구조약에 관한 타협 가능성에는 언급하는 한편 관할권 문제는 국가의 기본인 만큼 타협은 어렵다는 생각을 전했다고 증언하고 있다.[369] 또 일본 측 집권 여당이던 자유민주당 역시 이런 한국 측 자세를

---

367) 시이나의 회고에서도 동 교섭에 관해서 그는 먼저 "우리 측은 이것으로 된다. 문제는 당신 측이다. 당신 측에서 이니셜(서명)할 결심이 생기면 오늘 밤 얼마 늦어도 되니까 전화를 해 달라"고 말했다고 증언하고 있다. 椎名悦三郎追悼録刊行会, op. cit., 62쪽. 동 회고에는 시이나가 촉구한 구체적인 결심의 내용에 관한 증언은 없으나 본론에서 언급했다시피 막판 조문교섭의 초점이 제2조의 'already'의 삽입과 제3조의 'such'의 삭제로 된 것으로 미루어 동 회고 안에서 요구한 결심의 내용은 먼저 제3조의 양보를 결정하고 있던 일본 측이 제2조의 'already' 삽입에 관한 한국 측 양보를 촉구한 말이라고 보인다.
368) 비준국회에서 동 기본관계조약 제2조 조문에 관해서 이동원 외무부장관은 마지막 교섭의 대립점이 일본 측의 제안인 "have become null and void"의 봉쇄에 있었듯이 부각시킴으로써 최종 결과에 대해 "깨어지려는 단계를 거쳐 결국 일본으로 하여금 우리 측 입장을 받아들이도록 한 것입니다"라고 자화자찬하고 있다(국회회의록, 제6대국회, 제52회, "제7차 한일간조약과제협정비준동의안심사특별위원회"제7호(1965.8.8), 2쪽). 그러나 본론에서의 분석이 밝혔듯이 동 답변은 거짓 답변이며 진상은 일본 측 안을 한국 측이 수용한 것이었다.

뒷받침 하듯이 시이나 외상 방한시 교섭상 최대의 쟁점은 제3조 한국의 주권 문제였다고 회상하였다.[370] 즉 한국 측은 '유일합법성 조항'의 강화라는 목표를 위하여 일본 측이 노리던 '구조약 무효확인 조항'에 관한 양보를 수락한 것이었다.

그러나 동 타협은 한일 양국이 서로 평등하게 양보한 것을 뜻하지 않는 점에 주의가 필요하다. 사실 이는 조문에 충실해지기만 하면 곧 알 수가 있다. 제2조는 "already" 삽입에 따라 구조약이 당초 유효였음을 드러내는 조항이 되는 데 반해 제3조는 "유엔 총회의 결의 195(III)호에서 명시된 바와 같이(as is specified in the Resolution 195(III) of the United Nations General Assembly)"라는 문구가 남은 한 'such'의 삭제만으로 한반도 전역에서의 한국의 유일합법성을 뜻할 수는 없었다. 일본 측은 이것을 충분히 상정하면서 막판 교섭에서 'already'와 'such'의 규정을 일단 요구하면서 최종 타결을 위해 한국 측에게 'already'의 삽입을 촉구하는 대신 'such'를 뺀다는 표면상의 상호 양보의 스타일을 차린 것이었다. 그러나 일본 측에게 그 'such'의 삭제가 그다지 어려운 문제가 아니었음은 예컨대 2월 12일의 초안에서 겨우 그 'such'가 등장한 것을 봐도 분명하다. 물론 이런 흥정 결과는 한국 측의 어려운 입장을 반영시킨 것이었다. 평화조약 제2조(a) 등으로 인해 병합조약의 원천 불법성을 전제로 하지 못했던 한일회담에서는 그에 따라 일본이 그 불법성을 인정해야 할 이유가 사라진 이상 한국 측에는 이미 선택의 여지가 없었다. 한국 측은 그나마 'such'의 삭제라는 자그마한 성과를 거두기 위하여 일본 측이 노린 'already'의 삽입이라는 큰 대가를 치러야만 했던 것이다.

물론 이 결단은 한국 정부로서도 어려운 판단이었을 것이다. 그러나 이미 19일에는 시이나 외상의 귀국일인 20일에 기본관계조약에 관해 가서명을 할 것으로 합의되어 있었다.[371] 하루라도 빠른 전면 타결을 이루어내야 했던 한국 정부에게 가서명의 실현은 이미 선택의 문제가 아니라 지상명제였다. 그리고 그 한국 측 지상명제를 이용해서 일본 측은 막판 동 제2조와 제3조를 흥정 대상으로 삼았다. 일본 측이 'such'의 삭제를 재료로 하기까지 해서 'already'의 삽입을 중요시 하는 자세를 취한 이상 한국

---

369) 李東元, op.cit, 87~88쪽.
370) 自由民主党, 「自民党30年の検証 日韓国交正常化」, 『自由民主』(1985), 95쪽.
371) 「동아일보」 1965년 2월 19일.

측에 남은 길은 그 흥정을 받아들이는 것뿐이었다.

한국 측이 마지막으로 취한 그런 선택에 대한 평가를 떠나 남북한의 대립이라는 구조하에서 '국가 수호 과제'를 위하여 양국 간의 특수한 과거의 청산이라는 민족적 과제를 소멸시켜야만 했던 한일회담의 본질은 여기에 결정(結晶)된 것이었다.

그 후 기본관계조약 교섭은 6월 22일의 정식 조인을 앞두고 영어문안의 일본어 역을 둘러싸고 약간의 새로운 교섭이 진행되었으나[372] 이미 영어 정문이 결정된 후의 교섭은 실질적으로 아무런 의미 있는 것이 아니었다.

• 청구권 문제 해결 후의 기본관계조약 교섭의 의미

한국 정부가 "양국 간의 과거관계를 어떻게 처리할 것인가의 문제"라고 정의한 기본과제 문제는 이렇게 끝이 났다.

돌이켜보면 기본관계조약 교섭은 구보타 발언을 계기로 중단된 회담 재개 교섭 가운데 일본의 대한청구권이 포기되고 나서는 실질적으로는 진행되지 않았다. 그 문제가 청구권의 해결 틀이 결정된 후인 62년 말 다시 시작된 것은 바로 한일회담을 상징하는 일이었다. 즉 과거청산 실천의 핵심이던 청구권 교섭은 한국 정부에 있어서 는 기본관계조약이 정하는 '양국 간의 과거관계를 어떻게 처리할 것인가'하는 청산원 칙도 없이 해결할 수 있는 문제였다. 더 나아가서 '선 해결 후 국교'라는 회담 당초부터 의 한국 측 일관된 교섭 방침은 맨 처음부터 한일회담이 양국 간의 특수한 과거를 청산할 수 있는 무대가 아니었음을 가리켰다.

그런 한일회담의 구조하에서 한국 정부가 과거청산을 의미한 것은 64년 5월 25일 의 한국 측 교섭 지령이나 64년 11월 30일 훈령에서 확인한 바와 같이 청구권을 비롯한

---

372) 예를 들어 "already"에 관해서는 일본 측은 'もはや'를, 한국 측은 'すでに'를, 또 "……as specified……" 에 관해서는 일본 측은 '明らかにされている通りの' 또는 '如く'와 같은 형용사적 표현(다만 '如く'는 부사적인 표현이라고도 생각되나 왜 형용사적 표현이라고 했는지는 불확실함)을, 한국 측은 부사적 표현 (구체적인 표현의 예시는 없음)을, 그리고 "in Korea"에 관해서 일본 측은 '朝鮮', 한국 측은 '韓半島'라는 표현을 각각 주장한 것들이다. 그 결과는 'もはや', '明らかにされている通りの', '朝鮮にある' 등 모두 다 일본 측 요구가 받아들여졌다. "JAW-06487", 『제7차 한일회담 기본관계위원회 회의록 및 훈령, 1964.12~65.2』, 309쪽.

각 문제들을 개별적으로 해결하여 그 해결 원칙이나 내용을 기본관계조약에 명기하는 것이었다. 즉 한국 정부는 사실상 과거청산의 관건인 일본의 한국 지배의 불법적 성격 규정을 도모할 것을 포기하여 그 대신 해결 규정만을 넣으려고 한 것이었다. 그러나 그런 한국 정부가 노린 최소한의 과거청산 규정조차 교섭과정에서 무산되었다.

즉 한국 측은 전문 제1항의 희망이던 "양국 국민의 과거 관계의 청산의 필요성을 고려하여(Considering the need of liquidating their past relations)"라는 과거 규정 조항을 1월 25일자 한국 정부의 최종안인 "양국 국민 간의 역사적 배경을 고려하여 (Considering the historical background of relationship between their peoples)"라는 표현으로 바꿀 것을 2월 1일자 "주석(annotations)"으로 인하여 정식 수락함으로써 기본관계조약의 성격을 무색하게 했다. 한국 정부는 여전히 동 조항을 "양국 간에 불행했던 과거관계가 있었음을 상기하여 이를 청산한다는 의미를 갖는 것"[373])이라고 설명하고 있다. 그러나 원래 동 조항이 "과거관계의 청산의 필요성"이라는 표현으로부터 바뀐 것이었다는 점, 또 동 조문이 식민지 통치기에 한정하는 아무런 구절 없이 단지 '역사적 배경'으로 일반적으로 규정하고 있는 점들을 생각하면 이미 소개한 일본 측 설명인 "십수세기 이상에도 걸친 관계"가 양 민족 간에서 고려되는 역사적 배경이 되는 것은 피할 수 없는 결과였다. 또한 2월 12일 훈령에서 전문 제3항 "Believing……" 이하의 구절 및 본문에서의 현안 해결규정을 삭제할 것을 허용함에 따라 최종 문안에서는 과거에서 연유하는 현안 해결 조항들은 모두 사라지게 되었다.

한편 청산해야 할 특수한 과거의 원점이 된 일본의 한반도 지배관련 조항에 관해서는 오히려 그것을 합법화시키는 결과를 묵인하게 되었다. 전문에는 "Recalling" 이하 평화조약 2조(a)에 관한 기술을 포함시킴에 따라 일본에 의한 한국 독립 승인을 수락하는 의미를 가능하게 했다. 이로써 한일병합조약 등 구조약들의 합법성은 간접적으로나마 평화조약뿐만 아니라 한일 간의 조약에서조차 인정되게 된 셈이었다. 무엇보다 그 상징은 본문 제2조 '구조약 무효확인 조항'에 관해서 한국 정부가 '유일합법성 조항'을 우선시하는 입장에서 'already'의 삽입을 허용한 것이나 이로 인해 병합조약

---

373) 대한민국 정부, 『대한민국과 일본국 간의 조약 및 협정 해설』(1965b), 9쪽.

은 사실상 유효시기를 가지게 되었다.

물론 2장에서 인용한 바와 같이 한국 정부는 'already'의 삽입이 구조약들의 원천 무효에 아무런 영향이 없음을 주장하고 있다. 그러나 이 주장이 원래 설득력을 잃지 않을 수가 없음은 위에서 고찰한 교섭과정이 여실히 보여주고 있다. 원래 한국 정부는 아무런 수식어 없는 'null and void'를 막판까지 목표로 하고 있었다. 그럼에도 'already'가 삽입된 것은 시이나 방한 기간 중의 기본관계조약 가서명이 최우선의 과제였기 때문이었다. 이를 위하여 2월 18일의 기본관계 문제 실무자 토의에서 일본 측이 제시한 "……현재 무효로 확인된다(……are confirmed (as) null and void now)", "……실효되었으며 현재 무효이다(……have been invalidated and are null and void)", "……이미 무효이다(……are already null and void)"라는 세 가지 안에서 'already' 조항이 선택되었다. 위 세 가지 표현들이 모두 다 과거 한때 구조약들이 유효임을 나타내는 표현이었음은 그 문장들의 의미와 함께 무엇보다 그것이 원래 일본 측이 제시한 안이었다는 사실이 입증하고 있다.

문제는 'already'에 상징되는 조문의 내용뿐만 아니었다. 한국 정부는 제1차 한일 회담 이후 계속 제기되던 '구조약 무효확인 조항'을 다른 문제들의 해결 교섭과 시종일관 떼어 벌여왔다. 기록상 전략적으로 동 문제를 다른 문제 해결들과 연결시켜서 교섭을 진행하려고 한 흔적은 전혀 없다. 하지만 본시 기본관계조약은 한일회담의 진행방식에서는 다른 각 문제들의 해결 원칙을 정할 수 있는 바로 '헌법'의 성격을 지녀야 마땅한 것이었다. 2장에서 이미 인용한 인상적인 말을 다시 한 번 확인하는 것이 중요하다.

관념상으로는 본 조약(＝기본관계조약)이 앞서고 각 현안에 관한 합의가 이에 따르게 되는 것이다. 기본조약은 말하자면 헌법적 성질을 띠게 될 것이다.

그러나 과거청산을 위해 필수적인 이 주장이 한일교섭 속에서 뚜렷하게 나타난 것은 이미 청구권 교섭 등의 틀이 결정된 막판 교섭인 1964년 12월 10일 제7차 한일회담 제2차 기본관계위원회의 석상에서였다. 즉 본시 과거청산의 원칙을 정하는 데 절대적으로 필요한 '헌법'은 1951년의 한일회담 개시 후 거의 14년의 세월이 흘러서야 그나마 교섭 석상에 오른 것이었다. 역으로 말한다면 한일회담은 그때까지의 14년이라는 세월을 뚜렷한 과거청산 해결 원칙도 없이 진행시킬 수 있는 그런 교섭이었던 것이다.

기록상 입증하지 못하나 이런 교섭 전략은 한일회담을 둘러싼 조건하에서는 구조약 원천 무효에 기초한 교섭을 벌일 경우 한일회담이 이루어질 전망이 없음을 한국 정부가 판단한 결과일 가능성이 크다. 하지만 한국 정부가 취한 이런 현실적인 교섭태도가 한일회담의 타결을 촉진시키는 대가로서 과거청산의 기회를 영원히 잃게 하는 부작용을 낳은 것도 부정하지 못할 일이었다.

결국 한국 정부가 이런 희생을 감수하면서도 한일교섭을 서둘러야 했던 이유, 비로 그것이 한국의 '국가수호 과제'를 최우선의 과제로 삼아야만 했던 것에 있었음은 위에서 상세하게 분석해 온 교섭과정이 가리킨다. 바로 이런 성격을 상징하는 것이 기본관계조약 막판 교섭에서 나타난 본문 제2조 "구조약 무효확인 조항"과 제3조 "유일합법성 조항"의 흥정이었다.

한국 정부는 구조약들의 합법성을 사실상 인정하는 대가를 치르기까지 해서 실현시키려고 한 제3조 한국 정부의 '유일합법성 조항'을 "일본으로 하여금 이 밖으로 일탈할 여지를 주지 않게"[374]하기 위한 것이라고 설명했다. 물론 이 의도는 국교정상화에 따른 각 협정들의 효력을 한반도를 유일하게 대표하는 한국 정부에 귀속시킴으로써 장래에 걸쳐서 일본과 북한과의 모든 교섭을 차단시킬 법적 근거를 마련하는 데에 있었다.

그러나 1990년대에 시작된 북한과 일본의 국교정상화 교섭에서 그나마 과거청산 문제가 거론된 것은 그런 한국 정부의 전략마저 일본 측의 다음 해석 앞에 끝내 실패한 것을 뜻했다.

---

374) 대한민국 정부, op.cit.(1965a), 21쪽.

제3조는 기본관계조약의 통풍(通風) 범위를 정한 것이 아니라 대한민국 정부의 기본적 성격을 밝힌 것에 불과하다.[375]

---

375) 시이나 외무대신 답변. 国会会議録, 第50回国会, 「参議院本会議」第5号(1965.10.16), 12쪽.

결론

이상 이 책은 2장에서 제시한 한일회담에서의 과거청산을 위한 조건들을 가능조건과 내용조건으로 나누어 2부에서는 각 가능조건들의 충족 여부를, 3부에서는 내용조건의 충족여부를 판단하는 데 필요한 한일회담의 교섭과정을 상세히 분석해왔다.

각 가능조건들에 관해서는 2부에서 그 조건들이 모두 다 충족되지 못했음을 논한 결과 한국 정부가 과거청산 과제에 관해서 제약되지 않을 수가 없는 선택범위를 밝혔다. 즉 [표 2]에서 정리한 바와 같이 Ⅷ의 경우에 해당한 한일회담에서는 그 가능조건들이 성립되지 않으면서 출발부터 일본의 불법 지배에 따른 청산이 이루어질 가능성은 원천적으로 차단되고 있었다. 따라서 한국 정부에게 남겨진 선택은 정확하게 말한다면 과거청산을 실현시킬지 아니면 포기할지의 선택 문제가 아니었다. 그것은 청산 문제에 원칙적으로 나섬으로써 한일회담을 결렬시킬 것을 통해서 청산 과제를 미결 과제로 남겨둘 것인가(물론 이 경우 장래의 청산성립의 가능성은 이론상 남는다) 아니면 타협적으로 나서 한일회담 자체는 타결시키면서도 그 내용면에 있어서 사실상 청산 과제를 소멸시킬 것인가의 선택 문제였다.

물론 이상과 같은 제약된 선택범위에서 한국 정부가 무엇을 선택하는가는 이미 가능조건이 결정할 수 있는 문제가 아니라 한국 정부의 정책적 판단의 문제였다. 여기에 한국 정부의 대응을 분석해야 할 여지가 생겼다. 그러면 한국 정부는 한일회담의 교섭과정에서 과거청산 과제에 대해 구체적으로 어떤 대응을 취했으며 또 취해야 했는가? 바로 이 과제를 밝히기 위하여 3부에서는 2장에서 정리한 내용조건 다섯 가지를 기준으로 한일회담의 교섭과정을 상세히 분석해왔다. 이하 동 다섯 가지 내용조건들을 기준으로 한 분석 결과는 이하와 같이 정리할 수 있다.

우선 첫 번째 내용조건은 한일회담의 목적이었다. 즉 한일회담에서 양국 간의 특수한 과거가 청산되게 된 이상 무엇보다 동 회담이 그것을 목적으로 하는 무대임에 대해서 양국 사이에서 그에 필요한 합의 또는 그 내용상 그것을 목적으로 하고 있었다고 판단되는 교섭이 이루어져야 했다. 그러나 한일회담의 과정 분석의 결과는 그 조건이 충족되지 않았음을 가리키고 있다.

평화조약 전에 한국 정부가 한일 간의 과거청산 형식으로 생각한 것은 연합국에 참가함으로써 교전국 간의 전쟁 처리로서 그것을 진행하는 방식이었다. 여기서 주의해야 하는 것은 『대일배상요구조서』에 상징되는 배상방식에 의한 해결방안은 기본적으로 1910년 이후의 식민지 지배 전체에 대한 청산 요구를 하려고 한 것이 아니었다는 점이다. 이는 예컨대 그 피해보상의 상징인 인적 물적 피해에 관해서 중일전쟁 이후에 관한 것만을 요구하려고 한 점에 나타났다. 한국 측이 이런 방침을 취한 것은 일본에 대한 과거처리를 연합국과 일본과의 전쟁 처리의 일환으로서 진행할 수밖에 없는 조건하에서는 식민지 지배 자체에 대한 책임추궁을 하는 것이 불가능함을 인식한 결과라고 풀이된다. 또 한국 정부는 『주일대표부안』에 있었던 한일병합조약 무효에 기초한 교섭방식을 애당초부터 채용한 일도 없었다. 이 배경 역시 평화조약 제2조(a) 등의 규정으로 인하여 병합조약의 원천 무효에 기초한 교섭이 불가능함을 강하게 인식한 결과임은 틀림없다. 그러나 그 이유가 무엇이든 과거청산을 위한 한일 간의 협의마당에서 한국 정부가 애당초부터 '식민지 지배 자체에 대한 청산'을 요구하는 목적을 사실상 포기하고 있었음은 확인해야 한다.

SCAP의 중개로 인하여 예비회담으로서 시작된 한일회담의 목적은 일차적으로 재일한국인의 법적 처리를 둘러싼 것이었다. 한국 측은 평화조약 발효에 따른 재일한국인들의 일본 국적 상실과 그에 따른 법적 지위 처리에 다급했던 일본 측의 약점을 이용하여 의제 확대를 요구했다. 그러나 한일회담을 양국 간의 특수한 과거를 청산하는 목적을 가지는 장으로서 합의할 것이나 최소한 그것을 목적의 하나로 포함하는 것을 요구한 사실도 없었다. 예비회담에 임한 한국 측 목적은 수석대표로서 그 자리에 참석한 양유찬 수석대표의 회고에 있었듯이 "남한이 이후 싸워야 할 보다 큰 적을 갖고 있으며 우리 자신과 일본과 전 태평양을 방위하기 위하여 우호관계 이상의 한일 관계를 수립하기 위한 것"이었다. 본론에서 검증해왔다시피 이후 7차에 걸쳐서 진행된 한일회담에서 이 목적이 변화되었다고 판단되는 근거는 없다.

본격적인 토의가 시작된 제1차 한일회담 이후 한국 측의 회담 목적의 핵심은 '국가 수호 과제'에 직결되는 청구권 문제에 있었다. 이것은 한국 측이 몇 가지 있었던 토의 과제 중 첫 번째에 동 문제를 든 사실이 상징한다. 그러나 한국 측이 요구한 소위 '대일8항목요구'는 기본적으로 민사적인 재산권 처리의 문제에 불과했다. 그 안에 포함되어 있던 전쟁에 동원된 피징용자의 보상요구 등도 그 문제가 일본 국민과 일본 정부 사이에서 적용되는 문제인 만큼 양국 간의 특수한 과거의 청산을 위한 것이라고 보기는 어렵다. 한국 정부는 당초부터 청구권 문제를 '식민지 지배 자체에 대한 청산'으로서가 아니라 '식민지 시대에 일어난 문제들의 처리'로서만 실현시키려고 생각하고 있었던 것이다.

실제 인용한 바와 같이 제1차 회담에서 한국 측 임송본 대표는 대일청구권 문제에 관해서 "대한민국은 36년간의 일본의 점령(occupation)에서 발생하는 불쾌한 과거의 기억에 의하여 촉구되는 모든 청구권의 충족을 일본에 대해서 요구할 의도는 없으며 단지 한국에 합법적으로 속하며 그리고 장래 한국의 생존(existence)을 위하여 충족되어야 할 재산에 대해서만 그 청구권을 요구하는 것이다"라고 선언, 청구권 문제는 일본의 식민지 지배의 성격과 관계없는 앞으로의 생존을 위한 것임을 천명했다.

일본의 역청구권이라는 예상치 못한 공세를 맞아 한국 측의 이후의 교섭 목표는 동 요구의 차단에 집중되었으며 또 재한일본인 재산의 규모를 생각할 때 그럴 수밖에 없었다. 이 상징이 제3차 한일회담시 터져 나온 구보타 발언을 둘러싼 한국 측 대응과 그 후의 중단기 교섭의 내용이었다. 겉으로는 부당한 역사인식을 따진 듯 보인 한국 측 대응은 일본 측의 역사 인식을 진심으로 추궁한 것이 아니었다. 이것은 재개회담의 실질적인 조건이 일본의 대한청구권 포기에만 있었다는 사실이나 재개된 제4차 한일 회담의 성격 역시 청구권 문제가 한국의 대일청구권의 문제로 되었다는 것 이외에는 아무런 변화도 없었다는 데에 잘 나타나고 있었다. 예컨대 한국 정부는 재개회담을 앞두고 청구권 문제에 대한 지대한 관심을 드러내기는 했으나 기본관계조약 중 '구조약 무효확인 조항'으로 상징되는 과거의 성격 규정의 문제에 관해서는 단지 재개회담에서의 토의 과제로 삼았을 뿐이며, 게다가 그 과제가 실질적으로 토의된 일도 없었다.

4·19라는 극적인 정치변동에 따라 시작된 제5차 한일회담 역시 그 회담 자체의 성격에 있어서는 아무런 차이가 없었다. 제5차 회담은 제4차 회담의 계속이라는 양국 합의에 따라 진행된 회담인 만큼 일본 측 이세키 아시아국장이 말했듯이 적어도 과거 청산에 관해서 그 회담은 "기분을 일신한다"는 정도의 차이밖에 없었다.

제5차 회담의 이승만 집권기와의 단절은 이승만의 실각에 따른 현실노선의 추구였다. 10년 이상에 걸친 이승만 통치는 그 지나친 정치적 색깔 탓에 이미 한국 경제를 바닥까지 추락시켰다. 이후 한국 사회는 다음 정권을 누가 잡든 간에 그 정권에 대해 반공안보라는 과제와 함께 경제 건설이라는 현실적 합리성을 요구하지 않을 수가 없었다. 그러나 그 요구는 동시에 경제협력에 의한 해결방식의 대두를 자초하며 과거 청산이라는 목적에 대해서는 보다 부정적인 조건을 빚어낼 수밖에 없었다. 즉 그나마 '식민지 시대에 일어난 문제들의 처리'로서 받을 권리를 보유한 청구권 문제는 일본의 한국에 대한 '시혜 문제'로 그 성격을 바꾸기 시작했던 것이었다.

5·16쿠데타로 들어선 군사정부는 과거청산 문제에 관해서는 이런 흐름을 한층 가속화시키는 구실만을 했다. 이것은 61년 9월 박정희 의장 자신이 직접 참여한 협의에서 군사정부가 정리한 내용에 상징적으로 나타났다. 되풀이되나 핵심적 내용을 담고 있으므로 다시 재론한다면 그 내용은 이하였다.

- 최근의 북한괴뢰 정권과 소련 및 중공 간의 군사동맹 체결로 인하여 아국으로서는 더욱 반공체제의 강화가 필요한 바, 한일 양국 간의 전반적인 제휴는 한국의 반공 입장 안정에 도움이 될 것이다.
- 한일관계정상화는 현안 문제 중 특히 재산청구권의 해결을 전제로 하는 바, 이 경우 상당액의 변제금의 반환이 예측되는데 동 금액은 한국의 국가경제재건에 도움이 될 것이다.
- 국교정상화 후에는 경제협조 문제도 추진될 것이므로 국가경제 재건에 필요한 외자

도입의 길을 열어줄 수 있을 것이다.

이 문서만큼 한일회담의 본질을 천명하는 증거는 없을 것이다. 오래된 경제침체는 군사정부로 하여금 회담 타결로 서두르게 하지 않을 수가 없었음은 틀림없다. 그러나 반공안보 확보를 위한 한일회담이라는 목적이 이승만 시기부터 이미 뚜렷하게 나타나고 있었던 점에 대해서는 주의가 필요하다. 다시 말하면 박정희 정권이 한 것은 반공안보의 확보와 경제 건설의 논리를 보다 분명히 연결시키는 것뿐이었다.

무엇보다 중요한 것은 반공안보나 경제재건이라는 '국가수호 과제'는 당시의 조건하에서 한일 간의 특수한 과거를 청산시킬 논리를 내포하고 있지는 않았다는 점이다. 따라서 한국 측이 한일회담의 목적을 위 두 가지에 둔 이상 한일회담의 목적에 과거청산이 들어갈 틈은 없었으며 또 실제 그런 사실도 없었다. 양국을 엮는 논리는 언제나 반공안보와 그와 연결된 경제재건의 요구였다. 이 의미에서 과거청산의 첫 번째 내용조건은 충족되지 않았다고 판단해야 한다.

두 번째는 내용조건은 한일 간의 과거 규정과 그에 따른 청산 교섭이었다. 과거청산을 위하여 이 조건이 필요한 이유는 과거를 청산하기 위해서는 바로 청산해야 할 그 '과거'가 무엇인가에 대한 명확한 규정이 필요하며 또 그 규정에 따라 청산하도록 교섭을 진행시키는 것이 필요하다는 당연한 논리적 결과에 기인하는 것이었다. 바로 이 조건은 일본의 한반도 지배의 성격을 어떻게 규정하는가 하는 문제였으며 그것이 교섭 마당에서 구체화된 것이 기본관계조약 제2조 '구조약 무효확인 조항'의 존재였다.

그러나 『주일대표부안』에 상징되듯이 주일대표부가 건의하려 한 병합조약 무효에 따른 청산 교섭을 한국 정부가 채택한 일은 애초부터 없었다. 그 이유는 한국 정부가 한일 간의 과거처리를 연합국과 일본과의 전쟁 처리의 하나로 할 수밖에 없는 상황에 있었음은 확실하다. 이런 사정은 한국의 연합국 참가가 좌절된 뒤에 열린 제1차 한일회담에서도 나타났다. 한국 정부가 당초 기본관계조약의 명칭을 '평화'조약으로 하려고 한 것은 한일회담 역시 전쟁 처리의 결과인 대일평화조약 위에 전개될 수밖에 없는 사정을 반영한 것이라 풀이된다.

결국 동 조약은 '우호'조약을 주장한 일본 측과의 타협으로 '기본'조약으로 되었으나 동 기본관계조약의 문제에 관해 한국 정부는 "국교를 정상화함에 있어서 양국 간의 과거관계를 어떻게 처리할 것인가의 문제"라고 규정했다. 따라서 동 조약은 한일회담에서의 과거청산 문제의 핵심이라고 말할 수 있다. 물론 그 중심은 식민지 전락 과정에서 맺어진 한일병합조약을 비롯한 소위 구조약들의 무효확인을 규정하는 문제였다.

한국 정부는 제1차 회담 당초부터 동 조항의 삽입 요구를 펼쳤다. 그러나 주의해야 하는 것은 구조약들이 왜 무효인지에 대한 명확한 근거를 명기하도록 요구한 사실은 없었다는 점이다. 원래 무효를 규정한다면 그것을 무효로 해야 할 이유를 명시하는 것이 이치에 맞는 이야기였다. 그러나 한국 측은 그 무효를 규정하는 이유로서 일본의 부당한 강제를 통한 한국 지배의 불법성을 부각시키려고 한 교섭을 벌인 사실은 없다.

그 대신 한국 측은 법률적으로 원천 무효임을 뜻할 수 있는 'null and void'라는 표현을 채용할 것을 요구했다. 하지만 이 요구 역시 병합조약의 강제성으로 인해 동 조약이 원천 무효임을 일본 측과 합의하기 위한 것이 아니었다. 그것은 제1차 한일회담시 나온 유진오 대표의 말에 있었듯이 시기를 명시할 경우에 생길 해석상의 복잡한 말썽을 피하기 위한 방법이었다.

요컨대 한국 측은 청산해야 할 과거 규정에 관한 핵심인 동 조항에 관해서 애당초부터 병합조약 등을 원천 무효로 해야 할 이유에 관해서는 물론 최소한 그것이 원천 무효임을 일본 측에 합의할 것을 요구하는 의도조차 없었던 것이다. 물론 이런 한계에는 한일회담의 법적 근거로 된 대일평화조약의 존재가 작용했다. 동 평화조약은 그 제2조(a)로서 일본의 한국독립 승인 규정을 채용함에 따라 사실상 병합조약의 합법성을 간접적으로나마 시인하고 있었다. 이런 조건하에서 일본 측이 구조약들의 원천 불법성을 인정해야 할 이유가 없었다.

그러므로 'null and void'의 삽입을 요구한 의도는 한국 정부가 단독으로 구조약들이 원천 무효임을 주장할 수 있는 여지를 남겨둠으로써 병합조약은 한국이 원해서 체결한 것이 아님을 밝히기 위한 자존심의 문제에 불과했다. 이 의도는 김동조나 정일권 총리의 말에 나타나고 있었다. 역으로 말하면 동 요구는 구조약 원천 무효에 따른 청산을 요구하기 위한 전략적인 의미는 없었던 것이다. 이것은 무엇보다 제1차 한일회담 이후 막판까지 계속된 한국 측의 '선 해결 후 국교'라는 교섭 전략이 입증하고 있다.

그러나 한국 정부의 과거 규정 문제에 관한 인식 역시 일관성을 결여한 것이었다. 제7차 한일회담의 막판 교섭에서 기본관계조약을 일찍 가서명시킬 요구가 생기자 한국 측은 기본관계조약을 다른 문제 해결을 위한 '헌법적' 존재라고 말했다. 그러나 과거를 청산하는 데 정당해 보이는 동 인식이 밝혀진 것은 놀랍게도 과거청산 실천 문제의 핵심이던 청구권 교섭의 해결의 틀이 마련된 후인 제7차 한일회담에서의 일이었다. 다시 말하면 한국 정부는 겉으로 드러낸 '헌법적' 인식과 달리 이 문제를 청산의 핵심에 자리매김 시키려 한 사실은 없었던 것이다.

실제 돌이켜 보면 기본관계 문제는 제1차 한일회담에서 일본 측의 역청구권 주장이 터지고 난 이후 제2차, 제3차 한일회담을 거쳐 완전히 주변화 되었다. 일본의 대한 청구권 포기로 인하여 재개된 제4차 한일회담과 제5차 회담에서는 기본관계위원회는 설치되었으나 다른 문제의 진전을 보고 연다는 양국 합의로 현실적으로는 단 한 번도 열리지 않았다.

군사정권 수립 후의 제6차 회담에서는 애당초부터 기본관계위원회는 설치조차 되지 않았다. 그간 두 번에 걸친 극적인 정치변동에도 불구하고 한국 정부의 회담 진행방식은 아무런 변화도 없었던 것이었다. 그런 주변화된 기본관계조약이 다시 토의의 도마에 오르게 된 것은 1962년 11월 김 - 오히라 합의로 인하여 청구권 문제의 해결의 기미가 보인 동년 12월의 일이었다. 즉 한국 측은 청구권의 해결의 틀이 마련되고 실질적인 회담 타결의 필요성이 고조되자 겨우 기본관계조약 토의의 필요성을 제기한 것이었다. 거꾸로 말하면 한일회담은 과거처리에 관한 '헌법'도 없이 그동안 진행되어 온 것이었다.

반대로 청구권 교섭의 틀이 마련됨에 따라 하루라도 빠른 타결이 기대된 제7차 한일회담에서는 그 조문 작성 교섭의 결과로서 과거 규정에 연관되는 전문(前文)의 규정은 몽땅 소멸되게 되었다. 동 조약 전문 제1항에 관해서 당초 한국 측의 목표는 "양국 국민의 과거관계의 청산의 필요성을 고려하여(Considering the need of liquidating their past relations)"라는 표현이었다. 두말할 필요도 없이 이 표현은 기본관계조약이 양국 간의 과거관계의 청산을 위한 것임을 맨 앞에 규정하려고 하는 것이었다. 그러나 이 표현은 일본 측과의 타협의 필요성으로부터 결국 "양국 국민 간의 역사적 배경을 고려하여(Considering the historical background of relationship between their peoples)"라는 표현으로 바뀌었다. 그러나 이 표현은 바로 청산해야 할 과거의 단서로 된 병합조약 전문의 내용과 흡사한 것이었다는 의미에서 오히려 희극이라고 해야 할 내용이었다.

한국 정부의 과거청산에 대한 자세는 막판 교섭에서의 기본관계조약 제2조의 제3조의 취급 문제에 상징적으로 나타났다. 원래 '과거관계를 어떻게 처리할 것인가의 문제'였던 기본관계 문제는 김 - 오히라 회담 이후 청구권 문제의 해결 전망이 서자 협정 효력의 범위 규정의 필요성이라는 현실적 요구에 따라 영토조항의 문제(그 후 한국 정부의 유일합법성 문제)로 그 교섭의 무게가 옮겨졌다.

기본관계조약 본문 제3조는 바로 이 영토조항으로부터 '유일합법성 조항'으로 바뀌고 나서 이 교섭의 고비로 된 것이었다. 그리고 과거청산의 핵심인 본문 제2조와 위 제3조의 무게에 관한 한국 정부의 인식을 여지없이 보인 무대가 65년 2월의 시이나 외상 방한시의 막판 교섭이었다. 상세히 논했듯이 그 교섭 자리에서는 한국 측은 유일합법성의 의미를 유엔결의 195(III)호의 내용에 한정하려고 하는 일본 측 의도를 조금이나마 회석시키기 위하여 'such'를 빼는 대가로 '구조약 무효확인 조항'에 관해서 'already'의 삽입을 허락했다. 이것은 사실상 병합조약의 당초 합법성이라는 해석을 가능하게 하는 결정적 근거를 일본 측에 제공한 것을 의미했다.

물론 이 선택에는 조기 타결을 위해서 일본 측이 중요시한 'already'의 삽입을 승인하지 않을 수가 없었다는 어려운 입장이 작용했다. 그러나 한국 측 역시 'already'의 삭제를 위하여 'such'의 존속을 인정한다는 등의 요구를 벌인 일도 없었다. 한국 측 역시 구조약의 원천 무효 여부를 결정하는 제2조보다 유일합법성의 강화를 위한 제3조를 중요시했던 것은 그 교섭의 당사자인 이동원 장관의 박정희 대통령에 대한 보고 내용이 입증하고 있다.

이로써 동 조항은 일본의 불법 지배에 기초한 청산을 이뤄야 한다는 근거를 제공하는 역할을 다 상실하게 되었다. 그것뿐만이 아니다. 'already'의 삽입 허락은 'null and void'만의 단독 규정으로 인하여 "국제 관용어상 무효를 가장 강조한 것이므로 상기 제 조약은 당초부터 효력이 발생하지 않는 것으로 해석되며 따라서 일제의 36년간의 사실상의 한국 지배도 본2조에 의하여 법률적으로 전혀 인정되지 않는 것으로 하여 (ab initio) 양국 간의 불행했던 과거관계를 완전히 청산하는 것을 의미하고 있다"[1] 는 한국 정부 자신의 청산 원칙을 완전히 허물어버렸다.

이상의 결과 '과거관계를 어떻게 처리할 것인가의 문제'이자 '헌법적' 존재였던 기본관계조약에서 청산해야 할 과거의 성격 규정에 관해서 일본 측의 책임을 부각시키는 조항은 모두 다 그 자취를 감추게 되었다. 물론 청구권 협정에서도 일본의 지배에 대한 책임 규정 등 청산해야 할 과거가 명시되는 일은 없었다. 그로 인해 청구권 처리가 그 책임의 청산으로서 이루어지는 기초는 완전히 사라졌다.

이상의 한일회담의 교섭내용이 가리키는 것은 한국 정부는 시종일관 명확한 과거 규정과 그에 따른 청산 처리를 가능하게 하는 교섭방식을 취한 일은 단 한 번도 없었다는 사실이다. 두 번째 내용조건 역시 전혀 충족되지 않았다고 말해야 하겠다.

다음 세 번째 내용조건은 청산규정이었다. 이 조건 역시 과거청산이 한일회담에서 이루어졌다고 판단하기 위해서 정의적으로 요구되는 조건이었다. 물론 이 조건에는 그 청산이 특수한 과거의 청산을 위한 것인 만큼 단순한 청산규정뿐만 아니라 왜 청산이 되었다고 말할 수 있는가에 관한 규정이 기본관계조약 또는 각 협정 속에서

---

1) "기본관계조약 제2조(1910년8월22일 이전에 체결된 모든 조약과 협정의 무효화 조항)와 청구권과의 관계에 대한 고찰", 『속개 제6차 한일회담, 기본관계위원회, 1964』, 35~36쪽. 동 자료는 "조약과"라는 손수 표기가 있는 것뿐이며 시기, 그리고 어떤 성격의 문서인지 확인하지 못하는 점이 있으나 속개 제6차 한일회담 기본관계위원회 관련 문서로서 1964년 5월 25일의 "기본관계 문제에 대한 아 측의 기본적 지침"과 "대한민국과 일본국 간의 기본조약 시안" 앞에 삽입되어 있으므로 막판 교섭에 임할 외무부의 생각을 드러낸 것임은 틀림이 없다.

명확하게 규정되는 것도 포함된다.

아직 현안 문제의 해결 전망조차 서지 않았던 이승만 집권기와 장면 집권기의 교섭에서 이 문제를 어떻게 생각하고 있었는지는 공식기록에서도 분명하지 않다. 이 문제가 결국 조문 작성의 문제와 겹치는 이상 아직 구체적인 타결 전망조차 전혀 없었던 상황에서 청산규정에 관한 구체적인 구상은 없었다고 보아도 무방할 것이다. 그러나 당초부터 한국 측이 취한 '선 해결 후 국교'라는 교섭방식의 논리적인 귀결은 거듭 강조한 바와 같이 과거청산에 관한 '헌법' 없는 현안만의 선행 해결을 의미하므로 가령 청산 규정이 이루어져도 그 내용은 교섭 타결이라는 사실의 기술만으로 그쳤을 것이다. 따라서 이승만, 장면 정권하에서 교섭이 가령 타결되었어도 만족할 만한 청산규정이 이루어질 가능성은 없었다고 말해도 무방할 것이다.

청산규정 문제가 분명히 나타나기 시작한 것은 청구권이 해결 전망이 선 후 기본관계조약의 교섭이 본격화된 제7차 한일회담에서의 일이었다. 이 점에 관해서 제7차 한일회담을 앞둔 박정희 정권이 64년 11월 30일의 방침이나 12월 10일의 요강안 등을 통해서 조약문에 한일 간의 불행한 과거관계를 청산하여 현안의 해결원칙을 규정할 것을 밝히고 있었다. 보다 구체적으로는 전문에 불행하였던 양국 간 관계를 청산하는 규정, 본문에 청구권 문제나 재일한국인의 법적 지위 문제 등 각 현안의 협정 원칙을 규정하여 현안 해결의 구체적인 내용은 각 협정에 넣을 것을 생각하고 있었다. 즉 박정희 정권은 이미 구조적으로도 불가능해졌다고 판단되는 일본의 불법 지배라는 책임 규정을 피한 채 각 현안 해결의 사실만을 기술함으로써 청산규정으로 할 것을 지시하고 있었던 것이었다.

그러나 제7차 한일회담에서의 기본관계조약 교섭을 통해서 밝힌 바와 같이 결과적으로 기본관계조약 조문들은 최소한의 그런 한국 측 방침조차 충족시키는 일은 없었다.

우선 전문 제1항에 관해서 위에서 언급했듯이 "양국 국민의 과거관계의 청산의 필요성을 고려하여(Considering the need of liquidating their past relations)"라는 규정이 사라졌다. 이에 따라 '과거관계의 청산'이라는 직접적인 청산 규정은 소멸되었다. 또 당초 한국 측의 요구였던 전문 제3항 "그들 현안의 공정하고 평등한 해결이 양국 국민의 장래관계의 건전한 기초의 확립에 대해 크게 기여한다고 믿어(Believing that a just and equitable settlement of their out standing problems will greatly contribute towards the establishment of a sound basis of their future relations)"라는 구절 역시 일본 측의 독도 문제와의 연결을 피하기 위한 정책적 판단으로 결국 삭제되었다. 이로 인해 간접적으로나마 과거에서 연유하는 문제들의 청산을 가리키던 '그들 현안의 해결(settlement of their out standing problems)'이라는 표현 역시 전문으로부터 사라졌다.

다음 본문에 관해서도 당초 65년 1월 25일 안에서 제시되어 있었듯이 제7조부터 제11조까지에 각 현안들의 해결원칙을 규정하는 요구 역시 실현되지 않았다. 즉 기본관계조약에서는 각 현안들이 청산되었다고 하는 규정들은 모두 다 그 자취를 감춘 셈이었다.

또한 각 현안들의 해결 내용을 규정하는 각 협정에서도 청산규정은 이루어지지 않았다. 현안 문제 중 본 연구가 다루어왔던 청산 실천 문제의 핵심이던 청구권 문제는 "대한민국과 일본국 간의 재산 및 청구권에 관한 문제의 해결과 경제협력에 관한협정"으로 인해 타결되었다. 그러나 그 전문에서는 "양국 및 양국 국민의 재산과 양국 및 양국 국민 간의 청구권에 관한 문제를 해결할 것을 희망하고 양국 간의 경제협력을 증진할 것을 희망하여"라고 규정되었을 뿐, 이 문제가 특수한 과거의 청산을 위한 것임을 규정한 구절은 없었다. 또 본문에서도 1조에 무상, 정부차관의 액수, 그들의 제공 조건 등만 규정되고 그 제공될 자금과 전문에 규정된 청구권의 해결이나 경제협력의 증진 목적과의 대응관계 등은 일체 명시되지 않았다. 이로써 자금제공으로 인해 왜 한국의 대일청구권이 해결되었는지에 대한 규정이 들어갈 여지는 없어졌다. 그럼에도 동 협정 제2조에서는 청구권 문제가 '완전히 그리고 최종적으로 해결'되었다고 규정되었다.

이에 관해 일본 외무성은 이 전문과 본문의 관계를 본문 제1조의 무상공여 및 대부의 규정이 전문 경제협력의 증진 희망 규정에 해당하여 또 본문 제2조의 청구권 문제의 해결규정이 전문의 청구권 문제의 해결 희망 규정에 각각 대응한다는 설명을 하고 있다.[2] 물론 이 설명은 제공되는 자금이 경제협력임에도 불구하고 왜 그것으로 한국의 대일청구권 문제가 해결될 수 있는지는 전혀 설명하지 않고 있다는 점에서 결정적인 문제를 안고 있는 설명임은 분명하다. 하지만 이것은 한국 정부 측 견해인 "이 공여가 '청구권'에 의거한 것"[3]이라든가 심지어는 "이것은 경제협력이 아니라 청구권이 주로 되어 있고 청구권이 아니라 그 3억 불은 배상이다 실질적으로 배상이다, 이런 견해를 가지고 있는 것"[4]이라고 하는 무리한 해석을 허용하는 것도 아니다. 제공되는 자금이 한국의 배상권리의 행사로서 이루어진다거나 청구권에 의거해서 이루어짐을 명시한 규정 역시 없기 때문이다.

무엇보다 이런 한국 측 설명이 허위임은 동 문제에 관한 교섭과정에서 나온 내용들이 증명하고 있다. 김 - 오히라 합의에서는 명목을 정하는 일도 없이 제공 금액이나 그 조건들이 먼저 결정되었다. 그 후 명목을 둘러싼 실무자 간 협의 가운데는 한국 측으로부터도 "한국 측의 제안은 청구권 금액을 받자는 것이 아니라 청구권 문제를 해결하기 위하여 차관 및 무상 금액을 받는다는 것이며 이것으로 청구권 문제가 해결된다는 것이다"는 놀라운 논리가 서슴없이 나왔다. 그럼에도 이 자금 공여로 청구권 문제가 완전히 그리고 최종적으로 해결될 것에 관해서는 일본 측과 적극적으로 협조했다. 즉 한국 측 역시 제공될 자금이 청구권으로서 받는 것이 아니면서도 청구권 문제가 해결될 것을 인정하는 논리모순을 그대로 수용하고 있었던 것이었다.

또 개인청구권의 보상 문제와의 관련에서도 한국 정부 내부에서는 "청구권액이 재산청구권 명목으로서가 아니라 정치적인 타결로 결정된 것"이라는 인식을 드러냄으로써 동 자금이 청구권에 의거해서 받는 것이 아님을 천명하고 있었다. 쉽게 말해서 한국 정부는 일본으로부터 제공받는 돈이 청구권 자금이 아님을 내부에서는 충분히 인정하고 있었던 것이었다. 그럼에도 청구권 문제 자체는 '완전히 그리고 최종적으로

2) 山口達男, 「經濟協力」, 谷田正躬, 辰巳信夫, 武智敏夫編集 『日韓条約と国内法の解説』(大藏省印刷局, 1966), 44쪽.
3) 대한민국 정부, op.cit.(1965a), 50쪽.
4) 국회에서의 장기영 경제기획원장의 답변. 국회회의록, 제6대국회, 제52회, "한일 간 조약과 제 협정 비준동의안 심사특별위원회 회의록", 제5호(1965.8.5), 19쪽.

해결'된 것으로 되었다.

　이상의 내용들은 청구권 문제에 관해서 한국의 대일청구권이 행사되며 그에 따라 일본으로부터 지금이 제공됨으로써 문제가 해결되었다고 판단할 수 있는 해석의 여지는 전혀 없음을 뜻하고 있다. 청구권 문제는 이 의미에서 단지 '소멸'된 것에 불과했다.

　이런 청산의 '소멸'은 청구권 문제에 관한 것뿐이 아니었다. 이 책에서는 그 교섭과정은 다루지 않았으나 문화재와 재일한국인의 법적 지위 문제의 청산 역시 '소멸'되었다. 문화재에 관한 협정인 "대한민국과 일본국 간의 문화재 및 문화협력에 관한 협정"에서는 그 전문에서 "양국 문화의 역사적인 관계에 비추어, 양국의 학술 및 문화의 발전과 연구에 기여할 것을 희망하여"라고만 규정, 그 역사적 관계가 무엇인지는 밝혀지지 않았다.[5] 또 그 교섭의 초점이던 문화재 반환 문제에 관해서는 결국 '반환'이 아니라 '인도'로 되었다. 따라서 '양국 문화의 역사적 관계'가 무엇을 의미하는지 또 문화재의 '인도'가 무엇을 위한 것인지가 전혀 밝혀지지 않았다. 이런 가운데서는 문화재의 '인도'만을 가지고 특수한 식민지 지배에 따른 '문화재 약탈'에 대한 청산이 이루어졌다고 판단할 수 있는 근거가 성립될 리가 없었다. 식민지 지배의 결과로서 일어났던 문화재 청산 문제는 단지 일부 문화재가 일본으로부터 한국에 물리적으로 '이동'함으로써 '소멸'된 셈이었다.

　또한 재일한국인의 법적 지위 문제에 관한 협정인 "대한민국과 일본국 간의 일본국에 거주하는 대한민국 국민의 법적 지위와 대우에 관한 협정"에서도 상황은 같았다. 동 협정의 전문에서 재일한국인들의 일본에 거주하게 된 경위에 관해서는 "다년간 일본국에 거주하고 있는 대한민국 국민이 일본국의 사회와 특별한 관계를 가지게 되었음을 고려"라고만 규정되었을 뿐, 한국인이 왜 다년간 일본국에 거주하게 되었는지에 관한 과거 규정 역시 없었다.[6] 따라서 재일한국인들에 부여된 법적 지위 역시

---

5) 상징적인 것은 협정 체결 후 국민에 대한 설명을 위하여 한국 정부 자신이 작성한 해설 속에서도 동 전문에 관해서 이런 "역사적인 관계"에 대한 언급이 전혀 없다는 점이다. 대한민국 정부, op.cit.(1965b), 115쪽의 전문에 대한 설명을 참고.
6) 동 법적 지위 및 대우에 관한 협정 전문에 관해서는 한국 정부의 해설 속에는 아예 설명하는 항목조차 없다. ibid., 14~32쪽.

그 내용에 대한 평가를 떠나 일본의 책임에 기초한 청산 처리로서 이루어졌을 리도 없고 그에 따라 왜 그 처리로 재일한국인 문제가 청산되었다고 말할 수 있는지에 대한 물음 역시 밝혀질 리가 없었다. 이 의미에서 동 문제 역시 '해결'된 것이 아니라 '소멸'된 것에 불과했다.

즉 한일회담의 교섭과정과 그 결과는 세 번째 내용조건을 충족했다고 판단할 만한 내용들을 갖추지 않았던 것이었다.

내용조건의 네 번째는 한국 국민의 개인청구권 보호의 문제였다. 이 조건은 한일 간의 금전적인 처리 문제가 소위 청구권 형식으로 진행된 데에서 유래하는 조건이었다.

거듭 확인했지만 한일회담 개시 전 한국 정부는 연합국 참가를 통한 교전관계 처리의 일환으로서 대일 과거청산을 진행하려 했던 만큼 그 방법은 기본적으로 전시배상의 형식이었다. 물론『대일배상요구조서』2부에 있던 민사상의 재산권 등은 전시배상과는 그 성격을 달리하는 것이었으나 그 처리의 틀이 교전국 간에서 이루어지는 배상 형식인 이상 그 지불 역시 국가차원에서 이루어지도록 조치하려는 생각이었음은 틀림없을 것이다.

한국의 연합국 참가가 좌절됨에 따라 진행된 한일회담에서는 양국 간의 금전적 처리 형식은 소위 '대일8항목요구'로서 나타난 민사상의 재산권에 기초한 청구권 문제가 되었다. 따라서 동 요구는 법인재산도 포함해서 거의 대부분이 개인의 재산에 들어갈 성격의 것이었으며 그에 따라 당연히 개인청구권의 문제가 생기지 않을 수가 없게 되었다. 그러나 제1차 한일회담에서 일본의 역청구권이 밝혀진 후의 이승만 집권기 교섭에서는 일본의 역청구권 차단에 그 토의의 초점이 옮겨가고 청구권의 현실적인 처리방안에 들어가지 못했던 바람에 개인청구권의 처리 문제가 교섭의 도마에 오른 일은 없었다. 또 일단 일본의 대한청구권이 포기되고 나서 개최된 제4제 한일회담에서도 어업이나 재일한국인의 북송 문제 등으로 인하여 청구권의 실직적인 토의가 이루어지지 않았다. 그러므로 이승만 집권기의 교섭에 있어서는 개인청구권을 어떻게 처리하려는 생각이었는지 자료적으로 입증하기는 불가능하다. 다만 제1공화국 시절에 벌인 각 국민 개인에 대한 수많은 권위주의적 횡포를 생각할 때 이승만 정권이 개인

청구권을 존중했을 것이라고 믿는 이는 거의 없을 것이다.

결국 개인청구권의 조치에 대한 한국 정부의 대응이 명확하게 그 모습을 드러낸 것은 청구권 토의가 본격적으로 가능해진 장면 집권기의 제5차 회담 이후의 일이었다. 그 회담에서는 그 진위의 여부를 떠나 일본 측은 개인청구권에 관해 그 청구권의 근거를 일부 인정하여 각 권리보유자 개인에 대해 직접 지불함으로써 문제를 해결할 방안을 내비쳤다. 하지만 한국 측은 이를 일축하여 국가 간 처리만을 주장했다.

군사정부가 들어선 후의 제6차 회담시에는 61년 12월 21일의 청구권 토의에서 한국 측이 장래의 개인청구권의 행사의 길을 남기려 요구한 기록은 있으나 이것이 한국 측의 진정한 요구 사항이 아니었음은 무엇보다 그 후의 동 문제에 대한 한국 정부의 대응 자체가 입증했다.

62년 11월의 김-오히라 합의에 따라 제공금액 등이 결정되자 그 후 한국 정부는 협정 타결을 서둘러야 하는 입장에서 청구권 문제의 해결규정을 정하는 문제에 대해 일본 측과 적극 협조했다. 그 결과 청구권 문제는 동 협정으로 인하여 완전히 그리고 최종적으로 해결된 것으로 되었다. 따라서 오늘날까지 문제로 남은 개인청구권의 상실은 일본 정부의 무책임한 태도와 더불어 한국 정부의 중대한 책임이기도 했다. 한국 정부 내부에서는 이런 조치로 인하여 개인보상의 의무가 생길 것임을 충분히 인식하고 있었다. 그러나 그 한편 그 보상 실시의 현실적인 어려움을 정당화하는 데 있어서는 일본으로부터 받는 자금이 "재산청구권 명목으로서가 아니라 정치적인 타결로 결정된 것"이기 때문임을 내세웠다. 일본 정부와 더불어 한국 정부 역시 청구권 자금이 아닌 것을 받고 개인청구권을 봉쇄하는 조치에 적극 나섰던 것이었다.

물론 한국 정부가 국민에 대해서 보상조치를 취하지 않았던 것은 아니다. 한국 정부가 설명했듯이[7] 66년 2월 "청구권 자금의 운영 및 관리에 관한 법률"을 제정, 그 제5조로 민간인의 대일청구권의 보상을 청구권 자금으로부터 할 것을 규정했다. 그에 따라 71년 5월부터 개인 청구의 신청을 접수, 75년 7월 1일부터 77년 6월 30일까지 민간인에 대한 지불이 실시되었다. 그러나 그 신고 대상은 수많은 개인 재산의

---

7) 經濟企劃院, 『請求權資金白書』(1976), 제3장, 제3절.

청구권 보유자 중 국채, 지방채, 보험, 예금 등의 명확한 재산청구권 보유자에만 한정되었다. 무엇보다 개인 피해에 대한 보상의 상징인 군인, 군속, 노무자 등 전쟁 동원자에 관해서는 45년 8월 15일 이전에 사망한 자만이 그 대상으로 되었다.

지불총액 역시 77년 6월 30일까지의 예정액으로 산출하여 95억 200만 원이며 이것은 일본으로부터 받은 무상 3억 불＋정부차관 2억 불을 기초로 만들어진 재산청구권특별회계에 의한 기간 내 지출액수인 무려 1475억 3700만 원 중 약 6.4%에 불과했다. 물론 이런 지급개시의 지연이나 신고 대상자의 한정, 그리고 지불금액의 적음에는 자금을 국자경제 재건에 투입해야만 했다는 현실적 요구가 작용했음은 의심의 여지가 없을 것이다. 사실 한국 측 내부문서는 그 금액 교섭에 있어서 동 요구액수가 경제계획에 필요한 외자 액수에 연동하고 있었음을 가리키고 있었다.

그러나 이런 개인청구권에 대한 불충분한 대응의 책임을 바정히 정권에만 덮으려는 것은 적절하지 않아 보인다. 사실 경제재건을 위한 자금을 일본으로부터 받을 국가 간의 외자를 가지고 마련한다는 사고 자체는 그 교섭의 흐름에 따라 비록 제5차 한일회담 이후 구체화되기는 했으나 그보다 훨씬 이전부터 나와 있었다. 예를 들어 아직 과도정부 시절이던 1948년 당시 조선은행은 배상 문제와 관련하여 조선경제의 재건에 필요한 외국자재 수입을 위한 외화 획득은 결국 대일배상과 대미차관의 방법밖에 없음을 지적하면서 일본의 자금을 국가경제 재건을 위해 할당할 것을 기정사실화하고 있었다.[8] 다시 말하면 각 개인이 입은 피해 등에 대한 개인청구권의 보호라는 사고의 결여는 1960년대 이후에 구체화된 경제계획의 필요성에서 연유한 부산물이라기보다 해방 후 한국이 놓인 구조적 어려움의 귀결이었다고 봐야 할 것이다.

그러나 그런 제약된 조건들을 고려해서라도 개인의 권리 보호에 관한 역대 한국 정부의 대응이 자국민의 보호라는 각도에서 볼 때 문제를 안고 있는 것도 부정하지 못할 것이다. 예컨대 제5차 회담 이후 처음으로 양국 사이에서 한국의 대일청구권이 본격적으로 토의되는 과정에서는 외교보호권을 가진 주권 국가로서 마땅히 보호해야 하는 자국민의 피해에 대한 충분한 토의가 이루어진 일이 없었다. 그 과정에서는

---

8) 朝鮮銀行調査部, op.cit. I-334쪽.

전쟁에 동원된 피징용자 등에 관한 토의는 있었으나 이미 한국 측 자료에도 포함되어 있었던 정신대 피해 여성들의 인권 유린 문제에 대해서는 한 마디의 조사요구도 없었다. 또 일본의 건설현장에 묻히면서 두 번 다시 조국 땅을 밟지 못했던 수많은 희생자들의 유골 수습에 관한 문제 제기 역시 없었다. 물론 원폭 희생자에 관한 조속하고도 계속된 치료 조치에 관한 요구도 없었거니와 사할린 잔류 한국인의 귀국 촉진에 관한 토의 요구 역시 나오지 않았다.

한국 정부가 이런 개인피해에 대한 토의를 피한 것은 그 문제의 성격상 시급한 해결의 걸림돌이 될 것으로 예상되는 문제들은 외면하는 것이 경제계획의 수행을 위해서 필요하다고 판단했기 때문일지도 모른다. 그러나 그들 문제가 성격상 시급한 협정 체결 이전에 실현시키기 어려운 과제라면 그들 과제의 인도적 성격을 고려해서라도 협정 체결과 따로 떼어 조사, 협의할 것을 요구하는 태도가 당연히 필요했다. 그러나 기록 속에 그런 자국민의 권리 보호를 위하여 노력하는 한국 정부의 자세를 찾기는 불가능하다. 즉 개인청구권 보호의 미흡함은 결코 그 노력을 하려다가 좌절된 탓이 아니라 원천적으로 그런 노력의 부재가 만들어낸 인위적 결과라는 측면도 가지고 있었던 것이다.

이와 같이 과거청산의 성사 여부의 판단에 필요한 개인청구권의 보호라는 네 번째 조건 역시 충족될 일은 거의 없었다고 보는 것이 옳을 것이다.

개인청구권의 희생을 생각하는 데 또 하나 주목해야 할 것은 내용조건의 다섯 번째 이북 거주민의 개인청구권 보호의 문제였다.

김 - 오히라 합의 이후 한국 정부가 자국민의 개인청구권의 행사를 실질적으로 불가능하게 할 것을 자인하면서도 동 문제의 최종적인 해결을 굳이 규정하려고 한 것은 앞으로의 북일 간의 교섭을 막는 정치적 판단 때문이었다.

돌이켜보면 당초 재산에 관한 남북한의 귀속 문제는 정식으로 분단구조가 자리 잡기 전인 과도정부 시절, 적어도 배상의 2/3를 남한에 귀속시킬 것을 요구하는 것부터 시작되었다.

대한민국의 건국 후 이승만 집권기에 들어서면서는 일본 측의 역청구권 주장이 터져 나옴에 따라 이북 지역의 청구권 문제가 본격적으로 토의된 기록은 없다. 그러나 제3차 한일회담 제2차 본회의(1953년 10월 13일) 토의에서 한국 측이 유엔결의를 근거로 북측 지역의 일본인 재산이 모두 한국의 것임을 주장하고 있는 것으로 미루어 철저한 반공주의자이던 이승만이 비록 개인청구권이라고 해도 이북 지역의 청구권을 보호할 조치를 생각하고 있었다고 상상하는 것은 현실적이지 않을 것이다.

또 실질적인 청구권 토의가 시작된 장면 집권기의 교섭에서는 61년 4월 28일의 제5차 한일회담 제12차 실무자 간 회의에서 한국 측은 이북 지역의 청구권도 한국 측에 귀속시킬 생각임을 천명했다.

이어 들어선 군사정부 역시 그 자세는 마찬가지였다. 62년 11월 김 - 오히라 합의에 따라 청구권의 해결의 틀이 마련되자 군사정부는 이북 지역의 청구권을 소멸시킬 것을 다음 정책의 목표로 삼았다. 실제 군사정부는 12월 5일자이 내부 문서인 "한일회담 재산청구권 문제 해결의 명목과 형식에 관한 검토"에서 "금반의 청구권 문제 해결이 남한 지역과 일본 간에 뿐만 아니라 이북까지 포함한 전 한국과 일본 간에 완전히 그리고 최종적으로 해결하는 것이어야 한다"고 밝히고 있었다.

이와 같이 한일회담 개시 후 한국 정부는 회담의 타결로 인해 이북 지역의 개인청구권을 기본적으로 소멸시킬 생각을 가지고 있었다고 단정지어도 과오는 없을 것이다.

물론 남북한의 대립이라는 냉철한 현실 속에서 마냥 북한 거주민의 개인청구권 보호를 외치는 것은 지나친 이상주의라는 비판을 면치 못하는 측면이 있음은 사실일 것이다. 그 청구권 자금의 획득이 북한 경제력의 상승과 연결, 그것이 결국 남한의 안보위기와 직결되는 조건하에서는 이북 지역의 청구권 봉쇄를 도모하는 것이 대한민국 정부로서 당연한 조치였다는 의견도 있을 것이다.

그러나 목적이 옳으면 어떤 수단이라도 정당화된다는 주장은 동시에 공산주의를 포함한 전체주의국가의 단골구호인 것도 인식해야 한다. 제약된 현실정치의 한계 속에서도 최대한 개인의 권리를 보호하는 조치를 모색하는 것이야말로 자유민주주의 국가가 취해야 할 마땅한 자세였다. 또 이북 거주민의 개인청구권 문제 역시 틀림없이 민족적 과거청산의 하나의 요소이기도 했다. 따라서 만약에 한일회담이 과거청산을 최우선의 과제로 삼은 회담이었다면 적어도 한국 정부는 자신의 시정권이 이북 지역에 못 미치는 현실을 감안해서 조사도 보상실시도 전망되지 않는 이북 지역의 개인청구권에 관해서만큼은 향후 통일정부와 재협의하기로 한다는 등의 방법을 모색하려는 자세가 필요했다. 그러나 유일한 합법정부를 자인한 대한민국 정부의 대응에 그런 고뇌의 흔적을 찾는 것은 불가능했다.

오히려 한국 정부는 그 실현이 어려운 것이 내부적으로도 예상되던 이북 지역의 청구권 봉쇄를 위하여 남한 주민의 개인청구권까지 희생시키는 것을 주저하지 않았다. 한국 정부는 적어도 민족적 과거청산이라는 각도에서 볼 때 마땅히 보호해야 할 남한 주민 및 북한 주민들의 개인청구권의 권리를 동시에 소멸시킨다는 말하자면 이중의 '과오'를 저지르려고 했던 것이었다. 물론 그것은 단순히 과오를 뜻하는 것이 아니었다. 그런 한국 정부의 대응은 한일회담의 성격 자체가 다른 곳에 있었음을 보여준 것에 불과했기 때문이다.

결국 다섯 번째의 내용조건이던 이북 거주민의 개인청구권 보호의 과제 역시 전혀 충족되는 일은 없었던 것이다.

이상을 생각할 때 14년에 걸친 한일회담의 진행과정은 과거청산에 필요한 내용조건들을 거의 하나도 충족하지 않았음을 알 수 있다. 한국 정부 역시 대승적으로 판단해서 그런 내용조건들을 충족하기 위한 교섭을 펼치려고 하지 않았다고 결론을 내려야 한다. 역설적이나 이로 인해 한일회담은 타결되며 그에 따라 한일 간에서는 일본의 불법 지배라는 규정에 기초해서 과거청산이 이루어질 기회는 영원히 소멸하게 되었다([표 2]의 VIII(b)의 경우). 물론 이것은 단순히 한국 정부의 책임을 뜻하는 것이 아니다.

이미 정리한 바와 같이 가능조건의 분석이 밝힌 것은 한국 정부에게 남겨진 선택은 과거청산인가 포기인가의 선택이 아니었다. 한국 정부가 선택할 수 있는 것은 과거청산에 원칙적으로 나섬으로써 한일회담을 좌절시켜 경제 건설의 가능성을 차단시키기까지 해서 단지 청산 과제의 중단을 택할 것인가 아니면 한일회담을 성사시키는 대가로서 사실상 내용적으로 청산을 소멸시킬 것인가의 선택이었다. 한국 정부는 제약된 선택 범위 속에서 '국가수호 과제'라는 최우선의 요구에 부응하기 위하여 어찌 보면 당연한 후자의 선택을 한 것이었다.

따라서 반공안보와 경제 건설이라는 '국가수호 과제'와 과거청산 과제를 대립적 선택사항으로 삼아 한국 정부에 의한 전자의 선택에 과거청산 과제 소멸의 논리를 찾는 전통적인 사고방식은 결코 충분하지 않다. 반공안보와 경제 건설이라는 '국가수 호 과제'를 버리고 청산 과제를 선택하더라도 한일회담에서 청산을 이룩할 수 있는 가능성은 원천적으로 없었다고 판단되기 때문이다.

그러면 결론으로서 과거청산 소멸의 논리적 기원은 어디에 있었다고 평가해야 할까? 물론 그 직접적인 답은 한국이 과거청산을 이룩하지 못했던 구조에 있었다. 그러나 그 구조는 결국 통일된 민족의 힘에 의해 독립을 이루어내지 못했다는 사실이 자초한 민족 내부의 대립 속에 들어서게 된 것이었다.

즉 민족 간의 대립은 이후 필연적으로 '국가수호 과제'를 위해 한국 정부에 반공을 국시로 할 것을 요구해야만 했다. 그러나 그런 반공 국시는 대한민국의 건국 과정 이후의 논리로 인하여 친일전력의 숨기기나 독재권력 유지의 구호로 연결됨으로써 한일회담에 대한 한국 정부의 국민적 합의 도출 능력을 상실하게 했다. 한편 일본 내에 있어서 반공의 요구에 적극적으로 호응하여 한일회담을 성사시키려 하는 논리 를 가진 세력은 과거에 대해 책임의식을 가진 반성세력이 아니라 역설적으로 그와 반대의 보수 세력들이었다. 법적 기반으로서 한국이 기대할 수밖에 없었던 대일평화 조약은 당시 극동을 둘러싼 여러 정세하에서는 오히려 그 반공의 논리로 인하여 한국 이 원하는 과거청산을 이룰 기반을 허물었다.

그런 반공의 논리로 인해서는 과거청산을 위한 구조적 기반이 무너질 수밖에 없었 던 그 당시 조건하에서 그나마 한일 두 나라를 잇는 논리는 역설적으로 반공의 요구 이외에는 없었다. 즉 한국의 국익과 일본의 보수집권층의 사고, 그리고 미국의 극동 정책을 잇는 결절점에 깔린 논리는 바로 극동에서의 자유주의체제 방어를 위한 반공 의 필요성 만이었던 것이다.

한일회담에서 과거청산이 소멸될 수밖에 없었던 근원은 바로 여기에 있었다. 즉 대한민국의 '국가수호 과제'가 요구하지 않을 수가 없었던 반공의 논리에서는 그 실현이 불가능한 청산 과제가 거꾸로 반공이라는 불가피한 현실적 요구로 인해 가능해진 한일회담에서 도모하게 되었다는 역설, 바로 이것이 한일회담에서 과거청산 과제가 소멸되게 된 근본적인 원인이었다.

그런 역설에도 불구하고 일본에 대해 따로 과거청산의 기회를 가질 전망도 그것을 기다릴 여유도 없었던 당시 대한민국은 결국 반공의 요구로 인해 성립된 한일회담이라는 무대 위에서 과거청산의 과제를 제기해야만 했다. 그러나 당시 반공의 논리는 한일 간의 과거청산 과제에 관해서 일본의 책임 규정에 따른 청산을 가능하게 하는 논리성을 내포하지 않고 있었으므로 그 목표의 지나친 추구는 반공의 논리 위에 겨우 가능해진 한일회담을 무산시키지 않을 수가 없었다. 한일회담이라는 틀에서는 과거 청산의 가능성이 원천적으로 봉쇄당한 대한민국에게 남겨진 선택은 '국가수호 과제'라는 요구와 일치하는 한일회담의 자장(磁場)에 충실해지는 것 뿐이었다. 하지만 어찌 보면 주권국가로서 당연한 그런 선택은 동시에 원래 일본에 대해 함께 과거를 청산해야 할 혈육과의 대립 탓에 청산 과제를 소멸시켜야만 한다는 비극을 뜻했다. 한일회담은 대한민국의 존립을 위해 이미 구조적으로도 실현 불가능한 식민지 관계 청산의 기회를 정식으로 역사 속에 묻어버리기 위한 절차에 불과했던 것이다.

과거 끊임없는 내부적 대립과 외세 끌어들이기 가운데서 국권상실이라는 바로 청산해야 할 '과거'를 초래한 한반도의 역사는 그 후 광복 과정에 있어서도 분열을 거듭, 결국 자신의 힘으로 인해서 독립을 이룩하지 못했다는 사실을 새로운 한 페이지로서 기록하게 되었다. 그 결과가 자초한 미소의 한반도에 대한 영향력 행사는 남북한이 갈라서야만 하는 현실적인 힘으로 작용했다. 그 결과 출발부터 반공을 국시로 해야만 했던 대한민국은 그 과거를 청산할 기회를 그것이 불가능한 무대 위에서 가져야만 한다는 역설 속에 빠져버리게 된 것이었다.

한일회담에서 식민지 관계 청산이 이루어지지 않았던 근본 논리는 바로 이런 대립과 갈등의 민족사 속에 깃든 것이었다.

● 참고문헌

국문 문헌

1. 한일회담 공식문서

가. 2005년 1월·8월 공개 분

『한일회담 예비회담(1951.10.20~12.4) 본회의회의록, 제1차~10차, 1951』.

『한일회담 예비회담(1951.10.20~12.4) 자료집, 대일강화조약에 관한 기본태도와 그 법적 근거, 1950』.

『제1차 한일회담(1952.2.15~4.21) 기본관계위원회 회의록, 제1차~8차, 1952. 2. 22~4, 2』,

『제1차 한일회담(1952.2.15~4.21) 본회의회의록, 제1차~5차』.

『제1차 한일회담(1952.2.15~4.21) 청구권분과위원회 회의록, 제1차~8차, 1952. 2. 20~4. 1』.

『제1차 한일회담(1952.2.15~4.21) 청구권 관계자료, 1952』.

『제2차 한일회담(1953.4.15~7.23) 본회의회의록, 1953. 4. 15~30』.

『제2차 한일회담(1953.4.15~7.23) 청구권위원회회의록, 제1차~3차, 1953. 5. 11~6. 15』.

『제3차 한일회담, 본회의회의록 및 1~3차 한일회담 결렬경위, 1953. 10~12』.

『제3차 한일회담, 청구권위원회회의록, 제1~2차, 1953. 10. 9~15』.

『제4차 한일회담 예비교섭, 1956~58 (V.1 경무대와 주일대표부 간의 교환공문, 1956~57)』.

『제4차 한일회담 예비교섭, 1956~58 (V.2 1957)』.

『제4차 한일회담 예비교섭, 1956~58 (V.3 1958. 1~4)』.

『제4차 한일회담, 본회의회의록, 제1~15차, 1958. 4. 15~60. 4. 15』.

『제4차 한일회담, 청구권위원회회의록, 제1차~3차, 1958. 5. 20~12. 17』.

『제4차 한일회담, 교섭 및 훈령, 1958~60』.

『제4차 한일회담(1958.4.15~60.4.19), 청구권 관계자료, 1958』.

『고사카(小坂) 일본 외상 방한, 1960. 9. 6~7』.

『제5차 한일회담 예비회딤, 본회의회의록 및 사전교섭, 비공식회담 보고, 1960. 10~61. 5』.

『제5차 한일회담 예비회담, 미·일 평화조약 제4조(청구권관계)의 해석에 관한 미국무성 각서 공개, 1961』.

『제5차 한일회담 예비회담, 일반청구권소위원회 회의록, 1~13차, 1960~61』.

『제6차 한일회담, 재산청구권관계 총합자료집, 1961』.

『제6차 한일회담 예비교섭, 1961, 전2권(V.1 7~8월)』.

『제6차 한일회담 예비교섭, 1961, 전2권(V.2 9~10월)』.

『박정희 국가재건최고회의 의장 일본방문, 1961.11.11~12』.

『제6차 한일회담, 본회의회의록 및 종합보고, 1961~62. 2』.

『제6차 한일회담, 제1차 정치회담, 도쿄, 1962.3.12~17 전 2권(V.1 예비교섭 1962.1~3)』.

『제6차 한일회담, 제1차 정치회담, 도쿄, 1962.3.12~17 전 2권(V.2 최덕신 - 고사카(小坂)외상회담, 1962. 3. 12~17)』.

『제6차 한일회담, 제1차 정치회담이후의 교섭, 1962. 3~7』.

『제6차 한일회담, 제2차 정치회담, 본회의, 1~65차, 1962. 8. 21~64. 2. 6, 전5권, vol.5, 47~65차, 1963. 8. 8~64. 2. 6』.

『김종필 특사 일본방문, 1962.10~11』.

『제6차 한일회담, 제2차 정치회담 (김용식 - 오히라 외상회담), 도쿄, 1963.7.25~31』.

『제6차 한일회담, 제2차 정치회담 예비절충, 청구권관계회의, 1963』.

『제6차 한일회담, 청구권 관계자료, 1963』.

『속개 제6차 한일회담, 기본관계위원회, 1964』.

『속개 제6차 한일회담, 현안 문제에 관한 한국 측 최종입장, 1963.4~1964.3』.

『속개 제6차 한일회담, 청구권위원회회의록 및 경제협력 문제, 1964』.

『속개 제6차 한일회담, 본회의 수석 대표 간 비공식회의(본회의 상임위원회 회합) 1~21차, 1964.3.26~11.5』.

『제7차 한일회담, [개최]경위, 1964~65』.

『제7차 한일회담, 본회의 및 수석대표회담, 1964~65』.

『제7차 한일회담, 기본관계위원회 회의록 및 훈령, 1964.12~65.2』.

『제7차 한일회담, 청구권관계회의 보고 및 훈령, 1965 전 2권(V.1 1965.3.18~4.3까지의 교섭)』.

『제7차 한일회담, 청구권관계회의 보고 및 훈령, 1965 전 2권(V.2 1965.4.3 가서명 이후의 청구권 및 경제협력위원회, 1965.4~6)』.

『제7차 한일회담, 청구권 및 경제협력에 관한 협정내용 설명 및 자료, 1965』.

『한일회담에 대한 미국의 입장, 1961~64』.

『시이나에쓰사부로(椎名悦三郎) 일본 외상 방한, 1965.2.17~20』.

『한일 간의 기본관계에 관한 조약[등] 1964~65, 전5권(V.1 교섭 및 서명)』.

나. 1995년 이전으로부터 열람 가능했던 문서

『第五次韓日會談 豫備會談 會議錄(本會議, 首席代表間 非公式會議, 在日韓人法的 地位委員會, 漁業 및 平和線委員會)』.

『第五次韓日會談 豫備會談 會議錄(一般請求權委員會, 船舶委員會, 文化財委員會)』.

『第六次韓日會談(平和線, 一般請求權, 船舶) 委員會 會議錄(12月 22日 現在)』.

『第六次韓日會談 會議錄(II)』.

『第六次韓日會談 會議錄(III) 第二次 政治會談 豫備折衝(1962.8.22~1962.12.25)』.

『第六次韓日會談 會議錄(IV) 第二次 政治會談 豫備折衝(1962.12~1963.5)』.

다. 기타 정부문서

經濟企劃院,『請求權資金白書』, 1976년.

대한민국 정부,『한일회담백서』, 1965년(a).

_____,『대한민국과 일본국 간의 조약 및 협정 해설』, 1965년(b).

외무부,『한일관계참고문서집』, 1958년.

외무부 정무국,『韓日會談略記』, 1960년.

_____,『第六次韓日會談關係資料韓日會談의 槪觀 및 諸問題』, 발행 년 불명.

2. 자료집

國防部編纂委員會,『韓國戰爭史1 解放과 建軍』, 東亞出版社, 1967년.

國史編纂委員會,『資料 大韓民國史 1』, 1968년.

_____,『資料 大韓民國史 2』, 1969년.

_____,『資料 大韓民國史 3』, 1970년.

_____,『資料 大韓民國史 4』, 1971년.

_____,『資料 大韓民國史 5』, 1972년.

_____,『資料 大韓民國史 7』, 1974년.

_____,『資料 大韓民國史 9』, 1998년.

_____,『資料 大韓民國史 11』, 1999년.

_____,『資料 大韓民國史 14』, 2000년.

_____,『資料 大韓民國史 15』, 2001년.

이도성 편저,『실록 박정희와 한일회담: 5·16에서 조인까지』, 한송, 1995년.

朝鮮銀行調查部,『朝鮮經濟年報 1948』.

한림대학교 아시아문화연구소,『朝鮮共産黨文件資料集』, 한림대학교出版部, 1993년.

解放二十年史編纂委員會 編,『解放二十年史』, 希望出版社, 1965년.

3. 회고록 및 전기(傳記)

古下先生傳記編纂委員會,『獨立을 향한 執念: 古下 송진우 전기』, 東亞日報社, 1990년.

김구,『백범일지』, 제일법규, 2002년판.

김도연,『나의 人生 白書: 常山 回顧錄』, 康友出版社, 1967년.

김동조,『회상 30년 한일회담』, 中央日報社, 1986년.

김용식,『새벽의 약속』, 김영사, 1993년.

金龍周,『風雪時代八十年 나의 回顧錄』, 新紀元社, 1984년, 非賣品.

金學俊,『古下 宋鎭禹評傳』, 東亞日報社, 1990년.

夢陽 呂運亨先生全集發刊委員會 編,『여운형 전집 1』, 한울, 1991년.

朴正熙,『國家와 革命과 나』, 지구촌, 1997년판.

裵義煥,『보릿고개는 넘었지만: 배의환회고록』, 코리아헤럴드·내외경제신문, 1991년.

宵海張建相先生語錄碑建立會 編,『宵海 張建相 資料集』, 圖書出版 牛党, 1990년.

呂運弘,『夢陽 呂運亨』, 靑廈閣, 1967년.

우석기념회,『한 알의 밀이 죽지 않고는: 張勉博士回顧錄』, 가톨릭출판사, 1999년.

元容奭,『韓日會談十四年』, 三和出版社, 1965년.

兪鎭午, "韓日會談을 回顧하며",『時事』, 1961년 11월, 6~9쪽.

_____, "韓日會談이 열리기까지(上, 下)",『思想界』, 1966년 2월, 92~98쪽(上), 1966년 3월(下), 86~91쪽.

兪鎭午 및 劉彰順, "對談·交涉十年 會談六回의 內幕",『思想界』緊急增刊号, 1964년 4월, 30~39쪽.

柳泰夏, "李라인과 對日會談", 1970년, 權五琦편『現代史주역들이 말하는 정치증언』, 東亞日報社, 1986년, 337~394쪽.

李敬南,『雪山 張德秀』, 東亞日報社, 1981년.

李仁, "解放前後片片錄",『新東亞』, 1967년 8월, 352~375쪽.

仁村紀念會,『仁村 金性洙傳』, 1976년, 非賣品.

임경석,『이정 박헌영 일대기』, 역사비평사, 2004년.

林炳稷,『林炳稷 回顧錄』, 女苑社, 1964년.

정일형, "왜 朴政權의 韓日會談을 反對했나",『新東亞』, 1984년 10월, 268~291쪽.

趙炳玉,『나의 回顧』, 民敎社, 1959년.

한국일보사,『財界回顧10 歷代金融機關長篇 II』, 한국일보사출판국, 1981년.

韓民聲,『追跡 呂運亨』, 甲子文化社, 1982년.

許政,『雩南 李承晚』, 태국출판사, 1970년.

____,『내일을 위한 證言: 許政回顧錄』, 샘터사, 1979년.

4. 연구서

姜萬吉, "左右合作運動의 경위와 그 性格", 宋建鎬·姜萬吉 編『韓國民族主義論 2』, 創作批評社, 1983년, 62~108쪽.

金達鉉 편,『5個年經濟計劃의 解說: 內容·解說·논평』, 進明文化社, 1962년.

김태기, "1959년대초 미국의 대한(對韓)외교정책: 대일강화조약에서의 한국의 배제 및 제1차 한일회담에 대한 미국의 정치적 입장을 중심으로",『한국 정치학회보』, vol.33, no.1, 1999년, 357~377쪽.

김창록, "한일기본조약 및 청구권 협정의 내용과 성격", 한일관계사연구논집 편찬위원회 편,『해방 후 한일관계의 쟁점과 전망』, 景仁文化社, 2005년, 93~138쪽.

민족문제연구소,『한일협정을 다시 본다: 30주년을 맞이하여』, 아세아문화사, 1995년.

박진희,『한일회담 제1공화국의 對日정책과 한일회담 전개과정』, 선인, 2008년.

박태균, "한일협정 과정에서 나타난 미국과 일본의 이해관계와 그 특징", 한일관계사연구논집 편찬위원
    회 편,『해방 후 한일관계의 쟁점과 전망』, 景仁文化社, 2005년, 207~245쪽.

徐仲錫, "李承晩 대통령과 韓國 民族主義", 宋建鎬·姜萬吉 編,『韓國民族主義論 2』, 創作批評社, 1983년,
    222~271쪽.

成滉鏞,『日本의 대한(對韓)政策』, 明知社, 1981년.

孫世一,『李承晩과 金九』, 一潮閣, 1970년.

宋建鎬, "탁치안의 제의와 찬반탁 논쟁", 변형윤 외『분단시대와 한국 사회』, 까치, 1985년, pp.39~64.

송건호, "추천의 글: 합작과 통일의 민족주의자 몽양 여운형을 기억하여", 정병준,『몽양 여운형』, 한울,
    1995년, 5~7쪽.

R.A.스칼라피노 & 이정식,『한국공산주의 운동사2』, 한홍구 옮김, 돌베개, 1986(1972)년.

沈之淵,『韓國民主黨硏究 Ⅰ』, 풀빛, 1982년.

_____,『韓國現代政黨論: 韓國民主黨硏究 Ⅱ』, 創作批評社, 1984년,

嚴堯燮, "韓日會談에 관한 歷史的 再照明",『日本硏究』, vol.1, 1990년, 65~85쪽.

오코노기마사오, "비평문",『한일역사공동연구보고서 제6권』, 2005년, 비매품, 43~45쪽.

R.올리버,『大韓民國 建國의 內幕(上)』, 朴日泳옮김, 啓明, 1998(1978)년.

元容奭,『韓日會談 14年』, 三和出版, 1964년.

유병용, "한일협정과 한일관계의 개선방향", 한일역사공동연구위원회 편,『한일역사공동연구보고서
    제6권』, 2005년, 비매품, 17~45쪽.

劉彰順, "請求權問題: 우리의 財産請求權과 '金·大平'메모",『思想界』, 1964年 4月, 101~104쪽.

이원덕,『한일 과거사 처리의 원점』, 서울대학교출판부, 1996년.

_____, "한일협정 이후 한일과거사 문제의 개산방향: 조약개정 가능성의 검토", 한일관계사연구논집
    편찬위원회 편,『해방 후 한일관계의 쟁점과 전망』, 景仁文化社, 2005년, 139~184쪽.

李在五,『한·일관계사의 인식·Ⅰ』, 학민사, 1984년.

이장희, "1965년 한일기본조약의 재검토", 이장희 편,『한일기본조약의 재검토와 동북아 질서』, 아시아사
    회과학연구원, 1996년, 1~16쪽.

李炫熙, "3·1獨立運動과 臨時政府의 法統性", 東方図書, 1987년.

정대성, "제2공화국 정부·국회의 일본관과 對日論調: 한일관계, 한일통상, 한일회담, '在日僑胞'를 둘러싼
    담론",『韓國史學報』, 제8호, 2000년, 217~262쪽.

정병욱, "조선총독부관료의 귀환 후 활동과 한일교섭", 광복60년 기념사업추진위원회 편저,『광복60
    새로운 시작 종합학술대회자료집 Ⅰ』, 2005년, 214~232쪽.

정병준, "영국 외문성의 對日 평화조약 草案·부속도서의 성립(1951.3)과 한국 독도영유권의 재확인",
    『한국독립사연구』, 제24권, 2005년, pp.131~166.

鄭城和, "第1次 韓日會談과 韓國, 日本, 美國의 外交政策에 관한 考察: 1951~1952", 『日本研究』, vol. 1, 1990년(a), 87~116쪽.

_____, "샌프란시스코 平和條約과 韓國·美國·日本의 外交政策의 考察", 『人文科學研究論叢』, 제7호, 1990년(b), 143~157쪽.

정해구, "미군정기 이데올로기 갈등과 반공주의", 역사문제연구소 편, 『한국 정치의 지배 이데올로기와 대항 이데올로기』, 11~48쪽, 역사비평사, 1994년.

_____, "부정적 평가", 유병용 편, 『근현대사강좌』, 1995년 2월, 통권 제6호, 한울, 187~196쪽.

지명관, "한일협정비판의 논리에 관한 실증적 연구", 1996년, 『한일관계사연구』, 小花, 2004년, 111~181쪽.

V. D. 차, "1965 한일수교협정체결에 대한 현실주의적 고찰", 『한국과 국제정치』, vol. 25, no. 1, 1997년, 263~297쪽.

B. 커밍스, 『한국전쟁의 기원』, 김자동 옮김, 일월서각, 1986(1980)년.

한상일, "第5次 韓日會談 小考", 『社會科學研究』, 제8집, 1995년, 217~233쪽.

한승조, "긍정적 평가", 유병용 편, 『근현대사강좌』, 1995년 2월, 통권 제6호, 한울, 174~186쪽.

한승주, 『제2공화국과 한국의 민주주의』, 종로서적, 1983년.

G. 헨더슨, 『소용돌이의 한국 정치』, 박행웅·이종삼 옮김, 한울, 2000(1968)년.

5. 학위 논문

권진희, "韓·日 國交正常化 反對運動과 朴正熙政府의 對應樣式에 關한 分析", 이화여자대학교, 석사학위논문, 1995년.

金基奉, "日本의 對韓政策: 韓日國交正常化 過程을 中心으로", 연세대학교 석사학위논문, 1985년.

金旺根, "韓日國交正常化에 關한 一研究: 經濟的 側面을 中心으로", 서울대학교 석사학위논문, 1986년.

김양숙, "韓·日 國交正常化 成立에 關한 研究: 韓國의 對日國交正常化 推進要因을 中心으로", 이화여자대학교 석사학위논문, 1989년.

金瑩鎬, "日本의 對韓 外交政策에 대해여: 韓日會談과 두 개의 한국론", 한양대학교 석사학위논문, 1995년.

김종문, "韓日國交正常化 政策分析", 연세대학교 석사학위논문, 1989년.

민태선, "한일국교정상화 과정에 관한 연구: 1945~1965년을 중심으로", 한양대학교 석사학위논문, 1986년.

박용우, "韓日基本條約研究", 국방대학원 석사학위논문, 2000년.

朴丁熙, "전후 일본의 대한정책에 관한 소고: A Study of Foreign Policy and Relationship Between Japan and Korea, 1951~1965", 한양대학교 석사학위논문, 1982년.

申承峻, "이승만과 1950년대 후반기의 한일회담", 서울대학교 석사학위 논문, 1999년.

신승준, "한일국교정상화 교섭과정 연구", 건국대학교 석사학위논문, 2002년.

윤정용, "한국의 대일 국교정상화 협상연구", 연세대학교 석사학위논문, 1996년.

이문희, "韓日關係에 關한 研究: 韓日國交正常化의 背景과 推進過程을 中心으로", 국방대학원 석사학위논문, 1998년.

河然秀, "日本의 對韓 政策에 關한 硏究: 韓日國交 正常化를 中心으로", 서울대학교 석사학위논문, 1990년.

6. 기타
「동아일보」, 「조선일보」
국회회의록

일본어문헌

1. 정부관련 문서

伊藤哲雄, 「第二次世界大戦後の日本の賠償・請求権処理」, 『外務省調査月報』, no.1, 1994年, 77~115쪽.

外交記録公開文書,

「占領下の対日賠償関係一件ポーレー大使来朝関係」,　　B'3.1.1　　『中間賠償』(第4回公開 B'3.1.1.1-3) 수록.

「対日平和条約関係 第二次ダレス來訪関係(第二次 交渉)」, B'4.0.0 『講和会議及び条約対日平和条約 関係』(第7回公開 B'4.0.0.5) 수록.

「対日講和に関するダレス米特派来朝関係」, B'4.1.0 『対日講和(雑)』(第7回公開 B'4.1.0.17) 수록.

「サン・フランシスコ対日講和会議関係議事録(第二巻)」, B'4.1.1 『サン・フランシスコ会議及び平和条約』(第7回公開 B'4.1.1.20) 수록.

外務省, 「日韓関係に横たわるもの」, 『世界週報』, 第34巻, 第32号, 1953年, 16~26쪽.

_____, 『わが外交の近況』, 第5号, 1961年 8月.

_____, 『わが外交の近況』, 第6号, 1962年 6月.

外務省アジア局北東アジア課, 「椎名外務大臣の韓国訪問と日韓基本関係条約案のイニシアル」, 『国際週報』, 825号, 1965年 3月, 外務省情報文化局, 1~5쪽.

福田博, 「基本関係」, 谷田正躬, 辰巳信夫, 武智敏夫編集, 『日韓条約と国内法の解説』, 大蔵省印刷局, 1966年, 9~21쪽.

山口達男, 「経済協力」, 谷田正躬, 辰巳信夫, 武智敏夫編集, 『日韓条約と国内法の解説』, 大蔵省印刷局, 1966年, 41~57쪽.

2. 자료집

外務省条約局 訳, 『イタリア平和条約』, 文友社, 1947年.

鹿島平和研究所, 『日本外交史27 サンフランシスコ平和条約』, 鹿島研究所出版会, 1971年.

神谷不二, 『朝鮮問題戦後資料 第1巻』, 日本国際問題研究所, 1978年.

清瀬一郎,『秘録 東京裁判』, 中公文庫, 2002年改訂版.

衆議院 参議院 編,『議会制度70年史 帝国議会史 下巻』, 大蔵省印刷局, 1962年.

自由民主党,『自由民主党第1回韓国訪問議員団帰国報告』, 1961年 5月, 非売品.

_____,「自民党30年の検証 日韓国交正常化」,『自由民主』, 1985年, 88~99쪽.

世界編集部,「アンケート日韓交渉をどう考えるか」,『世界』, 1962年 12月号, 88~100쪽.

_____,「アンケート日韓会談に関する私の意見」,『世界』, 1964年 4月号, 192~215쪽.

袖井林二郎,『吉田茂＝マッカーサー往復書簡集 1945~1951』, 法政大学出版局, 2000年.

_____,『拝啓マッカーサー元帥様 占領下の日本人の手紙』, 岩波書店, 2002年.

『This is 讀賣』編集,「李承晩の密書: 発掘 日韓交渉秘史」,『This is 讀賣』, 1991年 1月, 38~69쪽.

日本銀行統計局,『日本経済を中心とする国際比較統計』, 1964年.

森田芳夫,『朝鮮終戦の記録: 米ソ両軍の進駐と日本人の引揚』, 巌南堂書店, 1964年.

3. 회고록 및 전기(轉記)

石野久男, 大平正芳他,「座談会' 新段階の日韓関係と各党」,『国際問題』, 1965年 5月, no.2, 2~11쪽.

大平正芳,「日韓条約はどうして作られたか」,『外交時報』, no.1024, 1966年 1月, 26~31쪽.

_____,『私の履歴書』, 日本経済新聞社, 1978年.

岸信介 他,『岸信介の回想』, 文藝春秋, 1981年.

澤田廉三,「日韓国交早期樹立を望む」,『親和』, 第94号, 1961年 8月, 1~3쪽.

椎名悦三郎,『童話と政治』, 東洋政治経済研究所, 1963年.

椎名悦三郎追悼録刊行会,『記録 椎名悦三郎(下巻)』, 1982年.

W.J.シーボルト,『日本占領外交の回想』, 野末賢三 訳, 朝日新聞社, 1966(1965)年.

杉道助追悼録刊行委員会,『杉道助追悼録(上)』, 1966年, 非売品.

高杉晋一,「国交の正常化こそ急務」,『エコノミスト』, 1965年 2月 9日号, 46~49쪽.

_____,「日韓交渉妥結の経過を顧みて」,『民族と政治』, 1965年 6月号, 32~36쪽.

東条英機,「最後の日記」, 1948年,『「文藝春秋」にみる昭和史第2巻』, 文藝春秋社, 1988年, 92~96쪽.

H.トルーマン,『トルーマン回顧録 1』, 堀江芳孝 訳, 恒文社, 1966(1955)年.

前田利一,「特別企画 日韓国交正常化20年間の歩み 前駐韓国大使 前田利一氏に聞く(上) 日韓国交正常
化前の実情」,『経済と外交』, no.758, 1985년(a), 2~11쪽.

_____,「険しかった韓国の対日観: 日韓国交回復前後」,『現代コリア』, 第251号, 1985년(b), 18~28
쪽.

松本俊一,『現代史を創る人々』, 中村隆英, 伊藤隆, 原朗 編, 毎日新聞社, 昭和47年(1972), 141~188쪽.

矢次一夫,「李承晩大統領会見記: 訪韓日本人第一号として」,『文藝春秋』, 1958年 7月号, 182~188쪽.

梁裕燦,「朝鮮人の抱負」,『新生アジアとアメリカ外交』, 好本康雄 訳, 一橋書房, 1956年, 107~123쪽.

吉田茂,『世界と日本』, 番町書房, 1963年.

O.E.ライシャワ- & H.ライシャワ-,『ライシャワー大使日録』, 入江昭監修, 講談社学術文庫, 2003年版.

李東元,『韓日条約締結秘話: ある二人の外交官の運命的出会い』, 崔雲祥監 訳, PHP研究所, 1997年.

4. 연구서

粟屋憲太郎,「占領, 被占領: 東京裁判を中心に」,『岩波講座 日本通史 第19巻 近代4』, 岩波書店, 1995年,
　　　169~208쪽.

五十嵐武士,『対日講和と冷戦』, 東京大学出版会, 1986年.

伊藤隆,「「矢次工作」が拓いた国交交渉」,『This is 讀賣』, 1991年 1月, 41~49쪽.

伊藤昌哉,『池田隼人その生と死』, 至誠堂, 1966年.

海野福寿,『韓国併合史の研究』, 岩波書店, 2000年.

C.J.エッカート,『日本帝国の申し子 高敞の金一族と韓国資本主義の植民地起源 1876~1945』, 小谷ま
　　　さ代 訳, 草思社, 2004(1991)年.

太田修,『日韓交渉 請求権問題の研究』, クレイン, 2003年.

大沼保昭,『東京裁判から戦後責任の思想』, 第4版, 東信堂, 1997年.

小田滋,「日韓漁業協定の成立」,『ジュリスト 特集日韓条約』, 1965年, 17~23쪽.

E. H.カー,『歴史とは何か』, 清水幾太郎 訳, 岩波書店, 1962年.

管英輝,「アメリカの戦後秩序構想とアジアの地域統合 1945~50」, 日本国際政治学会 編,『国際政治』,
　　　第89号, 1988年, 109~125쪽.

G.ガリレオ,『偽金鑑識官』,『世界の名著 第21巻 ガリレオ』, 山田慶児・谷泰 訳, 中央公論社, 1973年.

木下順次・神島二郎対談,「歴史の痛恨と日本人」, 1975年, 神島二郎,『天皇制の政治構造』, 三一書房,
　　　1978年, 167~183쪽.

木村幹,『韓国における権威主義的体制の成立: 李承晩政権の崩壊まで』, ミネルヴァ書房, 2003年.

木村昌人,「日本の対韓民間経済外交: 国交正常化をめぐる関西財界の動き」, 日本国際政治学界編『国
　　　際政治』, 第92号, 1989年, 116~131쪽.

金民樹,「対日講和条約と韓国参加問題」,『国際政治』, 第131号, 2002年 10月, 133~147쪽.

五味川純平,『御前会議』, 文藝春秋社, 1978年.

佐々木隆爾,「いまこそ日韓条約の見直しを」,『世界』, 1993年 4月号, 120~136쪽.

_____,「アジア太平洋戦争の戦後補償のために支払った金額」,『日本史研究』, 388号, 1994年 12月,
　　　193~207쪽.

佐藤健生,「'補償'への視点: ドイツの戦後補償を参考に」,『世界』臨時増刊号, 1992年 4月号, 58~65쪽.

高崎宗司,『検証 日韓会談』, 岩波新書, 1996年.

竹内好,「近代の超克」,『近代日本思想史講座 第7巻 近代化と伝統』, 竹内好・亀井勝一郎 編, 筑摩書房,
　　　1959年, 225~281쪽.

玉城素,『民族的責任の思想』, お茶の水書房, 1967年.

J.W. ダワー, 「解説」, 袖井林二郎, 『拝啓マッカーサー元帥様 占領下の日本人の手紙』, 袖井林二郎 訳, 岩波書店, 2002年, 421~437等.

V.D. チャ, 『米日韓 反目を越えた提携』, 船橋洋一監 訳, 倉田秀也 訳, 有斐閣, 2003(1999)年.

塚元孝, 「韓国の対日平和条約署名問題: 日朝交渉, 戦後補償問題に関連して」, 『レファレンス』, no.494, 1992年 3月号, 95~100等.

戸川猪佐武, 「日本のコリアン・ロビイ」, 『中央公論』, 1959年 6月号, 234~243等.

鳥海靖, 『日本近代史講義』, 東京大学出版会, 1988年.

中林賢二郎, 「戦争の中の労働者: 民族主義と労働者」, 『現代の発見 第二巻: 戦争体験の意味』, 春秋社, 1959年, 147~185等.

中村隆英, 『昭和史 I 1926－1945』, 東洋経済, 1993年.

南原繁, 「戦歿学徒に告ぐ」, 1946, 『「文藝春秋」にみる昭和史 第2巻』, 文藝春秋社, 1988年, 15~18等.

新延明, 「ドキュメント 条約締結にいたる過程」, 『季刊青丘』, 第16号, 1993年, 36~43等.

平光吾一, 「戦争医学の汚辱にふれて」, 1945年, 『「文藝春秋」にみる昭和史第1巻』, 文藝春秋社, 1988年, 624~634等.

細谷千博, 『サンフランシスコ講和への道』, 中央公論社, 1984年.

丸山真男, 「超国家主義の論理と心理」, 『世界』, 1946年 5月号, 2~15等.

_____, 『日本政治思想史研究』, 東京大学出版会, 1952年.

_____, 『日本の思想』, 岩波書店, 1961年.

安江良介, 「日韓条約の本質 日韓関係の基本問題」, 『世界』臨時増刊号, 1995年 8月号, 32~40等.

山本剛士, 「日韓国交正常化」, 『戦後日本外交史』, 三省堂, 1983年, 285~370等.

_____, 「日韓関係と矢次一夫」, 日本国際政治学会 編, 『国際政治』, 1983年, 114~129等.

吉澤文寿, 『戦後日韓関係: 国交正常化交渉をめぐって』, クレイン, 2005年.

吉田光, 「戦後精神について: '市民'と'民族'」, 山田宗睦他, 『現代の発見 第6巻: 戦後精神』, 春秋社, 1960年, 7~52等.

李景珉, 「朝鮮總督府終焉期の政策」, 『思想』, 1985年 8月, no.734, 98~121等.

李鐘元, 「東アジアにおける冷戦と地域主義: アメリカの政策を中心に」, 鴨武彦 編, 『講座 世紀間の世界政治 3』, 日本評論社, 1993年(a), 186~239等.

_____, 「戦後米国の極東政策と韓国の脱植民地化」, 『岩波講座 近代日本と植民地8 アジアの冷戦と脱植民政策と韓国の脱植民地化』, 岩波書店, 1993年(b), 3~38等.

_____, 「韓日会談とアメリカ: '不介入政策'の成立を中心に」, 日本政治学会 編, 『国際政治』, 1994年(a), 163~181等.

_____, 「韓日国交正常化の成立とアメリカ」, 近代日本研究会 編, 『年報近代日本研究 16 戦後外交の形成』, 1994年(b), 272~305等.

李泰鎮, 「韓国併合は成立していない 上, 下」, 『世界』, 1998年 7月号, 300~310等(上), 1998年 8月号,

185~196쪽(下).

5. 기타

「朝日新聞」,「讀賣新聞」,「每日新聞」,「東京新聞」,「赤旗」, 国会議事録,『國際關係法辭典』(三星堂, 1995)

6. 학위논문

玄奉仙,「日韓會談の推進の論理と反対の論理に関する一考察: 日本における国会審議を中心に」, 서울 대학교 석사학위논문, 2003년.

영어문헌

1. 공식문서 자료집

Thomas H. Etzold & John L. Gaddis'ed, *Containment: Documents on American Policy and Strategy, 1945~1950*, Columbia UniversityPress, 1978.

外務省特別資料部 編,『日本占領重要文書 第2巻』, 日本図書センター, 1989年.

細谷千博他 編,『日米関係資料集』, 東大出版会, 1999年.

HQ, USAFIC, XXIV Corps,

    G2 Periodic Report, 美軍政情報報告書, 통권 第1券, 1945. 9부터 1946. 1까지, 일월서각, 1986년.

    G2 Periodic Report, 美軍政情報報告書, 통권 第3券, 1946. 9부터 1947. 3까지, 일월서각, 1986년.

    G2 Weekly Summary, 美軍政情報報告書, 통권 第11券, 1945. 9부터1946. 5까지, 일월서각, 1986년.

    G2 Weekly Summary, 美軍政情報報告書, 통권 第12券 1946. 5부터 1947. 2까지, 일월서각, 1986년.

大蔵省財政室 編,『昭和財政史: 終戦から講和まで 第20巻(英文資料)』, 東洋経済新報社, 1982年.

United States, Department of State, *Foreign Relations of the United States*,

_____, 1949, volumeVII, *The Far East and Australasia*.

_____, 1950, volumeVI, *East Asia and The Pacific*.

_____, 1951, volumeVI, *Asia and the Pacific*.

_____, 1951, volumeVII, *Korea and China*.

2. 기타

Richard C. Allen, "South Korea: The New Regime", *Pacific Affairs*, 1961, vol.34, no.1, 54~57쪽.

Herbert P. Bix, "Regional Integration: Japan and South Korea in America's Asian Policy", Frank Baldwin'ed, *Without Parallel: American-Korean Relationship since 1945*, NewYork,

Pantheon Books, 1973, 179~232쪽.

Ronald McGlothlen, "Acheson, Economics and the American Commitment in Korea, 1947~1950",
　　Pacific Historical Review, vol.58, no.1, 1989, 23~54쪽.

MIN PYONG-GI, "THE SANFRANCISCO PEACE TREATY AND THE KOREA-JAPAN RELATIONS",
　　KOREANA QUARTERLY, vol.8, no.4, 1966, vol.9, no.1, 1967, 합병호, 69~99쪽.

Yu Chin-O, "What Prevents the Successful Conclusion of the Korea - Japan Conference?", *Korean*
　　Affairs, vol.1, no.2, 1962, 122~126쪽.

3. 학위논문

권태휘, "A Study of Key Issues in the Korea-Japan Normalization Talks During the 1960's", 경희대학교,
　　석사학위논문, 1993.

朴建榮, "Change of U.S Involvement in the Process of Korean-Japanese Negotiations : Focusing
　　on the U.S Domestic Response to Foreign Aid Policy", 서울대학교 석사학위논문, 2003.

이정훈, "Korean-Japanese relations: the process of diplomatic normalization", University of Oxford,
　　Ph.D 논문, 1992.

Chang Junkab, "United States Mediation in South Korean-JapaneseNegotiations, 1951~1965: A Case
　　Study in the Limitations of Embassy Diplomacy", Mississippi State University, Ph.D 논문,
　　1998.